Sidee loo dhahaa?

Ma arastay?
Ma fahamtay? > You see?
                  You understand?
Ma garatay?

Somali Textbook

R. David Zorc
&
Abdullahi A. Issa

2002
Dunwoody Press

PREFACE

This course is designed to bring you to a LEVEL 3 PROFICIENCY in Somali grammar and Somali-English translation capabilities according to standards set by the FSI (Foreign Service Institute) or ILR (Interagency Language Roundtable).

As much practice as possible in working on genuine textual material is included. For example, starting with Chapter 21, and each chapter thereafter, you will be dealing with thirty Somali folktales which give insight into numerous aspects of both Somali grammar and cultural outlook.

This textbook was designed on the basis of FREQUENCY COUNTS done on both the **lexical** and **grammatical** material contained in the folktales and pedagogical works like the *Somali Newspaper Reader* and *Somali Common Expressions*, supplemented by other articles in or on the language. The ordering of the fifty chapters was generally dictated by the highest frequency forms. For example, classifiers (like **baa** [FOCUS] and **waa** [DECLARATIVE]), the definite articles (-**ka** and -**ta**), or the use of the PAST TENSE all occurred hundreds of times and are crucial to the understanding of Somali texts. These are put very early (in chapters 2 through 8). However, the principle of PROGRAMMED INSTRUCTION also played a decisive role in course design, i.e., building upon easier or earlier material. Thus, IMPERATIVE VERBS are not very common in Somali texts, but they are the basis of finding or learning a VERB ROOT, upon which all the tenses are built. Hence, these are treated earlier (in Chapter 7), prior to the introduction of the PAST TENSE (Chapter 8). Conversely, NEGATIVE IMPERATIVES may be easy to learn, but they are taken relatively late (in Chapter 28) because they are not so common. Similarly, verbs of Group One (Chapters 8-9) are far more frequent than those of Group Two (Chapter 11), Group Three (Chapter 15), or Group Four (Chapters 35-38). Although some forms of the verb *to be* are very frequent and important (Chapter 14), others are not so (and are delayed until Chapter 42).

The authors wish to thank Jack D. Murphy for his many helpful comments and suggestions and his encouragement along the way.

NOTES TO THE STUDENT

As was mentioned in the Preface, you will be learning a lot of GRAMMAR sufficient to cope with most prose and media material you might encounter in the Somali language. [Somali poetry is a different and more complex matter, but is usually well above the level 3 at which this text is aimed.] You can always look up words in a dictionary, but grammar forms the backbone of any language and it is imperative to come to grips with it. For this reason, a comprehensive GRAMMATICAL INDEX has been included for you to cross-reference patterns and structures.

If you desire ORAL FLUENCY in Somali, Appendix 3 contains numerous survival dialogs to help you. Additionally, selections from *Somali Common Expressions* can be used in conjunction with this textbook to insure that you can cope with most everyday situations as they arise.

Vocabulary is also introduced at a modest pace; usually 50, but never more than 100 words per lesson. Although there is a GLOSSARY at the end of the book to help you with words you have encountered, but may have forgotten, we strongly recommend that you develop FLASHCARDS to assist you in memorizing and coping with the volume of lexicon you will ultimately be acquiring (approximately 2,000 words). If you write the Somali on one side and the English on the other, these will serve as important tools for memorization. You may wish to include the page numbers on which the forms are found, so that you can reference them when necessary. In this way, you will be developing your own comprehensive index to this course.

All new material is introduced (in **patterns**) and drilled (in **exercises**) in "bite-sized bits." Chapters are kept short (ten pages on average) and you should work through each with your teacher or Somali language speaker at a pace that makes you feel comfortable. Some reviews have been included in this book (such as, chapters 12, 40, 44, and 50), but in general you and your teacher should work together in negotiating a review schedule. Some prefer (or need) such work every five or six chapters, others every ten or twelve. As much as possible, work with your teacher to devise additional exercises, games, crossword puzzles, transformation drills, or homework when you feel that you need more practice to grasp the structure(s) under discussion.

NOTES TO THE TEACHER

This course aims to give the student an intuitive understanding of the Somali language. That is to say, students are not encouraged to be analytical in their thinking and learning; but those who are of that inclination should not be discouraged from asking questions.

Each chapter has the following areas for study:

Dialog or **introductory pattern**
Grammatical explanation (cross-referenced to **SRG** = *Somali Reference Grammar* by Saeed)
Cultural notes (where appropriate)
Drill(s)
Free conversation or **Transformation drill**
Memorization guidelines
Dictation or **Transcription exercises**
Translation practice or **Folktale reading** (starting onwards from Chapter 21)
Review material

For each part of the lesson (dialog, drill, or exercise), these three procedures should be followed:

(1) Have the students cover up any English translation (on the right side of the page). They should only be *looking at the Somali* during the **first presentation**. Make them repeat each sentence (or phrase) after you.

(2) Have them close the book or cover the page for the **second presentation**. At this stage, they should be *listening to the Somali*, picking up not only the vocabulary, but the pitch contours. Make them repeat each sentence (or phrase) after you. Stop to correct each mistake, and repeat the sentence (up to three times, if necessary).

(3) For the **third presentation**, repeat the Somali and discuss the English meanings. Wherever possible, give an absolutely literal translation of the Somali, and then the more idiomatic (or appropriate) English rendition. Most of the glosses in this book follow a very literal translation of the Somali to adhere to its own particular flow.

CONCORDANCE OF THIS COURSE
with the *Somali Newspaper Reader*

It is recommended that the student be exposed to as much Somali textual material as possible. For this reason, apart from the folktales introduced starting from Chapter 21, students should work with newspaper articles. If you have the *Somali Newspaper Reader* (1984 edition) available, the following sequence of the first forty-four selections will assist in reinforcing the grammatical points of each lesson.

CHAPTER	READING	IDENTIFY THESE CONSTRUCTIONS
23	R02	Use of **isagoo** and SUBJECT VERB
24	R03	Use of **la + ma** NEGATIVE
25	R32	Use of **lahaa + -eyn**
26	R38	Use of PAST PROGRESSIVE **-ayey**
27	R27	Use of **aan** RELATIVE NEGATIVE
28	---	[No NEGATIVE IMPERATIVE]
29	R15	PLURALS **warar, dalal**
29	R20	PLURALS **saraakiil, lahayayaal**
30	R09	ADJ CONSTRUCTIONS, e.g., **-san, ugu**
30	R21	ADJ-**an + tahay**; use of **badan**
31	R13	Use of **la'aan**
31	R22	Use of **leeyahay**
32	R10	Use of **sidaasi** and **sidii**
32	R40	Use of **si ... u** constructions
33	R33	Various TIME WORDS
33	R44	Wide use of TIME WORDS
34	R16	OPTATIVE **-tee** (= **-to + ee**)
34	R34	OPTATIVE use of **ha**
35	R25	Use of **yimaada**
35	R23	Use of **yimid**
36	R05	Use of **yiraahdaa**
36	R17	Use of **yiri**
37	R11	LOCATIVES, e.g., **hoos, taalla**
37	R19	Use of **yaalla** and **taalla**
38	R01	Use of **ogeysii** *inform* as a noun
38	R18	Use of **yaqaanaa**

CONCORDANCE with *Somali Newspaper Reader*

CHAPTER	READING	RELEVANT NOTES
39	R28	DERIVATION **mar / mari**
39	R43	VERBS with **-i** and **-ee**
40	R06	Use of **hase yeeshee**
40	R24	Use of CONJUNCTIONS, e.g., **-ba**; review DERIVATION **hambalyo/-yee**
41	R29	PREPOSITION FUSION, e.g., **loola**
42	R26	Other forms of *to be*, e.g., **aayeen**
42	R36	Use of **ahaato**
43	R12	SHORT PRONOUN **iya**
44	R08	Use of NEGATIVE in **iyadoon**
44	R42	Identify NEGATIVE CONSTRUCTIONS
45	---	[No POTENTIALS or **sow / show**]
46	R07	Use of **furriin**
47	R35	Use of **-asho, -nimo, -tinnimo**
47	R04	Use of **-darro**
47	R39	Use of **-id, -asho, -nimo, -tin**
48	R37	Use of COMPOUND WORDS
48	R41	Use of several COMPOUND WORDS
49	R14	IDIOMS **carrabka ku adkee** *emphasize*, **is hor taag** *oppose*, **shaaca ka qaad** *reveal*
50	R31	Various SOUND CHANGES
50	R30	Various SOUND CHANGES

Readings 45 through 51 may be taken after the course is completed.

ABBREVIATIONS

HERE	MEANING	IN DICTIONARY
$	suffix	
adj	adjective	adj.
adv	adverb or adverbial expression	adv.
alt:	an alternate or variant of	
atr	attributive [adjective]	
aux	auxiliary or helping verb	
class	classifier [e.g., **baa**, **ma**, **sow**]	
cmp	compound	
col	collective [noun]	n.coll.
cond	conditional [*would have*]	
deic	deictic (or demonstrative)	demons.
der	derived [adjective]	
det	determiner or article [e.g., **ka**, **kan**, **tan**, **kaas**]	
excl	exclusive pronoun [does not include *you*]	
expr	expression	
-f	feminine noun or verb	
fem	feminine	
fig.	figurative usage	
foc	focus	focus word
fus	fusion	
fut	future	
idm	idiom, idiomatic expression	
imp	imperative	
inch	inchoative verb [*becoming X*]	
incl	inclusive pronoun [includes *you*]	
inf	infinitive [of a verb]	
intj	interjection	interj.
intr	intransitive [verb]	
lit:	literally means	
loc	locative or place name	
-m	masculine noun or verb	
masc	masculine	
mass	mass [noun]	
n	noun	n.
n0	noun that usually has no plural	
n1-7	nouns of the first through seventh declensions	
n8	noun of the eighth declension [irregular plural]	
name	personal name	
neg	negative	
np	noun phrase	

num	number or numeral	numer.
opp:	opposite (antonym) is	
opt	optative [verb form expressing a wish or desire]	
ord	ordinal [number or numeral]	
past	simple past [tense]	
phab	past habitual	
pl	plural	
poss	possessive	poss.suff.
ppgr	past progressive	
prep	preposition	
pres	present [tense]	
prhb	present habitual	
pro	pronoun	pron.
prog	progressive verb form	
prpg	present progressive	
qw	question word or interrogative	
red	reduced form	
rel	relative form of the verb	
rw:	the root word is	
sg	singular	
s.o.	someone, a person	
st	stative verb	
s.t.	something, a thing	
subj	subject case or verb agreement	
suf	suffix	suff.
syn:	synonym (word with the same meaning)	
time	time word or temporal expression	
tr	transitive [verb]	
VH	vowel harmony	
VL	vowel loss	
vn	verbal noun or gerund	
vpro	verbal pronoun	
v1=	first conjugation verb root	v.
v2a=	second conjugation verb root (ends in -i)	
v2b=	second conjugation verb root (ends in -ee)	
v3a=	third conjugation verb root (that ends in -o)	
v3b=	third conjugation verb root [with vowel loss]	
v4a	fourth conjugation yiri 'say'	v.irreg.
v4b	fourth conjugation yimi 'come'	
v4c	fourth conjugation yiil 'be in a place'	
v4d	fourth conjugation yiqiin 'to know'	
v5a	fifth conjugation yahay 'be'	
v5b	fifth conjugation leeyahay 'have'	

TABLE OF CONTENTS

REFERENCES

SUPPLEMENTARY MATERIALS NEEDED

Issa, Abdullahi A. and John D. Murphy. 1984. *Somali Newspaper Reader*. Kensington: Dunwoody Press.

Issa, Abdullahi A. 1987. *Somali Common Expressions*. Wheaton: Dunwoody Press.

Luling, Virginia. 1987. *Somali-English Dictionary*. Wheaton: Dunwoody Press. [An expanded and revised edition is scheduled to be published in 1990.]

Saeed, John. 1987. *Somali Reference Grammar*. Wheaton: Dunwoody Press.

OTHER HELPFUL REFERENCE MATERIALS

Agostini, Francesco, Annarita Puglielli, et al. 1985. *Dizionario Somalo-Italiano*. Cooperazione Italiana Allo Sviluppo. Rome: Gangemi Editore.

Carter, Joy. 1984. *La Soco Af Soomaaliga* (**Go Along with the Somali Language**). Nairobi: Mennonite Board in East Africa.

Hyman, Larry M. 1981. "Tonal Accent in Somali," *Studies in African Linguistics* 12.2:169-203.

MRM Language Research Center. **Spoken Languages Library: Somali Materials**. Tape recordings & transcription exercises.

Pia, J. Joseph, Paul D. Black, et al. 1966. *Beginning in Somali*. Syracuse University: Linguistics Section, Program of Eastern African Studies. Mimeographed.

Siyaad, Ciise M. 1985. *Favole Somale* (**Somali Folktales**). Rome: Ministero degli Affari-Esteri, Dipartimento per la Cooperazione allo Sviluppo, Comitato Technico Linguistico per l'Universita Nazionale Somala.

Warner, John. 1984. *Somali Grammar*. Nairobi: Mennonite Board in East Africa. Three mimeographed volumes.

PERSONAL NOTES

FAP / Family Advocacy Program
- PoC: Ms. Hanley
    LT Kim / Senior Lery

- 2 types, restricted / unrestricted

- <u>No</u> Trusted Friend condition
  in FAP cases.

- 8 categories
    - Spouse / child / partner
    - physical
    - Emotional
    - Sexual

<u>IDC</u> / Incident Determination
    Committee, determines
    seriousness of FAP cases.

PERSONAL NOTES

CHAPTER 1 - SOMALI SOUNDS AND SPELLING

THE SOMALI ALPHABET

LETTER	NAME	NOTES
a	alif	
aa	aa	
b	ba'	Can be double
c	ca	
d	da'	Can be double
dh	dha'	Can be double; often changes to r
e	e'	
ee	ee	
f	fa'	
g	ga'	Can be double
h	ha'	
i	i'	
ii	ii	
j	ja'	
k	ka'	Can never be final
kh	kha'	
l	la'	Can be double
m	ma'	Can be double; can never be final
n	na'	Can be double
o	o'	
oo	oo	
q	qa'	
r	ra'	Can be double
s	sa'	
sh	sha'	
t	ta'	Can never be final
u	u'	
uu	uu	
w	wa'	
x	xa'	
y	ya'	
'	hamsa	Can never be word initial

NOTE: Native Somali words *never* use **p**, **v**, or **z**.
For a linguistic description of these sounds see SRG: 13-23.

NOTE TO THE STUDENT. You don't have to memorize these words, but you should know how to pronounce them. Most will come up later, and you can learn them in context at that time.

Exercise 1: VOWEL SOUNDS.

af	mouth, language
far	finger; script
ama	or [conjunction]
aabi	offense, provocation
abaar	drought
baa	FOCUS marker
edeb	manners, behavior
bey	she [+ FOCUS]
fure	key
eeg	look (at/out)
meel	place
kee	which? [masculine]
in	that [relative conjunction]
ilig	tooth
yimi	he came
iigu	to me
siin	to give
kii	the one
og	knowing, aware [ADJ]
boqol	hundred
soco	walk, proceed
oon	be thirsty
soo	this way, hither [DEICTIC]
doon	will [future]; want; look for
ul	stick, piece of wood
guri	house
dumar	womankind
uun	just, only
buug	book
carruur	children
buu	he [+ FOCUS]

Exercise 2: LONG VERSUS SHORT VOWELS. Items in parentheses are grammatical indicators which will be explained in later chapters.

afaf	(ka)	languages	
afaaf	(ka)	entrance	
dad	(ka)	people	
daad	(ka)	flood	
gaadh	(-ay)	reach	
gadh	(ka)	beard; chin	
sac	(a)	cow	
saac	(a)	hour	
beri	(ga)	day, time period	
beeri		a garden [SUBJECT]	
soke	(da)	near, close	
sokee		be on the near side	
jidh	(ka)	body	
jiidh	(-ay)	run over	
jir	(-ay)	exist	Alt: jidh
jiir	(-ay)	run over	Alt: jiidh
qor	(-ay)	write	
qoor	(ta)	neck	
xor	(ta)	free	
xoor	(ta)	foam	
ful	(-ay)	be satisfied	
fuul	(-ay)	climb (up/on)	
guri	(ga)	house	
guuri	(-yey)	marry (off)	

Exercise 3: CONSONANT SOUNDS.

bas	bus
la**b**a	two
aa**bb**e	father
Abriil	April
bar**b**ar	side
hili**b**	meat
cun	eat
maga**c**aa	your name
cun**c**un	itch
sa**c**	cow
dab	fire
ba**d**an	very; much, many
ha**dd**a	now, at once
da**d**	people
dhul	ground, earth, land
hu**dh**eel	hotel
fa**dhdh**i	Stay put! (= continue to sit)
ba**dh**	half
fur	open
a**f**ar	four
A**f**rika	Africa
la**f**	bone
geel	camel [collective]
adi**g**a	you [singular]
xa**gg**ee	where?, which way?
ada**g**	hard, difficult
hal	one; she-camel
a**h**ay	I am
shaa**h**	tea
jir	be there; stay
gaa**j**o	hunger, need
xa**j**	pilgrimage to Mecca

kan	this (masculine)
dukaan	shop, store
marka	when (conjunction)
kirkir	cut/slash with blunt knife
Not final -- it changes to -g	(arag = *arak; cf: arkay *I saw*)

khamri	liquor, alcohol
dhakhtar	doctor
wasakh	garbage, trash

libaax	lion
dilay	he killed (X)
Alla	God
isla	as soon as [conjunction]
bil	month; moon

ma	not [NEGATIVE]; QUESTION marker
iman	to come
immisa	how much?, how many?
dambe	behind; late, last
Not final -- it changes to -**n**	(nin = *nim; cf: niman *men*)

naag	woman
ani	me
cunno	food
dindin	seep, leak
niman	men

qof	person
aqal	house
waqti	time
suuq	market

run	truth
arag	see
berri	tomorrow
Maarso	March
bar	teach

saan	leather; footstep
cusub	new
isku	together
naas	breast

shilin	shilling
bisha	the month
hoosh	robbery, kidnapping
shaash	woman's headscarf

tag	go
socoto	traveller
Oktoobar	October
maanta	today
tartan	competition
Not final	

wiil	boy, son
daawo	medicine
ahow	Be! [IMPERATIVE]

xoolo	livestock, wealth
baxo	not go out
Axmed	Ahmed [name]
lix	six

yahay	he is
ayaa	FOCUS marker
yaryar	bits, small ones
hooy	hey!

Hamsa *never* occurs at the beginning of a word

lo'	cattle
lo'aad	of cattle [GENITIVE PLURAL]
gam'i	cause to fall asleep

Exercise 4: SOUND ['] GLOTTAL STOP OR HAMZA

ba'	(-ay)	get ruined
da'	(-ay)	rain, pour down
go'	(-ay)	be cut, detached
la'		lacking
lo'	(da)	cattle
ri'	(da)	female goat

ba'an		ruined, spoiled, wrong [Adj]
baaba'ay		wiped out, got eliminated
bi'i	(-yey)	ruin, wipe out, spoil
da'ay		rained, poured down
go'an		cut, ruptured; decided
Israa'iil		Israel
jaraa'id	(ka)	journals, newspaper
la'aa		one who lacked
la'aan	(ta)	lacking, being without
la'aantood		without them
le'eg		equal, amounting to
masaa'ib	(ka)	calamities, catastrophies
su'aal	(/sha)	question

go'doon	(/may)	be isolated
la'yahay		he is without
lo'da		the cattle [NP]
gam'i	(-yey)	cause to fall asleep
mas'uuliyad	(da)	responsibility

Exercise 5: LONG vs SHORT CONSONANTS

abaar	(ta)	draught	
abbaar	(-ay)	aim at, face, confront	
beri	(ga)	day	
berri	(da)	tomorrow	
cadow	(ga)	enemy	
caddow	(caddaaday)	become white	
cadho	(da)	anger	Alt: caro
cadhdho	(da)	scabies	
Carab	(ka)	Arab	
carrab	(ka)	tongue	
caro	(da)	anger	
carro	(da)	dirt, soil	
gabal	(ka)	portion, part	
gabbal	(ka)	daylight	
galay		I/he entered	
gallay	(da)	maize, corn	
hore		first	
horree	(-yey)	precede	
salaan	(ta)	greeting	
sallaan	(ka)	ladder	
sideed		how ... you?	
siddeed	(da)	eight [8]	
waran	(ka)	spear	
warran	(warramay)	inform, tell news	
xabad	(ka)	chest	
xabbad	(da)	bullet	

Exercise 6: SOUND [c] VOICED PHARYNGEAL FRICATIVE

caano	(/ha)	milk
cab	(-bey)	drink
cad	(ka)	white
cambe	(/ha)	mango
can	(ka)	cheek
cantuug	(-ay)	take a mouthful
casho	(/da)	dinner
cawo	(/da)	night
ceeb	(ta)	shame
ceel	(ka)	well
ciil	(ka)	grief
cilmi	(ga)	education
ciso	(/da)	respect
cod	(ka)	voice
col	(ka)	enemy
cun	(-ay)	eat
bacaad	(ka)	sand
bocor	(ta)	squash
cadceed	(da)	sun
saacad	(da)	hour; watch
sacab	(ka)	applause
soco	(socday)	go, proceed
beec	(a)	price; sale
bucbuc	(a)	chubby (of a child)
jirac	(a)	ant with painful bite
kac	(-ay)	get up, rise
laac	(-ay)	reach out (for)
liic	(-ay)	lean
nac	(-ay)	hate
nacnac	(a)	candy
nanac	(a)	candy
nooc	(a)	type, kind, sort
sac	(a)	cow
shamac	(a)	candle

Exercise 7: SOUND [dh] POST-ALVEOLAR RETROFLEX STOP

dhal	(/sha)	child, offspring
dhac	(-ay)	fall down; happen
dhalaali	(-yey)	polish; melt
dhammaan	(ta)	all, entire
dhammee	(-yey)	finish, end
dhar	(ka)	cloth; clothes
dhaxal	(ka)	inheritance
dhintay	(dhimo)	he died
dhir	(ta)	plants
dhis	(-ay)	build
dhoof	(-ay)	travel
dhowr	(ka)	several
dhul	(ka)	land, ground, country
dhuuban		slim, thin
dhuun	(ta)	throat

qadhaadh	(ka)	bitter tasting
cadho	(/da)	anger
cidhiidhi	(ga)	narrow
cidhif	(ta)	edge
dhadhan	(ka)	taste
dhudhun	(ka)	forearm
hadhuudh	(ka)	maize
midho	(/ha)	seed, fruit
xadhig	(ga)	rope

ballaadh	(ka)	width, breadth
gaadh	(-ay)	reach
gabadh	(dha)	girl
gadh	(ka)	beard; chin
hadh	(ka)	shadow
jadh	(-ay)	chop
jidh	(ka)	body
jiidh	(-ay)	run over
miridh	(mirdhay)	get rusty
shaadh	(ka)	shirt
xidh	(-ay)	tie, close

Exercise 8: SOUND [kh] VOICELESS VELAR OR UVULAR FRICATIVE

khad	(da)	ink
khal	(ka)	vinegar
khalaas	(ka)	finished, gone
khamaar	(-ay)	gamble
khamiis	(ka)	long robe
Khamiis	(ta)	Thursday
khamri	(ga)	liquor
kharaar	(ka)	bitter
khasaaro	(/ha)	loss
khatal	(-ay)	cheat, deceive
khatar	(ta)	danger
kheer	(ka)	goodness
khilaaf	(ka)	discord
khiyaali	(ga)	illusion
khoori	(ga)	canal
khudaar	(ta)	fruits and vegetables

akhri	(-yey)	read
akhtiyaar	(ka)	free will
dakhli	(ga)	income
dhakhtar	(ka)	doctor
khalkhal	(-ay)	become senile or confused
khumkhum	(ka)	type of incense
makhaayad	(da)	restaurant
sakhraan	(ka)	drunk

dhabbaakh	(a)	cook (male)
Obokh		city in Djebuuti
malaakh	(a)	chief
shiikh	(a)	sheikh, man of religion
taariikh	(da)	history
takh	(-ay)	boil
tookh	(-ay)	brag, boast
wasakh	(da)	garbage, trash

Exercise 9: SOUND [q] VOICELESS UVULAR STOP

qaad	(-ay)	take (away), pick up, lift
qaan	(ta)	debt
qab	(-ay)	have, own, possess
qabow	(ga)	cold
qalin	(ka)	pen
qiime	(/ha)	price, value
qof	(ka)	person
qor	(-ay)	write
qosol	(-ay)	laugh
qurux	(da)	beauty
aqal	(ka)	house
boqol	(ka)	hundred
caaqil	(ka)	intelligent
daqiiqad	(da)	minute
doqon	(ka)	stupid
maqal	(maqlay)	listen, hear
maqan		absent
maqaar	(ka)	skin
noqo	(noqday)	return, go back
yaqaan		he knows
aqbal	(-ay)	accept
baqdin	(ta)	fear
barqo	(/da)	late morning
bilqan		spread across
dawaqsan		confused, dizzy
faqri	(ga)	poor, destitute
maqlay		I heard
Muqdisho		Mogadishu (capital city of Somalia)
baq	(-ay)	fear
daaq	(-ay)	graze
dariiq	(a)	street, road
duq	(a)	old person
fooq	(a)	story
laq	(-ay)	swallow
luuq	(a)	alley
muuq	(a)	appearance
naq	(-ay)	arbitrate

Exercise 10: SOUND [r] VOICED ALVEOLAR TRILL OR ROLL

raaji	(-yey)	postpone, delay		
rag	(ga)	men, mankind		
rah	(a)	frog		
ri'	(da)	female goat		
riyo	(/da)	dream		
roon		better, excellent		
run	(ta)	truth		
bare	(/ha)	teacher		
caro	(/da)	anger	Alt:	cadho
cirif	(ta)	edge	Alt:	cidhif
ciriiri	(ga)	narrow	Alt:	cidhiidhi
faras	(ka)	horse		
fure	(/ha)	key		
geri	(ga)	giraffe		
haruur	(ka)	sorghum	Alt:	hadhuudh
kari	(-yey)	cook [v1=]		
mirir	(-ay)	rust	Alt:	miridh
miro	(/ha)	grain	Alt:	midho
qaraar	(ka)	bitter taste	Alt:	qadhaadh
xarig	(ga)	rope	Alt:	xadhig
kursi	(ga)	chair		
marmar		sometimes		
afar	(ta)	four		
ballaar	(ka)	width	Alt:	ballaadh
fur	(-ay)	open	Alt:	fudh
gaar	(-ay)	reach	Alt:	gaadh
gabar	(ta)	girl	Alt:	gabadh
har	(-ay)	stay behind	Alt:	hadh
jar	(-ay)	chop	Alt:	jadh
jir	(-ay)	exist	Alt:	jidh
jiir	(-ay)	run over	Alt:	jiidh
qar	(ka)	cliff	Alt:	qadh
qor	(-ay)	write		
qoor	(ta)	neck	Alt:	qoodh
shaar	(ka)	shirt	Alt:	shaadh
xir	(-ay)	close, tie	Alt:	xidh
yar	(ka)	small		

Exercise 11:   SOUND [x] VOICELESS PHARYNGEAL
                FRICATIVE

xaad	(da)	body hair
xaal	(ka)	matter, affair
xaar	(ka)	excrement
xaas	(ka)	family; wife
xad	(ka)	limit, boundary
xaday		he stole (it)
xanuun	(ka)	pain, ache
xidid	(ka)	vein, root
xiis	(-ay)	long for, miss
xilli	(ga)	season, time of year
xir	(-ay)	close, tie, shut, imprison
xoolo	(/ha)	animal (domestic)
xoor	(ta)	foam
xor		free
xun	(ka)	bad
xurriyad	(da)	freedom
xushmad	(da)	respect

raxmad	(da)	kindness
xiidxiito	(/da)	plover bird
xodxodo	(xodxotay)	woo, court

baxay		he went out
saxan	(ka)	plate
waxa		the thing that [FOCUS MARKER]

lax	(da)	ewe
libaax	(a)	lion
madax	(a)	head
malax	(da)	pus
sax	(-ay)	correct, check
wax	(a)	thing

Exercise 12:   TONE PAIRS. [See SRG: 20-23, 124, 130-131.]

| árdey | student | [n5-m-sg] |
| ardéy | students | [n5-f-pl] |

| àwr | male camel | [n5-m-sg] |
| áwr | male camels | [n5-f-pl] |

| bèer | liver | [n4-m-sg] |
| béer | farm, garden | [n1-f-sg] |

| damèer | male donkey | [n1-m-sg] |
| daméer | female donkey | [n1-f-sg] |

| díbi | ox, bull | [n5-m-sg] |
| dibí | oxen | [n5-f-pl] |

| èy | dog | [n5-m-sg] |
| éy | dogs | [n5-f-pl] |

| gèes | horn | [n2-m] |
| geés | side, direction | [n0-f] |

| ínan | boy | [n2-m] |
| inán | girl | [n2-f] |

| islàan | old man | [n2-m] |
| isláan | old woman | [n1-f] |

| khamìis | long robe | [n2-m] |
| Khamíis | Thursday | [n1-f] |

| órgi | billy goat | [n5-m-sg] |
| orgí | billy goats | [n5-f-pl] |

| Soomáali | a Somali | [n5-m-sg] |
| Soomaalí | Somalis | [n5-f-pl] |

| yèy | wolf | [n5-m-sg] |
| yéy | wolves | [n5-f-pl] |

Exercise 13: ADDITIONAL STUDY.

In preparation for this course, familiarize yourself with the major grammatical categories in Somali. Please browse through the Table of Contents and read the following pages in SRG: 20-23, 124, 130-131.

Exercise 14: LISTENING TO SOMALI INTONATION.

If possible, locate a tape recording of actual speech in Somali. Listen very carefully to the intonation contours that the speakers use.

CHAPTER 2 - BASIC STATEMENTS AND QUESTIONS

DIALOG 1: SOME BASIC GREETINGS AND EXPRESSIONS.

Ma nabad **baa?**	Is it peace?	[a greeting]
Waa nabad.	It is peace.	[in answer]

Maxaad sheegtey?	Lit: What did you tell?
	[greeting] = How are you?
Waa nabad.	It is peace. [in answer]

Iska warran?	How are you?
	[Lit: Tell about yourself.]
Waan ladnahay.	I am well. /or/
Waan nabad qabaa.	I have peace
	(= I'm doing well).

Adiguse? *Adiguna?*	And you? /or/
Adigu sideed tahay?	How are you?
Waan fiicanahay.	I'm fine.

Soomaaliya ku soo dhowoow!	Welcome to Somalia!
Mahadsanid.	Thank you.

===

GRAMMATICAL NOTES.

The three most important grammatical markers come up in this lesson:
Ma marks POSITIVE (non-negative) QUESTIONS [see SRG: 5, 207f, 219-221]
Baa marks FOCUS (new or emphasized information) [see Chapters 12 and 23; SRG: 5, 6, 62-64, 205f].
Waa marks positive (non-negative) DECLARATIVE STATEMENTS [see Chapter 12; SRG: 5, 23, 69-73, 207].
Note the WORD ORDER: **baa** comes *after the head noun*, whereas **waa** comes *before the head noun*.

The pronoun **adigu** is the SUBJECT (-**u**) FORM of **adiga**, and **waan** is the DECLARATIVE FORM of **aniga**. Because the usage of

17

pronouns in Somali is complex, we will not treat them in detail
prior to Chapter 8. However, we can here get a quick glimpse
of how the forms are interrelated. See SRG: 4, 110, 161-164.

PRONOUNS	SUBJECT	**WAA** FORM	MEANING
aniga	anigu	wa**an**	I
adiga	adigu	wa**ad**	you [sg]
isaga	isagu	wuu	he
iyada	iyadu	**wey**	she
annaga	annagu	wa**annu**	we [exclusive]
innaga	innagu	wey**nu**	we [inclusive]
idinka	idinku	wey**din**	you [plural]
iyaga	iyagu	**wey**	they

DIALOG 2: GREETINGS FOR THE TIME OF DAY.

Subax wanaagsan.	Good morning.
Maalin wanaagsan.	Good day.
Galab wanaagsan.	Good afternoon.
Habeen wanaagsan.	Good night.

The above are Europeanized greetings. The more traditional
greetings are:

MORNING GREETING
Nabad ma ku barideen?	Have you [plural] had a peaceful night?
Nabad ma ku baridey?	Have you [singular] had ...
Waa nabad.	Yes.

MORNING OR EVENING GREETING
Bariido wanaagsan.	Have a good night.

NIGHTTIME GREETING
Nabad ku bari!	Be in peace for the night!
Nabad ku barya!	[addressed to group = plural]

Exercise 1: DECLARATIVE STATEMENTS WITH **WAA**.

Waa	buug.	It is a	book.
	laabbis		pencil.
	koob.		cup.
	sac.		cow.
	libaax.		lion.
	Khamiis.		Thursday.
	Faarax.		Farah [name].
	guri.		house.
	suuq.		market.
	shimbir.		bird.

Exercise 2: QUESTIONS WITH **MA ... BAA**.

Ma	buug	baa?	Is it a	book?
	laabbis			pencil?
	koob			cup?
	sac			cow?
	libaax			lion?
	Khamiis			Thursday?
	Faarax			Farah? [name]
	guri			house?
	suuq			market?
	shimbir			bird?

Maya, me ahaan ....

Maya, k/rahi waa ....

Exercise 3: QUESTION AND DECLARATIVE ANSWER.
Use the vocabulary above in the following pattern:

Ma	buug	baa?	Waa	buug.
__	laabbis	__?	__	laabbis.

Exercise 4: FURTHER DRILLS ON **WAA**:

Isagu	waa	macallin.	He	is	a	teacher.
		dhakhtar.				doctor.
		karraani.				clerk.
		dhabbaakh.				cook.
		askari.				soldier.

Iyadu	waa	macallimad.	She	is	a	teacher.
		dhakhtarad.				doctor.
		karraaniyad.				clerk.
		dhabbaakhad.				cook.
		askariyad.				soldier.

Exercise 5: QUESTION AND ANSWER DRILLS.

Isagu ma _____ baa?
　Isagu waa _____.

Iyadu ma _____ baa?
　Iyadu waa _____.

Exercise 6: MAKING DESCRIPTIVE STATEMENTS.

Ruush waa waddan weyn.	Russia is a big country.
Mareykan	America
Shiina	China
Awstraaliya	Australia
Braasiil	Brazil

Keeniya waa waddan yar.	Kenya is a small country.
Sacuudi Carabiya	Saudi Arabia
Beljiyam	Belgium
Kuwait	Kuwait
Soomaaliya	Somalia

Exercise 7: QUESTION AND ANSWER.
Listen carefully to your teacher and try to answer correctly based on the sense of the question.

Soomaaliya ma waddan   Is Somalia a big country?
  weyn baa? Maya, ma aha. No, it is not.

Soomaaliya ma waddan   Is Somalia a small country?
  yar baa?   Haa, waa   Yes, it is a small country.
  waddan yar.

Exercise 8: EXPANDED QUESTIONS AND ANSWERS: *Sou ma aha?*

Maanta ma Talaada baa?   Is today Tuesday?
  Haa, waa Talaada.   Yes, it is Tuesday.

Iyadu ma Mareykan baa?   Is she American?
  Haa, waa Mareykan.   Yes, she is American.

Iyadu ma macallimad baa?   Is she a teacher?
  Haa, waa macallimad.   Yes, she is a teacher.

Isagu ma dhakhtar baa?   Is he a doctor?
  Haa, waa dhakhtar.   Yes, he is a doctor.

Isagu ma macallin baa?   Is he a teacher?
  Haa, waa macallin.   Yes, he is a teacher.

Isagu ma askari baa?   Is he a soldier?
  Haa, waa askari.   Yes, he is a soldier

Isagu ma injineer baa?   Is he an engineer?
  Haa, waa injineer.   Yes, he is an engineer.

Ma qabow baa?   Is it cold?
  Haa, waa qabow.   Yes, it is cold.

Ma kulayl baa?   Is it hot?
  Haa, waa kulayl.   Yes, it is hot.

Exercise 9: DICTATION.
Write these sentences on a separate sheet of paper.
We'll start with some useful phrases in this context!

Ma ku celin kartaa?	Could you repeat it?
Mar labaad dheh!	Say it a second time!
Mar kale dheh!	Say it another time!
Iska warran?	How are you?
Waan nabad qabaa.	I'm fine.
Waan fiicanahay.	I'm well.
Saaybeeriya waa meel qabow.	Siberia is a cold place.
Aasiya waa qaarad weyn.	Asia is a large continent.

Exercise 10: TRANSLATION AND VOCABULARY REVIEW.
Study the lesson. Afterwards, write down the meaning of the
following words:

buug	wanaagsan
laabbis	weyn
guri	yar
suuq	kulayl
meel	qabow
maanta	haa
subax	maya
maalin	mahadsanid
galab	nabad
dhakhtar	waddan
dhakhtarad	Aasiya
macallin	Mareykan
macallimad	Soomaaliya
askari	Ruush
askariyad	Shiina
karraani	Sacuudi Carabiya
adigu	libaax
isagu	sac
iyadu	shimbir

CHAPTER 3 - SOMALI NAMES AND NATURAL GENDER

DIALOG 1: ASKING ONE'S NAME.

Magacaa?	[What's] your name?
Magacaygu waa Yuusuf.	My name is Joseph.
Magacaa?	[What's] your name?
Magacaygu waa Cabdi.	My name is Abdi.
Cabdi ayo?	Abdi what?
Cabdi Faarax.	Abdi Farah.
Cabdi, barasho wanaagsan.	Abdi, good to know you.
Barasho wanaagsan.	Good to get acquainted.

===

GRAMMAR NOTE.

In this chapter the masculine noun **magac** *name* has the POSSESSIVE PRONOUN suffixes -**ay(ga)** *my*, -**aa(ga)** *your*, -**iis(a)** *his*, and -**eed(a)** *her* attached. Some complicated changes take place with these forms, so they will not be taken up in detail until Chapter 13, after you have mastered GENDER (Chapter 4) and SOUND CHANGES AFFECTING NOUNS (Chapters 5 & 6).

The suffix -**u** is used to mark the SUBJECT on forms like **magacaygu** *my name*, **magaciisu** *his name* and **magaceedu** *her name*, as it did on **adigu** on page 17.

CULTURAL NOTE

Somali NAMES consist of one's own name followed by that of one's father and one's grandfather. Thus, **Cabdullaahi Axmed Ciisa** means *Abdullahi* who is the *son of Ahmed* and the *grandson of Issa*. His son might in turn be named **Guuleed Cabdullaahi Axmed**, i.e., *Victor* who is the *son of Abdullahi* and the *grandson of Ahmed*.

Somalis also greet by shaking hands, but some may maintain physical contact much longer than an American would be used to. So, in certain areas of the country, a brief handshake might be considered unfriendly.

23

Exercise 1: ROLE PLAY.
The teacher will ask you your name, introducing the Somali handshake as well.

Magacaa?	[What's] your name?
Magacaygu waa _____.	My name is...
Subax wanaagsan.	Good morning.
Subax wanaagsan.	Good morning. [or another appropriate time]
_____, barasho wanaagsan.	_____, good to know you.
Barasho wanaagsan.	Good to be acquainted.
Ma nabad baa?	How are you?
Waa nabad.	Fine.

==

DIALOG 2: ASKING A MAN'S NAME.

Magaciis?	[What's] his name?
Magaciisu waa Yuusuf.	His name is Joseph.
Yuusuf, maxaad sheegtey?	Lit: Joseph, what did you tell? = how are you?
Waa nabad.	Lit: It is peace. = Fine.

Exercise 2a: USING MEN'S NAMES.

Magaciis?	[What's] his name?
Magaciisu waa _____.	His name is _____.

Substitute the MEN'S NAMES on the following page in the above dialog:

Aadan	Adam
Axmed	Ahmed
Cabdalle	Abdalla
Cabdiraxmaan	Abdirahman
Cabdullaahi	Abdullahi
Cali	Ali
Cawad	Awad
Cilmi	Ilmi
Cusmaan	Osman, Ottoman
Daahir	Dahir
Daauud	David
Diiriye	Diriye
Faarax	Farah
Guuleed	Victor
Ibraahim	Abraham
Ismaaciil	Ishmail
Jamaal	Jamal
Jimcaale	Jimale
Liibaan	Liban
Makaahiil	Michael
Maxamed	Mohammed
Nuur	Nur
Rooble	Roble
Saalim	Salem
Saciid	Saeed
Saleebaan	Solomon
Sugulle	Sugule
Suleymaan	Solomon
Suufi	Sufi
Warsame	Warsame
Xaashi	Hashi
Xassan	Hassan
Xuseen	Huseen
Yuusuf	Joseph

Exercise 2b: FURTHER USE OF MASCULINE NAMES.

Ninka magaciis?	What is the man's name? [Lit: The man - his name?]
Ninka magaciisu waa	The man's name is
Yuusuf	Joseph.
Aadan	Adam
Cumar	Omar
Maxamuud	Mahmud
Cabdi	Abdi
Guuleed	Victor
___, barasho wanaagsan.	___, good to know you.
Barasho wanaagsan.	Good to know you.

DIALOG 3: ASKING A WOMAN'S NAME.

Magaceed?	[What's] her name?
Magaceedu waa Xaliimo.	Her name is Halima.
Xaliimo ayo?	Halima what? (lit: who?)
Xaliimo Maxamed.	Halima Mohammed.
Xaliimo, ma nabad baa?	Halima, how are you?
Waa nabad.	Fine.

CULTURAL NOTE.

Even a girl uses her father's name after her own, not her mother's. Furthermore, she will continue to use her father's name after marriage, i.e., she does not assume her husband's name or family name.

Exercise 3a: USING WOMEN'S NAMES.

Magaceed?	[What's] her name?
Magaceedu waa _____.	Her name is _____.

Substitute the WOMEN'S NAMES on the following page in the dialog or frame above:

Asli	Asli
Caasha	Asha
Canab	Anab
Deeqa	Deka
Farxiya	Farhia
Fatxiya	Fathia
Fowsiya	Fowzia
Hodan	Hodan
Indhadeeq	Indadek
Jamiilo	Jamila
Jawaahir	Jawahir
Khadra	Khadra
Leyla	Leila
Luul	Lul
Maryan	Mary
Muuna	Mona
Raxma	Rahma
Rooda	Rhoda
Ruqiya	Rukia
Ruun	Run
Sacdiya	Sadia
Saciida	Saeeda
Sahra	Sarah
Salaado	Salada
Salma	Salma
Samsam	Zamzam
Siraad	Sirad
Xaawo	Eve
Xaliimo	Halima
Xusniya	Husnia

Exercuse 3b: FURTHER USE OF FEMININE NAMES.

Naagta magaceed?	What is the woman's name?
Naagta magaceedu waa Asli.	The woman's name is Asli.
Xaawo	Eve
Leyla	Leila
Caasha	Asha
Maryan	Mary
_____, barasho wanaagsan.	_____, good to know you.
Barasho wanaagsan.	Good to know you.

Exercise 4: CONVERSATION PRACTICE.
Do the following conversation. Afterwards, talk to your teacher
and classmates using similar phrases:

Maxaad sheegtey?	Lit: What did you tell? [greeting] = How are you?
Nabad. Ma nabad baa?	Lit: Peace. Is it peace? = Fine. How are you?
Nabad. Magaciis?	Fine. What is his name?
Magaciisu waa _____.	His name is _____.
_____, maxaad sheegtey?	_____, how are you?
Nabad.	Fine.
Ma nabad baa?	How are you?
Nabad, Alxamdulilah.	Fine, thanks to God.

Exercise 5: TRANSLATION PRACTICE.
Translate the following dialog segments:

Ma nabad baa?
Nabad.

Magacaa?
Magacaygu waa Yuusuf.

Yuusuf ayo?
Yuusuf Cumar.

Magaceed?
Magaceedu waa Maryan.

Maryan ayo?
Maryan Cilmi.

Exercise 6: DICTATION PRACTICE.
Write down the sentences which your teacher will dictate to you.
Do not worry about the meaning of some of the new words for
the present.   These are basic words and structures which you
will get to know as this course progresses.

Naagtan magaceedu waa   This woman's name is Halima.
    Xaliimo.

Waa Cabdi naagtiis.   She is Abdi's wife.

Iyada iyo Cabdi wey   She and Abdi are married.
    isqabaan.   [Lit: they have each other]

Yuusuf iyo Cabdi maan-   Joseph and Abdi got to know
    ta bey isbarteen.   each other today.

Yuusuf waa Xaliimo   Joseph is Halima's brother.
    walaalkeed.

Exercise 7: FREE CONVERSATION.
Engage your teacher and/or classmate(s) in a dialog using
expressions you have learned in this and the previous two
chapters. Write some of these in the space below.

Exercise 8: VOCABULARY DRILL.
Translate the following words into Somali.

good

peace

know

name

my name

your name

his name

her name

tell

man

woman

who?

CHAPTER 4

SOMALI NOUNS AND GRAMMATICAL GENDER

PATTERN 1: MASCULINE OR K-CLASS NOUNS.

dhakhtar	a doctor
dhakhtar**ka**.	the doctor.
Dhakhtar**kii** mee?	Where is the doctor?
Dhakhtarkii waa **kan**.	The doctor is here.
telefoon	a telephone
telefoon**ka**.	the telephone.
Telefoon**kii** mee?	Where is the telephone?
Telefoonkii waa **kaa**.	The telephone is there.
macallin	a teacher
macallin**ka**.	the teacher.
Macallin**kii** meeyey?	Where is the teacher?
Macallinkii waa **kaas**.	The teacher is there.
nin	a man
nin**ka**.	the man.
Nin**kii** mee?	Where is the man?
Ninkii waa **keer**.	The man is there (not far).

GRAMMATICAL NOTE.

All of the above are MASCULINE NOUNS which take a suffix beginning with -**k**. The standard form (one which you will generally find in a dictionary) is -**ka** *the*, which is used to mark NEW INFORMATION or something just being introduced in a conversation. Once something has been introduced or if it is generally known, the suffix is -**kii**, as in the examples.

Matching these definite article suffixes are DEMONSTRATIVE forms:

-kan	this
-kaa or **-kaas**	that (not far away)
-keer	that (far away)

Meeyey means *where is (he/it)?* and can only be used with masculine nouns, whereas **mee** *where is?* has no gender meaning at all and can be used with any noun. See SRG: 153-154; 224.

PATTERN 2: FEMININE OR T-CLASS NOUNS.

naag	a woman
naag**ta**	the woman
Naag**tii** mee?	Where is the woman?
Naagtii waa **tan**.	The woman is here.

carruur	children
carruur**ta**	the children
Carruur**tii** meedey?	Where are the children?
Carruurtii waa **taa**.	The children are there.

lacag	money
lacag**ta**	the money
Lacag**tii** meedey?	Where is the money?
Lacagtii waa **taas**.	The money is there.

gabar	a girl
gabar**ta**	the girl
Gabar**tii** meedey?	Where is the girl?
Gabartii waa **teer**.	The girl is there (not far).

GRAMMATICAL NOTE.

These are FEMININE NOUNS which take a suffix beginning with -t.
The standard form (e.g., found in a dictionary) has -**ta** *the*,
which is used to mark NEW INFORMATION just being introduced in
a conversation. Once something has been talked about or if it is
known, the suffix used is -**tii**, as in the examples.

Matching these definite article suffixes are DEMONSTRATIVE forms
[see SRG: 153-154]:

-**tan**	this
-**taa** or -**taas**	that (not far away)
-**teer**	that (far away)

Meedey means *where is (she/it)?* and can only be used with
feminine nouns, whereas **mee** *where is?* has <u>no gender meaning</u>
at all and can be used with any noun.

Pay attention to the changes going on between these two types of nouns. Although this has traditionally been called GENDER (which is split between MASCULINE and FEMININE), it may be more helpful to think of CLASSES OF NOUNS (one being a **k-CLASS** and the other a **t-CLASS**). The Somali language breaks up the universe into two groups (which might be compared to the Chinese split between Yin and Yang or the Pacific Islander and Australian Aboriginal concept of two moieties). In Somali, gender has a far reaching grammatical impact on such patterns as plural forms and verb agreement.

Each Somali noun has the following characteristics:
GENDER - MASCULINE (**k**-marked) or FEMININE (**t**-marked) taken up in this and the next two chapters.
NUMBER - SINGULAR or PLURAL (the most common plural endings are **-o** or **-yo**, discussed in Chapter 18; but other endings are taken up in Chapter 29).
DECLENSION - the way a noun is changed or inflected based on what kind of PLURAL FORM it has (as well as its gender and tone in the singular); altogether there are *eight noun declensions* in Somali.

This means that you will ultimately have to learn four forms for each noun. For example, **nin** *man* is a **Declension 4 noun** with the following forms:

(1) Singular root	**nin**	(a) man
(2) with article	**nin-ka**	the man
(3) Plural form	**niman**	(some) men
(4) with article	**niman-ka**	the men

In Lesson Three we studied NAMES, which follow NATURAL GENDER. That is, a man's name is MASCULINE and a woman' name is FEMININE. Many Somali nouns are like names and follow a meaningful pattern:

aabbe	(/ha)	father	masculine
hooyo	(/da)	mother	feminine
nin	(ka)	man	masculine
wiil	(ka)	boy	masculine
gabadh	(dha)	girl	feminine

Some words that are spelled the same in their ROOT FORM are distinguished by DIFFERENT GENDER ENDINGS and/or TONE   [see SRG: 20-23, 124]:

ey	(ga)	dog [male/gen.]	masculine
ey	(da)	bitch; dogs [pl]	feminine
inan	(ka)	boy	masculine
inan	(ta)	girl	feminine
walaal	(ka)	brother	masculine
walaal	(/sha)	sister	feminine

However, Somali is a language based on GRAMMATICAL GENDER. That is, the way a noun is handled does not always make sense. It is simply a means of marking words.

beri	(ga)	day	masculine
maalin	(ta)	day	feminine
magaalo	(/da)	town, city	feminine
beled	(ka)	town, settlement	masculine
jid	(ka)	road, path	masculine
daw	(ga)	path, way	masculine
dariiq	(a)	road, street	masculine
waddo	(/da)	road, avenue	feminine
dumar	(ka)	womenkind	masculine
hablo	(/ha)	girls	masculine
bas	(ka)	bus	masculine
dayuurad	(da)	airplane	feminine
subax	(da)	morning	feminine
habeen	(ka)	night	masculine
lacag	(ta)	money	feminine
shilin	(ka)	shilling	masculine
kol	(ka)	time, instance	masculine
goor	(ta)	time, occurrence	feminine

Sometimes gender is used to keep words that would otherwise be identical (HOMONYMS) distinct:

hal	(/sha)	female camel	feminine
hal	(ka)	one [numeral]	masculine
waa	[it] is	DECLARATIVE	CLASSIFIER
waa	(ga)	time, era	masculine

For the present, we will focus our attention on basic SINGULAR FORMS that have -**k** or -**t** articles, and deal with complexities in later chapters.

Exercise 1: MASCULINE NOUNS - NO CHANGE.
Add -**ka** to the words you learned in earlier lessons:

dhakhtar	doctor	dhakhtarka
habeen	night	habeenka
injineer	engineer	injineerka
koob	cup	koobka
laabbis	pencil	laabbiska
macallin	teacher	macallinka
Mareykan	America	Mareykanka
nin	man	ninka
waddan	country	waddanka
walaal	brother	walaalka

Exercise 2: OTHER MASCULINE NOUNS - NO CHANGE.
Add -**ka** to these new vocabulary items:

af	mouth; language	afka
bas	bus	baska
dab	fire	dabka
dad	people	dadka
dukaan	shop, store	dukaanka
hilib	meat	hilibka
nambar	number	nambarka
roob	rain	roobka
saaxiib	friend	saaxiibka
wiil	boy	wiilka

Exercise 3: FEMININE NOUNS - NO CHANGE.
Add: -ta to the words you learned in earlier lessons:

galab	afternoon	galabta
Khamiis	Thursday	Khamiista
maalin	day	maalinta
naag	woman, wife	naagta
shimbir	bird	shimbirta

Exercise 4: OTHER FEMININE NOUNS - NO CHANGE.
Add -ta to these new vocabulary items:

abaar	drought, famine	abaarta
carruur	children	carruurta
dhib	trouble, problem	dhibta
goor	time, occasion	goorta
lacag	money	lacagta
run	truth	runta

Exercise 5: PATTERN PRACTICE [MASCULINE NOUNS].

Hilib	(kii)	**baan**	arkay.	I	saw	some	/	(the)	meat.
Dhakhtar	(kii)	**baan**	arkay.	I	saw	a	/	(the)	doctor.
Macallin	(kii)								teacher.
Nin	(kii)								man.
Wiil	(kii)								boy.
Inan	(kii)								boy.
Telefoon	(kii)								telephone.
Laabbis	(kii)								pencil.
Dab	(kii)								fire.
Dukaan	(kii)								shop.

Note: **baan** is the result of FUSION of **baa** (the FOCUS word discussed in Chapter 2) and the PRONOUN **aan** I.

Exercise 6: PATTERN PRACTICE [FEMININE NOUNS].

Lacag	(tii)	baan	arkay.	I	saw	some / (the)		money.
Carruur	(tii)							children.
Naag	(tii)			I	saw	a / (the)		woman.
Shimbir	(tii)							bird.
Gabar	(tii)							girl.
Inan	(tii)							girl.

Exercise 7: TRANSLATION PRACTICE.
Translate the following sentences:

Injineerkii meeyey? *Where is the engineer?*

Injineerkii waa kan. *Right here.*

Runtii baan arkay.

Telefoonkii mee? *Whar is the phone?*

Telefoonkii waa kaas.

Exercise 8: TRANSCRIPTION PRACTICE.
Write down what your teacher says to you.

Khamiistii baan arkay.   I saw (it) on the Thursday.

Galabtii baan arkay.   I saw (it) in the afternoon.

Xafiiskan magaciisu
  waa "M.R.M."   The name of this office
is "M.R.M."

Exercise 9: VOCABULARY REVIEW.
Fill in the blanks; please keep the answers on the right side of
the page covered until you are done.

naag (_Ta_) _____   [ta - woman]

_____ (ta)   children   [carruur]

_____ (ka)   doctor   [dhakhtar]

dukaan (ka)   _____   [shop, store]

_____ (__)   money   [lacag - ta]

habeen (__) _____   [ka - night]

laabbis (ka)   _____   [pencil]

_____ (ta)   day   [maalin]

walaal (ka)   _____   [brother]

_____ (ka)   language   [af]

hilib (__)   _____   [ka - meat]

_____ (ka)   country   [waddan]

macallin (__)   _____   [ka - teacher]

_____ (ka)   friend   [saaxiib]

dab (__)   _____   [ka - fire]

PATTERN: DEFINITE AND INDEFINITE EXPRESSIONS.
Note how the final vowel in the following root words changes to match the vowel of the suffix:

Q: Kani waa maxay?	What is this?
A1: Kani waa **buste**.	This is a blanket. [indefinite]
A2: Waa **bustaha** cusub.	It is the new blanket. [new information / some topic being introduced]

or the answer could be:

A3: Waa **bustihii**.	It is the blanket. [previously known or discussed / given information]

Repeat the following examples, noting all the changes that occur:

Kani waa ____.		Waa ____ cusub.	
fure	a key	furaha	the new key
buug	a book	buugga	the new book
taksi	a taxi	taksiga	the new taxi
guri	a house	guriga	the new house
daw	a road	dawga	the new road
suuq	a market	suuqa	the new market

Waa maxay?	Waa ____.	Waa maxay?	Waa ____.
fure	a key	furihii	the key
buug	a book	buuggii	the book
taksi	a taxi	taksigii	the taxi
guri	a house	gurigii	the house
daw	a road	dawgii	the road
suuq	a market	suuqii	the market

Note that there is a distinction between DEFINITE (with an article) and INDEFINITE (without an article) equivalent to the English articles *the* versus *a*.

Remember that there are two kinds of DEFINITE INFORMATION: **new** (just being introduced in a conversation) which is marked by -**a**; and **given** (known by the speakers or already discussed) which is marked by -**ii**. All changes described for the ARTICLES -**ka** and -**kii** in this chapter will also apply to the DEMONSTRATIVES -**kan** *this*, -**kaas** *that*, etc. Review these forms in Chapter 4.

Exercise 1: CHANGE OF -**E** TO -**A** AND OF -**KA** TO -**HA**.
With masculine nouns that end in a vowel, the **k**- ending changes to -**h**-, and the vowel will match that of the suffix. So, for nouns that end in -**e**, change the final vowel of the root to -**a** and change the masculine ending -**ka** to -**ha**:

dukaanle	shopkeeper	dukaanlaha
hilible	butcher	hiliblaha
madaxweyne	president	madaxweynaha
aabbe	father	aabbaha
bare	teacher	baraha
buste	blanket	bustaha
fure	key	furaha
jaalle	comrade	jaallaha

Exercise 2: CHANGE OF -**E** TO -**I** AND OF -**KA** TO -**HII**.
With masculine nouns that end in a vowel, the **k**- ending changes to -**h**, and the vowel will match that of the suffix. So, for nouns that end in -**e**, change the final vowel of the root to -**i** and change the masculine ending -**ka** to -**hii**:

dukaanle	shopkeeper	dukaanlihii
hilible	butcher	hiliblihii
madaxweyne	president	madaxweynihii
aabbe	father	aabbihii
bare	teacher	barihii
buste	blanket	bustihii
fure	key	furihii
jaalle	comrade	jaallihii

Exercise 3: CHANGE OF -**O** TO -**A** AND OF -**KA** TO -**HA**.
Following the rule described in Exercise 1 above, add the
masculine suffix to these nouns ending in -**o**:

biyo	water	biyaha
ilmo	child, baby	ilmaha
xoolo	livestock	xoolaha
fardo	horses	fardaha
gacmo	hands	gacmaha
hablo	girls	hablaha

Exercise 4: CHANGE OF -**O** TO -**I** AND OF -**HA** TO -**HII**.
Following the rule described in Exercise 2 above, add the
masculine suffix to these nouns ending in -**o**:

biyo	water	biyihii
ilmo	child, baby	ilmihii
xoolo	livestock	xoolihii
fardo	horses	fardihii
gacmo	hands	gacmihii
hablo	girls	hablihii

Exercise 5: CHANGE OF -**KA** TO -**GA**.
If a masculine noun ends in -**g**, -**w**, -**y**, or -**i**, the **k** will change
to a **g**:

buug	book	buugga
ilig	tooth	iligga
rag	men [COL]	ragga
daw	way, road	dawga
ey	dog	eyga
oday	old man	odayga
askari	soldier	askariga
beri	day	beriga
guri	house	guriga
karraani	clerk	karraaniga
Soomaali	Somali man	Soomaaliga
taksi	taxi	taksiga

Exercise 6: CHANGE OF -GA TO -GII.

buug	book	buuggii
ilig	tooth	iliggii
rag	men [COL]	raggii
daw	way, road	dawgii
ey	dog	eygii
oday	old man	odaygii
askari	soldier	askarigii
beri	day	berigii
dibi	bull, ox	dibigii
guri	house ⌐	gurigii
karraani	clerk	karraanigii
Soomaali	Somali man	Soomaaligii
taksi	taxi	taksigii

Exercise 7: CHANGE OF -KA TO -A.
If a masculine noun ends in the consonant -c, -h, -q, -kh, or -x,
the **k** is lost, leaving only the vowel -a:

dhinac	side, direction	dhinaca
magac	name	magaca
sac	cow	saca
rah	frog	raha
shaah	tea	shaaha
dhabbaakh	cook	dhabbaakha
shiikh	religious official	shiikha
daaq	vegetation	daaqa
dariiq	road, street	dariiqa
suuq	market	suuqa
libaax	lion	libaaxa
madax	head	madaxa
wax	thing, matter	waxa

Exercise 8: CHANGE OF -A TO -II.
Under the same conditions outlined in Exercise 7, a final -a
changes to -ii. A final SHORT a of the root may change to i to
match this suffix. Note the alternate possibilities:

dhinac	dhinacii	dhinicii
magac	magacii	magicii
sac	sacii	sicii
rah	rahii	
shaah	shaahii	
dhabbaakh	dhabbaakhii	
shiikh	shiikhii	
daaq	daaqii	
dariiq	dariiqii	
suuq	suuqii	
libaax	libaaxii	
madax	madaxii	madixii
wax	waxii	wixii

Exercise 9: PATTERN PRACTICE.
Repeat after your teacher:

Kani waa **bare**.	This is a teacher.
Isagu waa **baraha** cusub.	He is the new teacher.

Use the following in the above pattern:

askari	a soldier
askariga cusub	the new recruit
dhabbaakh	a cook
dhabbaakha cusub	the new cook
dukaanle	a shopkeeper
dukaanlaha cusub	the new shopkeeper
karraani	a clerk
karraaniga cusub	the new clerk

Exercise 10: ANSWERS WITH DEFINITE INFORMATION.
Repeat after your teacher:

Waa ayo?	Who is it?
Waa dukaanlihii.	It is the shopkeeper.

Your teacher will read the first (indefinite) form, substitute the second (definite) form in a sentence.

hilible	a butcher
hiliblihii	the butcher
madaxweyne	a president
madaxweynihii	the president
aabbe	father
aabbihii	the father
jaalle	comrade
jaallihii	the comrade

Exercise 11: EXPANDED QUESTIONS AND ANSWERS.
Repeat after your teacher:

Waa maxay?	What is it?
Waa buste.	It is a blanket.
Waa bustihii.	It is the blanket.

Use the following in the above pattern:

fure	a key
furihii	the key
biyo	water
biyihii	the water
xoolo	livestock
xoolihii	the livestock
fardo	horses
fardihii	the horses
hablo	girls
hablihii	the girls

Exercise 12: TRANSLATION.
Translate the following sentences into English:

Kani waa fure guri.

Waa biyo.

Kani waa bustaha cusub.

Isagu waa bare wanaagsan.

Isagu waa madaxweynihii.

Exercise 13: TRANSCRIPTION PRACTICE.
Repeat the following after your teacher, then write them down in Somali without looking at the text. Some words are used here which you have not learned before in order to test your ability to hear and write down Somali correctly.

Fure ma haysaa?	Do you have a key?
Furaha guriga baan hayaa.	I have the house key.
Buug ma haysaa?	Do you have a book?
Buugga af Soomaaliga baan hayaa.	I have the Somali book.
Aabbe meeyey?	Where is Father?
Aabbe wuu baxay.	Father went out.

Exercise 14: VOCABULARY AND GRAMMAR REVIEW.
Translate the following into Somali:

INDEFINITE	DEFINITE NEW	DEFINITE KNOWN
a key	the (new) key	the key
a teacher	the (new) teacher	the teacher
a number	the (new) number	the number
a man	the (new) man	the man
some rain	the (new) rain	the rain
a boy	the (new) boy	the boy
a soldier	the (new) recruit	the soldier
some water	the (new) water	the water
a thing	the (new) thing	the thing
a language	the (new) language	the language

Exercise 15.   IDENTIFICATION.
Translate the following into English; identify both the ROOT WORD
and the SUFFIXES:

magacan	magacaas	magicii
buuggii	buuggan	buuggaas
suuqan	suuqaas	suuqii
gurigaas	gurigii	gurigan
macallinkii	macallinkan	macallinkaas
barahan	barahaas	barihii
dhakhtarkaas	dhakhtarkii	dhakhtarkan
madaxweynahan	madaxweynahaas	madaxweynihii
dawgaas	dawgii	dawgan
biyihii	biyahan	biyahaas
sicii	sacan	sacaas
libaaxaas	libaaxii	libaaxan
dibigii	dibigan	dibigaas
xoolahan	xoolahaas	xoolihii
telefoonkan	telefoonkii	telefoonkaas

CHAPTER 6 - CHANGES AFFECTING FEMININE NOUNS

PATTERN: DEFINITE AND INDEFINITE EXPRESSIONS.

Note the changes to the root word when suffixes are added:

Q: Tani waa maxay? What is it?
A1: Tani waa **mindi**. This is a knife.
 [indefinite]
A2: Waa **mindida** cusub. It is the new knife.
 [new information / some
 topic being introduced]

or the answer could be:

A3: Waa **mindidii**. It is the knife.
 [previously known or dis-
 cussed / given information]

Repeat the following examples, noting the changes that are going to be discussed in this chapter:

Tani waa _____ .		Waa _____ cusub.	
dayuurad	an airplane	dayuuradda	the new airplane
lo'	cattle	lo'da	the new cattle
daawo	medicine	daawada	the new medicine
waddo	a street	waddada	the new street
gabadh	a girl	gabadhdha	the new girl

Waa maxay? Waa ___ .		Waa _____ .	
dayuurad	an airplane	dayuuraddii	the airplane
lo'	cattle	lo'dii	the cattle
daawo	medicine	daawadii	the medicine
waddo	a street	waddadii	the street
gabadh	a girl	gabadhdhii	the girl

Note that the distinction between DEFINITE (with an article) and INDEFINITE (without an article) follows the pattern discussed for masculine nouns in the last chapter: **new** (being introduced in a conversation) is marked by -a; and **given** (known by the speakers or already discussed) is marked by -**ii**.

47

Remember that the **feminine marker** is **t-** on the ARTICLES **-ta** and **-tii** and on the DEMONSTRATIVES **tan, taa, taas,** or **teer**. The changes to **t** that are described in this chapter apply to *all* of these suffixes. For further discussion see SRG: 150-154.

Exercise 1: CHANGE OF **-O** TO **-A** AND OF **-TA** TO **-DA**.
With feminine nouns that end in the **vowel -o**, the **t**-ending changes to **-d**, and the vowel will match that of the suffix. Note that this change is *parallel* to that described for masculine nouns ending in **-o** (on page 41):

cunto	food	cuntada
daawo	medicine	daawada
hooyo	mother	hooyada
magaalo	city	magaalada
shaqo	work	shaqada
sheeko	story	sheekada
waddo	road	waddada

Exercise 2: CHANGE OF **-O** TO **-A** BUT OF **-TA** TO **-DII**.
When the given information or subject suffix is added to the above words, the **vowel o** also changes to **a**. Note that this is *not parallel* to the change to **-i** described for masculine nouns ending in **-o** in the previous chapter.

cunto	food	cuntadii
daawo	medicine	daawadii
hooyo	mother	hooyadii
magaalo	city	magaaladii
shaqo	work	shaqadii
sheeko	story	sheekadii
waddo	road	waddadii

Exercise 3: CHANGE OF -TA TO -DHA (OR -A IN SPELLING)
In dialects that have feminine nouns ending in -**dh**, the -**ta**
suffix changes to -**dha**. In other dialects these words end in **r**,
so the ending is -**ta** and this change does *not* take place. Note,
however, that even in those dialects where forms do end in **dh**,
the Somali spelling system does not generally write it double, i.e.,
as -**dhdh**-; see SRG: 16.

gabadh		girl		gabadhdha
Alt:	gabar	(ta)		gabarta
feedh		rib		feedhdha
Alt:	feer	(ta)		feerta
laydh		air		laydhdha
Alt:	layr	(ta)		layrta
qoodh		stud animals		qoodhdha
Alt:	qoor	(ta)		qoorta
qudh		self		qudhdha
Alt:	qur	(ta)		qurta
xaydh		lard		xaydhdha
Alt:	xayr	(ta)		xayrta

===

GRAMMATICAL NOTE.

Contrast two of the above examples with homonyms that occur
in those <u>dialects that do not have words ending in -**dh**</u>:

feer	(ka)	punch, blow	[masculine]
feer	(ta)	rib	[feminine]
qoor	(ta)	stud animals	[fem-plural]
qoor	(ta)	neck	[feminine]

Exercise 4: CHANGE OF -**TA** TO -**DA**.
If a feminine noun ends in a **vowel** (other than -o) or with a **d**,
h, **kh**, **x**, **w**, **y**, or ' (glottal stop) the **t** changes to **d**.

Talaa**da**	Tuesday	Talaa**da**da
dun**i**	world	dunida
mind**i**	knife	mindida
s**i**	way, method	sida
Soomaal**i**	Somali people	Soomaalida
ba**d**	sea, ocean	badda
dawla**d**	government	dawladda
dayuura**d**	airplane	dayuuradda
jariida**d**	newspaper	jariidadda
naba**d**	peace	nabadda
shanda**d**	suitcase	shandadda
warqa**d**	letter; paper	warqadda
ba**h**	of same mother	bahda
taarii**kh**	date; history	taariikhda
wasa**kh**	garbage	wasakhda
dhe**x**	middle, center	dhexda
suba**x**	morning	subaxda
neeca**w**	fresh air	neecawda
ee**y**	female dog	eeyda
da**'**	age	da'da
lo**'**	cattle	lo'da

This change also applies to the FEMININE OCCUPATION forms that
have the suffix -**ad**; these words were introduced in Chapter 2:

askariy**ad**	soldier	askariyadda
dhabbaakh**ad**	cook	dhabbaakhadda
dhakhtar**ad**	doctor	dhakhtaradda
karraaniy**ad**	clerk	karraaniyadda
macallim**ad**	teacher	macallimadda

Exercise 5: CHANGE OF -L + -TA TO -SHA.

A common change involves words that end in an -l, whereby the combination of this final -l plus a suffix beginning with -t changes both sounds to **sh**:

basal + -ta	onion	basasha
bil + -ta	moon, month	bisha
dabeyl + -ta	wind	dabeysha
dul + -ta	surface, top	dusha
dhal + -ta	offspring	dhasha
hal + -ta	female camel	hasha
il + -ta	eye; spring	isha
meel + -ta	place	meesha
ul + -ta	stick	usha
walaal + -ta	sister	walaasha

This also involves PLURAL FORMS OF DECLENSION 7, which we won't otherwise be discussing until Chapter 29:

aabbayaal	fathers	aabbayaasha
barayaal	teachers	barayaasha
furayaal	keys	furayaasha
ilmayaal	babies	ilmayaasha

Exercise 6: PATTERN PRACTICE.

Repeat after your teacher, following the pattern below:

Cuntadii meedey?	Where is the food?
Cuntadii waa tan.	Here's the food.

magaalo	city	magaaladii
waddo	road	waddadii
daawo	medicine	daawadii
mindi	knife	mindidii
lo'	cattle	lo'dii
shandad	suitcase	shandaddii
dayuurad	airplane	dayuuraddii
gabadh	girl	gabadhii

Exercise 7: ANSWERS WITH DEFINITE INFORMATION.
Repeat after your teacher:

Waa ayo?   Who is it?
Waa dhakhtaraddii.   It is the (female) doctor.

Your teacher will read the first (indefinite) form; without looking
at the right hand column, substitute the definite form according
to the above pattern.

macallimad	macallimaddii	the teacher
gabadh	gabadhdhii	the girl
dhabbaakhad	dhabbaakhaddii	the cook
askariyad	askariyaddii	the soldier
hooyo	hooyadii	the mother
walaal	walaashii	the sister
aabbayaal	aabbayaashii	the fathers
barayaal	barayaashii	the teachers

Exercise 8: EXPANDED QUESTIONS AND ANSWERS.

Waa maxay?   What is it?
Waa basal.   It is an onion.
Waa basasha.   It is the onion.

Use the following in the above pattern:

hal	cow camel	hasha	the cow camel
meel	place	meesha	the place
ul	stick	usha	the stick
dul	top	dusha	the top
dabeyl	wind	dabeysha	the wind

Exercise 9: TRANSLATION.
Translate the following into English:

Daauud iyo Cali waa walaalo.
Daauud waa bah Xaliimo.
Calise waa bahdii Faadumo.   -se [conj] but

Exercise 10: TRANSCRIPTION PRACTICE.
Repeat the following after your teacher, then write it down without looking at the text. New words have been used in order to test your ability to hear and transcribe Somali.

Jaalle Yuusuf aabbihiis iyo gabadha baa dukaanlaha furaha siiyey.   Iyagu furaha oo dariiqa yaalla bey heleen markey magaalada tageen.   Dukaanlaha magaciisa baa furaha ku qornaa, markaas buu dukaanluhu cunto iyo shaah siiyey.

TRANSLATION: Comrade Joseph's father and the girl gave the key to the shopkeeper. They found the key lying on the ground in the street when they went to the city. The shopkeeper's name was written on the key, so the shopkeeper gave them food and tea.

Exercise 11: IDENTIFYING FEMININE SUFFIXES.
Translate the following into English; indicate if the suffix is an ARTICLE or a DEMONSTRATIVE:

carruurtii	carruurtan	carruurtaas
cuntadan	cuntadaas	cuntadii
bishan	bishaas	bishii
naagtii	naagtan	naagtaas
gabadhdhan	gabadhdhii	gabadhdhaas
gabartaas	gabartan	gabartii
ushan	ushii	ushaas
lo'daas	lo'dii	lo'dan
magaaladan	magaaladii	magaaladaas
dawladdaas	dawladdii	dawladdan
hashii	hashan	hashaas
xaydhdhii	xaydhdhaas	xaydhdhan

Exercise 12: VOCABULARY AND GRAMMAR REVIEW.
Give the root word and the English meaning of:

basasha   _____   _____

cuntadii   _____   _____

daawadan   _____   _____

dawladdaas   _____   _____

dayuuraddii   _____   _____

gabadhdhan   _____   _____

hashii   _____   _____

hooyo   _____   _____

lo'dii   _____   _____

macallimaddaas   _____   _____

magaaladan   _____   _____

meesha   _____   _____

neecawdii   _____   _____

shandaddan   _____   _____

shaqadaas   _____   _____

subaxdan   _____   _____

ushii   _____   _____

waddada   _____   _____

warqaddaas   _____   _____

CHAPTER 7 - IMPERATIVE VERB FORMS

DIALOG: TEACHER AND STUDENTS HAVE A CLASS.
Repeat these and take note of the highlighted forms.

S1: Subax wanaagsan, macallin.	Good morning, teacher.
T: Subax wanaagsan. Ma nabad baa?	Good morning. How are you?
S1: Waa nabad.	Fine.
T: Fasalka **gal**.	Enter the classroom.
S1: Waa yahay, macallin.	OK, teacher.
T: Magacaaga ii **sheeg**.	Tell me your name. [**ii** *to me*]
S1: Magacaygu waa Maxamed.	My name is Mahammed.
Ardeyga cusub baan ahay.	I'm the new student.
T: Adigase, magacaagu waa maxay?	And you, what is your name?
S2: Waa Maryan.	It's Mary.
T: Buugga casharka labaad **fura**.	Open the book to chapter two.
T: **Akhriya** erayadan.	Read these words.
Waa wanaag.	Good.
Buugagga **xira**.	Close the books.

GRAMMATICAL NOTE

Although the imperative is not common, the singular imperative is the main **citation form** for each verb; you need to know it to find a verb in a Somali dictionary. It is also the form upon which most other tenses are built. See SRG: 76, 77, 202-203.

Verbs represent the most complicated area of Somali grammar. The IMPERATIVE is the simplest of *seven systems* for each Somali verb. The others taken up in later chapters include:
   Declarative forms that are used in statements and questions (will be discussed in Chapters 8-10 and 15-17)
   Subject or Focus Agreement forms (in Chapter 23)
   Relative forms (in Chapters 21, 27, 32)
   Negative forms (in Chapters 24, 26, 44)
   Optative forms that express wishes (in Chapter 34)
   Potential forms (in Chapter 45)

PATTERN: FORMING THE PLURAL IMPERATIVE.
Add -**a** to the singular imperative forms below:

gal	enter, go in	gala
bax	exit, go out	baxa
bar	teach	bara
sheeg	tell	sheega
fur	open	fura
xir	close	xira
keen	bring	keena
cun	eat	cuna
jar	cut (up)	jara
dir	send	dira
tag	go (to)	taga
qor	write	qora
qaad	take, pick up	qaada
dhig	put (down)	dhiga
shid	light, ignite	shida
hay	hold, keep	haya
hel	find, obtain	hela

If a verb ends in an -**i** or -**e**, add -**ya** to form the plural:

sii	give	siiya
akhri	read	akhriya
kari	boil, cook	kariya
bislee	cook	bisleeya
safee	clean	safeeya
samee	make	sameeya

==

GRAMMATICAL NOTE.

The PLURAL IMPERATIVE is generally formed by adding -a to the SINGULAR IMPERATIVE or the VERB ROOT. See SRG: 78.

Exercise 1: PATTERN DRILL - SINGULAR IMPERATIVE.
Repeat after your teacher and substitute the word in the frame, forming a new sentence:

Cuntada	keen	Bring the food.
	bislee	Cook the food.
	cun	Eat the food.
	jar	Cut up the food.
	dir	Send the food.

Guriga	gal	Enter the house.
	safee	Clean the house.
	tag	Go to the house.
	fur	Open (up) the house.
	xir	Close (up) the house.

Dabka	shid	Light the fire.
Sigaarka		Light the cigarette.
Siraadka		Turn on the lamp.
Nalka		Turn on the light.
Qoriga		Light up the wood.

Buugga	akhri	Read the book.
	qor	Write the book.
	qaad	Pick up the book.
	dhig	Put down the book.
	sii	Give the book.

Exercise 2: PATTERN DRILL - PLURAL IMPERATIVE.
Repeat after your teacher and substitute the word in the frame:

Cuntada   keena   Bring the food.
               bisleeya   Cook the food.
               cuna   Eat   the food.
               jara   Cut up the food.
               dira   Send the food.

Guriga   gala   Enter the house.
               safeeya   Clean the house.
               taga   Go to the house.
               fura   Open (up) the house.
               xira   Close (up) the house.

Dabka   shida   Light the fire.
Sigaarka   Light the cigarette.
Siraadka   Turn on the lamp.
Nalka   Turn on the light.
Qoriga   Light up the wood.

Buugga   akhriya   Read the book.
               qora   Write the book.
               qaada   Pick up the book.
               dhiga   Put down the book.
               siiya   Give the book.

Exercise 3: QUESTION FOLLOWED BY A COMMAND.

Maxaan sameeyaa?	What shall I do?
Dabka shid.	Light the fire.

Substitute the commands given in Exercise 1.

Cuntada	keen	Bring the food.
	bislee	Cook the food.
	cun	Eat the food.
	jar	Cut up the food.
	dir	Send the food.
Guriga	gal	Enter the house.
	safee	Clean the house.
	tag	Go to the house.
	fur	Open (up) the house.
	xir	Close (up) the house.
Dabka	shid	Light the fire.
Sigaarka		Light the cigarette.
Siraadka		Turn on the lamp.
Nalka		Turn on the light.
Qoriga		Light up the wood.

Exercise 4: FREE CONVERSATION.

Greet your teacher or classmates (as in Chapter 2), ask their names (Chapter 3), and command them using the material you have just studied. For example:

Galab wanaagsan, macallin.	Good afternoon, teacher.
Galab wanaagsan.	Good afternoon.
Maxaad sheegtey?	What news have you got?
Nabad. Ma nabad baa?	Good. How are you?
Waa nabad.	Fine.
Magacaa?	What's your name.
Magacaygu waa Ibraahim.	My name is Abraham.
Maxaan sameeyaa?	What shall I do?
Warqad qor.	Write a letter.

Exercise 5: TRANSLATION PRACTICE.
Translate the following commands:

Cuntada cun.   Eat the food.
Guriga safee.   Clean the house.
Buugga akhri.   Read the book.
Warqadda qor.   Write the letter.
Warqadda dir.   Send the letter.
Magacaaga ii sheeg.   Tell me your name.

Exercise 6: COMMANDS INVOLVING INDEFINITE OBJECTS.

Read a book.   Buug akhri.
Write a letter.   Warqad qor.
Eat some food.   Cunto cun.
Clean a house.   Guri safee.
Light a fire.   Dab shid.

Exercise 7: COMMANDS INVOLVING DEFINITE OBJECTS.
Revise the above, using the definite marker appropriate to the
noun:

Read the book.   Buugga akhri.
Write the letter.   Warqadda qor.
Eat the food.   Cuntada cun.
Clean the house.   Guriga safee.
Light the fire.   Dabka shid.

Exercise 8: PLURAL COMMANDS.
Revise the above using the appropriate imperative plural form:

Read the book.   Buugga akhriya.
Write the letter.   Warqadda qora.
Eat the food.   Cuntada cuna.
Clean the house.   Guriga safeeya.
Light the fire.   Dabka shida.

IMPERATIVE VERB FORMS

Exercise 9: DICTATION PRACTICE.
Repeat this selection after your teacher and then write it down
on a separate piece of paper:

Ibraahim, magaalada tag	Abraham, go to the city
oo cunto soo gad.	and buy some food.
Cuntada kari	Cook the food
oo dugsiga keen.	and bring (it) to the school!

Exercise 10: REVIEW OF IMPERATIVE SENTENCES.
Fill in the blanks.

_____   Light the fire!

_____   Cook the food!

Hilibka cun!   _____!

Qora magaceeda!   _____!

_____   Tell me!

Buugagga keena!   _____!

_____   Find the book!

_____   Get into the classroom!

Exercise 11: VOCABULARY REVIEW.

Cover up the right-hand column and translate the following words into an appropriate form of the Somali IMPERATIVE:

tell	_____	sheeg
cook	_____	kari, bislee
clean	_____	safee
go in, enter	_____	gal
go out, exit	_____	bax
bring	_____	keen
eat	_____	cun
read	_____	akhri
write	_____	qor
light (up)	_____	shid

Translate the following into English:

fur	_____	open
xir	_____	close
jar	_____	cut (up)
dir	_____	send
qaad	_____	pick up
dhig	_____	put down
hel	_____	find
samee	_____	make

CHAPTER 8 - PAST TENSE VERBS
AND THE VERBAL PRONOUNS

PATTERN 1: PAST TENSE VERB ENDINGS.

Warqadda	ma	qor**ay**?	Did I write the letter?
"	"	qor**tay**?	Did you ... ?
"	"	qor**ay**?	Did he ... ?
"	"	qor**tay**?	Did she ... ?
"	"	qor**nay**?	Did we ... ?
"	"	qor**teen**?	Did you [pl] ...?
"	"	qor**een**?	Did they ... ?

Although **ma** here appears after the first word in the sentence, it still functions as the QUESTION MARKER learned in Chapter 2.

Each Somali VERB has the following characteristics:

PERSON	**First** (I = the speaker)
	Second (you = the person spoken to)
	Third (he / she / they = someone else)
GENDER	*only* on **third person singular** forms
	Masculine as opposed to **Feminine**
NUMBER	**Singular** as opposed to **Plural**
TENSE	indicating the relative **time** of an action
	Past **Present**
	Habitual (etc.)
CONJUGATION	based on the **Imperative Singular** ending
	Consonant final (Conjugation 1)
	Vowel final (Conjugations 2-3)
	Irregular formations (Conjugations 4-5)

For the PAST TENSE there are basically five endings:

- **ay**	Alt: - **ey**	I / he VERBED
-**tay**	Alt: -**tey**	you [sg] / she VERBED
-**nay**	Alt: -**ney**	we VERBED
-**teen**		you [pl] VERBED
- **een**		they VERBED

These endings are built up or compounded: -t- signals **second person singular** and **plural** *you* and **third person feminine singular** *she*, -n signals first person plural *we*, while -**ay** (or its alternate -**ey**) signals the **past tense** except for -**een** in the second and third person plural.   See SRG: 58-60.

63

The CITATION or **reference form** for each verb consists of the **Imperative singular** (which you learned in Chapter 7) and the **Third person masculine singular past** form (studied here). See SRG: 76 and the *Somali-English Dictionary*.

bax	baxay	exit, go out
cun	cunay	eat
dir	diray	send
hel	helay	obtain, find
keen	keenay	bring
qor	qoray	write
tag	tagay	go (to)

PATTERN 2: VERBAL PRONOUNS.

Haa,	**waan**	qorey.	Yes, I wrote (it).
"	**waad**	qortey.	Yes, you ...
"	**wuu**	qorey.	Yes, he ...
"	**wey**	qortey.	Yes, she ...
"	**waannu**	qorney.	Yes, we [excl] ...
"	**weynu**	qorney.	Yes, we [incl] ...
"	**weydin**	qorteen.	Yes, you [pl] ...
"	**wey**	qoreen.	Yes, they ...

GRAMMATICAL NOTE

Somali PRONOUNS have the following characteristics:

PERSON	**First** (I = the speaker)
	Second (you = the person spoken to)
	Third (he / she / they = someone else)
GENDER	*only* on **third person singular** forms
	Masculine as opposed to **Feminine**
NUMBER	**Singular** as opposed to **Plural**
REFERENCE	only with **first person plural** forms
	Inclusive (including you / addressee)
	Exclusive (excluding you / addressee)
FUSION	**binding** of a PRONOUN with a CLASSIFIER (**waa, baa, ma**) or a CONJUNCTION (**in** *that*, **marka** *when*, etc.).

These *seven* VERBAL PRONOUN *forms* must be memorized; note that
ay / ey has *two meanings*:

aan		I
aad		you (singular)
uu		he
ey	Alt: **-ay**	she ALSO. they
aannu	Alt: **-aan**	we [exclusive, not you]
aynu	Alt: **-eynu**	we [inclusive, includes you]
aydin	Alt: **-aad**	you [plural]

When added to the DECLARATIVE CLASSIFIER **waa**, only **w-** is left.
As we shall see (in Patterns 3 and 4 below), these also fuse
with the FOCUS CLASSIFIER **baa** (leaving only **b-** + PRONOUN) and
with the INTERROGATIVE **ma** (leaving only **m-** + PRONOUN).
See SRG: 163.

PATTERN 3: PRONOUN FUSION WITH **MA** INTERROGATIVE

Muqdisho	**maan**	tagey?	Did I go to Mogadishu?
"	**maad**	tagtey?	Did you ... ?
"	**muu**	tagey?	Did he ... ?
"	**mey**	tagtey?	Did she ... ?
"	**maannu**	tagney?	Did we [excl] ... ?
"	**meynu**	tagney?	Did we [incl] ... ?
"	**meydin**	tagteen?	Did you [plural] ... ?
"	**mey**	tageen?	Did they ... ?

Exercise 3: DECLARATIVE ANSWERS TO **MA** QUESTIONS.

Haa, Muqdisho ...			
	waan	tagey.	Yes, I went to Mogadishu.
	waad	tagtey.	Yes, you went ...
	wuu	tagey.	Yes, he went ...
	wey	tagtey.	Yes, she went ...
	waannu	tagney.	Yes, we [excl] ...
	weynu	tagney.	Yes, we [incl] ...
	weydin	tagteen.	Yes, you [pl] ...
	wey	tageen.	Yes, they went ...

PATTERN 4: FUSION WITH THE **BAA** FOCUS MARKER.
These are simple statements and *not* answers to **ma** questions.

Muqdisho	**baan**	tagey.	I went to Mogadisho.
"	**baad**	tagtey.	You went ...
"	**buu**	tagey.	He went ...
"	**bey**	tagtey.	She went ...
"	**baannu**	tagney.	We [excl] ...
"	**beynu**	tagney.	We [incl] ...
"	**beydin**	tagteen.	You [plural] ...
"	**bey**	tageen.	They went ...

Exercise 2: *WHERE* QUESTIONS WITH **BAA** ANSWERS.

Xaggee	b**aad**	tag**tey**?	Where did you go?
Muqdisho	b**aan**	tag**ey**.	I went to Mogadishu.
Mareykan			America.
Soomaaliya			Somalia.
Keenya			Kenya.
Ruush			Russia.
Shiina			China.

Exercise 3: USING THE FIRST PERSON SINGULAR PAST.

I wrote	the book.	Buugga	waan	qorey.
I ate	the food.	Cuntada	waan	cuney.
I lit	the fire.	Dabka	waan	shidey.
I read	the letter.	Warqadda	waan	akhriyey.
I cleaned	the house.	Guriga	waan	safeeyey.

Exercise 4: USING THE SECOND PERSON SINGULAR.

Did you write the book?	Buugga	maad	qortey.
Did you eat the food?	Cuntada	maad	cuntey?
Did you open the house?	Guriga	maad	furtey?
Did you send the letter?	Warqadda	maad	dirtey?
Did you bring the wood?	Qoriga	maad	keentey?

Exercise 5: USING THIRD PERSON MASCULINE SINGULAR.

He	wrote	the book.	Buugga	buu	qorey.
He	ate	the food.	Cuntada	buu	cuney.
He	lit	the fire.	Dabka	buu	shidey.
He	read	the letter.	Warqadda	buu	akhriyey.
He	cleaned	the house.	Guriga	buu	safeeyey.

Exercise 6: USING THIRD PERSON FEMININE SINGULAR.

Did she write	the book?	Buugga	mey	qortey?
Did she eat	the food?	Cuntada	mey	cuntey?
Did she open	the house?	Guriga	mey	furtey?
Did she send	the letter?	Warqadda	mey	dirtey?
Did she bring	the wood?	Qoriga	mey	keentey?

Exercise 7: USING THE FIRST PERSON PLURAL INCLUSIVE.

We	wrote	the book.	Buugga	weynu	qorney.
We	ate	the food.	Cuntada	weynu	cunney.
We	lit	the fire.	Dabka	weynu	shidney.
We	sent	the letter.	Warqadda	weynu	dirney.
We	opened	the house.	Guriga	weynu	furney.

Exercise 8: USING THE SECOND PERSON PLURAL.

Did you write	the book?	Buugga	meydin	qorteen?
Did you eat	the food?	Cuntada	meydin	cunteen?
Did you bring	the wood?	Qoriga	meydin	keenteen?
Did you send	the letter?	Warqadda	meydin	dirteen?
Did you open	the house?	Guriga	meydin	furteen?

Exercise 9: THIRD PERSON PLURAL QUESTION & ANSWER.
Note that both the pronoun and the verb from the question are
echoed in the answer.

Xaggee bey tageen?	Where did they go?
Ruush bey tageen.	They went to Russia.

Xaggee bey tageen?	Where did they go?
Mareykan bey tageen.	They went to America.
Soomaaliya	Somalia.
Awstiraaliya	Australia.
Saaybeeriya	Siberia.

Exercise 10: *YOU* AND *I* / *WE* QUESTION & ANSWER.
These are more difficult because both the pronoun and the verb
forms change between a question and its corresponding answer.

Xaggee beydin tagteen?	Where did you [pl] go? OR
Xaggee baad tagteen?	[alternate short form]
Shiina baannu tagney.	We went to China.
Mareykan	America.
Ruush	Russia.
(etc.)	

Xaggee baad tagtey?	Where did you [sg] go?
Keenya baan tagey.	I went to Kenya.
Braasiil	Brazil.
Soomaaliya	Somalia.
(etc.)	

GRAMMATICAL NOTE.

PRONOUN-**eydin** or -**aad** + VERB-**teen** is answered by
   PRONOUN-**aannu** + VERB-**ney**, while
PRONOUN-**aad**   + VERB-**tey** is answered by:
   PRONOUN-**aan** + VERB-**ey**.

Exercise 11: TRANSFORMATION DRILLS.

Repeat the first sentence after your teacher. Then when he says the next word, substitute that form in the previous sentence after making any appropriate grammatical changes that become necessary. Cover up the correct responses in the right column; use it to double-check your answers.

Xaggee bey tageen?	Xaggee bey tageen?
Soomaaliya	Soomaaliya bey tageen.
Mareykan	Mareykan bey tageen.
baan	Mareykan baan tagey.
Ruush	Ruush baan tagey.
gal	Ruush baan galey.
-eynu	Ruush beynu galney.
Shiina	Shiina beynu galney.
-aannu	Shiina baannu galney.
Keenya	Keenya baannu galney.

Sigaarka waan shiday.	Sigaarka waan shidey.
dab	Dabka waan shidey.
qori	Qoriga waan shidey.
keen	Qoriga waan keeney.
dhig	Qoriga waan dhigey.
buug	Buugga waan dhigey.
-ey *she*	Buugga wey dhigtey.
qor	Buugga wey qortey.
-ey *they*	Buugga wey qoreen.
fur	Buugga wey fureen.

Exercise 12. TRANSLATION.
Translate these sentences derived from Exercise 11.

Xaggee	bey	tageen?
Soomaaliya	bey	tageen.
Mareykan	baan	tagey.
Ruush	baan	galey.
Ruush	beynu	galney.
Shiina	beynu	galney.
Shiina	baannu	galney.
Keenya	baannu	galney.

Sigaarka	waan	shidey.
Qoriga	waan	keeney.
Qoriga	waan	dhigey.
Qoriga	waan	shidey.
Buugga	waan	dhigey.
Buugga	wey	dhigtey
Buugga	wey	qortey.
Buugga	wey	qoreen.
Buugga	wey	fureen.

Exercise 13: DICTATION PRACTICE.

Maanta guriga Ibraahim baan tagey.	Today I went to Abraham's house.
Ibraahim cunto buu kariyey.	Abraham cooked some food.
Cuntadii baannu cunney.	We ate the food.
Dugsiga baannu tagney.	We went to the school.
Macallinkii baannu aragney.	We saw the teacher.
Macallinku magacayga buu i weydiiyey.	The teacher asked me my name.
Magacayga baan u sheegey.	I told him my name.
Markaas buu na yiri, "Fasalka gala."	Then he said to us, "Go into the class."

CHAPTER 9 - OBJECT PRONOUNS AND VERB CHANGES

PATTERN 1: OBJECT PRONOUN FORMS.

Yaa	**i**	arkey?	Who	saw	me?
	ku				you [sg]?
	-				him?
	-				her?
	na				us [exclusive]?
	ina				us [inclusive]?
	idin				you [plural]?
	-				them?

Note that THIRD PERSON FORMS are not expressed; the persons involved are understood through context.

Exercise 1a: USING OBJECT PRONOUN FORMS.

Daauud baa	**i**	arkey.	David saw	me.
	ku			you [singular].
	na			us [exclusive].
	ina			us [inclusive].
	idin			you [plural].
	-			him/her/them.

Exercise 1b: INTERCHANGE OF OBJECT PRONOUN FORMS.
Answer these questions noting the interchange:

Ma ku maqley?	Did he hear you?
Wuu i maqley.	He heard me.
Ma i maqley?	Did he hear me?
Wuu ku maqley.	He heard you.
Ma ina maqley?	Did he hear us all?
Wuu ina maqley.	He heard us.
Ma na maqley?	Did he hear us [excl]?
Wuu idin maqley.	He heard you [plural].
Ma idin maqley?	Did he hear you [pl]?
Wuu ina maqley.	He heard us [inclusive].
Ma maqley?	Did he hear him/her/them?
Wuu maqley.	He heard him/her/them.

PATTERN 2: VERBS WITH SOUND CHANGES.
Listen carefully to the inflection of **maqal** *hear.*

Waan	maq_ley		I	heard (it).
Waad	maqashey		You	...
Wuu	maq_ley		He	...
Wey	maqashey		She	...
Waannu	maqalley	maqalney	We [excl]	...
Weynu	maqalley	maqalney	We [incl]	...
Weydin	maqasheen		You [pl]	...
Wey	maq_leen		They	...

This verb has a series of changes throughout (such as VOWEL LOSS and CONSONANT CHANGE). This exemplifies one of the most difficult areas of Somali grammar that is drilled extensively in this chapter.

Exercise 2: CHANGE OF FINAL -L + -TEY TO -**SHEY**.
Listen carefully to the inflection of these verbs.

dil	Wey dishey.	She killed.
fal	Wey fashey.	She did.
hadal	Wey hadashey.	She spoke.
maqal	Wey maqashey.	She heard.
qosol	Wey qososhey.	She laughed.

Gabar wey dhashey.	She had a girl.
Guriga wey gashey.	She entered the house.
Buugga wey heshey.	She found the book.

The SECOND PERSON SINGULAR or THIRD PERSON FEMININE has the same kind of change that was discussed for FEMININE NOUNS ending in -l which receive a t-determiner (see Exercise 5, page 51 and SRG: 24, 61, 151).

Exercise 3: CHANGE OF FINAL -L + -TEEN TO -SHEEN.
The SECOND PERSON PLURAL ending also undergoes the same kind
of change as drilled above.

fal	Weydin fasheen.	You did.
hadal	Weydin hadasheen.	You spoke.
hel	Weydin hesheen.	You found.
maqal	Weydin maqasheen.	You heard.
qosol	Weydin qososheen.	You laughed.

Nin weydin disheen.	You killed a man.
Wiil weydin dhasheen.	You had a son.
Fasalka weydin gasheen.	You entered the class.

Exercise 4: OPTIONAL CHANGE OF -L + -NEY to -LLEY IN
THE FIRST PERSON PLURAL.   Change the first form that
your teacher says by replacing the -ln- with -ll-:

dil	Weynu dilney.	dilley	We killed.
dhal	Weynu dhalney.	dhalley	We gave birth.
fal	Weynu falney.	falley	We did (it).
gal	Weynu galney.	galley	We entered.
hadal	Weynu hadalney.	hadalley	We spoke.
hel	Weynu helney.	helley	We found (it).
maqal	Weynu maqalney.	maqalley	We heard (it).
qosol	Weynu qosolney.	qosolley	We laughed.

Exercise 5: OPTIONAL CHANGE OF -R + -NEY to -RREY IN
THE FIRST PERSON PLURAL.   Change the first form that
your teacher says by replacing the -rn- with -rr-:

bar	Waannu barney.	barrey	We taught.
dir	Waannu dirney.	dirrey	We sent (it).
fur	Waannu furney.	furrey	We opened it.
jar	Waannu jarney.	jarrey	We cut it up.
qor	Waannu qorney.	qorrey	We wrote.
xir	Waannu xirney.	xirrey	We closed it.

Exercise 6: LOSS OF A SHORT VOWEL FROM THE FINAL
SYLLABLE (FIRST PERSON SINGULAR OR THIRD PERSON
MASCULINE AND PLURAL).

orod	Waan ordey.	I ran.
hadal	Waan hadley.	I spoke.
hurud	Waan hurdey.	I was sleeping.
maqal	Waan maqley.	I heard (it).
orod	Wuu ordey.	He ran.
hadal	Wuu hadley.	He spoke.
hurud	Wuu hurdey.	He was sleeping.
arag	Wey arkeen.	They saw.
orod	Wey ordeen.	They ran.
hadal	Wey hadleen.	They spoke.
hurud	Wey hurdeen.	They were sleeping.
Waan idin arkey.		I saw you [plural].
Wuu ku arkey.		He saw you [sg].
Wuu ina maqley.		He heard us all [incl].
Wey na maqleen.		They heard us [exclusive].

Exercise 7: CHANGE OF -T- TO -D- WHEN VERB ENDS IN C,
D, H, KH, Q, W, X, Y, OR ' (HAMZAH) IN THE SECOND
PERSON SINGULAR OR THIRD PERSON FEMININE.
This rule closely parallels that drilled for feminine nouns (see
Exercise 4, page 50 and SRG: 61).

dhac	Waad dhacdey.	You [sg] fell down.
nac	Waad nacdey.	You hated (it).
qaad	Waad qaaddey.	You took (it).
bax	Waad baxdey.	You left.
shid	Waad shiddey.	You lit (it).
ba'	Wey ba'dey.	It [fem] got ruined.
go'	Wey go'dey.	It [fem] got cut.

Exercise 8: CHANGE OF -T- TO -D- WHEN VERB ENDS IN C, D, H, KH, Q, W, X, Y, OR ' (HAMZAH) IN THE SECOND PERSON PLURAL.

bax	Weydin baxdeen.	You [pl] left.
dhac	Weydin dhacdeen.	You fell down.
qaad	Weydin qaaddeen.	You took (it).
shid	Weydin shiddeen.	You lit (it).
nac	Weydin nacdeen.	You hated (it).

Exercise 9: CHANGE OF -T- TO -DH- WHEN VERB STEM ENDS IN DH IN THE SECOND PERSON SINGULAR AND PLURAL AND THE THIRD PERSON FEMININE.
This rule parallels that discussed for feminine nouns [see Exercise 3 on page 49 and SRG: 44, 61, 151].

xidh	Wey xidhdhey.	She tied (it) up.
jiidh	Wey jiidhdhey.	She ran over (it).
jadh	Wey jadhdhey.	She chopped (it).

xidh	Waad xidhdhey.	You tied (it) up.
jiidh	Waad jiidhdhey.	You ran over (it).
jadh	Waad jadhdhey.	You chopped (it).

xidh	Weydin xidhdheen.	You tied (it) up.
jiidh	Weydin jiidhdheen.	You ran over (it).
jadh	Weydin jadhdheen.	You chopped (it).

Exercise 10: REVIEW OF VOWEL LOSS VERB.
Inflect **arag** without looking at the paradigm on the next page.

Exercise 11: REVIEW OF **L + T TO SH** VERB.
Inflect **gal / galey**.

Exercise 12: REVIEW OF COMPLEX CHANGES.
Inflect **hadal**.

KEY TO EXERCISES 10 - 12.

Waan	arkey.	Waan	galey.	Waan	hadley.
Waad	aragtey.	Waad	gashey.	Waad	hadashey.
Wuu	arkey.	Wuu	galey.	Wuu	hadley.
Wey	aragtey.	Wey	gashey.	Wey	hadashey.
Waannu	aragney.	Waannu	galley.	Waannu	hadalley.
Weynu	aragney.	Weynu	galley.	Weynu	hadalley.
Weydin	aragteen.	Weydin	gasheen.	Weydin	hadasheen.
Wey	arkeen.	Wey	galeen.	Wey	hadleen.

Exercise 13: DICTATION PRACTICE.   Write these down:

Waxaan maqley Xaliimo baa dhashey.	I heard that Halima gave birth.
Daauud baa ii sheegey.	David told me.
Aniga iyo Daauud baa shaley israacney.	David and I went together yesterday.
Isbitaalka baannu tagney.	We went to the hospital.
Xaliimo iyo ilmaheeda baannu soo aragney.	We saw Halima and her child.
Xaliimo gabar bey dhashey.	Halima had a girl.
Gabadhdha magaceedu waa Luula.	The girl's name is Lula.

Exercise 14: VOCABULARY REVIEW.   Translate these:

bar	maqal	waad
bax	orod	waan
dhac	qor	waannu
dhal	qosol	wey
dil	shid	weynu
fal	tag	weydin
fur	i	wuu
gal	idin	
hadal	ina	
hurud	na	

CHAPTER 10 · PREPOSITIONS AND PRONOUNS

PATTERN 1: PREPOSITIONS AND THEIR MEANINGS.
Repeat the following frame after your teacher:

Cali	baabuurka	u	keen.	Bring the car for Ali.
		ka		Bring the car from Ali.
		ku		Bring Ali in / with the car.
		la		Bring the car with Ali.

There are four LOCATIVE PREPOSITIONS in Somali. However, unlike their English counterparts, they come *before* the verb and not before the noun. The ranges of meaning are as follows:
u   = to, for
ka   = from, away from, out of; about, concerning
ku   = in, into, on, at; with, by means of, using (as instrument)
la   = with, together with, in company with
See SRG: 185-198 for further discussion.

Exercise 1: DRILLS ON PREPOSITIONAL USAGE.
Repeat after your teacher and note the differences in meaning:

Daauud	-	laad!	Kick		David!
	u		Kick	(it)	to David!
	ka				from David!
	ku			at / toward David!
	la				with David!

Sahra	-	qaad.	Take		Sarah!
	u		Take	(it)	for Sarah!
	ka				from Sarah!
	la				with Sarah!
	ku		Take	Sarah	by (it = a car)!

Maxamed,	-	kaaley!	Come,		Mohammed!
	u		Come	to / for	Mohammed!
	ka		Come	from	Mohammed!
	la		Come	with	Mohammed!

GRAMMATICAL NOTE

Besides having a different word order from English, prepositions
in Somali involve other parts of speech in a different way. For
example, some verbs in English require a preposition but do not
require one in Somali. In translational terms, the English
preposition is "built into" the following Somali verbs:

bax	go out, go away
joog	stay in, remain at
qaad	take away, pick up
sii	give to
sug	wait for
tag	go to (a place)

On the other hand, some English verbs which do not require
prepositions must be translated by using a verb and a
preposition in Somali:

u sheeg	tell (a person)
u yeedh	call (someone)
ku dhufo	hit, strike

Furthermore, the status of a phrase affects prepositional usage.
Thus, **tag** *go* does not take a preposition if a PLACE is involved,
but does take the preposition **u** if a PERSON is named.

Mareykan baan tagey.	I went to America.
Cali baan **u** tagey.	I went to Ali.

PATTERN 2a: INDEPENDENT OBJECT PRONOUN FORMS.
Repeat after your teacher:

Aniga	buu	**i**	siiyey.	He gave it to	me.
Adiga		**ku**			you.
Isaga		-			him.
Asaga		-		[Alternate in some dialects]	
Iyada		-			her.
Annaga		**na**			us [excl]
Innaga		**ina**			us [incl]
Idinka		**idin**			you [pl]
Iyaga		-			them.

These pronouns can be used as OBJECTS. Note that they all end in -a (isaga, iyada). However, even when these INDEPENDENT PRONOUNS are used as OBJECTS, the OBJECT PRONOUN FORMS taken in the last chapter must still be used. Remember that third person forms are not expressed. See SRG: 161-163.

PATTERN 2b: INDEPENDENT SUBJECT PRONOUN FORMS.

Yaa macallinka	arkey?	Who saw the teacher?
Anigu waan	arkey.	I saw (him).
Adigu waad	aragtey.	You ...
Isagu wuu	arkey.	He ...
Iyadu wey	aragtey.	She ...
Innagu weynu	aragney.	We [inclusive] ...
Annagu waannu	aragney.	We [exclusive] ...
Idinku weydin	aragteen.	You [plural] ...
Iyagu wey	arkeen.	They ...

These are being used as SUBJECT PRONOUNS. Note that they all end in -u (isagu, iyadu, etc.). The VERBAL PRONOUN must be used even though the INDEPENDENT PRONOUN appears in these examples. See SRG: 161f.

Exercise 2: USING PRONOUNS AND PREPOSITIONS.

Adigu dayuurad Hargeysa ...

u raac.	You go to Hargeisa by plane.
ka raac.	Go from Hargeisa by plane.
ku raac.	Take the plane at Hargeisa.

Iyada shaqada	**u** tag.	Go to work for her.
	la	Go to work with her.
	ka la	Take the work from her.

Isaga	**u** sheeg.	Tell (it) to him.
	ka	Tell about him.
	ku	Call him (a name).

Exercise 3: USING **U** *TO, FOR*.

Shaah kari.		Make some tea.
Shaah u kari.		Make some tea for him/her/them.

Cunto sameey.		Prepare some food.
Cunto u sameey.		Prepare some food for him/her/them.

Isaga	u keen.	Bring (it) to him.
	u dhiib.	Hand (it) to him.
	u geey.	Take (it) to him.
	u tag.	Go to him.
	u yeedh.	Call him.
	u jeeso.	Turn toward him.

Exercise 4: USING **KA** *FROM, AWAY FROM, OUT OF*.

Shiina waan tegey.		I went to China.
Shiina waan ka tegey.		I left from China.

Iyada	ka jeeso.	Turn away from her.
	ka keen.	Bring it from her.
	ka tag.	Go away from her.
	ka geey.	Convey it from her.
	ka sheeg.	Tell about her.

Exercise 5: USING **KU** *IN(TO), AT; WITH, BY MEANS OF*.

Xabbadda rid!		Shoot the bullet!
Xabbadda ku rid!		Shoot the bullet at (him)!

Isaga	ku jeeso.	Turn to / on him.
	ku sheeg.	Call him (a name).
	ku keen.	Bring him by (means of) it.
	ku geey.	Take him by means of it.

Exercise 6. USING **LA** *TOGETHER WITH*.

Kaaley!			Come!
La kaaley!			Come with (it) = Bring it!

Wuu hadley.			He spoke.
Wuu la hadley.			He spoke with her/him/them.

Iyada	la	cun.	Eat with her.
	la	keen.	Bring (it) with her.
	la	geey.	Convey (it) with her.
	la	qaad.	Take (it) with her.
	la	tag.	Go with her. = Take her with you.

Exercise 7: TRANSLATION DRILL ON PREPOSITIONS.
Translate the following without looking at the English.

Maxamed	u	samee!	Do it for Mohammed!
Qori	ka		Make it of wood!
Guriga	ku		Do it at home!
Isaga	la		Do it with him!
Suuqa baan ku arkey.			I saw it in the market.

PATTERN 3: OBJECT PRONOUN COMBINATIONS WITH **LA**.

Aniga	buu	**ila**	cuney.	He	ate	with	me.
Adiga		**kula**					you.
Isaga		**la**					him.
Iyada		**la**					her.
Annaga		**nala**					us [excl]
Innaga		**inala**					us [incl]
Idinka		**idinla**					you [pl].
Iyaga		**la**					them.

Note again that the third person is not expressed, so the prepositon alone can mean *with him/her/them.*

PATTERN 4: OBJECT PRONOUN COMBINATIONS WITH U.

Cusmaan baa	**ii**	sheegey.	Osman	told	me.
	kuu				you.
	u				him / her.
	noo				us [excl]
	inoo				us [incl]
	idiin				you [pl].
	u				them.

Note that FUSION or VOWEL CHANGE operate on most of the above:

i	+	u	becomes	**ii**	to / for me
ku	+	u	becomes	**kuu**	to / for you [sg]
na	+	u	becomes	**noo**	to / for us [excl]
ina	+	u	becomes	**inoo**	to / for us [incl]
idin	+	u	becomes	**idiin**	to / for you [pl]

These must be memorized in order to identify them in context when they appear. Although we will limit the exercises to the above forms, they will be drilled in detail in Chapter 41.
For further information see SRG: 192-194.

Exercise 8: PRONOUN-PREPOSITION FUSION.

Yuusuf	baa	_____	keeney.	Joseph brought it to me.
Sahra	baa	_____	keentey.	Sarah brought it to you [sg].
Cali	baa	_____	keeney.	Ali brought it to her.
Maryan	baa	_____	keentey.	Mary brought it for him.
Yuusuf	baa	_____	keeney.	Joseph brought it to us [ex].
Sahra	baa	_____	keentey.	Sarah brought it for us all.
Axmed	baa	_____	keeney.	Ahmed brought it for you.
Faadumo	baa	_____	keentey.	Fatima brought it for them.

PATTERN 5: DEICTIC PREPOSITIONS.
Repeat the following after your teacher:

Way		ordeen.	They ran.
Way	**soo**	ordeen.	They ran this way.
Way	**sii**	ordeen.	They ran away. / ... in the meantime.
Way	**wada**	ordeen.	They ran together / They all ran.
Way	**kala**	ordeen.	They ran separately / They dispersed.

GRAMMATICAL NOTE.

There are four DEICTIC PREPOSITIONS in Somali, which orient an action or a movement in space or time relative to the speaker or the subject of the verb. They belong in pairs and their ranges of meaning are as follows:

soo	here, in this direction, hither; go and do (X) then come back here
sii	there, in that direction, thither; in the meantime; keep on doing (X)
wada	towards each other; together
kala	away from each other; apart, separately

See SRG: 196-198 for further examples and discussion.

Exercise 9: USING THE DEICTIC PREPOSITIONS.

Noqo!	Go back!, Return!
Soo noqo!	Come back!
Sii noqo!	Go back there in the meantime!

Guriga gad!	Sell the house!
Guriga soo gad!	Go and sell the house!
Guriga sii gad!	In the meantime, sell the house!

Soco!	Go on!, Get going!
Soo soco!	Come on!, Come here!
Sii soco!	Get going!, Keep on going!

Exercise 10: TRANSLATING THE DEICTIC PREPOSITIONS.
Cover up the English on the right and translate the following:

Waannu tagney.   We went.

Waannu sii tagney.   In the meantime, we went.

Waannu wada tagney.   We went together. / We all went.

Waannu kala tagney.   We split up. / We dispersed.

Keena!   You all bring (it)!

Wada keena!   Bring them all / together!

Kala keena!   Bring them separately!

Soo qaada!   Bring (it) here!

Sii qaada!   Take (it) there!

Wada qaada!   Take (them) all together!

Kala qaada!   Take (them) apart!

CHAPTER 11 - SECOND CONJUGATION VERBS

PATTERN 1: SECOND CONJUGATION VERBS, TYPE A [-**I**].

Hilib	baan	kari**yey**.	I cooked some meat.
	baad	kari**sey**.	You ...
	buu	kari**yey**.	He ...
	bey	kari**sey**.	She ...
	beynu	kari**nney**.	We [inclusive] ...
	baannu	kari**nney**.	We [exclusive] ...
	beydin	kari**seen**.	You [plural] ...
	bey	kari**yeen**.	They ...

PATTERN 2: SECOND CONJUGATION VERBS, TYPE B [-**EE**].

Cunto	baan	samee**yey**.	I prepared some food.
	baad	samee**ysey**.	You ...
	buu	samee**yey**.	He ...
	bey	samee**ysey**.	She ...
	baannu	samee**ynney**.	We [exclusive] ...
	beynu	samee**ynney**.	We [inclusive] ...
	beydin	samee**yseen**.	You [plural] ...
	bey	samee**yeen**.	They ...

Note the differences between verbs of the FIRST CONJUGATION (which end in a CONSONANT) and those of the SECOND CONJUGATION (which end in -**i** or -**ee**) in the IMPERATIVE SINGULAR:

FIRST	SECOND	DIFFERENCES
- ey	-yey	**Add y** - 1ST SG AND 3RD MASCULINE
-tey	-sey	**Change t to s** - 2ND SG AND 3RD FEM.
-ney	-nney	**Double nn** - 1ST PLURAL IN 2-A
-teen	-seen	**Change t to s** - 2ND PLURAL
- een	-yeen	**Add y** - 3RD PLURAL
- a	-ya	**Add y** - PLURAL IMPERATIVE

See SRG: 78-79 for further details.

Verbs ending in -**ee** add -**y**- before the suffix throughout the paradigm. An alternate spelling with only a single -**e**- can be found in some publications when **y** is followed by another consonant, such as, **sameysey**.

Exercise 1: USING THE FIRST PERSON SINGULAR.

Hilibka   waan   kariyey.   I cooked the meat.
Lacagta   waan   tiriyey.   I counted the money.
Wiilka   waan   seexiyey.   I put the boy to sleep.
Cuntada   waan   sameeyey.   I made the food.
Guriga   waan   safeeyey.   I cleaned the house.

Exercise 2: USING THE SECOND PERSON SINGULAR.

Hilibka   maad   karisey?   Did you cook the meat?
Lacagta   maad   tirisey?   Did you count the money?
Wiilka   maad   seexisey?   Did you put the boy to sleep?
Cuntada   maad   sameeysey?   Did you make the food?
Guriga   maad   safeeysey?   Did you clean the house?

Exercise 3: USING THE THIRD PERSON MASCULINE.

Hilibka   buu   kariyey.   He cooked the meat.
Lacagta   buu   tiriyey.   He counted the money.
Wiilka   buu   seexiyey.   He put the boy to sleep.
Cuntada   buu   sameeyey.   He made the food.
Guriga   buu   safeeyey.   He cleaned the house.

Exercise 4: USING THE THIRD PERSON FEMININE.

Hilibka   mey   karisey?   Did she cook the meat?
Lacagta   mey   tirisey?   Did she count the money?
Wiilka   mey   seexisey?   Did she put the boy to sleep?
Cuntada   mey   sameeysey?   Did she make the food?
Guriga   mey   safeeysey?   Did she clean the house?

Exercise 5: USING THE FIRST PERSON EXCLUSIVE PLURAL.

Hilibka	waannu	karinney.	We cooked the meat.
Lacagta	waannu	tirinney.	We counted the money.
Wiilka	waannu	seexinney.	We put the boy to bed.
Cuntada	waannu	sameeynney.	We made the food.
Guriga	waannu	safeeynney.	We cleaned the house.

Exercise 6: USING THE SECOND PERSON PLURAL.

Did you cook the meat?	Hilibka meydin kariseen?
Did you count the money?	Lacagta meydin tiriseen?
Did you put the boy to bed?	Wiilka meydin seexiseen?
Did you make the food?	Cuntada meydin sameeyseen?
Did you clean the house?	Guriga meydin safeeyseen?

Exercise 7: USING THE THIRD PERSON PLURAL.

Maxay safeeyeen?	What did they clean?
Guriga bey safeeyeen.	They cleaned the house.
Maxay kariyeen?	What did they cook?
Hilibka bey kariyeen.	They cooked the meat.
Maxay sameeyeen?	What did they do?
Cuntada bey sameeyeen.	They prepared the food.
Maxay tiriyeen?	What did they count?
Lacagta bey tiriyeen.	They counted the money.

Exercise 8: SECOND CONJUGATION -I VERBS.
Inflect the following according to Pattern 1:

bixi	issue, pay, extract
sii	give
weydii	ask, inquire
bi'i	ruin, wipe out
qari	hide, conceal
tiri	count

Exercise 9: SECOND CONJUGATION **-EE** VERBS.
Inflect the following according to Pattern 2:

dhammee	finish, bring to an end
safee	clean
qadee	eat lunch
cashee	eat dinner
bislee	cook, ripen [Cf: **kari** *cook, boil*]

Exercise 10: QUESTION & ANSWER DRILLS.

Buugga maad akhrisey?	Did you read the book?
Haa, waan akhriyey.	Yes, I read (it).
Buugga maan akhriyey?	Did I read the book?
Haa, waad akhrisey.	Yes, you read (it).
Buugga muu akhriyey?	Did he read the book?
Haa, wuu akhriyey.	Yes, he read (it).
Buugga mey akhrisey?	Did she read the book?
Haa, wey akhrisey.	Yes, she read (it).
Buugga maannu akhrinney?	Did we read the book?
Haa, weydin akhriseen.	Yes, you read (it).
Buugga meynu akhrinney?	Did we read the book?
Haa, weynu akhrinney.	Yes, we all read (it).
Buugga meydin akhriseen?	Did you read the book?
Haa, waannu akhrinney.	Yes, we read (it).
Buugga mey akhriyeen?	Did they read the book?
Haa, wey akhriyeen.	Yes, they read (it).

Exercise 12: DICTATION PRACTICE. Write down:

Shaley dugsiga baan tagey.	Yesterday I went to the school.
Buug taariikhda Mareykan-ka baannu akhrinney.	We read a book on American history.
Markaas baannu qadeeynney.	Then we ate lunch.
Fasalka baannu safeeynney.	We cleaned the class.
Macallinka baa buugag na siiyey.	The teacher gave us some books.

CHAPTER 12 - SUBJECT, TOPIC, FOCUS & WORD ORDER

PATTERN 1: USING INDEFINITE NOUNS.

Translate the following without looking at the Somali. You will be using vocabulary learned in previous lessons:

an airplane	dayuurad
a book	buug
a bird	shimbir
a house	guri
a letter	warqad
a woman	naag
some men	niman
some meat	hilib
some food	cunto
some wood	qori

Unlike in English, an INDEFINITE NOUN is not marked in Somali. A noun standing by itself is automatically INDEFINITE and means *a(n) X*, or *some X* (if it is a MASS or COLLECTIVE noun):

PATTERN 2: USING DEFINITE AND INDEFINITE NOUNS.

Translate the following without looking at the Somali. First use the KNOWN suffix, then add the NEW INFORMATION suffix. You will have to remember the appropriate gender endings and all the necessary sound changes.

the fire	dabkii	dabka
the house	gurigii	guriga
the lion	libaaxii	libaaxa
the blanket	bustihii	bustaha
the day	berigii	beriga
the cow	sicii	saca
the father	aabbihii	aabbaha
the mother	hooyadii	hooyada
the medicine	daawadii	daawada
the girl	gabadhdhii	gabadhdha
the truth	runtii	runta

As we saw in Chapters Five and Six, DEFINITE is marked by -**a** or -**ii**. The difference between the two is that -**ii** marks a noun that is KNOWN by the speaker (or writer) and his audience or is something within the experience of the participants in a conversation, while -**a** marks a noun that is NEW or just being introduced. As a general rule, -**a** is more often used with a DIRECT OBJECT, i.e., the noun directly affected by the action of a verb.

GRAMMATICAL NOTE - SUBJECT AND THE ROLE OF **WAA**.

The SUBJECT is usually the doer of an action; in Somali it is the NOUN PHRASE with which the verb agrees in PERSON, NUMBER and GENDER.

Waa is a DECLARATIVE CLASSIFIER which has a meaning somewhat like *to be* or *it is*. **Waa** affirms the existence of an action, a process, or an entity. It is used in simple statements when no emphasis is intended or implied; that is, the *statement of a fact*.

PATTERN 3: VERBLESS DECLARATIVES MARKED BY **WAA**.

Unlike English, Somali does not always have to have a subject stated. Translate the following SUBJECTLESS and VERBLESS DECLARATIVES . This pattern was taken up in Chapter Two:

It is a book.	Waa buug.
It is a hut.	Waa aqal.
It is a city.	Waa magaalo.
It is David.	Waa Daauud.
It is Ali.	Waa Cali.
It is Mary.	Waa Maryan.
It is Sarah.	Waa Sahra.
It is Thursday.	Waa Khamiis.

PATTERN 4: **WAA** AND VERBAL PRONOUNS.
Translate the following reviewing vocabulary and grammar you have learned. Note how verbal pronouns serve as subjects:

I wrote (it).	Waan qorey.
You read (it).	Waad akhrisey.
She went out.	Wey baxdey.
He made (it).	Wuu sameeyey.
They went in.	Wey galeen.

PATTERN 5: EXISTENTIAL STATEMENTS.
Waa is used in combination with the OBJECT PRONOUNS and DEMONSTRATIVES to make existential statements. See SRG: 211.

Waa	i	kan.	Here I am. / I am here.
Waa	ku	kaas!	There you are!
Waa		tan.	She / it [fem] is here.
Waa		kaas.	He / it [masc] is there.
Waa	na	kan.	Here we [excl] are.
Waa	idin	kaas!	There you [pl] are!

PATTERN 6: SUBJECT MARKING WITH -U.
When a SUBJECT NOUN is stated, the PRONOUN or NOUN PHRASE must have a special suffix, which is generally -**u**. Repeat after your teacher, and translate without looking at the English:

Isagu waa ardey.	He is a student.
Iyadu waa macallimad.	She is a teacher.
Anigu buug baan akhriyey.	I read a book.
Idinku weydin cunteen.	You [pl] have eaten.
Iyagu wey tageen.	They went.
Meeshu waa xaggee?	Where is the place?
Ninku wuu tagey.	The man went.
Gabadhdhu wey keentey.	The girl brought (it).
Magacaygu waa Cabdi.	My name is Abdi.
Magaciisu waa Faarax.	His name is Farah.
Magaceedu waa Jamiilo.	Her name is Jamila.

PATTERN 7: SUBJECT MARKING WITH -I.

Note that the SUBJECT MARKER is -i for DEMONSTRATIVES and some FEMININE NOUNS that end in a consonant. Repeat these after your teacher, and translate them without looking at the English:

Tani	waa	magaalo.	This is a city.
Kani	waa	ardey.	This is a student.
Taasi	waa	shimbir.	That is a bird.
Kaasi	waa	libaax.	That is a lion.
Naagi	waa	hooyo.	A woman is a mother.
Runi	waa	nabad.	Truth is peace.

PATTERN 8: QUESTION & ANSWER USING **WAA** FORMS.

When the participants or sentence elements are fully known in both question and answer, and there is no need for emphasis, the following constructions may be used. Translate:

Dhakhtarkii meeyey?   [See Chapter Four, page 31]
Dhakhtarkii **waa** kan.   [Note KNOWN SUBJECT]

Telefoonkii mee?
Telefoonkii **waa** kaas.

Kani waa maxay?   [See Chapter Five, page 39]
Waa bustaha cusub.   [Note SUBJECT marking]

Aabbe meeyey?
Aabbe **wuu** baxay.

GRAMMATICAL NOTE - FOCUS AND TOPIC.

FOCUS is the highlighting of new or crucial information, either that being introduced (in declaratives) or sought (in questions). In Somali, FOCUS is marked by **baa** or its derivatives (**baan, baad, buu, bey**, etc.), which *follow the noun in focus*. **Baa** may be compared to a cursor on a computer. It is moved around to point out a noun which has special importance or relevance in a sentence.

TOPIC is what the sentence is about; in Somali, it is the *first word in the sentence.* Do not confuse this term with the grammatical role of Subject discussed above!

The (DIRECT) OBJECT is the receiver of the action; it can only occur with a TRANSITIVE VERB.

Anigu	hilibka	**baan**	cuney.	I ate the meat.
SUBJECT	OBJECT	FOC+pro	VERB	
TOPIC				

When verbal pronouns are used and the context is clear, the SUBJECT does not have to be mentioned. The more common version of the above sentence is:

Hilibka	**baan**	cuney.	I ate the meat.
OBJECT	FOC+pro	VERB	
TOPIC			

PATTERN 9: FOCUS AND NON-FOCUS DECLARATIVES.
Conversations or stories generally begin with a phrase marked by **baa** which introduces the main characters or information; these are then followed by **waa** declaratives.

As an exercise, translate the following:

Ma nabad **baa**?   [See Chapter Two.]
Waa nabad.   OR
Waan nabad qabaa.

Ma libaax **baa**?
Waa libaax.

Yuusuf iyo Cabdi maanta **bey** isbarteen.
Yuusuf **waa** Xaliimo walaalkeed.
                    [See Chapter Three, p.29.]

Lacag **baan** arkey.
Lacagta **waan** qaadey.

PATTERN 10: INDEFINITE QUESTIONS WITH DEFINITE ANSWERS.   Note that these follow a reverse rule.   If the question does not have a **baa** classifier, then the answer will, so long as it is a definite noun phrase [see Chapter Five, p. 39f].

Fure ma haysaa?   [INDEFINITE = a key]
Furaha guriga **baan** hayaa.   [DEFINITE NP & FOCUS]

Buug ma haysaa?   [INDEFINITE = a book]
Buugga af Soomaaliga **baan** hayaa.[DEFINITE NP & FOCUS]

PATTERN 11: REVIEW OF SINGULAR IMPERATIVES.
Commands cannot and do not take FOCUS constructions. [Review Chapter Seven.]   Translate the following without looking at the Somali:

Enter the classroom!   Fasalka gal!
Go into the house!   Guriga gal!
Light the fire!   Dabka shid!
Prepare some food!   Cunto samee!
Cook the meat!   Hilibka kari!
Kill the bird!   Shimbirta dil!
Count the money!   Lacagta tiri!
Hear me!   I maqal!
Give birth to a girl!   Gabar dhal!
Go to Mogadisho!   Muqdisho tag!
Run to Mogadisho!   Muqdisho u orod!
Run from Mogadisho!   Muqdisho ka orod!

PATTERN 12: REVIEW OF PLURAL IMPERATIVES.
As a review, put all of the above commands in Pattern 11 into the appropriate PLURAL form.

PATTERN 13: INTERPLAY BETWEEN NON-FOCUS, FOCUS AND SUBJECT CONSTRUCTIONS.
Repeat the following after your teacher, translate each sentence and explain the highlighted items:

Magacaaga ii sheeg.   [NEW INFO & NON-FOCUS COMMAND]
Magacaygu **waa** Maxamed.   [DECLARATIVE]
Ardeyga cusub **baan** ahay.   [FOCUS; see Chapter 7]

Shimbirta **yaa** diley?	Who killed the bird?
Wiilka **baa** shimbirta diley.	It was the boy who killed the bird.
Wiilku <u>muxuu</u> sameeyey?	What did the boy do?
muxuu *what ... he?*	[Fusion of **maxay** + **buu**]
Wiilku shimbir **buu** dilay.	The boy killed a bird.
Wiilku ma shimbir **buu** diley? Haa.	Did the boy kill a bird? Yes.
Wiilku shimbir **wuu** dilay.	The boy killed a bird.

ADDITIONAL GRAMMATICAL NOTE ON FOCUS.

If FOCUS is put on the SUBJECT, **baa** is used alone; if FOCUS is on the OBJECT, a derived form (**buu, bey, baan**, etc.) is used.

Ninkii naagtii **buu** arkey.
SUBJECT OBJECT - FOC
TOPIC

It was the woman whom the man saw.

Ninkii **baa** naagtii arkey.
SUBJECT-FOC OBJECT
TOPIC

It was the man who saw the woman.

Ninkii naagtii **baa** aragtey.
OBJECT SUBJECT-FOC
TOPIC

As for the man, it was the woman who saw him.

Ninkii **bey** naagtii aragtey.
OBJECT-FOC SUBJECT
TOPIC

As for the man, it was the man whom the woman saw.

ADDITIONAL GRAMMAR NOTES ON **WAA** AND **BAA**.

Waa does not usually have an indefinite subject, i.e., *a man,*
some money and **baa** is never used with a topic phrase marked
with -**u**. Note the following:

Waa faras.	It is a horse.	[DECLARATIVE]
Faras **baa** ordey.	A horse ran away.	[INDEFINITE]
Farasku **wuu** ordey.	The horse ran away.	[DEFINITE]

Shaah i sii.	Give me some tea.	[INDEFINITE]
Shaah**u** **wuu** dhammaadey.	The tea is all gone.	[DEF - SUBJ]

Cuntada aad karisey **baan** cuney.	The food that you cooked, I ate.	[DEF - NEW] [FOCUS + pronoun]

Naagtu **wey** tagtay.	The woman left.	[DEF - NEW - SUBJ]
Naagtii **wey** tagtay.	The woman left.	[KNOWN]
Naagtii **baa** tagtey.	It was the woman who left.	[FOCUS]
Naag **baa** tagtey.	It was a woman who left (i.e., not a man).	

*Naagtu baa tagtey.	WRONG [cannot use -**u** SUBJECT MARKER with **baa**]

The asterisk (*) means that a construction is not grammatically
correct [see SRG: 26, 34].

In some contexts, a derived form of **waa** (i.e., **wuu** or **wey**) can
be INDEFINITE:

Faras **wuu** dhintey.   A horse died (but two lived).

All of these technical grammatical details will be discussed,
drilled and exemplified in subsequent chapters.

CHAPTER 13 - POSSESSIVE PRONOUN DETERMINERS

DIALOG: ILLUSTRATING POSSESSIVE PRONOUNS.

Tani waa walaa**shey**.	This is my sister.
Magac**eedu** waa Caasha.	Her name is Asha.
Caasha, nabad.	Hello, Asha.
Barasho wanaagsan.	Good to meet you.
Aabba**haa** meeyey?	Where is your father.
Guriga buu joogaa.	He is at home.
Isaga magac**iis**?	What is his name.
Magac**iisu** waa Saciid.	His name is Saeed.
Hooya**daa** magaceed?	What is your mother's name?
Magac**eedu** waa Xaawo.	Her name is Eve.

GRAMMATICAL NOTES

The possessive pronouns in Somali are DETERMINERS which agree with the GENDER ENDINGS of the nouns they modify. Note that most of these also end with the determiners -**ga** or -**da**.

MASCULINE	FEMININE	MEANING
-kayga	-tayda	my
-kaaga	-taada	your [singular]
-kiisa	-tiisa	his
-keeda	-teeda	her
-keenna	-teenna	our [inclusive]
-kayaga	-tayada	our [exclusive]
-kiinna	-tiinna	your [plural]
-kooda	-tooda	their

The following points should be noted, reviewed, and remembered:
(1) -**k** will change to -**g** or -**h** or drop depending on the ending of the MASCULINE NOUN [review Chapter Five].
(2) -**t** will change to -**d** or -**dh** or become -**sh** depending on the ending of the FEMININE NOUN [review Chapter Six].
(3) The final -**a** will change to -**u** when the resulting noun phrase serves in SUBJECT position [see Chapter Twelve].
(4) The -**ga** or -**da** endings may drop under certain circumstances, such as in INDEFINITE QUESTIONS or DECLARATIVE PHRASES. They usually drop when used with kin or relationship terms, parts of the body. For further details, see SRG: 156-160.

97

Exercise 1: FIRST PERSON SINGULAR OF MASCULINE NOUNS.

Kani	waa	gurigayga.	This	is	my	house.
		eygayga.				dog.
		dameerkayga.				donkey.
		baabuurkayga.				car.
		wiilkayga.				son.
		walaalkayga.				brother.
		saaxiibkayga.				friend.
		xafiiskayga.				office.
		sacayga.				cow.
		shaahayga.				tea.
		alkunkayga.				fiance.

Exercise 2: FIRST PERSON SINGULAR OF FEMININE NOUNS.

Meesheyda	baan	arkay.	I	saw	my	place.
Walaashayda						sister.
Alkuntayda						fiancee.
Naagtayda						wife.
Gabadhdhayda						daughter.
Shaqadayda						work.
Lacagtayda						money.
Carruurtayda						children.

Exercise 3: SECOND PERSON SINGULAR OF MASCULINE NOUNS.

Kani	waa	gurigaaga.	This	is	your	house.
		eygaaga.				dog.
		dameerkaaga.				donkey.
		baabuurkaaga.				car.
		walaalkaaga.				brother.
		wiilkaaga.				son.
		saaxiibkaaga.				friend.
		xafiiskaaga.				office.
		sacaaga.				cow.
		shaahaaga.				tea.

Exercise 4: SECOND PERSON SINGULAR OF FEMININE NOUNS.

Meeshaada	baan arkay.	I saw your	place.
Walaashaada			sister.
Alkuntaada			fiancee.
Naagtaada			wife.
Gabadhdhaada			daughter.
Shaqadaada			work.
Lacagtaada			money.
Carruurtaada			children.

Exercise 5: THIRD PERSON MASCULINE OF MASCULINE NOUNS.

Kani waa	gurigiisa.	This is his	house.
	eygiisa		dog
	dameerkiisa		donkey
	baabuurkiisa		car
	walaalkiisa		brother
	wiilkiisa		son
	saaxiibkiisa		friend
	xafiiskiisa		office
	saciisa		cow
	shaahiisa		tea

Exercise 6: THIRD PERSON MASCULINE OF FEMININE NOUNS.

Meeshiisa	baan arkay.	I saw his	place.
Walaashiisa			sister.
Alkuntiisa			fiancee.
Naagtiisa			wife.
Gabadhdhiisa			daughter.
Shaqadiisa			work.
Lacagtiisa			money.
Shimbirtiisa			bird.

Exercise 7: THIRD PERSON FEMININE OF MASCULINE NOUNS.

Kani waa	gurigeeda.	This is her	house.
	eygeeda.		dog.
	dameerkeeda.		donkey.
	baabuurkeeda.		car.
	walaalkeeda.		brother.
	wiilkeeda.		son.
	saaxiibkeeda.		friend.
	xafiiskeeda.		office.
	saceeda.		cow.
	shaaheeda.		tea.

Exercise 8: THIRD PERSON FEMININE OF FEMININE NOUNS.

Meesheeda	baan arkay.	I saw her	place.
Walaasheeda			sister.
Saaxiibaddeeda			friend.
Shaqadeeda			work.
Alaabteeda			things.
Lacagteeda			money.
Gabadhdheeda			daughter.

Exercise 9: FIRST PERSON PLURAL INCL. OF MASCULINE NOUNS.

Kaasi waa	gurigeenna.	That is our	house.
	eygeenna.		dog.
	dameerkeenna.		donkey.
	baabuurkeenna.		car.
	walaalkeenna.		brother.
	wiilkeenna.		son.
	saaxiibkeenna.		friend.
	xafiiskeenna.		office.
	saceenna.		cow.
	shaaheenna.		tea.

Exercise 10: FIRST PERSON PLURAL INCL. OF FEMININE NOUNS.

Meesheenna	buu	arkay.	He	saw	our	place.
Walaasheenna						sister.
Saaxiibaddeenna						friend.
Shaqadeenna						work.
Alaabteenna						things.
Lacagteenna						money.
Gabadhdheenna						daughter.
Carruurteenna						children.

Exercise 11: FIRST PERSON PLURAL EXCL. OF MASCULINE NOUNS.

Kani	waa	gurigayaga.	This	is	our	house.
		eygayaga.				dog.
		dameerkayaga.				donkey.
		baabuurkayaga.				car.
		wiilkayaga.				son.
		walaalkayaga.				brother.
		saaxiibkayaga.				friend.
		xafiiskayaga.				office.
		sacayaga.				cow.
		shaahayaga.				tea.

Exercise 12: FIRST PERSON PLURAL EXCL. OF FEMININE NOUNS.

Meeshayada	baan arkay.	I	saw	our	place.
Walaashayada					sister.
Saaxiibaddayada					friend.
Shaqadayada					work.
Alaabtayada					things.
Lacagtayada					money.
Gabadhdhayada					daughter.
Shimbirtayada					bird.

Exercise 13: SECOND PERSON PLURAL OF MASCULINE NOUNS.

Kani	waa	gurigiinna.	This	is	your	house.
		eygiinna.				dog
		dameerkiinna.				donkey
		baabuurkiinna.				car
		wiilkiinna.				son
		saaxiibkiinna.				friend
		walaalkiinna.				brother
		xafiiskiinna.				office
		saciinna.				cow
		shaahiinna.				tea

Exercise 14: SECOND PERSON PLURAL OF FEMININE NOUNS.

Meeshiinna	bey	arkeen.	They	saw	your	place.
Walaashiinna						sister.
Saaxiibaddiinna						friend.
Shaqadiinna						work.
Alaabtiinna						things.
Lacagtiinna						money.
Gabadhdhiinna						daughter.
Alkuntiinna						fiancee.

Exercise 15: THIRD PERSON PLURAL OF MASCULINE NOUNS.

Kaasi	waa	gurigooda.	That	is	their	house.
		eygooda.				dog.
		dameerkooda.				donkey.
		baabuurkooda.				car.
		walaalkooda.				brother.
		wiilkooda.				son.
		saaxiibkooda.				friend.
		xafiiskooda.				office.
		sacooda.				cow.
		shaahooda.				tea.

Exercise 16: THIRD PERSON PLURAL OF FEMININE NOUNS.

Meeshooda	baad	aragtey.	You saw their	place.
Walaashooda				sister.
Saaxiibaddooda				friend.
Shaqadooda				work.
Alaabtooda				things.
Lacagtooda				money.
Gabadhdhooda				daughter.

Exercise 17: REVIEW OF POSSESSED NOUNS.

Decline **walaal** *brother / sister* using the appropriate endings.

walaalkeyga	walaasheyda
walaalkaaga	walaashaada
walaalkiisa	walaashiisa
walaalkeeda	walaasheeda
walaalkeenna	walaasheenna
walaalkayaga	walaashayada
walaalkiinna	walaashiinna
walaalkooda	walaashooda

Decline **aabbe** *father* and **hooyo** *mother* using the short endings, i.e., without the -**ga** or -**da** determiners. Remember that the last vowel of **aabbe** will change to match that of the suffix (VOWEL HARMONY), while the last vowel of **hooyo** will change to **a** throughout.

aabbahay	hooyaday
aabbahaa	hooyadaa
aabbihiis	hooyadiis
aabbeheed	hooyadeed
aabbeheen	hooyadeen
aabbahayo	hooyadayo
aabbihiin	hooyadiin
aabbahood	hooyadood

Exercise 18: POSSESSIVE STATEMENTS.
There are two ways of making possessive statements in Somali.
In the following, transform the first pattern into the second,
noting that when the possessive pronoun is used, the word order
is switched:

Buugga wiilka.   The boy's book.
  Wiilka buug**giisa**.   [Lit: the boy - his book]
Caanaha saca.   The cow's milk.
  Saca caani**hiisa**.   [Lit: the cow - its milk]
Midabka guriga.   The color of the house.
  Guriga midab**kiisa**.   [Lit: the house - its color]
Midabka shimbirta.   The bird's color.
  Shimbirta midab**keeda**.   [Lit: the bird - its color]
Quruxda gabarta.   The beauty of the girl.
  Gabarta qurux**deeda**.   [Lit: the girl - her beauty]
Gabarta Maryan.   Mary's daughter.
  Maryan gabar**teeda**.   [Lit: Mary - her girl]
Caruurta Xaawo.   Eve's children.
  Xaawa caruur**teeda**.   [Lit: Eve - her children]

Exercise 19: TRANSCRIPTION.
Write down what your teacher dictates.

Waxaan maqley Xaliimo   I heard that Halima's sister
  walaasheed baa dhashey.   gave birth.

Walaalkeed baa ii sheegey.   Her brother told me.

Aniga iyo saxiibkey baa   My friend and I went to
  isbitaalka tagney.   the hospital.

Xaliimo aabbeheed iyo   Halima's father and (her)
  hooyadeed baa la joogey.   mother were with her.

Xaliimo gabadhdheeda   Halima's daughter's name
  magaceedu waa Sahra.   is Sarah.

CHAPTER 14 - ADJECTIVES AND THE VERB *TO BE*

PATTERN 1: ADJECTIVE STATEMENTS.

Waan	fiican**ahay**.	I am fine.
Waad	fiican**tahay**.	You are fine.
Wuu	fiican**yahay**.	He is fine.
Wey	fiican**tahay**.	She is fine.
Waannu	fiican**nahay**.	We (excl) are fine.
Weynu	fiican**nahay**.	We (incl) are fine.
Weydin	fiican**tihiin**.	You (pl) are fine.
Wey	fiican**yihiin**.	They are fine.

GRAMMATICAL NOTE.

Although the declarative classifier **waa** is used to mark most simple declarative sentences, Somali does have a verb *to be* which <u>must be used with adjectival statements</u>, particularly when they are used in a **definite or explanatory sense**. Note that these forms are <u>attached to the adjective headword</u>.

Thus far, we have had these occurrences in previous lessons:

Waan ladn**ahay**.	I am well.	[page 18]
Adigu sideed **tahay**?	How are you?	" "
Waan fiican**ahay**.	I am fine.	" "
Ardeyga cusub baan **ahay**.	I am the new student.	[p.55]

The PRESENT, PAST, AND IMPERATIVE forms of the verb *to be* will be discussed in this chapter; more complex forms will be taken up later. For additional discussion, consult SRG: 106-108; 169-173.

PRESENT HABITUAL OF **AHOW / YAHAY**.

ahay	I am
tahay	you [singular] are
yahay	he is
tahay	she is
nahay	we are
tihiin	you [plural] are
yihiin	they are

105

PATTERN 2: PAST TENSE OF **AHOW / YAHAY**.

Ardeyga cusub		baan	**ahaa.**	I was the new student.
		baad	**ahayd.**	You were ...
		buu	**ahaa.**	He was ...
Ardeyadda	"	bey	**ahayd.**	She was ...
Ardeyda	"	baannu	**ahayn.**	We [excl] were ...
"	"	beynu	**ahayn.**	We [incl] were ...
"	"	beydin	**ahaydeen.**	You were ...
"	"	bey	**ahaayeen.**	They were ...

GRAMMATICAL NOTE.

Note that the SUBJECT NOUN changes to match the gender (-**ad**
FEMININE) or NUMBER (PLURAL here undergoes a change in both
TONE and GENDER). Plural forms are taken in later chapters.

A full (or long) form of the verb *to be* is used when a classifier
occurs between the adjective and the verb.   However, when
attached to an adjective, the short form (subtracting -**ah**-) is
used (see Pattern 3 below).

SIMPLE PAST TENSE OF **AHOW / YAHAY**.

LONG FORM	SHORT FORM	MEANING
ahaa	-aa	I was
ahayd	-ayd	you were
ahaa	-aa	he was
ahayd	-ayd	she was
ahayn	-ayn	we were
ahaydeen	-aydeen	you [plural] were
ahaayeen	-aayeen	they were

PATTERN 3: SHORT FORM OF THE PAST.
Note that these forms are attached directly to an ADJECTIVE.

Waan	fiicnaa.	I was fine.
Waad	fiicnayd.	You were fine.
Wuu	fiicnaa.	He was fine.
Wey	fiicnayd.	She was fine.
Waannu	fiicnayn.	We [excl] were fine.
Weynu	fiicnayn.	We [incl] were fine.
Weydin	fiicnaydeen.	You [pl] were fine.
Wey	fiicnaayeen.	They were fine.

PATTERN 4: IMPERATIVE OF VERB *TO BE*.

Wiil wanaagsan **ahow**!	Be a good boy!
Gabar fiican **ahow**!	Be a good girl!
Macallin ficaan **ahow**!	Be a good teacher!
Naag dhuuban **ahow**!	Be a slim woman!
Nabad **ahaada**!	Goodbye. [Be in peace! (said to a group)]
Shaqaale wanaagsan **ahaada**!	Be good workers!
Askar wanaagsan **ahaada**!	Be good soldiers!
Askari wanaagsan **ahow**!	Be a good soldier!

IMPERATIVE FORMS of YAHAY

ahow	**ahaw**	Be!
ahaada		You (all) be!

HOMONYMS are forms spelled the same but with different meanings. Of the above combinations, four overlap in meaning:

ahaa		I was / he was
ahayd		you were / she was
ahayn	(/ + **ma**)	we were / NEGATIVE PAST
tahay		you are / she is

Exercise 1: DECLARATIVE VERSUS EXISTENTIALS.

Waa af adag.	It is a difficult language.
Af Shiinuhu wuu adagyahay.	Chinese [lit: the Chinese] is a difficult language.
Waa guri yar.	It is a small house.
Gurigu wuu yaryahay.	The house is small.
Waa aqal cad.	It is a white house.
Aqalku wuu cadyahay.	The house is white.
Waa qalin wanaagsan.	It is a good pen.
Qalinku wuu wanaagsanyahay.	The pen is good.
Waa wax cusub.	It is a new thing.
Wuxu wuu cusubyahay.	The thing is new.
Waa nin dheer.	He is a tall man.
Ninku wuu dheeryahay.	The man is tall.
Waa nin madow.	He is a black man.
Ninku wuu madowyahay.	The man is black.
Waa naag dhuuban.	She is a thin woman.
Naagtu wey dhuubantahay.	The woman is thin.
Waa gabar quruxsan.	She is a beautiful girl.
Gabadhu wey quruxsantahay.	The girl is beautiful.

Remember that sound changes will affect these combinations:

Waa meel kulul.	It is a hot place.
Meeshu wey kulushahay.	The place is hot. [kulul + tahay]
Waa meel qabow.	It is a cold place.
Meeshu wey qabowdahay.	The place is cold. [qabow + tahay]

Exercise 2: GENDER CONTRASTS - THIRD PERSON SINGULAR.

Ninku wuu weynyahay.	The man is big.
Naagtu wey weyntahay.	The woman is big.
Ninku wuu gaabanyahay.	The man is short.
Naagtu wey gaabantahay.	The woman is short.
Wiilku wuu yaryahay.	The boy is small.
Gabartu wey yartahay.	The girl is small.
Ninku wuu xunyahay.	The man is bad.
Naagtu wey xuntahay.	The woman is bad.
Inanku wuu fiicanyahay.	The boy is fine.
Inantu wey fiicantahay.	The girl is fine.

Exercise 3: USING FIRST AND SECOND PERSON SINGULAR.

Adigu sideed tahay?	How are you?
Waan fiicanahay.	I'm fine.
Ma ladantahay?	Are you well?
Haa, waan ladnahay.	Yes, I'm well.
Ma gaajeeysantahay?	Are you hungry?
Haa, waan gaajeeysanahay.	Yes, I'm hungry.
Ma dheregsantahay?	Are you full (= sated).
Haa, waan dheregsanahay.	Yes, I'm full.
Ma duq baad tahay?	Are you old?
Haa, waan ahay. [OR]	Yes, I am.
Haa, duq baan ahay.	Yes, I am old.
Ma ardeyga cusub baad tahay?	Are you the new student?
Haa, ardeyga cusub baan ahay.	Yes, I am the new student.
Ma macallin fiican baad tahay?	Are you a good teacher?
Haa, macallin fiican baan ahay.	Yes, I am a good teacher.

Exercise 4: USING THE FIRST PERSON PLURAL.

Ardey wanaagsan baannu nahay.	We are good students.
Carruur ...	children.
Dad ...	people.
Macallimiin ...	teachers.
Gabdho ...	girls.
Wiilal ...	boys.
Shaqaale ...	workers.
Beeraley ...	farmers.

Exercise 5: USING THE SECOND PERSON PLURAL.

Ardey wanaagsan baad tihiin.	You are good students.
Carruur ...	children.
Dad ...	people.
Macallimiin ...	teachers.
Gabdho ...	girls.
Wiilal ...	boys.
Shaqaale ...	workers.
Beeraley ...	farmers.

Exercise 6: USING THE THIRD PERSON PLURAL.

Ardey wanaagsan bey yihiin.	They are good students.
Carruur ...	children.
Dad ...	people.
Askar ...	soldiers.
Macallimiin ...	teachers.
Beeraley ...	farmers.
Shaqaale ...	workers.

Exercise 7: TRANSFORMATION DRILL.
Repeat the first phrase after your teacher, and substitute each additional word said in an appropriate context.

Waan fiicanahay.	Waan fiicanahay.
dheer	Waan dheerahay.
waad	Waad dheertahay.
gaaban	Waad gaabantahay.
quruxsan	Waad quruxsantahay.
wey *she*	Wey quruxsantahay.
dhuuban	Wey dhuubantahay.
wuu	Wuu dhuubanyahay.
buuran	Wuu buuranyahay.
gaajeysan	Wuu gaajeysanyahay.
waan	Waan gaajeysnahay.
weynu	Weynu gaajeysannahay.
ladan	Weynu ladannahay.
wuu	Wuu ladanyahay.
waan	Waan ladnahay.

Exercise 8: TRANSLATION PRACTICE.
Translate the sentences in Exercise 7 above.

Exercise 9: DICTATION PRACTICE.
Write down what your teacher says to you.

Waxa aad igu adag inaan arko carruur gaajeysan.	It is very difficult for me to see hungry children.
Waayo waxaan saaka arkey wiil yar.	Because this morning I saw a small boy.
Wiilku wuxuu igu yiri, "Waan gaajeysnahay."	The boy said to me, "I am hungry."
Hawaduna kulayl bey ahayd.	And the weather was hot.
Marka cunto baan siiyey.	So I gave him some food.
"Waan dheregsanahay imminka ee waad mahadsantahay," buu yiri oo ordey.	"I am full now and thank you," he said and ran away.

Exercise 10: VOCABULARY REVIEW OF ADJECTIVE PAIRS.
Consult SRG: 181-182. Review and/or memorize the following:

weyn	big
yar	small
gaaban	short
dheer	tall, long
cad	white
madow / madoob	black
jilicsan	soft
adag	hard; difficult
buuran	fat
dhuuban	slim
foolxun	ugly
quruxsan	beautiful
cusub	new
duug	old [thing/inanimate]
Note: duq	old [person/animate being]
gaajeysan	hungry
harraadsan	thirsty
dheregsan	full, sated
xun	bad
wanaagsan	good
fiican [fiicn-]	good
ladan [ladn-]	feeling good, healthy
dhow	near
fog	far
kulul	hot
qabow	cold

CHAPTER 15 - THIRD CONJUGATION VERBS
AND SOUND CHANGES

PATTERN 1: THIRD CONJUGATION VERBS ENDING IN -O.

VERB: **joogso** (/day) *stop (oneself); come to a halt*

Shaqada	waan	ka	joogsa**day**.	I stopped [from] the work.
	waad	ka	joogsa**tay**.	You ...
	wuu	ka	joogsa**day**.	He ...
	wey	ka	joogsa**tay**.	She ...
	waannu	ka	joogsa**nnay**.	We [exclusive] ...
	weynu	ka	joogsa**nnay**.	We [inclusive] ...
	weydin	ka	joogsa**teen**.	You [plural] ...
	wey	ka	joogsa**deen**.	They ...

Note the differences between verbs of the FIRST CONJUGATION (which end in a consonant) and these of the THIRD CONJUGATION (which end in -o) in the IMPERATIVE SINGULAR. One way to learn these forms is to remember that there is a VOWEL CHANGE of -o- to -a- in all inflected forms [the slant bar (/) is meant to remind you of this]. These are the changes from first conjugation verbs:

FIRST	THIRD (D/T)	CHANGES TO BE MADE	
- ay	/day	**Add d** -	1ST SG AND 3RD MASCULINE
-tay	/tay	**Same** -	2ND SG AND 3RD FEMININE
-nay	/nnay	**Double nn** -	1ST PLURAL
-teen	/teen	**Same** -	2ND PLURAL
- een	/deen	**Add d** -	3RD PLURAL
- a	/da	**Add d** -	IMPERATIVE PLURAL

See SRG: 42-44, 46-48, 78-79 for further details. As is pointed out there (42-44), the true ending of the stem is -**at**- (the AUTO-BENEFACTIVE affix *do to or for oneself*) to which the normal endings are attached, resulting in various sound changes:

joogs + -at- + -ay	=	**joogsaday**	(**t** is voiced between vowels)
joogs + -at- + -tay	=	**joogsatay**	(double **tt** is reduced to one)
joogs + -at- + -nay	=	**joogsannay**	(**t** + **n** becomes double **nn**)
joogs + -at- + -teen	=	**joogsateen**	(double **tt** is reduced to one)
joogs + -at- + -een	=	**joogsadeen**	(**t** is voiced between vowels)
joogs + -at- + -a	=	**joogsada**	(**t** is voiced between vowels)

PATTERN 2: THIRD CONJUGATION VERBS - VOWEL LOSS.
VERB: **laabo** (#btay) *return, turn back, go back*

Waan	laab**tay**.	I returned.
Waad	laaba**tay**.	You ...
Wuu	laab**tay**.	He ...
Wey	laaba**tay**.	She ...
Waannu	laaba**nnay**.	We [excl] ...
Weynu	laaba**nnay**.	We [incl] ...
Weydin	laaba**teen**.	You [pl] ...
Wey	laab**teen**.	They ...

There are some words in this group that end in -**so** (e.g., **dhiso** *build for oneself*, **sheekeyso** *converse*, **qubeyso** *take a bath*, **dhegeyso** *listen*. These must be distinguished from those that follow Pattern 1. As a general rule, if a VOWEL or a **y** comes before the -**so**, the verb will be a member of this group.

Note that verbs of this type drop the vowel in several forms [the # is meant to remind you of this]. In the other forms the final -**o** of the stem becomes -**a**-:

FIRST	THIRD (VL)	CHANGES TO BE MADE
- ay	#tay	**Drop vowel & add t** - 1ST AND 3RD M
-tay	/tay	Same - 2ND SG & 3RD FEMININE
-nay	/nnay	**Double nn** - 1ST PLURAL
-teen	/teen	Same - 2ND PLURAL
- een	#teen	**Drop vowel & add t** - 3RD PLURAL
- a	#ta	**Drop vowel & add t** - IMPERATIVE PL

As with Pattern 1, the true ending of the stem is -**at**- (AUTOBENEFACTIVE) to which the normal endings are applied, resulting in various sound changes:

laab + -at- + -ay   =   **laabtay** (short **a** is lost)
laab + -at- + -tay =   **laabatay** (double **tt** reduces to one)
laab + -at- + -nay =   **laabannay** (**t** + **n** becomes double **nn**)
laab + -at- + -teen =   **laabateen** (double **tt** reduces to one)
laab + -at- + -een =   **laabteen** (short **a** is lost)
laab + -at- + -a   =   **laabta** (short **a** is lost)

Cover up the middle and right-hand columns; describe the differences between both THIRD CONJUGATION VERB PARADIGMS:

joogsaday	laabtay	**-day** vs **-tay**	with VOWEL LOSS
joogsatay	laabatay	Same	
joogsannay	laabannay	Same	
joogsateen	laabateen	Same	
joogsadeen	laabteen	**-deen** vs **-teen**	with VOWEL LOSS
joogsada	laabta	**-da** vs **-ta**	with VOWEL LOSS

PATTERN 3: CHANGE OF **M** TO **N** - VERB **DHIMO** *DIE.*

Dhimo!		Die! (one person)
Dhinta!		Die! (all of you)
Wey	dhimatey.	She died.
Wuu	dhintey.	He died.
Wey	dhinteen.	They died.
Waan	dhintey oo	I died and
	soo noolaadey.	revived again.

N is the only NASAL SOUND that can end a syllable. So when **m** comes to be in syllable-final position, it will change to **n**.

PATTERN 4: CHANGE OF **T** TO **D** - **AMAAHO** *BORROW.*

Lacag amaaho!	Borrow some money!
Lacag amaahda!	You all borrow money!
Baabuur ma amaahatey?	Did you borrow a car?
Baabuur waan ka amaahdey.	I borrowed a car from him.
Buug wey amaahatey.	She borrowed a book.
Qalin wuu amaahdey.	He borrowed a pen.
Wey amaahdeen.	They borrowed (it).

When a verb of group three has the consonants **c, h, kh, q**, or **x**, before the final -o, the **t** of the ending will change to **d** when vowel loss occurs and brings these consonants together.

PATTERN 5: LOSS OF **D** WHEN IT COMES NEXT TO **T**.

Lacag qaado!	Take some money for yourself!
Lacag qaata!	Take some money for yourselves!
Baabuur ma qaadatey?	Did you take a car?
Baabuur waan qaatey.	I did take a car.
Buug wey qaadatey.	She took a book.
Qalin wuu qaatey.	He took a pen.
Wey qaateen.	They took (it) for themselves.

When a verb of group three has the consonant **d** before the final -**o**, the **d** drops when vowel loss occurs and would otherwise bring the two consonants together.

Exercise 1: USING THE FIRST PERSON SINGULAR.

Waan	joogsadey.	I stopped.
Waan	jiifsadey.	I lied down.
Waan	guursadey.	I got married.
Waan	iibsadey.	I bought (it) for myself.
Waan	dhegeystey.	I listened.
Waan	qubeystey.	I took a bath.
Waan	dhistey.	I built (it) for myself.
Waan	seexdey.	I went to sleep.
Waan	noqdey.	I went back.
Waan	qaatey.	I took it for myself.

Exercise 2: USING THE SECOND PERSON SINGULAR.

Maad	joogsatey?	Did you stop?
Maad	jiifsatey?	Did you lie down?
Maad	guursatey?	Did you get married?
Maad	iibsatey?	Did you buy (it) for yourself?
Maad	seexatey?	Did you go to sleep?
Maad	noqotey?	Did you go back?
Maad	dhegeysatey?	Did you listen?
Maad	qubeysatey?	Did you take a bath?
Maad	dhisatey?	Did you build (it) for yourself?
Maad	qaadatey?	Did you take it for yourself?

Exercise 3: USING THIRD PERSON MASCULINE SINGULAR.

Wuu	joogsadey.	He stopped.
Wuu	jiifsadey.	He lied down.
Wuu	guursadey.	He got married.
Wuu	iibsadey.	He bought (it) for himself.
Wuu	dhegeystey.	He listened.
Wuu	qubeystey.	He took a bath.
Wuu	dhistey.	He built (it) for himself.
Wuu	seexdey.	He went to sleep.
Wuu	noqdey.	He went back.
Wuu	qaatey.	He took it for himself.

Exercise 4: USING THIRD PERSON FEMININE SINGULAR.

Mey	joogsatey?	Did she stop?
Mey	jiifsatey?	Did she lie down?
Mey	guursatey?	Did she get married?
Mey	iibsatey?	Did she buy (it) for herself?
Mey	seexatey?	Did she go to sleep?
Mey	dhegeysatey?	Did she listen?
Mey	qubeysatey?	Did she take a bath?
Mey	dhisatey?	Did she build (it) for herself?
Mey	noqotey?	Did she go back?
Mey	qaadatey?	Did she take it for herself?

Exercise 5: USING THE FIRST PERSON EXCLUSIVE PLURAL.

Waannu	joogsanney.	We stopped.
Waannu	jiifsanney.	We lied down.
Waannu	guursanney.	We got married.
Waannu	iibsanney.	We bought it for ourselves.
Waannu	seexanney.	We went to sleep.
Waannu	dhegeysanney.	We listened.
Waannu	qubeysanney.	We took a bath.
Waannu	dhisanney.	We built (it) for ourselves.
Waannu	noqonney.	We went back.
Waannu	qaadanney.	We took it for ourselves.

Exercise 6: USING THE SECOND PERSON PLURAL.

Xaggee	beydin		joogsateen?	Where did you stop?
Xaggee	beydin		jiifsateen?	Where did you lie down?
Xaggee	beydin		iibsateen?	What place did you buy?
Xaggee	beydin		seexateen?	Where did you go to sleep?
Xaggee	beydin		dhisateen?	Where did you build (it)?
Xaggee	beydin	ku	noqoteen?	Where did you go back to?
Xaggee	beydin	ku	qubeysateen?	Where did you bathe at?
Xaggee	beydin	ku	dhegeysateen?	Where'd you listen to it?
Xaggee	beydin	ka	qaadateen?	Where did you take it from?

Exercise 7: USING THE THIRD PERSON PLURAL.

Maxay dhisteen?
Guri bey dhisteen.

What did they build for them-
selves? They built a house.

Maxay iibsadeen?
Baabuur bey iibsadeen.

What did they buy?
They bought a car.

Maxay dhegeysteen?
Sheeko bey dhegeysteen.

What did they listen to?
They listened to a story.

Maxay noqdeen?
Wey dhinteen.

What became of them?
They died.

Maxay qaateen?
Buuggaas bey qaateen.

What did they take?
They took that book.

Exercise 8: USING THE VERB **SHEEKEYSO** *CONVERSE*.

Cali	baan	la	sheekeystey.	I conversed with Ali.
"	baad	la	sheekeysatey.	You ...
"	buu	la	sheekeystey.	He ...
"	bey	la	sheekeysatey.	She ...
"	baannu	la	sheekeysanney.	We [excl] ...
"	beynu	la	sheekeysanney.	We [incl] ...
"	beydin	la	sheekeysateen.	You [plural] ...
"	bey	la	sheekeysteen.	They ...

Exercise 9: USING THE VERB **NOQO** *become; return.*
Note that this verb is an EXCEPTION in that the -o- does not
change to -a-:

Macallin	baan	noqdey.	I became a teacher.
	baad	noqotey.	You ...
	buu	noqdey.	He ...
Macallimad	bey	noqotey.	She ...
Macallimiin	baannu	noqonney.	We [excl] ... teachers.
	beynu	noqonney.	We [incl] ...
	beydin	noqoteen.	You [pl] ...
	bey	noqdeen.	They ...

Exercise 10: INFLECTING THIRD CONJUGATION VERBS.
Inflect the following according to the correct pattern:

qabo	catch, hold	[v3b=]
qabso	seize	[v3a=]
dhunko	kiss	[v3a=]
kabbo	sip	[v3a=]
amaaho	borrow	[v3b=]
gado	buy (for oneself)	[v3b=]
xidho	tie for oneself; dress up, put on (clothes)	[v3b=]
soco	walk, go	[v3b=]

Exercise 11: DICTATION PRACTICE
Write down what your teacher says to you.

Cali baan saaka la sheekeystey.	I talked with Ali this morning.
Wuxuu ii sheegey in saxiibkeen Maxamed uu dhintey.	He told me that our friend Mohammed died.
Maxamed isagoo shaqada jooga, buu shaqadii joojiyey oo jiifsadey.	Mohammed while at work, stopped working and lied down.
Markaas in yar ka dibna wuu dhintey.	Then after a short while he died.
Duugtiisii baannu tagney oo ka soo noqonney.	We went to his funeral and (then) came back.

Exercise 12: QUESTION AND ANSWER DRILLS.
Use INDEPENDENT PRONOUNS in your answers to these questions.

Buugga maad iibsatey?   Did you buy the book?
Haa, anigu waan iibsadey.   Yes, I bought (it).

Buugga muu iibsadey?   Did he buy the book?
Haa, isagu wuu iibsadey.   Yes, he bought (it).

Buugga mey iibsatey?   Did she buy the book?
Haa, iyadu wey iibsatey.   Yes, she bought (it).

Buugga meynu iibsanney?   Did we all buy the book?
Haa, innagu weynu   Yes, we all bought (it).
  iibsanney.

Buugga meydin iibsateen?   Did you buy the book?
Haa, annagu waannu   Yes, we bought (it).
  iibsanney.

Buugga mey iibsadeen?   Did they buy the book?
Haa, iyagu wey iibsadeen.   Yes, they bought (it).

CHAPTER 16 - PRESENT HABITUAL VERB TENSE

PATTERN 1: PRESENT HABITUAL OF CONJUGATION ONE.

Shaneemada	baan	**tagaa.**	I go to the movies.
	baad	**tagtaa.**	You go ...
	buu	**tagaa.**	He goes ...
	bey	**tagtaa.**	She goes ...
	baannu	**tagnaa.**	We [exclusive] go ...
	beynu	**tagnaa.**	We [inclusive] go ...
	beydin	**tagtaan.**	You [plural] go ...
	bey	**tagaan.**	They go ...

GRAMMATICAL NOTE

The PRESENT HABITUAL TENSE indicates a habitual or repeated action. With STATIVE VERBS it indicates a present state of affairs, e.g., *I am sick.* See SRG: 65-69, 75, 82.

PATTERN 2: PRESENT HABITUAL - CONJUGATION TWO A.

Warka	baan ku	**celiyaa.**	I repeat the news.
	baad	**celisaa.**	You repeat ...
	buu	**celiyaa.**	He repeats ...
	bey	**celisaa.**	She repeats ...
	baannu	**celinnaa.**	We [excl] repeat ...
	beynu	**celinnaa.**	We [incl] repeat ...
	beydin	**celisaan.**	You [pl] repeat ...
	bey	**celiyaan.**	They repeat ...

PATTERN 3: PRESENT HABITUAL - CONJUGATION TWO B.

Waan	**lugeeyaa.**	I go on foot.
Waad	**lugeeysaa.**	You ...
Wuu	**lugeeyaa.**	He ...
Wey	**lugeeysaa.**	She ...
Waannu	**lugeeynaa.**	We [excl] ...
Weynu	**lugeeynaa.**	We [incl] ...
Weydin	**lugeeysaan.**	You [pl] ...
Wey	**lugeeyaan.**	They ...

PATTERN 4: CONJUGATION THREE A.

Gabarta   yar ...

waan	dhunka**daa**.	I kiss the little girl.
waad	dhunka**taa**.	You ...
wuu	dhunka**daa**.	He kisses ...
wey	dhunka**taa**.	She kisses ...
waannu	dhunka**nnaa**.	We [excl] ...
weynu	dhunka**nnaa**.	We [incl] ...
weydin	dhunka**taan**.	You [pl] ...
wey	dhunka**daan**.	They ...

PATTERN 5: CONJUGATION THREE - B.

Lacag	baan	amaah_**daa**.	I borrow money.
	baad	amaaha**taa**.	You ...
	buu	amaah_**daa**.	He borrows ...
	bey	amaaha**taa**.	She borrows ...
	baannu	amaaha**nnaa**.	We [excl] borrow ...
	beynu	amaaha**nnaa**.	We [incl] ...
	beydin	amaaha**taan**.	You [pl] ...
	bey	amaah_**daan**.	They ...

Contrast the endings involved in the different conjugations. Remember that the slash bar (/) indicates VOWEL CHANGE and the # indicates VOWEL LOSS:

1	2a	2b	3a	3b
- aa	-**y**aa	-**y**aa	/**d**aa	#**t**aa
-taa	-**s**aa	-saa	/taa	/taa
-naa	-**nn**aa	-naa	/**nn**aa	/**nn**aa
-taan	-**s**aan	-saan	/taan	/taan
- aan	-**y**aan	-**y**aan	/**d**aan	#**t**aan

Remember that when verbs of Conjugation 3-B end in **c, h, kh, q** or **x**, the **t** of the suffix will change to **d** as in Pattern 5 (review Chapter 15, page 115).

Exercise 1: Conjugate **buk** *be sick* according to Pattern 1, without looking at the Somali column below.

I am sick.	Waan	bukaa.
You are sick.	Waad	buktaa.
He is sick.	Wuu	bukaa.
She is sick.	Wey	buktaa.
We [excl] are sick.	Waannu	buknaa.
We [incl] are sick.	Weynu	buknaa.
You [pl] are sick.	Weydin	buktaan.
They are sick.	Wey	bukaan.

Exercise 2: Conjugate **tiri** *count* according to Pattern 2, without looking at the Somali column below.

I count the money.	Lacagta	waan	tiriyaa.
You ...		waad	tirisaa.
He counts ...		wuu	tiriyaa.
She counts ...		wey	tirisaa.
We [excl] ...		waannu	tirinnaa.
We [incl] ...		weynu	tirinnaa.
You [pl] ...		weydin	tirisaan.
They ...		wey	tiriyaan.

Exercise 3: Conjugate **iibso** *buy* according to Pattern 4.

I buy rice.	Bariis	baan	iibsadaa.
You buy ...		baad	iibsataa.
He buys ...		buu	iibsadaa.
She buys ...		bey	iibsataa.
We [excl] buy ...		baannu	iibsannaa.
We [incl] buy ...		beynu	iibsannaa.
You [pl] ...		beydin	iibsataan.
They ...		bey	iibsadaan.

Exercise 4: USING THE FIRST PERSON SINGULAR.

Waan u aaraa.	I avenge (him/her).
Hilibka waan gataa.	I buy the meat.
Lacagta waan qariyaa.	I hide the money.
Horey baan u seexdaa.	I go to sleep early.
Cuntada waan sameeyaa.	I prepare the food.
Guriga waan safeeyaa.	I clean the house.
Kubbadda waan qabtaa.	I catch the ball.

Exercise 5: USING THE SECOND PERSON SINGULAR.

Ma u aartaa?	Do you avenge (him/her)?
Hilibka maad gadataa?	Do you buy the meat?
Lacagta maad qarisaa?	Do you hide the money?
Horey maad u seexataa?	Do you go to sleep early?
Cuntada maad sameeysaa?	Do you prepare the food?
Guriga maad safeeysaa?	Do you clean the house?
Kubbadda maad qabataa?	Do you catch the ball?

Exercise 6: USING THIRD PERSON MASCULINE SINGULAR.

Wuu u aaraa.	He avenges (him/her).
Hilibka buu gataa.	He buys the meat.
Lacagta buu qariyaa.	He hides the money.
Horey buu u seexdaa.	He goes to sleep early.
Cuntada buu sameeyaa.	He prepares the food.
Guriga buu safeeyaa.	He cleans the house.
Kubbadda buu qabtaa.	He catches the ball.

Exercise 7: DRILL on THIRD PERSON FEMININE SINGULAR.

Mey u aartaa?	Does she avenge (him/her)?
Hilibka mey gadataa?	Does she buy the meat?
Lacagta mey qarisaa?	Does she hide the money?
Horey mey u seexataa?	Does she go to sleep early?
Cuntada mey sameeysaa?	Does she prepare the food?
Guriga mey safeeysaa?	Does she clean the house?
Kubbadda mey qabataa?	Does she catch the ball?

Exercise 8: USING THE FIRST PERSON PLURAL.

Waannu u aarnaa.	We avenge (him/her).
Hilibka waannu gadannaa.	We buy the meat.
Lacagta waannu qarinnaa.	We hide the money.
Horey baannu u seexannaa.	We go to sleep early.
Cuntada waannu sameeynaa.	We prepare the food.
Guriga waannu safeeynaa.	We clean the house.
Kubbadda waannu qabannaa.	We catch the ball.

Exercise 9: USING THE SECOND PERSON PLURAL.

Meydin u aartaan?	Do you avenge (him/her)?
Hilibka meydin gadataan?	Do you buy the meat?
Lacagta meydin qarisaan?	Do you hide the money?
Horey meydin u seexataan?	Do you go to sleep early?
Cuntada meydin sameeysaan?	Do you prepare the food?
Guriga meydin safeeysaan?	Do you clean the house?
Kubbadda meydin qabataan?	Do you catch the ball?

Exercise 10: USING THE THIRD PERSON PLURAL.

Maxay baraan?	What do they teach?
Af Ingiriisi bey baraan.	They teach English.
Maxay safeeyaan?	What do they clean?
Fasalka bey safeeyaan.	They clean the classroom.
Maxay gataan?	What do they buy?
Hilib bey gataan.	They buy meat.
Maxay sameeyaan?	What do they prepare?
Cuntada bey sameeyaan.	They prepare the food.
Maxay qariyaan?	What do they hide?
Lacagta bey qariyaan.	They hide the money.
Maxay qabtaan?	What do they catch?
Kubbadda bey qabtaan.	They catch the ball.

Exercise 11: QUESTION AND ANSWER DRILL.

Maad buktaa?	Are you sick?
Haa, waan bukaa.	Yes, I'm sick.
Maad lugeeysaa?	Do you go on foot?
Haa, waan lugeeyaa.	Yes, I go on foot.
Maad garataa?	Do you understand?
Haa, waan gartaa.	Yes, I understand.
Buugag maad akhrisaa?	Do you read books?
Haa, waan akhriyaa?	Yes, I read (them).
Maxaad rabtaa?	What do you want?
Buug baan rabaa.	I want a book.
Cabdi muu la sheekeystaa?	Does he converse with Abdi?
Haa, wuu la sheekeystaa.	Yes, he converses with him.
Kurdad mey xidhataa?	Does she put on a dress?
Haa, kurdad wey xidhataa.	Yes, she puts on a dress.

Exercise 12. TRANSCRIPTION.
Write down what your teacher says to you.

Maalin walba dukaanka baan tagaa oo hilib ka soo iibsadaa oo guriga keenaa.	Every day, I go to the store and buy some meat and bring it home.
Markaas bey naagteeydu hilibka iyo bariis karisaa.	Then my wife cooks the meat and some rice
Markaas baannu cunnaa.	Then we eat it.

Exercise 13. TRANSLATION PRACTICE.
Translate the following into Somali:

I go to the movies every day.
Are they sick?
Do you go to the city on foot?
He converses with Mary.
We repeat the story.
I want a new car.

CHAPTER 17 - PRESENT PROGRESSIVE VERB TENSE

PATTERN 1: PRESENT PROGRESSIVE - CONJUGATION 1.

Anigu	waan	ark**ayaa**	I see (it). [Lit: am seeing].
Adigu	waad	ark**eysaa**.	You see (it).
Isagu	wuu	ark**ayaa**.	He sees (it).
Iyadu	wey	ark**eysaa**.	She sees (it).
Annagu	waannu	ark**eynaa**.	We [exclusive] see (it).
Innagu	weynu	ark**eynaa**.	We [inclusive] see (it).
Idinku	weydin	ark**eysaan**.	You [plural] see (it).
Iyagu	wey	ark**ayaan**.	They see (it).

Note that the PRESENT PROGRESSIVE is a combination of a continuous activity suffix (-**ay**- or its alternate -**ey**-) and the PRESENT HABITUAL ENDINGS taken in the last chapter. Because of the -**y**- all the -**t** forms change to -**s**:

- aa	-ay + -aa	-ayaa
-taa	-ay + -taa	-aysaa
-naa	-ay + -naa	-aynaa
-taan	-ay + -taan	-aysaan
-aan	-ay + -aan	-ayaan

PATTERN 2: PRESENT PROGRESSIVE - CONJUGATION 2-A.

Anigu	hilib baan	kari**nayaa**.	I am cooking some meat.
Adigu	baad	kari**naysaa**.	You are ...
Isagu	buu	kari**nayaa**.	He is ...
Iyadu	bey	kari**naysaa**.	She is ...
Annagu	baannu	kari**naynaa**.	We [excl] are ...
Innagu	beynu	kari**naynaa**.	We [incl] are ...
Idinku	beydin	kari**naysaan**.	You [pl] are ...
Iyagu	bey	kari**nayaan**.	They are ...

Note that verbs of Conjugation 2-A have an additional -**n**- before the suffixes of Conjugation 1. Those of 2-B below have -**yn**-.

PATTERN 3: PRESENT PROGRESSIVE - CONJUGATION 2-B.

Anigu cunto	baan	sameeynayaa.	I am preparing some food.
Adigu	baad	sameeyneysaa.	You are ...
Isagu	buu	sameeynayaa.	He is ...
Iyadu	bey	sameeyneysaa.	She is ...
Annagu	baannu	sameeyneynaa.	We [excl] are ...
Innagu	beynu	sameeyneynaa.	We [incl] are ...
Idinku	beydin	sameeyneysaan.	You [pl] are ...
Iyagu	bey	sameeynayaan.	They are ...

PATTERN 4: PRESENT PROGRESSIVE - CONJUGATION 3-A.

Caanaha	waan	kabbanayaa.	I am sipping the milk.
	waad	kabbaneysaa.	You are ...
	wuu	kabbanayaa.	He is ...
	wey	kabbaneysaa.	She is ...
	waannu	kabbaneynaa.	We [excl] are ...
	weynu	kabbaneynaa.	We [incl] are ...
	weydin	kabbaneysaan.	You [pl] are...
	wey	kabbanayaan.	They are ...

Note that verbs of Conjugation 3 have an additional -**an**- before the suffixes of Conjugation 1. Group 3-A and 3-B verbs follow the same pattern.

PATTERN 5: PRESENT PROGRESSIVE - CONJUGATION 3-B.

Guri baan	dhisanayaa.	I am building a house	for myself.
baad	dhisanaysaa.	You are	for yourself.
buu	dhisanayaa.	He is	for himself.
bey	dhisanaysaa.	She is	for herself.
baannu	dhisanaynaa.	We [excl] are	for ourselves.
beynu	dhisanaynaa.	We [incl] are	for ourselves.
beydin	dhisanaysaan.	You [pl] are	for yourselves.
bey	dhisanayaan.	They are	for themselves.

Exercise 1: Conjugate **keen** *bring* according to Pattern 1:

I am bringing the food.	Cuntada	waan	keenayaa.
You are ...		waad	keenaysaa.
He is ...		wuu	keenayaa.
She is ...		wey	keeneysaa.
We [excl] are ...		waannu	keeneynaa.
We [incl] are ...		weynu	keeneynaa.
You [pl] are ...		weydin	keeneysaan.
They are ...		wey	keenayaan.

Exercise 2: Conjugate **sii** *give* according to Pattern 2:

I am giving the money.	Lacagta	waan	siinayaa.
You are ...		waad	siineysaa.
He is ...		wuu	siinayaa.
She is ...		wey	siineysaa.
We [excl] are ...		waannu	siineynaa.
We [incl] are ...		weynu	siineynaa.
You [pl] are ...		weydin	siineysaan.
They are ...		wey	siinayaan.

Exercise 3: Conjugate **iibso** *buy* according to Pattern 4:

I am buying a car for myself.	Baabuur	baan	iibsanayaa.
You are ... for yourself.		baad	iibsanaysaa.
He is ... for himself.		buu	iibsanayaa.
She is ... for herself.		bey	iibsanaysaa.
We [ex] are ... for ourselves.		baannu	iibsanaynaa.
We [in] are ... for ourselves.		beynu	iibsanaynaa.
You [pl] are ... for yourselves.		beydin	iibsanaysaan.
They are ... for themselves.		bey	iibsanayaan.

Exercise 4: USING FIRST PERSON SINGULAR.

I am going to the city.	Magaalada baan tagayaa.
I am cooking the meat.	Hilibka baan karinayaa.
I am counting the money.	Lacagta baan tirinayaa.
I am putting the boy to sleep.	Wiilka baan seexinayaa.
I am preparing the food.	Cuntada baan sameeynayaa.
I am cleaning the house.	Guriga baan safeeynayaa.
I am borrowing some money.	Lacag baan amaahanayaa.

Exercise 5: USING SECOND PERSON SINGULAR.

Are you going to the city?	Magaalada maad tageysaa?
Are you cooking the meat?	Hilibka maad karineysaa?
Are you counting the money?	Lacagta maad tirineysaa?
Are you putting the boy to sleep.	Wiilka maad seexineysaa?
Are you preparing the food?	Cuntada maad sameeyneysaa?
Are you cleaning the house?	Guriga maad safeeyneysaa?
Are you borrowing some money?	Lacag maad amaahaneysaa?

Exercise 6: USING THIRD PERSON MASCULINE SINGULAR.

He is going to the city.	Magaalada buu tagayaa.
He is cooking the meat.	Hilibka buu karinayaa.
He is counting the money.	Lacagta buu tirinayaa.
He is putting the boy to sleep.	Wiilka buu seexinayaa.
He is preparing the food.	Cuntada buu sameeynayaa.
He is cleaning the house.	Guriga buu safeeynayaa.
He is borrowing some money.	Lacag buu amaahanayaa.

Exercise 7: USING THIRD PERSON FEMININE SINGULAR.

Is she going to the city?	Magaalada mey tagaysaa?
Is she cooking the meat?	Hilibka mey karineysaa?
Is she counting the money?	Lacagta mey tirineysaa?
Is she putting the boy to sleep?	Wiilka mey seexineysaa?
Is she preparing the food?	Cuntada mey sameeyneysaa?
Is she cleaning the house?	Guriga mey safeeyneysaa?
Is she borrowing some money?	Lacag mey amaahanaysaa?

Exercise 8: USING FIRST PERSON PLURAL.

We are going to the city.	Magaalada baannu tageynaa.
We are cooking the meat.	Hilibka baannu karineynaa.
We are counting the money.	Lacagta baannu tirineynaa.
We are putting the boy to sleep.	Wiilka baannu seexineynaa.
We are preparing the food.	Cuntada baannu sameeyneynaa.
We are cleaning the house.	Guriga baannu safeeyneynaa.
We are borrowing some money.	Lacag baannu amaahanaynaa.

Exercise 9: USING SECOND PERSON PLURAL.

Are you going to the city?	Magaalada meydin tegeysaan?
Are you cooking the meat?	Hilibka meydin karineysaan?
Are you counting the money?	Lacagta meydin tirineysaan?
Are you putting the boy to sleep?	Wiilka meydin seexineysaan?
Are you preparing the food?	Cuntada meydin sameeyneysaan?
Are you cleaning the house?	Guriga meydin safeeyneysaan?
Are you borrowing some money?	Lacag meydin amaahaneysaan?

Exercise 10: USING THIRD PERSON PLURAL.

What are they borrowing?	Maxay amaahanayaan?
They are borrowing the car.	Baabuurka bey amaahanayaan.
What are they cleaning?	Maxay safeeynayaan?
They are cleaning the classroom.	Fasalka bey safeeynayaan.
What are they cooking?	Maxay karinayaan?
They are cooking the meat.	Hilibka bey karinayaan.
What are they preparing?	Maxay sameeynayaan?
They are preparing some food.	Cunto bey sameeynayaan.
What are they counting?	Maxay tirinayaan?
They are counting the students.	Ardeyda bey tirinayaan.

Exercise 11: QUESTION AND ANSWER DRILL.

Buugga maad akhrineysaa?   Are you reading the book?
Haa, waan akhrinayaa.   Yes, I am reading it.

Buugga maad gadaneysaa?   Are you buying the book?
Haa, waan gadanayaa.   Yes, I am buying it.

Buug muu qorayaa?   Is he writing a book?
Haa, wuu qorayaa.   Yes, he is writing (one).

Shaah mey cabbaysaa?   Is she drinking tea?
Haa, wey cabbaysaa.   Yes, she is drinking (it).

Walaalkiis muu u aarayaa?   Is he avenging his brother?
Haa, wuu u aarayaa.   Yes, he is avenging (him).

Exercise 12: TRANSCRIPTION.
Write down what your teacher says.

Dukaanka baan tagayaa oo   I am going to the store
  buugag baan ka soo eegayaa.   and look at books.
Haddii ay yaallaan kuwa   If there are some good ones,
  wanaagsan, waan soo   I am going to buy (them).
  iibsanayaa.
Haddii kalena, makhaayadda   If not, I will go
  baan tagayaa oo shaah   to the restaurant
  baan soo cabbayaa.   and drink some tea.
Markaas halkaas waad iigu   So you can come to
  iman kareysaa.   me at that place.
Haddii kale, caawa baannu   Otherwise, we are going
  kulmeynaa.   to meet tonight.

PATTERN 1: PLURAL NOUNS OF DECLENSION ONE.
Add -o to form the plural of these nouns:

bad (da)	ocean	bado (/ha)	oceans
bil (/sha)	moon, month	bilo (/ha)	months
dayuurad (da)	airplane	dayuurado (/ha)	airplanes
dhib (ta)	trouble	dhibo (/ha)	troubles
goor (ta)	time	gooro (/ha)	times, occasions
hal (/sha)	cow camel	halo (/ha)	female camels
meel (/sha)	place	meelo (/ha)	places
naag (ta)	woman	naago (/ha)	women
reer (ka)	family	reero (/ha)	families
sannad (ka)	year	sannado (/ha)	years
shimbir (ta)	bird	shimbiro (/ha)	birds
taariikh (da)	history	taariikho (/ha)	histories
ul (/sha)	stick	ulo (/ha)	sticks
walaal (/sha)	sister	walaalo (/ha)	siblings
walaal (ka)	brother	walaalo (/ha)	siblings

mindi (da)	knife	mindiyo (/ha)	knives
si (da)	way, method	siyo (/ha)	ways, methods
beri (ga)	day	beryo (/ha)	days
guri (ga)	house	guryo (/ha)	houses

GRAMMATICAL NOTE.

As was forecast in Chapter 4, Somali NOUNS are put into DECLENSIONS on the basis of their plural, that is, what form they have and what the GENDER will be. Nouns of the FIRST DECLENSION simply add -o to form the PLURAL and the resulting plural is *always* MASCULINE. This -o will change to -a- and the MASCULINE ENDING will be -ha. The majority of nouns in DECLENSION ONE are FEMININE in the SINGULAR; those that end in an -i have -yo in the plural. See SRG: 119-120.

This type of formation applies to most feminine nouns ending in -ad, showing an occupation engaged in by women:

dhabbaakhad	cook	dhabbaakhado (/ha)	female cooks
dhakhtarad	doctor	dhakhtarado (/ha)	female doctors
karraaniyad	clerk	karraaniyado (/ha)	female clerks

Exercise 1: FORMING PLURALS OF DECLENSION ONE.

| Naagta waan arkey. | I saw the woman. |
| Naagaha waan arkey. | I saw the women. |

Cover everything but the leftmost column. Follow the above pattern, pluralizing the forms given below.

dhabbaakhadda	dhabbaakhadaha	female cooks
dhakhtaradda	dhakhtaradaha	female doctors
karraaniyadda	karraaniyadaha	female clerks
dayuuradda	dayuuradaha	airplanes
shimbirta	shimbiraha	birds
reerka	reeraha	families
walaalka	walaalaha	brothers and sisters
mindida	mindiyaha	knives
guriga	guryaha	houses
hasha	halaha	female camels
meesha	meelaha	places
usha	ulaha	sticks

Exercise 2: DECLENSION ONE PLURALS WITH KNOWN SUBJECTS.

| Naagtii buu arkey. | He saw the woman. |
| Naagihii buu arkey. | He saw the women. |

Follow the above pattern, pluralizing the forms given below:

dayuuraddii	dayuuradihii	airplanes
shimbirtii	shimbirihii	birds
reerkii	reerihii	families
walaalkii	walaalihii	brothers and sisters
mindidii	mindiyihii	knives
gurigii	guryihii	houses
hashii	halihii	female camels
meeshii	meelihii	places
ushii	ulihii	sticks

PATTERN 2: PLURAL NOUNS OF DECLENSION TWO

da' (da)	age	da'yo (/da)	ages
dariiq (a)	road	dariiqyo (/da)	roads
daw (ga)	way	dawyo (/da)	ways
dhabbaakh (a)	cook	dhabbaakhyo (/da)	cooks
dhinac (a)	side	dhinacyo (/da)	sides
karraani (ga)	clerk	karraaniyo (/da)	clerks
laabbis (ka)	pencil	laabbisyo (/da)	pencils
libaax (a)	lion	libaaxyo (/da)	lions
magac (a)	name	magacyo (/da)	names
sac (a)	cow	sacyo (/da)	cows
subax (a)	morning	subaxyo (/da)	mornings
suuq (a)	market	suuqyo (/da)	markets
taksi (ga)	taxi	taksiyo (/da)	taxis
tikit (ka)	ticket	tikityo (/da)	tickets

GRAMMATICAL NOTE

This is the largest and most productive group. Nouns of the SECOND DECLENSION generally add -yo to form the PLURAL and the resulting plural is *always* FEMININE. The -o will change to -a- and the FEMININE ENDING will be -da. The majority of nouns in DECLENSION TWO are MASCULINE in the SINGULAR. See SRG: 121.

Nouns of this declension that end in **b, d, dh, n, l,** or **r** may be pluralized by *doubling the final consonant* before adding **-o**:

saaxiib (ka)	friend	saaxii**bbo** (/da)	friends
aqal (ka)	hut, house	aqa**llo** (/da)	houses, huts
isbitaal (ka)	hospital	isbitaa**llo** (/da)	hospitals
baabuur (ka)	car	baabuu**rro** (/da)	cars
dhakhtar (ka)	doctor	dhakhta**rro** (/da)	doctors
injineer (ka)	engineer	injinee**rro** (/da)	engineers
nambar (ka)	number	namba**rro** (/da)	numbers
dukaan (ka)	shop	dukaa**nno** (/da)	shops, stores
habeen (ka)	night	habee**nno** (/da)	nights
telefoon (ka)	telephone	telefoo**nno** (/da)	telephones

Note that some words that end in **-n** have an underlying **-m-**:

inan (ka)	boy	ina**mmo** (/da)	boys
qalin (ka)	pen	qali**mmo** (/da)	pens
waddan (ka)	country	wadda**mmo** (/da)	countries

Exercise 3: FORMING PLURALS OF DECLENSION TWO.

Libaaxa waan arkayaa.	I see the lion.
Libaaxyada waan arkayaa.	I see the lions.

Follow the above pattern, pluralizing the forms given below:

dariiqa	dariiqyada	roads
dawga	dawyada	streets
dhabbaakha	dhabbaakhyada	cooks
karraaniga	karraaniyada	clerks
laabbiska	laabbisyada	pencils
magaca	magacyada	names

... continued

saca	sacyada	cows
suuqa	suuqyada	markets
taksiga	taksiyada	taxis
tikitka	tikityada	tickets
aqalka	aqallada	huts
baabuurka	baabuurrada	cars
dukaanka	dukaannada	shops
inanka	inammada	boys
qalinka	qalimmada	pens

Exercise 4: DECLENSION TWO PLURALS WITH KNOWN SUBJECTS.

Libaaxii waan arkayaa.	I see the lion.
Libaaxyadii waan arkayaa.	I see the lions.

Follow the above pattern, pluralizing the forms given below:

dariiqii	dariiqyadii	roads
dawgii	dawyadii	streets
karraanigii	karraaniyadii	clerks
laabbiskii	laabbisyadii	pencils
magicii	magacyadii	names
sicii	sacyadii	cows
suuqii	suuqyadii	markets
aqalkii	aqalladii	huts
baabuurkii	baabuurradii	cars
dukaankii	dukaannadii	shops
inankii	inammadii	boys
qalinkii	qalimmadii	pens

PATTERN 3: PLURAL NOUNS OF DECLENSION THREE.

gabadh (dha)	girl	gabdho (/ha)	girls
galab (ta)	afternoon	galbo (/ha)	afternoons
harag (ga)	hide, skin	hargo (/ha)	skins, hides
hilib (ka)	meat	hilbo (/ha)	meats
ilig (ga)	tooth	ilko (/ha)	teeth
jilib (ka)	knee	jilbo (/ha)	knees
xarig (ga)	rope	xargo (/ha)	ropes

Again, remember that some forms that end in **-n** will have **-m-**:

ga**can** (ta)	hand	gac**mo** (/ha)	hands
maa**lin** (ta)	day	maal**mo** (/ha)	days
qa**lin** (ka)	pen	qal**mo** (/ha)	pens
wa**ran** (ka)	spear	war**mo** (/ha)	spears

GRAMMATICAL NOTE

Nouns of the THIRD DECLENSION *lose the final vowel* before adding **-o** to form the PLURAL; the resulting plural is always MASCULINE. Remember that the **-o** will change to **-a-** and the MASCULINE ENDING will be **-ha**. Note that the majority of nouns in DECLENSION THREE are MASCULINE in the SINGULAR. See SRG: 122.

Exercise 5: USING PLURALS OF DECLENSION THREE.

Kani waa waranka.	This is the spear.
Kuwani waa warmaha.	These are the spears.
Tani waa gabadhdha.	This is the girl.
Kuwani waa gabdhaha.	These are the girls.

Pluralize the forms given below according to the MASCULINE or FEMININE patterns above:

haragga	hargaha	hides
hilibka	hilbaha	meats
iligga	ilkaha	teeth
qalinka	qalmaha	pens
xarigga	xargaha	ropes
gacanta	gacmaha	hands

Exercise 6: DECLENSION 3 PLURALS WITH KNOWN SUBJECTS.

Warankii meeyey?	Where is the spear?
Warmihii meeye?	Where are the spears?
Gabadhdhii meedey?	Where is the girl?
Gabdhihii meeye?	Where are the girls?

Pluralize the forms given below according to the MASCULINE or FEMININE patterns above:

haraggii	hargihii	hides
iliggii	ilkihii	teeth
qalinkii	qalmihii	pens
hilibkii	hilbihii	meats
xariggii	xargihii	ropes
gacantii	gacmihii	hands

Exercise 7. TRANSCRIPTION.
On a separate piece of paper, write down what your teacher
says to you.

Aqalladii meeye?	Where are the huts?
Taksiyadii meeye?	Where are the taxis?
Kuwani waa tikityadiinna.	These are your tickets.
Dhakhtarradu isbitaallada wey tagaan.	The doctors go to the hospitals.
Karraaniyaduhu dukaannada bey ka shaqeystaan.	The clerks work in the stores.
Inammadii iyo gabdhihii suuqa bey tageen.	The boys and the girls went to the market.
Laabbisyadii iyo qalimmadii fasalka bey yaallaan.	The pens and pencils are in the classroom.
Galbihii buu shaqeeyaa.	He works in the afternoons.
Hargaha xargo buu ku xidhay.	He tied the hides with ropes.
Libaaxyadu sacyadii bey cuneen.	The lions ate the cows.

Exercise 8. TRANSLATION PRACTICE.

On the same piece of paper, translate the sentences you wrote
down without looking at the English above.

CHAPTER 19 - NUMBERS & GENITIVE CONSTRUCTIONS

PATTERN 1: COUNTING IN SOMALI.

koow	(da)	one
laba	(da)	two
saddex	(da)	three
afar	(ta)	four
shan	(ta)	five
lix	(da)	six
toddoba	(da)	seven
siddeed	(da)	eight
sagaal	(ka)	nine
toban	(ka)	ten
koob iyo toban	(ka)	eleven
laba iyo toban	(ka)	twelve
saddex iyo toban	(ka)	thirteen
afar iyo toban	(ka)	fourteen
shan iyo toban	(ka)	fifteen
... etc.		
labaatan	(ka)	twenty
koob iyo labaatan	(ka)	twenty-one
... etc.		
soddon	(ka)	thirty
afartan	(ka)	fourty
konton	(ka)	fifty
lixdan	(ka)	sixty
toddobaatan	(ka)	seventy
siddeetan	(ka)	eighty
sagaashan	(ka)	ninety
boqol	(ka)	hundred
kun	(ka)	thousand
malyuun	(ka)	million

GRAMMATICAL NOTE

The numerals from one to eight are FEMININE and *all higher numbers* are MASCULINE. **Koow** (or its alternate **kow**) is used alone when counting, but before the conjunction **iyo** may have the shape **koob** in some dialects. You will be learning other words for *one* below. For additional details see SRG: 165-168.

Note that -**tan** has the meaning "-ty" (*unit of ten*). It undergoes the same changes as the feminine suffix -**ta**, except in the words **soddon** *thirty* and **konton** *fifty*, which are irregularly derived. Combination numbers under one hundred may be reversed from the above order, i.e., **sagaashan iyo sagaal** or **sagaal iyo sagaashan** *99*, but only **boqol iyo labaatan** *120*.

PATTERN 2: DIFFERENT WORDS FOR *ONE*.

Kowda subaxdii.	one a.m. (one in the morning)
Kowda galabtii.	one p.m. (one in the afternoon)
Labada **mid** i sii!	Give me one of the two!
Mid keen!	Bring one!
Midkee? **Mid**ka weyn.	Which one? The big one.
Hal keen!	Bring one!
Hal nin iyo laba naagood.	One man and two women
Berri **kow**da baan imanayaa.	I'm coming tomorrow at 1:00 p.m.

GRAMMATICAL NOTE

Kow is used for counting and in time expressions, **mid** is used like a pronoun (i.e., substituting for a FULL NOUN PHRASE), and **hal** is used like a modifier (i.e., as PART OF A NOUN PHRASE).

PATTERN 3: GENITIVE CONSTRUCTIONS.

Caano lo'**aad**	cow milk [lit: milk of cattle]
Hilib dameer**aad**	donkey meat [= meat of donkey]
Ci libaax**eed**	a lion's cry / roar
Qurux naag**eed**	a woman's beauty
Hadal naag**ood**	women's talk
Hadal niman**eed**	men's talk
Shaqo dhakhtar**eed**	a doctor's work

There are three GENITIVE ENDINGS in Somali [see SRG: 138-139]
-**aad**   on domestic animals
-**ood**   on plural feminine nouns
-**eed**   used on most other kinds of nouns, especially to
                 show the characteristics of that noun.

PATTERN 3a: NUMBERS WITH MASCULINE NOUNS.

Hal nin	one man
Laba nin	two men
Saddex shilin	three shillings
Afar wiil	four boys
Shan fasal	five classrooms
Lix baabuur	six cars
Toddoba ardey	seven students
Siddeed guri	eight houses
Sagaal goor	nine times
Toban buug	ten books

Note that the form following a number is an alternate MASCULINE SINGULAR GENITIVE, that is, it does *not have an ending at all*. Compare this with the alternate possessive constructions on page 104. Although there is no distinction in writing, GENITIVE FORMS may have a different TONE.

PATTERN 3b: NUMBERS WITH FEMININE NOUNS.

Hal naag	one woman
Laba naag**ood**	two women
Saddex abaar**ood**	three droughts
Afar ardeyad**ood**	four female students
Shan gabdh**ood**	five girls
Lix askariyad**ood**	six female soldiers
Toddoba saacad**ood**	seven hours
Siddeed maalm**ood**	eight days
sagaal bil**ood**	nine months
toban inam**ood**	ten girls

Note that when FEMININE NOUNS follow a number higher than *one*, they receive the GENITIVE PLURAL SUFFIX -**ood** discussed above (which is actually the -**o** of Declension 1 and an additional -**od**).

Exercise 1: USING THE FEMININE GENITIVE PLURAL.

Immisa bilood baad joogtey?	How many months did you stay?
Hal bil baan joogey.	I stayed one month.
Laba bilood ...	I stayed two months.
Saddex bilood ...	three
Afar bilood ...	four
Shan bilood ...	five
Lix bilood ...	six
Toddoba bilood ...	seven
Siddeed bilood ...	eight
Sagaal bilood ...	nine
Toban bilood ...	ten

Exercise 2: USING NUMBERS AND NOUNS (NUMERAL PHRASES).

Laba buug baan rabaa.	I want two books.
Saddex maalmood ku samee!	Do it in three days!
Afar wiil iyo gabar bey dhashey.	She had four boys and a girl.
Shan gabdhood bey arkeen.	They saw five girls.
Lix baabuur buu iibsadey.	He bought six cars.
Toddoba habeenood buu joogayaa.	He is staying for seven nights.
Siddeedda caawa kaaley!	Come at eight o'clock tonight!
Sagaal doollar bey doonaysaa.	She wants nine dollars.

Exercise 3: PLURALS + **LEH** *HAVE, BE ASSOCIATED WITH*

Immisa walaalood baad leedahay?	How many siblings [brothers and sisters] do you have?
Hal wiil iyo laba gabdhood.	One brother and two sisters.
Laba wiil iyo saddex gabdhood.	Two brothers and three sisters.
Saddex wiil iyo afar gabdhood.	Three brothers & four sisters.
Afar wiil iyo shan gabdhood.	Four brothers & five sisters.
Shan wiil iyo hal gabadh.	Five brothers and one sister.

Note. The irregular verb **leh** and its various functions and meanings will be taken up in detail in Chapters 25 and 31.

Exercise 4: PLURALS WITH **HAYSO** *HAVE, OWN, POSSESS*

Immisa doollar baad haysataa?	How many dollars do you have?
Hal doollar keliya baan haystaa.	I have only one dollar.
Laba ...	two dollars.
Saddex ...	three dollars.
Afar ...	four dollars.
Shan ...	five dollars.
Lix ...	six dollars.
Toddoba ...	seven dollars.
Siddeed ...	eight dollars.
Sagaal ...	nine dollars.
Toban ...	ten dollars.

labadaba / both
saddexdaba / all three
afartaba / all four

PATTERN 5: ORDINAL NUMERALS.

kow	one	kow**aad**	first
laba	two	lab**aad**	second
saddex	three	saddex**aad**	third
afar	four	afar**aad**	fourth
shan	five	shan**aad**	fifth
lix	six	lix**aad**	sixth
toddoba	seven	toddob**aad**	seventh
siddeed	eight	siddeed**aad**	eighth
sagaal	nine	sagaal**aad**	ninth
toban	ten	toban**aad**	tenth
konton	fifty	konton**aad**	fiftieth
boqol	hundred	boqol**aad**	hundredth
kun	thousand	kum**aad**	thousandth

Note that **-aad** is used to mark ordinal numbers similar to *-th* in English. Some of the forms above have alternates with VOWEL LOSS: **afraad** *fourth*, **tobnaad** *tenth*, **boqlaad** *hundredth*.

Exercise 5a: USING ORDINAL NUMERALS.

Fasalka koowaad baan dhigtaa.   I go to the first grade.
    labaad   second
    saddexaad   third
    afraad   fourth
    shanaad   fifth
    lixaad   sixth
    toddobaad   seventh
    siddeedaad   eighth

Exercise 5b: SENTENCES USING ORDINAL NUMERALS.

Qofka kowaad baad tahay.	You are the first person.
Baabuurka labaad bensiin ka buuxi!	Fill the second car with gas!
Ninka saddexaad u yeer!	Call the third man!
Guriga afaraad buu deggan-yahay.	He resides in the fourth house.
Bisha shanaad bey dhacdey.	It happened in the fifth month.
Fasalka lixaad baan dhigtaa.	I go to the sixth grade.
Sannadka toddobaad abaar baa jirtey.	There was a drought in the seventh year.
Waa maalinta siddeedaad.	It is the eight day.
Saacaadda sagaalaad baan tegey.	I left at the ninth hour.
Koobkii tobnaad baa jabey.	The tenth cup broke.
Ardeyga kontonaad buu noqdey.	He became the fiftieth student.

PATTERN 6: RELATIVE CONSTRUCTIONS WITH MASS OR COLLECTIVE NOUNS.

Immisa carruur **ah**?	How many children?
afar sigaar **ah**	four cigarettes
toban ukun **ah**	ten eggs
Lix carruur **ah** bey dhashey.	She had six children.
laba koob **oo** sonkor **ah**	two cups of sugar
shan baaldi **oo** biyo **ah**	five buckets of water

GRAMMATICAL NOTE

When a NUMERAL (including the QUESTION WORD **immisa** *how many?*) comes before a COLLECTIVE or MASS NOUN, the RELATIVE form **ah** *be, is, are* must be used. Furthermore, if a UNIT OF MEASUREMENT (e.g., *bucket, cup*) is stated the NOUN is linked by the CONJUNCTION **oo**. These will be discussed further in Chapter 21. For additional details see SRG: 117-119, 168.

Exercise 6: TRANSCRIPTION.   Write down the following:

Saaka suuqa baan tegey oo	This morning I went to the
dhowr nooc oo khudaar ah	market and bought several
baan soo iibsadey:	types of fruits:
afar muus ah,	four bananas,
lix cambe ah,	six mangoes,
saddex babbaay ah,	three papayas,
iyo shan liin macaan ah.	and five oranges.
Adigana waxaan kuu soo	Also for you I
iibiyey laba kiilo oo	bought two kilos of
hilib ah iyo nus kiilo	meat and half a kilo
bariis ah iyo ruboc	of rice and a quarter
kiilo shaah ah.	kilo of tea.

Exercise 7: USING QUANTITATIVE PHRASES.
Note how the GENITIVE CASE and/or the POSSESSIVE PRONOUNS are used in the following phrases. If necessary, review possessives in Chapter 13 (especially Exercise 18 on page 104).

nimanka dhammaan**tood**	all of the men
dhammaan nimanka	all of the men
dhowr gabdh**ood**	several girls
wiilasha qaar**kood**	some of the boys
shan **ka mid** nimanka	five of the men
dadka **oo** dhan	all the people
kulli**geenna**	all of us
kulli**giinna**	all of you [plural]
kulli**gooda**	all of them

Exercise 8: TRANSLATION PRACTICE.
Translate the following without looking at the answers.

Dadka Soomaaliyeed wey wanaagsanyihiin.	The Somali people are good.
Baabuurkeygu waa baabuur Mareykaneed.	My car is an American automobile.
Shaqadiisu waa shaqo dhabbaakheed.	His work is that of a cook.
Caano lo'aad baan doonayaa.	I want cow's milk.
Wiilka mindiyihiisu waa shan.	The boy's knives are five.
All of us are going.	Kulligeen waannu tageynnaa.
All of the men are here.	Nimanka dhammaantood wey joogaan.
Several girls are beautiful.	Dhowr gabdhood wey quruxsanyihiin.
I want all of them.	Kulligooda baan doonayaa.

Exercise 9: REVIEW OF COUNTING.
On a separate piece of paper, write out the numbers from *1 to 100* in Somali.

CHAPTER 20 - INTERROGATIVES & QUESTION WORDS

DIALOG: USING QUESTION WORDS.

Albaabka baa la garaacayaa.	There is a knock at the door. [Lit: The door is being knocked.]
Waa **ayo**?	Who is it?
Waa aniga.	It is me.
Adi**gee**?	Who are you? [= Which you?]
Aniga Yuusuf.	(It's) me, Joseph.
Yuusuf**kee**?	Joseph who?
Yuusuf Cabdi.	Joseph Abdi.
Haa, Yuusuf, soo gal!	Yes, Joseph, come in!
Ma nabad baa?	How are you?
Waa nabad.	Fine.
Hooyadaa **sidee** bey tahay?	How is your mother?
Wey ladantahay.	She is fine.
Aabbahaa **meeyey**?	Where is your father?
Guriga buu joogaa.	He is at home.
Xaggee baad ka shaqeysaa?	Where do you work?
Dawladda baan u shaqeeyaa.	I work for the government.
Dawladda ka **xaggee**?	Where in the government?
Wasaaradda maaliyad.	The Department of Finance.
Maxaad u qabataa?	What do you do for (them)?
Karraani baan ahay.	I am a clerk.
Immisa saacadood baad shaqeysaa?	How many hours do you work?
Siddeed saacadood baan shaqeeyaa.	I work eight hours.
Yaa kale oon ka aqaannaa?	Who else do I know there?
Xaliimo Cusmaan baad taqaannaa.	You know Halima Usman.
Haa, waa runtaa.	Yes, you are right.

In this chapter we will be studying various question words. Most of these have already been introduced, so this is a good time for review. Locate the following constructions:

Chapter 2 - **ma** QUESTION MARKER
- **maxaad** *what ... you?*
- **sideed** *how ... you?*

Chapter 3 - **ayo** *who?, which one?*

Chapter 4 - **meeyey** *where is [masc]?*
- **meedey** *where is [fem]?*

PATTERN 1: **YAA** *WHO?, WHOM?* & **PRONOUN FUSION.**

Yaan	arkey?	Whom	did	I	see?
Yaad	aragtey?	...			you
Yuu	arkey?	...			he
Yey	aragtey?	...			she
Yaannu	aragney?	...			we [excl]
Yeynu	aragney?	...			we [incl]
Yeydin	aragteen?	...			you [pl]
Yeey	arkeen?	...			they

Note that the THIRD PERSON PLURAL form has a long vowel and differs from the THIRD PERSON FEMININE SINGULAR. All other forms follow the patterns of **waa** and **baa** discussed in Chapter 8.

Exercise 1a: **YAA** *WHO?* AS SIMPLE SUBJECT OR OBJECT.

Yaa tagey?
  Cabdullaahi baa tegey.
Yaa maqlay?
  Aniga baa maqlay.
Yaa qariyey?
  Maryan baa qarisey.
Yaa qaadey?
  Isaga baa qaadey.
Yaa keenay?
  Cabdi baa keenay.

Who went?
Abdullahi was the one who went.
Who heard it?
I was the one who heard it.
Who hid it?
Mary was the one who hid it.
Who took it?
He was the one who took it.
Who brought it?
Abdi was the one who brought it.

Yaa lacagta iyaga amaahiyey?	Who loaned them the money?
Bankiga Ummadda baa amaahiyey.	The National Bank loaned it.

Exercise 1b: USING **YAA** WITH PRONOUN FUSION.

Yaad aragtey?	Whom did you see?
Liibaan baan arkey.	I saw Liban.
Yaad tahay?	Who are you?
Mareykan baan ahay.	I'm an American.
Maxamed baan ahay.	I'm Mohammed.
Yuu yahay?	Who is he?
Mareykan buu yahay.	He is an American [not an X].
Waa Mareykan.	He is an American [simple fact].
Waa Maxamed.	He is Mohammed.
Yey tahay?	Who is she?
Waa Soomaaliyad.	She is a Somali woman [fact].
Soomaali bey tahay.	She is a Somali [not an X].
Waa Maryan.	She is Mary.
Yaad ka hadleysaa?	Whom are you talking about?
Adiga baan kaa hadlayaa.	I'm talking about you.
Yeynu u tageynaa?	To whom are we going?
Macallinka beynu u tageynaa.	We are going to the teacher.
Yeydin u karineysaan?	Whom are you cooking for?
Ardeyda beynu u karineynnaa.	We are cooking for the students.
Yeey yihiin?	Who are they?
Waa Soomaali.	They are Somalis.

PATTERN 2: **MAXAA**   *WHAT?* AND PRONOUN FUSION

Maxaan	kariyey?	What did I	cook?
Maxaad	karisey?		you
Muxuu	kariyey?		he
Maxay	karisey?		she
Maxaannu	karinney?		we [excl]
Maxaynu	karinney?		we [incl]
Maxaydin	kariseen?		you [pl]
Maxay	kariyeen?		they

Note the shape of the stem **max**- with the FIRST AND SECOND
PERSON PRONOUNS. Be aware of the VOWEL CHANGE in the THIRD
PERSON MASCULINE form to match the -**uu**.

Exercise 2: USING **MAXAA** WITH PRONOUN FUSION

Maxaan haystaa?
Wax walba baad haysataa.

What do I have?
You have everything.

Maxaad gaddey?
Baabuurkeyga baan gadey.

What did you sell?
I sold my car.

Muxuu ka fekerayaa?
Naagtiisa buu ka
   fekerayaa.

What is he thinking about?
He is thinking about
his wife.

Maxay akhrineysaa?
Jariidad bey akhrineysaa.

What is she reading?
She is reading a newspaper.

Maxaannu dhammeyney?
Shaqadii beydin dhammeyseen.

What did we finish?
You finished the work.

Maxaynu rabnaa?
Cunto beynu rabnaa.

What do we want?
We want some food.

Maxaydin qaaddeen?
Buugaggii baannu qaadney.

What did you all take?
We took the books.

Maxay amaahdeen?
Boqol shilin bey amaahdeen.

What did they borrow?
They borrowed a hundred
shillings.

PATTERN 3: MA + VERBAL PRONOUNS (MIY- FORMS).

Miyaan buuggan	akhriyey?	Did I read this book?	
Miyaad	akhrisey?	Did you ...	
Miyuu	akhriyey?	Did he ...	
Miyey	akhrisey?	Did she ...	
Miyaannu	akhrinney?	Did we [excl] ...	
Miyeynu	akhrinney?	Did we [incl] ...	
Miyeydin	akhriseen?	Did you [pl] ...	
Miyey	akhriyeen?	Did they ...	

Note. In Chapter 8, forms like **maan, maad, muu,** and **mey** were taken up. The above are common alternates of those.

Exercise 3a: USING **MIY-** FORM VERBAL PRONOUNS.

Miyaad casheeysey?	Did you eat dinner?
Miyuu dhintay?	Did he die?
Miyey dhimatay?	Did she die?
Miyaannu Xamar tageynaa?	Are we going to Mogadishu?
Miyeynu soo noqoneynaa.	Are we coming back?
Miyeydin dhoofteen?	Have you travelled?
Miyey guriga joogaan?	Are they at home?

Exercise 3b: **MA ... BAA** AND **MIYAA** ALTERNATION.
Note the paraphrase of each of the following:

Magacaagu Maxamed miyaa?	Is your name Mohammed?
Magacaagu ma Maxamed baa?	
Ninkani Soomaali miyaa?	Is this man a Somali?
Ninkani ma Soomaali baa?	
Baabuurkani mid wanaag-san miyaa?	Is this car a good one?
Baabuurkani ma mid wanaagsan baa?	
Gurigani kaagii miyaa?	Is this house yours?
Gurigani ma kaagii baa?	

PATTERN 4: **KEE**, **TEE**, AND **KUWEE** *WHICH?*

Waa kee?   Which one is he / it [masc]?
Kan shaarka cad.   The one with the white shirt.

Waa tee?   Which one is she / it [fem]?
Tan cambuurka gaaban.   The one with the short dress.

Waa kuwee?   Which ones are they [plural]?
Kuwaannu Xamar ku   The ones we saw in Mogadishu.
  aragney.

GRAMMATICAL NOTE

The forms **kee**, **tee**, and **kuwee** can be used independently as
words or as suffixes. See SRG: 155, 223.

Exercise 4: USING **KEE**, **TEE**, AND **KUWEE** *WHICH?*

Qofkee tagey?   Which person left?
Qofna.   Nobody.   [Lit: no person].

Ninkee baad aragtey?   Which man did you see?
Kan shaarka cas.   The one with the red shirt.

Naagtee baad aragtey?   Which woman did you see?
Tan cambuurka gaaban.   The   one   with   the   short
dress.   dress.

Fasalkee baad dhigataa?   Which grade do you attend?
Kan siddeedaad.   The eighth.

Fasalkee baad ku jirtaa?   Which grade are you in?
Kan tobanaad.   The tenth.

Magaaladee baad tagtey?   Which town did you go to?
Hargeysa baan tagey.   I went to Hargeisa.

Meeshee buu joogaa?   Which place is he at?
Xafiiska buu joogaa.   He is at the office.

PATTERN 5: **XAGGEE** *WHERE?*

Xaggee baan kugu sugaa?	Where shall I wait for you?
	[**kugu** = **ku** *you* + **ku** *at*]
Xafiiska igu sug!	Wait for me at the office!
	[**igu** = **i** *me* + **ku** *at*]
Furaha **xaggee** baad ka heshey?	[From] where did you find the key?
Dariiqa baan ka heley.	I found it on the street.

Exercise 5: **XAGGEE** *WHERE?* & PLACE EXPRESSIONS.

Xaggee baan ka soo baxaa?	Where shall I exit?
Iriddan ka soo bax!	Come through this entrance.
Xaggee baad ka amaahatey?	Where did you borrow it from?
Bankiga baan ka amaahdey.	I borrowed it from the bank.
Xaggee buu tagey?	Where did he go?
Makhaayadda buu tagey.	He went to the restaurant.
Xaggee bey huruddaa?	Where is she sleeping (at)?
Gurigeyga bey huruddaa.	She's sleeping at my house.
Xaggee baannu tagaynaa?	Where are we going (to)?
Magaalada baannu tagaynaa.	We are going to the city.
Xaggee beynu joogeynaa?	Where are we staying (at)?
Hudheel beydin joogeysaan.	You are staying at a hotel.
Xaggee beydin ka maqasheen?	Where did you hear it?
Telefisiyoonka baannu ka maqalley.	We heard it on the TV.
Xaggee bey joogaan?	Where are they (at)?
Dugsiga bey joogaan.	They are at the school.

PATTERN 6: **IMMISA** *HOW MANY?* OR *HOW MUCH?*

Waa immisa?	How much is it?
Waa toban doollar.	It is ten dollars.
Immisa baa tagtey?	How many went?
Shan qof baa tagtey.	Five people went.
Immisa carruur ah bey leedahay?	How many children does she have?
Afar wiil iyo laba gabdhood bey leedahay?	She has four boys and two girls.

Exercise 6: USING **IMMISA** *HOW MANY?* OR *HOW MUCH?*

Waa immisa?	How much is it?
Waa laba shilin.	It is two shillings.
Immisa buu iibsadey?	How many did he buy?
Saddex buu iibsadey.	He bought three.
Immisa doollar bey haysataa?	How many dollars does she have?
Sagaal doollar keliya.	Only nine dollars.
Immisa habeen baad joogtey?	How many nights did you stay?
Laba habeen keliya.	Just two nights.
Immisa maalmood beydin halkaas joogteen?	How many days did you stay there?
Afar maalmood baannu joogney.	We stayed four days.
Immisa bey amaahiyeen?	How much did they loan?
Kun shilin bey amaahiyeen.	They loaned 1000 shillings.

PATTERN 7: **SIDEE** *HOW?*

Sidee baad / **Sideed** tahay?	How are you?
Waan ladnahay.	I am fine.
Sidee buu / **Siduu** yahay?	How is he?
Wuu ladanyahay.	He is fine.
Sidee bey / **Sidey** tahay?	How is she?
Wey ladantahay.	She is fine.
Sidee beydin tihiin?	How are you [plural]?
Waannu ladannahay.	We are fine.

Exercise 7: **SIDEE** *HOW?*
Continue the above pattern by answering the following:

Sidee bey yihiin?	How are they?
Hooyadaa sidee bey (= sidey) tahay?	How is your mother?
Aabbahaa sidee buu (= siduu) yahay?	How is your father?
Walaashaa sidee bey (= sidey) tahay?	How is your sister?
Walaalkaa sidee buu (= siduu) yahay?	How is your brother?
Naagtaa sidee bey (= sidey) tahay?	How is your wife?
Ninkaa sidee buu (= siduu) yahay?	How is your husband?

Exercise 8: TRANSLATION AND REVIEW.

Translate the following sentences into Somali without looking at the key on the right:

How is your friend?   Saaxiibkaa sidee
                                       buu yahay?

Where is your friend?   Saaxiibkaa xaggee
                                       buu joogaa?

Who is it?   Waa ayo?

Where has she gone?   Xaggee bey tagtey?

What did Ali talk about?   Muxuu Cali ka hadley?

Are they at home?   Guriga miyey joogaan?

Have you gone to school   Dugsiga maanta miyaad
    today?   tagtey?

Was the teacher there?   Macallinku miyuu joogey?

Who loaned you the money?   Yaa lacagta idin amaahiyey?

How much did you [pl]   Immisa beydin amaahateen?
    borrow?

Did they cook the food?   Miyey cuntadii kariyeen?

Did she die?   Miyey dhimatay?

Are you [pl] eating dinner?   Miyeydin casheyneysaan?

What did she find?   Maxay heshey?

Did you see the new   Macallinka cusub maad
    teacher?   aragtey?

PATTERN 1: JOINING NOUNS WITH **IYO**.

Cali iyo Maxamed	Ali and Mohamed
Marian iyo Xaawo	Mary and Eve
hilib iyo bariis	meat and rice
nin iyo naag	a man and a woman
qalimmo iyo laabbisyo	pens and pencils
sac iyo hal	a cow and a she-camel
libaax iyo shabeel	a lion and a leopard
sac iyo dibi	a cow and a bull

GRAMMATICAL NOTE.

Joining words together is a complex matter in Somali. Different conjuctions are used depending upon the part of speech (whether a noun, a verb, or an adjective) or the sentence structure (i.e., whether a simple phrase or a clause).   See SRG: 249-254.

Exercise 1: USING **IYO** *AND* BETWEEN NOUNS.
Translate the following using **iyo**:

Mary and Eve went.	Maryan iyo Xaawo wey tageen.
It is a city and a country.	Waa magaallo iyo waddan.
It is a boy and a girl.	Waa wiil iyo gabar.
I saw women and children.	Naago iyo carruur baan arkay.
Take pens and pencils!	Qalimmo iyo laabbisyo qaad!
They eat meat and rice.	Hilib iyo bariis bey cunaan.

PATTERN 2: JOINING VERB PHRASES WITH **OO** *AND*.
VERBS or ADJECTIVES are joined by **oo** (or its dialect alternate **ee**, but not **iyo**, which can only be used to join nouns together).

Cun oo cab!	Eat and drink!
Noqo oo seexo!	Return and go to sleep!
Noqo oo jiifso!	Go back and lie down!
Cuntadii keen oo cun!	Bring the food and eat (it)!
Dhig oo shid!	Put it down and light it up!

159

Exercise 2: USING **OO** TO JOIN VERBS.

Hilib badan buu cunay oo caano badan buu cabbay.	He ate a lot of meat and drank a lot of milk.
Waan noqday oo seexdey.	I went back and slept.
Miyaad noqotey oo jiifsatey?	Did you go back and lie down?
Kaaley oo ii sheeg!	Come here and tell me!

In some dialects, **ee** is used instead of **oo** to link constructions
that differ in grammar, such as a DECLARATIVE VERB in one clause
and a RELATIVE VERB in the other, or combinations such as IMPER-
ATIVE & DECLARATIVE or DECLARATIVE & NEGATIVE. **Ee** is used like
this in the upcoming folktales and is drilled in Chapter 40.

PATTERN 3: PHRASES WITH **OO ... AH** *THE ONE THAT IS.*
NOUNS are linked to NUMERALS, ADJECTIVES, or other nouns by a
special construction (meaning "the one which is" or "the ones
that are..."). Review this in Chapter 19:

Nin dheer **oo** dhakhtar **ah**	A tall man who is a doctor
Buug adag oo duug **ah**	An old hard book
Gabar Soomaali **ah oo** quruxsan	A pretty Somali girl
Afar nin **oo** socot<u>a</u> **ah**	Four men who are travellers
Laba koob **oo** caan<u>a</u> **ah**	Two cups (that are) of milk
Saddex kiilo **oo** hilib **ah**	Three kilos of meat
Toban kiilo **oo** bariis **ah**	Ten kilos of rice

Note that when more than one adjective is used, the final **ah** is
not, but the adjectives (like verbs) are joined by **oo**:

Baabuur cusub **oo** cad	a new white car
Wiil weyn **oo** buuran	a big fat boy
Gabar dheer **oo** dhuuban	a tall thin girl

The final **-o** of words often changes to **-a**, as underlined in the
above examples and highlighted in those below:

caan<u>o</u> ah	caan**a** ah
biy<u>o</u> ah	biy**a** ah
socot<u>o</u> ah	socot**a** ah

Exercise 3: USING OO ... AH.

Lix koob oo biya ah ku dar!	Add six cups of water!
Laba koob oo caano ah cab!	Drink two cups of milk!
Shan kiilo oo bariis ah soo iibi!	Buy five kilos of rice!
Afar kiilo oo hilib ah jarjar!	Cut up four kilos of meat!
Gabadh Soomaali ah oo qurux badan bey arkeen.	They saw a very beautiful Somali girl.

The **ah** can have the marker -i to mark a DECLARATIVE SUBJECT:

Lix koob oo shaah **ahi** wey daateen.	Six cups of tea spilled.
Saddex nin oo socota **ahi** wey tageen.	Three men (who are) travellers (they) left.

PATTERN 4: CONJUNCTIVE SUFFIX -NA *AND* [SIMPLE CLAUSE].

When one clause is joined to another, -**na** is suffixed to the first word of the second clause:

adigu**na**	and you
dabadeed**na**	and then, after that
kan**na**	and this [masculine]
tan**na**	and this [feminine]
kuwan**na**	and these
Maryan**na**	and Mary

Exercise 4: USING THE SUFFIX -NA.

Waan fiicanahay. Adiguna?	I'm fine. And you?
Dabadeedna caano buu cabbey.	And then he drank some milk.
Wiilkanna magaciis?	And this boy, what's his name?
Gabadhdhanna magaceed?	And this girl, what's her name?
Kuwanna fasalka keen.	And these bring to the class.
Daauud warqad buu qorey, Maryanna wey dirtey.	David wrote a letter, and Mary sent (it)
Yuusuf wuu i arkey, wuuna ila hadlay.	Joseph saw me, and he spoke to me.

PATTERN 5: CONTRASTIVE SUFFIX -SE *BUT, AND*.
When some kind of CONTRAST is implied, -se is attached to the first word of the second clause:

adigu**se**	but you, and you
Cali**se**	but Ali
kaagu**se**	and your(s) [masculine]
taadu**se**	and your(s) [feminine]
shaah**se**	what about tea?

Exercise 5: USING THE SUFFIX -SE.

Waan ladnahay, adiguse?	I'm fine, and (how are) you?
Anigu waan tagayaa, Calise?	I'm going, but (is) Ali?
Magacaygu waa Saciid, kaaguse?	My name is Saeed. (what's) yours?
Naagteeydu wey tageysaa, taaduse?	My wife is going, is yours?
Waxaan haynaa bun, caano iyo biir.	We have coffee, milk and beer.
... Shaahse?	... How about tea?
Cali baa Shiina tegey, Axmedse Ruush buu tegey.	Ali went to China, but Ahmed went to Russia.

PATTERN 6: RELATIVE CLAUSES WITH **IN** *THAT*.
The conjunction **in** combines with the verbal pronouns as follows:

Inaan	tegey,	wuu ogyahay. He knows that	I	left.
Inaad	tagtey		you	
Inuu	tagey,		he	
Iney	tagtey,		she	
Inaannu	tagney,		we [excl]	
Ineynu	tagney,		we [incl]	
Ineydin	tagteen,		you [pl]	
Inay	tageen,		they	

Exercise 6: USING **IN** WITH PRONOUN FUSION.

Iney keentey baan maqley.	I heard that she brought it.
Inuu dhintey baan maqley.	I heard that he died.
Inaad cuntey, baan arkey.	I saw that you ate.
Inaan cabbey, baad aragtey.	You saw that I drank.

GRAMMATICAL NOTE.

PAST TENSE verb forms in RELATIVE CLAUSES are the same as those DECLARATIVE FORMS we have learned. However, in the PROGRESSIVE TENSES, verbs that normally end in **-aa** will end in **-o**   [see Appendix 1 for contrasts between DECLARATIVES and RELATIVES].

PATTERN 7: PROGRESSIVE VERBS IN RELATIVE CLAUSES.

Iney keen**eyso** baan maqley.	I heard that she is bringing it.
Inuu dhim**anayo** baan maqley.	I heard that he is dying.
Inaad wax cun**eyso** baan arkayaa.	I see that you are eating something.

Exercise 7: RELATIVE EXPRESSIONS WITH **WAA ... IN**
This construction literally means: *It is that* ... but is one way to express the idea of *must* in Somali; see SRG: 211.

Waa in aan sameeyo.	I must do it.
Waa in aan Xamar tago.	I must go to Mogadishu.
Waa in aan ku arko.	I must see you.
Waa in aan u barto.	I must get used to it.
Waa in ay bartaan.	They must learn.

PATTERN 8: TEMPORAL CLAUSES WITH **MARKA** *WHEN*.

Markuu dhintey, bey tageen.	When he died, they left.
Markaan tagey, buu dhintey.	When I left, he died.
Markaad keentey, bey qaadatey.	When you brought it, she took it.
Markey warqadda akhrisey, bey ooydey.	When she read the letter, she cried.

Exercise 8: USING **MARKA** IN TEMPORAL CLAUSES.
The noun **marka** or **markii** [lit: *the time*] combines with verbal
pronouns to serve as a conjunction introducing relative clauses
indicating time. Translate these PROGRESSIVE FORMS with -o:

Markaan	cunayo, wax badan	baan cunaa.
Markaad	cunayso, ...	baad cuntaa.
Markuu	cunayo, ...	buu cunaa.
Markey	cunayso, ...	bey cuntaa.
Markaannu	cunayno, ...	baannu cunnaa.
Markeynu	cuneyno, ...	beynu cunnaa.
Markeydin	cunaysaan, ...	beydin cuntaan.
Markey	cunayaan, ...	bey cunaan.

When I eat, I eat a lot.   When you eat, you eat a lot.
When he eats, he eats ...   When she eats, she ...
When we eat, we eat ...   When we eat, we eat ...
When you [pl] eat, you ...   When they eat, they eat ...

Exercise 9: READING AND TRANSLATION PRACTICE.
Read and translate the following folktale. Difficult phrases have
been put into boldface and are translated below. Your teacher
may dictate this to you, so you can practice transcription.

HAWA ADDUUN

Maalin baa nin socota ahi, shabeel waddada dhex bilqan la
kulmay, dabadeedna dhagxaan gurtey oo tuuryeeyey. Markuu
ogaaday inuu dhintay, buu haraggii kala baxay, ari iyo lo'
badanna siistay.

Isagoo iska mushaaxaya ayuu maalin kale shabeel waddada
dhex hurda ka dul dhacay, markaasuu **is yiri**, kanna saanta
kala bax. Dabadeedna shabeelkii soo aaday **isagoo is leh**:
Haddaan sii hodmayaa oo maqaarkiisaan geel badan siisanayaa.
Shabeelkii baase ku toosay oo meeshii ku kala gooyay.

isagoo iska mushaaxaya   while he was taking a walk
is yiri   he said to himself
isagoo is leh   while saying to himself

NEW VOCABULARY

aad (-ay)	go toward, head for	v1=
adduun (ka)	wealth [lit: world]	n0-m-col
ari (ga)	sheep and goats	n0-m-col
ayuu	he + FOCUS	focus + vpro
badan	many, much	num-adj
bilqan	spread across	adj-der
dhac + ka dul	run into, happen upon	v1 + np
dhagxaan (ta)	stones (rw: **dhagax**)	n8-f-pl
dul	upon, on top	np-loc
geel (a)	camel	n0-m-col
gooy (-ay)	cut (off/up)	v2a=
guro (#rtay)	pick up, collect	v3b=
haddaan	now I [= **hadda** + **aan**]	conj + vpro
hawo (/da)	desire, ambition, daydream	n6-f
hodan (#dmay)	become rich	v1=inch
iska (1)	oneself	pro-reflexive
iska (2)	just, only	adv
kala (1)	off of / from ... with	prep + prep
kala (2)	apart; away; separately	deic-prep
kulan (#lmay)	meet; encounter [with **la**]	v1=
maqaar (ka)	skin	n2-m
maqaarkiisaan	I ... for his skin	np + vpro
markaasuu	so then he	conj + vpro
mushaax (-ay)	go for a walk, stroll	v1=
ogaaday	he came to know [rw: **ogow**]	v3a-3m-past
saan (ta)	hide, animal skin	n4-f
shabeel (ka)	leopard	n2-m
sii	very [INTENSIFIER]	adv
siiso (#stay)	buy, pay for; exchange	v3b=
toos (-ay)	arise, get up	v1=
tuur (-ay)	throw, cast	v1=
tuuryee (-yey)	keep on throwing	v2b=
waddada	on the road [rw: **waddo**]	np-loc

Exercise 10: CONTRAST RELATIVE & DECLARATIVE VERBS.

Markaad wax cuneyso,	When you eat (something),
maxaad cabaysaa?	what are you going to drink?
Markaan wax cunayo,	When I eat,
caano baan cabbayaa.	I'm going to drink milk.
Markuu wax cunayo,	When he eats,
muxuu cabbayaa?	what is he going to drink?
Markuu wax cunayo,	When he eats,
caano buu cabbayaa.	he's going to drink milk.
Markey wax cunayso,	When she eats,
maxay cabbaysaa?	what is she going to drink?
Markey wax cunayso,	When she eats,
shaah bey cabbaysaa.	she is going to drink tea.
Markeydin wax cunaysaan,	When you [plural] eat,
maxaad cabbaysaan?	what are you going to drink?
Markeynu wax cunayno,	When we eat,
biyo beynu cabbaynaa.	we are going to drink water.
Markey wax cunayaan,	When they eat,
maxay cabbayaan?	what are they going to drink?
Markey wax cunayaan,	When they eat,
waxba mey cabbayaan.	they aren't going to drink anything.

PATTERN 1: FORMING THE INFINITIVE.

GROUP 1 VERBS add -**i**:

IMPERATIVE	INFINITIVE	TRANSLATION	
cun	cuni	to eat	
gal	gali	to enter, go in	
keen	keeni	to bring	
qor	qori	to write	

Remember that certain changes will affect some verbs:

arag	**arki**	to see	[vowel loss]
cab	cab**bi**	to drink	[double -bb-]
bax	b**i**xi	to go out	[vowel harmony]
tag	t**e**g**i**	to go	[vowel harmony]

GROUP 2-A VERBS add -**n**:

amaahi	amaahi**n**	to loan
kari	kari**n**	to cook, boil
sii	sii**n**	to give
weydii	weydii**n**	to ask, inquire

GROUP 2-B VERBS change -**ee** to -**ey** and add -**n**:

samee	sam**eyn**	to make
safee	saf**eyn**	to clean
dhammee	dhamm**eyn**	to finish (off)
qadee	qad**eyn**	to lunch, eat lunch
cashee	cash**eyn**	to dine, eat dinner

GROUP 3 VERBS drop the final -**o** and add -**an**:

amaaho	amaah**an**	to borrow
dhageyso	dhageys**an**	to listen to
dhimo	dhim**an**	to die
joogso	joogs**an**	to stop (oneself)
sheekeyso	sheekeys**an**	to converse, chat

Some IRREGULAR VERBS are:

noqo	**noqon**	to return; become
imow	**iman**	to come
oro	**odhan / oran**	to say
ahaw	**ahaan**	to be

GRAMMATICAL NOTE

The INFINITIVE form of the verb *never occurs alone*; it is used after certain AUXILIARY or HEAD VERBS:

rab	(-ay)	want
kar	(-ay)	can, be able (to do X)
waay	(-ay)	fail (to do X)
doon	(-ay)	will [FUTURE]
jir	(-ay)	used to [HABITUAL]

Some of these verbs can stand alone. When they do so, they have different meanings:

jir	(-ay)	be (there), exist; stay (in a place)
doon	(-ay)	want, look for, search for, ask for
waay	(-ay)	miss, fail to find, fail to get

Exercise 1: USING THE INFINITIVE.

Wiilku	wuu	keeni doonaa.	The boy will	bring (it).
		cabbi		drink
		cuni rabaa.	The boy wants to	eat (it).
		arki		see
		qori karaa.	The boy can	write.
		akhrin		read.
		weydiin		ask.
		siin waayey.	The boy failed to	give (it).
		sameyn		make
		safeyn		clean
		dhammeyn		finish
		amaahan jirey.	The boy used to	borrow (it).
		qaban		catch

PATTERN 2: THE FUTURE TENSE WITH **DOON**.

Hargeysa	baan	tegi	doonaa.	I will go to Hargeisa.
	baad		doontaa.	You ...
	buu		doonaa.	He ...
	bey		doontaa.	She ...
	baannu		doonnaa.	We [excl] ...
	beynu		doonnaa.	We [incl] ...
	beydin		doontaan.	You [pl] ...
	bey		doonaan.	They ...

Exercise 2a: USING THE FUTURE TENSE.

Cunto	baan	keeni doonaa.	I will bring some food.
Shaah		cabbi	I will drink some tea.
Muus	baad	cuni doontaa.	You will eat banana(s).
Gabarta		arki	You will see the girl.
Gabarta	buu	weydiin doonaa.	He will ask the girl.
Warqad		qori	He will write a letter.
Warqad	bey	akhrin doontaa.	She will read a letter.
Lacag		siin	She will give some money.
Cunto	beynu	sameyn doonnaa.	We will make some food.
Guriga		safeyn	We will clean the house.
Lacag	baad	amaahan doontaan.	You will borrow money.
Shimbir		qaban	You will catch a bird.
Shaqada	bey	dhammeyn doonaan.	They will finish the work.
Berri	bey	iman	They will come tomorrow.
		noqon	They will go back tomorrow.

Exercise 2b: THE PROGRESSIVE AS A FUTURE ALTERNATE.

Remember that the present progressive can also express a future action:

Cunto baan keenayaa.	I am bringing some food.
Shaah baan cabbayaa hadhow.	I'll drink some tea later on.
Muus baad cunaysaa.	You're going to eat bananas.
Gabarta baad arkaysaa.	You're going to see the girl.
Gabarta buu weydiinayaa.	He's going to ask the girl.
Warqad buu qorayaa.	He's going to write a letter.
Lacag bey siinaysaa.	She's going to give money.

PATTERN 3: THE PAST HABITUAL TENSE WITH **JIR**.

Maalin walba buug cusub ...		Every day ...
baan	akhrin jirey.	I used to read a new book.
baad	jirtey.	you used to ...
buu	jirey.	he used to ...
bey	jirtey.	she used to ...
baannu	jirney.	we [excl] used to ...
beynu	jirney.	we [incl] used to ...
beydin	jirteen.	you (pl) used to ...
bey	jireen.	they used to ...

Exercise 3: USING **JIR** TO EXPRESS THE PAST HABITUAL.

Cunto baan	keeni jirey.	I used to bring some food.
Shaah	cabbi	I used to drink tea.
Muus baad	cuni jirtey.	You used to eat bananas.
Cali	arki.	You used to see Ali.
Gabarta buu	weydiin jirey.	He used to ask the girl.
Warqado	qori	He used to write letters.
Buugag bey	akhrin jirtey.	She used to read books.
Lacag	siin	She used to give money.
Cunto beynu	sameyn jirney.	We used to make food.
Guriga	safeyn	We used to clean the house.
Lacag baad	amaahan jirteen.	You used to borrow money.
Shimbiro	qaban	You used to catch birds.
Shaqada bey	dhammeyn jireen.	They used to finish the work.
Maalin walba bey iman jireen.		They used to come every day.
Maalin walba bey noqon jireen.		They used to return every day.

PATTERN 4: **LA** *ONE, SOMEBODY* (PASSIVE EQUIVALENT).
Contrast the following sentence pairs; note how Somali expresses
the idea of an English passive voice construction:

Guriga ma **la** iibiyey?	Was the house sold?
Guriga ma iibiyey?	Did he sell the house?
Haa waa **la** iibiyey.	Yes, it was sold.
Haa wuu iibiyey.	Yes, he sold it.
Goormaa **la** dhisey?	When was it built?
Goormuu dhisey?	When did he build it?
Toban sano ka hor baa	It was built ten years ago.
la dhisey.	
Toban sano ka hor buu dhisey.	He built it ten years ago.

- Nin wuu iibiyey surisiisa.
(...iige - Waxaa iibiyey faiske

Exercise 4: USING **LA** IN SENTENCES.
Repeat after your teacher, and then translate each sentence into
English without looking at the right-hand column:

Warqaddaas miyaa la qorey?	Has that letter been written?
Haa, waa la qorey.	Yes, it has been written.
Buuggan miyaa la akhrin doonaa?	Will this book be read?
Haa, waa la akhrin doonaa.	Yes, it will be read.
Baabuurkii ma la iibiyey?	Was the car sold?
Haa, waa la iibiyey.	Yes, it was sold.
Goormaa la iibiyey?	When was it sold?
Laba maalin ka hor baa	It was sold two days ago.
la iibiyey.	
Berri hawaduna aad bey u	And tomorrow the weather
kululaan doontaa,	will be very hot,
baa la yiri.	so they said.

PATTERN 5: **LA** COMBINATIONS WITH THE PREPOSITIONS.
Repeat after your teacher; carefully note the English meanings o
the following:

Maxaa	**la**	keeney?	What was brought?
Maxaa	**loo**	keeney?	Why [lit: what for] was it brought?
Maxaa	**lagu**	keeney?	By what was it brought?
Maxaa	**lala**	keeney?	With what was it brought?
Yaa	**laga**	keeney?	From whom was it brought?

GRAMMATICAL NOTE.

LA fuses with the four basic PREPOSITIONS as follows:

la	+	u	**loo**	for someone, for something
la	+	ku	**lagu**	at something, by means of something
la	+	ka	**laga**	out of something, from someone
la	+	la	**lala**	with someone, with something

Exercise 5: USING **LA** + PREPOSITION COMBINATIONS.

Hilibka ma la kariyey?	Has the meat been cooked?
Haa, waa la kariyey.	Yes, it has been cooked.
Maxaa lagu kariyey?	What was it cooked with.
Khudaar baa lagu kariyey.	It was cooked with vegetables.
Maxaa lagu cunayaa?	With what will it be eaten?
Bariis baa lagu cunayaa.	It will be eaten with rice.

Alaabtan xaggee baa laga keeney?	Where are these things brought from?
Mareykan baa laga keeney.	They are brought from America.
Maxaa lagu keeney?	By what were they brought?
Markab baa lagu keeney.	They were brought by ship.

Maxaa lagu sameynayaa?	What are they for?
Guryo baa lagu dhisayaa.	They are used for building houses.
Guryaha ma dhagax baa laga dhisaa?	Are the houses built of stone?
Dhagax iyo qoryo baa laga dhisaa.	They are built of stone and wood.
Waddankiinna bun ma lagu cabbaa?	Is coffee drunk in your country?
Haa, waa lagu cabbaa.	Yes, it is (drunk there).
Daarta yaa loo dhisey?	For whom was the building built?
Dawladda baa loo dhisey.	It was built for the Government.
Goormaa loo dhisey?	When was it built for them?
Toban sano ka hor baa loo dhisey.	It was built for them ten years ago.
Gurigaas miyaa loo iibiyey?	Was that house purchased for them?
Haa, waa loo iibiyey.	Yes, it was bought for them.
Goormaa loo iibiyey?	When was it purchased for them?
Shaley baa loo iibiyey.	It was purchased for them yesterday.
Immisa baa lagu rabay?	How much was wanted for it?
Waxa lagu rabay boqol kun.	They wanted 100,000 for it.
Maxaa lala tagey?	What was taken away?
Lacag baa lala tagey.	Money was taken away.
Immisa baa lala tagey?	How much was taken away?
Soddon kun baa lala tagey.	Thirty thousand was taken.
Goormaa lala tagey?	When was it taken away?
Shaley baa lala tagey.	It was taken yesterday.

PATTERN 6: **IS** COMBINED WITH VERBS.

Is is a PRONOUN that in the SINGULAR has a REFLEXIVE meaning *to oneself*, and in the PLURAL it has a RECIPROCAL meaning *to each other, to one another*. Note that **is** may be joined to the verb or written separately.

istaag	Stand (yourself) up
isgaro	know yourself
is qabo	restrain yourself
is faani	boast, praise oneself
is jir	be careful! / take care! [sg]
is jira	take care! [plural]
isbarta	know one another! / be acquainted!
isguursada	marry (each other)!
isfura	divorce (each other)!

Exercise 6: USING **IS** IN SENTENCES.

Iskeen!	Come! [lit: Bring yourself!]
Is yiri ...	He said to himself ...
Wuu is diley.	He killed himself.
Wey is dishey.	She killed herself.
Waan is weydiiyey.	I asked myself.
Maad is qabatey?	Did you restrain yourself?
Waannu isbaranney.	We got to know each other.
Weydin isbarateen.	You got to know each other.
Wey isbarteen.	They got to know one another.
Sahra iyo Saciid wey isguursadeen.	Sarah and Saeed married each other.
Saciido iyo Xaashi wey isfureen.	Saeedo and Hashi divorced each other.

PATTERN 7a: EXPRESSIONS INVOLVING **ISKA**.
See SRG: 195.

Iska jir!	Beware of (it)!
Iska bax!	Just get out!
Iska tag!	Go away! / Get lost!
Iska warran!	Give news of yourself! [a common greeting]

PATTERN 7b: EXPRESSIONS INVOLVING **ISKU**.
See SRG: 195.

Isku dar!	Mix them together!
Waa is ku toban.	There are ten altogether.
Waa is ku iib.	They are the same price.
Waa is ku mid.	It's all the same
	= It makes no difference.
Shaah baan isku daadiyey.	I spilled tea on myself.

Exercise 7: USING **IS** WITH PREPOSITIONS **KA** AND **KU**.

Fasalka wuu iskaga baxay.	He got out of the classroom.
Wey iska warrantey.	She told news of herself.
Saciid iyo Maxamed wey iska tageen.	Saeed and Mahammed just went off (= for no reason).
Ilig baan iska jebiyey.	I broke a tooth.
Dugsiga bey isku qortey.	She enrolled in the school.
Ul baan isku dhuftey.	I hit myself with a stick.
Biyo bey isku shubtey.	She took a quick shower = poured water on herself.
Labada koob isku dhufo!	Hit the two cups together.
Aniga iyo adigu Soomaaliya baannu isku aragney.	You and I saw each other in Somalia.

Exercise 8: READING AND TRANSLATION.
Listen carefully and repeat after your teacher. Then translate the folktale into English, using the vocabulary below for words newly introduced in this story.

LO'DII INA WILI WILI

Waa baa waxaa jiri jirey nin aad u lo' badan oo Ina Wili Wili la yiraahdo. Habeen buu inta dab weyn lo'dii u oogay ka dhex baxay, si uu u daawado. In cabbaar ah kolkuu milicsanayey buu dhambacaadsaday, si uu lo'da lugaheeda u tiriyo, wuuse kari waayay.

Dabadeedna wuxuu is yiri: "Maxaan sida tan hodan ugu ahay
inta kalana cayr ula golongoleysaa?   Waxa kani ma hanti
Eebbaa?, mise waa hanti Ina Wili Wili?" Erayadaas caasinnimo
kolkay afkiisa ka soo baxeen, baa lo'dii didday oo qoobabka ku
kala googooysay. Gesida maantu waa lo'dii Ina Wili Wili baa la
yiri.

aad u	very much, a lot	adv
caasi (ga)	disobedient, rebellious person	n2-m, n7-m
cabbaar (ka)	short while	n2-m-time
cayr (ta)	poor people	n5-f-pl
daas $	that, those	deic-f-suf
daawo (/day)	observe, view, watch	v3a=
dhambacaadso	lie on one's stomach	v3a=
did (-day)	scatter, stampede	v1=intr
Eebbe (/ha)	God	n0-m
gesi (da)	buffalo, wild cattle	n0-f-col
golongol (-ay)	struggle to make a living	v1=
googooy (-ey)	cut up, tear apart	v2a=
hanti (da)	wealth, property	n0-f-col
hodan (ka)	rich man, wealthy person	n2-m
ina	son, daughter [title]	name
inta	while, whereas; until	conj
inta kalana	while other people	pro-phrase
jiri jirey	(he) used to be	v1-habitual
kale	other, another	adj-atr
kolkay	when they [= **kolka** + **ay**]	conj + vpro
kolkuu	when he [= **kolka** + **uu**]	conj + vpro
lug (ta)	leg, foot [cf: **lugee**]	n1-f
milicso (-dey)	ogle; reflect, think upon	v3a=
mise	either, or, otherwise	conj
nimo $	NOUN MAKER "-ship", "-hood"	n6-f-abs-suf
oog (-ay)	kindle, light a fire	v1=
qoob (ka)	hoof [pl: **qoobab** (ka)]	n4-m
si ... u	in order to	adv-phrase
sida tan	thus, like this	adv-phrase
ugu	the most, "-est"	prep + prep
ula	with ... for	prep + prep
waxaa	the one that [= **wax** + **baa**]	cleft-focus
Wili Wili	Wili-wili	name-m
yiraahdo + la	be called, be named	v4a-3m-rel

CHAPTER 23 - FOCUS CONSTRUCTIONS & VOCATIVES

FOCUS CONSTRUCTIONS involve a number of grammatical changes such as a PLURAL TO SINGULAR SHIFT (Pattern 3) and SHORTENED VERB FORMS (Pattern 4). These will be explained, exemplified, and drilled in this chapter.

Note: Do not combine "ma" and any focus marker in the same sentence

PATTERN 1: FOCUS WITH **AYAA**.

Contrast the following sentences.

Koobka	baa	jabey.	It was the cup that broke
	ayaa		[i.e., not a plate].
Maxamed	baa	i tusay.	It was Mohammed who
	ayaa		showed it to me [not Ali].
Sigaar	baan	shiday.	I lit a cigarette
	ayaan		[i.e., not a pipe].
Bariis	buu	cunaa.	He eats rice
	ayuu		[i.e., not bread or potatoes].
Caws	bey	daaqaan.	They eat [lit: graze] grass
	ayey		[i.e., not weeds or flowers].

Note that **ayaa** is an alternate form of **baa** and may be used interchangeably with no difference in meaning or function. It is also fused with verbal pronouns in an identical way:

ayaa + aan	**ayaan**	I + FOCUS
ayaa + aad	**ayaad**	you + FOCUS
ayaa + uu	**ayuu**	he + FOCUS
ayaa + ay	**ayay / ayey**	she + FOCUS
ayaa + aannu	**ayaannu**	we [excl] + FOCUS
ayaa + aynu	**ayaynu**	we [incl] + FOCUS
ayaa + aydin	**ayeydin**	you (plural) + FOCUS
ayaa + ay	**ayay / ayey**	they + FOCUS

Exercise 1: CHANGING **BAA** FORMS TO **AYAA** FORMS:

Repeat each sentence after your teacher and substitute the appropriate **AYAA** form in your second repetition:

Qalin	baan	iibsadey.	I bought <u>a pen</u>.
	ayaan		
Dugsiga	baan	tagayaa.	I am going <u>to school</u>.
	ayaan		

Bariis	baad cunaysaa. ayaad	You are eating <u>rice</u>.
Saaxiibkey	baad aragtey. ayaad	You saw <u>my friend</u>.
Shaley	buu tagey. ayuu	He went <u>yesterday</u>.
Berri	buu iman doonaa. ayuu	He will come <u>tomorrow</u>.
Shaqada	bey dhammeeysey. ayey	She finished <u>the work</u>.
Shaah	baannu rabnaa. ayaannu	We want <u>some tea</u>.
Guriga	beydin aaddeen. ayeydin	You went <u>home</u>.
Warqad	bey qoreen. ayey	They wrote <u>a letter</u>.

PATTERN 2: FOCUS WITH **WAXA**.

Contrast the following with the sentences in Pattern 1.

Waxa	jabey koobkeyga.	What broke was my cup [not my dish].
Waxaa	i tusey Maxamed.	The one who showed me was Mohammed [not Ali].
Waxaan	shiday sigaar.	What I lit was a cigarette [i.e., not a pipe or cigar].
Wuxuu	cunaa bariis.	What he eats is rice [i.e., not potatoes].
Waxay	daaqaan caws.	What they graze on is grass [not weeds or flowers].

GRAMMATICAL NOTE.

Waxa [lit: *the thing which* ...] is another device for indicating FOCUS. It involves a change in both word order and emphasis (as implied in the English translations) from an equivalent sentence involving **baa** or **ayaa**.

Its alternate is **waxaa**, which may be used interchangeably, but certain rules of euphony apply so that some Somalis prefer one over the other. These forms are *very important* and frequent in

Somali literature, and should be mastered with additional exercises and drills, if necessary. **Waxa** fuses with the verbal pronouns in the following ways:

waxa + aan	**waxaan**	what I + FOCUS
waxa + aad	**waxaad**	what you + FOCUS
waxa + uu	**wuxuu**	what he + FOCUS
waxa + ay	**waxay / waxey**	what she + FOCUS
waxa + aannu	**waxaannu**	what we [excl] + FOCUS
waxa + aynu	**waxaynu**	what we [incl] + FOCUS
waxa + aydin	**waxaydin**	what you [plural] + FOCUS
waxa + ay	**waxay / waxey**	what they + FOCUS

Exercise 2: USING FOCUS WITH **WAXA**.   *Is This True?*
                                          Yes!

Waxaan	iibsadey qalin.	What I bought was a pen.
Waxaan	tagayaa dugsiga.	The school is where I am going.
Waxaad	cunaysaa bariis.	What you are eating is rice.
Waxaad	aragtey saaxiibkey.	My friend is the one you saw.
Wuxuu	tagey shaley.	Yesterday is when he went.
Wuxuu	iman doonaa berri.	Tomorrow is when he'll come.
Waxey	dhammeysey shaqada.	The work is what she finished.
Waxaannu rabnaa shaah.		What we want is tea.
Waxeydin aaddeen guriga.		Home was where you went.
Waxay	qoreen warqad.	What they wrote was a letter.

— But "I bought The pen" would be inferred.

PATTERN 3: THIRD PERSON PLURAL TO MASCULINE
            SINGULAR SHIFT IN FOCUS CONSTRUCTIONS.

Qalinkii baa jabay.	It was the pen that broke.
Qalimmadii baa jabay.	It was the pens that broke.
Naagtii ayaa tagtey.	It was the woman who left.
Naagihii ayaa tagey.	It was the women who left.
Waxaa daaqdey hal.	What grazed was a cow camel.
Waxaa daaqey halo.	What grazed were cow camels.
Tuuggii ayaa la qabtey.	The thief was caught.
Tuugadii ayaa la qabtey.	The thieves were caught.
Gurigaas baa la gadey.	It was that house which sold.
Guryahaas baa la gadey.	It was those houses which were sold.

Exercise 3: TRANSFORMING SINGULAR TO PLURAL FOCUS SENTENCES.
Based on the singular pattern presented above, translate each o
the plural equivalents below:

Baabuur baa la keenay.
Cars were brought.

A car was brought.
Baabuurro baa la keenay.

Shimbirta ayaa la dilay.
The birds were killed.

The bird was killed.
Shimbiraha ayaa la dilay.

Waxaa dabkii shiday ninkii.
The men started the fire.

The man started the fire.
Waxaa dabkii shiday nimankii.

Dhakhtarkii baa la weydiiyey.
The doctors were asked.

The doctor was asked.
Dhakhtaradii baa la weydiiyey.

Waxaa diley libaax.
What killed (him) was lions.

What killed (him) was a lion.
Waxaa diley libaaxyo.

Maalin ayaa la arkey.
He was seen on some days.

He was seen on (one) day.
Maalmo ayaa la arkey.

Immisa baa haragga lagu
   gadey.
How much did the hides
   sell for?

How much did the hide
sell for?
Immisa baa hargaha
lagu gadey?

Isaga baa hadley.
They were the ones who
   talked.

He was the one who talked.
Iyaga baa hadley.

Cali baa Luul la sheekeystey.
Ali and Lul conversed.

Ali conversed with Lul.
Cali iyo Luul baa sheekeystey.

PATTERN 4: REDUCED FOCUS/SUBJECT VERB FORMS.

After the FOCUS CLASSIFIER **baa** (but *not after fused forms* like **baan, buu, bey, baad**, etc.), a reduced form of the verb is used; see SRG: 62-64.   Note that **yaa** *who?* is also a FOCUS WORD that requires SUBJECT AGREEMENT.

Cunto miyey jiri doontaa?	Will there be food?
Cunta badan baa jiri doonta.	There will be lots of food.
Miyey dad badan iman doonaan?	Will a lot of people come?
Dhowr qof baa iman doona.	Several people will come.
Yaa raba?	Who wants it?
Aniga ayaa raba.	I want it.
Yaa naagta arki doona?	Who will see the woman?
Ninka baa naagta arki doona.	The man will see the woman.
Sacu caws buu daaqayaa.	The cow is eating grass.
Sac baa caws daaqaya.	It is a cow that is eating grass.

GRAMMATICAL NOTE.

REDUCED SUBJECT AGREEMENT only affects the FUTURE, PRESENT HABITUAL and PRESENT PROGRESSIVE TENSES (where -**aa** reduces to -**a**); in *all* PAST TENSES the verb forms remain the same as the DECLARATIVES you have learned [see Appendix 1]:

Yaa rabay?	Who wanted it?
Aniga ayaa rabay.	I wanted it.
Yaa caano cabbi jiray?	Who used to drink milk?
Wiilka baa caano cabbi jiray.	The boy used to drink milk.

Exercise 4: USING REDUCED SUBJECT VERB AGREEMENT.
Insert each new word into the previous sentence context.

Yaa rabay?	Who wanted it?
Daauud	Daauud baa rabay.
raba	Daauud baa raba.
Cali	Cali baa raba.
taga	Cali baa taga.
Hargeysa	Cali baa Hargeysa taga.
buu	Hargeysa buu Cali tagaa.
Keeniya	Keeniya buu Cali tagaa.
aadayaa	Keeniya buu Cali aadayaa.
baa	Cali baa Keeniya aadaya.
Soomaliya	Cali baa Soomaliya aadaya.
ayaa	Cali ayaa Soomaliya aadaya.
waxa	Waxa Soomaliya aadaya Cali.

PATTERN 5: PLURAL PERSON IN FOCUS CONSTRUCTIONS.

The FIRST PERSON PLURAL is the same in both DECLARATIVE and
SUBJECT AGREEMENT CONSTRUCTIONS. However the SECOND and THIRD
PERSON PLURAL shift to the MASCULINE SINGULAR under SUBJECT
AGREEMENT.

Cilmi Afgooye buu tagayaa.	Ilmi is going to Afgoye.	[prpg-decl]
Yaa Afgooye tagaya?	Who is going to Afgoye?	[prpg-subj]
Cilmi baa tagaya.	It is Ilmi who is going.	[prpg-subj]
Maxaad cunteen?	What did you eat?	[2pl-decl]
Hilib baannu cunney.	We ate meat.	[1pl-decl]
Hilibka yaa cuney?	Who ate the meat?	[3pl-subj]
Annaga baa cunney.	We were the ones.	[1pl-subj]
Maxaad cabteen?	What did you drink?	[2pl-decl]
Biir ayaannu cabney.	We drank beer.	[1pl-decl]
Biirka yaa cabbey?	Who drank the beer.	[3pl-subj]
Idinka ayaa cabbey.	You drank the beer.	[2pl-decl]

Exercise 5: TRANSFORMATION.
Cover all but the first two examples.   Transform the SIMPLE
DECLARATIVE STATEMENT into a COMPOUND FOCUS SENTENCE.

Shaah beydin cabteen.
Idinka baa shaah cabbey.

You drank tea.
It was you who drank tea.

Lacagtii bey tiriyeen.
Iyaga baa lacagtii
    tiriyey.

They counted the money.
It was they who counted
the money.

Cunto baannu sameeyneynaa.
Annaga baa cunto
    sameeyneyna.

We are preparing food.
It is we who are the ones
preparing food.

Lacag bey siinayaan.
Iyaga baa lacag siinaya.

They are giving money.
It is they who are
giving money.

Guriga bey safeeyeen.
Iyaga baa guriga safeeyey.

They cleaned the house.
It was they who cleaned
the house.

Idinku Afgooye baad tagteen.
Idinka baa Afgooye tagey.

You went to Afgoye.
You are the ones who
went to Afgoye.

Iyadu wiilka bey seexisaa.
Iyada baa wiilka seexisa.

She puts the boy to sleep.
She is the one who puts
the boy to sleep.

Adigu lacagtaas baad
    amaahaneysaa.
Adiga baa lacagtaas
    amaahaneysa.

You are borrowing this money.

You are the ones who are
borrowing this money.

PATTERN 6: SUBJECT-FOCUS CLAUSES WITH -OO *WHILE*.
The suffix -**oo** is put at the end of independent pronouns and
the verb has a SUBJECT FOCUS SYSTEM (e.g., -**a** instead of -**aa** in
the PROGRESSIVE TENSES and simplified endings in the SECOND and
THIRD PERSON PLURAL) marking *agreement of the verb with the
SUBJECT PRONOUN*. [See Appendix 1 and SRG: 62-64]

Anig**oo** soo gal**aya**,	While I was entering,
bey tagtey.	she left.
Isag**oo** qor**aya**,	While he was writing,
buu cunay.	he ate.
Annag**oo** bax**eyna**,	While we were leaving,
buu yimi.	he came.
Iyag**oo** bar**aya**, bey	While they were teaching,
ardeydu tagtey.	the students left.
Iyad**oo** akhri**naysa**, buu tegey.	While she was reading, he left.

Exercise 6: USING THE SUFFIX -**OO** *WHILE*.
Note that STATIVE VERBS (like *sleep, be sick*) use a simplified
PRESENT HABITUAL form to show ongoing action:

Anigoo hurda,	buu tegey.	While I was sleeping, he left.
Adigoo hurudda,	buu tegey.	While you were ...
Isagoo hurda,	...	While he was ...
Iyadoo hurudda,	...	While she was ...
Annagoo hurudna,	...	While we were [excl] ...
Innagoo hurudna,	...	While we were [incl] ...
Idinkoo hurda,	...	While you were ...
Iyagoo hurda,	...	While they were ...

PATTERN 7: VOCATIVE FORMS ON MASCULINE NOUNS.
The VOCATIVE ENDING for MASCULINE NAMES ending in a consonant
is -**ow** (which is a contraction of -**yahow**):

Faarax	Faarax**ow**	Hey Farah!
Guuleed	Guuleed**ow**	Hey Victor!
Ibraahim	Ibraahim**ow**	Hey Abraham!
Saciid	Saciid**ow**	Hey Saeed!
Yuusuf	Yuusuf**ow**	Hey Joseph!

For MASCULINE NOUNS (as opposed to NAMES), the fuller ending -**yahow** is more common or preferred:

dad	dad**yahow**	dad**ow**	People!
libaax	libaax**yahow**	libaax**ow**	Hey lion!
nin	nin**yahow**	nin**ow**	Oh man!
gabdho	gabdha**yahow**	gabdh**ow**	Hey girls!

With MASCULINE NAMES ending in -**i**, the suffix is -**yow**:

Cabdullaahi	Cabdullahi**yow**	Hey Abdullahi!
Cilmi	Cilmi**yow**	Hey Ilmi!
Suufi	Suufi**yow**	Hey Sufi!
Xaashi	Xaashi**yow**	Hey Hashi!

With MASCULINE NOUNS or NAMES ending in other vowels, the final vowel is dropped and -**ow** is added:

Cabdalle	Cabdall**ow**	Hey Abdalla!
Diiriye	Diiriy**ow**	Hey Diriye!
Rooble	Roobl**ow**	Hey Roble!
Warsame	Warsam**ow**	Hey Warsame!

Exercise 7: USING MASCULINE VOCATIVES.

Axmed	Axmedow	Hey Ahmed!
Daauud	Daauudow	Hey David!
Maxamed	Maxamedow	Hey Mohammed!
Cali	Caliyow	Hey Ali!
saaxiib	saaxiibow	Hey friend!
sac	sacyahow / sacow	Hey cow!
wiil	wiilyahow / wiilow	Hey boy!
aabbe	aabbow	Hey father!
macallin	macallinow	Hey teacher!
walaal	walaalow	Hey brother!

PATTERN 8: VOCATIVE FORMS ON FEMININE NOUNS.

The VOCATIVE ENDING for FEMININE NAMES ending in a consonant is -eey (which is a contraction of -yahay):

Canab	Canabeey	Hey Anab!
Hodan	Hodaneey	Hey Hodan!
Maryan	Maryaneey	Hey Mary!
Ruun	Ruuneey	Hey Run!

With FEMININE NAMES that end in -a or -o, the ending may be either -aay or -ooy:

Faadumo	Faadumaay	Faadumooy	Hey Fatima!
Rooda	Roodaay	Roodooy	Hey Rhoda!
Xaliimo	Xaliimaay	Xaliimooy	Hey Halima!
Jamiilo	Jamiilaay	Jamiilooy	Hey Jamila!

With FEMININE NOUNS (as opposed to NAMES), the fuller ending -yahay is also used:

carruur	carruuryahay	carruureey	Hey children!
gabar	gabaryahay	gabareey	Hey girl!
naag	naagyahay	naageey	Hey woman!
libaaxyo	libaaxyoyahay	--	Hey lions!

Exercise 8: USING FEMININE VOCATIVES.

Asli	Asliyeey		Hey Asli!
Caasha	Caashaay	Caashooy	Hey Asha!
Luul(a)	Luuleey	Luulaay	Hey Lul!
Sahra	Sahraay	Sahrooy	Hey Sarah!
Xaawo	Xaawaay	Xaawooy	Hey Eve!
hal	haleey		Cow camel!
hooyo	hooyooy	hooyaay	Hey mother!
inan	inanyahay	inaneey	Hey girl!
karraaniyad	karraaniyadeey		Hey clerk!
macallimad	macallimadeey		Hey teacher!
ri'	ri'eey		Nanny goat!
walaal	walaaleey		Hey sister!

Exercise 9: READING AND TRANSLATION.
Read the following passage along with your teacher and translate it into English.

HAASAAWE XOOLO

Beri baa waxaa sheekeystey hal, sac iyo ri'.

Sicii baa yiri: "Ri'eey, adigu markaad daaqeyso maxaad ka fekertaa?" "Berri caws-weytada igu dhici karta baan ka fekeraa, taa awgeed baan qaar u dhaafaa," bey tiri.

Ri'dii baa iyana tiri: "Adigu sacow, maxaad ka fekertaa kolkaad daaqeyso?" "Berri inuu soo fufi doono baan ku fekeraa, taa awgeed waxba kama tago," buu yiri.

Sac baa misana yiri: "Adiga haleey, maxaad ka fekertaa, markaad daaqeyso?" Seyte: "Anigu caloosheyda uun baan dhaansadaa ee waxba kama fekero."

NEW VOCABULARY

aw (ga)	sake, reason	n0-m
taa awgeed	because of it / that	np
calool (/sha)	stomach	n1-f
caloosheyda	my stomach	np
caws (ka)	grass	m2-m-mass
daaq (-ay)	graze	v1=
dhaaf (-ay)	leave behind, omit	v1=
dhaanso (/day)	fill up	v3a=
dhici	happen [rw: **dhac** + -i]	v1-inf
ee	and [CONTRASTS CLAUSES]	conj
eyso $	that you are doing	v1-2sg-prpg-rel
fuf (-ay)	grow out, bloom	v1=
haasaawe (/ha)	chat(ting), conversation	n7-m
iyana	and she [= **iyada** + -na]	pro + conj

kama	not about [= **ka** + **ma**]	prep + neg
kolkaad	when you...	conj + vpro
ma $	not [needs NEG.VERB SUFFIX]	neg
misana	again [Alt: **misna**]	adv
o $	I do not X	v1-1sg-neg-prhb
qaar (ka)	some, part (of)	n4-m
ri'	nanny goat	n2-f
seyte	so she said [= **saa ay tiri**]	expression
tiri	she said	v4a-3f-past
uun	just, only	adv
waxba	anything	np / pro
weyto (/da)	lack of	n0-f-col

Exercise 10: GRAMMAR IDENTIFICATION.
Without looking at the key on the right, identify the following grammatical constructions in this story.

VOCATIVE

ri'eey
sacow
haleey

RELATIVE VERB FORM   [Review Chapter 21]

daaqeyso
fufi doono

SUBJECT VERB FORM

dhici karta

FUSION

markaad
maxaad
baan
buu
kolkaad
seyte

PATTERN 1: FORMING THE NEGATIVE PAST. See SRG: 79.

GROUP 1 VERBS add -in:

IMPERATIVE	NEGATIVE PAST	TRANSLATION
cun	cunin	did not eat
gal	galin	did not enter, didn't go in
keen	keenin	did not bring
qor	qorin	did not write

Remember that certain changes will affect some verbs:

arag	arkin	did not see	[vowel loss & GK]
cab	cabbin	did not drink	[double -bb-]
bax	bixin	did not exit	[vowel harmony]
tag	tegin	did not go	[vowel harmony]

GROUP 2-A VERBS add -n or -nin:

amaahi	amaahin(nin)	did not loan
bixi	bixin(nin)	did not pay; take out, extract
kari	karin(nin)	did not cook, didn't boil (it)
sii	siin(nin)	did not give
weydii	weydiin(nin)	did not ask, did not inquire

GROUP 2-B VERBS change -ee to -ey or -eey and add -n or -nin:

dhammee	dhammeeyn(nin)	did not finish (off)
samee	sameeyn(nin)	did not make
safee	safeeyn(nin)	did not clean
qadee	qadeeyn(nin)	did not eat lunch

GROUP 3 VERBS drop the final -o and add -an or -an(n)in:

amaaho	amaahan(nin)	did not borrow
dhageyso	dhageysan(nin)	did not listen to
dhimo	dhiman(nin)	did not die
joogso	joogsan(nin)	did not stop (oneself)
sheekeyso	sheekeysan(nin)	did not converse

Some IRREGULAR VERBS are:

noqo	noqon(nin)	did not return; become
imow	iman(nin)	did not come
oro	oran(nin)	did not say, speak
oqoow	oqoon(nin)	did not know

Examples of the NEGATIVE PAST:

Maan	cunin.	I did not eat (it).
Maad	keenin.	You did not bring (it).
Muu	bixin.	He did not go out.
Mey	siinnin.	She did not give it.
Maannu	safeeynnin.	We [excl] did not clean (it).
Meynu	amaahannin.	We [incl] did not borrow (it).
Meydin	dhageysannin.	You [pl] did not listen.
Meey/mey	dhimannin.	They did not die.

GRAMMATICAL NOTE.

VERBAL PRONOUNS are fused with the NEGATIVE **ma** in exactly the same way as they are with the INTERROGATIVE. The best way to tell them apart in written material is to look for a question mark. In speech, as in writing, it is the *verbal endings* which separate NEGATIVE STATEMENTS from QUESTIONS.

In all of the PAST TENSES (SIMPLE PAST, PAST PROGRESSIVE, and PAST HABITUAL), the NEGATIVE FORM OF THE VERB does not change with either PERSON (first, second or third) or NUMBER (singular or plural).

Apart from FIRST CONJUGATION VERBS (where the ending is **-in**), verbs of the SECOND and THIRD CONJUGATIONS can have short endings identical to those of the INFINITIVE (in Chapter 22), or longer endings consisting of the INFINITIVE FORM + **-in**.

Exercise 1: USING THE NEGATIVE PAST.
Insert the appropriate form of the verb in the frames below; note that some verbs have **-nn-** when the fuller ending is added.

| Rahu | muu | cunin. | The frog did not eat (it). |

cab	cabbin	The frog did not drink (it).
gal	galin	The frog did not go in.
tag	tegin	The frog did not go.
bax	bixin	The frog did not leave.
bixi	bixin(nin)	The frog did not pay (it) back.

Idinku meydin safeyn(nin).		You did not clean (it).
qor	qorin.	You did not write (it).
akhri	akhrin(nin).	You did not read (it).
samee	sameyn(nin).	You did not make (it).
amaahi	amaahin(nin).	You did not loan (it out).
amaaho	amaahan(nin).	You did not borrow (it).

Annagu maannu sheekeysannin.		We did not converse.
dhageyso	dhageysan(nin).	We did not listen.
tag	tegin.	We did not go.
imow	iman(nin).	We did not come.
noqo	noqon(nin).	We did not go back / return.
oqoow	oqoon(nin).	We did not know.

PATTERN 2: NEGATIVE PAST HABITUAL.

This construction consists of the HEAD VERB **jir** and an INFINITIVE.

Weligey	maan	qarin jirin.	I never used to hide (it).
Weligaa	maad		You ...
Weligiis	muu		He ...
Weligeed	mey		She ...
Weligeen	maannu		We [excl] ...
Weligayaga	meynu		We [incl] ...
Weligiinna	meydin		You [plural] ...
Weligooda	mey		They ...

Note that **weli** *ever, yet* is a NOUN, *not an* ADVERB. It takes the POSSESSIVE PRONOUN DETERMINERS [review them in Chapter 13], that agree with the HEAD NOUN in GENDER, PERSON, and NUMBER.

Exercise 2: USING THE NEGATIVE PAST HABITUAL.

Maalin	walba		Every day ...
hilib	maan	cuni jirin.	I didn't used to eat meat.
caano	maad	cabbi jirin.	you didn't ... drink milk.
rah	muu	arki jirin.	he ... see a frog.
warqad	mey	qori jirin.	she ... write a letter.
buug	maannu	akhrin jirin.	we [excl] ... read a book.
lacag	meynu	tirin jirin.	we [incl] ... count money.
biyo	meydin	kabban jirin.	you [pl] ... sip water.
amaah	mey	qaadan jirin.	they ... take a loan.

PATTERN 3: NEGATIVE PRESENT HABITUAL.

Bariis	maan	cuno.	I don't eat rice.
Hilib	maad	cunto.	You don't eat meat.
Hilib	maad	cuntid.	" " " "
Rah	muu	cuno.	He doesn't eat frog(s).
Khudaar	mey	cunto.	She doesn't eat vegetables.
Beer	maannu	cunno.	We [excl] do not eat liver.
Muus	meynu	cunno.	We [incl] do not eat banana(s).
Shimbir	meydin	cuntaan.	You [pl] don't eat bird(s).
Basal	mey	cunaan.	They don't eat onion(s).

Note that these forms are derived by changing the PRESENT HABITUAL endings from -**aa** to -**o**, except for the SECOND and THIRD PERSON PLURAL (where a TONE CHANGE takes place). Compare these forms with those presented in Chapter 16.

Exercise 3: USING THE NEGATIVE PRESENT HABITUAL.

Maan		tago.	I don't go.
Maad		tagto.	You don't go.
Muu	ku	celiyo.	He doesn't repeat (it).
Mey	ku	celiso.	She doesn't repeat (it).
Maannu		amaahanno.	We [excl] don't borrow.
Meynu		amaahanno.	We [incl] don't borrow.
Meydin		dhageysataan.	You [pl] don't listen.
Mey		dhageystaan.	They don't listen.

Maan	noqdo.	I don't go back.
Maad	noqoto.	You don't go back.
Muu	amaahiyo.	He doesn't loan (it out).
Mey	amaahiso.	She doesn't loan (it out).
Maannu	aadno.	We [excl] don't go (there).
Meynu	tagno.	We [incl] don't go.
Meydin	aaddaan.	You [pl] don't go (there).
Mey	tagaan.	They don't go.

PATTERN 4: NEGATIVE FUTURE (**DOON** FORMS).

Cunto	maan	cuni doono.	I will not eat any food.
	maad	doonto.	You ...
	muu	doono.	He ...
	mey	doonto.	She ...
	maannu	doonno.	We [excl] ...
	meynu	doonno.	We [incl] ...
	meydin	doontaan.	You [pl] ...
	mey	doonaan.	They ...

Remember that the FUTURE is formed from the PRESENT HABITUAL [see Chapters 22 (for **doon** + INFINITIVE) and 16 (for PRESENT HABITUAL FORMS)].

Exercise 4: NEGATIVE FUTURE STATEMENTS.

Maan	amaahin	doono.	I will not loan (it out).
Maad	amaahan	doonto.	You will not borrow (it).
Muu	dhageysan	doono.	He will not listen.
Mey	hadli	doonto.	She will not talk.
Maannu	seexan	doonno.	We [excl] will not go to sleep.
Meynu	toosi	doonno.	We [incl] will not get up.
Meydin	shaqeyn	doontaan.	You [pl] will not work.
Mey	noqon	doonaan.	They will not go back.

PATTERN 5: NEGATIVE PRESENT PROGRESSIVE.
Change the -**aa** PRESENT PROGRESSIVE ending to -**o**:

Maan	cunayo.	I am not eating.
Maad	cunayso.	You are not eating.
Maad	cunaysid.	" " " "
Muu	cunayo.	He is not eating.
Mey	cunayso.	She ...
Maannu	cunayno.	We [excl] are not eating.
Meynu	cunayno.	We [incl] ...
Meydin	cunaysaan.	You [pl] ...
Mey	cunayaan.	They ...

Exercise 5: CONTRAST BETWEEN **MA** NEGATIVE   AND INTERROGATIVES IN THE PRESENT PROGRESSIVE TENSE.

Lacag maad amaahanaysaa?	Are you borrowing money?
Waxba maan amaahanayo.	I am not borrowing any.
Maad amaahineysaa?	Are you loaning (it out)?
Maan amaahinayo.	I am not loaning (it out).
Muu sameeynayaa?	Is he doing (it)?
Muu sameeynayo.	He is not doing (it).
Mey safeeyneysaa?	Is she cleaning (it)?
Mey safeeyneyso.	She is not cleaning (it).
Meynu dhageysaneynaa?	Are we listening (to it)?
Meynu dhageysaneyno.	We are not listening (to it).
Maannu tageynaa?	Are we going?
Meydin tageysaan.	You aren't going.
Meydin dooneysaan?	Do you [pl] want (it)?
Maannu dooneyno.	We do not want (it).
Meey tirinayaan?	Are they counting (it)?
Meey tirinayaan.	They are not counting (it).

PATTERN 6: USE OF **MA** AS A SUFFIX.

This NEGATIVE MARKER may be attached to SHORT PRONOUN FORMS and the LOCATIVE PREPOSITIONS.

Ma la geli karo.	No entry. [Lit:
Lama geli karo.	One cannot enter.]
Muu ku arkin.	He didn't see you.
Kuma arkin.	He / she didn't see you.
Kuma uu [= **kumuu**] arkin.	He didn't see you.
Kuma ay [= **kumeey**] arkin.	She didn't see you.

Exercise 6: USING **MA** AS A SUFFIX.

Waa la tagay.	Somebody went.
Lama tegin.	Nobody went.
Waa la cunaa.	It is eaten.
Lama cuno.	It is not eaten.
Wuu ii sheegey.	He told me.
Iima uu sheegin.	He didn't tell me.
Lacag buu i siiyey.	He gave me some money.
Lacag ima uu siinnin.	He didn't give me money.
Wax bey i siisey.	She gave me something.
Waxba ima ay siinnin.	She didn't give me anything.
Shaaha sonkor baan ku daray.	I added sugar to the tea.
Shaaha sonkor kuma aan darin.	I didn't add sugar to the tea.

Exercise 7: READING AND TRANSLATION PRACTICE
In the following story, note how RELATIVE and NEGATIVE verb con-
jugations are intertwined with DECLARATIVE forms.

RAH

Rah baa waa iyadoo ay jiilaal tahay amaah qaatey, baa la yiri.
Wuxuuna ballan qaaday inuu haddii la doogsadᴏ qaan bixi
doonᴏ.

Kolkii la roobsaday, baa isagoo balli dabaal joogleynaya, ninkii
qaanta ku lahaa u yimid.   Hadduu deyntii weydiistana wuxuu
ku yiri: "Xilligan aniyo tolkeyba wax nalama weydiiyᴏ, oo waan
wada waalannahay." Halkii buu dabaashii ka sii qabsaday oo
codkiisii lagu yiqiin xiriiriyay, "Waaq, waaq, waaq."

Gugii dambe ayaa misana ninkii u yimid, hadduu deyntii
weydiistana isla erayadii buu ugu jawaabey.   Rahu jiilaalkii
waa deyn doon, gugiina wuu waalan yahay, oo weligii ma qaan
baxᴏ baa la yiri.

NEW VOCABULARY

amaah (da)	loan	n1-f
aniyo	I and ... [= **aniga + iyo**]	pro + conj
ba $	at all; even	intensifier
ballan (ka)	promise; appointment	n2-m
balli (ga)	pond	n2-m, n5-m
baxo	(not) get out of (debt)	v1-neg-prhb
bixi doono	that he will get out of	v1-rel-fut
qaan bixi doono	that he will pay (it) back	expr
cod (ka)	voice	n4-m
dabaal (/sha)	swimming	n1-f
dambe	following, later	adj-atr/time
deyn (ta)	debt, credit	n1-f
doogso (/day)	receive abundant rain	v3a=
la doogsado	(when) heavy rains come	v3a-rel
gu (ga)	main rainy season, "Spring"	n2-m-time
hadduu	when he [= **haddii + -uu**]	conj + vpro

halkii	from there	np-loc
isla	the same [lit: together]	pro + prep
jawaab (-ay)	answer	v1=
jiilaal (ka)	dry season (December-April)	n2-m-time
jooglee (-yey)	splash about	v2b=
kolkii	when, at the time	np / conj
lagu	one ... for [= **la** + **ku**]	pro + prep
lahaa	he had	v5b-3m-past
nalama	one ... not us	pro + neg
qaado (#qaatay)	take (for oneself)	v3b=
ballan qaatay	he made a promise	expr
qaan (ta)	debt	n4-f
qabso + sii	keep on, continue	v3a=expr
roobso (/day)	receive rain	v3a=
sii	INTENSIFIER very much so	adv
tol (ka)	relative, clan, kinsmen	n4-m
ugu	to (him) using [= **u** + **ku**]	prep + prep
waalan	crazy, insane	adj-der
waaq	croak (sound of frog)	intj
wada	altogether, completely	deic-prep
weli	ever, yet; [NEG] never	adv
weydii (-yey)	ask; inquire	v2a=
wax nalama weydiiyo	nothing is asked of us	v2a-neg
weydiiso (#stay)	ask for (oneself), request	v3b=
xilli (ga)	time, season	n2-m-time
xiriiri (-yay)	link, make in a series	v2a=
yimid	he came	v4b-3m-past
yiqiin	he knew	v4d-3m-past

Exercise 8: GRAMMATICAL QUESTIONS.

Explain how each of the underlined endings operates in the above story.

doogsado

doono

weydiyo

baxo

Exercise 9: NEGATIVE AND RELATIVE VERB CONSTRUCTIONS.
Note that in the PRESENT TENSES (HABITUAL & PROGRESSIVE) and in
the FUTURE, there is no difference between NEGATIVE VERB FORMS
and the RELATIVE FORMS (taken in Chapter 21).

Ma aan seexdo.	I don't sleep.
Inaan seexdo baan rabaa.	I want to sleep [Lit: that I sleep].
Maalintii maad seexato.	You don't sleep during the day.
Inaad seexato miyaad rabtaa?	Do you want to sleep?
Muu arko.	He doesn't see it.
Waa inuu arko.	He should see it.
Waxba mey amaahato.	She doesn't borrow anything.
Waa iney lacag amaahato.	She should borrow some money.
Maannu wada hadalno.	We don't talk to each other.
Waa inaannu wada hadalno.	We should talk to each other.
Caano meydin cabbi doontaan.	You will not drink milk.
Ineydin cabbi doontaan u sheega!	Tell (him) that you will drink!
Meey cunaan.	They do not eat (it).
Waa iney cunaan.	They should eat (it).
Meey cunayaan.	They are not eating.
Waa iney cunayaan.	They should be eating.

PATTERN 1: PAST TENSE OF **LAHOW** *HAD, OWNED.*

Gurigaas	baan	**lahaa.**	I owned that house.
	baad	**lahayd.**	You ...
	buu	**lahaa.**	He ...
	bey	**lahayd.**	She ...
	baannu	**lahayn.**	We [excl] ...
	beynu	**lahayn.**	We [incl] ...
	beydin	**lahaydeen.**	You [pl] ...
	bey	**lahaayeen.**	They ...

Note that forms of **lahow** indicate personal or intimate owner-ship (of objects, body parts, or kin), while **hayso** implies that one has something with oneself or temporarily; the latter does not necessarily imply permanent ownership. See Chapter 19 (Exercises 3-4) for some examples of this.

Exercise 1: USING THE PAST TENSE OF **LAHOW**.
Translate the following from English into Somali:

I had some money.	Lacag baan lahaa.
You had a house.	Guri baad lahayd.
He had a shop.	Dukaan buu lahaa.
She had a farm.	Beer bey lahayd.
We (incl) had a building.	Daar baannu lahayn.
We (excl) had a brother.	Walaal beynu lahayn.
You (pl) had livestock.	Xoolo beydin lahaydeen.
They had children.	Carruur bey lahaayeen.

PATTERN 2: CONDITIONAL **LAHAA** *WOULD (HAVE).*

Cuntada	waan	diidi	lahaa.	I would have refused the food.
	waad		lahayd.	You ...
	wuu		lahaa.	He ...
	wey		lahayd.	She ...
	waannu		lahayn.	We [excl] ...
	weynu		lahayn.	We [incl] ...
	weydin		lahaydeen.	You [pl] ...
	wey		lahaayeen.	They ...

Used with the INFINITIVE, the PAST TENSE forms of **lahow** indicate a PAST CONDITIONAL ACTION.

Exercise 2: USING THE PAST CONDITIONAL. Translate these:

Cuntada waan cuni lahaa.	I would have eaten the food.
Lacagta waad tirin lahayd.	You would have counted the money.
Caanihii wuu cabbi lahaa.	He would have drunk the milk.
Wiilka wey seexin lahayd.	She'd have put the boy to bed.
Waannu u lugeyn lahayn.	We would have walked to it.
Weynu ku seexan lahayn.	We would have slept on it.
Weydin noqon lahaydeen.	You would have gone back.
Wey soo noqon lahaayeen.	They would have come back.

PATTERN 3: NEGATIVE PAST OF **LAHOW**.

The NEGATIVE PAST TENSE of this verb does not change:

Guri	weligey	maan	**lahayn.**	I	never had a house.
	weligaa	maad	"	You	...
	weligiis	muu	"	He	...
	weligeed	mey	"	She	...
	weligeen	meynu	"	We [incl]	...
	weligeyaga	maannu	"	We [excl]	...
	weligiinna	meydin	"	You [pl]	...
	weligood	meey	"	They	...

Exercise 3: USING THE NEGATIVE PAST.

Employing the above forms, translate the following:

I didn't have any money.	Lacag maan lahayn.
You didn't have a house.	Guri maad lahayn.
He didn't have a shop.	Dukaan muu lahayn.
She didn't have a farm.	Beer mey lahayn.
We didn't have a father.	Aabbe maannu lahayn.
We didn't have a brother.	Walaal meynu lahayn.
You didn't have livestock.	Xoolo meydin lahayn.
They didn't have children.	Carruur mey lahayn.

PATTERN 4: NEGATIVE CONDITIONAL WITH **LAHAYN**.

Cunto	maan	diidi	lahayn.	I wouldn't have refused food.
	maad		lahayn.	You ...
	muu		lahayn.	He ...
	mey		lahayn.	She ...
	maannu		lahayn.	We [excl] ...
	meynu		lahayn.	We [incl] ...
	meydin		lahayn.	You [pl] ...
	mey		lahayn.	They ...

Exercise 4: USING THE NEGATIVE CONDITIONAL.

Cuntada maan cuni lahayn.	I would not have eaten the food.
Lacagtan maad tirin lahayn.	You wouldn't have counted this money.
Guri muu iibsan lahayn.	He wouldn't have bought a house.
Ninkeed mey aammini lahayn.	She would not have trusted her husband.
Arooska halkaas maannu tagi lahayn.	We would not have gone there to the wedding.
Lacagta meynu maalin lahayn.	We would not have lent out the money.
Biir meydin cabbi lahayn.	You wouldn't have drunk the beer.
Lacagta intaas mey amaahan lahayn.	They would not have borrowed that much money.

PATTERN 5: PRESENT TENSE OF **LAHOW**.

Baabuur	baan	**leeyahay.**	I have a car.
	baad	**leedahay.**	You have ...
	buu	**leeyahay.**	He has ...
	bey	**leedahay.**	She has ...
	baannu	**leenahay.**	We [excl] have ...
	beynu	**leenahay.**	We [incl] have ...
	beydin	**leedihiin.**	You [pl] have ...
	bey	**leeyihiin.**	They have ...

Exercise 5: USING THE PRESENT TENSE OF **LAHOW**.

I have money.	Lacag baan leeyahay.
You have a house.	Guri baad leedahay.
He has a store.	Dukaan buu leeyahay.
She has a farm.	Beer bey leedahay.
We (incl) have a building.	Daar baannu leenahay.
We (excl) have a ship.	Markab beynu leenahay.
You (pl) have livestock.	Xoolo beydin leedihiin.
They have children.	Carruur bey leeyihiin.

PATTERN 6: NEGATIVE PRESENT OF **LAHOW**.

Lacag	maan	**lihi**.	I don't have any money.
	maad	**lihid**.	You don't ...
	muu	**laha**.	He doesn't ...
	mey	**laha**.	She doesn't ...
	maannu	**lihin**.	We [excl] don't ...
	meynu	**lihin**.	We [incl] don't ...
	meydin	**lihidin**.	You [pl] don't ...
	mey	**laha**.	They don't ...

Note that *all* THIRD PERSON forms are the same; **laha** is MASCULINE or FEMININE, SINGULAR or PLURAL.

Exercise 6: USING THE NEGATIVE PRESENT.
Translate the following:

Dukaan	maan	lihi.	I do not own a shop.
Beer	maad	lihid.	You do not own a farm.
Markab	muu	laha.	He does not own a ship.
Xoolo	meey	laha.	She does not have wealth.
Guri	maannu	lihin.	We do not have a house.
Carruur	meynu	lihin.	We don't have any children.
Ari	meydin	lihidin.	You don't have any sheep and goats.
Daartan	meey	laha.	They do not own this building.

PATTERN 7: IMPERATIVE AND INFINITIVE OF **LAHOW**.

Edeb **lahow**!	Have behavior! = Be good!, Behave!
Carruureey, edeb **lahaada**!	Hey children, behave!
Edeb miyuu **lahaan** jiray?	Did he used to have manners?

Note.   The IMPERATIVE FORMS (**lahow** and **lahaada**) are relatively rare and will not be drilled here.   However, the INFINITIVE is very important for forming AUXILIARY VERB CONSTRUCTIONS.

Exercise 7: THE INFINITIVE IN FUTURE STATEMENTS.

Maalin ...	One day ...
ari baan lahaan doonaa.	I will own sheep and goats.
daar baad lahaan doontaa.	you will own a building.
beer buu lahaan doonaa.	he will own a farm.
guri bey lahaan doontaa.	she will own a house.
dukaan baannu lahaan doonnaa.	we [excl] will own a store.
xoolo beynu lahaan doonnaa.	we [incl] will have property.
carruur beydin lahaan doontaan.	you [pl] will have children.
geel bey lahaan doonaan.	they will have camels.

Exercise 8: FOCUSED SUBJECT PRONOUNS.
The FUSION of the SUBJECT PRONOUNS and **baa** (which reduces to -**aa**) emphasizes the pronoun.   This construction can only occur with a DEFINITE NOUN PHRASE and takes the same kind of SUBJECT-ORIENTED VERB (discussed in Chapter 23).

Dukaankan	**anigaa**	lahaan jirey.	*I* used to own this shop.
Markabkan	**adigaa**	lahaan jirtey.	*You* used to own this ship.
Beertan	**isagaa**	lahaan jirey.	*He* used to own this farm.
Gurigaas	**iyadaa**	lahaan jirtey.	*She* used to own that house.
Xoolaha	**annagaa**	lahaan jirney.	*We* used to own the stock.
Geela	**innagaa**	lahaan jirney.	*We* used to own the camels.
Lo'dan	**idinkaa**	lahaan jirey.	*You* used to own this cattle.
Daartaas	**iyagaa**	lahaan jirey.	*They* used to own that building.

Exercise 9: READING AND TRANSLATION.
Listen carefully and repeat this story after your teacher.

CARRABKII YAXAAS

Waagii hore, dawacadu carrab ma lahayn, yaxaaskuse wuu
lahaa. Beri baa dawaca carrab la' yaxaas oo webiga jiinkiisa
barqanaya u timid oo ku tiri: "Inaan arooska walaashay ka
mashxarado ayaan doonayaa ee, yaxaasow, carrabkaaga i maali,
waana ballan oo berri ayaan kuu soo celinayaa."

Yaxaas dawo wuu aamminay, carrabkiina wuu siiyey. Dawo
markay tijaabisay ee ogaatay waxtarka iyo wanaagga carrab
leeyahay, bey goosatay in ayan yaxaas dib ugu celin.

Hadduu wax badan sugayay dawana soo noqon weyday, buu
isagoo careysan yiri: "Dawaca dhagarrey, adna biya webi kaa
shiran." Waagaas wixii ka dambeeyey, dawo webi kama ag
dhowaato, yaxaasna weli wuu carrab la'yahay, baa la yiri.

NEW VOCABULARY

aammin (-ay)	trust	v1=
adna	also you [= **ad** + **-na**]	pro + conj
ag (ta)	near(ness), proximity	n4-f-loc
aroos (ka)	wedding	n2-m
ayan	she ... not [= **ay** + **aan**]	vpro + neg
ayay $	he was doing X	v1-3m-ppgr
barqo (/day)	lie down (in late morning)	v3a=
biya webi	river water [rw: **biyo**]	np
careysan	angry	adj-der
carrab (ka)	tongue	n2-m
dambee (-yey)	follow after	v2b=
dawaco (/da)	fox, jackal	n6-f
dawo (/da)	fox, jackal	n6-f
dhagarrey	you cheater!	np-voc
dhowaato	doesn't get near	v3a-3f-neg-prhb

dib (ta)	back, backward	n1-f-loc
doon (-ay)	want, desire	v1=
ee	and, so	conj
gooso (#stey)	decide	v3b=
hadduu	while he [= **haddii** + **uu**]	conj + vpro
jiin (ka)	bank, edge	n4-m
kaa	from you	pro + prep
kama	not ... to	prep + neg
la'	without, lacking	adj
la'yahay	not have, be without	v5=
maali (-yey)	lend	v2a=
mashxarad (-ay)	ululate (joyful noise)	v1=
ogaatay	she realized [rw: **ogoow**]	v3a-3f-past
shir (-ay)	forbid, prohibit	v1=
shiran	forbidden, prohibited	adj-der
tijaabi (-yey)	try out	v2a=
timid	she came	v4b-3f-past
ugu	back to (him)	prep + prep
waagaas	that time	np-time
waagii hore	in olden times, long ago	np-time
wax badan	quite a while	np-time
waxtar (ka)	usefulness	n2-m
webi (ga)	river	n2-m
weli	still, yet, ever	adv
wey (-ey)	fail to do [Alt: **waay**]	v1=aux
yaxaas (ka)	crocodile	n2-m

Exercise 10: **HADDII** AND **LAHOW** IN CONDITIONAL STATEMENTS.
Note how **haddii** *if; while* fuses with the VERBAL PRONOUNS.
Which one of these forms was used in the folktale?

Haddii lacag la i siin lahaa,
   beer baan lahaan lahaa.

If I had been given some money,
I would have had a farm.

Haddaan lacag ku siin
   lahaa, baabuur baad
   lahaan lahayd.

If I had given you some
money, you would have had
a car.

Haddaad lacag siin lahayd,
   xoolo buu lahaan lahaa.

If you had given him some money,
he would have had livestock.

Hadduu lacag siin lahaa,
   dukaan bey lahaan lahayd.

If he had given her some money,
she would have had a shop.

Hadday lacag siin lahayd,
   geel bey lahaan
   lahaayeen.

If she had given them some
money, they would have had
camels.

Haddeynu lacag idin siin
   lahayn, markab beydin
   lahaan lahaydeen.

If we had given you money,
you would have had a ship.

Haddeydin lacag na siin
   lahaydeen, ari beynu
   lahaan lahayn.

If you had given us some money,
we would have had sheep and
goats.

CHAPTER 26 - THE PAST AND NEGATIVE PROGRESSIVES

PATTERN 1: PAST PROGRESSIVE OF CONJUGATION 1.

Anigu	waan	qor**ayay**.	I was writing (it).
Adigu	waad	qor**aysay**.	You were ...
Isagu	wuu	qor**ayay**.	He was ...
Iyadu	wey	qor**aysay**.	She was ...
Annagu	waannu	qor**aynnay**.	We [excl] were ...
Innagu	weynu	qor**aynnay**.	We [incl] were ...
Idinku	weydin	qor**ayseen**.	You [pl] were ...
Iyagu	wey	qor**ayeen**.	They were ...

Note that the PAST PROGRESSIVE is a combination of the PRESENT PROGRESSIVE (with -**ay**-, or its alternate -**ey**-, taken in Chapter 17) and the SIMPLE PAST (discussed in Chapter 8).

PATTERN 2: PAST PROGRESSIVE OF CONJUGATION 2.

Gabarta	baan	fiiri**nayay**.	I was looking at the girl.
	baad	fiiri**naysay**.	You were ...
	buu	fiiri**nayay**.	He was ...
	bey	fiiri**naysay**.	She was ...
	baannu	fiiri**naynnay**.	We [excl] were ...
	beynu	fiiri**naynnay**.	We [incl] were ...
	beydin	fiiri**nayseen**.	You [pl] were ...
	bey	fiiri**nayeen**.	They were ...

PATTERN 3: PAST PROGRESSIVE OF CONJUGATION 3.

Buugga	waan	amaah**anayay**.	I was borrowing the book.
	waad	amaah**anaysay**.	You were ...
	wuu	amaah**anayay**.	He was ...
	wey	amaah**anaysay**.	She was ...
	waannu	amaah**anaynnay**.	We [excl] were ...
	weynu	amaah**anaynnay**.	We [incl] were ...
	weydin	amaah**anayseen**.	You [pl] were ...
	wey	amaah**anayeen**.	They were ...

Exercise 1: USING THE FIRST PERSON SINGULAR.

Nalka baan shidayay.	I was turning on the light.
Sheeko baan sheegayay.	... telling a story.
Buugga baan qarinayay.	... hiding the book.
Cunto baan sameeynayay.	... preparing food.
Baabuurka baan wadanayay.	... driving the car myself.
Lacagta baan qaadanayay.	... taking the money.
Guriga baan u noqonayay.	... returning to the house.
Cali baan la sheekeysanayay.	... conversing with Ali.

Exercise 2: USING THE SECOND PERSON SINGULAR.

Nalka miyaad shidaysay?	Were you turning on the light?
Sheeko miyaad sheegaysay?	... telling a story?
Buugga miyaad qarinaysay?	... hiding the book?
Cunto miyaad sameeynaysay?	... preparing food?
Baabuurka miyaad wadanaysay?	... driving the car yourself?
Lacagta miyaad qaadanaysay?	... taking the money?
Guriga miyaad u noqonaysay?	... returning to the house?
Cali miyaad la sheekeysanaysay?	... conversing with Ali?

Exercise 3: USING THE THIRD PERSON MASCULINE.

Nalka miyuu shidayay?	Was he turning on the light?
Sheeko miyuu sheegayay?	... telling a story?
Buugga miyuu qarinayay?	... hiding the book?
Cunto miyuu sameeynayay?	... preparing food?
Baabuurka miyuu wadanayay?	... driving the car himself?
Lacagta miyuu qaadanayay?	... taking the money?
Guriga miyuu u noqonayay?	... returning to the house?
Cali miyuu la sheekeysanayay?	... conversing with Ali?

Exercise 4: USING THE THIRD PERSON FEMININE.

Nalka bey shidaysay.   She was turning on the light.
Sheeko bey sheegaysay.   ... telling a story.
Buugga bey qarinaysay.   ... hiding the book.
Cunto bey sameeynaysay.   ... preparing food.
Baabuurka bey wadanaysay.   ... driving the car herself.
Lacagta bey qaadanaysay.   ... taking the money.
Guriga bey u noqonaysay.   ... returning to the house.
Cali bey la sheekeysanaysay.   ... conversing with Ali.

Exercise 5: USING THE FIRST PERSON PLURAL EXCLUSIVE.

Nalka baannu shidaynnay.   We were turning on the light.
Sheeko baannu sheegeynnay.   ... telling a story.
Buugga baannu qarinaynnay.   ... hiding the book.
Cunto baannu sameeynaynnay.   ... preparing food.
Baabuurka baannu wadanaynnay.   ... driving the car ourselves.
Lacagta baannu qaadanaynnay.   ... taking the money.
Guriga baannu u noqonaynnay.   ... returning to the house.
Cali baannu la sheekeysanaynnay.   ... conversing with Ali.

Exercise 6: USING THE SECOND PERSON PLURAL.

Nalka meydin shideyseen?   Were you turning on the light?
Sheeko meydin sheegeyseen?   ... telling a story?
Buugga meydin qarineyseen?   ... hiding the book?
Cunto meydin sameeyneyseen?   ... preparing food?
Lacagta meydin qaadaneyseen?   ... taking the money?
Baabuurka meydin wadaneyseen?   ... driving the car
                                       yourselves?
Guriga meydin u noqoneyseen?   ... returning to the house?
Cali meydin la sheekeysaneyseen?   ... conversing with Ali?

Exercise 7: USING THE THIRD PERSON PLURAL.

Nalka bey shidayeen.	They were turning on the light.
Sheeko bey sheegayeen.	... telling a story
Buugga bey qarinayeen.	... hiding the book.
Cunto bey sameeynayeen.	... preparing food.
Baabuurka bey wadanayeen.	... driving the car themselves.
Lacagta bey qaadanayeen.	... taking the money.
Guriga bey u noqonayeen.	... returning to the house.
Cali bey la sheekeysanayeen.	... conversing with Ali.

Exercise 8: QUESTION AND ANSWER DRILLS.

Warqadda maad qoreysey?
  Haa, waan qorayey.

Were you writing the letter?
Yes, I was writing it.

Lacagta muu haysanayey?
  Haa, wuu haysanayey.

Was he keeping the money?
Yes, he was keeping (it).

Lacagta mey amaahineysey?

  Haa, wey amaahineysey.

Was she loaning out
the money?
Yes, she was loaning (it out).

Wiilka miyaad fiirineyseen?
  Haa, weynu fiirineynney.

Were you looking at the boy?
Yes, we were looking (at him).

Halkaas meynu u noqoneynney?
  Haa, waad u noqoneyseen.

Were we going back there?
Yes, you were going back.

Miyey casheeynayeen?
  Haa, wey casheeynayeen.

Were they eating dinner?
Yes, they were eating dinner.

PATTERN 4: THE NEGATIVE PAST PROGRESSIVE.
This tense is formed by adding either -**ayn** (or -**eyn**) or **aynin**
(or -**eynin**) to the *STEM* (i.e., SINGULAR IMPERATIVE) of CONJUGATION
ONE and to the *INFINITIVE FORMS* of CONJUGATIONS TWO and THREE:

cun	cun**ayn(in)**	was/were not eating
doon	doon**aynin**	was/were not wanting
jir	jir**eyn(in)**	was/were not existing
qor	qor**eynin**	was/were not writing
tiri	tirin**eyn(in)**	was/were not counting
fiiri	fiirin**eynin**	was/were not looking at
samee	sameyn**eyn(in)**	was/were not preparing
qadee	qadeyn**eynin**	was/were not eating lunch
qabo	qaban**eyn(in)**	was/were not catching
sameeyso	sameeysan**eynin**	was/were not making for self/selves

Exercise 9: USING THE NEGATIVE PAST PROGRESSIVE.
Translate the following:

I was not eating.	Maan cunaynin.
You were not drinking.	Maad cabbeynin.
He was not giving (it).	Muu siineyn(in).
She was not loaning (it).	Mey amaahineyn(in).
We were not borrowing (it).	Maannu amaahaneyn(in).
We were not cleaning (it).	Meynu safeyneynin.
You were not returning.	Meydin noqoneynin.
They were not coming.	Mey imaneynin.

Exercise 10. READING AND TRANSLATION.

AF SALLAX KU DHEGEY

Nin baa waa ari badan lahaa. Arigii baa cudur xumi ka galay, maalin kastana dhowr neef baa ka dhiman jirtey. Goor arigii sii daba yar yahay, buu laba u qaybiyay oo yiri: "Eebbow, ariga qeybtaadii waa taas ee tayda ii nabad geli."

Arigii sidii buu u le'anayay, kolkii qaybtiisa neef ka dhintana tan Eebbe ayuu mid ka gowracayay, suu u aarsado. Markii ay u caddaatay inuu mudda gaaban ku cayroobayo, buu calaacal iyo Alla eedeyn billaabey.

Maalintii dambe ayuu isagoo harraadsan sallax biyo ku jiraan tegey, jilbaha iyo calaacalaha dhigtey, si uu afka ugu cabbo; sallixii baase afkii uga dhegay. Siduu u rafanayay baa goor naftii u timid gafuurkii loo daayay. Hadduu fekeray oo fekeray, wax uu galabsadayna garan waayay buu yiri: "Haddaan hadlana waa af sallax ku dhegaya, haddaan aammusana arigii la deyn maayo, ee maxaan falaa?"

NEW VOCABULARY

aammus (-ay)	keep quiet	v1=
aarso (/day)	take revenge	v3a=
Alla (ha)	God	n0-m
billaab (-ay)	start, begin	v1=
caddow (/aaday)	become clear	v3a=inch
calaacal (ka)	complaint, lament	n2-m
calaacal (/sha)	palm of the hand	n1-f
cayroob (-ay)	be destitute	v1=
cudur (ka)	disease	n2-m
daay (-ay)	let go; let alone	v2a=
la deyn	to be left alone	v2a-inf
dabo (/da)	tail	n -f
daba yar yahay	shrink in number	idiom

dheg (-ay)	stick to	v1=
dhigo (#tay)	put down	v3b=
eedee (-yay)	blame, accuse	v2b=
gafuur (ka)	area around the mouth	n2-m
galabso (/day)	commit	v3a=
geli (-yay)	put in, insert	v2a=
goor	when, at a time	np-time
gowrac (-ay)	slaughter	v1=
harraadsan	thirsty	adj-der
ku jiraan	containing, having inside	adj + prep
kastana	and every	adj + conj
le'o (#day)	die off	v3b=
maayo	he is not (X)ing	neg-prpg
muddo (/da)	period of time	n6-f
nabad geli (-yey)	preserve, safeguard	compound
naf (ta)	soul, life	n1-f
naftii u timid	he was close to death	idiom
neef (ka)	domestic animal	n4-m
qayb (ta)	division, share, part	n1-f
qaybi (-yay)	divide into shares	v2a=
rafo (#ftay)	struggle, writhe in pain	v3b=
sallax (a)	flat rock	n2-m
siduu	as he [= si (da) + uu]	conj + vpro
suu	so that he [= si + uu]	conj + vpro
uga	of (him)...to [= u + ka]	prep + prep
xumi	bad, serious [rw: xun]	adj + SUBJECT

PATTERN 5: ANOTHER NEGATIVE PRESENT PROGRESSIVE.
The story above makes use of an alternate AUXILIARY VERB FORM.
Besides the constructions discussed in Chapter 24, there is this
one which is based on the negative **ma** and the PROGRESSIVE
ENDINGS, which can be used with any verb in the INFINITIVE.

Muus	cuni	**maayo**.	I am not eating bananas.
			I am not going to eat bananas.
	cuni	**mayso / maysid**.	You are not ...
	cuni	**maayo**.	He is not ...
	cuni	**mayso**.	She is not ...
	cuni	**mayno**.	We are not ...
	cuni	**maysaan**.	You are not ...
	cuni	**maayaan**.	They are not ...

These forms are used to **negate a present action** (*I am not
going*, *You are not reading*) or to indicate a **general avoidance
of an activity**, like English *not going to (do X)*.

Exercise 11: USING THIS ALTERNATE PROGRESSIVE.

Anigu lacag amaahin maayo.	I am not going to loan out any money.
Isagu khudaar cuni maayo.	He's not going to eat any fruit and vegetables.
Adigu biir cabbi maysid.	You're not going to drink any beer.
Iyadu lacag amaahan mayso.	She isn't borrowing any money.
Annagu dab shidi mayno.	We aren't starting a fire.
Innagu dhageysan mayno.	We aren't listening.
Idinku noqon maysaan.	You are not going to return.
Iyagu iman maayaan.	They are not coming.
Maanta hilib la cuni maayo.	Today meat is not being eaten.
Arigiisa la deyn maayo.	His sheep and goats aren't left alone.

PATTERN 1: AAN NEGATIVE IN RELATIVE CLAUSES.

nink**aan** tegin	the man who didn't go	[past]
nink**aan** tegeyn(in)	the man who wasn't going	[pprg]
nink**aan** tegeyn(in)	the man who isn't going	[prpg]
nink**aan** tegeyn(in)	the man who doesn't go	[prhb]
nink**aan** tegi jirin	the man who didn't used to go	[phab]
nink**aan** tegi doonin	the man who won't go	[fut]
nink**aan** tegi lahayn	the man who would not have gone	[cond]

GRAMMATICAL NOTE.

The only NEGATIVE MARKER that can be used in RELATIVE CLAUSES is **aan** (not **ma**, taken up in the last three chapters). It may be fused to the definite articles (-**ka** and -**ta**), to conjunctions like **in** *that*, and other grammatical forms (see Pattern 4 below).

In general, there is *only one negative form for each tense* in relative clauses, that is, there is no special conjugation for person or number endings as with most other verbs. The SIMPLE PAST, PAST PROGRESSIVE, and PAST HABITUAL forms are the same as those discussed in Chapter 24 for negatives with **ma**.

No distinction is made between PAST and PRESENT PROGRESSIVE or PRESENT HABITUAL RELATIVE NEGATIVE (i.e., they all have the same form and tone) and are only distinguished by context. There is therefore a *single* PROGRESSIVE paradigm (see Pattern 2).

Exercise 1: USING AAN IN PAST RELATIVE CLAUSES.

naagt**aan** karinnin	the woman who didn't cook
wiilk**aan** seexannin	the boy who didn't go to sleep
qofk**aan** noqonin	the person who didn't go back
gabadhdh**aan** imannin	the girl who didn't come
odayg**aan** bukin	the old man who is/was not sick
shimbirt**aan** duuli karin	the bird who could not fly
dad**aan** xoolo lahayn	people who do/did not have wealth
cunt**aan** la rabin	food which wasn't wanted

PATTERN 2: RELATIVE NEGATIVE PROGRESSIVES.
The following can have either PAST, PRESENT or FUTURE meanings.
The SHORT FORM for these PROGRESSIVE tenses can *only* be used in
these relative clauses.

aan la dhiseyn(in)	is / was not being built
aan la qoreyn(in)	is / was not being written
aan la akhrineyn(in)	is / was not being read
aan la tirineyn(in)	is / was not being counted
aan la dhageysaneyn(in)	is / was not being listened to
aan la gadaneyn(in)	is / was not being bought

Exercise 2: USING RELATIVE NEGATIVE PROGRESSIVES.

Buugga aan la qoreynin.	The book that won't be written.
Warqadda aan la direynin.	The letter that won't be sent.
Lacag aan la amaahineynin.	Money that won't be lent out.
Cuntada aan la karineynin.	The food that won't be cooked.
Gabarta aan la guursaneynin.	The girl who won't be married.
Nin aan la dhageysaneynin.	A man who won't be listened to.
Shaqada aan la qabaneynin.	The work which won't be done.
Daar aan la gadaneynin.	A building that isn't being bought.

PATTERN 3: ALTERNATE **MA** NEGATIVE PRONOUN FORMS.
A shortened form of this negative occurs in forms with **ma**:

Maanan cuni lahayn.	I would not have eaten it.
Maadan ...	You ...
Muusan ...	He ...
Meeyan ...	She ...
Maannan ...	We [excl] ...
Meynan ...	We [incl] ...
Meydnan ...	You [pl] ...
Meeyan ...	They ...

NOTE. These forms are used in PAST AND CONDITIONAL STATEMENTS
in place of **maan, maad** (etc.) taken in Chapter 24. They are
the result of the combination of **ma** (NEGATIVE), the VERBAL
PRONOUNS (**aan, aad,** etc.) and **aan** (shortened to -**an**).

Exercise 3: USING ALTERNATE NEGATIVE FORMS.

Maanan tegi lahayn.	I would not have gone.
Maadan rabi lahayn.	You would not have wanted (it).
Muusan amaahin lahayn.	He wouldn't have loaned (it out).
Meeyan karin lahayn.	She wouldn't have cooked (it).
Maannan qadeyn lahayn.	We would not have eaten lunch.
Meynan iman lahayn.	We [incl] would not have come.
Meydnan noqon lahayn.	You [pl] would not have returned.
Meeyan arki lahayn.	They would not have seen (it).

PATTERN 4: **AAN** AND PRONOUN FUSION.

Shaqada **aanan** shaley qabannin	baan maanta qabanayaa.
Shaqada **aadan** / **aanad** ...	baad maanta qabanaysaa.
Shaqada **uusan** / **aanu** ...	buu maanta qabanayaa.
Shaqada **ayan** / **aaney** ...	bey maanta qabanaysaa.
Shaqada **aannan** ...	baannu maanta qabanaynaa.
Shaqada **aynan** ...	beynu maanta qabanaynaa.
Shaqada **eydnan** / **aydin** ...	beydin maanta qabanaysaan.
Shaqada **ayan** / **aaney** ...	bey maanta qabanayaan.

The work that I didn't do yesterday, I'm going to do today.
The work that you didn't do yesterday, you're going to do today.
... [etc.]

Exercise 4a: USING **AAN** WITH PRONOUN FUSION.

Shaley kuma aanan arkin.	I did not see you yesterday.
Shaqada ma aadan qabanin wey adagtahay.	The work you didn't do is difficult.
Lacagta aanu soo dirin buu ku siin doonaa.	He will give you the money that he didn't send.
Qofka ayan la hadlin waa kee?	Who is the person that she didn't talk to?
Saacad aannan shaqeynin lacag nala ma siiyo.	We are not paid for an hour that we haven't worked.
Makhaayad aynan hore u tegin beynu tagaynaa.	We are going to a restaurant that we haven't gone to before.

Magaalo eydnan hore u tegin, beydin tageysaan.	You will be going to a city that you didn't go to before.
Midda ayan rabin aniga i sii!	Give me the one that they didn't want.

Exercise 4b: USING **AAN** WITH PRONOUN FUSION.
Rephrase those of the above sentences that have alternate negative forms.

Shaley maan ku arkin. Shaley kumaan arkin.	I did not see you yesterday.
Shaqada aanad qabanin wey adagtahay.	The work you didn't do is difficult.
Lacagta uusan soo dirin buu ku siin doonaa.	He will give you the money that he didn't send.
Qofka aaney la hadlin waa kee?	Who is the person that she didn't talk to?
Magaalo aydin hore u tegin, beydin tageysaan.	You are going to a city that you didn't go to before.
Midda aaney rabin aniga i sii!	Give me the one that they didn't want.

Exercise 5: USING **IN** + NEGATIVE + PRONOUN FUSION.

	He wants ...
Inaanan sigaar cabbin buu rabaa.	me not to smoke cigarettes.
Inaadan / **inaanad** ...	you ...
Inaanu / **inuusan** ...	him ...
Inayan / **inaaney** ...	her ...
Inaannan ...	us [excl] ...
Inaynan ...	us [incl] ...
Inaydnan / **ineydin** ...	you [pl] ...
Inayan / **inaaney** ...	them ...

Exercise 6: READING AND TRANSLATION.

FULAY

Waa baa waxa jiri jiray nin fulay ahaa.   Galab buu reera **ka ag dhowaa** u wareysi tagey, intuu raggii la haasaawayey baana **gabbalkii ku dhacay**.

Markuu ka war bogtey   buu degmadiisii ku laabtey, habeenkuna **gudcur aan isha farta lala helin** buu ahaa. **Siduu waddada u hayey** buu hortiisa wax madow ku arkay, isagoo naxdin la neeftuuraya buuna ku yiri: "Anigu waxaad tahay garan maayo, ee haddaad nin tahayna **iska kay dhici**, haddaad geed tahayse waa ballan oo berraan ku goyn." Hadduu war iyo wax dhaqaaqa toona waayay, buu halkiisii waagii ku sugay.

Subaxdii kolkuu ogaaday in wuxu kurtun yahay buu gurigii tegay oo masaar soo qaatay, geedkiina gunta ka jaray, isagoo leh: "Wallee, mar kale ima cabsiisid."

TRANSLATION NOTES (on the **highlighted** items):

ka ag dhowaa	(that) was/were near to (him)
gabbalkii ku dhacay	the sun (lit: daylight) set on him
gudcur aan isha farta lala helin	so dark that one couldn't find one's eye with one's finger
siduu waddada u hayey	while he kept to the road
iska kay dhici	defend yourself from me

berraan	tomorrow I [=**berri + baan**]	time + focus
bogo (#tay)	finish	v3b=
cabsii (-yay)	scare, frighten	v2a=
degmo (/da)	settlement, community	n6-f
dhac (-ay)	set (of the sun)	v1=
dhaqaaq (-ay)	move, make a movement	v1=
dhow	near	adj-loc
dhowaa	was near [= **dhow + ahaa**]	v5 + adj
far (ta)	finger	n1-f
fulay (ga)	coward	n2-m
gabbal (ka)	day(light)	n2-m

geed (ka)	tree, plant	n1-m
goyn	to cut down [rw: **gooy**]	v2a-inf
gudcur (ka)	darkness, without light	n -m
gun (ta)	bottom	n4-loc
haasaaw (-ay)	converse	v1=
halkiisii	in his place/position	np
hor (ta)	in front	n0-f-loc
intuu	while he [= **inta** + **buu**]	conj + vpro
kay	from me [= **ka** + **i**]	prep + pro
kurtun (ka)	stump	n1-m, n2-m
laabo (#tay)	return	v3b=
madow (ga)	black, dark	adj-m
mar (ka)	instance, time	n4-m
masaar (ta)	ax	n1-f, n2-f
naxdin (ta)	fear	n0-f
neeftuur (-ay)	gasp, pant	v1=
rag (ga)	men, mankind (males only)	n0-m-col
too	that (one)	deic-f
wallee	by God	intj
wareysi (ga)	asking (get information)	n0-m-col

Exercise 7: QUESTIONS & ANSWERS FROM THE STORY.

Ninku fulay miyuu ahaa?
Was the man a coward?

Yes, he was a coward.
Haa, fulay buu ahaa.

Goormuu tagey?
When did he go?

He went in the afternoon.
Galabtii buu tegay.

Yuu u tagey?
Whom did he go to?

He went to a nearby family.
Reero ka ag dhow buu u tagey.

Muxuu ugu tagey?
Why did he go to them?

He went to chat with them.
Inuu la haasaawo buu u tagey.

Muxuu waddada ku arkey?
What did he see on the road?

He saw a stump.
Kurtun buu arkey.

Habeenkaas miyuu gurigiisa
ku noqday?
Did he return to his home
that night?

No, he waited in his
position until daybreak.
Maya, halkiisii buu waagii
ku sugay.

Muxuu ku sameeyey?
What did he do to it?

He cut it down.
Wuu gooyey.

Muxuu ku yiri?
What did he say to it?

By God, you won't scare
me another time!
Wallee, mar kale ima
cabsiisid!

CHAPTER 28 - THE NEGATIVE IMPERATIVE

PATTERN 1: SINGULAR NEGATIVE IMPERATIVE WITH **HA**.

Ha keen**in**!	Do not bring (it)!
Ha cun**in**!	Don't eat!
Ha kar**in**(**nin**)!	Do not cook (it)!
Ha samey**n**(**nin**)!	Don't do (it)!
Ha joogs**an**(**nin**)!	Don't stop!
Ha dhageys**an**(**nin**)!	Do not listen!

GRAMMATICAL NOTE.

The NEGATIVE MARKER for IMPERATIVES is **ha** (that is, neither **ma** nor **aan** are used in these constructions). See SRG: 78 and 202f.

Apart from FIRST CONJUGATION VERBS (where the ending is *always* -**in**), verbs of the SECOND and THIRD CONJUGATIONS have short or colloquial endings identical to those of the INFINITIVE (see Chapter 22) or of the NEGATIVE PAST (see Chapter 24). Although these constructions are easy, they are *not nearly as frequent* as other kinds of NEGATIVES and hence have not been taken earlier.

GROUP 1 VERBS:

IMPERATIVE	NEG.IMP.SG.	TRANSLATION
gal	ha galin	don't enter!
keen	ha keenin	don't bring!
qor	ha qorin	don't write!

Remember that sound changes affect some verbs:

arag	ha arkin	don't see!
cab	ha cabbin	don't drink!
bax	ha bixin	don't exit!
tag	ha tegin	don't go!

GROUP 2-A VERBS:

amaahi	ha amaahin(nin)	don't loan!
bixi	ha bixin(nin)	don't take out!
sii	ha siin(nin)	don't give!
weydii	ha weydiin(nin)	don't ask, inquire!

GROUP 2-B VERBS:

dhammee	ha dhammeyn(nin)	don't finish!
samee	ha sameyn(nin)	don't make / do!
safee	ha safeyn(nin)	don't clean!

GROUP 3 VERBS:

amaaho	ha amaahan(nin)	don't borrow!
dhageyso	ha dhageysan(nin)	don't listen to (it)!
dhimo	ha dhiman(nin)	don't die!
joogso	ha joogsan(nin)	don't stop!

Some IRREGULAR VERBS are as follows:

noqo	ha noqon(nin)	don't return!
imow	ha iman(nin)	don't come!
oro	ha oran(nin)	don't say!
oqoow	ha oqoon(nin)	don't know!

Exercise 1: USING THE SINGULAR NEGATIVE IMPERATIVE.

Baabuurka ha keenin!	Do not bring the car!
Maanta dugsiga ha tegin!	Do not go to school today!
Warqadda ha qorin!	Don't write the letter!
Buuggan ha akhrinnin!	Don't read this book!
Ninkan lacag ha siinnin!	Do not give this man any money!
Cuntada ha karinnin!	Do not cook the food!
Wiilka ha seexinnin!	Don't put the boy to sleep!
Dayuuraddaas ha duulinnin!	Don't fly that airplane!
Waxba ha sameynin!	Do not do anything!
Kursiga ha ku fariisannin!	Do not sit on the chair!
Halka ha joogsannin!	Do not stop here!
Shimbirta ha qabannin!	Do not catch the bird!

Exercise 2: TRANSLATE INTO SOMALI
Don't look at the right column except to check your answers:

Don't bring the food!	Cuntada ha keenin!
Don't run!	Ha ordin!
Don't drink the milk!	Caanihii ha cabbin!
Don't read that book!	Buuggaas ha akhrinnin!
Don't cook the meat!	Hilibka ha karinnin!
Don't put the kids to bed!	Carruurta ha seexinnin!
Don't catch the lion!	Libaaxa ha qabannin!
Don't listen to them!	Iyaga ha dhageysan!

PATTERN 2: PLURAL NEGATIVE IMPERATIVE WITH **HA**.

Ha keen**ina**!	Don't you all bring (it)!
Ha cun**ina**!	You all don't eat!
Ha kari**nnina**!	Do not cook (it)!
Ha samey**nina**!	Don't do (it)!
Ha joogs**annina**!	Don't stop!
Ha dhageys**annina**!	Do not listen!

GRAMMATICAL NOTE.

PLURAL IMPERATIVES add **-a** to their SINGULAR LONG FORM counter-parts just like the IMPERATIVE PLURAL discussed in Chapter 7.

GROUP 1 verbs:

IMPERATIVE	NEG.IMP.PLURAL	TRANSLATION
gal	ha galina	don't enter!
keen	ha keenina	don't bring!
qor	ha qorina	don't write!

Sound changes affect verbs such as these:

arag	ha arkina	don't see!
cab	ha cabbina	don't drink!
bax	ha bixina	don't exit!
tag	ha tegina	don't go!

GROUP 2-A VERBS:

amaahi	ha amaahinnina	don't loan!
bixi	ha bixinnina	don't take out!
sii	ha siinnina	don't give!
weydii	ha weydiinnina	don't ask, inquire!

GROUP 2-B VERBS:

dhammee	ha dhammeynnina	don't finish!
samee	ha sameeynina	don't make / do!
safee	ha safeynnina	don't clean!

GROUP 3 VERBS:

amaaho	ha amaahannina	don't borrow!
dhageyso	ha dhageysannina	don't listen (to X)!
dhimo	ha dhimannina	don't die!
joogso	ha joogsannina	don't stop!

Some IRREGULAR VERBS are as follows:

noqo	ha noqonnina	don't return!
imow	ha imannina	don't come!
oro	ha orannina	don't say (it)!
oqoow	ha oqoonnina	don't know!

Exercise 3: USING THE PLURAL NEGATIVE IMPERATIVE.

Baabuurka ha keenina!	Do not bring the car!
Maanta dugsiga ha tegina!	Do not go to school today!
Warqadda ha qorina!	Do not write the letter!
Buuggan ha akhrinnina!	Do not read this book!
Ninkan lacag ha siinnina!	Don't give money to this man!
Cuntada ha karinnina!	Do not cook the food!
Wiilka ha seexinnina!	Do not put the boy to sleep!
Dayuuraddaas ha duulinnina!	Do not fly that airplane!
Waxba ha sameeynina!	Do not do anything!
Kursiga ha ku fariisannina!	Don't sit on the chair!
Halka ha joogsannina!	Do not stop here!
Shimbirta ha qabannina!	Do not catch the bird!

Exercise 4: READING AND TRANSLATION.
Identify all uses of the NEGATIVE IMPERATIVE in this story.

DARDAARAN

Waa baa waxaa jiri jirey nin aad u xoola badnaa, carruurna wiil
ka lahaa.   Ayaan baa ninkii aad u xanuunsaday, dabadeedna
wiilkii u yeeray oo ku yiri: "Haddaan dhinto xoolahayga adiga
ayaa u hari, **laba walxaad middoodna weligaa ha sameyn**;
qayrkaa ha dilin, xoola dhac ama xatooyo ku yimidna
dibnahaaga ha marin." Berya ka dibna wuu dhintay.

Wiilkii wuu koray, guursadey oo carruur dhalay, sareeda
adduunna dhex galay; ujeeddadii dardaarankii aabbihiis buuse
garan la'aa.   Si uu wacadkii aabbihii uga sal gaaro buu
maalintii dambe xoola agooni leedahay wax ka dhacay,
dabadeedna wax ka saanyaday.

Saddexdii sano oo xigay, xoolihiisii wax kama dhalin, qaarna
cudurra silloon baa ka laayay.   Dhowr sano dabadood buu
misana nin dilay, wuxuu lahaana **mag** looga qaatay.

Hodontooyadii cayr fara maran baa u xigtey, isagii iyo
xaaskiisiina faqri iyo gaajo bey ku dambeeyeen. Guuldarradaasi
kolkay qabsatay buu ulajeeddadii dardaarankii aabbihii dib u
garwaaqsaday.

laba walxaad middoodna weligaa ha sameyn	and don't you ever do either of two things
dibnahaaga ha marin	do not let your lips touch (X)
mag (ta)	blood money (compensation paid to the family of a murder victim)
Hodontooyadii cayr fara maran baa u xigtey	from riches total destitution came next for him

agoon (ta)	orphan	n0-f-col
agooni	an orphan [SUBJECT]	np-subj
ama	or	conj
ayaan (ta)	day	n1-f
berya	days [Alt: beryo]	n1-m-pl
cudurra	ailments [Sg: cudur]	n2-f-pl
dabadood	after them	np

dambee + ku	end up	v2b=
dardaaran (ka)	will, testament	n2-m
darro $	lack of	n-suf
dhac (-ay)	rob, rustle (cattle)	v1=
dhac (a)	robbery, rustling	n0-m
dibna	and afterwards	np-time
dibin (ta)	lip [Pl: dibno (/ha)]	n3-f
faqri (ga)	poor, destitute	n2-m
faro (/ha)	fingers [Sg: far (ta)]	n1-m-pl
gaajo (/da)	hunger	n0-f-col
gaar (-ay)	reach	v1=
garwaaqso (/day)	recollect, remember	v3a=
guuldarro (/da)	misfortune, no success	n6-f
har (-ay)	remain behind	v1=
hodontooyo (/da)	wealthiness	n0-f-col
kolkay	when she	conj + vpro
kor (-ay)	grow up	v1=
la'aa	failed to [+ INFINITIVE]	v5-past + adj
laay (-ay)	exterminate, wipe out	v2a=
looga	= la + u + ka	pro + prep
maran	empty	adj
mari (-yay)	let pass, allow to pass	v2a=
middoodna	not one of (them)	np
qayr (ka)	peer, equal	n4-m
qayrkaa	your peer	np
saanyo (/day)	take a share of livestock	v3a=
sal (ka)	bottom, base	n4-m
sareedo (/da)	prosperity, good fortune	n6-f
silloon	strange, odd, different	adj
tooyo $	noun forming suffix	n-suf
ujeeddo (/da)	objective, aim	n6-f
ulajeeddo (/da)	objective, aim	n6-f
wacad (ka)	message; pledge	n2-m
walax (a)	thing, item	n3-m
walxaad	of things [rw: walxo]	n3-f-gen-pl
wax ka	part of	np
xaas (ka)	family (unit)	n4-m
xaaskiisiina	and his family	np
xanuunso (/day)	be sick, ill	v3a=
xatooyo (/da)	thievery	n6-f, n2-f
xig (-ay)	follow; be next (to)	v1=
xoolahayga	my wealth [lit: my cattle]	np
xoolihiisii	his cattle	np

CHAPTER 29 - PLURAL NOUNS AND ADJECTIVES

The plural forms of nouns in DECLENSIONS 1-3 were taken up in Chapter 18. This chapter deals with the remaining noun groups and adjectives.

PATTERN 1: PLURAL NOUNS OF DECLENSION 4.
These nouns are pluralized by adding **a** and reduplicating the FINAL CONSONANT. For further details see SRG: 123.

buug	(ga)	book	buug**ag**	(ga)	books
dab	(ka)	fire	dab**ab**	(ka)	fires
dal	(ka)	country	dal**al**	(ka)	countries
koob	(ka)	cup	koob**ab**	(ka)	cups
mar	(ka)	occasion	mar**ar**	(ka)	times, occasions
war	(ka)	news	war**ar**	(ka)	news
wiil	(ka)	boy	wiil**al**	(/sha)	boys

Exercise 1: FORMING PLURAL NOUNS OF DECLENSION 4.

af	(ka)	language	afaf	(ka)	languages
bas	(ka)	bus	basas	(ka)	buses
cod	(ka)	voice	codad	(ka)	voices
daas	(ka)	store	daasas	(ka)	stores
dhib	(ka)	difficulty	dhibab	(ka)	difficulties
duur	(ka)	forest	duurar	(ka)	forests
jid	(ka)	road, path	jidad	(ka)	roads, paths
kol	(ka)	instance	kolal	(ka)	times, instances
miis	(ka)	table	miisas	(ka)	tables
neef	(ka)	animal	neefaf	(ka)	animals
nus	(ka)	half	nusas	(ka)	halves
qayr	(ka)	peer, equal	qayrar	(ka)	peers, equals
qof	(ka)	person	qofaf	(ka)	persons
qoob	(ka)	hoof	qoobab	(ka)	hooves
qoys	(ka)	family	qoysas	(ka)	families

GRAMMATICAL NOTE.

Almost all of the plural forms of this declension are masculine except for **wiilal / wiilasha** *boys*.

When a word ends in -**n**, there *may be a change to* -**m**- in some plural formations, such as the following:

ni**n**	(ka)	man	ni**man**	(ka)	men
qaa**n**	(ta)	debt	qaa**man**	(ka)	debts
saa**n**	(ta)	hide	saa**man**	(ka)	hides

PATTERN 2: PLURAL NOUNS OF DECLENSION 5.

These nouns are pluralized by a CHANGE IN TONE & GENDER. For further details, consult SRG: 124.

ardey	(ga)	student	**ardey**	(da)	students
baabuur	(ka)	car, truck	**baabuur**	(ta)	cars, trucks
dameer	(ka)	donkey	**dameer**	(ta)	donkeys
dibi	(ga)	ox, bull	**dibi**	(da)	oxen, bulls
Soomaali	(ga)	Somali	**Soomaali**	(da)	Somali people

Exercise 2: FORMING PLURAL NOUNS OF DECLENSION 5.

awr	(ka)	pack camel	awr	(ta)	pack camels
balli	(ga)	pond	balli	(da)	ponds
Carab	(ka)	Arab	Carab	(ta)	Arabs
cayr	(ka)	poor person	cayr	(ta)	poor people
eey	(ga)	dog	eey	(da)	dogs
haad	(ka)	large bird	haad	(da)	large birds
madax	(a)	head, chief	madax	(da)	heads, chiefs
yey	(ga)	wolf	yey	(da)	wolves

PATTERN 3: PLURAL NOUNS OF DECLENSION 6 (-**OYIN**).

For further details, see SRG: 125.

cunto	(/da)	food	cunto**oyin**	(ka)	foods
daawo	(/da)	medicine	daawo**oyin**	(ka)	medicines
hooyo	(/da)	mother	hooyo**oyin**	(ka)	mothers
magaalo	(/da)	town	magaalo**oyin**	(ka)	towns
shaqo	(/da)	work	shaqo**oyin**	(ka)	works
waddo	(/da)	road	waddo**oyin**	(ka)	roads

Exercise 3: FORMING PLURAL NOUNS OF DECLENSION 6.

casho	(/da)	dinner	cashooyin	(ka)	dinners
cawo	(/da)	night	cawooyin	(ka)	nights
dacwo	(/da)	lawsuit	dacwooyin	(ka)	lawsuits
dawo	(/da)	jackal, fox	dawooyin	(ka)	jackals, foxes
gaajo	(/da)	hunger, need	gaajooyin	(ka)	needs
kiilo	(/da)	kilogram	kiilooyin	(ka)	kilograms
muddo	(/da)	period (time)	muddooyin	(ka)	time periods
qiime	(/ha)	value, price	qiimooyin	(ka)	values, prices
qolo	(/da)	clan, tribe	qolooyin	(ka)	clans, tribes
sano	(/da)	year	sanooyin	(ka)	years
shaneemo	(/da)	movie	shaneemooyin	(ka)	movies
sheeko	(/da)	story	sheekooyin	(ka)	stories
talo	(/da)	decision	talooyin	(ka)	decisions

PATTERN 4: PLURAL NOUNS OF DECLENSION 7 (-**YAAL**).

aabbe	(/ha)	father	aabba**yaal**	(/sha)	fathers
bare	(/ha)	teacher	bara**yaal**	(/sha)	teachers
buste	(/ha)	blanket	busta**yaal**	(/sha)	blankets
fure	(/ha)	key	fura**yaal**	(/sha)	keys
oday	(ga)	old man	oday**aal**	(/sha)	old men

Exercise 4: FORMING PLURAL NOUNS OF DECLENSION 7.

biyo	(/ha)	water	biyayaal	(/sha)	waters
gole	(/ha)	meeting	goleyaal	(/sha)	meetings
jaalle	(/ha)	companion	jaallayaal	(/sha)	companions
shaqaale	(/ha)	worker	shaqaalayaal	/sha	workers
waraabe	(/ha)	hyena	waraabayaal	/sha	hyenas
xooghaye	(/ha)	secretary	xooghayeyaal	/sha	secretaries
xakame	(/ha)	rein	xakameyaal	/sha	reins

PATTERN 5: IRREGULAR PLURALS (DECLENSION 8).

dhagax	(a)	stone	dhagxan	(ta)	stones
faras	(ka)	horse	fardo	(/ha)	horses
gaadhi	(ga)	automobile	gawaadhi	(da)	automobiles
il	(/sha)	eye	indho	(/ha)	eyes
jariidad	(da)	newspaper	jaraa'id	(ka)	newspapers
kitaab	(ka)	book	kutub	(ta)	books
kursi	(ga)	chair	kuraasi	(da)	chairs
macallin	(ka)	teacher	macallimiin	(ta)	teachers
markab	(ka)	ship	maraakiib	(ta)	ships
qalin	(ka)	pen	qalmaan	(ta)	pens
si	(da)	method	siyaalo	(/ha)	methods
ugax	(da)	egg	ugxan	(ta)	eggs
wax	(a)	thing	waxyaalo	(/ha)	things

Exercise 5: USING SOME IRREGULAR PLURALS.

Dhagax ha tuurin!	Do not throw a stone!
Dhagxan ...	" stones!
Macallinka ha la hadlin!	Do not talk to the teacher!
Macallimiinta ...	" the teachers!
Ugaxda kari!	Boil the egg!
Ugxanta kari!	Boil the eggs!
Jariidadda keen!	Bring the newspaper!
Jaraa'idka ...	Bring the newspapers!
Kitaabkan ha akhrinin!	Do not read this book!
Kutubtan ...	" these books!

PATTERN 6: PLURAL ADJECTIVES WITH **REDUPLICATION**.

buuran	fat	buurbuuran
cad	white	cadcad
madow	black	madmadow
cas	red	cascas
dheer	tall, high	dhaadheer
gaaban	short	gaagaaban
weyn	large, big	waaweyn

ballaaran	wide, large	balballaaran
yar	small	yaryar
fiican	good	fiicfiican
wanaagsan	good	wawanaagsan
xun	bad	xunxun
adag	difficult	adadag
fudud	easy	fudfudud

Exercise 6: USING PLURAL ADJECTIVES.

Gabdhuhu wey buurbuuranyihiin.	The girls are fat.
Guryuhu wey cadcadyihiin.	The houses are white.
Daaruhu wey dhaadheeryihiin.	The buildings are tall.
Casharradu wey adadagyihiin.	The lessons are difficult.
Shaqooyinku wey fudfududyihiin.	The jobs are easy.
Waddammadu wey balballaaran-yihiin.	The countries are large.

Exercise 7: ADDITIONAL PRACTICE - PLURAL ADJECTIVES.
Translate the following into Somali:

The houses are black.	Guryuhu wey madmadowyihiin.
The boys are small.	Wiilashu wey yaryaryihiin.
The men are short.	Nimanku wey gaagaabanyihiin.
The people are nice.	Dadku wey fiicfiicanyihiin.
The cars are red.	Baabuurradu wey cascasyihiin.
The people are bad.	Dadku wey xunxunyihiin.

Exercise 8: READING and TRANSLATION.

DAGIIRAN IYO BAKAYLE

Waa baa waxaa colloobay dagiiran iyo bakayle, dhiilladiina dagaal baa ka dhacay.

Maalintii dambe, ayaa koox ballaaran oo bakayle ah, iyo goosan dagiiran ahi dagaal **foodda isku diir**een. Dagiirankii markuu ogaaday in la**ga fara badan** yahay, buu cadowgii jar u maleegay.

Kooxa yaryar buu isu qaybiyey, mid walbana inta ciidanka bakeylaha soo dul marto, bey ku oraneysaa: "Dagiiran duullaan ah ma aragteen?"

Markuu waxa **is dib dhaaf**aya arkay, baa bakayle baqay. Abbaanduulihii kolkuu ogaaday, **inaan** ciidankiisu **is haysan**, buu ku yiri: "Bakaylow **nin iyo bur**." Markuu warkaas maqley, baa bakayle kala firxaday, maalintaas dabadeedna isuma iman. Baqdintuu berigaas qaadayna, waa kan weli ku **kala maqan**, lana jarceynaya.

TRANSLATION NOTES

The singular is used in this story, whereas an English transla-tion relies heavily on the plural: DAGIIRAN IYO BAKAYLE "pheasants and rabbits".

foodda isku diir	clash headon
ka fara badan	outnumbered [lit: more fingers than]
is dib dhaaf	criss-cross each other
inaan is haysan	that [they] were not united
nin iyo bur	each man into a bush!
kala maqan	absent from one another

NEW VOCABULARY

abbaanduule (/ha)	commander	n7-m
bakayle (/ha)	rabbit, hare	n7-m
bakaylow	hey, rabbits!	np-voc
baq (-ay)	fear, be afraid	v1=
baqdin (ta)	fear	n2-f
bur (ka)	bush	n4-m
cadow (ga)	enemy	n2-m
ciidan (ka)	forces	n2-m-col
ciidankiisu	his forces	np-subj
colloob (-ay)	become enemies	v1=
dagaal (ka)	war, battle	n2-m
dagiiran (ka)	pheasant	n2-m
dhaaf (-ay)	pass	v1=
dhac + ka	occur, take place	v1=
dhiillo (/da)	hostility	n6-m
diir (-ay)	peel [see IDIOM above]	v1=
dul (/sha)	above, on top	n0-f-loc
duullaan (ka)	attack-force, expedition	n2-m
far (ta)	finger	n1-f
firxo (/day)	disperse	v3a=
food (da)	forehead	n1-f
goosan (ka)	group, company, regiment	n2-m
hayso	possess, keep	v3b=
isu	each other [= **is** + **u**]	pro + prep
isuma	not each other	pro + prep + neg
jar (ta)	strategy, plan, design	n4-f
jarcee (-yey)	shake, shiver	v2b=
koox (da)	group, squad	n1-f
kooxa	groups, squads [= **kooxo**]	n1-m-pl
lana	and with	prep + conj
maleeg (-ay)	devise a strategy; weave	v1=
maqan	absent	adj
mar (-ay)	pass	v1=
oraneysaa	she is saying [cf: **oro**]	v4a-3f-prpg
walbana	and every	pro + conj
yaryar	small (ones)	adj-pl

Exercise 9: PLURALIZATION REVIEW.
Cover up the right column and pluralize the nouns on the left
(which were used in the story). They have been arranged by
declension membership:

far	(ta)	n1	faro	(/ha)
food	(da)	n1	foodo	(/ha)
koox	(da)	n1	kooxo	(/ha)
baqdin	(ta)	n2	baqdinno	(/da)
cadow	(ga)	n2	cadowyo	(/da)
ciidan	(ka)	n2	ciidammo	(/da)
dagaal	(ka)	n2	dagaallo	(/da)
dagiiran	(ka)	n2	dagiiranno	(/da)
duullaan	(ka)	n2	duullaanno	(/da)
goosan	(ka)	n2	goosanno	(/da)
bur	(ka)	n4	burar	(ka)
jar	(ta)	n4	jarar	(ka)
dhiillo	(da)	n6	dhiillooyin	(ka)
jar	(ta)	n6	jarooyin	(ka)
abbaanduule	(/ha)	n7	abbaanduuleyaal	(/sha)
bakayle	(/ha)	n7	bakayleyaal	(/sha)

CHAPTER 30 - ADJECTIVE EXPRESSIONS

PATTERN 1: USE OF **LEH** FOR ADJECTIVE EQUIVALENTS.
Putting **leh** after some nouns forms phrases that can be transla-
ted by simple adjectives similar to words in English with -*ful* or
-*able*.   See SRG: 170 for other examples.

xoog leh	strong, powerful
lacag leh	wealthy, rich
qurux leh	beautiful
qiimo leh	valuable
garaad leh	sensible
dhib leh	difficult

Exercise 1: USING **LEH** FOR ADJECTIVE EXPRESSIONS.

Aadan waa nin xoog leh.	Adam is a strong man.
Iyadu waa qof caafimaad leh.	She is a healthy person.
Kani waa wax waxtar leh.	This is a useful thing.
Carruurtu waa wax qaayo leh.	Children are a valuable asset.
Taasi waa shaqo faa'iido leh.	That is beneficial work.

PATTERN 2: FORMATION OF NOUNS AND ADJECTIVES.
Some NOUNS are formed from BASIC ADJECTIVES simply by adding
the suffix -**aan**. See SRG: 149.

dheer	tall, long	dheer**aan**	(ta)	height, tallness
madow	black	madoob**aan**	(ta)	blackness
cad	white, clear	cadd**aan**	(ta)	whiteness
weyn	large, big	weyn**aan**	(ta)	size, largeness
yar	small	yar**aan**	(ta)	smallness
og	aware	og**aan**	(ta)	awareness

Some adjectives are formed from nouns by adding -**san**. See
SRG: 183.

hagaag**san**	straight	hagaag	(ga)	straightness
wanaag**san**	good	wanaag	(ga)	goodness
qurux**san**	beautiful	qurux	(da)	beauty

Some adjectives that are formed from the suffix -**an** [see SRG: 183], have noun counterparts with VOWEL LOSS and the suffix -**i**:

gaab**an**	short	gaab**ni**	(da)	shortness
dhuub**an**	thin	dhuub**ni**	(da)	thinness
buur**an**	fat	buur**ni**	(da)	fatness

GRAMMATICAL NOTE.

It is important to know these basic formations since some Somali constructions *make use of nouns instead of adjectives* where English has only an adjective. This is drilled in Exercise 2 below.

Noun endings and derivations will be treated further in Chapters 46-47.

Exercise 2: USING **BADAN** PLUS NOUN *VERY*.

Waan dheerahay.	I am tall.
Waan dheeraan badanahay.	I am very tall.

Waad madowdahay.	You are black.
Waad madoobaan badantahay.	You are very black.

Wey caddahay.	She is white.
Wey caddaan badantahay.	She is very pale.

Wuu weynyahay.	He is big.
Wuu weynaan badanyahay.	He is very big.

Waannu yarnahay.	We are small.
Waannu yaraan badannahay.	We are very small.

Shaarku wuu casyahay.	The shirt is red.
Shaarku wuu casaan badanyahay.	The shirt is very red.

Cali wuu wanaagsanyahay.	Ali is good.
Cali wuu wanaag badanyahay.	Ali is very good.

Caasha wey quruxsantahay.	Asha is beautiful.
Caasha wey qurux badantahay.	Asha is very beautiful.
Waad gaabantahay.	You are short.
Waad gaabni badantahay.	You are very short.
Wiilku wuu dhuubanyahay.	The boy is thin.
Wiilku wuu dhuubni badanyahay.	The boy is very thin.
Waan buuranahay.	I am fat.
Waan buurni badanahay.	I am very fat.

PATTERN 3: USE OF **AAD** ... **U** ALSO MEANING *VERY*.

Aad baan **u** dheerahay.	I am very tall.
quruxsanahay.	beautiful.
gaabanahay.	short.
foolxumahay.	ugly.
dhuubanahay.	thin.
buuranahay.	fat.
madoobahay.	black.
yarahay.	small.
caddahay.	white.
weynahay.	big.
ogahay.	aware.

Exercise 3: USING **AAD** ... **U** *VERY [ADJECTIVE]*.
Translate the following into Somali:

Asha is very beautiful.	Caasha aad bey u quruxsantahay.
The boy is very ugly.	Wiilku aad buu u foolxunyahay.
The houses are very big.	Guryuhu aad bey u waaweynyihiin.
The people are very nice.	Dadku aad bey u wanaagsanyihiin.
Somalia is very beautiful.	Soomaaliya aad bey u quruxsantahay.

PATTERN 4: PREPOSITION **KA** COMPARATIVE *THAN (HIM/HER)*.

Waan	**ka**	dheerahay.	I am taller than (him).
Waad	**ka**	quruxsantahay.	You are prettier than (her).
Wuu	**ka**	gaabanyahay.	He is shorter than (him/her).
Wey	**ka**	foolxuntahay.	She is uglier than (her).
Waannu	**ka**	dhuudhuubannahay.	We are thinner than (them).
Weynu	**ka**	buurbuurannahay.	We are fatter than ...
Weydin	**ka**	madmadowdihiin.	You are darker than ...
Wey	**ka**	yaryaryihiin.	They are smaller than ...
Wey	**ka**	cadcadyihiin.	They are whiter than ...
Wey	**ka**	waaweynyihiin.	They are bigger than ...

Exercise 4: USING **KA** TO INDICATE COMPARISON.
Translate the following into English:

Gabadhdhu wiilka wey ka dheertahay.	The girl is taller than the boy.
New York Washington wey ka weyntahay.	New York is bigger than Washington.
Soomaaliya Mareykan wey ka yartahay.	Somalia is smaller than America.
Baabuurkaas baabuurkan wuu ka wanaagsanyahay.	That car is better than this car.
Wiilku gabadha wuu ka buuranyahay.	The boy is fatter than the girl.

PATTERN 5: PREPOSITION **U** SUPERLATIVE DEGREE.

Weynu	**u**	buurbuurannahay.	We are the fattest.
Weydin	**u**	madmadowdihiin.	You are the blackest.
Wey	**u**	yaryaryihiin.	They are the smallest.
Wey	**u**	cadcadyihiin.	They are the whitest.
Wey	**u**	waaweynyihiin.	They are the biggest.

Exercise 5: USING **U** TO INDICATE SUPERLATIVE DEGREE.

Reerka waan u dheerahay.	I am the tallest in the family.
Gabdhaha wey u quruxsantahay.	She is the prettiest of the girls.
Wiilasha wuu u gaabanyahay.	He is the shortest of the boys.
Reerka waad u foolxuntahay.	You are the ugliest in the family.
Ardeyda waannu u fiic-fiicannahay.	We are the best among the students.

PATTERN 6: **UGU** INDICATES MAXIMUM SUPERLATIVE.

Wey	**ugu**	dheerdheeryihiin.	They are the most tall.
Wey	**ugu**	quruxsantahay.	She is the most pretty.
Waan	**ugu**	gaabanahay.	I am the most short.
Wuu	**ugu**	foolxunyahay.	He is the most ugly.
Waannu	**ugu**	dhuudhuubannahay.	We are the most thin.
Weynu	**ugu**	buurbuurannahay.	We are the most fat.
Weydin	**ugu**	yaryartihiin.	You are the most small.
Weydin	**ugu**	madmadowdihiin.	You are the most black.
Wey	**ugu**	cadcadyihiin.	They are the most white.
Wey	**ugu**	waaweynyihiin.	They are the most big.

Exercise 6: USING **UGU** FOR MAXIMUM SUPERLATIVE.

Mareykan waa waddanka dunida ugu xoogweyn.	America is the most powerful country in the world.
Shiina waa waddanka dunida ugu dad badan.	China is the most populous country in the world.
Aasiya waa qaarradda ugu ballaaran qaarradaha.	Asia is the most wide of the continents.
Sacu waa neef xoolaha ugu caano badan.	The cow is an animal that has the most milk of the livestock.
Kalifoorniya waa meesha aan ugu jeclahay Mareykan.	California is the place I like most in the USA.
Af Soomaligu waa afka ugu adag afafka aan bartay.	Somali is the most difficult of the languages I've studied.

Exercise 7: READING AND TRANSLATION.

SHABEEL GURAY

Beri baa waxaa jiri jiray shabeel gar yaqaan ahaa oo guray la
yiraahdo.   Wabar magac dheer oo gartiisa lagu kalsoon yahay,
buuna ahaa.   Maalin baa isagoo careysan, dabaggaalle gar ugu
yimid; sheekadoodiina sida tan bey u dhacday:

Dabaggaalle: "Wabarow, quulle ayaan duugtay."
Shabeel: "Waa rag iyo wax kaydsigii."
Dabaggaalle: "Nin baa iga xaday quullihii."
Shabeel: "Taasi waa rag iyo xoolo jacaylkii."
Dabaggaalle: "Ninkii baan dharbaaxay."
Shabeel: "Wixii nin la xaday sameyn lahaa, baad sameysay."
Dabaggaalle: "Wuu iga xoog badnaa, inta i dilay, buu miro
              kalena iga dhacay."
Shabeel: "Taasi waa guul**darro** nin kastoo tabar yari muto."

Markay meeshaa mareyso, baa dabaggaalle gartey inaanu
maalintaas goobta guul ka qaadeyn, isagoo guryamaya oo leh:
"Haddii gartii wabarradu saa tahay, **ninkii xoog leh uun bey
u meel mari**," buu iska tegay.

TRANSLATION NOTES

markay meeshaa mareyso   when it got that far
bey ... meel mari   it will work effectively
ninkii xoog leh uun ... u   only for the powerful man

NEW VOCABULARY

darro $	lack of, without	n-suf
dabaggaalle /ha	squirrel	n7-m
dharbaax (-ay)	slap, hit across the ears	v1=
dil (-ay)	hit [lit: kill]	v1=
duugo (#gtay)	bury (for oneself)	v3b=
gar (ta)	case, judgement; justice	n1-f
gar-yaqaan (ka)	judge, wiseman, lawyer	n2-m
goob (ta)	place, position	n1-f
goobta	from there (on)	np-loc
guray (ga)	left handed	adj-m
guryan (-may)	chatter, waffle	v1=
guul (/sha)	victory, success	n1-f
guuldarro (/da)	misfortune	n6-f
iga	from me	pro + prep
iga	than me [COMPARATIVE]	pro + prep
jacayl (ka)	love, desire, lust	n2-m
kalsoon	confident	adj
kastoo	= **kasta** + **-oo** *that every*	np
kaydsi (ga)	saving, economy, thrift	n0-m
magac dheer	famous [lit: long name]	adj-phrase
mar (-ay)	pass by	v1=
mari	spread, apply onto	v2a=
meel mari	be effective, function	v2a=idiom
miro (/ha)	fruit	n0-m-gen
mudo (#mutay)	deserve; suffer	v3b=
quulle (/ha)	berry (wild fruit species)	n0-m-col
saa	= **sida** + **taas** *like that*	adv-deic
tabar (ta)	strength, power, force	n0-f
wabar (ka)	wiseman, judge, chief	n2-m
wabarro (/da)	wisemen, judges	n2-f-pl
xad (-ay)	steal, rob	v1=
xoog (ga)	strength	n4-m
yaqaan	he knows	v4d-3m-prhb

PATTERN 7: VERBS DERIVED FROM ADJECTIVES.

There is a subclass of CONJUGATION 3-A verbs formed on ADJECTIVE ROOTS that has a meaning of *becoming* ADJ [also called an INCHOATIVE VERB]. Note that these are **not** ADJECTIVES plus SHORT FORMS OF THE VERB *TO BE*, which will be taken up in Chapter 42. Also see SRG: 55.

dheer	adj	tall
dheer**ow**	v-imp-sg	become tall!
dheer**aadaa**	v-prhb-1sg/3m	I/he becomes tall
dheer**aataa**	v-prhb-2sg/3f	you/she becomes tall
dheer**aaday**	v-past-1sg/3m	I/he became tall
dheer**aatay**	v-past-2sg/3f	you/she became tall
dheer**aan**	v-inf	to become tall

Exercise 8: DERIVE & INFLECT THESE VERBS.

Note that the suffix may be **-ow** or **-oow**:

dhow	dhowoow	become close, approach
og	ogow / ogoow	become aware, know
yar	yarow / yaroow	become small
cas	casow / casoow	become red
kulul	kululow	become hot

With VOWEL LOSS:

adag	adkow	become hard, win
badan	badnow	become many, a lot
buuran	buurnow	become fat
gaaban	gaabnow	become short

With OTHER CHANGES:

madow	madoobow	become black	[b to w]
qabow	qaboobow	become cold	
cad	caddow	become white	[double]
xun	xumow	become bad	[n to m]

PATTERN 1: **LEH** AS MARKER OF OWNERSHIP.

Maxamed baa **leh**.	Mohamed owns it.
Yuusuf baa **leh**.	Joseph owns it.
Dawladda baa **leh**.	The government owns it.
Macallinka baa **leh**.	The teacher owns it.
Gabdhaha baa **leh**.	The girls own it.

Exercise 1: USING **LEH** TO MARK OWNERSHIP.

Baabuurkan yaa leh?	Who owns this car?
Anigaa leh.	I own (it).
Adigaa leh.	You ...
Isagaa leh.	He ...
Iyadaa leh.	She ...
Annagaa leh.	We ...
Innagaa leh.	We ...
Idinkaa leh.	You [pl] ...
Iyagaa leh.	They ...

PATTERN 2: **MA** NEGATIVE WITH **LEH** OR **LAHA**.

Ma leh.	There is none.
Ma laha.	...
Caano **ma leh**.	There is no milk.
Sacu caano **ma leh**.	The cow does not have any milk.
Biyo **ma leh**.	It doesn't have water.
Lacag **ma leh**.	There is no money.
Cali lacag **ma leh**.	Ali doesn't have any money.
Xoolo **ma leh**.	He / She does not / They do not have any property.
Shaahu sokor **ma leh**.	The tea doesn't have any sugar.
Cuntadu cusbo **ma leh**.	The food doesn't have salt.

Exercise 2: USING **LAHA** FOR **LEH** IN THE NEGATIVE.
Translate the following, substituting **laha** for **leh** in the
sentences from Pattern 2 above.

There is no milk.	Caano ma laha.
The cow does not have any milk.	Sacu caano ma laha.
It doesn't have any water.	Biyo ma laha.
There is no money.	Lacag ma laha.
Ali doesn't have any money.	Cali lacag ma laha.
He/she does not have / They don't have any property.	Xoolo ma laha.
The tea does not have any sugar.	Shaahu sokor ma laha.
The food doesn't have any salt.	Cuntadu cusbo ma laha.

PATTERN 3: USE OF **LEH** MEANING *SAY*.

Yaa sidaas **leh**?	Who says so?
Cali baa sidaas **leh**.	It is Ali who says so.
Anigaa sidaas **leh**.	It is I who says so.
Iyadaa sidaas **leh**.	It is she who says so.

Exercise 3: USING **LEH** *SAY*.
Translate the following using the FOCUS CONSTRUCTION with **-aa**
from Pattern 3 above (review Chapter 23, if necessary):

I say so.	Anigaa sidaas leh.
You say so.	Adigaa ...
He says so.	Isagaa ...
She says so.	Iyadaa ...
We [excl] say so.	Annagaa ...
We [incl] say so.	Innagaa ...
You all say so.	Idinkaa ...
They say so.	Iyagaa ...

PATTERN 4: PRESENT TENSE OF **LEH** *SAYING*.

Sidaas	baan	leeyahay.	I am saying so.
	baad	leedahay.	You are saying so.
	buu	leeyahay.	He is saying so.
	bey	leedahay.	She is saying so.
	baannu	leenahay.	We are saying so.
	beynu	leenahay.	We are saying so.
	beydin	leedihiin.	You are saying so.
	bey	leeyihiin.	They are saying so.

Note: **leh** *say* is only used in the PRESENT AND PAST TENSES.

Exercise 4: USING **LEH** *SAYING* IN THE PRESENT TENSE.

Maxaad leedahay?
"Hadda guriga tag!"
  baan ku leeyahay.

What are you saying?
I am saying to you, "Go
home now!"

Maxamed muxuu leeyahay?
Maxamed wuxuu leeyahay,
  "Berri baan idiin
imanayaa."

What is Mohamed saying?
Mohamed is saying, "I am
coming to you tomorrow."

Maxay leedahay?
"Carruur ma lihi," bey
  leedahay.

What is she saying?
She is saying, "I don't
have (any) children."

Maxaad leedihiin?
"Waannu gaajeysannahay,"
  baannu leenahay.

What are you saying?
We are saying,
"We are hungry."

Note. DIRECT QUOTATIONS are used *much more frequently* in Somali than in English, where we tend to use indirect quotes (e.g., She is saying *that she doesn't have children*). Although quotation marks are used here to illustrate this phenomenon, they do not generally appear in most Somali publications.

PATTERN 5: PAST TENSE OF **LEH** *SAID*.

Maxaa	la	**lahaa**?		What was said?
Sidaas	baan	ku	**lahaa**.	I was saying so to you.
	baad	i	**lahayd**.	You were saying so to me.
	buu	ku	**lahaa**.	He was saying so to you.
	bay	ku	**lahayd**.	She was saying so to you.
	baannu	ku	**lahayn**.	We were saying so to you.
	beynu	ku	**lahayn**.	We were saying so to you.
	beydin	i	**lahaydeen**.	You were saying so to me.
	bey	i	**lahaayeen**.	They were saying so to me.

Exercise 5: USING **LEH** *SAID* IN THE PAST TENSE.

Xaggee baad lahayd, "Waan tagayaa?"	Where did you say you were going to? [Lit: "I am going?"].
"Nayroobi baan tagayaa," baan lahaa.	I said that I am going to Nairobi.

Translate the following into Somali:

Who was saying so?	Yaa	sidaas	lahaa?
I was saying so.	Anigaa	sidaas	lahaa.
You were saying so.	Adigaa	...	lahayd.
He was saying so.	Isagaa	...	lahaa.
She was saying so.	Iyadaa	...	lahayd.
We were saying so.	Annagaa	...	lahayn.
We were saying so.	Innagaa	...	lahayn.
You were saying so.	Idinkaa	...	lahaydeen.
They were saying so.	Iyagaa	...	lahaa.

PATTERN 6: -**LE** INDICATING OWNERSHIP / ASSOCIATION.

dukaan**le**	shopkeeper
hilib**le**	butcher
kawaan**le**	butcher
arii**le**	trader of goats and sheep
dameer**le**	owner of a donkey

sacle	owner of a cow
taksiile	taxi driver
beeraale	farmer
dawaarle	tailor
qasabadle	plumber
dable	soldier with firearm
waranle	soldier armed with spear

Exercise 6: USING THE DEFINITE SUFFIX -**LIHII**.
Based on these words with the suffix -**le**, translate the following sentences using the DEFINITE KNOWN ARTICLE:

Dukaanlihii wuu xiray.	The shopkeeper has closed (up).
Dameerlihii biyo buu keenay.	The donkey owner brought water.
Saclihii caano muu haysto.	The owner of the cow doesn't have any milk.
Beeraalihii khudaar buu beeray.	The farmer has planted fruits and vegetables.
Taksiilihii baabuurkiis baa jabay.	The taxi driver's car broke (down).

PATTERN 7: **LA'** USED FOR *LACKING* OR *WITHOUT*.

caana la'	without milk, milkless
tabar la'	without strength, weak
sokor la'	without sugar, sugarless
indho la'	without sight, blind
cusbo la'	without salt, saltless

Exercise 7: USING **LA'** TO SHOW NEGATIVE OWNERSHIP.
Translate the following:

Sacu wuu caana la'yahay.	The cow is milkless.
Odeygu wuu tabar la'yahay.	The old man is without strength.
Shaahu wuu sokor la'yahay.	The tea is sugarless.
Cuntadi wey cusbo la'dahay.	The food is saltless.
Gabartu wey indho la'dahay.	The girl is blind.
Magaaladu wey biyo la'dahay.	The city is without water.

Exercise 8: READING AND TRANSLATION.

DAMEER WEYL DHASHAY

Laba nin baa ollog ahaa. Mid wuxuu lahaa sac rimman, kan kalana dameer iyana rimman. Labada neef maalintii wey wada daaqi jireen, habeenkiina isku xero bey **baryi jireen**. Labada nin, mid kasta wuxuu jeclaa in tuluddiisu ilma dheddig u dhasho.

Habeen baa intii la hurday, sacii iyo dameertii baxsadeen oo fool habaabeen. Nimankii kolkay tooseen, neefafkiina waayeen bey raadkoodii **ku dheceen**, iyagoo dhaldhalay oo nabad qaba beyna meel duur ah ugu tageen. Baryadii waa laga yeelay oo sicii weyl buu dhalay, dameertiina ilma dheddig.

Markii laga il buuxsaday baana dameerlihii oo faraxsani yiri: "Af cad dameerteeyday!, waanigii ku aamminey ee sow weysha maad dhalin?"

Saclihii wuu ku gacan seyray arrintaas,   nin gar-yaqaan ah baana la isula tegey; kaasoo weyshii dameerlihii u xugmiyey, dameertii yareedna saclihii.   Saclihii gartii buu saluugey, dacwadiisiina ugaaskii beesha u bandhigay.

Wabarkii, markuu cabashadii ninkii dhegeystey buu ku yiri: "Gar ma naqi karo oo dhiig baan qabaa, ee odagii **xaal**ka hora u **gal**ay ku laabo, una sheeg oo arrinta dib **ha** u baaro."

Kolkay farriintii soo gaartay, baa odagii orod is dhigay, oo ugaaskii u tegey kuna yiri: "Ugaas, goormaa dhiiggu kugu ahaa?"

"Markey dameeruhu weyla dhalaan baa   ugaasyada dhiig ku dhacaa," buu ugu warceliyay.

Markuu ogaaday,   in ugaasku gartiisa gurracan ka careysan yahay, buu labadii nin isugu yeeray oo gartii dib u galay, jidkii habboonaana marsiiyay.

NEW VOCABULARY

arrin (ta)	matter, case, affair	n1-f
baar (-ay)	examine, investigate	v1=
bandhig (-ay)	present, exhibit, display	v1=
baryi jireen	used to spend the night	v1=expression
baryo (/da)	entreaty, prayer, begging	n6-f
baxso (/day)	escape, flee	v3a=
beel (/sha)	settlement, community	n1-f
buuxso (/day)	make full for oneself	v3a=
il buuxso	observe, take notice	v3a=idiom
cabasho (/da)	complaint	n6-f
dhac + ku	follow, "hit upon"	v1=
dhaldhal (-ay)	give birth	v1=pl
dheddig (ga)	female, feminine	n1-m, n2-m
dhig + iska	render oneself	v1=
dhiig (ga)	blood; menstruation	n0-m-mass
dhiig qab (-ay)	have a period, menstruate	v1=expression
dib u	again, re-	adv-time
duur (ka)	forest, wilderness	n4-m
eed $	of, having to do with	n-gen-suf
faraxsan	happy, glad	adj-der
farriin (ta)	message, report	n1-f
fool (/sha)	labor pains	n0-f-col
gacan seyr (-ay)	reject [lit: throw hands]	v1=idiom
gurracan	crooked, erratic, bent	adj-der
ha	may, let [OPTATIVE]	class
habaab (-ay)	go astray, be lost	v1=
habboon	suitable, appropriate	adj
hora	= **hore** *previously*	adv-time
intii	since, until	conj
isugu	all together	pro + prep
isula	together, with each other	pro + prep
jecel (#jeclaa)	liking, keen on	adj + v5a=
jid (ka)	path, way; correctness	n4-m
kaasoo	the (one) which ...	deic + conj
kalana	and other [rw: **kale**]	np + conj
ku dheceen	they followed [rw: **dhac**]	v1=phrase
kugu	to you; you [OBJ] at / in	pro + prep
kuna	and to (him/them)	prep + conj
laga	someone ... from/about	pro + prep
marsii (-yey)	let pass, make pass	v2a=

nabad qab	be well, be secure	v1=
naq (-ay)	arbitrate	v1=
oda (ga)	old man [respectful term]	n2-m
ollog (ga)	neighbor; neighborhood	n2-m
qab	See: **dhiig** and **nabad** above	
raad (ka)	footprint, trail, trace	n4-m
rimman	pregnant [of animal only]	adj
saluug (-ay)	be dissatisfied with	v1=
seyray	See: **gacan** above	
sow	isn't it? [negative question]	qw
tulud (da)	one and only livestock	n2-f
ugaas (ka)	chief, sultan	n2-m
una	and to (him/them)	prep + conj
waanigii	I who ...	class + pro
waay (-ay)	fail to find	v1=
warceli (-yey)	reply, give in answer	v2a=
weyl (/sha)	calf (of a cow)	n1-f
xaal (ka)	situation, matter, affair	n4-m
xero (/da)	corral, enclosure	n6-f
xugmi (-yey)	pass sentence, judge	v2a=
yareed	the little one [for female]	adj-phrase
yeel (-ay)	consent, obey, grant	v1=

Exercise 9. IDENTIFICATION.

Identify and explain (in terms of *meaning* and *grammar*) the following uses of **leh** in the above story:

lahaa

dameerlihii

saclihii

CHAPTER 32 - ADVERBIAL EXPRESSIONS WITH SI

PATTERN 1: SI ... U IN EXPRESSIONS OF MANNER.

Sidee baan **u**	dhahaa?		How should I say it?
Si qabow **u**	dheh!		Say (it) calmly / cooly!
Si kulul ha **u**	dhihin!		Don't say (it) heatedly!

When a question contains a phrase like **sidee ... u** *how*, the answer will generally start with a **si**-phrase, including the preposition **u** (if the verb is stated).

Exercise 1: USING SI + ADJ IN EXPRESSIONS OF MANNER.

Repeat each answer, first with the short **si**-phrase, and secondly as a complete sentence (using **u** plus the VERB).

Sidee buu u sameeyey?	How did he do it?
Si xun ... (buu u sameeyey).	He did it badly.
Si wanaagsan ...	Well.
Si fiican ...	Good.
Si adag ...	With difficulty.
Si fudud ...	Easily.
Si quruxsan ...	Beautifully.
Si weyn ...	In a big way.
Si yar ...	In a small way.

GRAMMATICAL NOTE.

Si is followed by an ADJECTIVE to form an ADVERB PHRASE. If an ADVERB is used, it will either occur alone *without* **si** or else it must be followed by **ah**; hence, **aayar** *slowly* or **si aayar ah** *slowly, in a slow way*. NOUNS always take the full **si ... ah** construction, as in: **si khatar ah** *dangerously*.

For further examples and discussion relating to this chapter, see SRG: 187f.

PATTERN 2: **SI** ... **U** *SO THAT, IN ORDER TO.*

Arigeyga **si** aan **u** tirin karo.	So I can count my sheep & goats.
Arigaaga **si** aad **u** tirin karto.	So you can count your sheep and goats.
Arigiisa **si** uu **u** tirin karo.	So he can count his ...
Arigeeda **si** ey **u** tirin karto.	So she can count her ...

Note that the construction taken in Pattern 1 can have this additional meaning, showing the *purpose or reason for an action*.

Exercise 2: USING **SI** ... **U** FOR PURPOSE OR REASON.

Si uu u daawado.	In order that he watch (them).
Si uu lo'da lugaheeda u tiriyo.	In order to count the legs of the cattle.
Si aan runta u ogaado.	So that I would know the truth.
Si uu wacadkii aabbihii uga sal gaaro.	In order to reach the bottom of his father's last words.
Si aannan u karsanin cunto, makhaayad baannu tagney.	So we wouldn't cook for our- selves, we went to a restaurant.
Mareykan si aad u tagto, waa inaad lacag haysato.	In order to go to America, you have to have money.
Si uu afka ugu cabbo, buu calaacalaha dhulka dhigtey.	In order to drink by mouth, he put his palms on the ground.
Si uu u soo noqdo, lacag baannu u diri doonnaa.	So that he (can) come back, we will send him money.
Si ay berri shaqada u biloowdo, imminka u yeer!	So that she (can) start work tomorrow, call her now!

PATTERN 3: **SIDA ... U** IN KNOWN/DEFINITE CONTEXTS.

Sida u wanaagsan **u** samee!	Do it in the best way!
Waad ogtahay **sida** libaax halis **u** yahay.	You know how dangerous a lion is.
Maxaan **sida** tan hodan **ugu** ahay?	How come I am rich like this?
Sheekadoodiina **sida** tan bey **u** dhacday.	Their conversation took place like this.

Exercise 3: USING **SIDA**.

Sida la ogyahay.	As it is known.
Sida uu u yiri, maan jecleysanin.	I didn't like the way he said it.
Sida ay ii sheegtey, baan yeelay.	I did as she told me.
Sida la yiri, wey tagayaan.	They are going, as it was said.
Sida uu u egyahay mey jeclaanin.	She didn't like the way (how) he looks.

PATTERN 4: **SI** FUSED WITH DEMONSTRATIVES & PRONOUNS.

Sidan	/ **Saan**	dheh!	Say it like this!
Sidaas	/ **Saa**	dheh!	Say it like that!
Sideed	/ **Seed**	tahay?	How are you?
Sideed	/ **Seed**	rabtaa?	How do you want it?
Sideen	/ **Seen**	ahay?	How am I?
Siduu	/ **Suu**	yahay?	How is he?
Sidey	/ **Sey**	tahay?	How is she?

Exercise 4: **SI ... U FUSION WITH POSSESSIVE PRONOUNS.**

Sideyda	u	samee!	Do it my way!
Sidaada	u	dheh!	Say it like you (usually do)!
Sidiisa	u	akhri!	Read it his way!
Sideeda	u	kari!	Cook it her way!
Sideenna	u	qor!	Write it our way!
Sidiinna	u	fal!	Do it like you [pl] usually do!
Sidooda	u	cun!	Eat it like them!

Exercise 5: OTHER PRACTICE WITH **SI** FUSION.

Yaa ku baray waxaan **saan u** wanaagsan?

Who taught you something as good as this?

Haddii gartii wabarradu **saa** tahay.

If the justice of the chiefs is like that.

Sideen u soo baxaynaa?

How are we going to come out?

Siday libaaxii dibigeedii cunay **uga** aarsan lahayd.

So that she would take revenge on the lion who ate her ox.

Sey berri shaqada **u** biloowdo, imminka u yeer!

So that she (can) start work tomorrow, call her now!

Suu u soo noqdo, lacag baannu u diri doonnaa.

So that he (can) come back, we will send him money.

Suu reerka **ugu** soo celiyo.

So that he would return (him) to his family.

Suu runta **uga** sal gaaro.

So that he would reach the bottom of the truth.

Suu u aarsado.

So that he could take revenge.

Seyte [= si(da) + ay + tiri]

So she said ...

Suuye [= si(da) + uu + yiri]

So he said ...

Exercise 6: READING AND TRANSLATION.

BELA HABAREED

Waa baa waxaa **belo isugu faaney** libaax, good iyo habar. Libaax baa hor hadley, oo yiri: "Beel **nabad ku soo ururtay** baan mudda yar uga selelin karaa." Good baa xigey, oo yiri: "Reer nabad ku seexdey baan inta aayar wada goosto, inaan subixii cidi ka toosin awoodaa." Habartii baa hadashey, oo tiri: "Beel is jecel baan barqo isku goyn karaa."

Si ruuxba waleecaadkuu ku tookhay u soo bandhigo, bey fiidkii reer dultegeen, libaaxii baana ci iyo cartan isku daray, **si uu reeraha baqdin u geliyo**, dabadeedna xoolaha uga didsado. **Sidii yurta loogu hayey** baase **waagii ku baryey**.

Habeenkii xigay, baa **goodkii isa sii daayey**, isagoo muskii xerada ariga sii galangalceynaya baana gabar yari **indhaha ka qadday**, oo hangool madaxa jebisey.

Subixii xigey, ayaa habartii xaggii reerihii u dhaqaaqday, naag caana lulaneysana u tagtey. Kolkii la is bariideystey bey naagtii ku tiri: "Naa, ninkaagii mee?"
Seyte: "Geelii buu la jiraa."
"Naa, geelii la ma jiro ee naag kaluu arkadaye, **doqonyahay, sidan isu dhaan**," bey ku tiri, weyna iska dhaqaaqday.

... continued on next page

belo isugu faaney	boasted with each other about their evilness
nabad ku soo ururtay	gathered together in peace (as a community at the end of day)
si uu reeraha baqdin u geliyo	in order to inject fear into the people
sidii yurta loogu hayey	as he kept being shooed away
waagii ku baryey	dawn broke on him
goodkii isa sii daayey	the python launched himself
indhaha ka qadday	caught sight of (him)
doqonyahay, sidan isu dhaan!	hey, stupid woman [VOCATIVE], better yourself more than this!

Naagtii oo maseyr la dawaqsan, baa duhurkii ninkii yimid,
iyadoon la hadlin beyna qaar madaxa kala jebisey, **isna wax
ma hubsane**,   ul buu surka hoo yiri, meeshii beyna **uga
hamaansatey**.

Naagtii walaalaheed oo reerka la degganaa, baa iyana ninkii
dilay, si ay walaashood ugu aaraan, halkaas baana qoyskii ku
baaba'ay.

TRANSLATION NOTE

isna wax ma hubsane	but he didn't find out anything
uga hamaansatey	she died
	[lit: she yawned from it]

NEW VOCABULARY

aayar	slowly	adv
arko (/day)	find, get for oneself	v3a=
awood (-ay)	afford, have the capacity	v1=
baaba' (-ay)	get ruined, be destroyed	v1=
bariidi (-yey)	greet in the morning	v2a=
is bariideyso	greet each other	v3b=
barqo (/da)	late morning	n6-f
belo (/da)	evil, calamity	n6-f
cartan (ka)	roar; anger	n2-m
ci (da)	cry, scream	n0-f
cidi	someone, anybody	pro-subj
dawaqsan	confused, dizzy	adj-der
deggan	settled, residing	adj
dhaan (/may)	be better, improve	v1=
didso (/day)	chase away for oneself	v3a=
doqon (ka)	stupid	adj
duhur (ka)	noon	n2-m
dultag (-ay)	come upon	v1=cmp

faan (-ay)	boast, brag	v1=
fiid (ka)	early evening, twilight	n2-m
galangalcee (-yey)	crawl (of a snake)	v2b=
good (ka)	python	n4-m
gooso (#stay)	bite	v3b=
habar (ta)	old woman	n1-f
habareed	typical of an old woman	np-gen
hamaanso (/day)	yawn	v3a=
hangool (ka)	pitchfork	n2-m
hoo	here it is, take it	intj
hubso (/day)	make sure (for oneself)	v3a=
iyadoon	while she ... not	pro + neg
iyana	and they	pro + conj
kaluu	= **kale** + **buu** *another*	adj + focus
loogu	= **la** + **u** + **ku**	pro + prep
lulo (lushay)	churn milk into butter	v3b=
maseyr (ka)	jealousy	n2-m
mus (ka)	interior part of a corral	n4-m
naa	hey you, woman	intj
qaar (ta)	club, bat	n1-f
ruux (a)	person; soul, spirit	n2-m
ruuxba	each person	np
seleli (-yey)	wake someone with fright	v2a=
subixii	in the morning	np-time
sur (ka)	neck	n4-m
tookh (-ay)	boast, brag	v1=
urur (-ay)	gather, assemble, meet	v1=
wada	one by one	deic-prep
waleecaad (ka)	damage	n2-m
xag (ga)	side, direction	n2-m
yur (ta)	shooing, chasing away	n1-f

Exercise 7: REVIEW OF **SI**.

Re-read the folktale in Chapter 26.   Identify all of the **si** expressions there by drawing a circle around (or writing down on a separate sheet of paper) the phrases that are marked by this function word.

Exercise 8: FREE EXPRESSION.
Put the following into similar contexts, using the patterns taken
up in this chapter.

Si xun buu yeelay.   He did it badly.
                                  [Note that **u** is not used.]

Si fudud baad **u** sameeysey.   You did it with ease.

Si adag bey **u** sheegeysay.   She was telling it firmly.

Si walba baan **u** eegey.   I looked at it in every way.

Now add ten more examples of your own.

PATTERN 1: BASIC TIME WORDS.

You have learned most of the following words, but be sure to review their plural forms in Chapters 18 and 29.

maalin	(ta)	day
ayaan	(ta)	day
toddobaad	(ka)	week
bil	(/sha)	month *bilihi soo sacds*
sannad	(ka)	year
sano	(/da)	year
jir	(ka)	year (of age)
xilli	(ga)	season, time (of year)
goor	(ta)	time (in general)
waqti	(ga)	time (in general)
jeer	(ka)	time, instance, occasion
kol	(ka)	time [Syn: mar]
mar	(ka)	time [Syn: kol]
saacad	(da)	hour
daqiiqad	(da)	minute
cabbaar	(ka)	short while, brief time
muddo	(/da)	period (of time)

Exercise 1: USING BASIC TIME WORDS.

Toddobaadkii waa toddoba maalmood.	The week is seven days.
Bishii waa afar toddobaad.	The month is four weeks.
Sannadkii waa laba iyo toban bilood.	The year is twelve months.
Maalintii waa laba iyo toban saacadood; habeenkuna waa la mid.	The day is twelve hours (long); and the night is the same.
Waa immisa saacaddu?	What time is it? [lit: How many
Waa immisa saacadood?	is the hour? *vs* ... hours is it?]
Waa kowdii.	It is one o'clock (1:00).
Waa saddexdii.	It is three o'clock (3:00).
Waa saddexdii iyo nus.	It is three thirty (3:30).
Waa saddexdii iyo rubac.	It is three fifteen (3:15).
Waa saddexdii oo rubac dhiman.	It is two forty-five (2:45).
Waa saddexdii oo rubac la'.	It is two forty-five (2:45).

PATTERN 2: MONTHS OF THE YEAR
Note that all months are FEMININE.

Jannaayo	(/da)	January
Febraayo	(/da)	February
Maarso	(/da)	March
Abriil	(/sha)	April
Maajo	(/da)	May
Juun	(ta)	June
Luulyo	(/da)	July
Agoosto	(/da)	August
Sibtambar	(ta)	September
Oktoobar	(ta)	October
Noofembar	(ta)	November
Disembar	(ta)	December

Exercise 2: USING THE MONTHS OF THE YEAR.

Bishu waa bishee?	What month is this?
Bishani waa Jannaayo.	This month is January.
Febraayo	February
Maarso	March
Abriil	April
Maajo	May
Juun	June
Luulyo	July
Agoosto	August
Sibtambar	September
Oktoobar	October
Noofembar	November
Disembar	December

Bishii waa bishee?	What month was that?
Bishaas Oktoobar bey ahayd.	That month was October.
Bishii Oktoobar bey ahayd.	

PATTERN 3: DAYS OF THE WEEK.

Axad	(da)	Sunday
Isniin	(ta)	Monday
Talaada	(da)	Tuesday
Salaasa	(da)	"
Arbaca	(da)	Wednesday
Khamiis	(ta)	Thursday
Jimce	(/ha)	Friday
Jamce	(/ha)	"
Jumce	(/ha)	"
Sabti	(da)	Saturday

Exercise 3: USING THE DAYS OF THE WEEK.

Maanta waa maalintee?	What day is today?
Maanta waa Axad.	Today is Sunday.
Isniin.	Monday.
Salaasa / Talaada	Tuesday.
Arbaca	Wednesday.
Khamiis	Thursday.
Jimce / Jamce	Friday.
Sabti	Saturday.

Berri waa Isniin.	Tomorrow is Monday.
Sabti goormey ahayd?	When was Saturday?
Sabti shaley bey ahayd.	Saturday was yesterday.

PATTERN 4: CLIMATIC SEASONS.
The following are the main seasons according to Somali culture:

gu'	(a)	main rainy season	[Mar - Jun]
gu	(ga)	" " "	
xagaa	(ga)	cool season	[Jun - Sep]
dayr	(ta)	lesser rainy season	[Sep - Nov]
diraac	(da)	start of dry season	[Dec - Jan]
jiilaal	(ka)	peak of dry season	[Jan - Mar]

Exercise 4: USING THE NAMES OF THE SEASONS.

Xilligee baa roob ka da'aa Soomaaliya?	In what season does it rain in Somalia?
Wuxuu ka da'aa gu'a iyo dayrta.	It rains during *Gu* (The Main Wet) and *Dayr* ("Autumn").
Laakiin xagaaga baan u jeclahay.	But summer is my favorite.
Xilligee bey hawadu aad u kulushahay?	In what season is the weather very hot?
Waxay hawadu aad u kulusha-hay jiilaalkii bisha Jannaayo ilaa Maarso.	The weather is very hot in the "Peak Dry" in the months of January through March.
Bishee bey diraacdu bilaabataa?	In what month does the Dry Season begin?
Bisha Disembar bey bilaabataa.	It begins in the month of December.

PATTERN 5: EXPRESSIONS OF PAST TIME

bishii dambe	last month
bishii hore	last month [lit: previous month]
toddobaadkii dambe	last week
sannadkii dambe	last year
dorraad(to)	the day before yesterday
shaley(to)	yesterday
xaley(to)	last night

Exercise 5: USING PAST TIME EXPRESSIONS.

Xaley buu Hargeysa tegey.	He left for Hargeisa last night.
Bishii dambe buu guursaday.	He got married last month.
Sannadkii dambe bey jaamacadda dhammeysey.	She finished [the] university last year.
Shaleyto ayaan Daauud shaneemo isu raacney.	Yesterday David and I [we] went to a movie together.
Dorraad dayuurad baa Shiina ku dhacday.	The day before yesterday an airplane crashed in China.

PATTERN 6: EXPRESSIONS OF FUTURE TIME.

maanta	today
saaka	this morning
duhurka	at noon
galabta	this afternoon
caawa	tonight, this evening
saq-dhexe	midnight
waabari	dawn, daybreak
berri(to)	tomorrow
berri dambe	the day after tomorrow
saa dambe	the day after tomorrow
saa kuun (/ kuub)	three days from now
toddobaadka dambe	next week
bisha dambe	next month

Exercise 6: USING FUTURE TIME EXPRESSIONS.
Translate the following without looking at the English:

Berri buu Marka tagayaa.	He will leave for Marka tomorrow.
Saaka buu guursanayaa.	He will get married this morning.
Sannadka dambe bey jaamacadda dhammeyneysaa.	She's going to finish university next year.
Galabta ayaannu Daauud shaneemo isu raacaynaa.	This afternoon David and I [we] are going to a movie together.
Saa dambe bey dayuuraddu Shiina tegi doontaa.	The day after tomorrow the airplane will leave for China.

PATTERN 7: OTHER EXPRESSIONS OF TIME.

goorma?	when?
intee?	how long?
degdeg	right away, immediately
dhaqso	soon
halhaleel	soon
imminka	now

hadda	now
haataan [= hadda + tan]	at this time, right now
maalin kale	another day
maalin walba	every day
mar kale	another time
subixii	in the morning
waagi hore	in former days
wax badan	quite a while

GRAMMATICAL NOTE.

Goorma *when?* and **intee** *how long?* (also *how many?*) are usually fused with pronouns, as in the following exercise.

Exercise 7: QUESTIONS & ANSWERS ABOUT TIME.

Iyada **goormaan** arkayaa?	When shall I see her?
Degdeg baad u arkaysaa.	You will see her immediately.
Daawada **gormaad** cabtaa?	When do you take the medicine?
Maalin walba waan cabbaa.	I take (it) every day.
Dukaanka **goormuu** furayaa?	When is he opening the shop?
In mudda ah ka dib.	In a short while.
Suuqa **goormay** tagaysaa?	When is she going to the market? ... A little later.
In yar ka dib.	
Annagu **goormaannu** dhoofey-naa? Mar / Goor kale.	When are we travelling? Another time.
Goormeynu isarkeynaa?	When are we going to see each other? ... Whenever you want.
Markaad doonto.	
Cuntada **goormeydin** bisley-seen? Imminkadan.	When did you cook the food? Just now.
Goormey guriga dhisayaan?	When are they going to build the house?
Dhaqso bey u dhisayaan.	They are building it soon.
Halhaleel ...	[Alternate]
Inteed sugeysey?	How long have you been waiting? ... Quite a while.
Wax badan.	
In badan.	Quite a while. [Alternate]
Inteen sugi doonaa?	How long will I wait?
Nus saacad.	Half an hour.

Exercise 8: READING AND TRANSLATION.

DAWACO IYO LIBAAX

Dawaco iyo libaax baa waa **lo' isku darsaday**   baa la yiri. Lo'da midba maalin buu raaci jiray, kan kalana qaraab buu dooni jiray.

Beri baa libaax lo'dii raacay, dibi dawaca lahaydna soo cunay. Fiidkii markii lo'dii soo xarootay bey dawaco dibigii tebtey, hadday libaax weydiisana, **wuxuu ugu war celiyay**: "Malahaa maantuu lumay."

Dawaco oo dibigeedii **meeshuu maray** garatay baa tiri: "Libaaxow, adigu berri lo'da raac, anigu dibigii baan baadi goobayaaye," libaaxna waa yeelay.

Dawaco maalintii oo idil bey **ku hammineysay**, siday libaaxii dibigeedii cunay uga aar gudan lahayd; ugu dambeyntiina, waxay soo qaadatay dhagax kuusan, waxayna ku dahaartay xabag cadaad, dabadeedna gurigii ku laabatay.

Libaaxii bey raaskii ku kulmeen, kolkay indhaha ka qaadday beyna ku tiri: "Dibigii waan soo waayay, meel xabag badan baanse soo arkay maanta."   Suuye: "Maxaad xabag iigu keeni weyday?"

Dawacadii baa tiri: "Xabag waan kuu sidaa, waase mid cadaad oo lama calaliyo, ee dhunji!,"   dabadeedna dhagaxii xabagtu ku **dahaarreyd   hoosta u gelisay**.

Libaax baa xabagtii laq is yiri, saa waa ku mergaday, oo **cunaha istaagtay**; hadduu cabbaar harjadayna **meeshii ku naf waayay**. Dawaco halkaas bey ku aarsatay, lo'dii oo idilna ku hanatay.

TRANSLATION NOTES

lo' isku darsaday	they put their cattle together
wuxuu ugu war celiyay	what he replied to (her) was ...
meeshuu maray	where he ended up
ku hammineysay	she was thinking about [how]

ku dahaarreyd   covered with   [adj + v5a-past]
hoosta u gelisay   she tucked (it) under
cunaha istaagtay   (it) got stuck in [his] throat
meeshii ku naf waayay   there he died   [lit: at the place
                                 breath failed from him]

NEW VOCABULARY

aar (ka)	revenge	n0-m-col
baadi (da)	stray animal	n2-f
cadaad (ka)	plant that produces resin	n2-m
calali (-yey)	chew	v2a=
cune (/ha)	throat	n7-m
dahaar (-ay)	cover	v1=
dambeyntiina	and at the end	np-time
darso (/day)	add for oneself	v3a=
dhunji (-yey)	swallow	v2a=
goob (-ay)	look for, locate	v1=
gudo (#gutay)	pay back, discharge (debt)	v3b=
hammi (-yey)	desire, aspire (to)	v2a=
hano (#hantay)	take for one's own	v3b=
harjad (-ay)	struggle (in death throes)	v1=
hoos (ta)	under, below	n4-f
idil (ka)	all, entire	n0-m
istaag (-ay)	stop, get stuck	v1=
kuusan	round	adj-der
laq (-ay)	swallow	v1=
lun (/may)	get lost	v1=
maantuu	today he [= maanta + uu]	time + focus
malahaa	maybe, perhaps	conj
mergo (/day)	choke, suffocate	v3a=
midba	each one	pro
qaraab (ka)	act of looking for food	n2-m
raaci jirey	used to tend (go after)	vp
raas (ka)	dwelling	n4-m
saa	then [= si + daas]	adv-time
sid (-ay)	carry	v1=
teb (-ay)	notice, realize	v1=
waase	but it is [= waa + -se]	class + conj
xabag (ta)	resin	n2-f
xarood (-ay)	get into the corral	v1=

PATTERN 1: OPTATIVE OF GROUP ONE VERBS.

Cuntada keen ee ...

an	cuno.	Bring the food so	I may eat.
ad	cuntid.	Bring the food so	you may eat it.
ad	cunto.	...	you. [alternate]
ha	cuno.	...	he ...
ha	cunto.	...	she ...
annu	cunno.	...	we ...
aynu	cunno.	...	we ...
aydin	cunteen.	...	you ...
ha	cuneen.	...	they ...

GRAMMATICAL NOTE.

Would it were one day!

The OPTATIVE MODE is used to **express wishes** (*I hope that ...,
May (X) happen!*) or a **softened indirect command** (*Let us ...,
Let him ...*). Shortened forms of the FIRST and SECOND PERSON
PRONOUNS are used, while **ha** marks any THIRD PERSON OPTATIVE
EXPRESSION. For a full table of the verb forms see Appendix 1.

If you have not studied Latin or classic Greek, many of the
translations used in this chapter will seem strange or stilted
since English does not have similar constructions. For further
information, see SRG: 74, 87f, 203f.

Exercise 1: USING OPTATIVE GROUP ONE VERBS.

Cuntadan	an	cuno!	Let me eat this food!
Lacagta	ad	keentid!	I hope you bring the money!
Lacagta	ad	keento!	... [alternate]
Dugsiga	ha	tago!	May he go to the school!
Buuggan	ha	qaaddo!	May she take this book!
Dibedda	annu	dhigno!	Let us put it outside!
Shaaha	aynu	cabno!	Let's drink the tea!
Macallinka	ad	sugteen!	May you wait for the teacher!
Baska	ha	raaceen!	I hope they go by bus!

PATTERN 2: OPTATIVE OF GROUP TWO VERBS.

Cuntada	**an**	kari**yo**!	May I cook the food!
	ad	kari**sid**!	May you ...
	ad	kari**so**!	May you ...
	ha	kari**yo**!	May he ...
	ha	kari**so**!	May she ...
	annu	kari**nno**!	May we ...
	aynu	kari**nno**!	May we ...
	ad	kari**seen**!	May you [pl] ...
	ha	kari**yeen**!	May they ...

Exercise 2: USING OPTATIVE GROUP TWO VERBS.

Cuntada	an	sameeyo!	Let me prepare the food!
Shaaha	ad	karisid!	May you prepare the tea!
Wiilka	ad	seexiso!	May you put the boy to sleep!
Guriga	ha	safeeyo!	May he clean the house!
Shaqada	ha	joojiso!	May she stop the work!
Lo'da	annu	tirinno!	May we count the cattle!
Ariga	aynu	tirinno!	Let us count the sheep & goats!
Xisaabta	ad	bixiseen!	May you pay the bill!
Dhagaxa	ha	jebiyeen!	May they break the stone!

PATTERN 3: OPTATIVE OF GROUP THREE VERBS.

Baabuurka	**an**	kaa	iib**sado**!	May I buy the car	from you!
	ad	ka	iib**satid**!	May you ...	from him!
	ad	ka	iib**sato**!	May you ...	[alternate]
	ha	kaa	iib**sado**!	May he ...	from you!
	ha	kaa	iib**sato**!	May she ...	
	annu	kaa	iib**sanno**!	May we ...	
	aynu	kaa	iib**sanno**!	May we ...	
	ad	ka	iib**sateen**!	May you [pl] ...	from him!
	ha	kaa	iib**sadeen**!	May they ...	from you!

Exercise 3: USING OPTATIVE GROUP THREE VERBS.

Baabuurka	an kaa	amaahdo!	May I borrow the car from you!
Buugga	ad ka	qaadatid!	May you take the book from him!
Buugga	ad ka	qaadato!	...
Cunto	ha	sameysto!	May he make dinner for himself!
Guri	ha	dhisato!	May she build a house for herself!
Shaqo	annu	qabsanno!	May we do our work!
Shaqo	aynu	qabsanno!	...
Ingiriisi	aydin	dhigateen!	May you study English!
Alaabta	ha	qaateen!	May they take the stuff!

PATTERN 4: NEGATIVE OPTATIVE OF GROUP ONE VERBS.

Baadiye	**yaanan**	**tegin!**	May I not go to the boondocks!
	yaanad		May you not ...
	yaanu		May he not ...
	yaaney		May she not ...
	yeeyan		May " " ...	[alternate]
	yaannan		May we not ...
	yeynu		May we not ...
	yeydin		May you [pl] not ...
	yaaney / yeeyan		May they not ...

Exercise 4: USING NEGATIVE OPTATIVE GROUP ONE.

Dab	yaanad	shidin!	May you not light a fire!
Hilib	yaanad	cunin!	May you not eat meat!
Khamri	yaanu	cabbin!	Don't let him drink alcohol!
Baabuurka	yaaney	arkin!	Do not let her see the car!
Guriga	yaannan	furin!	Let us not open the house!
Dukaanka	yeynu	furin!	Let's not open the shop!
Qolka	yeydnan	xirin!	May you all not close the room!
Dhagax	yeeyan	tuurin!	Don't let them throw a stone!

PATTERN 5: NEGATIVE OPTATIVE OF GROUP TWO VERBS.

Koobkan	**yaanan**	jebi**nnin**!	May I not break this cup!
	yaanad	"	May you not ...
	yaanu	"	May he not ...
	yaaney	"	May she not ...
	yaannan	"	May we not ...
	yeynu	"	May we not ...
	yeydin	"	May you [pl] not ...
	yaaney	"	May they not ...

Exercise 5: USING NEGATIVE OPTATIVE GROUP TWO.

Guriga	yaanan safeynin!	Don't let me clean the house!
Cuntada	yaanad karinnin!	I hope you don't cook the food!
Lacagta	yaanu tirinnin!	Don't let him count the money!
Gabadhu	yaaney fiirinnin!	Don't let the girl look!
Carruurta	yaannan geeynin!	Don't let us take the children!
Carruurta	yeynu geeynin!	Let's not take the children!
Baabuurka	yeydin amaahinnin!	I hope you don't loan the car!

PATTERN 6: NEGATIVE OPTATIVE GROUP THREE VERBS.

Beentiisa	yaanan	dhageys**annin**! May I not listen to his lies!
	yaanad	"	May you not ...
	yaanu	"	May he not ...
	yaaney	"	May she not ...
	yaannan	"	May we not ...
	yeynu	"	May we not ...
	yeydin	"	May you not ...
	yaaney	"	May they not ...

Exercise 6: USING NEGATIVE OPTATIVE GROUP THREE.

Cunto	yaanan karsannin!	May I not cook food for myself!
Heesta	yaanad dhagesannin!	May you not listen to the song!
Dhulka	yaanu fariisannin!	May he not sit on the ground!
Lacagta	yaaney qaadannin!	May she not take the money!
Caawa	yaannan seexannin!	May we not sleep tonight!
Caawa	yeynu seexannin!	May we not sleep tonight!
Caanaha	yeydin kabbanin!	Please don't sip the milk!
Dhar cusub	yaaney gadannin!	May they not buy new clothes!

Exercise 7: FURTHER PRACTICE WITH OPTATIVES.

Soomaaliya ha noolaato!	Long live Somalia!
Ilaahay ha ku barakeeyo!	May Allah bless you!
Cali ha tago!	May Ali go!
Wiilku ha idiin keeno!	May the boy bring (it) to you!
Xabiiba casha ha sameyso!	May Habiba cook dinner!
Booliska u yeer ha arkeen!	Call the police, so they may see!
Wiilashu maanta yaaney kubbad cayaarin!	Don't let the boys play ball today!
Carruurtu yaaney dab shidin!	Don't let the kids start a fire!
Xafiiska yaaney tegin!	Don't let her go to the office!
Caawa casho yaanan cunin, waayo waan buuranayaa!	Don't let me eat dinner tonight, because I am getting fat!
Wiilashu markay dugsiga ka soo baxaan dhaqsadiiba ha ii shaqeeyeen!	Have the boys work for me immediately, when they get out of (the) school!
Cali, berri ad ila qadeysid ee ii kaaley.	Ali, come to me, so you may have lunch with me tomorrow!
Maxamedna ha nala qadeeyo, ee u yeer, oo anigu an qadada noo sii sameeyo. Markaas ka dibna, haddaan doonno, meydaanka kubadda an tagno oo cayaarta daawanno.	Also let Mohammed have lunch with us, so call him, and in the meantime I will cook the lunch for us. And after that, if we want, we may go to the stadium and watch the (ball) game.
Macallinku yaanu arkin fartayda, waayo wey foolxuntahay!	I hope the teacher won't see my handwriting, because it is ugly!
Gabadhdhu yaaney cunto karinnin, waayo cunto kariskeedu ma fiicna!	May the girl not cook the food, because her cooking isn't good!

Exercise 8: READING AND TRANSLATION.

DHUGMO

Waa baa waxaa wada socdaalay afar nin oo mid fulay **yahay**, mid geesi **yahay**, mid caaqil **yahay**, midna kasmo iyo waaya-aragnimo **isku biirsaday**. Goor ay daal, harraad iyo gaajo **la il xun yihiin**, baa afar libaax oo ay iyana ka caddahay **ka hor yimaadeen.**

Iyagoo naxsan, **wax ay sameeyaanna garan la'**, baa fulaygii hadlay oo yiri: "An cararno!"

Geesigii oo **warkiisa** ka diqeysan baa inta jalleecay yiri: "Suga, aniga ayaa afartaba **dilayee.**"

Caaqilkii oo halista lagu jiro inuu xal u helo **doonaya** baa yiri: "Afar baan nahay, libaaxyaduna waa afar ee ninkeenba mid ha abbaaro oo ha dilo."

Waaya araggii ilaa goortaas aamusnaa, baa saaxiibbadii jalleecay, dabadeedna libaaxyadii xaggooda u dhaqaaqay oo ku yiri: "Luddeenna iyo lafaheennu hal libaax ka badan ma baahi tiraan ee dagaallama, **kiinnii adkaada ayaa na cunayee.**"

Libaaxyadii ayaa isla goortiiba, gurxan iyo gurdan billaabay, dagaalna foodda is daray.

Nimankiina **intay madaxa iskula jireen** bey baxsadeen, meeshii ay u socdeenna nabad tageen.

TRANSLATION NOTES

yahay	"was" [Note present tense used in a past narrative.]
isku biirsaday	he had both ... and ...
la il xun yihiin	when they were in bad shape with

ka hor yimaadeen	they came across
wax ay sameeyaanna garan la'	they didn't know what to do
warkiisa	his statement
dilayee	and *I* am going to kill [= **dilaya** (prpg-subj) + -**ee**]
caaqilkii oo doonaya	the astute one who wanted [note use of subj-agreement]
kiinnii adkaada	the one of you who wins
ayaa na cunayee	is the one who will eat us [= **cunaya** (subj) + -**ee**]
intay madaxa iskula jireen	while they were busy with each other

NEW VOCABULARY

aammusan (#snaa)	silent, quiet	adj + v5a=
abbaar (-ay)	face, aim at, confront	v1=
adkow (adkaaday)	win [lit: be hard]	v3a=inch
an	let us; let me	class + pro
ayee $	= **aya** [FOCUS] + -**ee**	v1-subj + conj
baahi (da)	hunger; need	n2-f-col
biirso (/day)	increase for oneself	v3a=
caaqil (ka)	intelligent person	n2-m, n8-m
cad	white	adj
ka caddahay	in bad shape, desperate	idiom
carar (-ay)	run away	v1=
daal (ka)	fatigue	n4-m
dagaallan (/may)	fight	v1=
dar (-ay)	plunge, dive (into)	v1=
foodda is dar	clash, be in conflict	v1=idiom
dhugmo (/da)	astuteness, intelligence	n6-f
diqeysan	disgusted	adj-der
geesi (ga)	brave	adj-m
goor	when	np-conj
goortiiba	immediately, that time	np-time

gurdan (ka)	noise (of movement)	n0-m
gurxan (ka)	roar, act of roaring	n2-m
ha	may it be	class-optative
harraad (ka)	thirst	n2-m
il xun	in bad shape	np-idiom
ilaa	up to, until	conj / adv
iskula	= is + ku + la	pro + prep
jalleec (-ay)	glance	v1=
kasmo (/da)	wisdom, understanding	n6-f
laf (ta)	bone	n1-f
lafaheennu	our bones, ourselves	np-subj
lud (da)	flesh	n0-f-mass
luddeenna	our flesh	np
naxsan	frightened	adj-der
ninkeenba	each man of us	np
socdaal (-ay)	travel	v1=
tir (-ay)	erase, wipe out	v1=
waaya-arag (ga)	experience	n2-m
waya-aragnimo (/da)	state of being experienced	n6-f
xaggooda	toward them [cf: **xag**]	np-loc
xal (ka)	solution	n7-m
yimaadeen	they came [cf: **imow**]	v4b-3pl-past
ka hor yimi	encounter, meet	v4b=expression

PATTERN 1: IMPERATIVE AND INFINITIVE OF **IMOW**.
See SRG: 98.

Imow!	**Kaalay!**	Come!
Imaada!	**Kaalaya!**	You all come!

Ha **iman(in)**!	Don't come!
Ha **imannina**!	Don't you all come!

iman	to come

Exercise 1: USING THE IMPERATIVE AND INFINITIVE.

Fasalka imow!	Come to the class(room)!
Fasalka kaalay!	...
Gurigeyga imaada!	You all come to my house!
Gurigeyga kaalaya!	...
Guriga ha iman / imannin!	Don't come to the house!
Berri ha ii imannin!	Do not come to me tomorrow!
Fasalka ha imannina!	Don't you all come to the class!
Iyagu wey iman doonaan.	They will come.
Guriga baan iman lahaa.	I would've come to the house.
Fasalka wuu iman jiray.	He used to come to the class.

PATTERN 2: SIMPLE PAST TENSE OF **IMOW**.
See SRG: 99.

Saaka	baan	**imi / imid.**	I came this morning.
	baad	**timi / timid.**	You ...
	buu	**yimi / yimid.**	He ...
	bey	**timi / timid.**	She ...
	baannu	**nimi / nimid.**	We ...
	beynu	**nimi / nimid.**	We ...
	beydin	**timaaddeen.**	You [pl] ...
	bey	**yimaaddeen.**	They ...

275

Exercise 2: USING THE PAST TENSE OF **IMOW**.

Waan imid oo waad maqnayd!	I came but you were absent!
Fasalka maad timid saaka?	Did you come to class this morning?
Maxamed wuu yimid.	Mohamed came.
Caasha gurigaaga bey timid.	Asha came to your house.
Shaley baannu fasalkiinna nimid.	We came to your class yesterday.
Maxaad u timaaddeen?	Why did you come?
Wiilashii ma yimaaddeen?	Did the boys come?
Gurigaaga mey yimaaddeen?	Did they come to your house?

PATTERN 3: THE PRESENT HABITUAL FORM OF **IMOW**.
See SRG: 101.

Maalin walba

...	waan	**imaaddaa.**	I come every day.
...	waad	**timaaddaa.**	You come ...
...	wuu	**yimaaddaa.**	He comes ...
...	wey	**timaaddaa.**	She comes ...
...	waannu	**nimaadnaa.**	We come ...
...	weynu	**nimaadnaa.**	We come ...
...	weydin	**timaaddaan.**	You [pl] ...
...	wey	**yimaaddaan.**	They ...

Exercise 3: USING THE PRESENT HABITUAL FORMS.

Halkan maxaad u timaaddaa mar walba?	Why do you come here every time?
Cuntadaan halka u imaaddaa.	I come here for the food. [= cuntada + baan]
Waa ayo qofka subaxdii yimaaddaa?	Who is the person who comes in the morning?
Gabadhdha timaaddaa waa walaashay.	The girl who comes is my sister.
Wiilashu habeenkii keliya bey yimaaddaan.	The boys come only in the evening.

PATTERN 4: PRESENT PROGRESSIVE FORMS OF **IMOW**.
See SRG: 102.

Waan	**imanayaa**.	I am coming.
Waad	**imanaysaa**.	You are ...
Wuu	**imanayaa**.	He is ...
Wey	**imanaysaa**.	She is ...
Waannu	**imaneynaa**.	We are ...
Weynu	**imanaynaa**.	We are ...
Weydin	**imanaysaan**.	You are ...
Wey	**imanayaan**.	They are ...

Exercise 4: USING THE PRESENT PROGRESSIVE FORMS.

Adigu goormaad imanaysaa?	When are you coming?
Maalinta dambe baan imanayaa.	I am coming on the following day.
Haddaad lacag u dirto, way imanaysaa.	If you send some money to her, she is going to come.
Basku afarta buu imanayaa.	The bus is coming at four o'clock.
Xamar baannu isugu wada imanaynaa.	We are all coming together in Mogadishu.
Ma wada imanaysaan berrito?	Are you all coming tomorrow?
Galabta bey imanayaan baa la yiri.	It was said that they are coming this afternoon.

PATTERN 5: PAST PROGRESSIVE FORMS OF **IMOW**.
See SRG: 100.

Waan	**imanayey**.	I was coming.
Waad	**imanaysay**.	You were ...
Wuu	**imanayay**.	He was ...
Wey	**imanaysay**.	She was ...
Waannu	**imaneyney**.	We were ...
Weynu	**imanayney**.	We were ...
Weydin	**imanayseen**.	You were ...
Wey	**imanayeen**.	They were ...

Exercise 5: USING THE PAST PROGRESSIVE FORMS.

Maxamed dorraad buu imanayey.	Mohamed was coming the day before yesterday.
Dayuurad baa imanaysay.	An airplane was coming.
Adigu guriga miyaad imanaysey?	Were you coming to the house?
Maalin walba hilib badan buu guriga la imanayey.	He was coming home every day with a lot of meat.
Iyadu walaasheed bey la imaneysey.	She was coming with her sister.
Waxaannu imaneyney Xamar.	We were coming to Mogadishu.
Goormeydin imanayseen?	When were you coming?
Maxay u imanayeen?	Why were they coming?

PATTERN 6: THE NEGATIVE PAST OF **IMOW**.
See SRG 99; for the NEGATIVE FORMS WITH PRONOUN FUSION review Pattern 3 in Chapter 27.

Shalay maan	**iman(nin).**	I	did not come yesterday.
maadan	...	You	...
muusan	...	He	...
meeyan	...	She	...
maannan	...	We	...
meynan	...	We	...
meydnan	...	You	...
meeyan	...	They	...

Exercise 6: USING THE NEGATIVE PAST OF **IMOW**.

Shalay shaqo maan imannin.	I did not come to work yesterday.
Weli Marka kama ay iman.	She has not come from Marka yet.
Yaan imannin shalay? = **yaa** *who?* + **aan** NEG.	Who did not come yesterday?
Anigaan imannin shalay. = **aniga** *I* + **aan** NEG	It was I who didn't come yesterday.
Dayuurad meeyan ku iman.	They did not come by plane.

PATTERN 7: NEGATIVE PRESENT HABITUAL. See SRG: 101.

Maan	kuu	**imaaddo.**	I don't come to you.
Maad	ii	**timaaddo.**	You do not come to me.
Maad	ii	**timaaddid.**	[Alternate]
Muu	ii	**yimaaddo**	He does not come to me.
Mey	ii	**timaaddo.**	She does not come to me.
Maannu	kuu	**nimaadno.**	We do not come to you.
Meynu	kuu	**nimaadno.**	We do not come to you.
Meydin	ii	**timaaddaan.**	You do not come to me.
Mey	kuu	**yimaaddaan.**	They do not come to you.

Exercise 7: USING THE NEGATIVE PRESENT HABITUAL.

Dariiqan weligey maan imaaddo.	I never come to this street.
Adigu ayaamahan dugsiga maad timaaddo / timaaddid.	These days you do not come to school.
Magaaladan bas ma yimaaddo.	No bus comes to this town.
Habeenkii shaqada mey timaaddo.	She does not come to work at night.
Maalin walba maannu nimaad-no, markaa kumaannu aragno.	We don't come every day, so we don't see you.
Axadda iyo Sabtida shaqo meynu nimaadno.	Sunday and Saturday we do not come to work.
Sidii hore nooguma timaaddaan.	You don't come to us as before.
Bari kama yimaaddaan.	They don't come from the east.
Haddaan loo sheegin, ma yimaaddaan.	If they are not told, they do not come.

PATTERN 8: NEGATIVE PROGRESSIVE FORMS OF **IMOW**. See SRG: 100.

Maanan	**imaneyn/imaneynin.**	I was not coming.
Maadan	...	...	You were not ...
Muusan	...	...	He was not ...
Meeyan	...	...	She was not ...
Maannan	...	...	We were not ...
Meynu	...	...	We were not ...
Meydin	...	...	You were not ...
Meeyan	...	...	They were not ...

Note that these forms serve in the PAST *and* PRESENT PROGRESSIVE meanings (depending on context), as exemplified below.

Exercise 8: USING THE NEGATIVE PROGRESSIVE OF **IMOW**.

Guriga dartaada u maan imaneynin.	I was not coming to the house because of you.
Berri miyaadan imanaynin?	Are you not coming tomorrow?
Yaan shaqada imaneyn berri?	Who is not coming to work tomorrow?
Waannan wada imanaynin.	We are not all coming together.
Halkan meeyan imanaynin.	They were not coming here.

PATTERN 9a: ALTERNATE NEGATIVE PRESENT PROGRESSIVE.
Note: These forms are not discussed in SRG.

Maan	**imanayo.**	I am not coming.
Maad	**imanayso.**	You are ...
Muu	**imanayo.**	He is ...
Mey	**imaneyso.**	She is ...
Maannu	**imaneyno.**	We are ...
Meynu	**imaneyno.**	We are ...
Meydin	**imaneysaan.**	You are ...
Mey	**imanayaan.**	They are ...

PATTERN 9b: ANOTHER NEGATIVE PRESENT PROGRESSIVE.
See SRG: 102.

Iman	**maayo.**	I am not coming.
Iman	**meyso / meysid.**	You are ...
Iman	**maayo.**	He is ...
Iman	**meyso.**	She is ...
Iman	**meyno.**	We are ...
Iman	**meysaan.**	You are ...
Iman	**maayaan.**	They are ...

Exercise 9: USING THESE ALTERNATE NEGATIVES.
Transform each negative progessive form below into its alternate:

Macallinku iman maayo fasalkan.	The teacher is not coming to this class.
Muu imanayo fasalkan.	He is not coming to this class.
Adigu Mareykan iman kari meyso.	You can not come to America.
Mareykan maad imaneyso.	You are not coming to America.
Hadduusan hadda imannin, iman maayo.	If he has not come by now, he isn't coming.
Muu imanayo.	He is not coming.
Haddey ogtahay inaan halka joogo, iman mayso.	If she knows that I am here, she isn't going to come.
Mey imanayso.	She is not going to come.
Berri soo iman meysaan guriga?	Are you not coming to the house tomorrow?
Meydin imanaysaan.	You are not coming.
Adiga weligood kuu iman maayaan.	They will never come to you.
Mey kuu imanayaan.	They won't come to you.

PATTERN 10: OPTATIVE FORMS OF IMOW.
See SRG: 103; review Chapter 34 for the concept of OPTATIVE.

An	**imaaddo!**	May I come!
Ad	**timaaddo!**	May you come!
Ha	**yimaaddo!**	May he come!
Ha	**timaaddo!**	May she come!
Annu	**nimaadno!**	May we come!
Aynu	**nimaadno!**	May we come!
Aydin	**timaaddeen!**	May you [pl] come!
Ad	**timaaddeen!**	May you [pl] come!
Ha	**yimaaddeen!**	May they come!

Exercise 10: USING THE OPTATIVE FORMS OF **IMOW**.

Haddaad guriga joogto, an kuu imaaddo!	If you are at home, let me come to you!
Ad timaaddo ee ku dhaqso!	Hurry up, so you may come!
U sheeg ha ii yimaaddo.	Tell him so that he may come to me!
Ha timaaddo ee cunto ha kariso!	May she come and cook some food!
Aydin timaaddeen ee isdiyaariya!	Get ready so you may come!
Maacallinku "ha yimaaddeen" buu yiri.	The teacher said, "Let them come".
Berri aynu wada nimaadno!	I hope we all come tomorrow.

PATTERN 11: NEGATIVE OPTATIVE FORM OF **IMOW**.

Berri	**yaanan**	**iman(nin)**!	May I not come tomorrow!
	yaanad	**imannin**!	May you not ...
	yaanu	**iman**!	May he not ...
	yaaney	**imannin**!	May she not ...
	yaannan	**iman**!	May we not ...
	yeynu	**imannin**!	May we not ...
	yeydnan	**iman**!	May you not ...
	yeeyan	**imannin**!	May they not ...

Exercise 11: USING THE NEGATIVE OPTATIVE.

Baabuurkiisu hadduu jabey, berri yaanu shaqo imannin.	If his car broke down, let him not come to work tomorrow.
Calooshaa ku xanuuneysa ee yaanad dugsiga iman maanta.	Your stomach is aching, so you may not come to school today.
Maxamed iyo Saciid yaanay mar kale halka imannin!	Mohammed and Saeed, don't let them come here another time!
Yaanay cidi ii imannin!	Don't let anybody come to me!

PATTERN 12: SUBJECT AGREEMENT WITH PAST FORMS.
Remember that the PAST FORMS (SIMPLE PAST, PAST HABITUAL, and
PAST PROGRESSIVE are the same as for their declarative
counterparts, *except for the second and third person plural.*
Review this in Chapter 23.

Idinka baa **yimi**.	It is you [plural] who came.
Iyagaa **yimi**.	It is they who came.
Idinkaa **imanayay**.	It is you who were coming.
Iyaga baa **imanayay**.	It is they who were coming.

Exercise 12: USING SUBJECT AGREEMENT IN THE PAST.

Yaa yimid?	Who came?
Ardeydii baa **timid**.	It was the students who came.
[Note the verb agreement with the FEMININE SINGULAR.]	

Ma idinkaa yimid?	Was it you [pl] who came?
Haa, annagaa nimid.	Yes, it was we who came.

Yaa imanayay?	Who was coming?
Cali iyo Luul baa imanayay.	It was Ali and Lul who were coming.

Ma idinkaa imanayay?	Was it you all who were coming?
Haa, annagaa imanaynay.	Yes, it was we who were coming.

PATTERN 13: PRESENT HABITUAL SUBJECT AGREEMENT.

Anigaa	**imaadda.**	It is I who come.
Adigaa	**timaadda.**	It is you who come.
Isagaa	**yimaadda.**	It is he who comes.
Iyadaa	**timaadda.**	It is she who comes.
Annagaa	**nimaadna.**	It is we who come.
Innagaa	**nimaadna.**	It is we ...
Idinkaa	**yimaadda.**	It is you ...
Iyagaa	**yimaadda.**	It is they ...

Exercise 13: USING PRESENT SUBJECT AGREEMENT.

Aniga uun baa halka cuntada
  u imaadda.
It is only I who come here
for the food.

Adiga un baa timaadda!
It is only you who come!

Muxuu adiga un u yahay
  qofka halka yimaadda?
Why is it that you are the only
person who comes here?

Walaashay baa timaadda.
My sister is the one who comes.

Annagaa nimaadna habeenkii.
We are the ones who come
at night.

Yeey yihiin dadka halka
  subaxdii yimaadda?
Who are the people who come
here in the morning?

PATTERN 14: RELATIVE USE OF **IMOW** IN THE PAST.
The PAST FORMS (SIMPLE PAST and PAST PROGRESSIVE) are the same
as their declarative counterparts. Review this in Chapter 21.

Markaan	**imi,** wuu maqnaa.	When I came, he was absent.
Markaad	**timid,** ...	When you ...
Markuu	**yimid,** ...	When he ...
Markay	**timid,** ...	When she ...
Markaannu	**nimi,** ...	When we ...
Markeynu	**nimid,** ...	When we ...
Markeydin	**timaaddeen,** ...	When you [pl] ...
Markey	**yimaaddeen,** ...	When they ...

Exercise 14: USING THE RELATIVE OF IMOW IN THE PAST.
Translate the following without looking at the English:

Markaan imid, adigu waad maqnayd.	When I came, you were absent.
Maxamed inuu yimid ma ogtahay?	Do you know that Mohammed came?
Inuu imanayay miyaad ogeyd?	Did you know that he was coming?
Soo fiiri inay yimaadeen.	Go look if they have come.

PATTERN 15: PRESENT HABITUAL RELATIVE OF **IMOW**.
These forms are the same as their NEGATIVE counterparts.

Wey ogtahay ...		She knows that ...
inaan Marka ka	**imaaddo**.	I (usually) come from Marka.
inaad	**timaaddo**.	you ...
inuu	**yimaaddo**.	he ...
inay	**timaaddo**.	she ...
inaannu	**nimaadno**.	we ...
inaynu	**nimaadno**.	we ...
ineydin	**timaaddaan**.	you ...
inay	**yimaaddaan**.	they ...

Exercise 15: USING THE PRESENT HABITUAL RELATIVE.

Si aan u imaaddo, baabuurka ii soo dir.	Send me the car in order for me to come.
Si aad u timaaddo, lacag baan kuu soo dirayaa.	In order for you to come, I'll send you some money.
Si uu u yimaaddo, waan u yeerayaa.	In order for him to come, I am going to call him.
Si ay u timaaddo, warqad u qor!	In order for her to come, write her a letter!
Si aannu u nimaadno, waa inay na weydiisato.	In order for us to come, she has to request us.

Exercise 16: READING AND TRANSLATION.

LIBAAX IYO DABAGAALLE

Beri baa libaax sagaashan iyo sagaal halaad leh, iyo dabagaalle
tulud lihi, geel isku darsadeen.   Maalinba mid baa geela raaci
jiray, kan kalana wuu nasan jiray.   Libaaxa uun baase xerada
dhacanta saari jiray kana rogi jiray.

Habeen baa markii geelii la soo xareeyay, libaaxii sahan u
baxay, **isla il cawo** inuu soo laabto baana ballanku ahaa.

Waagii hadduu baryay, libaaxna imaan waayey, baa dabagaalle
inuu geelii oodda ka qaado isku dayay, wuuse kari waayay.

Libaax saddex beri ka dib buu soo laabtay, geelii oo mooradii
ku silacsan buuna ugu yimid.   Dabadeed isagoo careysan buu
dabagaalle ku yiri: "Maxaad geela oodda uga rogi weydey?
Maxaad xerada ugu celisay?"   Isagoon jawaab ka sugin
buuna haabtay oo dhunjiyay.

Dabagaalle isagoo **bed qaba** kolkuu calooshii libaaxa tegay, buu
billaabay inuu xiidmaha jaro. Libaaxii markuu xanuun la
adkeysan waayay buu ku yiri: "Maandhow, iga soo bax!"

"Xaggeen ka baxaa?" baa dabagaalle yiri.
"Sanka," baa libaaxii yiri.
"Sanka duufka lahaa, maya, maya!" buu ugu jawaabay.
"Haddaba, dabada iga soo bax!" buu yiri.
"Dabada xaarka lahaa, maya, maya!" buu ugu war celiyay.
"Haddaba afka iga soo bax!" baa libaax yiri.
"Afka xaakada lahaa, maya, maya!" baa dabagaalle ku jawaabey.
Kolla bixid dooni meynee, xiidmihii buu jaray, libaaxiina goobtii
buu ku qur baxay.   Markuu hubsaday, in aarkii geeriyooday
buuna soo baxay oo **heestaa qaaday**:
        "Nin yar oo nin weyn dilay, ma aragteen?
        Dabagaalle aar dilay, ma aragteen?"

Halkaas buuna boqolkii halaad **ugu har**ay.

TRANSLATION NOTES

isla il cawo	that same night
Maxaad xerada ugu celisay?	Why'd you keep them in the corral?
isagoo bed qaba	while he, being safe ...
heestaa qaaday	he sang this song
ugu haray	he wound up with

NEW VOCABULARY

aad $	GENITIVE MARKER used for DOMESTIC ANIMALS]	n-suf-gen [See Chapter 19]
aar (ka)	adult male lion	n4-m
adkeyso (#stay)	withstand, resist	v3b=
bed (da)	well being, safety	n0-f
bed qab (-ay)	be safe	v1=expression
bixid (da)	act of getting out	vn1-f
dabo (/da)	anus, rectum	n6-f
day (-ay)	look at	v1=
isku day	try, put oneself into	v1=expression
dhacan (ta)	corral closure, "gate"	n1-f
duuf (ka)	mucus, snot	n0-m-mass
geeriyood (-ay)	die	v1=
haabo (#btay)	grab, seize; grope for	v3b=
haddaba	and now	np
har (-ay)	remain	v1=
ugu har	wind up with	v1=expression
isagoon	while he ... not	pro + neg
jawaab (ta)	answer	n1-f
kana	and from	prep + conj
kari waayey	he could not	vp
kolla	never [= **kol** + **-na**]	adv-time
lihi	one who has [**leh** + **i**]	v5b-prhb + subj
maalinba	each day	np-time
maandhow	hey son!	np-voc
meynee	he didn't [=**meyn** + **-ee**]	neg + conj
mooro (/da)	corral	n6-f
naso (#tay)	take a rest	v3b=

ood (da)	fence, enclosure	n1-f
qur (ta)	life	n4-f
qur bax	die	v1=expression
rog (-ay)	remove, open up (corral)	v1=
saar (-ay)	put on, raise; load	v1=
sahan (ka)	survey	n2-m
san (ka)	nose	n4-m
silacsan	suffering	adj
waa bari	day break	np
xaako (/da)	phlegm	n6-f
xaar (ka)	feces, excrement	n4-m
xanuun (ka)	pain	n2-m, n1-m
xaree (-yey)	put into a corral	v2b=
xiidmo (/ha)	intestines	n0-m-mass

CHAPTER 36 - IRREGULAR VERB **ORO, ORAN**, OR **YIRI** *SAY*

PATTERN 1: IMPERATIVE & INFINITIVE OF **ORO**.

Oro	**Odho**	Say (it)!
Iraahda	**Idhaahda**	You all say (it)!
Ha oran(nin)	**odhan**(nin)!	Don't say (it)!
Ha orannina	**odhannina**!	Don't you all say (it)!
oran	odhan	to say

NOTE. In SRG: 98-99, forms with -**dh**- are listed; the alternates with -**r**- are also stressed here. **Dheh / dhehay** is a REGULAR GROUP 1 VERB; it is *not related* to **oro**, except in meaning.

Exercise 1: USING THE IMPERATIVE & INFINITIVE OF **ORO**.

Sidan u oro!	Say it like this!
Sidaas u dheh!	Say it like that!
Maxamed ku iraahda!	You all say it to Mohamed!
Iyadaa ha oran igu tiri.	She told me not to say it.
Ha orannin ku oro!	Tell him not to say it.
Mar kale ha orannina!	Don't say (it) another time!
Maxay oran lahayd?	What would she have said?
Waan oran doonaa.	I will say it.
Iyadaa oran jirtay.	She used to say it.
Isagu oran kari maayo.	He can not say it.

PATTERN 2: THE SIMPLE PAST TENSE OF **ORO**.
See SRG: 99.

Kaalay baan	**iri**	**idhi**	I said, "Come!"
baad	**tiri**	**tidhi**	You said, ...
buu	**yiri**	**yidhi**	He said, ...
bey	**tiri**	**tidhi**	She said, ...
baannu	**niri**	**nidhi**	We said, ...
beynu	**niri**	**nidhi**	We said, ...
beydin	**tiraahdeen**	**tidhaahdeen**	You said ...
bey	**yiraahdeen**	**yidhaahdeen**	They said ...

Exercise 2: USING THE SIMPLE PAST TENSE OF **ORO**.

Miyaad xasuusataa waxaan shalay kugu iri?	Do you remember what I said to you yesterday?
Waan kuu caraysnahay, waayo wax xun baad igu tiri.	I am angry at you, because you said something bad to me.
Wuu tagay baa la igu yiri.	I was told that he had left.
Waxaannu ku niri waa waxa ay iyadu nagu tiri.	What we said to you is what she said to us.
Maxaydin tiraahdeen?	What did you [pl] say?
Maxay idin ku yiraahdeen?	What did they say to you all?

PATTERN 3: THE PRESENT HABITUAL OF **ORO**.
See SRG: 101.

Sidaas baan	**iraahdaa.**	I say it like that.
baad	**tiraahdaa.**	You say ...
buu	**yiraahdaa.**	He says ...
bey	**tiraahdaa.**	She says ...
baannu	**niraahnaa.**	We say ...
beynu	**niraahnaa.**	We say ...
beydin	**tiraahdaan.**	You say ...
bey	**yiraahdaan.**	They say ...

Exercise 3: USING PRESENT HABITUAL FORMS OF **ORO**.

Walaal baan ku iraahdaa.	I call [lit: say to] him brother.
Iyadaad mar walba ku tiraahdaa.	You say it to her every time. [= **iyada + baad**]
Maxamed baa la i yiraahdaa.	I am called Mohamed.
Maxaad tiraahdaan idinku?	What do you [pl] call it?
Annaguna waannu niraahnaa.	We call it (that) too.
Waxay yiraahdaan ma dooneyno.	They say that they don't want it.
Waxay yiraahdaan ma wanaagsana.	They say it is not good.

PATTERN 4: THE PRESENT PROGRESSIVE FORMS OF **ORO**.
See SRG: 102.

Waan	**oranayaa**.	I am saying (it).
Waad	**oranaysaa**.	You are ...
Wuu	**oranayaa**.	He is ...
Wey	**oranaysaa**.	She is ...
Waannu	**oranaynaa**.	We are ...
Weynu	**oranaynaa**.	We are ...
Weydin	**oranaysaan**.	You are ...
Wey	**oranayaan**.	They are ...

Exercise 4: USING PRESENT PROGRESSIVE FORMS OF **ORO**.

Berri baan oranayaa.	I am saying it tomorrow.
Iyadu goormay oranaysaa?	When is she going to say it?
Maxaad ku oranaysaan?	What are you going to say to him?
Waxaannu oranaynaa, "Inoo kaalaya!"	We are going to say, "Come to us."
Sida uu u oranayaa run ma aha.	The way he is saying it is not true.
Waxaydin oranaysaan waan ogahay.	I know what you are going to say.

PATTERN 5: THE PAST PROGRESSIVE OF **ORO**.   [SRG: 100]

Waan	**oranayey**.	I was saying it.
Waad	**oranaysay**.	You were ...
Wuu	**oranayey**.	He was ...
Wey	**oranaysay**.	She was ...
Waannu	**oranaynney**.	We were ...
Weynu	**oranaynney**.	We were ...
Weydin	**oranayseen**.	You were ...
Wey	**oranayeen**.	They were ...

Exercise 5: USING PAST PROGRESSIVE FORMS OF **ORO**.

Waxaan oranayay baan illaaway.	I forgot what I was saying.
Shalay maxaad oranaysay?	What were you saying yesterday?
Muxuu ku oranayay?	What was he saying to you?
Maxay oranaysey imminka?	What was she saying just now?
Waxaannu ku oranaynay muusan ka fikireynin.	He was not thinking about what we were telling him.
Markaad ku oraneyseen waan maqlayey.	I was hearing it when you were saying it to him.
Maxamed bey ku oranayeen.	They were saying it to Mohamed.

PATTERN 6: THE NEGATIVE PAST OF **ORO**. [SRG: 99]

Saaka	maan	**oran(nin)**.	I did not say (it) this morning.
	maadan	...	You
	muusan	...	He ...
	meeyan	...	She ...
	maannan	...	We ...
	meynan	...	We ...
	meydnan	...	You ...
	meeyan	...	They ...

Exercise 6: USING THE NEGATIVE PAST FORM OF **ORO**.

Anigu marnaba kumaan orannin.	I never said it to you.
Sidii habboonayd u maadan oran.	You did not say it the appropriate way.
Wuxuu ku fikirayey muusan orannin.	He did not say what he was thinking about.
Mey orannin sidan.	She did not say it like this.
Maannan kugu oran.	We did not say it to you.
Runta iguma ay orannin.	They did not tell [lit: say] the truth to me.

PATTERN 7: THE NEGATIVE PRESENT HABITUAL OF **ORO**.
See SRG: 101.

Maan	ku	**iraahdo.**	I don't say it to you.
Maad	i	**tiraahdo.**	You don't say it to me.
Muu	ku	**yiraahdo.**	He does not say it to you.
Mey	ku	**tiraahdo.**	She does not say it to you.
Maannu	ku	**niraahno.**	We don't say it to you.
Meynu	ku	**niraahno.**	We don't say it to you.
Meydin	i	**tiraahdaan.**	You don't say it to me.
Mey	ku	**yiraahdaan.**	They don't say it to you.

Exercise 7: USING NEGATIVE HABITUAL FORMS OF **ORO**.

Weligey sidan maan iraahdo.	I never say so [lit: like this].
Macallinka kumaad tiraahdo.	You don't say it to the teacher.
Macallimaddu ma tiraahdo.	The teacher doesn't say (it).
Ardeygu macallimadda kuma yiraahdo.	The student does not say it to the teacher.
Weligeen maannu niraahno.	We never say (it).
Cuntadu wey dhadhan xun-tahay baad tiraahdaan.	You all say that the food tastes bad.
"Reer bari baannu nahay," bey yiraahdaan.	They say, "We are people of the east."

PATTERN 8: THE NEGATIVE PROGRESSIVE OF **ORO**.
See SRG: 100.

Maanan	**oraneyn / oraneynin.**		I was not saying.
Maadan	...	...	You were not ...
Muusan	...	...	He was not ...
Meyan	...	...	She was not ...
Maannan	...	...	We were not ...
Meynu	...	...	We were not ...
Meydin	...	...	You were not ...
Meeyan	...	...	They were not ...

Exercise 8: USING NEGATIVE PROGRESSIVES OF **ORO**.
Translate these without reference to the English:

Sidaas kugu maan oraneyn.   I was not saying like that
                                  to you.

Berri miyaadan oraneynin?   Aren't you going to say
                                  (it) tomorrow?

Isaga kuma ay wada oraneyn.   They were not all saying
                                  (it) to him.

Iyadu maxay kuu oranaynin?   Why was she not saying (it)
                                  to you?

Maxayan isaga ugu oraneyn?   Why are they not saying
                                  (it) to him?

Sidan miyeydin oraneynin?   Were you [pl] not saying (it)
                                  like this?

Qofna sidaas ma oraneynin.   No one was saying (it) like that.

PATTERN 9a: ALTERNATE NEGATIVE PRESENT PROGRESSIVE.
Note: these forms are not discussed in SRG.

Maan	**oranayo.**	I am not saying (it).
Maad	**oranayso.**	You are ...
Muu	**oranayo.**	He is ...
Mey	**oranayso.**	She is ...
Maannu	**oranayno.**	We are ...
Meynu	**oranayno.**	We are ...
Meydin	**oranaysaan.**	You are ...
Mey	**oranayaan.**	They are ...

PATTERN 9b: ALTERNATE NEGATIVE PRESENT PROGRESSIVE
See SRG: 102.

Oran	**maayo.**	I am not saying (it).
Oran	**mayso.**	You are ...
Oran	**maayo.**	He is ...
Oran	**mayso.**	She is ...
Oran	**mayno.**	We are ...
Oran	**maysaan.**	You are ...
Oran	**maayaan.**	They are ...

Exercise 9: USING THESE NEGATIVE ALTERNATES OF **ORO**.

Macallimaddu ku oran meyso fasalkan.	The teacher is not going to say it to this class.
Ku mey oranayso.	She is not going to say (it) to them.
Adigu af Ingiriisi ku oran meyso.	You are not going to say (it) in English.
Maad ku oranayso.	You are not going to say it in it.
Isagu oran maayo.	He is not going to say it.
Muu oranayo.	He isn't going to say it.
Haddey ogtahay oran mayso.	If she knows she will not say it.
Mey oranayso.	She is not going to say (it).
Haddaannan hadda orannin weligeen oran meyno.	If we do not say now, we will never say it.
Maannu oranayno.	We are not going to say (it).
Carruurta "soo kaaleya" ku oran meysaan?	Are you not going to say to the children "come here"?
Meydin oraneysaan.	You are not going to say (it).
Idinka weligood idin ku oran maayaan.	They will never say it to you all.
Mey oranayaan.	They are not going to say (it).

PATTERN 10: OPTATIVE FORMS OF **ORO**. [See SRG: 103.]

An	**iraahdo!**	May I say (it)!
Ad	**tiraahdo!**	May you ...
Ha	**yiraahdo!**	May he ...
Ha	**tiraahdo!**	May she ...
Annu	**niraahno!**	May we ...
Aynu	**niraahno!**	May we ...
Aydin	**tiraahdeen!**	May you ...
Ad	**tiraahdeen!**	May you ...
Ha	**yiraahdeen!**	May they ...

Exercise 10: USING THE OPTATIVE FORMS OF **ORO**.

Sidaas aniguna an iraahdo!	I hope I also say (it) like that!
Markuu yimaaddo ad ku tiraahdo!	May you say it to him when he comes!
Cunto kari ha ku yiraahdo!	Let him tell her to cook some food!
Berri aynu ku niraahno!	May we say it to him tomorrow!
Aydin tiraahdeen ee ma hubtaan?	You may say it but are you sure?
Macallinka runta ha ku yiraahdeen!	Let them say the truth to the teacher!

PATTERN 11: NEGATIVE OPTATIVE OF **ORO**.

Yaanan	**oran / orannin!**	May I not say (it)!
Yaanad	**orannin!**	May you not ...
Yaanu	**oran!**	May he not ...
Yaaney	**orannin!**	May she not ...
Yaannan	**oran!**	May we not ...
Yeynu	**orannin!**	May we not ...
Yeydin	**oran!**	May you not ...
Yeeyan	**orannin!**	May they not ...

Exercise 11: USING NEGATIVE OPTATIVE FORMS OF **ORO**.

Wax xun yaanan orannin!	I hope I don't say anything bad!
Yaanad igu orannin!	May you not say it to me!
"Yaanu oran," bey ku tiri.	She told him, "Do not let him say it."
Yaaney cidi kugu orannin.	Let nobody say it to you!
U sheeg yaaney sidaas oran.	Tell her, "May she not say it."
Yaannan waxba kugu orannin!	I hope we do not say anything to you!
Qofna waxba yeydin ku orannin!	May you not say anything to anybody!
Yeeyan kugu orannin!	May they not say it to you!

PATTERN 12: SUBJECT AGREEMENT WITH PAST FORMS.
Remember that the PAST FORMS (SIMPLE PAST, PAST HABITUAL, and PAST PROGRESSIVE) in the SECOND and THIRD PERSON PLURAL are *the same* as the MASCULINE SINGULAR. See Chapter 23.

Idinka baa **yiri**.	It is you [plural] who said it.
Iyagaa **yiri**.	It is they who said it.
Idinkaa **oranayey**.	It is you who were saying (it).
Iyaga baa **oranayey**.	It is they who were saying (it).

Exercise 12: USING SUBJECT AGREEMENT IN THE PAST.

Yaa yiri?	Who said it?
Ardeydii baa tiri.	It was the students who said it.
Ma idinkaa yiri?	Is it you [pl] who said it?
Haa, annagaa niri.	Yes, it was we who said it.
Yaa oranayey?	Who was saying it?
Cali iyo Luul baa oranayey.	Ali and Lul were saying it.
Ma idinkaa oranayey?	Was it you who were saying it?
Haa, annagaa oranayney.	Yes, it was we who were saying it.

PATTERN 13: PRESENT HABITUAL SUBJECT AGREEMENT.

Anigaa	**iraahda**.	It is I who say it.
Adigaa	**tiraahda**.	It is you who say it.
Isagaa	**yiraahda**.	It is he who says it.
Iyadaa	**tiraahda**.	It is she who says it.
Annagaa	**niraahna**.	It is we who say it.
Innagaa	**niraahna**.	It is we ...
Idinkaa	**yiraahda**.	It is you ...
Iyagaa	**yiraahda**.	It is they ...

Exercise 13: USING PRESENT SUBJECT AGREEMENT.

Aniga uun baa iraahda.	It is only I who say it.
Adiga un baa tiraahda.	It is only you who say it.
Isaga baa kugu yiraahda.	It is he who says it to you.
Walaashood baa tiraahda.	It is their sister who says it.
Annaga baa ku niraahna.	It is we who say it to them.
Iyaga keliya baa yiraahda.	It is only they who say it.

PATTERN 14: RELATIVE USE OF **ORO** IN THE PAST.
Thsee SIMPLE PAST and PAST PROGRESSIVE forms are the same as
their declarative counterparts. Review this usage in Chapters 21
and 32, and see Appendix 1.

Markaan **iri** buu maqlay.	When I said it, he heard it.
Markaad **tiri** ...	When you said it, ...
Markuu **yiri** ...	When he said it, ...
Markay **tiri** ...	When she said it, ...
Markaannu **niri** ...	When we said it, ...
Markeynu **niri** ...	When we said it, ...
Markeydin **tiraahdeen** ...	When you all said it, ...
Markey **yiraahdeen** ...	When they said it, ...

Exercise 14: USING THE RELATIVE OF **ORO** IN THE PAST.
Translate the following without looking at the English glosses:

Markaan iri, adigu waad maqashey.	When I said it, you heard it.
Cali inuu yiri, waan maqlay.	I heard that Ali said it.
Inay tiri maad maqashay?	Have you heard that she said it?
Ma ogtihiin waxay yiraahdeen?	Do you know what they said?
Shalay markeydin tiraahdeen, bey ooysay.	When you all said (it) yesterday, she cried.

PATTERN 15: PRESENT HABITUAL RELATIVE OF **ORO**.
These forms are the same as their NEGATIVE counterparts (see Pattern 7).

Wey ogtahay ...		She knows ...
inaan	**iraahdo**.	that I (usually) say it.
inaad	**tiraahdo**.	that you say it.
inuu	**yiraahdo**.	that he says it.
iney	**tiraahdo**.	that she says it.
inaannu	**niraahno**.	that we say it.
ineynu	**niraahno**.	that we say it.
inaad	**tiraahdaan**.	that you all say it.
iney	**yiraahdaan**.	that they say it.

Exercise 15: PRESENT HABITUAL RELATIVE OF **ORO**.
Cover the right-hand column and translate the following:

Si aan u iraahdo baan rabaa.	I want a way to say it.
U tag si aad ugu tiraahdo.	Go to him so that you say it.
Si uu kuugu yiraahdo baad u timid.	You came so that he says it to you.
Si aannu ugu niraahno waa inay noo yimaaddaan.	So that we say it to them, they must come to us.
Sida ay u tiraahdo uun u qor!	Write it (down) just the way she says it.

Exercise 16: READING AND TRANSLATION.
Review the use of the NEGATIVE IMPERATIVE in Chapter 28.

LABA NACAS

Laba nacas baa waa is qabay. Beri bey hilib shiisheen oo haan
ka buuxsadeen, dabadeedna xaaba doonteen.

Nin baa **jidkii uga hor yimid**, inay tuulo u tilmaamaanna
weydiistay, waxayna ku yiraahdeen: "Jidkaan qaad, aqal baad
arki doontaa, waa keennii ee ha gelin, haddaad gashana haanta
dhex taal ha taaban, haddaad taabatana hilibka ku jira ha
cunin, haddaad cuntana, ha dhammeysan!"

Markuu erayadaas maqlay buu jidkiisii ku dhacay, waabkii buu
tagay oo wuu gaajeysnaaye kumbiskii **ka laacay**, dabadeedna
baxsaday.

Markay xaabadii ka soo laabteen bey haantii fiiriyeen hilibkiina
ka waayeen.   Arrintaasi aad bey uga yaabisay,   waxayna is
weydiiyeen cidda hilibkoodii cuntay.   Ninkii socotada ahaa ma
ayan tuhmeyn, maadaama inuusan guriga gelin **hora ugala**
soo dardaarmeen.

Mudda yar dabadeed baa ninkii arkay, daqsi naagtiisii wejigeeda
saaran, isagoo faraxsan moodayana inuu tuuggii helay buu
haweeneydii ku yiri: "Ha is nuuxin, tuuggii hilibka naga cunay
baan helaye."

Faas buu qaatay oo naagtii foolka fujiyay, isagoo is leh,
"Duqsigii tuugga ahaa baad dishay." Naagtii iyadoo afka kala
haysa, bey ruux baxday; **isagoo ay la tahay** inay qosleyso
buuna ku yiri: "Weligaaba qosol," oo iska tegay.

Subixii baa xigaaladii soo booqatay, haddii naagtii wax laga
weydiiyana wuxuu yiri: "Sidaan shala galab duqsigii tuugga ahaa
u dilayba **qosol bey haysaa**, aqalka beyna ku jirtaa ee soo
bariidiya." Qaraabadii meydkii bey meeshii ka soo qaadday,
halkiina ku aastay.

TRANSLATION NOTES

jidkii uga hor yimid	encountered (them) on the road
kumbiskii ka laacay	he finished off the meat
hora ugala	already with him
afka kala haysa	with her mouth open
isagoo ay la tahay	while it seemed to him that...
weligaaba qosol!	laugh for ever!
qosol bey haysaa	she has kept on laughing

NEW VOCABULARY

aas (-ay)	bury	v1=
bariidi (-yey)	greet s.o. in the morning	v2a=
booqo (#qday)	visit	v3b=
cid (da)	person, someone, "people"	n1-f
daqsi (ga)	fly	n2-m
dardaaran (/may)	express a wish	v1=
dhammeyso (#stay)	finish off	v3b=
doono (#tay)	fetch (for oneself)	v3b=
duqsi (ga)	fly [Alt: **daqsi** (ga)]	n2-m
faas (ka)	axe	n4-m
fool (ka)	forehead	n4-m
fuji (-yey)	remove part of; uproot	v2a=
gashana	and if you enter	vp
	[= **gal** + **-to** + **-na**]	
ha gelin	don't enter!	v1-neg-imp
haan (ta)	container	n1-f
haweeney (da)	lady, woman	n0-f
inuusan	that he not [= **in uu aan**]	conj+vpro+neg
jidka ku dhac	hit the road	idiom
kumbis (ka)	meat preserved in ghee	n2-m
laac (-ay)	reach out for something	v1=
ka laac	finish off	idiom
maadaama	since, in as much as	conj
meyd (ka)	corpse	n4-m
mood (-ay)	think, suppose, mistake	v1=
nacas (ka)	fool	n2-m
naga	from us [= **na** + **ka**]	pro + prep

nuuxi (-yey)	move (something), wobble	v2a=tr
qab + is	be married	v1=expression
qaraabo (/da)	relative	n6-f
saaran	be on top of, placed	adj-der
shala	yesterday [= **shaley**]	adv-time
shiil (-ay)	fry	v1=
shiisheen	they fried for themselves	v3b-3pl-past
sidaan	since I [= **sida** + **aan**]	adv + vpro
taabo (#tay)	touch	v3b=
taal	it [fem] is located	v4c-3f-prhb
tilmaan (/may)	indicate, point out	v1=
tuhun (#tuhmay)	doubt, suspect	v1=
tuulo (/da)	village	n6-f
ugala	with him [= **u** + **ka** + **la**]	prep + prep
waab (ka)	hut	n4-m
weji (ga)	face	n2-m
wejigeeda	her face	np
xaabo (/da)	firewood	n6-f
xigaalo (/da)	relatives, kinfolk	n2-f-col
yaabi (-yey)	amaze, surprize, astonish	v2a=

CHAPTER 37 - THE VERB OOL
AND OTHER LOCATIVE EXPRESSIONS

PATTERN 1: INFINITIVE OF **OOL**.   [SRG: 99]

oollaan   **oolli**   to be (there) [inanimate object]

GRAMMATICAL NOTE.

This verb is *only used* in reference to INANIMATE OBJECTS that are *located or situated in a place* or that *come to be there*.   It is used to indicate the *location* of these objects, while **jir** emphasizes their *existence* (see Exercise 15).   Since inanimate objects do not talk, FIRST PERSON (*I, we*) forms are unlikely, and since people rarely address inanimate objects, SECOND PERSON (*you*) forms are rare.   For this reason, the most common forms drilled in this chapter are in the THIRD PERSON.   For all possible forms consult Appendix 1; see also SRG: 98-105.

Exercise 1: USING THE INFINITIVE OF **OOL**.

Lacagtu halkaas bey kuu oolli doontaa.	The money will be there for you.
Baabuurku halkaas buu oollaan jiray.	The car used to be there.
Lacagtu halkan bey oollaan jirtey.	The money used to be here.
Hadduu keeney baabuurku halkan buu oollaan lahaa.	If he had brought it, the car would have been right here.
Haddey lacagi taallo, halkan bey oollaan lahayd.	If there is money, it would have been right here.
Baabuurkaagu halkaas muu oolli karo.	Your car can not be there.

PATTERN 2: SIMPLE PAST TENSE OF **OOL**. See SRG: 99.

yiil	he / it [MASCULINE] was there
tiil	she / it [FEMININE] was there
yiilleen	they were situated there / it [COLLECTIVE] was there

Exercise 2: USING THE SIMPLE PAST OF **OOL**.

Kursi ma yiil qolka?	Was there a chair in the room?
Haa, wuu yiil.	Yes, there was.
Jariidad miiska ma kor **tiil**?	Was there a newspaper on the
Haa, wey tiil.	the table? ... Yes, there was.
Koobku xaggee buu yiil?	Where was the cup?
Miiska buu dul yiil.	It was on the table.
Mindidu halkee bey tiil?	Where was the knife?
Dhulka bey tiil.	It was on the ground.
Dukaanka caano ma yiilleen?	Was there any milk in the
Haa, wey yiilleen.	store? ... Yes, there was.
Biyo ma yiilleen?	Was there water?
Haa, wey yiilleen.	Yes, there was.

PATTERN 3: PRESENT HABITUAL OF **OOL**.
See SRG: 101.

yaal / yaallaa	he / it [MASCULINE] is there
taal / taallaa	she / it [FEMININE] is there
yaallaan / yaalliin	they are / it [COLLECTIVE] is

Exercise 3: USING PRESENT HABITUAL FORMS OF **OOL**.

Koob ma yaallaa?	Is there a cup?
Haa, wuu yaallaa.	Yes, there is.
Shaah ma yaal?	Is there tea?
Haa, wuu yaal.	Yes, there is.
Cunto ma taal halkaas?	Is there any food there?
Haa, cunto wey taallaa.	Yes, there is some food.
Biyo ma yaallaan?	Is there any water?
Haa, wey yaallaan.	Yes there is.
Caano ma yaalliin?	Is there any milk?
Haa, wey yaalliin.	Yes, there is.
Buugag ma yaallaan halkaas?	Are there books there?
Haa, wey yaallaan.	Yes, there are.
Casho ma taallaa?	Is there any dinner?
Haa, wey taal.	Yes, there is some.

PATTERN 4: PRESENT PROGRESSIVE OF **OOL**.
Although none are listed in SRG: 102, the following are in use:

oollayaa   it [MASC] is going to be there
oollaysaa   it [FEM] is going to be there
oollayaan   they are / it [COL] is going to
                    be there

Exercise 4: USING PRESENT PROGRESSIVE FORMS OF **OOL**.

Buuggeygu halkaas buu   My book is going to be there
  oollayaa ilaa berri.   until tomorrow.
Xaggee buu oollayaa?   Where will it be?
Guriga buu oollayaa.   It will be in the house.
Jariiad miyey oollaysaa?   Is there going to be a paper?
Jariidadduna halkan bey   The newspaper is also going to
  kuu oolleysaa.   be here for you.
Waxyaalahan miyey   Are these things going to
  oollayaan?   be there?
Waxyaalahan ilaa aan ka   These things are going to
  imaado wey oollayaan.   be here until I come.

PATTERN 5: NEGATIVE PAST OF **OOL**.
See SRG: 99.

Ma **ool**. /   Ma **oollin**.   There was none.

Exercise 5: USING THE NEGATIVE PAST FORM OF **OOL**.

Shaah ma ool guriga.   There was no tea in the house.
Baabuurkiisu xagga ma ool.   His car was not there.
Warqadda magac kuma oollin.   There was no name on the
                               letter.
Xafiiska waxba ma oollin.   There was nothing at the office.
Lacagtii meeshaan dhigay   The money was not at the place
  mey oollin.   where I put it.

PATTERN 6: NEGATIVE PRESENT HABITUAL OF **OOL**.
See SRG: 101.

Ma **yaal** / **yaallo**.	There is no [MASCULINE] there.
Ma **taal** / **taallo**.	There is no [FEMININE] there.
Ma **yaalliin** / **yaallaan**.	There is no [COLLECTIVE] there.
	There are no [PLURAL] there.

Exercise 6: USING NEGATIVE PRESENT HABITUAL FORMS.

Xafiiska miis ma yaallo.	There is no desk in the office.
Jariidad halka ma taallo.	There is no newspaper here.
Caano ma yaalliin.	There is no milk.
Biyo ma yaalliin?	Is there any water?
Maya, biyo ma yaallaan.	No, there isn't any water.
Lacag ma taallaa halkaas?	Is there any money there?
Maya, lacag ma taallo.	No, there is no money.

PATTERN 7: NEGATIVE PRESENT PROGRESSIVE OF **OOL**.
Note that these forms are not discussed in SRG: 102.

Ma **oollayo**.	It [MASC] isn't going to be there.
Ma **oollayso**.	It [FEM] isn't going to be there.
Ma **oollayaan**.	They are not going to be there.

Exercise 7: USING THE NEGATIVE PRESENT PROGRESSIVE.

Qalinkani halkiisa muu oollayo.	This pen is not going to be in its place.
Saacaddeydu miiska ma oollayso.	My watch is not going to be on the table.
Baabuurradu halkaas mey oollayaan.	The cars are not going to be there.

PATTERN 8: ALTERNATE NEGATIVE PRESENT PROGRESSIVE.
Note: these forms are not discussed in SRG.

Oolli maayo.	It [MASCULINE] is not going to be there.
Oolli meyso.	It [FEMININE] is not going to be there.
Oolli maayaan.	They are not going to be there.

Exercise 8: USING THIS ALTERNATE NEGATIVE.

Qalinku halkiisa oolli maayo.	The pen is not going to be its place.
Saacaddeydu miiska oolli mayso.	My watch is not going to be on the table
Baabuurradu halkaas oolli maayaan.	The cars are not going to be there.

PATTERN 9: OPTATIVE FORMS OF **OOL**.
See SRG: 103.

Ha **yaallo!**	May it [MASCULINE] be there!
Ha **taallo!**	May it [FEMININE] be there!
Ha **yaalleen!**	May they / it [COL] be there!

Exercise 9: USING THE OPTATIVE OF **OOL**.

Baabuurku guriga ha yaallo!	May the car be at home!
Dayuuraddu garoonka ha taallo!	I hope the plane is at the airport!
Meel walba ha yaalleen!	May they be everywhere!

PATTERN 10: NEGATIVE OPTATIVE OF **OOL**.

Yaanu   oollin!   May it [MASCULINE] not be there!
Yaaney oollin!   May it [FEMININE] not be there!
Yaaney oollin!   May they not be there! /
                            May it [COLLECT.] not be there!

Exercise 10: USING THE NEGATIVE OPTATIVE OF **OOL**.

Kursigu halka yaanu oollin!   Don't let the chair be here!
Dhagaxaasi berri halka   Don't let that stone be here
  yaanu oollin!   tomorrow!
Mindi guriga yaaney   I hope that there isn't a knife
  oollin!   in the house!
Alaabtani halka yaaney oollin!   May these things not be here!

PATTERN 11: SUBJECT AGREEMENT OF PAST **OOL** FORMS.
Note the agreement in GENDER, but *not* in NUMBER (i.e., all forms
are SINGULAR):

Dhagax   baa **yiil.**   It was a stone that was there.
Mindi   baa **tiil.**   It was a knife that was there.
Kuraasi baa **tiil.**   It was chairs that were there.
Miisas baa **yiil.**   It was tables that were there.

Exercise 11: USING SUBJECT AGREEMENT IN THE PAST.

Guriga hortiisa dhagax   There was a big rock in
  weyn baa yiil.   front of the house.
Miiska korkiisa jariidad   There was a newspaper on top
  baa tiil.   of the table.
Qolka   miisas baa yiil.   There were tables in the room.

PATTERN 12: RELATIVE USE OF **OOL** IN THE PAST.

inuu	**yiil**	that it [MASCULINE] was there
iney	**tiil**	that it [FEMININE] was there
iney	**yiilleen**	that they were there

Exercise 12: USING THE PAST RELATIVE FORMS OF **OOL**.

Waan arkay inuu yiil. — I saw that it was there.

Waa la ii sheegey iney
  guriga tiil. — I was told that it was
in the house.

Xafiiska iney buugag badan
  yiilleen waan ogaa. — I knew that there were many
books in the office.

PATTERN 13: PRESENT HABITUAL RELATIVE OF **OOL**.

inuu	**yaallo**	that it [MASCULINE] is there
iney	**taallo**	that it [FEMININE] is there
iney	**yaallaan**	that they are there

Exercise 13: USING THE PRESENT HABITUAL RELATIVE.

Inuu buuggu halkaas
  yaallo waan ogahay. — I know that the book
is there.

Iney lacagtu halkan taallo
  waad aragtey. — You saw that the money
is here.

Iney kurdado cusub dukaanka
  yaallaan wey maqashey. — She heard that there are new
dresses in the store.

PATTERN 14: LOCATIVE NOUN PHRASE EXPRESSIONS.
This construction consists of a HEAD NOUN plus ARTICLE followed
by a LOCATIONAL NOUN plus POSSESSIVE PRONOUN.   Note how the
GENDER agreement operates. See SRG: 159.

daar*ta*	**hor***teeda*	in front of the building
		[Lit: the building - her front]
daar*ta*	**kor***keeda*	on top of the building
daar*ta*	**hoos***teeda*	under the building
daar*ta*	**ag***teeda*	near the building
daar*ta*	**daba***deeda*	behind the building
daar*ta*	**gees***teeda*	beside the building
daar*ta*	**dhex***deeda*	inside the building
daar*ta*	**gude***heeda*	inside ... [alternate]
daar*ta*	**dibad***deeda*	outside the building
guri*ga*	**hor***tiisa*	in front of the house
		[Lit: the house - his front]
guri*ga*	**dibad***diisa*	outside the house
kursi*ga*	**kor***kiisa*	on top of the chair
mii*ska*	**hoos***tiisa*	underneath the table
jid*ka*	**dhinac***iisa*	beside the road

Exercise 14: USING LOCATIVE NOUN PHRASES.
Translate each of these, but first cover up the English:

Daarta horteeda igu sug!	Wait for me in front of the building!
Miiska hoostiisa fiiri!	Look underneath the table!
Markabka gudihiisa dhig!	Put them inside the ship!
Suuqa agtiisa bey joogtaa.	She is near the market.
Labada dhexdood daar weyn baa ku taalla.	Between the two there is a big building.

Exercise 15: EXISTENTIAL STATEMENTS WITH **JIR**

Note that **jir** may be used instead of **ool** in constructions where the *existence* of the item is being stressed more than its *location*.

Caano ma jiraan?	Is there any milk?
Haa, caano wey jiraan.	Yes, there is milk
Casho mey jiri doontaa?	Will there be any dinner?
Maya, mey jiri doonto.	No, there will not be any.
Guriga ma lagu jiraa?	Is there anybody in the house?
Guriga laguma jiro.	There is nobody in the house.

Exercise 16: EXISTENTIAL STATEMENTS WITH **JOOG**.

Note that statements about people must be made with **joog** and *can not* be made with forms of **ool**.

Dad ma joogaa?	Are there any people?
Haa, dad badan baa jooga.	Yes, there are many people.
Maxamed xaggee buu jooga?	Where is Mohammed?
Shaqada buu joogaa.	He is at work.
Meeshan maxaad u joogtaa?	Why are you staying here?
Inaan joogo un baan rabaa.	I just want to stay.
Caasha xaggee bey joogtaa?	Where is Asha?
Caasha guriga bey joogtaa.	Asha is at home.

Exercise 17: READING AND TRANSLATION.

CAASI

Waa baa waxaa jiri jiray   nin wiil caasi ah   **ilma ka lahaa.**
Sanooyin ka dib   baa odagii indha beelay,   wiilkiina kahday
wedwedidda odaga cammoolaha ah.

Maalin reerku geeddi ahaa, baa wiilkii **loo xil saaray** inuu
duqa soo luudiyo.   Duhurkii, buu geed weyn oo dudduni ku ag
taal fariisiyay, oo ku yiri: "Kol dhow baan kuu soo laabanayaa,
ee aabbe halkaan joog oo igu sug."   Kumana soo laaban,
odagiina halkii siduu u joogey oo ugu sugayey buu gaajo iyo
harraad ugu dhintey.

Caasigii wuu korey, wuu guursaday, hal wiil ilma ka dhalay,
wuuna gaboobay oo indha beelay; wiilkii uu **carruur ka
lahaa**na, hag**idd**iisii qoonsaday.

Maalin ciddu geeddi ahayd, baa inankii lagu qaybiyay inuu
odaga soo tukubiyo. Duhurkii buu odagii geed weyn harkii
fariisiyay, oo ku yiri: "Kol dhow baan kuu soo laabanayaa, ee
aabbe halkaan joog oo igu sug."

Intaanu weli ka dhaqaaqin meeshii ay joogeen baa odagii gartey
kuna yiri: "Maandhow, intaadan tegin, meesha aan joogo ii
tilmaan."

Suuye: "Meesha aannu joogno waa abaar kax ah, geed harac ah
baa **ku yaal**, duddun baana ku ag taal."

Odagii oo is maquuniyay baa yiri: "**Ogi** inaadan soo noqonayn,
ee maandhow iska tag.   Meeshu waa tii aan aabbahay ku
cidleeyay; **waxaan galay** baana layga gudayaa, ee **Alla ha ku
nabad yeelo!**" Wiilkii calaacalkii odaga kuma jixinjixine wuu
iska dhaqaaqay; halkii baana caasigii, gaajadii iyo harraadkii
aabbihii dilay ku dileen.

TRANSLATION NOTES

ilma / carruur ka lahaa	had offspring (a child or children)
loo xil saaray	he had the responsibility (lit: the responsibility was put on him)
ku yaal	there is a [MASCULINE X] there
ku ag taal	it [FEMININE] is nearby
ogi	I know [lit: awareness is] [adjective + SUBJECT suffix]
waxaan galay	what I have committed
Alla ha ku nabad yeelo	May God make you secure!

NEW VOCABULARY

beel (-ay)	lose (body part), be without	v1=
calaacal (-ay)	complain	v1=
calaacal (ka)	complaint, lament	n2-m
cammoole (/ha)	blind person	n7-m
cid (da)	family	n1-f
cidlee (-yey)	abandon, vacate	v1=
duddun (ta)	ant hill	n1-f
duq (a)	old man	n2-m
fariisi (-yey)	seat, sit (someone) down	v2a=
gaboob (-ay)	get old	v1=
gal (-ay)	commit	v1=
geeddi (ga)	travelling (on a journey)	n2-m
gud (-ay)	pay back, recompensate	v1=
hag (-ay)	lead a blind person	v1=
halkaan	here [alt: **halkan**]	np-loc
har (ka)	shade	n4-m
harac (a)	species of shade tree	n2-m
id $	-ing [VERBAL NOUN]	vn1-f-suf
intaanu	before he	conj+neg+vpro
jixinjix (-ay)	feel compassion	v1=
kaho (#kahday)	resent	v3b=
kax (da)	barren land, scorched desert	n1-f-col
kol dhow	short time	np-time

ku taal / yaal	be [of unmovable object]	v4c=expr
kumana	and not to [= **ku ma na**]	prep+neg+conj
layga	from me [= **la i ka**]	prep + pro
luudi (-yey)	lead slowly	v2a=
maquuni (-yey)	distribute, allot	v2a=
is maquuni	reconcile oneself	v2a=idiom
qaybi + ku	assign (someone) to	v2a=expr
qoonso (/day)	be dissatisfied	v3a=
tukubi (-yey)	help walk	v2a=
wedwed (-ay)	take around for a walk	v1=
xil (ka)	responsibility	n4-m

Exercise 18.   GRAMMATICAL ACTIVITY.
Draw a circle around each of the locative verbs in the story.
Explain why **jir**, **joog** or **ool** are used.

CHAPTER 38 - IRREGULAR VERB AQOOW, AQOON, YIQIIN AND EXPRESSING *KNOWING* WITH OGAAN & OG

PATTERN 1: IMPERATIVE AND INFINITIVE OF AQOOW.
See SRG: 98.

Aqoow! / Oqoow! / Aqood!	Know (it)!
Aqooda! / Oqooda!	You all know (it)!
Ha aqoon(nin) / **oqoon**(nin)!	Don't know (it)!
Ha aqoonnina / oqoonnina!	Don't you all know!
aqoon **oqoon**	to know

Exercise 1: USING THE IMPERATIVE AND INFINITIVE.

Tuugga aqood!	Recognize the thief!
Casharkaaga aqood!	Know your lesson!
Casharkiinna aqooda!	You all know your lessons!
Xaafadda aqooda!	You all know the neighborhood!
Haddaan ku arko waan ku oqoon lahaa.	If I see you I would recognize you.
Tuugga ma aqoon kartaa?	Can you recognize the thief?
Xaafadda waan oqoon karay.	I could recognize the neighborhood.
Nimanka wey oqoon weydey.	She failed to recognize the men.

PATTERN 2: SIMPLE PAST TENSE OF AQOOW.
See SRG: 99.

Waan	ku	**iqiin.**	I knew you.
Waad	i	**tiqiin.**	You knew me.
Wuu	ku	**yiqiin.**	He knew you.
Wey	ku	**tiqiin.**	She knew you.
Waannu	-	**niqiin.**	We knew (him/her).
Weydin	-	**tiqiinneen.**	You ...
Wey	-	**yiqiinneen.**	They ...

Exercise 2: USING THE PAST TENSE OF **AQOOW**.

Waa sanado hadda intaan iqiin.	It has been years now that I have known it.
Barbara baad igu tiqiin.	You knew me in Berbera.
Cali miyuu ku yiqiin?	Did Ali know you?
Aabbahaa iyo anigu waannu is niqiin.	Your father and I (we) knew each other.
Walaashiis miyaad tiqiinneen?	Did you all know his sister?
Iyada iyo Maxamed wey is yiqiinneen.	She and Mohammed knew each other.

PATTERN 3: PRESENT HABITUAL FORMS OF **AQOOW**.
Note how these alternates differ from those in SRG: 101.

Meeshan	waan	**aqaan(naa)**.	I know this place.
	waad	**taqaan(naa)**.	You know ...
	wuu	**yaqaan(naa)**.	He knows ...
	wey	**taqaan(naa)**.	She knows ...
	waannu	**naqaan(naa)**.	We know ...
	weydin	**taqaannaan**.	You all ...
	wey	**yaqaannaan**.	They ...

Exercise 3: USING PRESENT HABITUAL FORMS OF **AQOOW**.

Wax walba oo meesha ka socda waan aqaannaa.	I know everything that is going on in that place.
Adigu waxa socda ma taqaannaa?	Do you know what is going on?
Isagu magaalada wuu yaqaannaa.	He knows the city.
Wey taqaannaa meesha laga helo.	She knows where it is found.
Dadkaas waannu wada naqaannaa.	We know all those people.
Weydin taqaannaan waxa aad dooneysaan.	You all know what you want.
Miyey yaqaannaan qofka ay u tagayaan?	Do they know the person they are going to?

PATTERN 4: PRESENT PROGRESSIVE FORMS OF **AQOOW**.
SRG: 102 does not present forms, but the following may be
found which differ in meaning, i.e. *recognize* rather than *know*:

Waan	**aqoonayaa.**	I am going to recognize (him).
Waad	**aqooneysaa.**	You are ...
Wuu	**aqoonayaa.**	He is ...
Wey	**aqooneysaa.**	She is ...
Waannu	**aqooneynaa.**	We are ...
Weydin	**aqooneysaan.**	You all are ...
Wey	**aqoonayaan.**	They are ...

Exercise 4: USING PRESENT PROGRESSIVE OF **AQOOW**.

Labadiinnaba waan idin aqoonayaa.	I recognize both of you.
Waad aqooneysaa markaad aragto.	You'll recognize it when you see it.
Adiga keliya buu ku aqoonayaa.	He recognizes only you.
Waxay aqooneysaa kulligood.	She'll recognize all of them.
Haddaad noo timaaddo, waannu ku aqooneynaa.	If you come to us, we are going to recognize you.
Markaad is aragtaan weydin is aqooneysaan.	When you see each other you will recognize one another.
Iyagu wiilka wey aqoonayaan.	They'll recognize the boy.

PATTERN 5: PAST PROGRESSIVE FORMS OF **AQOOW**.
The are not found in SRG: 100.

Waan	**aqoonayey.**	I was recognizing (it).
Waad	**aqoonaysey.**	You were ...
Wuu	**aqoonayey.**	He was ...
Wey	**aqooneysey.**	She was ...
Waannu	**aqooneyney.**	We were ...
Weydin	**aqooneyseen.**	You were ...
Wey	**aqoonayeen.**	They were ...

Exercise 5: USING PAST PROGRESSIVE FORMS OF **AQOOW**.

Anigu mar walba waan ku aqoonayey.	I always recognized you.
Ninka miyaad aqooneysey?	Did you recognize the man?
Wuu ku aqoonayey.	He recognized you.
Kulligood wey wada aqooneysey.	She recognized all of them.
Waannu idin aqoonayney.	We knew you all.
Miyaad is aqooneyseen?	Did you know each other?
Wey is wada aqoonayeen.	They all knew each other.

PATTERN 6: NEGATIVE PAST FORM OF **AQOOW**.
See SRG: 99.

Maan	**aqoon / aqoonnin**		I	did not know.
Maad	"	"	You	...
Muu	"	"	He	...
Mey	"	"	She	...
Maannu	"	"	We	...
Meydin	"	"	You	...
Mey	"	"	They	...

Exercise 6: USING THE NEGATIVE PAST FORM OF **AQOOW**.

Af Ingiriisiga maan aqoonnin.	I did not know English.
Walaalkey inuu yahay maad aqoonnin.	You did not know that he is my brother.
Nimanka guriga joogay muu aqoonnin.	He did not know the men who were at the house.
Runta meeyan aqoonnin.	She did not know the truth.
Horey idiin maannan aqoonnin.	We did not know you all before.
Gabdhahan miyeydin aqoonnin?	Didn't you know these girls?
Iyagu ima ay aqoonnin.	They did not know me.

PATTERN 7: NEGATIVE PRESENT HABITUAL OF AQOOW.
These longer alternates are not presented in SRG: 101, but are
in use; short forms differ from their non-negative counterparts in
TONE; otherwise, there is clear contrast on the long forms:

Maan	**aqaan(no).**	I don't know.	
Maad	**taqaan(no).**	You don't know.	
Muu	**yaqaan(no).**	He doesn't know.	
Mey	**taqaan(no).**	She doesn't know.	
Maannu	**naqaan(no).**	We don't know.	
Meynu	**naqaan(no).**	We don't know.	
Meydin	**taqaanniin.**	You all don't know.	
...	**taqaannaan.**	...	[alternate]
Mey	**yaqaanniin.**	They don't know.	
...	**yaqaannaan.**	...	[alternate]

Exercise 7: USING THE NEGATIVE PRESENT HABITUAL

Dariiqan maan aqaan(no).	I don't know this road.
Maad taqaan(no) ninkaa.	You don't know that man.
Gurigeyga muu yaqaan(no).	He doesn't know my house.
Cunto karis mey taqaan(no).	She doesn't know how to cook.
Casharkeenna maannu naqaan.	We don't know our lesson.
Meynu naqaanno iyaga.	We don't know them.
Meydin taqaanniin magaaladan.	You don't know this city.
Waxba mey yaqaanniin.	They don't know anything.

PATTERN 8: NEGATIVE PAST PROGRESSIVE OF AQOOW.
These are not found in SRG: 100.

Maanan	**oqooneyn**	I was not recognizing (it).
"	**aqooneynin.**	[alternate form]
Maadan	...	You ...
Muusan	...	He ...
Meeyan	...	She ...
Maannan	...	We ...
Meynu	...	We ...
Meydin	...	You ...
Meeyan	...	They ...

Exercise 8: USING THE NEGATIVE PAST PROGRESSIVE.

Ma la aqooneynin.	It was not recognized.
Dariiqaas muusan oqooneyn.	He wasn't recognizing that street.
Meynu idin oqooneynin.	We did not recognize you.
Gurigan meydin aqooneyn.	You weren't recognizing this house.
Iyada meeyan aqooneynin.	They were not recongizing her.

PATTERN 9a: ALTERNATE NEGATIVE PRESENT PROGRESSIVE.
These forms are not discussed in SRG.

Maan	**oqoonayo.**	I do not recognize (it).
Maad	**oqoonayso.**	You do not ...
Muu	**oqoonayo.**	He does not ...
Mey	**oqoonayso.**	She does not ...
Maannu	**oqoonayno.**	We do not ...
Meynu	**oqoonayno.**	We do not ...
Meydin	**oqoonaysaan.**	You do not...
Mey	**oqoonayaan.**	They do not ...

Since all have alternate forms with initial **a**, i.e., **aqoonayo, aqoonayso**, etc., repeat the exercise using the alternates.

PATTERN 9b: ALTERNATE NEGATIVE PRESENT PROGRESSIVE.
These forms are also not found in SRG: 100.

Oqoon	/	**aqoon**	**maayo.**	I do not recognize (it).
Oqoon	/	**aqoon**	**maysid.**	You do not ...
Oqoon	/	**aqoon**	**maayo.**	He does not ...
Oqoon	/	**aqoon**	**mayso.**	She does not ...
Oqoon	/	**aqoon**	**mayno.**	We do not ...
Oqoon	/	**aqoon**	**maysaan.**	You do not...
Oqoon	/	**aqoon**	**maayaan.**	They do not ...

Exercise 9: USING NEGATIVE PROGRESSIVE ALTERNATES.
Transform each NEGATIVE PROGRESSIVE form into its alternate:

Saaxiibkaa ku aqoon maayo.	You friend does not recognize you.
Muu ku aqoonayo.	He doesn't recognize you.
Guriga haddaad aragto aqoon mayso.	If you see the house, you wouldn't recognize (it).
Maad aqooneyso.	You wouldn't recognize (it).
Mey aqooneyso nimankaas.	She doesn't know those men.
Oqoon meyso.	She doesn't know (them).
Iyaga maannan aqooneyno.	We wouldn't recognize them.
Iyaga oqoon meyno.	We wouldn't recognize them.
Haddaad aragtaan maad aqooneysaan.	If you all see (it), you wouldn't know (it).
Aqoon meysaan.	You wouldn't know (it).
Aqoon maayaan dariiqa. road.	They wouldn't know the
Mey aqoonayaan.	They wouldn't know (it).

PATTERN 10: OPTATIVE FORMS OF **AQOOW**.
See SRG: 103.

An	**aqaanno!**	May I know!	
"	**aqoodo!**		[alternate]
Ad	**taqaanno!**	May you know!	
"	**taqaannid!**		[alternate]
Ha	**yaqaanno! / aqoodo!**	May he know!	
Ha	**taqaanno! / aqooto!**	May she know!	
Annu	**naqaanno!**	May we know!	
Aynu	**naqaanno!**	May we all know!	
Ad	**taqaanneen!**	May you know!	
Ha	**yaqaanneen!**	May they know!	

Exercise 10: USING THE OPTATIVE FORMS OF **AQOOW**.

An aqoodo naagtiisa!   I hope I know his wife!
Si wanaagsan ad noo   May you know us well!
  taqaanno!
Saaxiibbadeyda ha aqoodo!   May he know my friends!
Ha taqaanno meesheeda!   May she know her place!
Annu naqaanno dariiqa!   May we know the road!
Aynu naqaanno ardeyda!   May we know the students!
Ad taqaanneen taariikhda!   I hope you know the date!
Ha idin yaqaanneen!   I hope they know you all!

PATTERN 11: NEGATIVE OPTATIVE OF **AQOOW**.
Note that **aqoon** and **oqoon** alternate freely.

Yaanan   oqoon wuxuu yahay! May I not know what he is!
Yaanad   oqoon ...!   May you not know ...!
Yaanu   aqoon ...!   May he not   ...!
Yaaney   aqoon ...!   May she not   ...!
Yaannan oqoon ...!   May we not   ...!
Yeynan   oqoon ...!   May we not   ...!
Yeydin   aqoon ...!   May you all not   ...!
Yey   aqoon ...!   May they not   ...!

Exercise 11: USING THE NEGATIVE OPTATIVE FORM.

Yaanan aqoon sheekada!   May I not know the story!
Yaanad oqoon beentiisa!   May you not know his lies!
Yaanu oqoon magaceeda!   Don't let him know her name!
Yaaney aqoon shaqadeenna!   Don't let her know our work!
Yaannan oqoon meeshey   May we not know where
  tageen!   they went!
Yeynan oqoon waxaad   May we not know what
  sameeysey!   you did!
Yeydin oqoon wuxuu   May you all not know what
  sameeyey!   he did!
Yey oqoon runta!   May they not know the truth!

PATTERN 12: SUBJECT AGREEMENT WITH PAST FORMS.

Yaa magaciisa **yiqiin?**	Who knew his name?
Anigaa **iqiin.**	It was I who knew.
Adigaa **yiqiin / tiqiin.**	It was you who knew.
Isagaa **yiqiin.**	It was he who knew.
Iyadaa **tiqiin.**	It was she who knew.
Annagaa **niqiin.**	It was we who knew.
Innagaa **niqiin.**	It was we who knew.
Idinkaa **yiqiin.**	It was you who knew.
Iyagaa **yiqiin.**	It was they who knew.

Exercise 12: USING SUBJECT AGREEMENT IN THE PAST.

Ma adigaa runta yiqiin?	Was it you who knew the
Haa, anigaa iqiin.	truth? Yes, it was I who knew.
Ma isagaa magaceeda yiqiin?	Was it he who knew her name?
Maya, iyadaa tiqiin.	No, it was she who knew (it).
Yaa yiqiin?	Who knew?
Annagaa niqiin.	We knew.
Ma idinkaa isaga yiqiin?	Was it you who knew him?
Haa, innagaa isaga niqiin.	Yes, it was we who knew him.
Ma iyagaa beentaas yiqiin?	Was it they who knew that lie?
Haa, iyagaa yiqiin.	Yes, it was they who knew (it).

PATTERN 13: PRESENT HABITUAL SUBJECT AGREEMENT.

Yaa	**yaqaan?**	Who knows?
Anigaa	**aqaan.**	It is I who know.
Adigaa	**taqaan.**	It is you who know.
"	**yaqaan.**	[alternate]
Isagaa	**yaqaan.**	It is he who knows.
Iyadaa	**taqaan.**	It is she who knows.
Annagaa	**naqaan.**	It is we who know.
Innagaa	**naqaan.**	It is we who know.
Idinkaa	**yaqaan.**	It is you who know.
Iyagaa	**yaqaan.**	It is they who know.

Exercise 13: USING PRESENT SUBJECT AGREEMENT.

Yaa yaqaan?	Who knows?
Ardeydaa taqaan.	It is the students who know.
Ma idinkaa yaqaan?	Is it you all who know?
Haa, annagaa naqaan.	Yes, it is we who know.
Ma iyagaa magaciisa yaqaan?	Is it they who know his name?
Haa, iyagaa yaqaan.	Yes, it is they who know.

PATTERN 14: RELATIVE USE OF **AQOOW** IN THE PAST.

Wuu ka duwanaa ...		He was different ...
markaan	**iqiin / aqiin**.	when I knew (him).
markaad	**tiqiin**.	when you ...
markuu	**yiqiin**.	when he ...
markay	**tiqiin**.	when she ...
markaannu	**niqiin**.	when we ...
markeynu	**niqiin**.	when we ...
markeydin	**tiqiinneen**.	when you ...
markay	**yiqiinneen**.	when they ...

Exercise 14: USING THE PAST RELATIVE OF **AQOOW**.

Markaan iqiin muu joogin.	When I knew, he was not there.
Sidaad tiqiin un u samee!	Do it just as you knew (how)!
Inuu Maxamed yiqiin yaa kuu sheegay?	Who told you that Mohammed knew?
Inay tiqiin baan ogaaday.	I found out that she knew.
Inaannu niqiin wey ogaayeen.	They came to know that we knew.
Sidaad ku tiqiinneen buu yahay.	He is as you knew (him to be).
Markay yiqiinneen naag muu qabin.	When they knew him, he didn't have a wife.

PATTERN 15: PRESENT HABITUAL RELATIVE OF **AQOOW**.

Inaan **aqaan(no)**	muxuu ku ogaadey?	How did he find out ...	
			I know?
Inaad	**taqaan(no)**	...	you know?
Inuu	**yaqaan(no)**	...	he knows?
Inay	**taqaan(no)**	...	she knows?
Inaannu	**naqaan(no)**	...	we know?
Ineynu	**naqaan(no)**	...	we know?
Ineydin	**taqaannaan**	...	you know?
Inay	**yaqaannaan**	...	they know?

Exercise 15: USING THE PRESENT HABITUAL RELATIVE.

Sidaan aqaanno, sidan ma aha.	The way I know is not this way.
Inaad taqaanno iyo in kale an arko!	Let me see whether you know or not!
Siduu yaqaan waa sidaas.	The way he knows is like that.
Inay taqaanno bey noo sheegtey.	She told us that she knows.
Inaannu naqaan mey oga.	They don't know that we know.
Ineynu naqaanno aynu eegno.	Let us see if we know.
Ineydin taqaannaan muu ogeyn.	He didn't know that you know.
Inay yaqaannaan maan u maleynayo.	I don't think that they know.

Exercise 16: READING AND TRANSLATION.

LIBAAX IYO DIBI MADOOBE

Saddex dibi oo mid gaduudan yahay, mid cad yahay, midna madow yahay, baa waa meel baad iyo biyo Alla dhigay ku noolaa. Waxay nimco iyo nabad ku jiraanba, libaax dool ah, baa ayaantii dambe u yimid, inuu la saaxiibana weydiistay.

Dibidii baa arrintii ka walaacday, hadday saaxiibtooyada diidaan aarsi bey ka baqayeen, hadday yeelaanna inay halis gelayaan baa u muuqatey. Ugu dambeyntiina iyagoo **ka xun** bay laba kala daran mid dooro saaxiibtinnimo ku qaateen.

Berya ka dib, markuu ogaaday kalsoonida dibida dhex taal bay u caddaatey inuu fadqalalleeyo mooyee inuusan u bareeri karin; dabadeedna inuu **isku fidnee**yo bilaabey.

Ayaantii dambe buu dibi cadde iyo dibi madoobe la faqay oo ku yiri: "Ma ogtihiin in dibi guduud halis nagu yahay oo midabkiisa dhiigga ah cadawgu habeenkii **nagu soo raac**i karo? **Maxaad ka qabtaan** inaan dilo intaanu na halligin?" Iyagoo walaacsan cabsina la gariiraya bey tiisii u yeeleen.

Berya ka dib buu misana dibi madoobe la faqay oo ku yiri: "Ma ogtahay midabka dibi cadde habeenkii dugaaggu nagu soo raaci karo? **Miyaaney kula ahayn** inaan dilo si aan nabad iyo sareedo ugu noolaanno?" Isagoo qamandhacaysan waxa dhacayana **ka xun** buuna suu tiisa u badbaadiyo taladii ka oggolaaday.

Markuu labadii dibi cunay buu dhaqan xumo, kibir iyo **isla weyni** aanu hora u qabi jirin la soo baxay.

Berya ka dib buuna dibi madoobe **foolka ku diiray** oo ku yiri: "Maanta **hilba-hilbow baa i haya** ee geeri isu diyaari." Dibi madoobe oo qoob iyo qanaan isla gariiraya baa ku yiri: "Maxaa dhacay? Sow taad ballan iga qaadday ma aha?"

Isagoo kibir la ham-hamaansanaya buu ku yiri: "Markaad saaxiibbadaa inaan cuno oggolaatay, baad dil isku xukuntaye; is diyaari." Markuu dibi madoobe ka laacay buuna aydii isaga guuray.

TRANSLATION NOTES

ka xun	feel bad about
isku fidnee	set them against each other
nagu soo raac	come after us, pursue us
Maxaad ka qabtaan?	How do you feel about it?
miyaaney kula ahayn?	doesn't it seem to you ...?
isla weyni	self importance
foolka ku diiray	he confronted (him)
hilba-hilbow baa i haya	I crave meat

NEW VOCABULARY

aarsi (ga)	revenge	n0-m
ay (da)	forest	n1-f
baad (ka)	good pasture	n0-m-col
badbaadi (-yey)	protect	v2a=
bareer (-ay)	dare, do on purpose	v1=
cabsi (da)	fear	n -f
cadde (/ha)	whitey	n7-m
daran	worst	der-adj
dhaqan (ka)	conduct, behavior	n -m
dhaqan xumo	bad conduct	np
diyaari (-yey)	prepare, make ready	v2a=
dool (ka)	stranger; wild (one)	n4-m
dooro (#rtay)	choose, elect	v3b=
dugaag (ga)	beast, wild animal	n2-m-col
fadqalallee (-yey)	create trouble (between)	v2b=
faq (-ay)	consult secretly	v1=
fidnee (-yey)	cause trouble	v2b=
fool (ka)	forehead; front teeth	n4-m
gaduudan	red [Alt: guduudan]	adj
gariir (-ay)	tremble	v1=
geeri (da)	death	n2-f
guduud (ka)	red, reddish brown color	n -m
guur (-ay)	move, change residence	v1=
hallig (-ay)	annihilate	v1=
kalsooni (da)	confidence	n0-f
kibir (ka)	arrogance	n4-m

madoobe	blacky	n7-m
midab (ka)	color	n2-m
miyaaney	doesn't it?	qw + neg
mooyee	unless; excluding	conj
muuqo (#qday)	appear	v3b=
nimco (/da)	abundance; resource(s)	n6-f
noolaanno	that we live [rw: **nooloow**]	v3a-rel
oggolow (/laaday)	accept, permit, allow	v3a=
qab (-ay)	have	v1=
qamandhacaysan	having goose bumps	adj-der
qanaan (ta)	tail (of an animal)	n2-f
saaxiibtinnimo (da)	friendship	n-f-abs
saaxiibtooyo (/da)	friendship	n-f-abs
sow ma aha	isn't it	qw-tag
taad	this ... you [= **tan** + **aad**]	deic + vpro
walaac (-ay)	worry	v1=
walaacsan	worried	adj-der
xukun (/may)	sentence; rule, command	v1=
xumo (/da)	badness	n2-f

Exercise 17: USING THE ADJECTIVE **OG** PLUS VERB *BE*.
Note that the adjective **og** *in the know, aware* is used with
forms of the verb *to be* in the senses of *have information, know
for a fact* (based on information received), whereas **oqoon** is a
matter of *having learned (something)* or *recognizing (something,
someone)*. Contrast its uses in the sentences below:

Ma **ogtahay** inay runtahay.	Do you realize that it is true?
Ma **taqaannaa** inay runtahay.	Do you know that it is a fact?

Maad **ogtahay** inuu guri gatey?	Do you know that he bought a house?
Waan **ogahay**.	I know.

Note. **Maad ogtahay** is usually used in this context instead of
Maad taqaannaa.

Iyadu wey **ogtahay** inaan rabo.	She knows that I want (her).
Wuu **ogyahay** berri iney fasax tahay.	He knows that tomorrow is a day off.
Waannu **ognahay** inaadan imaneyn.	We know that you won't come.
Waan **ogaan** doonaa waxaad sameeysey.	I will find out what you have done.
Waan **oqoon** doonaa kuu yahay.	I will know which one it is.
Anigu waan **ogahay**, adiguse maad **ogid**.	I know (about it), but you don't know.
Ma **ogi** inuu imanayo iyo in kale.	I don't know whether or not he is coming.
Ma **ogin** inuu imanayo.	We don't know that he is coming.
Idinku ma **ogidin** iney imanayso.	You don't know if she is coming.

Note that if a PERSON is involved only forms of **oqoow** are used:

Kani waa Cali, ma **taqaannaa**?	This is Ali, do you know him?
Wuu i **ogaa**. Wuu i **yiqiin**.	He knew about me. He knew me.
Haddaan joogi lahaa, waan **ogaan** lahaa. Haddaan joogi lahaa, waan **aqoon** lahaa.	If I was there, I would have found out (about it). If I was there, I would have recognized him.

Exercise 18: USING **OGOOW / OGAADAY** *COME TO KNOW*.
There is additionally the verb of the THIRD CONJUGATION **ogaaday**
which indicates a **realization** or **awareness of facts** (*come to
know, find out about, realize*).   Contrast it with **oqoow**, which
implies an **original knowledge of the facts** (*know, recognize*):

Macallinkaaga aqood!	Recognize your teacher!
Ogoow macallinku inuu joogo.	Be aware that the teacher is here!
Ogaada berri imtixaan baa jiri doona!	You all realize that there will be a test tomorrow!
Casharkiinna aqooda!	Know your lessons!
Tuugga ma aqoon kartaa?	Can you recognize the thief?
Inuu tuug yahay ma **ogaatay**?	Did you realize that he is a thief?
Waan aqiinney inaannu khatar ku jirney.	I knew that we were in danger.
Inaannu khatar ku jirney baan **ogaaday**.	I realized that we were in danger.
Wey ogeyd inaan imid.	She knew that I came.
Wey **ogaatey** inaan imid.	She found out that I came.
Sanado baa laga joogaa markey **ogaatay**.	It has been years since she has realized (it).
Waa sanado hadda intey tiqiin.	It has been years now that she has known (it).
Waxaannu **ogaanney** meeshu ineyaan ahayn meeshaannu niqiinney.	We realized that the place was not the (same) place we knew.
Haddaan la ii sheegin, waanan **ogaaneyn(in)**.	If I am not told, I won't find out.
Haddaan la i barin, waanan aqooneyn(in).	If I am not taught, I won't know (it).
Mar dambe un baan **ogaadaa**.	I usually find out about it late.
Haddaan arko waan aqoodaa.	I usually recognize it if I see it.
Beentooda muu **ogaado**.	He won't know their lies.
Beentooda muu yaqaanno.	He doesn't know their lies.
Annagaa **ogaanna** warka.	It is we who find out the news.
Annagaa naqaanna warka.	It is we who know the news.
Wey ogaayeen iney tagtey.	They knew that she left.
Wey **ogaadeen** iney tagtey.	They discovered that she left.
Wey yiqiinneen iyada.	They knew her.

CHAPTER 39 - VERB DERIVATIONS
TRANSITIVE, AUTOBENEFACTIVE, & ADJECTIVAL VERBS

PATTERN 1: CONJUGATION TWO-A VERBS WITH -**I**.

amaah	loan [n]	**amaahi**	lend
dhal	give birth	**dhali**	deliver (a baby); score (a goal)
dhalaal	shine	**dhalaali**	polish
dhoof	travel	**dhoofi**	deport, exile; export
fid	expand	**fidi**	enlarge, spread
kar	be boiling	**kari**	cook
mar	pass	**mari**	cause to pass
toos	get up	**toosi**	awaken, wake up
yaab	wonder	**yaabi**	amaze

Note VOWEL CHANGE in the following:

ba'	be ruined	**bi'i**	ruin, wipe out
bax	go out, exit	**bixi**	take out, extract
dhac	fall, happen	**dhici**	abort; stop (a fight)
jab	get broken	**jebi**	break [tr]

Note the CHANGE of -**q** or -**g** to -**j**- in the following:

daaq	graze	**daaji**	pasture (animals)
deg	reside, settle	**deji**	make someone settle
engeg	dry	**engeji**	cause to dry
hagaag	in order, proper	**hagaaji**	straighten (out)
nuug	suck	**nuuji**	breastfeed, suckle
raag	be late	**raaji**	delay

Note VOWEL LOSS in the following:

| gama' | fall asleep | **gam'i** | make fall asleep |
| korodh | increase | **kordhi** | cause to increase |

These verbs are TRANSITIVE, that is, they take a DIRECT OBJECT. Some denote a CAUSATIVE meaning as well. See SRG: 38-41.

Exercise 1: USING CAUSATIVE OR TRANSITIVE VERBS.

Amaah baan amaahiyey.	I lent him a loan.
Gabadhdha ay dhashay dhakhtarka baa ka dhaliyey.	The doctor delivered the girl she gave birth to.
Tuug baad dhoofisay.	You deported a thief.
Xoolaha daaq wanaagsan baan soo daajiyey.	I grazed the cattle a good graze.
Hagaag ma u hagaajiseen?	Did you all straighten it out?
Markaad i toosiso, baan toosayaa.	When you wake me up, I will be getting up.

PATTERN 2: CONJUGATION TWO-B VERBS WITH -EE.

dhab	truth	**dhabee**	verify, confirm
dheer	tall, long	**dheeree**	lengthen
dhiig	blood	**dhiigee**	bleed, make bleed
fudud	easy	**fududee**	simplify
madow	black	**madoobee**	blacken
qiime	price, value	**qiimee**	estimate
weyn	large	**weynee**	enlarge
yar	small	**yaree**	reduce
xun	bad	**xumee**	wrong (someone)

Note the LOSS OF FINAL -o from the following:

caano	milk	**caanee**	put milk (into)
casho	dinner	**cashee**	eat dinner, dine
hambalyo	congratulations	**hambalyee**	congratulate

Note VOWEL LOSS in the following derivations:

adag	hard	**adkee**	harden
waran	spear	**warmee**	spear

Note the equivalent of CONSONANT DOUBLING in the following:

cad	white	**caddee**	whiten
hore	previous	**horree**	precede

GRAMMATICAL NOTE.

This affix transforms NOUNS or ADJECTIVES into VERBS. There is no consistent change in meaning, although there is a general sense of *to be [X]*, *to become [X]*, or *to make something become [X]* on several of the above. Consult SRG: 53 for additional information.

Exercise 2: USING FACTITIVE VERBS.

Gidaarka anigaa caddeeyey.	I whitened the wall.
Guriga qiime fiican baa lagu qiimeeyey.	The house was priced at good price.
Shaaha caano idaad bey ku caaneysey.	She put sheep's milk in the tea.
Cashada markaannu casheyno ka dib baannu kuu imaneynaa.	We will come to you after we have eaten dinner.
Sharcigu aad buu u adagyahay ee maxaa sidan loogu adkeeyey?	The law is very hard, why is it made so hard?
Gabadhdha si xun baa loo xumeeyey.	The girl was wronged very badly.

PATTERN 3: FORMING AUTOBENEFACTIVE VERBS.

amaah	loan	**amaaho**	borrow
beer	cultivate	**beero**	plant for self
gad	sell; buy	**gado**	buy for oneself
hafi	drown	**hafo**	get drowned
qaad	take	**qaado**	take for oneself
sid	carry	**sido**	carry for oneself
seexi	put to sleep	**seexo**	go to sleep
wad	drive	**wado**	drive for oneself
weyn	large	**weynow**	grow, get bigger
xidh	tie, fasten	**xidho**	tie for oneself, put on clothes

The following verbs have the suffix -**so**:

aar	revenge	**aarso**	take revenge
buuxi	fill	**buuxso**	fill for oneself
fadhi	stay seated	**fadhiiso**	be seated
fariisi	seat (someone)	**fariiso**	sit down
guuri	marry (off)	**guurso**	get married
iibi	sell	**iibso**	buy
joog	stay	**joogso**	stop oneself
sii	give	**siiso**	pay for, exchange
weyddii	ask	**weyddiiso**	ask for, request

GRAMMATICAL NOTE.

This affix generally denotes *to do [X] to or for oneself.* In some cases the English translation does not always or necessarily have to have the *for oneself* contained in it, e.g., **amaaho** *borrow*, **joogso** *stop*, **seexo** *go to sleep*, **xidho** *put on (clothes)*, etc.. Consult SRG: 41-48 for additional information.

Exercise: 3 USING AUTOBENEFACTIVE VERBS.

Khudaar bey beerta ku beerteen.	They planted fruit & vegetables for themselves in the garden.
Weyddii in uu weyddiistey iyo in kale.	Ask if he had asked for it or not.
Wiilka seexi ee ha seexdo!	Put the boy to bed and let him sleep!
Gurigan gad ee mid kale gado!	Sell this house and buy another!
Kan isaga u qaad ee kan kale adigu qaado!	(You) take this one for him and take the other one for yourself!
Lacag soo amaaho oo markaas anigana wax iga amaahi!	Borrow some money and then lend me some of it!
Baarlamaanku fadhi weyn buu arrintaas ka fadhiistay.	The Parliament had a big meeting about that matter.

PATTERN 4: FORMING ADJECTIVAL ("PASSIVE") VERBS.
Note the following pattern:

fur	(furay)	open	[TRANSITIVE VERB]
furan	(fur + -an)	open	[DERIVED ADJECTIVE]
furan	(furmay)	get opened	[ADJECTIVAL VERB]

Follow the above pattern in deriving the following:

billaw	(/bay)	start	bilaaban	(/may)	get started
gad	(-ay)	sell	gadan	(gadmay)	get sold
hodan	(ka)	rich person	hodan	(hodmay)	become rich
iibso	(/day)	buy	iibsan	(/bsamay)	get bought
jab	(-ay)	break	jaban	(jabmay)	get broken
qal	(-ay)	slaughter	qalan	(qalmay)	get slaughtered
sin	(simay)	smooth out	siman	(simmay)	get equalized
tog	(-ay)	stretch	togan	(togmay)	get stretched
xir	(-ay)	close	xiran	(xirmay)	get closed

See SRG: 49-50, where these are equated with PASSIVE VERBS. In Chapter 22, we saw that constructions with **la** most closely correspond to the idea of *passive* in English. Verbs like those above generally have a meaning of *get (X)* or *become (X)*, which some linguists would call INCHOATIVE (= *become*) rather than PASSIVE (= *be done to*). We can simply call them ADJECTIVAL VERBS.

Exercise 4: USING ADJECTIVAL VERBS.

Ninku wuu hodmayaa.	The man is becoming rich.
Albaabku wuu furmey.	The door got opened.
Khudaartu wey gadantey.	The vegetables got sold.
Ceelku wuu buuxsamey.	The well got full.
Kuleeluhu wuu bilaabmayaa.	The hot season is starting.
Daartu wey ruxantay.	The building got shaken.
Gurigii wuu aasmey.	The house got buried.
Magaaladu wey beddelmaysaa.	The city is getting changed.
Wiilku ciidanka boliiska ayuu ku biirmey.	The boy joined the police force.
Xoolaha oo dhan wey qalmi doonaan.	All of the cattle will get slaughtered.

Exercise 5: READING AND TRANSLATION.

DIIN

Waagii hore diinku hilib guduudan buu ahaa. Arooryada hore iyo gabbal gaabkii uun buuna daaqi jiray, **si aan cadceeddu u qaban**, dugaagga iyo haadduna u arag.

Berigii dambe ayaa Xaawo Aadan weydiisatay inuu beer diin u keeno, **si ay jacaylkiisa u tijaabiso**.

Aadan **dhan** wuxuu uga welwelayay siduu afadiisa u raalli gelin lahaa, **dhanna** siduu diin u badbaadin lahaa. Ugu dambeyntiise inuu Xaawa raalli geliyo ayuu **tala ku gaarey**. Dabadeedna haad buu isugu yeeray oo ku yiri: "Diin raadiya oo degdeg beerkiisa ii keena."

Diin wuu maqlayay amarka adag oo Aadan bixiyey, isagoo oohin iyo Alla tuug isku daraya buuna nagaar **hoosta ka galay**. **Baryadiina** waa laga aqbalay oo qolof adag oon cidi daloolin karin baa **lagu rogay**.

Kolkay diin mudda gawinaysay waxna ka tari wayday bay haaddii iyadoon beer wadin gafuurkuna wada qalloocan yahay Aadan ku laabatay.

Waagaa wixii ka dambeeyey, diin cidna kama cabsado, waayo dahaar adag oon la daloolin karin baa ku daboolan.

TRANSLATION NOTES

si aan cadceeddu u qaban	so the sun would not get him
si ay jacaylkiisa u tijaabiso	in order to test his love for her
dhan ... dhanna	on the one hand ... and on the other hand
tala ku gaarey	he reached a decision
hoosta ka galay	he went under
baryadiina	and his begging / entreaties
lagu rogay	he was covered by / with

NEW VOCABULARY

adag	hard (not soft), tough	adj
afo (/da)	wife	n6-f
amar (ka)	order, command	n2-m
aqbal (-ay)	accept	v1=
aroor (ta)	early morning	n2-f
badbaadi (-yey)	safeguard, care for	v2a=
beer (ka)	liver	n4-m
bixi (-yey)	give (an order); issue	v2a=
cabso (/day)	fear	v3a=
cadceed (da)	sun	n0-f
cid (da)	anybody	pro
cidna	nobody	pro + neg-suf
dabool (-ay)	cover	v1=
dahaar (ka)	shell	n2-m
dalooli (-yey)	pierce	v2a=
dambeyntiise	but at the end	np-conj
dhan (ka)	side	n -m
diin (ka)	turtle	n -m
gaab (ka)	short (one)	n -m
gawi (-yey)	pound	v2a=
guduudan	red	adj=
hoosta ka galay	he went under ...	vp + loc
jacayl (ka)	love	n2-m
nagaar (ka)	bush, shrub	n0-m-col
oohin (ta)	cry	n2-f
oon	and not [= **oo** + **aan**]	conj + neg
qalloocan	bent	adj-der
qolof (ta)	shell, peeling	n3-f
raadi (-yey)	look for	v2a=
raalli (ga)	obedience (of husband)	n -m
raalli geli	satisfy, appease (wife)	v2a=
rog (-ay)	turn upside down, change	v1=
tar (-ay)	be useful	v1=
tuug (ga)	begging	vn-m
waagaa	during that period	np-time
wadin	not carrying / bringing	v1-neg
waxna	nothing	pro + neg-suf
welwel (-ay)	worry	v1=

Exercise 6: REVIEW.
Transform the following noun or adjective roots into verbs of the conjugations you know, without looking at the answers on the right.

amaah (da)	loan	amaahi (-yey)	lend, loan out
		amaaho (#day)	borrow
bax (a)	exiting	bax (-ay)	go out, exit
		bixi (-yey)	put out; pay
		baxso (/day)	take out for self; escape, get away
beer (ta)	farm	beer (-ay)	plant, farm
		beeran (beermay)	get planted
		beero (#tay)	plant for oneself
gad (ka)	sale	gad (-ay)	sell
		gado (gatay)	buy for oneself
		gadan (gadmay)	get sold
gal (ka)	entering	gal (-ay)	go in, enter
		geli (-yey)	put in, insert
		gasho (/day)	put on; wear
iib (ka)	price, sale	iibi (-yey)	sell
		iibso (/day)	buy
		iibsan (/may)	get bought
joog (ga)	staying, waiting	joog (-ay)	stay, wait
		jooji (-yey)	stop [tr]
		joogso (/day)	stop oneself
wad (ka)	driving	wad (-ay)	drive
		wado (watay)	drive for oneself
buux (a)	fullness	buux (-ay)	be full
		buuxi (-yey)	fill
		buuxso (/day)	fill for oneself
		buuxsan (/may)	become full
kulul	hot	kululee (-yey)	heat (up)
		kululoow (/aaday)	become hot
madow	black, dark	madoobee (-yey)	darken, blacken
		madoobow /aaday)	become dark
weyn	large	weynee (-yey)	enlarge
		weynow /aaday)	get big(ger)
yar	small	yaree (-yey)	reduce, make small
		yarow /aaday)	become small(er)

CHAPTER 40 - **COORDINATION, RESTRICTIVES AND APPOSITIVES**

PATTERN 1: REVIEW OF COORDINATION WITH **OO** *AND*.

Waa naag dheer **oo** dhuuban.	She is a tall and thin woman.
Waan daalay **oo** seexday.	I got tired and slept.
Waad tageysaa **oo** soo arkeysaa.	You will go and see it.
Halka buu imanayaa **oo** waannu is raacaynaa.	He is coming here and we are going together.
Soo fariiso **oo** shaah shubo **oo** buskut ku cun.	Have a seat and serve yourself some tea and eat it with a cookie.
Dharka keen **oo** mayr **oo** cadceedda ku war.	Get the clothes and wash them and put them to dry in the sun.

GRAMMATICAL NOTE

The CONJUNCTION **oo** is used to link EQUAL SENTENCE PARTS [see SRG: 249f], APPOSITIVE CONSTRUCTIONS [SRG: 229, 232f, 242f, 245], and INDEFINITE RESTRICTIVE CONSTRUCTIONS [see SRG: 228-234].

Exercise 1: Translate the following, using **oo**:

The big white cup broke.	Koobka weyn oo cad baa jabay.
Get some food and eat it.	Cunto soo qaado oo cun.
Go to the bank and get yourself some money.	Bankiga tag oo lacag soo qaado!
Who was the pretty girl who came here yesterday?	Gabadhii quruxsanayd oo shaley halka timid maxay ahayd?
What do you want me to bring for you from the market?	Maxaad dooneysaa oo aan suuqa kaaga keenaa?
I am going to the market to buy camel meat.	Suuqa baan tagayaa oo hilib geel baan soo iibinayaa.
Take it to him and come back soon.	U geey oo dhaqso soo noqo.
The fat tall man is that girl's father.	Ninka buuran oo dheer waa gabadhaas aabbaheed.

339

PATTERN 2: REVIEW OF COORDINATION WITH -NA *AND*.

Aniga shaah ii keen, adiguna
  waxaad rabto soo qaado.

Bring me some tea, and you
  get whatever you want.

Ha timaaddo, waxay rabtona
  ha sheegato.

Let her come and say what
  she wants.

Markaad imaneyso gabadh-
  dhana hore u soo qaad!

When you are coming, pick up
  the girl also!

Saacad quruxsan buu haystaa
  aabbihiis baana u soo gadey.

He has a beautiful watch and
  his father bought it for him.

Khamri buu cabbey wuuna
  sakhraamay.

He drank an alcoholic beverage
  and he got drunk.

Remember that -**na** is used to *mark a new clause* and generally
goes on the first word or full phrase of that clause; it is *not*
used to join words or phrases. [See SRG: 251.]   Contrast the
use of *both* **oo** and -**na** in the following examples:

Cuntada cun **oo** suxuuntana
  mayr.

Eat the food and wash the
  dishes.

Wey joogtaa **oo** weyna
  hurudda.

She is here and (she) is
  asleep.

Exercise 2: Translate the following, using both **oo** and -**na**:

Come to me tomorrow and
  also call Mohamed!

Berri ii imow oo Maxamedna
  u yeer!

He came and he went back.

Wuu yimid oo wuuna noqday.

The house is big and it
  is also new.

Gurigu wuu weynyahay oo
  wuuna cusubyahay.

I saw Mohammed and he
  sent you his regards.

Maxamed baan arkey oo salaan
  buuna kuu soo farey.

And the car he bought is
  new and it is expensive.

Baabuurkuu iibsadeyna wuu
  cusubyahay oo waa qaali.

And take the big black
  table out of the room!

Miiska weyn oo madowna qolka
  ka saar!

PATTERN 3: COORDINATION WITH **AMA** *OR*.
See SRG: 253.

Kan **ama** kaas, keed rabtaa?	This or that, which do you want?
Cun **ama** dhaaf!	Eat it or leave it!
Waan iman doonaa **ama** maan iman doono.	(Either) I will or will not come.
Waa dimoqraadi **ama** waa shuyuuci.	It is Democratic or Communist.
Berri shanta **ama** shanta iyo barka baan kuu imanayaa.	I am coming to you tomorrow at 5:00 or at 5:30.
Hawadu waa qabow **ama** waa kulayl.	The weather is (either) cold or it is hot.

Exercise 3: USING **AMA** *OR*.
Translate the following into Somali or English respectively:

Go or stay!	Tag ama joog!
You or him.	Adiga ama isaga.
Call Mohamed or Sara for me!	Maxamed ama Sahra iigu yeer!
You are going to find me at the office or at home.	Xafiiska ama guriga ayaad iga helaysaa.
Give me either the big one or the small one!	Kan weyn ama kan yar mid i sii!
You take it or give it to the children!	Adigu qaado ama caruurta sii!
Sanadkan waxaan rabaa Hawaii ama Yurub inaan fasax u tago.	This year I want to go to Hawaii or to Europe for vacation.
Kan weyn ama kan yar midkii aan helo un baan keenayaa.	I will bring the big one or the small one, whichever I find.

PATTERN 4: COORDINATION WITH **LAAKIIN** *BUT*.
See SRG: 254.

Daauud wuu soo noqday, **laakiin** imminka ma joogo.	David has returned, but he is not here now.
Waan qadeeyay, **laakiin** weli waan gaajaysnahay.	I have eaten lunch, but I am still hungry.
Waannu guuri doonnaa, **laakiin** weli maannan guurin.	We will be moving, but we have not moved yet.
Caasha wey imanaysaa, **laakiin** weli may imannin.	Asha will come, but she has not come yet.
Heestan waan jeclaan jiray, **laakiin** hadda ma jecli.	I used to like this song, but I do not like it now.

Exercise 4: USING **LAAKIIN** *BUT*.

Today is a nice day, but it will be hot tomorrow.	Maanta maalintu wey wanaagsantahay, laakin berrito wey kululaan doontaa.
The lunch was good, but it was (too) little for me.	Qadadu wey fiicnayd, laakiin wey igu yareyd.
The men went, but the women are here.	Raggii wey tageen, laakiin dumarku wey joogaan.
I used to see him every day, but now I don't see him at all.	Maalin walba waan arki jiray, laakiin imminka maba aan arko.
The work was too much, but now it has gotten less.	Shaqadu wey badnayd, laakiin imminka wey soo yaraatay.
She knows (how) to make tea, but does not know (how) to make (the) coffee.	Shaah bey karin taqaan, laakiin bunka ma taqaanno.
I know you, but I forget where I met [lit: have seen] you.	Waan ku aqaannaa, laakiin meeshaan kugu arkay baan illowsanahay.

PATTERN 5: COORDINATION WITH **HASE YEESHEE** *HOWEVER.*   See SRG: 254.

Carruurtii wey tagtey, **hase yeeshee** naagihii weli wey joogaan.	The children left, however the women are still here.
Magaaladu wey yartahay, **hase yeeshee** aad bey u baabuur badantahay.	The city is small, however it has a lot of cars.
Waan ku aqaannaa, **hase yeeshee** magacaagii baan illaawey.	I know you, however I have forgotten your name.
Maanta hawadu wey fiicantahay, **hase yeeshee** berri lama oga.	Today the weather is nice, however, tomorrow nobody knows.

Exercise 5: USING **HASE YEESHEE**.

His wife is good, however, he is bad.	Naagtiisu wey fiicantahay, hase yeeshee isagu wuu xunyahay.
The work was too much for us, however, now it has gotten less.	Shaqadu wey nagu badnayd, hase yeeshee imminka wey yaraatay.
I used to see him every day, but now I don't.	Maalin walba waan arki jiray, hase yeeshee imminka maan arko.
The lunch was good, but I didn't have enough.	Qadadu wey fiicanayd, hase yeeshee maan dhergin.
Mary has left home, however she has not arrived yet.	Maryan guriga wey ka soo baxday, hase yeeshee weli mey imannin.
Joseph has sold his car, but he has not bought another one yet.	Yuusuf baabuurkiisii wuu iibiyey, hase yeeshee weli mid kale muu iibsannin.
Mohammed got married, however he doesn't have children yet.	Maxamed wuu guursaday, hase yeeshee weli carruur ma laha.
The turtle was red meat, however, now it is covered with a hard shell.	Diinku hilib guduudan buu ahaa, hase yeeshee imminka dahaar adag baa ku rogan.

Exercise 6: READING AND TRANSLATION.

DHAXAL

Nin baa waa wuxuu lahaa saddex wiil, wuxuuna rumeysnaa
inuusan wiilasha midkood dhalin, hase yeeshee dadku **lama
ogeyn** taas.

Ayaantii dambe ayaa odagii bukooday; kolkii **sakaraadkii la
soo saaray**, buu wiilashii isugu yeeray, kuna yiri: "Saddexdiinna
mid baanan dhalin, **dhaxalna igu lahayn**, idiinna sheegi maayo
ee **iska soo saara**." Dardaarankaasi markuu afkiisa ka
dhammaadeyna **wuu ruux baxay**.

Markii duugtii iyo tacsidii **laga soo jeestay**, bay wiilashii nin
abwaan ah u tageen, una sheegeen arrintoodii.   Wabarkii
goortii uu dacwadii dhegeystay, buu midba aqal keligii geeyey,
habeen iyo laba dharaaroodna qadiyey.

Habeen labaadkii buu midkood wan jeexii iyo dhiil caana ah u
geeyey, wuuse ka diiday inuu walaalihii la'aantood wax cuno.
Wuu ka tegey, wuxuuna u geeyay kii labaad, isna wuu diiday
inuu walaalihii la'aantood wax cuno. Wuu ka tegey, wuxuuna u
geeyey kii saddexaad;   saa isagoon waxba warsan buu cuntadii
afka u dhigtey, markii uu dhergana wuxuu weydiiyay **goorta uu
gartooda naqi doono**. Intii uu hilibka cunayey, baa odagii
wiilka **go'iisii sare dacal ka gooyey**.

Subaxii kolkii waagii baryey, baa abwaankii saddexdii wiil iyo
dadkii beesha degganaa isugu yeeray, una sheegay inuu wacelku
yahay wiilasha midka maradiisu faraqa go'antahay.   Go'yaalkii
markii la baaray, **baa ninkii la doonayey** soo baxay, halkaas
buuna ku dhaxal waayey, wacelna ku noqday.

lama ogeyn	it was not known
sakaraadkii la soo saaray	he was on his deathbed [lit: the deathbed was put on him]
dhaxalna igu lahayn	he has no inheritance from me
iska soo saara	pick him out yourselves!
wuu ruux baxay	he died
laga soo jeestay	when it was turned from [= finished]

goorta uu gartooda naqi doono	when he would arbitrate their case
go'iisii sare dacal ka gooyey	he cut (it) from the hem of his top (outer) garment
baa ninkii la doonayey	the wanted man

NEW VOCABULARY

abwaan (ka)	wiseman	n2-m
baanan	I ... not [+ FOCUS]	vpro + foc + neg
bukood (-ay)	be sick	v1=
dacal (ka)	hem of garments	n2-m
dacwad (da)	case, law suit	n1-f
dhalin	didn't father [rw: **dhal**]	v1-neg
dhammow (/aadey)	get finished, end	adj + v5a=
dharaar (ta)	day	n1-f
dhaxal (ka)	inheritance	n2-m
dhereg (-ay)	eat enough, be full	v1=
dhiil (/sha)	milk vessel	n1-f
duug (ta)	funeral	n1-f
faraq (a)	one end of a robe	n2-m
gar naqi	to settle a dispute	v1-inf
go' (a)	robe [Pl: go'yaal (ka)]	n7-m
go'an	cut [cf: **go'** (-ay)]	adj-der
idiinna	and to you all	pro + conj
isugu yeer (-ay)	call them together	vp
jeex (a)	strip; half an animal	n2-m
keli (ga)	state of being alone	n -m
keligii	him alone, by himself	np
la'aantood	without them	np
maro (/da)	robe	n6-f
midkood	one of them	num phrase
qadi (-yey)	fail to give food, starve	v2a=tr
rumeyso (#stay)	believe	v3b=
saa	lo and behold!	intj
saar + ka	take out, pick out	v1=expression
sakaraad (ka)	deathbed	n2-m
sare	high, top, outer	adj-loc
tacsi (da)	mourning	n1-f
wacel (ka)	bastard	n2-m
wan (ka)	ram	n4-m
warso (/day)	ask, inquire	v3a=

Exercise 7: USING RELATIVE CLAUSES & SUBJECT FOCUS.
Remember that relative clauses take the REDUCED VERB ENDINGS
associated with SUBJECT/FOCUS VERBS [see Appendix 1 and SRG:
62f, 232f].

Yuusuf oo Mareykan **ah** baa Ruush tagey.	Joseph, who is an American, went to Russia.
Xamsa oo Ruush **taga** baa gabar Ruush **ah** guursaday.	Hamza, who goes to Russia, married a Russian girl.
Isagoo hilib **cunaya**, buu ku mergaday.	While eating meat, he choked on it.
Iyadoo basal **jareysa**, bey farta is gooysey.	While chopping onions, she cut her (own) finger.
Cali oo **wadaya** buu baabuur-ku damey.	While Ali was driving, the car stalled.
Carruurtii dab **shidda** wey gubataa.	Children who light fires get burned.

Exercise 8: SUBSTITUTING **EE** FOR **OO**.
In several dialects **ee** can be substituted for **oo** with *no differ-
ence in meaning or function* [contrast this with SRG: 233, 252].
Repeat the first sentence after your teacher, then substitute **ee**
for **oo**:

Naagaha yimi oo noqday. Naagaha yimi ee noqday.	The women who came and returned.
Baabuurkaygii casaa oo aad aragtey waa la iga xaday. Baabuurkaygii casaa ee aad aragtey waa la iga xaday.	My red car which you saw has been stolen from me.
Ninka bukay oo dhintay kumuu ahaa? Ninka bukay ee dhintay kumuu ahaa?	Who was the man who was sick and died?
Waa meel roob badan oo qabow. Waa meel roob badan ee qabow.	It is a rainy and cold place.

CHAPTER 41 - PREPOSITIONS AND PRONOUN FUSION

PATTERN 1: RESULTS FROM FUSION OF PREPOSITIONS.
These words are given *in alphabetical order* as a STUDY GUIDE.
Derive the appropriate Somali form without looking at the
answers on the right. Review Chapter 10 (especially page 77)
and consult SRG: 190-195 or the exercises below for a compre-
hensive list organized by BASE PREPOSITIONS and PRONOUNS. In the
space provided, indicate the meaning of each:

idin + u	idiin
idin + u + ka	idiinka
idin + u + ku	idiinku
idin + u + u	idiinku
idin + u + la	idiinla
idin + ka	idinka
idin + ku + ka	idinkaga
idin + ka + ka	idinkaga
idin + ka + la	idinkala
idin + ku	idinku
idin + ku + la	idinkula
idin + la	idinla
i + ka	iga
i + ku + ka	igaga
i + ka + ka	igaga
i + ka + la	igala
i + ku	igu
i + ku + la	igula
i + u	ii
i + u + ka	iiga
i + u + ku	iigu
i + u + u	iigu
i + u + la	iila
i + la	ila
ina + ka	inaga
ina + ku + ka	inagaga
ina + ka + ka	inagaga
ina + ka + la	inagala
ina + ku	inagu
ina + ku + la	inagula
ina + la	inala

ina + u	inoo
ina + u + ka	inooga
ina + u + ku	inoogu
ina + u + u	inoogu
ina + u + la	inoola
is + ka	iska
is + ku	isku
is + la	isla
is + u	isu
ku + ka	kaa
ku + ku + la	kaala
ku + ka + la	kaala
ku + ku	kaga
ku + ka	kaga
ka + la	kala
ku + ku	kugu
ku + la	kula
ku + la	kula
ku + ma	kuma
ku + u	kuu
ku + u + ku	kuugu
ku + u + la	kuula
la + ka	laga
la + ku	lagu
la + la	lala
la + is + ku	laysku
la + u	loo
la + u + ka	looga
la + u + ku	loogu
na + ka	naga
na + ka + la	nagala
na + ku	nagu
na + ku + la	nagula
na + la	nala
na + u	noo
na + u + ka	nooga
na + u + ku	noogu
na + u + la	noola
u + ka	uga
u + ku	ugu
u + u [second **u** becomes **ku**]	ugu
u + la	ula

Exercise 1: BASIC PREPOSITION COMBINATIONS.
Translate the following:

Cunto guriga **uga** keena!	You bring food for him from home!
Cali sidan **ugu** sheeg!	Tell it to Ali like this!
Guriga baan **ugu** imid.	I came to him at the house.
Cayda isaga waan **ula** kacay.	I deliberatly insulted him [lit: I rose up with an insult to him].
Buuggaaga xaggee baad **kaga** timid?	Where have you left your book? [lit: come from ... at]
Wiilka qalin baan **kala** tagey.	I went off with the boy's pen.
Warqadda baan isaga **kula** noqday.	I went back to him with the letter.

Exercise 2: USING THE FIRST PERSON SINGULAR PLUS PREPOSITIONS.

Salaan diirran **iga** guddoon.	Accept a warm greeting from me.
Buugga xoog buu **igaga** qaatey.	He took the book by force from me.
Arrintaas ayuu **igala** hadley.	He talked with me about that matter.
Dharbaaxo buu **igu** dhuftey.	He slapped me.
Af Soomaali **igula** hadal!	Speak with me in Somali!
Shaah **ii** keen!	Bring me some tea!
Makhaayadda cunto **iiga** keen!	Bring some food for me from the restaurant!
Cuntada qolka **iigu** keen!	Bring the food for me in the room!
Wax wanaagsan **iila** imow!	Come to me with something good!
Kaaley oo berrito **ila** qadee!	Come and eat lunch with me tomorrow!

Exercise 3: USING THE SECOND PERSON SINGULAR PLUS PREPOSITIONS.

Buugga yaa **kaa** qaatey?	Who took the book from you?
Macallinku muxuu **kaala** hadley?	What did the teacher talk to you about?
Miyuu **kula** socdey?	Did he go with you?
Baabuurka miyuu **kula** iibiyey?	Did he help you buy the car?
Shaah ma **kuu** keenaa?	Shall I bring some tea for you?
Muxuu **kugu** dhuftey?	What did he hit you with.
Ma halkaan **kuugu** keenaa?	Shall I bring it here for you?
Maan **kuula** hadlaa iyada?	Shall I talk to her for you?

Exercise 4: USING THE FIRST PERSON EXCLUSIVE PLUS PREPOSITIONS.

Lacag ma **naga** qaadeysaa?	Are you going to charge us money?
Macallinka ma **nagala** hadleysaa?	Will you talk to the teacher for us?
Baabuurkaaga **nagu** qaad!	Take us in your car!
Dugsiga **nagula** kulan.	Meet us at the school.
Baabuurka **nala** raac!	Come with us in the car!
Adigu baabuurka **noo** wad!	You drive the car for us!
Maxamed baabuurkiisa **nooga** soo qaad!	Get us Mohamed's car from him!
Guriga **noogu** keen!	Bring it to us at the house.
Xumaanta wuu **noola** kacay.	He deliberately wronged us.

Exercise 5: USING THE FIRST PERSON INCLUSIVE PLUS PREPOSITIONS.

Inaga qaado oo iyada sii!	Take it from us and give it to her.
Dugsiga buu buugga **inagaga** qaadey.	He took the book from us at the school.
Arrintaada bey **inagala** hadashay.	She talked with us about your matter.
Xamar bey **inagu** aragtey.	She saw us in Hamar.
Af Ingiriisi bey **inagula** hadleen.	They spoke to us in English.
Saaka buu **inala** quraacdey.	He breakfasted with us this morning.
Quraac buu **inoo** keeni doonaa.	He will bring breakfast for us.
Soomaaliya oodkac buu **inooga** keeney.	He brought jerky for us from Somalia.
Hargeysa bey **inoogu** timid.	She came to us in Hargeisa.
Macallinka bey **inoola** hadleen.	They spoke with the teacher for us.

Exercise 6: USING THE SECOND PERSON PLURAL PLUS PREPOSITIONS.

Yaa shaaha **idiin** keenay?	Who brought the tea for you?
Xaggee baa la **idiinka** keeney?	From where was it brought for you?
Xaggee baan **idiinku** keenaa?	Where will I bring it for you all?
Waa la **idinla** jeclaadey.	Someone liked it for you all.
Miyaa la **idin ka** qaadey?	Was it taken from you?
Xaggee baan **idin ku** arkey?	Where did I see you all?
Alaabta an **idinkaga** tago?	Shall I leave the things with you?
Alaabta ha **idinkala** tago.	May he go off with the things from you all.
Kubbadda ha **idinkula** cayaaro!	May he play (with the) ball with you!
Ha **idinla** sheekeysto!	May he converse with you all!

Exercise 7: USING THE INDEFINITE PRONOUN PLUS PREPOSITIONS.

Xaggee baa **laga** keeney?	Where was it brought from?
Maxaa **lagu** keeney?	By what was it brought?
Ma **lala** hadley, mise maya?	Has someone talked with him or not?
Waa **la isku** cunaa.	They are eaten together.
Sidee baa **loo** sameeyaa?	How does one make / do it?
Maxaa **looga** qaadey?	Why was it taken from him?
Maxaa **loogu** dudey?	Why was one angry with him?

Exercise 8: USING THE REFLEXIVE/RECIPROCAL PLUS PREPOSITIONS.

Muraayadda waa la **iska** arkaa.	One sees oneself in the mirror.
Shaaha iyo caanaha **isku** dar!	Mix the tea and the milk together!
Shaley baannu **isla** hadalney.	We talked with each other yesterday.
Shirku berri buu **isu** imanayaa.	The conference will come together tomorrow.

Exercise 9: NEGATIVE AND PREPOSITION FUSION.

Guriga **kuma** ay jirto.	She is not in the house.
Carruurteed **lama** ay imannin.	She did not come with her children.
Weligeed **kama** ay iman jirin.	She never used to leave them behind.
Carruurta ayeydood **uma** ay keenin.	She did not bring the children to their grandmother.

Exercise 10: READING AND TRANSLATION.

LILLAAHI IYO LAQDABO

Beri baa waxaa wada ugaarsaday dab, biyo, mas, libaax, lillaahi iyo laqdabo; hal gool ah beyna heleen. Hashii bey kaxeysteen; laqdabo ayaa garhaystey inta kalena wey daba socotey.

Haddii cabbaar la socday baa laqdabo mas u yeertey oo ku tiri: "Waad ogtahay, sida libaax halis u yahay ee maad goosatid intaanu na leyn?"

Maskii dib ayuu u laabtay oo libaax qaniinya goostay. Markii libaaxii dhintay, baa laqdabo dab u yeertay oo ku tiri: "Waad aragtey waxa mas sameeyey, ee maad gubtid intaanu qaniinyo naga simin?" Dabkii dib ayuu u noqday oo maskii oo jabad dhex galangalcaynaya gubay.

Markii maskii dhintay baa laqdabo biyo u yeertey oo ku tiri: "Waad aragtey waxa dab sameeyay, ee maad dishid intaanu na wada gubin?" Biyihii gadaal bey isu rogeen oo dabkii damiyeen.

Markii dabkii dhintay bey lillaahi u yeertey oo ku tiri: "Biyahaasi waa halis, inay na hafiyaan baana dhici karta, ee na keen aan hasha buurtaas kala fuulnee." Sidii baa la yeelay biyihiina buurtii degaan-deggeed ku hareen.

Biyihii kolkay saabishey, bey si ay hasha keligeed ugu harto, lillaahina inay bixiso goosatay; waxayna ku tiri: "Hasha dabar!" Markay warmoogtii lillaahi ahayd, hashii hoos kadalloobsatay, bey laqdabo didisay si ay ugu durduriso; iyadii beyse haraati beerka gooysey oo meeshii ku dishay.

Kolkii laqdabo geeriyootey baa lillaahi hashii hoos ula soo degtey, biyihiina la qaybsatey.

NEW VOCABULARY

beyse	= **baa** + **ay** + **-se**	focus+vpro+conj
buur (ta)	hill, mountain	n1-f
daba soco (#day)	follow, go after	v3b=
dabar (-ay)	hobble, tie up an animal	v1=
dami (-yey)	extinguish	v2a=
degaan-deg (ga)	slope	n2-m
dego (#gtay)	come down, descend	v3b=
didi (-yey)	scare away; disperse	v2a=
dishid	you don't kill [rw: dil]	v1-neg
durduri (-yey)	cause to flow; stampede	v2a=
fuul (-ay)	climb	v1=
fuulnee	and let us climb up (it)	v1-1pl-opt
	[= **fuulno** + **-ee**]	+ conj
gadaal (/sha)	backside, behind	n1-f
garhayso (#stey)	lead (an animal)	v3b=
gool (/sha)	fat she camel	n1-f
gooso (#tay)	cut with one's teeth	v3b=
gub (-ay)	burn	v1=
gubin	did not burn	v1-neg-past
gubtid	(why) don't you burn (it)	v1-subj
hafi (-yey)	drown	v2a=
haraati (-yey)	kick	v2a=
jabad (ka)	camp	n2-m
kadalloobso (/day)	squat	v3a=
kaxeeso (#tay)	take along, drive away	v3b=
keligeed	she alone	np
laqdabo (/da)	deceit	n6-f
leyn	to kill off [rw: **laay**]	v2a-inf
lillaahi (da)	honesty	n2-f
mas (ka)	snake	n4-m
qaniinyo (/da)	bite	n6-f
qaybso (/day)	share out	v3a=
rog (-ay)	turn over, reverse	v1=
saabil (-ay)	cheat	v1=
sin (/may)	equalize	v1=
ku sin	replace, substitute	v1=expression
ugaarso (/day)	hunt	v3a=
warmoog	uninformed, unaware	adj

CHAPTER 42 - REMAINING FORMS OF THE VERB **YAHAY** *BE*

The PRESENT HABITUAL (**ahay** *I am*), SIMPLE PAST (**ahaa** *I was*), and IMPERATIVE (**ahow, ahaada**) were taken up in Chapter 14, the SUBJECT/FOCUS FORM (**ah**) was introduced in Chapter 19. The use of this verb with adjectives was also reviewed in Chapters 29-30.

PATTERN 1: USE OF THE INFINITIVE **AHAAN**.

Hadduu aabbahay lacag lahaan lahaa, maanta dhakhtar baan **ahaan** lahaa.	If my father had had money, today I would have been a doctor.
Haddaannu Mareykan ku dhalan lahayn, Mareykan baannu **ahaan** lahayn.	If we had been born in America, (then) we would have been Americans.
Haddaanu sakhraamin, maxbuus muu **ahaan** lahayn.	If he hadn't been drunk, he wouldn't have been a prisoner.

Exercise 1: USING THE INFINITIVE.

Duuliye baan ahaan jiray.	I used to be a pilot.
Saaxiibkiis baad ahaan jirtay.	You used to be his friend.
Dhabbaakh buu ahaan jiray.	He used to be a cook.
Karraaniyad bey ahaan jirtay.	She used to be a clerk.
Cayr maannu ahaan jirin.	We didn't used to be poor.
Hodan meydin ahaan jirin.	You didn't used to be rich.
Tuugo mey ahaan jirin.	They didn't used to be thieves.

GRAMMATICAL NOTE.

The distinction between NOUN and ADJECTIVE in Somali becomes very clear when forms of the verb *to be* are used. *Nouns* come in SUBJECT (first) POSITION and a LONG FORM of the verb is used, while *adjectives* come in PREDICATE (final) POSITION and a SHORT FORM of the verb is suffixed to them.

Remember that the *short forms* are basically *suffixes* without the -**ah**- or -**ih**- of the long forms. Review the formation of plural nouns and adjectives (Chapters 18 and 29). All of these differences are drilled systematically throughout this chapter.

PATTERN 2: NEGATIVE PAST OF **AHOW**.

Beenlow	maanan	**ahayn**.	I was not a liar.
	maadan	"	You were not ...
	muusan	"	He was not ...
Beenley	meeyan	"	She was not ...
Beenlowyaal	maannan	"	We were not liars.
	meydnan	"	You were not ...
	meeyan	"	They were not ...

Exercise 2: USING THE NEGATIVE PAST **AHAYN**.
Translate the following without looking at the Somali:

I was not a doctor then.	Dhakhtar maan ahayn markaas.
You were not a student then.	Ardey maad ahayn markaas.
He was not a teacher in that school.	Macallin muusan ka ahayn dugsigaas.
She was not a good cook.	Dhabbaakhad wanaagsan meeyan ahayn.
We were not good students.	Ardey wawanaagsan maannan ahayn.
You were not bad teachers.	Macallimiin xunxun meydnan ahayn.
They were not tall men.	Niman dhaadheer meeyan ahayn.

PATTERN 3: SHORT FORM OF NEGATIVE PAST: **-ayn /-eyn**.
Note that **buuran** *fat* loses the final **a** when inflected with the SHORT FORM, that is, **buuran** + **ahayn** becomes **buurnayn**:

Maanan	buurnayn	markaas.	I was not fat then.
Maadan	buurneyn	"	You were not ...
Muusan	"	"	He was not ...
Meeyan	"	"	She was not ...
Maannan	"	"	We were not ...
Meydin	"	"	You were not ...
Meeyan	"	"	They were not ...

Exercise 3: USING THE SHORT FORM OF NEGATIVE PAST.
Translate the following without looking at the Somali:

I was not tall when I was little.	Maanan dheereyn markaan yaraa.
You were not short then.	Maadan gaabnayn markaas.
He was not slim when he got married.	Muusan dhuubneyn markuu guursaday.
She was not pretty when she was small.	Meeyan quruxsanayn markey yareyd.
We were not so black when we were there.	Sidaa maannan u madoobeyn markaannu halkaas joogney.
You were not so big.	Sidaan u meydnan weyneyn.
They were not very good.	Aad u meeyan fiicneyn.

PATTERN 4: NEGATIVE PRESENT HABITUAL.

Qof dheer	maan	**ihi**.	I am not a tall person.
	maad	**ihid**.	You are not ...
	muu	**aha**.	He is not ...
	mey	**aha**.	She is not ...
Dad dhaadheer	maannu	**ihin**.	We are not tall people.
	meydin	**ihidin**.	You are not ...
	mey	**aha**.	They are not ...

Exercise 4: USING THE NEGATIVE PRESENT.
Translate into Somali:

I am not you.	Adiga kumaan ihi.
You are not an American.	Mareykan maad ihid.
He is not a fool.	Nacas muu aha.
She is not a good cook.	Dhabbaakhad wanaagsan mey aha.
We are not teachers.	Macallimiin maannu ihin.
You are not presidents.	Madaxweyneyaal meydin ihidin.
They are not students.	Ardey mey aha.

PATTERN 5: SHORT FORM OF NEGATIVE HABITUAL.
Note that **culus** *heavy* loses the final **u** and the two consonants
(**l** and **s**) switch positions when inflected with this SHORT FORM,
that is, **culus** + **aha** becomes **cusla**, etc. The technical name
for this kind of change is METATHESIS [see page 444].

Maan	cus**li**.	I am not heavy.	
Maad	cusl**id**.	You are not ...	
Muu	cus**la**.	He is not ...	
Mey	cus**la**.	She is not ...	
Maannu	*cus*cus**lin**.	We are not ...	
Meydin	*cus*cusl**idin**.	You are not ...	
Mey	*cus*cus**la**.	They are not ...	

Exercise 5: USING THE SHORT NEGATIVE HABITUAL.
Translate into Somali:

I am not fat.	Maan buurni.
You are not slim.	Maad dhuubnid.
He is not in the know.	Muu oga.
She doesn't like (it).	Mey jecla.
We are not many.	Maannu badnin.
You are not white.	Meydin caddidin.
They are not tall.	Mey dhaadheera.

PATTERN 6: NEGATIVE CONDITIONAL.

Hadduusan Eebbe rabin,			If God did not will it, I would
bukaan	maan	**ahaadeen**.	not have been a sick person.
	maad	**ahaateen**.	you would not ...
	muu	**ahaadeen**.	he would not ...
	mey	**ahaateen**.	she would not ...
	maannu	**ahaanneen**.	we would not have been
	meynu	"	sick people.
	meydin	**ahaateen**.	you would not ...
	mey	**ahaadeen**.	they would not ...

Exercise 6: USING THE NEGATIVE CONDITIONAL.
Translate the following into Somali without looking at the answers on the right:

I would not have been a student.	Ardey maan ahaadeen.
You would not have been a soldier.	Askari maad ahaateen.
He would not have been a doctor.	Dhakhtar muu ahaadeen.
She would not have been a doctor.	Dhakhtarad mey ahaateen.
We would not have been teachers.	Macallimiin maannu ahaanneen.
You would not have been clerks.	Karraaniyaal meydin ahaateen.
They would not have been fools.	Nacasyo mey ahaadeen.

PATTERN 7: SHORT FORM OF NEGATIVE CONDITIONAL.

Maan	buurn**aadeen**.	I would not have been fat.	
Maad	buurn**aateen**.	You would not ...	
Muu	buurn**aadeen**.	He would not ...	
Mey	buurn**aateen**.	She would not ...	
Maannu	*buur*buurn**aanneen**.	We would not ...	
Meydin	*buur*buurn**aateen**.	You would not ...	
Mey	*buur*buurn**aadeen**.	They would not ...	

Note that the use of reduplication to pluralize the adjective disambiguates the SECOND and THIRD PERSON plural forms from their singular counterparts.

Exercise 7: USING THE SHORT NEGATIVE CONDITIONAL.

I would not have been slim.	Maan dhuubnaadeen.
You would not be aware.	Maad ogaateen.
He would not have liked it.	Muu jeclaadeen.
She would not have been tall.	Mey dheeraateen.
We would not have been many.	Maannu badnaanneen.
You would not have been well.	Meydin ladladnaateen.
They would not have been good.	Mey wawanaagsanaadeen.

PATTERN 8: OPTATIVE FORMS OF **AHOW**.

Qofka ugu horreeya	an	**ahaado**!	Let me be the first person!
	ad	**ahaato**!	May you be ...!
	ha	**ahaado**!	May he be ...!
	ha	**ahaato**!	May she be ...!
Dadka ugu horreeya	annu	**ahaanno**!	May we be the first!
	aynu	**ahaanno**!	May we ...!
	aydin	**ahaateen**!	May you ...!
	ha	**ahaadeen**!	May they ...!

Exercise 8: USING THE OPTATIVE.   Translate into Somali:

May I be a rich man!	Nin hodan ah an ahaado!
May you be a wise person!	Qof garaad leh ad ahaato!
May he be a tall boy!	Wiil dheer ha ahaado!
May she be a beautiful girl!	Gabadh quruxsan ha ahaato!
May we be his friends!	Saaxiibbadiisa annu ahaanno!
May you be her friends!	Saaxiibyadeeda aydin ahaateen!
May they be good students!	Ardey wawanaagsan ha ahaadeen!

PATTERN 9: SHORT FORMS OF THE OPTATIVE.

An	dheer**aado**!	May I be tall!
Ad	dheer**aato**!	May you ...!
Ha	dheer**aado**!	May he ...!
Ha	dheer**aato**!	May she ...!
Annu	dheer**aanno**!	May we ...!
Ad	dheer**aateen**!	May you all ...!
Ha	dheer**aadeen**!	May they ...!

Exercise 9: USING THE SHORT FORMS OF THE OPTATIVE.

May I be beautiful!	An quruxsanaado!
May you be aware!	Ad ogaato!
May he like the house!	Guriga ha jeclaado!
May she like the car!	Baabuurka ha jeclaato!
May we be many!	Annu badnaanno!
May you be healthy!	Aydin ladnaateen!
May they be slim!	Ha dhuubnaadeen!

PATTERN 10: NEGATIVE OPTATIVE FORM OF **AHOW**.

Cayr	yaanan	**ahaannin**!	May I not be a poor person!
	yaanad	"	May you not ...!
	yaanu	"	May he not ...!
	yaaney	"	May she not ...!
	yaannu	"	May we not be poor people!
	yaynu	"	May we not ...!
	yeydin	"	May you not ...!
	yaaney	"	May they not ...!

Exercise 10: USING THE NEGATIVE OPTATIVE. Translate:

May I not be a rich man!
May you not be a sick person!
May he not be a fat boy!

May she not be a fat girl!

May we not be his enemies!
 [lit: enemy]
May you not be her enemies!
 [lit: enemy]
May they not be bad boys!

Hodan yaanan ahaannin!
Bukaan yaanad ahaannin!
Wiil buuran yaanu
ahaannin!
Gabadh buuran yaaney
ahaannin!
Cadowgiisa yaannan
ahaannin!
Cadowgeeda yeydin
ahaannin!
Wiilal xunxun yaaney
ahaannin!

PATTERN 11: SHORT FORM OF THE NEGATIVE OPTATIVE.

Yaanan	foolxum**aan(nin)**!	May I not be ugly!
Yaanad	"	May you not ...!
Yaanu	"	May he not ...!
Yaaney	"	May she not ...!
Yaannan	"	May we not ...!
Yeydin	"	May you all not ...!
Yaaney	"	May they not ...!

Exercise 11: USING SHORT FORM OF NEGATIVE OPTATIVE.

May I not be short!	Yaanan gaabnaannin!
May you not like the car!	Baaburrka yaanad jeclaannin!
May he not be aware of it!	Yaanu ogaannin!
May she not like the car!	Baabuurka yaaney jeclaannin!
May we not be fat!	Yaannan buurnaannin!
May you not be healthy!	Yeydin ladnaannin!
May they not be many!	Yaaney badnaannin!

Exercise 12: USING THE SUBJECT/FOCUS FORM **AH**.
Review the use of this form in Chapters 19 (pages 147f) and 21 (pages 160f). Translate the following PRESENT HABITUAL STATE-MENTS into English:

Anigoo Soomaali **ah** baanan ku hadlin af Soomaali.	Though I am a Somali, I don't speak Somali.
Adigoo Soomaali **ah**, baadan ...	Though you are a Somali, you don't speak Somali.
Isagoo Soomaali **ah**, buusan ...	Though he is ... he doesn't ...
Iyadoo Soomaali **ah**, beeyan ...	Though she is... she doesn't
Annagoo Soomaali **ah**, baannan ...	Though we are... we don't ...
Idinkoo Soomaali **ah**, beydnan ...	Though you are... you don't
Iyagoo Soomaali **ah**, beeyan ...	Though they are Somalis, they don't speak Somali.

Exercise 13: USING SUBJECT/FOCUS FORM **AHAA**
Translate the following PAST STATEMENTS into English:

Anigoo ardey ahaa buu isagu macallin sii ahaa.	While I was a student, he was already a teacher.

Adigoo ardey ahaa / ahayd ...	While you were a student ...
Isagoo ardey ahaa ...	While he was ...
Iyadoo ardeyad ahayd ...	While she was ...
Annagoo ardey ahayn ...	While we were ...
Idinkoo ardey ahaa / ahaydeen ...	While you were ...
Iyagoo ardey ahaa ...	While they were ...

Exercise 14: USING THE RELATIVE PRESENT.
The RELATIVE forms of this verb are the same as their declarative counterparts. Bearing this in mind, translate the following:

Maxaa lagu gartey ...		How was it discovered
Somaali	inaan **ahay?**	that I am a Somali?
	inaad **tahay?**	that you are ...
	inuu **yahay?**	that he is ...
	iney **tahay?**	that she is ...
	inaannu **nahay?**	that we are ...
	ineydin **tihiin?**	that you are ...
	iney **yihiin?**	that they are ...

Exercise 15: USING THE RELATIVE PAST.
Translate each of the following into English.

Yaa u sheegay ...			Who told him ...
inaan	macallin	**ahaa?**	that I was a teacher?
inaad	"	**ahayd?**	that you were ...?
inuu	"	**ahaa?**	that he was ...?
iney	macallimad	**ahayd?**	that she was ...?
inaannu	macallimiin	**ahayn?**	that we were teachers?
ineydin	"	**ahaydeen?**	that you were ...?
iney	"	**ahaayeen?**	that they were ...?

Exercise 16: READING AND TRANSLATION.

LIBAAX

Aar baa waa hooyadii warsaday inay wax ka geesinnimo iyo bela badani **ifka ku nool** yihiin **iyo in kale**; waxayna u sheegtay in laga shar iyo shiddaba badanyahay. Libaaxii oo warkii hooyadii garwaaqsan la' baa dibad wareeg u dhaqaaqay, suu runta uga sal gaaro. **Intuu dhul marayey** cidduu la kulmaaba in laga shar iyo belaba badanyahay bey u sheegeysey.

Isagoon weli qanacsaneyn buu maalin rati qooqan oo dabran oo jiirraqsanaya u yimid, in wax ka **il iyo kelya adeyg** badani dunida ku noolyihiinna weydiiyey. Awrkii wuxuu ku yiri: "Waxaa kaa **il adeyg** iyo bela badan ninka geedkaas jiifa oo aniga **xooggan iyo caradani iga muuqdaan** dabarka ila dhigay."

Libaaxii oo **warkaas u cuntami la'yahay** baa ninkii u tagey oo toosiyey, kuna yiri: "Nin la ii soo tilmaamey baan doonayeyee, nin ma tahay?"   "Nin waan ahaye, maxaad rabtaa?" buu ku yiri.

"Waxaa la iigu kaa sheegey wax belo, xoog iyo shar badan, si aan runta u ogaadana in aan kula dagaallamo ayaan doonayaa," buu libaaxii yiri.

"Waa igu ceeb adigoo socdaal dheer ku yimi, gaajo, harraad iyo daalna ku hayaan inaan kula dagaallamo ee i sug intaan cunto iyo biyo kaaga keenayo," buu ninkii yiri, libaaxiina wuu ka oggolaadey.

Ninkii **inta far iyo suul isku taabtay**, buu gurigii tegay, halhaleelna dab weyn u oogay, kolkuu dhacayna rarankii soo xaabsaday, dabadeedna aarkii oo hurda dul yimid oo toosiyey, goortuu madaxa kor u qaadana rarankii kululaa ku rogay.

Libaaxii inta argagaxay buu waabkii hooyadii ka dhacay, haddii waxa haaraha u yeelay ay weydiisana wuxuu ku yiri: "Nin naasayare la yiraahdo baa dhibaatada iga muuqata ii geystey." Waaguu naasayare eedey dabadeed, inuu gaado mooyee libaaxu ragga uma bareero baa la yiri.

TRANSLATION NOTES

ifka ku nool	there is in this world
iyo in kale	or not
intuu dhul marayey	while he was passing through the lands
il adeyg	brazenness [lit: hard eye]
kelya adeyg	fearlessness [lit: hard kidneys]
xooggan iyo caradani iga muuqdaan	this strength and anger that is showing from me
warkaas u cuntami la'yahay	he could not accept that story
inta far iyo suul isku taabtay	ran as fast as he could

NEW VOCABULARY

aar (ka)	adult male lion	n4-m
ahaye	and so I am [**ahay** + -**ee**]	v5a + conj
argagax (-ay)	be terrified; get shocked	v1=
awr (ka)	male camel	n2-m
bareer (-ay)	confront; do on purpose	v1=
caro (/da)	anger	n6-f
cidduu	anyone that he ...	
ceeb (ta)	shame	n4-f
cuntan (/may)	be edible or digestible	v1=
daal (ka)	fatigue, tiredness	n4-m
dabar (ka)	hobbling rope, fetters	n2-m
dabran	hobbled, chained	adj-der
dhibaato (/da)	problem, difficulty; damage	n6-f
dibad (da)	outside	n1-f
eed (-ay)	blame	v1=
gaad (-ay)	ambush	v1=
garwaaqso (/day)	reconcile	v3a=
garwaaqsan la'	not reconciled	adj expr
geesinnimo (/da)	courageousness	n0-f
geyso (#stay)	inflict (upon)	v3b=
goortuu	when he	np / conj
haar (ta)	scar	n1-f
halhaleel (-ay)	hurry	v1=

if (ka)	in life; world, universe	np
jiif (-ay)	lie down	v1=
jiirraqso (/day)	grind one's teeth	v3a=
kelli (da)	kidney	n1-f
kelyo (/ha)	kidneys	n1-m-pl
kor	up	adv-loc
mooyee	unless [= **ma** + **aha** + **ee**]	vp / conj
naas (ka)	breast	n1-m
naasayare	one with small breasts	np
nool	alive	adj
qanacsan	satisfied	adj
qooqan	angry, in a bad mood; sexual-ly excited (animal), in heat	adj
raran (ka)	hot sand, hot soil, embers	n2-m
rati (ga)	male camel	n2-m
rog (-ay)	turn over; overturn, reverse	v1=
ku rog	dump	v1=expression
shar (ta)	evil	n0-f
shiddo (/da)	nuisance	n6-f
socdaal (ka)	journey	n2-m
suul (ka)	thumb, big toe	n4-m
wareeg (-ay)	go around, wander	v1=
xaabso (/day)	collect	v3a=

CHAPTER 43 - SHORT PRONOUN FORMS

PATTERN 1: SHORT ABSOLUTIVE PRONOUNS.

Anna	waan	arkey.	I	also	saw	it.
Adna	waad	aragtey.	You	...		
Isna	wuu	arkay.	He	...		
Iyana	way	aragtey.	She	...		
Annana	waannu	aragney.	We	...		
Innana	weynu	aragney.	We	...		
Idinna	weydin	aragteen.	You	...		
Iyana	wey	arkeen.	They	...		

GRAMMATICAL NOTE

The FULL PRONOUNS (see Chapter 10, pages 78f) have shorter versions, which subtract the determiner suffix and, in some cases, the final vowel. These forms are *not very common*; furthermore, in most dialects, these can *only* be used with conjunction suffixes, like **-na** (above), **-se**, etc. See SRG: 162.

an(i)	aniga	I
ad(i)	adiga	you
is(a)	isaga	he
iya	iyada	she
anna	annaga	we
inna	innaga	we
idin	idinka	you
iya	iyaga	they

Exercise 1: USING SHORT ABSOLUTIVE PRONOUN FORMS.
Transform the FULL PRONOUN into the correct SHORT FORM:

Aniga buu ii yeeray.   He called for me.
  He also called for me.   Anna   wuu ii yeeray.

Adiga suuqa buu kugu arkay.   He saw you at the market.
  He also saw you at the market. Adna   suuqa buu kugu arkay.

Isaga baabuur baa dilay.   He got killed by a car.
  He got killed by a car too.   Isna   baabuur baa dilay.

Iyadu wey tagtey.   She has left.
  She has left too.   Iyana wey tagtey.

Annagu waannu imaneynaa.   We are coming.
  We are coming too.   Annana waannu imaneynaa.

Innagu weynu cunney.   We have eaten.
  We have eaten too.   Innana weynu cunney.

Idinku goormaad timaaddeen?   When did you come?
  And when did you come?   Idinna goormaad timaaddeen?

Iyaga yaa u yeeray?   Who called them?
  Who called them too?   Iyana yaa u yeeray?

PATTERN 2: SHORT PRONOUNS WITH BOTH -**NA** AND -**SE**.

Aninase?	But how about me?
Adinase?	... you?
Isnase?	... him?
Iyanase?	... her?
Annanase?	... us?
Innanase?	... us?
Idinnase?	... you?
Iyanase?	... them?

Exercise 2: USING SHORT PRONOUNS WITH -NA AND -SE.
Transform each of the full pronoun forms into its counterpart:

Aniganase?	Aninase?
Adiganase?	Adinase?
Isaganase?	Isnase?
Iyadanase?	Iyanase?
Annaganase?	Annanase?
Innaganase?	Innanase?
Idinkanase?	Idinnase?
Iyaganase?	Iyanase?

PATTERN 3: LIMITED USE OF SHORT PRONOUNS IN
              FOCUS CONSTRUCTIONS.

Note that only the first and second person singular pronouns
can be contracted in focus constructions, as in the following:

Yaa tegey?	Who went?
Anaa tegey.	It is I who went.
[= **aniga** + **baa**]	
Adaa tegey.	It is you who went.
[= **adiga** + **baa**]	

Exercise 3: TRANSLATING SHORT FOCUS PRONOUNS.
Using the above pattern, translate the following into Somali
without looking at the column on the right.

It was I who was called.	Anaa la ii yeeray.
It was you who cooked (it).	Adaa karisey.
It was I who spoke to her.	Anaa iyada la hadlay.
It was you who ran (away).	Adaa orodday.

PATTERN 4: LIMITED USE OF SHORT PRONOUN FORMS WITH -SE.

Anise?   But how about me?

Adise?   you?

Idinse?   you [plural]?

Exercise 4: USING SHORT PRONOUN FORMS WITH -SE.
Translate each of the following into Somali using the appropriate
short pronoun forms.

You have eaten lunch.   Adigu waad qadeysey.
  How about me?   Anise?

I am hungry.   Anigu waan gaajeysanahay.
  How about you?   Adise?

We have studied English.   Annagu af Ingriisiga waannu
  How about you?   baranney. Idinse?

We are going to Hamar.   Xamar baannu tageynaa.
  How about you [sg / pl]?   Adise? / Idinse?

Exercise 5: READING AND TRANSLATION.

LO'DII WARAABE

Waagii hore lo'da dhurwaa **baa lahaan jirey.** Habeen baa **isagoo lo'dii soo xareeyey,** nin socota ahi u yimid.

Dhurwaagii baa dabadeed ku yiri: "Lo'du caana ma leh oo waa xilli abaar ah, **haddii aan** dibi yar kuu qali lahaana dab ma hayo." Ninkii baa bishii oo soo bexeysa inta farta ugu fiiqay ku yiri: "Waad i soori kartaa, haddii aad **tubaashaas qori dab leh** ka soo qaaddo." Waraabihii markuu xagga bari eegay buu holac lagu dagmo **indhaha ku dhuftey.**

Inta ninkii xoolihii kala ballamay, buuna **qorrax ka soo bax** afka aaddiyey. Goortii dhurwaagii dhaqaaqay, baa ninkii lo'dii la baxsadey. In mudda ah, markuu sii ordayey, ololkiina waayey buu dib isaga soo laabtay. Golihii markuu cid ka waayay buuna yaqiinsaday in ninku dhagrayay.

Dhurwaa Ilaah buu u gargelyooday, waxaana loo fasaxay inuu xoog iyo xeel midduu doono xoolaha ku maquunsado. "Dadkaa dhiqi kuna dhididi, adna dhib yari ugu dheefso," baana lagu yiri.

Waraabe isagoo faraxsan, hoosna ka leh: "Dadow waa noo dagaal," buu goobtii ka tagey. Dagaalkii weli wuu socdaa, wuuna soconayaa inta waraabe jiro, dadna duunyo dhaqayo.

TRANSLATION NOTES

baa lahaan jirey	used to be owned by ...
isagoo lo'dii soo xareeyey	after he put his cattle into the corral
haddii aan	even if I ...
tubaashaas qori dab leh	wood that is on fire from that pile
indhaha ku dhuftey	caught his eye
qorrax ka soo bax	east [lit: where the sun rises]

NEW VOCABULARY

aaddi (-yey)	send, direct	v2a=
afka aaddi	head toward	v2a=expr
ballan (#may)	entrust; promise	v1=
bari (ga)	east	n0-m
dadkaa	people [+ FOCUS]	np-focus
dadow	you people!	np-voc
dagmo (/da)	fake, false	adj-f
dhagar (#gray)	cheat	v1=
dhaq (-ay)	breed, raise	v1=
dheefso (/day)	benefit, get nourishment	v3a=
dhidid (ka)	sweat, perspiration	n0-m-mass
ku dhidid (-ay)	work for s.t. [fig.]	v1=expr
dhurwaa (ga)	hyena	n2-m
duunyo (/da)	stock, herds	n6-f
fasax (-ay)	let go; permit	v1=
fiiq (-ay)	peel; sharpen; sweep	v1=
farta fiiq	point out, indicate	v1=expr
gargelyood (-ay)	complain, ask for justice	v1=
gole (/ha)	hall, dwelling; chamber	n7-m
holac (a)	flame	n2-m
hoos ka leh	saying quietly to himself	v5b-expr
Ilaah (a)	God	n0-m
ka tag	leave behind	v1=expr
maquunso (/day)	take without permission	v3a=
midduu	any way that he ...	np
olol (ka)	burning, glowing	n2-m
qal (-ay)	slaughter	v1=
qorrax (da)	sun	n0-f
soor (-ay)	entertain, feed guest(s)	v1=
tubaal (/sha)	accumulation, heap	n -f
tubaashaas	that pile	np
waxaana	= **wax** + **baa** + **-na**	np-focus
xeel (/sha)	trick, strategy, cunning	n -f
yaqiinso (/day)	ascertain	v3a=

CHAPTER 44 - REVIEW OF NEGATIVE CONSTRUCTIONS

PATTERN 1: ALTERNATE NEGATIVE CONDITIONAL
WOULD NOT HAVE.

GROUP 1 VERB:

Maanan	cun**een**.	I would not have eaten.
Maadan	cun**teen**.	You ...
Muusan	cun**een**.	He ...
Meeyan	cun**teen**.	She ...
Maannan	cun**neen**.	We [excl] ...
Meynan	cun**neen**.	We [incl] ...
Meydnan	cun**teen**.	You [pl] ...
Meeyan	cun**een**.	They ...

GROUP 2-A VERB:

Maanan	kari**yeen**.	I would not have cooked
Maadan	kari**seen**.	You ...
Muusan	kari**yeen**.	He ...
Meeyan	kari**seen**.	She ...
Maannan	kari**nneen**.	We [excl] ...
Meynan	kari**nneen**.	We [incl] ...
Meydnan	kari**seen**.	You [pl] ...
Meeyan	kari**yeen**.	They ...

GROUP 3-B VERB:

Maanan	amaah**deen**.	I would not have borrowed (it).
Maadan	amaah**ateen**.	You ...
Muusan	amaah**deen**.	He ...
Meeyan	amaah**ateen**.	She ...
Maannan	amaah**anneen**.	We [excl] ...
Meynan	amaah**anneen**.	We [incl] ...
Meydnan	amaah**ateen**.	You [pl] ...
Meeyan	amaah**deen**.	They ...

GROUP 4-A VERB:

Maanan	**iraahdeen**.	I would not have said (it).
Maadan	**tiraahdeen**.	You ...
Muusan	**yiraahdeen**.	He ...
Meeyan	**tiraahdeen**.	She ...
Maannan	**niraahneen**.	We ...
Meynan	**niraahneen**.	We ...
Meydnan	**tiraahdeen**.	You ...
Meeyan	**yiraahdeen**.	They ...

GROUP 4-B VERB:

Maanan	**imaaddeen**.	I would not have come.
Maadan	**timaaddeen**.	You ...
Muusan	**yimaaddeen**.	He ...
Meeyan	**timaaddeen**.	She ...
Maannan	**nimaadneen**.	We ...
Meynan	**nimaadneen**.	We ...
Meydnan	**timaaddeen**.	You ...
Meeyan	**yimaaddeen**.	They ...

Exercise 1: USING THIS OTHER NEGATIVE CONDITIONAL.

Cuntada maan diideen.	I would not have refused the food.
Guriga maad safeeyseen.	You wouldn't have cleaned the house.
Baabuur muu iibsadeen.	He would not have bought a car.
Kuusha mey jecleysateen.	She would not have liked the beads.
Halka maannu nimaadneen.	We would not have come here.
Xagga meynu tagneen.	We would not have gone there.
Heesta meydin dhageysateen.	You [pl] would not have listened to the song.
Ra'yigaas mey diideen.	They would not have objected to that idea.

PATTERN 2: THE -NA NEGATIVE SUFFIX.

Although this is the same in form as the conjunctive suffix -**na** *and*, it has a completely different meaning. If used alone with a noun, it carries the negative meaning all by itself. However, if a verb is added, another negative marker will also be used:

Immisa nin baa tagtey?	How many men left?
Ni**nna** (ma tegin).	No man (went).
Meesheed ku aragtey?	Where did you see (it)?
Meel**na** (kumaan arkin).	I haven't seen it anywhere.
Immisa goor baad sameeysey?	How many times did you do it?
Mar**na** (maan sameeynin).	Not once did I do (it).
Maalin waan imid, maalin**na** maan imannin.	I came one day, and did not come on one day.
Habeennadee baad shaqeysey?	Which nights did you work?
Habeen**na**.	No night.

Exercise 2: USING THE -NA NEGATIVE SUFFIX.

Yaa jooga? ... Cidna.	Who is there? ... Nobody.
Qofna muu joogo.	No one is here.
Mareykan yaad ka taqaannaa. Dadna.	Whom do you know in America? Nobody [lit: no people].
Immisaad qaadatay? Midna!	How many did you take? Not one!
Maxaad aragtey? Waxna!	What did you see? Nothing!

PATTERN 3: FUSION OF **OO** AND **AAN** INTO **OON**.

Anig**oon** imannin bey guriga ka baxdey.	She left home before I came [lit: while I have not come].
Isag**oon** joogin baa baabuur-kii laga soo qaadey.	While he was not there, the car was taken from him.
Iyad**oon** la ogeyn bey tagtey.	She left while no one was aware.
Saacadd**oon** la gaarin baan imid.	I came before the time was up.

Exercise 3: USING OON [THE FUSION OF OO AND AAN].

Anigoon ogeyn qofkuu
  yahay baan la kulmey.

I met him, but I did not
realize who he was [lit: is].

Iyadoon la shaqeyneynnin
  buu shaqeynayey.

He was working while no one
(else) was working.

Isagoon rabin baa lagu
  khasbey.

While he didn't want (to do
it), he was forced (to do it).

Iyadoon baabuur lahayn
  bey meel fog ka
  timaaddaa.

Although she doesn't have a
car, she comes from a distant
place.

Exercise 4: REVIEW OF HA [NEGATIVE IMPERATIVE].

Haddaadan rukhsad haysannin,
  baabuurka ha wadin!

If you do not have a permit,
do not drive the car!

Berri dugsiga ha imannin!

Don't come to the school
tomorrow!

Haddeeyan Soomaaliga aqoon-
  nin, ha kula hadlin!

If she does not know Somali,
do not speak to her in it!

Wuxuu kuu sheegey ha
  rumeysanin!

Do not believe what he
told you!

Beentooda ha dhageysannin!

Do not listen to their lies!

Haddeyan casho dooneynin,
  waxba ha karinnin!

If she does not want dinner,
do not cook anything!

Exercise 5: REVIEW OF **AAN** WITH NEGATIVE RELATIVES.

Cuntada aan la cunin miskiinka sii!	Give to the poor the food that has not been eaten!
Guriga aan la degganeyn waa kee?	Which one is the house that is not inhabited?
Shaqada aan la qabanin qabo!	Do the work that has not been done.
Baabuurka aanan iibsannin buu iibsadey.	He bought the car that I did not buy.
Tuugga aan shaley la qabannin baa la qabtey.	The thief which had not been caught yesterday has (now) been caught.

Exercise 6: REVIEW OF **MA** WITH THE VERB *TO BE*.

Maanta Axad maaha.	Today is not Sunday.
Hawadu qabow maaha.	The weather is not cold.
Saciid ardey maaha.	Saeed is not a student.
Washington magaalo aad u weyn maaha.	Washington is not a very big city.
Naagtiisu qof wanaagsan maaha.	His wife is not a good person.
Mareykan waddan yar maaha.	America is not a small country.
Shaahu kulayl maaha.	The tea is not hot.

Exercise 7: CHANGING **MA...BAA** TO **MIYAA** IN
                  NEGATIVE FOCUS QUESTIONS.
Review the alternation of **ma** and **miy-** in Chapter 20 (see page
153); this applies to both NEGATIVE and INTERROGATIVE construc-
tions. Transform the first of these POSITIVE QUESTIONS (which has
ma ... baa) into a **miyaa** NEGATIVE QUESTION; note the changes in
WORD ORDER and VERB FORM. See SRG: 222.

Maanta ma Sabti baa?	Is today Saturday?
Maanta Sabti **miyaaney** ahayn?	Is it not Saturday today?
Ma shaah baan ku siiyey?	Did I give you some tea?
Shaah **miyaanan** ku siinin?	Didn't I give you tea?
Nimankani ma Soomaali baa?	Are these men Somalis?
Nimankani Soomaali **miyaaney** ahayn?	Are these men not Somalis?
Ma ardey baad tahay?	Are you a student?
Ardey **miyaadan** ahayn?	Are you not a student?
Af Soomaali maad taqaannaa?	Do you know Somali?
Af Soomaali **miyaadan** aqoonnin?	Do you not know Somali?
Isagu ma Mareykan baa?	Is he an American?
Isagu Mareykan **miyaanu** ahayn?	Is he not an American?
Ma macallimad bey tahay?	Is she a teacher?
Macallimad **miyaaney** ahayn?	Is she not a teacher?

Exercise 8: NEGATIVE PROGRESSIVE QUESTIONS.
See SRG: 221-222.   Translate the following using **aan** forms:

Aren't you going?	Miyaadan tageynin?
Aren't you eating dinner?	Miyaadan casho cuneynin?
What don't you eat?	Maxaadan cunin?
Aren't you going on a vacation?	Miyaadan fasax tageynin?
Isn't he going?	Miyuusan tageynin?
Isn't she getting married?	Miyaaney guursaneynin?
Hasn't she had children?	Miyaaney carruur dhalin?

Exercise 9: USING NEGATIVE FOCUS PRONOUN FORMS.
Note the following FOCUS, PRONOUN and NEGATIVE combination
forms used in these sentences and translate them into English.
See SRG: 218.

Saaxiibbadayda oo dhan waan wada arkey, laakiin Cali keliya **baanan** arkin.	I saw all of my friends, but Ali is the only one that I did not see.
Ma adigoo Soomaali ah, **baadan** caano geel cabbin?	Although you are a Somali, don't you drink camel milk?
Su'aashan **baanad** weydiinnin.	It is this question that you did not ask.
Khansiir **baanu** cunin.	It is pork that he doesn't eat.
Magaaladan **buusan** dooneynin inuu dego.	It is this city in which he does not want to reside.
Carruurtu khudaar **baaney** jecleyn iney cunto.	It is vegetables that the children don't like to eat.
Annagu iyaga **baannan** rabin iney noo yimaaddaan.	They are the ones who we don't want to come to us.
Axaddoo keliya **beydnan** shaqada imaneynin.	It is only Sunday that you won't come to work.
Shaley **baaney** imannin.	It was yesterday that they did not come.

Exercise 10: USING NEGATIVE RELATIVE FORMS.
Use these RELATIVE and NEGATIVE combination forms in
sentences of your own:

It was stated that smoking is not allowed in the office.	**Inaan** xafiiska sigaar lagu cabbin baa la sheegey.
I don't want to eat anything. [I want that I don't eat...]	**Inaanan** wax cunin baan rabaa.
I saw that you [sg / pl] were not working.	**Inaadan** [sg / pl: **inaydnan**] shaqeyneyn baan arkey.
I heard that he is not coming tomorrow.	**Inuusan** [/ **inaanu**] berri imaneynin baan maqley.
I heard that she does not want to get married.	**Inaaney** [/ **inayan**] guursan rabin baan maqley.
She heard that we were not coming.	**Inaannan** imaneynnin bey maqashey.

Exercise 11: READING AND TRANSLATION.

MADAX BANNAANI

Waa baa waxaa jiri jirey, qoys laba dameer oo mataana ah lahaa.   Odaga reerku jimic laawe hawa badan, oon kolla dameeraha hawsha ka nasin buu ahaa.

Hadday muddo rar iyo dhibaato ku jireen, bey habeen oodda goosteen oo ayda galeen; halkaas oo ay baad, biyo iyo nabadba ku heleen.   Waxay nimco iyo sareedo ku jiraanba, sannadii dambe ayaa abaar xumi ku dhufatay.

Kolkii la wareersaday, baa mid soo jeediyey, iney reerkii ku laabtaan, si ayan gaajo iyo harraad ugu le'an, kii kalese wuu diiday, wuxuuna yiri: "Gaaja aan baar furanahay, baa ii dhaanta, dhereg aan raranahay."

Kii talada lahaa wuu laabtey, qoyskiina uga warramay, waxay soo mareen iyo xaaladda mataankiisu ku suganyahay.   Markuu **u xoog warramey**, baa odagii amray inuu mataankii ku raadi-yo, suu reerka ugu soo celiyo.

Waxay u yimaadeen dameerkii oo nimcaysan oo gal xareed ah ag daaqaya.   Wuxuuna lahaa geesa dhaadheer oo kolkii mataankii wehelkiisa ahaa ka tegey dabadeed ka soo baxay. Markuu arkay is beddelka dameerkii ku dhacay, baa ninkii ashqaraaray, isagoo naxsan buuna kii kale la baxsadey.

Biciidku, dameerkii dheregta madax bannaanida ka doortay, buu ka soo jeedaa: dameeruhuna, kii xornimada caloosha buuxda uga xishay baa la yiri.

TRANSLATION NOTE

u xoog warramay   he told him the whole story

NEW VOCABULARY

amar (amray)	give an order	v1=
ashqaraar (-ay)	be amazed	v1=
ay (da)	bushes, shrubbery	n -f
baad (ka)	good pasture	n0-m-col
baar (ka)	back, shoulder	n4-m
bannaani (da)	openness	n0-f-col
beddel (ka)	exchange, substitution	n2-m
biciid (ka)	oryx (African antelope)	n1-m
buux (da)	full	adj-f
dhereg (ta)	fullness, repletion	n1-f
furan	open	adj-der
gal (ka)	pond	n -m
geeso (/ha)	horns	n1-m-pl
hadday	when they [**haddii** + **ay**]	conj + vpro
hawl (/sha)	work	n1-f
jeedi (-yey)	direct toward, propose	v2a=
ka soo jeedaa	originated from	expression
jimic (da)	compassion	n2-f
kalase	but the other [**kale** + **se**]	np
kolla	not once [= **kol** + **-na**]	np
laawe (/ha)	without, -less	adj-m
le'o (le'day)	be exterminated	v3b=
mataan (ka)	twin	n1-m
mataankiisu	his twin brother	np
nasi (-yey)	give rest	v2a=
nimcaysan	prosperous	adj-der
oon	who ... not [= **oo** + **aan**]	conj + neg
rar (ka)	load, pack	n4-m
raran	loaded	adj-der
sareedo (/da)	good fortune, prosperity	n6-f
ku **sug**an	in a condition	expression
wareerso (/day)	be confused, dizzy	v3a=
wehelkiisa	his companion	np
xaalad (da)	matter, affair	n1-f
xareed (da)	rain water	n1-f
xilo (xishay)	prefer, choose	v3b=
xornimo (/da)	freedom	n0-f

Exercise 12: REVIEW OF NEGATIVE OPTATIVES.
Translate these sentences which use NEGATIVE OPTATIVES:

Yaanan aad u cayilin ee
cuntada dufanka leh, waa
inaan iska ilaaliyo!

So that I may not become
too fat, I have to watch
out for greasy foods!

Shaqada yaanad berri u
soo noqonnin ee
dhammee!

So that you may not come
back for work tomorrow,
finish (it off)!

Yaanu ii imannin!

May he not come to me!

Yaaney kuu caroonnin ee
telefoon u dir!

So that she may not be angry
at you, give her a call!

Makhaayaddaas maan jecli ee
yaynu tegin.

I don't like that restaurant;
let's not go (there)!

Yaannan weligeen ku arkin!

May we never see you!

Casharka haddeydnan soo baran-
nin, imtixaanka yaydin u
fariisannin.

If you have not learned the
lesson, you may not sit for
the exam.

Exercise 13: REVIEW OF NEGATIVE-PREPOSITION FUSION.
Translate these sentences which use the following NEGATIVE and
PREPOSITION forms:

Walaalkey suu u tagey waxba
kama aan maqlin.

Since my brother left, I have
not heard anything from him.

Dayuuraddu garoonkan **kuma**
ay degin **kamana** ay
duulin.

The airplane did not land at
this airport nor did it take
off (from here).

Weli **lama** arkin waxan
oo kale.

Never has anything like this
been seen.

Isagu New York **uma** socdo.

He's not going to New York.

Exercise 14: REVIEW OF NEGATIVE-PRONOUN FUSION.
Translate these sentences into Somali using FUSED NEGATIVE and
PRONOUN forms:

The teacher did not give me this book.	Macallinku buuggan **ima** siinnin.
Mohammed did not return my book to me.	Maxamed buuggeyga **iima** uu soo celinnin.
I won't give my book to you.	**Kuma** siinayo buuggayga.
The two of them don't tell anything to each other.	Labaadoodu waxba **isuma** sheegaan.
Sadiya has not been seen these days.	Sacdiya ayaamahan **lama** arkin.
This garment was not imported [brought] from Hong Kong.	Dharkan Hong Kong **lagama** keenin.
We are not off on Friday(s).	Jimcaha **nalama** fasaxo.
Your [pl] father didn't send you any money.	Aabbihiin lacag **idiinma** soo dirin.

Exercise 15: USING **WELI** WITH NEGATIVE FORMS.
Translate these sentences using **weli**; remember that **weli** may
need to have possessive pronouns attached:

He hasn't come yet.	**Weli** ma uu imannin.
I heard that he has not come yet.	Waxaan maqley inaanu **weli** imannin.
The school is not yet open for the children.	Carruurta **weli** dugsiga looma furin.
I never went to Mogadishu.	**Weligeyga** Xamar maan tagin.
She has never been married.	**Weligeed** lama guursannin.
Have you ever seen a camel?	**Weligaa** geel ma aragtey?
Have you ever seen it?	**Weligiin** ma aragteen?
They will never understand you.	**Weligood** kuma fahmayaan.

Exercise 16: NEGATIVE PRESENT PROGRESSIVE REVIEW.
Use each of the following in a sentence and translate:

I am not going to the house this afternoon.	Galabta guriga tegi **maayo**.
Aren't you going to the movie?	Shaneemo tegi **maysid** miyaa?
He is not going to borrow anything.	Waxba amaahan **maayo**.
Isn't she cooking lunch?	Qado karin **mayso** miyaa?
Are we not going?	Tagi **mayno** miyaa?
You are not coming to the wedding.	Arooska iman **maysaan**.
They cannot hear you.	Ku maqli kari **maayaan**.

Exercise 17: REVIEW OF NEGATIVE VERB SUFFIXES.
Identify and use each of the following suffixes:

-a

-an

-ayn

-ayo

-in

-n

-o

-yo

CHAPTER 45 - SOW OR SHOW AND POTENTIAL VERB FORMS

PATTERN 1: NEGATIVE QUESTIONS WITH SOW ... MA.

Sow berri imtixaanku **ma** aha?	Isn't the exam tomorrow?
Imtixaanku **sow ma** adkeyn?	Wasn't the exam hard?
Iyagu Soomaali **sow ma** aha?	Aren't they Somalis?
Sow hilib **meeyan** iibinnin?	Didn't she buy meat?
Baabuurkaagu **sow** kan **ma** ahayn?	Wasn't this your car?

GRAMMATICAL NOTE.

Sow is used as the QUESTION MARKER when **ma** is used as a NEGATIVE MARKER. See SRG: 71, 221, and contrast examples of other kinds of negative questions in Exercise 8 in Chapter 44.

Exercise 1: USING NEGATIVE QUESTIONS WITH SOW MA.

Sow Maryan ma ihid?	Aren't you Mary?
Weli sow maadan tegin?	Didn't you leave yet?
Mareykan sow ma ihid?	Aren't you an American?
Sow shaley muusan imannin?	Didn't he arrive yesterday?
Macallimaddeennii sow mey aha?	Isn't she our teacher?
Yuusuf buugga sow muu akhrinnin?	Didn't Joseph read the book?

PATTERN 2: TAG QUESTIONS WITH SOW MA AHA.

Maanta Axad, **sow ma aha**?	Today is Sunday, isn't it?
Bishan **sow** Febraayo **ma aha**?	This month is February, isn't it?
Agaasimuhu kaaleya buu idin yiri, **sow ma aha**?	The director said "come" to you all, didn't he?
Waannu imaneynaa beydin tiraahdeen, **sow ma aha**?	You all said, "We will come", didn't you?

GRAMMATICAL NOTE

A TAG QUESTION is one where part of the question is repeated at
the end of the sentence.   While such constructions are complex
in English [depending on the person and number of the subject
(*aren't you, isn't he?*)], a single phrase is used in Somali, **sow
ma aha?** (which may also appear without the space between the
last two words, **sow maaha**).   See SRG: 226.

Exercise 2: USING TAG QUESTIONS WITH **SOW MAAHA**.

Magaciisu waa Yuusuf, sow maaha?	His name is Joseph, isn't it?
Aabbeheed wuu dhintay, sow maaha?	Her father died, didn't he?
Kan baan doonaynaa, sow maaha?	We want this one, don't we?
Wey ku siin doonaan, sow maaha?	They will give (it) to you, won't they?
Walaashiis waa midda qurux-san, sow maaha?	His sister is the pretty one, isn't she?
Iyagu Soomaali, sow ma aha?	They are Somalis, aren't they?

PATTERN 3: **SOW/SHOW** IN CONTRADICTIVE STATEMENTS.
Show, sow maba, or **sow** can be used to indicate that things
are not or did not turn out the way one thought.   Its closest
English equivalent in such contexts is *but*.

Qado baan guriga u tagey, **show** qado **maba** jirin!	I went home for lunch. *but* there just wasn't any!
Daauud baan xafiiska ka raadiyey, **sow** shaqo **maba** uusan imannin.	I looked for David at the, office *but* he just did not come to work.
Inaan Xamar tago, baan ku talajiray, **show** dariiqyadu wey wada xirnaayeen!	I was planning to go to Hamar, *but* all the roads were closed!

Exercise 3: MAKING CONTRADICTIVE STATEMENTS.

Inaan quraacday baan moodayey, sow mabaanan quraacannin.	I thought I had breakfast, but I didn't have breakfast at all!
Inaad timid baan moodayey, sow maba aadan joogin.	I thought you came, but you weren't here at all!
Sahal bey ila ahayd, sow maba aha.	I thought it was easy, but it is not at all!
Inaad isqabtaan baan moodayey, show weli ismaba aydin guursannin!	I thought you were married, but you haven't gotten married yet!

PATTERN 4: SHOW...-EE MARKING THE POTENTIAL MOOD.

The POTENTIAL MOOD is not very common and is furthermore regional within Somalia. When used, **sow / show** ... -ee *expresses a rhetorical question or personal pondering* and *marks a hypothetical or a chance action*; such constructions may be translated variously by *suppose, maybe, what if, perhaps*.

See SRG: 70, 74f, 88f, 104, 204f for additional examples and discussion, but note that there is an *alternate plural without final* -**n**.

CONJUGATION 1 VERB:

Sow Guuleed **arkee**?	Suppose I	see Victor?
Sow **aragtee**?	Suppose you	see ...?
Sow **arkee**?	Suppose he	sees ...?
Sow **aragtee**?	Suppose she	sees ...?
Sow **aragnee**?	Suppose we	see ...?
Sow **aragtee(n)**?	Suppose you	see ...?
Sow **arkee(n)**?	Suppose they	see ...?

CONJUGATION 2 - A VERB:

Show khansiir	**kariyee!**	What if I cook pork!
Show	**karisee!**	What if you cook pork!
Show	**kariyee!**	What if he cooks pork!
Show	**karisee!**	What if she cooks pork!
Show	**karinnee!**	What if we cook pork!
Show	**karisee(n)!**	What if you cook pork!
Show	**kariyee(n)!**	What if they cook pork!

CONJUGATION 2 - B VERB:

Sow	anigu	ka shaqee**yee?**	What if it was me working there?
Sow	adigu	ka shaqee**ysee?**	What if it was you ...?
Sow	isagu	ka shaqee**yee?**	What if it was he ...?
Sow	iyadu	ka shaqee**ysee?**	What if it was she ...?
Sow	annagu	ka shaqee**ynnee?**	What if it was we ...?
Sow	idinku	ka shaqee**ysee(n)?**	What if it was you ...?
Sow	iyagu	ka shaqee**yee(n)?**	What if it was they ...?

CONJUGATION 3 - A VERB:

Show	cunto	kars**adee?**	Suppose I cook food for myself?
Show	cunto	kars**atee?**	Suppose you ... for yourself?
Show	cunto	kars**adee?**	Suppose he ... for himself?
Show	cunto	kars**atee?**	Suppose she ... for herself?
Show	cunto	kars**annee?**	Suppose we ... for ourselves?
Show	cunto	kars**atee(n)?**	Suppose you ... for yourselves?
Show	cunto	kars**adee(n)?**	Suppose they ... for themselves?

CONJUGATION 3 - B VERB:

Sow af Ingiriisi	bar**tee?**	Suppose I study English?
	bar**atee?**	Suppose you study ...?
	bar**tee?**	Suppose he studies ...?
	bar**atee?**	Suppose she studies ...?
	bar**annee?**	Suppose we study ...?
	bar**atee(n)?**	Suppose you study ...?
	bar**tee(n)?**	Suppose they study ...?

CONJUGATION FOUR - A VERB:
Consult SRG: 104, where forms with -**dh**- are given. These are the -**r**- alternates:

Show	**iraahdee**.	Perhaps I'll say it.
Show	**tiraahdee**.	Perhaps you'll ...
Show	**yiraahdee**.	Perhaps he'll ...
Show	**tiraahdee**.	Perhaps she'll ...
Show	**niraahnee**.	Perhaps we'll ...
Show	**tiraahdee(n)**.	Perhaps you'll ...
Show	**yiraahdee(n)**.	Perhaps they'll ...

CONJUGATION 4 - B VERB [See SRG: 104]:

Sow	**imaaddee**.	Perhaps I may come.
Sow	**timaaddee**.	Perhaps you may come.
Sow	**yimaaddee**.	Perhaps he may come.
Sow	**timaaddee**.	Perhaps she may come.
Sow	**nimaaddee**.	Perhaps we may come.
Sow	**timaaddee(n)**.	Perhaps you all may come.
Sow	**yimaaddee(n)**.	Perhaps they may come.

CONJUGATION 4 - C VERB:
The verb **ool** is only used with inanimate objects, so just the following are drilled. Consult SRG: 104 and Appendix 1 for all other forms.

Sow	buuggu **yaallee**.	Perhaps the book is there.
Sow	cuntadu **taallee**.	Perhaps the food ...
Sow	caanuhu **yaallee(n)**.	Perhaps the milk ...

CONJUGATION 4 - D VERB [See SRG: 104]:

Show	**aqaannee**.	Perhaps I may know.
Show	**taqaannee**.	Perhaps you may know.
Show	**yaqaannee**.	Perhaps he may know.
Show	**taqaannee**.	Perhaps she may know.
Show	**naqaannee**.	Perhaps we may know.
Show	**taqaannee(n)**.	Perhaps you all may know.
Show	**yaqaannee(n)**.	Perhaps they may know.

CONJUGATION 5 - A (*TO BE*):

Sow	anigu	**ahaadee.**	I may be
Sow	adigu	**ahaatee.**	You may be.
Sow	isagu	**ahaadee.**	He may be.
Sow	iyadu	**ahaatee.**	She may be.
Sow	annagu	**ahaannee.**	We may be.
Sow	idinku	**ahaatee(n).**	You may be.
Sow	iyagu	**ahaadee(n).**	They may be.

SHORT FORMS OF CONJUGATION 5 - A:

Show	**dheeraadee!**	So I may be tall!
Show	**dheeraatee!**	So you may ...!
Show	**dheeraadee!**	So he may ...!
Show	**dheeraatee!**	So she may ...!
Show	**dhaadheeraannee!**	So we may ...!
Show	**dhaadheeraatee(n)!**	So you may ...!
Show	**dhaadheeraadee(n)!**	So they may ...!

CONJUGATION 5 - B (*TO HAVE*):

Sow	anigu	**lahaadee.**	I may own (it).
Sow	adigu	**lahaatee.**	You may ...
Sow	isagu	**lahaadee.**	He may ...
Sow	iyadu	**lahaatee.**	She may ...
Sow	annagu	**lahaannee.**	We may ...
Sow	idinku	**lahaatee(n).**	You may ...
Sow	iyagu	**lahaadee(n).**	They may ...

Exercise 4: USING FIRST PERSON SINGULAR POTENTIALS.

Sow waagaas arkee?	Suppose I see it at that time?
Sow halkaas tagee?	Suppose I go there?
Sow lacagta tiriyee?	What if I count the money?
Sow guriga safeeyee?	Suppose I clean the house?
Sow cunto sameeystee?	Suppose I cook food myself?
Sow baabuurkaaga amaahdee?	Suppose I borrow your car?

Sow wax xun iraahdee?	What if I say something bad?
Sow gurigiinna imaaddee?	Suppose I come to your house?
Sow ku aqaannee?	Perhaps I know you?
Sow hodan ahaadee?	What if I'm rich?
Sow buurnaadee?	What if I'm fat?
Sow dayuurad lahaadee?	What if I own an airplane?

Exercise 5: USING SECOND PERSON SINGULAR POTENTIAL.

Show waagaas aragtee?	Suppose you see it at that time?
Show Muqdisho tagtee?	Suppose you go to Mogadisho?
Show lacagtan tirisee?	What if you count this money?
Show guriga safeesee?	Suppose you clean the house?
Show cunto sameeysatee?	Suppose you cook some food for yourself?
Show baabuurkayga amaahatee?	Suppose you borrow my car?
Show wax xun tiraahdee?	What if you say something bad?
Show gurigiisa timaaddee?	Suppose you come to his house?
Show i taqaannee?	What if you know me?
Show cayr ahaatee?	What if you are poor?
Show dhuubnaatee?	What if you are thin?
Show markab lahaatee?	What if you own a ship?

Exercise 6: USING THIRD PERSON MASCULINE SINGULAR.

Sow halkaas ku arkee?	Suppose he sees it there?
Sow markaas tagee?	Suppose he goes at that time?
Sow ardeyda tiriyee?	What if he counts the students?
Sow fasalka safeeyee?	Suppose he cleans the classroom?
Sow qado sameeystee?	Suppose he cooks himself lunch?
Sow baabuurkaaga amaahdee?	Suppose he borrows your car?
Sow wax xun yiraahdee?	What if he says something bad?
Sow gurigiinna yimaaddee?	Suppose he comes to your house?
Sow ku yaqaannee?	Perhaps he knows you?
Sow beenlow ahaadee?	What if he's a liar?
Sow cuslaadee?	What if he is heavy?
Sow dayuurad lahaadee?	What if he owns an airplane?

Exercise 7: USING THIRD PERSON FEMININE SINGULAR.

Show waagaas aragtee?	Suppose she sees it at that time?
Show Hargeysa tagtee?	Suppose she goes to Hargeisa?
Show lacagtan tirisee?	What if she counts this money?
Show guriga safeeysee?	Suppose she cleans the house?
Show casho sameeysatee?	Suppose she cooks dinner for herself?
Show baabuurkaaga amaahatee?	Suppose she borrows your car?
Show wax xun tiraahdee?	What if she says something bad?
Show gurigayga timaaddee?	Suppose she comes to my house?
Show i taqaannee?	What if she knows me?
Show habar ahaatee?	What if she is an old woman?
Show quruxsanaatee?	What if she is pretty?
Show baabuur lahaatee?	What if she owns a car?

Exercise 8: USING FIRST PERSON PLURAL POTENTIALS.

Sow tuugga aragnee?	Suppose we see the thief?
Sow halkaas tagnee?	Suppose we go there?
Sow carruurta tirinnee?	What if we count the children?
Sow suuqa safeeynee?	Suppose we clean the market?
Sow quraac sameeysannee?	Suppose we make breakfast for ourselves?
Sow baabuurkooda amaahannee?	What if we borrow their car?
Sow wax xun niraahnee?	What if we say something bad?
Sow gurigiinna nimaadnee?	Suppose we come to your house?
Sow idin naqaannee?	Perhaps we know you all?
Sow hodan ahaannee?	What if we're rich?
Sow jeclaannee?	What if we like (it)?
Sow guri lahaannee?	What if we own a house?

Exercise 9: USING SECOND PERSON PLURAL POTENTIALS.

Show afadiisa aragteen?	Suppose you see his wife?
Show Xamar tagteen?	Suppose you go to Hamar?
Show lacagtaas tiriseen?	What if you count that money?
Show misaajidka safeeyseen?	Suppose you clean the mosque?
Show casho sameeysateen?	Suppose you cook dinner for yourselves?
Show lacag iga amaahateen?	Suppose you borrow money from me?
Show wax xun tiraahdeen?	What if you say something bad?
Show gurigeeda timaaddeen?	Suppose you come to her house?
Show i taqaanneen?	What if you know me?
Show nacasyo ahaateen?	What if you are fools?
Show xumaateen?	What if you became bad?
Show dukaan lahaateen?	What if you own a shop?

Exercise 10: USING THIRD PERSON PLURAL POTENTIALS.

Sow waagaas arkeen?	Suppose they see it at that time?
Sow Shiina tageen?	Suppose they go to China?
Sow dadka tiriyeen?	What if they count the people?
Sow aqalka safeeyeen?	Suppose they clean the house?
Sow qado sameeysteen?	Suppose they cook lunch for themselves?
Sow lacag kaa amaahdeen?	Suppose they borrow money from you?
Sow wax ku yiraahdeen?	What if they say something to you?
Sow gurigeenna yimaaddeen?	Suppose they come to our house?
Sow na yaqaanneen?	What if they know us?
Sow bukaan ahaadeen?	What if they are sick?
Sow ogaadeen?	Suppose they find out?
Sow lo' lahaadeen?	What if they own cattle?

Exercise 11: READING AND TRANSLATION.

HALACNIMO

Waa baa waxaa wada gabraartay saddex libaax iyo dawaco. Waxay socdaanba, goor ay daaleen bey hal dhimatay oo haadaan dhex taal heleen. Dabadeed libaaxyadii midkood baa yiri: "Na dhaadhiciya, aynu hasha soo cunnee."

"Cunnayee sideen u soo baxaynaa?," bey dawo tiri.

Libaax kale ayaa yiri: "Maxaa ina soo saaraya?   Ma iyadaa weligeed inaga dhammaaneysa."

Libaaxyadii haadaantii bey u degteen, dawana wey isaga hartey.

Maalin dabadeed bey soo booqatey, waxayna u sheegeen inay hilib ka noolaadeen, **dheregna kaga caddahay**.

Dawo wey iska laabatay, toddobaad ka dib beyna ka soo war doontay, waxayna ku yiraahdeen: "Madaxii keliya ayaa inoo haray."

Wey iska tagtay, saddex ayaamood ka dib beyna ka soo war doontay. "Maanta midkeen baannu cunney," bey ku yiraahdeen.

Waxay hal hal isu cunaanba, mid baa ka soo haray, kiina baahi awgeed buu **ugu dambeyntii** isagii is cunay.   Raxantiina, dawacadii khatarta dheregta ka dambeysa sii oddorostay baa ka hartey.

TRANSLATION NOTES

dhereg kaga caddahay   suffering from being too full
ugu dambeyntii   in the end, eventually

NEW VOCABULARY

daal (-ay)	tire	v1=
dambee (-yey)	be left	v2b=
dambeyn (ta)	remainder, the one left	vn-f
dego (#tay)	go down, descend	v3b=
dhaadhici (-yey)	take down, make descend	v2a=
dhereg (-ay)	be satisfied, have enough	v1=
gabraaro (#rtay)	go hunting	v3b=
haadaan (ta)	crevasse, chasm	n2-f
hal hal	one by one	num-phrase
halac (a)	greedy person; reptile	n2-m
halacnimo (/da)	greed, greediness	n6-f
kaga	of ... from [= **ka** + **ka**]	prep + prep
nimo $	DENOTES QUALITY OR STATE [See Chapter 47]	n6-f-suf
nooloow (/aadey)	live, survive	v3a=
ka nooloow	have too much of	v3a=expression
oddoros (-ay)	forecast, predict	v1=
raxan (ta)	flock, herd of animals	n2-f
sideen	how we? [= **sidee** + **baan**]	conj + vpro
war doon (-ay)	inquire, ask about	v1=expression

PATTERN 5: PAST USE OF **SOW** *SUPPOSE, COULD IT BE?*
As we have seen, **sow** is a *marker of uncertainty or possibility*.
With the POTENTIAL it shows a *present possibility*. However, with
standard PAST TENSE forms, it shows a *possibility in the past*.
Contrast the following pairs of examples:

Sow bukee?	What if he is sick?
Sow bukaday?	What if he became sick?
Sow yimaddee?	Suppose he comes?
Sow yimid?	Suppose he had come?
Sow ku arkee?	What if he sees you?
Sow ku arkey?	What if he saw you?
Sow carruurtu sunta cuntee?	Suppose the children ate the poison?
Sow cuneen?	Suppose they ate it?
Sow soo noqon waayee?	Suppose they can not come back?
Sow soo noqon waayeen?	Suppose they couldn't come back?
Sow xooluhu lumee?	Suppose the stock get lost?
Sow xooluhu lumay?	Suppose the stock got lost?

Exercise 12: USING **SHOW** AS AN ALTERNATE OF **SOW**.
Translate the following, using **show** instead of **sow**:

Suppose he is sick.	Show bukee.
Suppose he came.	Show yimid.
Suppose he sees you.	Show ku arkee.
Suppose they ate it.	Show cuneen.
Suppose the men see it.	Show nimanku arkee(n).
Suppose they cannot eat.	Show cuni waayee(n).
Suppose the money is stolen from me.	Show lacagta la iga xadee.
Suppose the camels get lost.	Show geelu lumee.

CHAPTER 46 - NOUNS DERIVED FROM VERBS AND GERUNDS

PATTERN 1: NOUNS FROM VERB-1 STEMS WITH NO CHANGE.
Many verb roots from Conjugation One can be used alone as MASCULINE NOUNS (mostly in DECLENSION 2) either with a similar meaning or the sense of *act of (X)ing*. For other examples see SRG: 144.

aammus	be silent	aammus	(ka)	silence
aar	take revenge	aar	(ka)	revenge
arag	see	arag	(ga)	act of seeing
dagaal	wage war	dagaal	(ka)	battle, conflict
dhal	beget	dhal	(ka)	giving birth
dhaqaaq	move (off)	dhaqaaq	(a)	movement
feker	think	feker	(ka)	thinking
hadal	talk	hadal	(ka)	talk, speech
hees	sing	hees	(ka)	singing
hodan	get rich	hodan	(ka)	rich person
jawaab	answer	jawaab	(ka)	act of answering
qaad	take, obtain	qaad	(ka)	capacity, volume
la saaxiib	befriend	saaxiib	(ka)	friend
tilmaan	indicate	tilmaan	(ka)	indicating

GRAMMATICAL NOTE.

In some cases, FEMININE NOUNS can be found which have similar or related meanings:

dhal	(/sha)	offspring
dirir	(ta)	quarrel
hees	(ta)	song
jawaab	(ta)	answer
tilmaan	(ta)	indication

PATTERN 2: FEMININE NOUNS FROM VERB-1 WITH -ID.

This ending forms FEMININE nouns (of DECLENSION 1) from Conjugation One stems with the general meaning *act of (X)ing* or *-ion*. For additional examples see SRG: 146.

bar	teach	barid	(da)	instruction
cun	eat	cunid	(da)	consumption
dar	add, put in	ku darid	(da)	addition
dir	send	dirid	(da)	sending; export
doon	want	doonid	(da)	wanting, wishing
duul	fly	duulid	(da)	flying
dhis	build	dhisid	(da)	construction
dhoof	depart	dhoofid	(da)	departing
feker	think	fekerid	(da)	thinking
joog	stay	joogid	(da)	being present
raac	accompany	raacid	(da)	accompanying
shub	pour	shubid	(da)	pouring
sug	wait for	sugid	(da)	expectation

Note that SOUND CHANGES affect some of these derivations:

bax	go away	bixid	(da)	departing
dhac	fall	dhicid	(da)	fall; downfall
tag	go	tegid	(da)	going

PATTERN 3: FEMININE NOUNS FROM VERB-1 WITH -IS.

This alternate ending also forms FEMININE nouns (of DECLENSION 1) from Conjugation One stems with the meaning *act of (X)ing*. For additional examples see SRG: 146.

bar	teach	baris	(ta)	teaching
dhig	put down	dhigis	(ta)	act of writing
duul	fly	duulis	(ta)	flying; raiding
fur	open	furis	(ta)	act of opening
go'	detach	go'is	(ta)	getting detached
gub	burn	gubis	(ta)	burning
kar	be able	karis	(ta)	ability
keen	bring	keenis	(ta)	bringing

heeg	tell	sheegis	(ta)	telling, divulging
ug	wait	sugis	(ta)	waiting
ag	go	tegis	(ta)	going
raab	surprised	yaabis	(ta)	getting surprised

PATTERN 4: NOUNS FROM VERB-1 STEMS WITH -NIIN.

This ending forms nouns which also have the meaning *act of X)ing*. Although they do not have predictable gender, the majority seem to be MASCULINE. See SRG: 147.

dil	kill	dilniin	(ka)	act of killing
dhig	put down	dhigniin	(ka)	act of writing
dhis	build	dhisniin	(ka)	act of building
jab	break	jabniin	(ka)	breakage
rab	want	rabniin	(ka)	desire
sug	wait	sugniin	(ka)	act of waiting
shub	pour	shubniin	(ka)	act of pouring

Here are two FEMININE roots:

| dag | deceive | dagniin | (ta) | deception |
| wad | continue | wadniin | (ta) | running, driving |

PATTERN 5: MASCULINE NOUNS FROM VERB-2 WITH -S.

This ending forms MASCULINE nouns from Conjugation Two-A stems with the meaning *act of (X)ing*. Note that these forms differ in gender from the **-is** endings (in Pattern 3 above, which are feminine). For additional examples see SRG: 145.

dhoofi	deport	dhoofis	(ka)	act of deporting
geli	insert	gelis	(ka)	insertion
iibi	buy, sell	iibis	(ka)	act of buying or selling
jebi	break	jebis	(ka)	act of breaking
qaybi	divide	qaybis	(ka)	act of dividing
wari	enquire	waris	(ka)	enquiring
yeeri	dictate	yeeris	(ka)	dictation

PATTERN 6: FEMININE NOUNS FROM VERB-2 WITH -N.
This ending also is used to create FEMININE nouns from Conjuga-
tion Two - A stems with the meaning *act of (X)ing*. For more
examples see SRG: 145.

badbaadi	care for	badbaadin	(ta)	caring for
buuxi	fill	buuxin	(ta)	filling
dhoofi	export	dhoofin	(ta)	act of exporting
hagaaji	put in order	hagaajin	(ta)	putting in order
iibi	sell	iibin	(ta)	selling, marketing
qaybi	divide	qaybin	(ta)	dividing
raadi	search	raadin	(ta)	search(ing)
sii	give	siin	(ta)	giving
wanaaji	improve	wanaajin	(ta)	improving
weyddii	inquire	weyddiin	(ta)	inquiry, asking

PATTERN 7: FEMININE NOUNS FROM VERB-3 WITH -ASHO
This ending is used to create generic FEMININE nouns from verb 3
stems with the meaning *[VERB]ing*. See also SRG: 147f.

aarso	take revenge	aarsasho	(/da)	taking revenge
baro	learn	barasho	(/da)	learning
bogso	get well	bogsasho	(/da)	healing
deynso	borrow	deynsasho	(/da)	borrowing
dhalo	be born	dhalasho	(/da)	birth
dhimo	die	dhimasho	(/da)	death, dying
dhunko	kiss	dhunkasho	(/da)	act of kissing
doono	fetch	doonasho	(/da)	fetching, seeking
gooso	secede	goosasho	(/da)	secession
sameyso	do for self	sameysasho	(/da)	doing for oneself

PATTERN 8: MASCULINE NOUNS FROM VERB-3 WITH -AD.
This ending is used to create MASCULINE nouns from Conjugation
Three stems with the meaning *act of (X)ing*. For other examples
see SRG: 145.

baro	study	barad	(ka)	pupil, trainee
daaqso	graze (stock)	daaqsad	(ka)	grazing livestock
dhegeyso	listen	dhegeysad	(ka)	act of listening
dhigo	study	dhigad	(ka)	act of studying
dhunko	kiss	dhunkad	(ka)	act of kissing

hayso	have	haysad	(ka)	possessing
jiifso	lie down	jiifsad	(ka)	lying down
kaydso	save	kaydsad	(ka)	act of saving
qabo	catch, hold	qabad	(ka)	act of catching
roobso	get rain	roobsad	(ka)	getting rain

PATTERN 9: NOUNS FROM VERB-1 STEMS WITH -AAL.

This ending creates MASCULINE nouns that have the meaning *product of (X)ing* or *associated with (X)ing*. It is not as common as the other endings discussed here and it can also mean *act of (X)ing* as most of the above do. SRG: 149 has more examples.

dag	ambush	dagaal	(ka)	attack, fight
dhig	put down	dhigaal	(ka)	writing; script; (bank) deposit
dir	send	diraal	(ka)	act of sending; delegation
sug	wait	sugaal	(ka)	act of waiting; expectation
yeel	do; obey	yeelaal	(ka)	skill, method

Note these other nouns that share this suffix:

ci	cry	ciyaal	(ka)	children
		ciyaal	(ka)	act of crying
il (/sha)	eye	ilaal	(ka)	guard, sentinel
soco	go, proceed	socdaal	(ka)	journey, travel

PATTERN 10: NOUNS FROM VERB-1 STEMS WITH -ITAAN.

This ending creates MASCULINE nouns of DECLENSION 2 that have the meaning *act of (X)ing*; it is less common than the other endings discussed in this chapter. For additional examples see SRG: 146.

baar	inspect	baaritaan	(ka)	inspection
buux	be full	buuxitaan	(ka)	overflow(ing)
duul	fly	duulitaan	(ka)	flying; flight
hel	find	helitaan	(ka)	discovery, finding
qor	write	qoritaan	(ka)	act of writing

Exercise 1: USING GERUNDS IN SENTENCES.
Note the use of VERBAL NOUNS in the following sentences. In some cases alternates are appropriate but may change the grammar due to their different gender.

Hees Soomaali bey ku heestey.   She sang a Somali song.

Hadalkiisu macna weyn ma lahayn.   His speech did not have much meaning (= significance).

Hilib **cunid**da / **cunis**ta waan joojiyey.   I stopped eating meat.

Af Ingiriisi **baris** / **barid** baan bilaabayaa.   I am going to start teaching English.

Guri **joogis**ta / **joogid**da waan necbahay.   I hate staying at home.

Safar u **bixid**da / **bixis**ta waan ka helaa.   I enjoy going on a trip.

Qalin **jebis**ku waa wax arday kastoo wanaagsani uu fisho inuu gaaro.   A graduation is something that every good student expects to achieve [lit: reach].

Been **sheegis**tu / **sheegid**du waa ceeb.   Telling a lie is a shame.

Baabuurkeygu wuu **jabniin** / **jabid** badanyahay.   My car breaks (down) often.

Daartan **dhisniin**keedu waqti dheer buu qaatay.
Daartan **dhisid**deedu waqti dheer bey qaadatay.   The construction of this building took a long time.

[alternate]

Maxamed sheeko **sheegis**ta / **sheegid**da wuu ku wanaagsanyahay.   Mohammed is good at telling stories.

Yeeriskan qor!   Write down this dictation!

Ganacsato badan baa xoolo
 dhoofiska / **dhoofin**ta
 ka shaqaysata.

Many merchants deal in
exporting livestock.

Dhallaanku **badbaadin** buu
 u baahanyahay.

An infant needs caring for.

Miskiin sadaqo **siin**tu waa
 waajib.

Giving charity to a poor
person is a duty.

Dhalashadu haddaaney
 baaqannin **dhimasho**
 ma baaqato.

If birth is not absent, death
would not be absent [i.e.,
one is born to die].

Ilmaha yar **dhunkasha**da
 badan ka daa!

Stop kissing the little child
so much!

Ilmaha yar **dhunkad**ka ay
 ayeydiisu dhunkatay
 buu ka ooyey.

The little child cried from
the kiss that his grandmother
gave him [lit: kissed him].

Barad inuu yahay waa laga
 gartaa.

It is apparent that he is
a trainee.

Wax **kaydsad**ku wuu
 wanaagsanyahay.

It is good to save something.
[Lit: Saving something is good]

Wasaaradda Wax **Barasha**du
 waxay soo saartey nidaam
 cusub.

The Ministry of Education
came up with a new method.

Dagaalka maxaa keeney?

What caused [lit: brought]
the fight?

Wax **dhigaal**kaagu ma
 wanaagsana.

Your way of writing is not
good.

Waqtiga **duulitaan**ku dib
 buu u dhacay.

The flight time is delayed.
[lit: fell behind]

Af Ingriisiga **qoritaan**kiisu
 wuu adagyahay.

English is hard to write [lit:
the writing of English is hard].

Exercise 2: READING AND TRANSLATION.

DHAARTII XIIDXIITO

Beri ayaa iyadoo abaar xumi jirto, dugaag iyo haad oo idili
shireen, dibina ku qasheen, si ay u roobdoonsadaan.   Dawo iyo
xiidxiito ayaa loo xilsaaray inay dibiga qalaan oo hilibka
diyaariyaan.   Gabbal dhicii baa hilibkii la qaybsaday oo mid
waliba cadkiisii cunay, xayrtiina afbilaw ahaan meel loo dhigtay.
Markii wax la quutay baa dugaaggii godshiirtiisii u jiiftegay,
haaddiina geedaha isku hishay **sidii caadadeedu ahayd**.

Saqdii dhexe ayaa dawo xayrtii la kaydsaday ilmaheedii siisay,
dabadeedna u garriin tirtay oo uus gafuurka u marmarisay.

Si ay dambigii ay gashay u raadgaddo, beyna ilmihii xiidxiito oo
dhulka hurda dufan afka u marisay.   Markii waagii baryay,
bahalladiina wada tooseen, xayrtiina la waayey, baa dawo halkay
ku dambeysay la weydiiyey, seyte: "An safanno, ruux kastana
gafuurkiisa ha la eego, iyagaa soo bixi doona wixii cunaye." Sidii
baa la yeelay, dhashii xiidxiito ayaana dambigii **lagu oogay**,
iyagoon cidi u doodin baana goobtii lagu laayay.

Markay meeshii ku gablantay bey afar waxyaabood inaaney dib
u sameyn xiidxiito ka dhaaratay, waxayna tiri:

Waxaan nidir ka maray,
Hilib dambe cuniddii,
Hurda dambe jiifkeed,
Geed dambe koriddii,
Haad dambe raaciddii.

Xiidxiito nidirkii weli ma jebin oo afartii shey midna ma
sameyso baa la yiri.

TRANSLATION NOTES

markii wax la quutay	when they finished eating [lit: when something was eaten]
sidii caadadeedu ahayd	as was their [lit: her] custom
lagu oogay	was put on (them)

NEW VOCABULARY

afbilaw (ga)	breakfast [lit: start mouth]	n0-m
bahal (ka)	beast	n2-m
caado (/da)	custom	n6-f
cad (ka)	piece, portion [Pl: cadcad]	n8-m
dambi (ga)	crime, blame	n2-m, n7-m
dhaar (ta)	oath, swearing	n0-f
dhaaro (#rtay)	swear; take an oath	v3b=
dhexe	middle one	adj
dood (-ay)	argue, debate	v1=
dufan (ka)	grease	n2-m-mass
gabbaldhac (a)	sunset	n2-m
gablan (/may)	be(come) childless	v1=
garriin (ta)	mess around the mouth	n2-f
godshiir (ta)	den, lair	n2-f
hil (-ay) + isku	pile up upon	v1=expr
jiif (ka)	lying down, sleep	n4-m
jiiftegay	went to sleep	v1-cmp
kaydso (/day)	save, store away	v3a=
kor (-ay)	climb, get on	v1=
marmari (-yey)	rub, wipe clean	v2a=
nidir (ka)	oath	n -m
oog (-ay)	drive, urge on	v1=
qal (-ay)	slaughter; remove skin	v1=
qalo (/shay) + ku	sacrifice (an animal)	v3b=expr
qaybso (/day)	divide (up)	v3a=
quudo (quutay)	eat	v3b=
raadgad (-day)	camouflage, cover a trace	v1=
roobdoonso (/day)	pray for rain	v3a=
safo (#tay)	get in line, form a line	v3b=
saq (da)	late at night	n2-f
shey (ga)	thing	n2-m
shir (-ay)	convene, assemble	v1=
uus (ka)	contents of animal stomach	n4-m
waliba	everyone	pro
waxyaabood	things [rw: **waxyaabo**]	n8-gen-pl
xayr (ta)	lard, fat [Alt: **xaydh**]	n0-f-mass
xiidxiito (/da)	plover bird	n6-f
xilsaar (-ay)	put in charge	v1=

Exercise 3: DICTIONARY WORK AND RESEARCH.
Look up the following root words and their derivations. Give
the relevant grammatical details (e.g., part of speech, affixe
involved, gender, etc.) and the range of their meaning(s):

bar   barid   baris   baro   barad   barasho   bartay

deg   degaan   degad   degasho   degid   degniin

dhig   dhigo   dhigasho   dhigniin   dhigaal   dhigad   dhigid   dhigis

dhoof   dhooftay   dhoofid   dhoofi   dhoofis   dhoofin

dil   dillaan   disheen   dilniin   dilo   dilley   dilayba

duul   duushay   duulis   duulitaan   duulid   duuliye   duuli

jir   jirtaan   jirniin   jiraal   jiritaan

qayb   qaybi   qaybin   qaybis   qaybso   qaybsasho

qor   qorid   qoris   qoritaan   qoraal   qoran   qorriin   qorasho

sheeg   sheegis   sheegasho   sheekeyso   sheeko   sheekooyin

shid   shidaal   shidasho   shidnaan   shidan   shiday

sug   sugis   sugid   sugniin   sugin   sugaal   sugitaan

CHAPTER 47 - OTHER NOUN AND ADJECTIVE DERIVATIONS

PATTERN 1: FORMING -NIMO ABSTRACT NOUNS.

This suffix is added to noun stems to denote a quality or state, equivalent to English *-ity*, *-ness*, *-hood* or *-ship*. It creates FEMININE NOUNS of DECLENSION 6. See SRG: 142.

agoon	(ta)	orphan	agoonnimo	(/da)	orphanhood
caasi	(ga)	disobedient	caasinimo	(/da)	disobedience
cadow	(ga)	enemy	cadownimo	(/da)	enmity
dad	(ka)	people	dadnimo	(/da)	humanity
dawlad	(da)	government	dawladnimo	(/da)	nationhood
dhakhtar	(ka)	doctor	dhakhtarnimo	(/da)	medical science
habeen	(ka)	night	habeennimo	(/da)	darkness
halac	(a)	greedy man	halacnimo	(/da)	greed(iness)
madax	(a)	head	madaxnimo	(/da)	leadership
mid	(ka/da)	one	midnimo	(/da)	unity
nacas	(ka)	foolish man	nacasnimo	(/da)	foolishness
walaal	(ka)	brother	walaalnimo	(/da)	brotherhood
wiil	(ka)	boy	wiilnimo	(/da)	boyhood
xor	(ta)	free person	xornimo	(/da)	freedom

CULTURAL NOTE

The word **caasi** (ga) refers to *an unfilial person* (such as a child who does not treat his parents with the deference and obedience that Somali elders expect, see page 312), *a rebellious person* (someone who not only does not accept social standards, but goes against them), someone who is stubborn or rebellious, *an irreligious person*. Then **caasinimo** (/da) refers to the *state of unfiliality, disobedience to one's parents' wishes, rebelliousness, block-headedness.*

GRAMMATICAL NOTE.

Two noun-forming suffixes discussed in Saeed have already been taken: **-aan** *-ness* (deriving nouns from their corresponding adjectives) in Chapter 30 and **-le** *possessor of* in Chapter 31. Review both of these.

Exercise 1: REVIEW OF -**NIMO** USED PREVIOUSLY.
Review the translation of the following:

Erayadaas **caasinnimo** kolkay afkiisa ka soo baxeen, baa lo'dii
didday oo qoobabka ku kala googooysay.
(*Lo'dii Ina Wili Wili*, page 176)

Waa baa waxaa wada socdaalay afar nin oo mid fulay yahay,
mid geesi yahay, mid caaqil yahay, midna kasmo iyo **waaya-
aragnimo** isku biirsaday.
(*Dhugmo*, page 272)

Ugu dambeyntiina iyagoo ka xun bay laba kala daran mid dooro
saaxiibtinnimo ku qaateen.
(*Libaax iyo Dibi Madoobe*, page 326)

Aar baa waa hooyadii warsaday inay wax ka **geesinnimo** iyo
bela badani ifka ku nool yihiin iyo in kale.
(*Libaax*, page 364)

PATTERN 2: AGENTIVE MASCULINE NOUNS WITH -**E**.

This suffix is added to VERB ROOTS and forms MASCULINE NOUNS of
DECLENSION 7 with the meaning *doer of (X)*, similar to the
English suffixes *-er* or *-or*. See SRG: 148.

cun	(-ay)	eat	cune	(/ha)	eater; throat
dhali	(-yey)	score (goal)	dhaliye	(/ha)	scorer
dhig	(-ay)	write down	dhige	(/ha)	author, writer
dhoofi	(-yey)	send abroad	dhoofiye	(/ha)	exporter
duuli	(-yey)	fly [tr]	duuliye	(/ha)	airplane pilot
gad	(-ay)	sell	gade	(/ha)	seller, vendor
iibi	(-yey)	sell	iibiye	(/ha)	seller, merchant
jooji	(-yey)	stop [tr]	joojiye	(/ha)	brake
wad	(-ay)	drive	wade	(/ha)	driver
yeel	(-ay)	act, do	yeele	(/ha)	doer; subject

Exercise 2: USING AGENTIVE NOUNS WITH -E.
Use the following in sentences and translate:

afceliye

agaasime

bare

fure

iibshe

xoghaye

⌣

PATTERN 3: FORMING PRIVATIVE NOUNS WITH -DARRO.
This suffix forms FEMININE NOUNS of DECLENSION 6 denoting *a lack of, failure to, mis-, in-,* or *un-.* See SRG: 143f.

af	(ka)	mouth	afdarro	(/da)	mute, speechless
		sharp point	afdarro	(/da)	bluntness
daw	(ga)	way; right	dawdarro	(/da)	injustice
dhiig	(ga)	blood	dhiigdarro	(/da)	anemia
edeb	(ta)	good manners	edebdarro	(/da)	bad manners
gar	(ta)	justice	gardarro	(/da)	offense, wrong
guul	(/sha)	success	guuldarro	(/da)	lack of success

Exercise 3: Define and use each of the following in a sentence:

ayaandarro

ballandarro

tacliindarro

aqoondarro

jimicdarro

PATTERN 4: FORMING NOUNS WITH -TIN.
This suffix forms a limited number of nouns denoting *the result of* the action implied in the verb root:

bixi	(-yey)	take out	bixitin	(ka)	departure
cabo	(#tay)	complain	cabatin	(ka)	complaint
dhifo	(#tay)	jerk away	dhifitin	(ta)	act of snatching
hoyo	(#day)	go home at end of day	hoyatin	(ka)	overnight stay; going home

Note the SOUND CHANGES involved in the following:

baq	(-ay)	be afraid	baqdin	(ta)	fear
bax	(-ay)	grow out	baxdin	(ta)	act of growing
kac	(-ay)	rise, get up	kacdin	(ka)	fast run of horse
suux	(-ay)	faint	suuxdin	(ta)	fainting; epilepsy
gaad	(-ay)	creep up on	gaatin	(ta)	creeping up on
qaad	(-ay)	take	qaatin	(ta)	volume, capacity
imow	(yimid)	come	imaatin	(ka)	arrival, coming

This suffix is also used in conjunction with **-nimo** (taken in Pattern 1) to form ABSTRACT NOUNS:

gal	(-ay)	enter	galtinnimo	(/da)	alien, stranger
boqor	(ka)	king	boqortinnimo	(/da)	kingship
madax	(a)	head	madaxtinnimo	(/da)	leadership
saaxiib	(ka)	friend	saaxiibtinnimo	(/da)	friendliness
walaal	(ka)	brother	walaaltinnimo	(/da)	brotherliness

Exercise 4: USING -TIN.

Baabuurku bixitin buu diyaar u yahay.	The car is ready for departure.
Naagtu wey cabatin badantahay.	The woman complains a lot [lit: complaints ... are many].
Macallinka dugsiga madaxtin-nimadiisa ayaa loo doortey.	The teacher is elected for the school's principalship.
Mareykan iyo Kanada xiriir wanaagsan oo walaaltin-nimo ah ayaa ka dhexeeya.	There is a good brotherly relationship between the United States and Canada.
Imaatinkaaga maan maqlin.	I didn't hear of your arrival.

PATTERN 5: NOUNS FORMED WITH -TOOYO.

This suffix is found on a limited number of STATIVE ABSTRACT NOUNS showing a *state of being (X)*, akin to English *-liness, -hood*, or *-ship*:

boqor	(ka)	king	boqortooyo	(/da)	kingdom
gacal	(ka)	beloved	gacaltooyo	(/da)	affection
hodan	(ka)	rich person	hodantooyo	(/da)	richness
madax	(a)	head	madaxtooyo	(/da)	presidency
qad	(-ay)	be without	qatooyo	(/da)	lack; frustration
saaxiib	(ka)	friend	saaxiibtooyo	(/da)	friendliness
walaal	(ka)	brother	walaaltooyo	(/da)	brotherhood
xad	(-ay)	steal	xatooyo	(/da)	theft, thievery

Exercise 5: USING -TOOYO.

Boqortooyada Sacuudigu waa waddan hodan ah.	The Saudi Kingdom is a rich country.
Xafiiska Madaxtooyada Mareykanka baan ka shaqeeyaa.	I work at the office of the Presidency of the United States.
Xoolaha xatooyo buu ku helay.	He got the wealth through thievery.

IS + Vonb has same meaning + is widely understood.
at ISLA + Vms → Very rare.

PATTERN 6: RECIPROCAL VERB FORMING SUFFIX -TAN.

This suffix generally denotes a *reciprocal or mutual activity*, but is very limited in use. Apart from appearing on the noun **bartan** (ka) *middle, center* [cf: **bar** (ka) *half*], it is found on a limited number of verbs which are derived from noun or verb counterparts. See SRG: 25, 56-57.

cay	(da)	insult	caytan	(-may)	insult each other
cun	(-ay)	eat	cuntan	(-may)	be fit to eat; be delicious
dood	(-da)	argument	dootan	(-may)	debate
feer	(-ay)	punch	feertan	(-may)	box one another
kal	(ka)	turn	kaltan	(-may)	take turns
loolan	(-ay)	compete	looltan	(-may)	compete (with)
ul	(/sha)	stick	ultan	(-may)	fight with sticks

Exercise 6: USING -**TAN**.

Lacagta ku dhabiiltan!	Be cautious with the money!
Labada qolo wey ultameen.	The two clans fought with sticks.
Ardeydu wey dootameen.	The students debated.
Shaqaaluhu wey kaltamayaan.	The workers will be taking turns.
Hilibku weli wuu cuntamayaa.	The meat is still fit to eat [i.e. is still edible].

Exercise 7: READING AND TRANSLATION.

SADDEX NACAS

Beri baa laba nacas oo wada socdaa is weydiiyeen, waxa mid waliba jeclaan lahaa in Eebbe ugu deeqo.

Kii koowaad wuxuu yiri: "Waxaan rabi lahaa ari badan oon caanihiisa iyo hilibkiisa ka hirqado."

Kii labaadna wuxuu yiri: "Aniguna waxaan rabi lahaa uubata badan oo arigaaga marisa."

Kii koowaad baa yiri: "Maxaad uubatada ariga iiga cunsiineysaa?"

"Maxaad ariga keligaa u urursatay?" buuna ugu jawaabay.

Labadii nin nacasnimo darteed meeshii bey ku dirireen, ugu dambeyntiina waxay ku heshiiyeen, inay ruuxii dad ugu soo horreeya gartooda u dhiibtaan.

In yar dabadeed baa nin tebbed subag ah wataa ka hor yimid. Kolkuu gartoodii dhegeystay buuna isagoo nacasnimadoodii ku qoslaya tebbeddii subagga ahayd afka dhulka u geliyay oo ku yiri: "Dhiiggeyga sida subaggaas Alla ha u qubo, inaanan arag weli laba nin oo idin ka nacasnimo badan; war, ma waxaas baa wax rag ku dagaallamo ah?"

Labadii dagaashaneed oo fajacsan baa is dhugtay, dabadeedna iyagoo ninka saawirnimadiisa la yaabban halkii ku kala dhaqaaqay.

NEW VOCABULARY

arigaaga	your goats	np
caanihiisa	their milk	np
cunsii (-yey)	feed	v2a=
dagaashaneed	fighting [rw: **dagaal**]	v-adj
deeq (-ay)	suffice, be enough	v1=
ku deeq	bestow, grant (unto)	v1=expression
dhiibo (#btay)	hand over, entrust	v3b=
dhugo (#gtay)	glance, look at	v3b=
dirir (-ay)	fight	v1=
eed $	having done (X)	v-adj-suf
fajacsan	amazed, bewildered	adj-der
gartoodii	their dispute [rw: **gar**]	np
heshii (-yey)	agree, reach an agreement	v2a=
hirqo (/day)	be brim full	v3a=
horree (-yey)	be (the) first	v2b=
in yar	a little later	np-time
jeclaan lahaa	would like	v5-inf + aux
koowaad	first [Alt: **kowaad**]	num-ord-m
mari (-yey)	finish off	v2a=
nacasnimo badan	such extreme foolishness	np
qub (-ay)	spill	v1=
saawir (ka)	dull, stupid	adj-m
saawirnimo (/da)	dullness, stupidity	n6-f
socdaa	going on, proceeding	v3b-prhb
subag (ga)	ghee	n2-m-mass
tebbed (da)	container made of skin	n1-f
ururso (/day)	gather, collect for oneself	v3a=
uubato (/da)	wolf, jackal	n6-f
wado (#watay)	carry (with oneself)	v3b=
wataa	is carrying	v3b-3m-prhb
war	hey, you!	intj
yaabban	amazed, astonished	adj-der

Exercise 8: REVIEW OF -**AAN**.
Remembering that -**aan** is primarily involved with adjective to noun derivations, indicate the root forms of the following:

adkaan (ta)	hardness, toughness
ahaan (ta)	state of being, becoming
badnaan (ta)	increase, increment, numerousness
dheeraan (ta)	state of being long or tall or deep
ekaan (ta)	similarity, likeness
fududaan (ta)	lightness, easiness; state of being impatient
horraan (ta)	beginning, start, front
is'ogaan (ta)	being "there" for each other
la'aan (ta)	lack (of), being without
macaanaan (ta)	sweetness
moogaan (ta)	ignorance (of/about); absent-mindedness
oollaan (ta)	location, state of being in a place

Exercise 9: REVIEW OF -**AN** + -**AAN** FORMATIONS.
Isolate the two-fold process in composition of these words as in the first example:

aammusnaan (ta)	silence, state of being silent
aammus (-ay)	be silent
aammusan	silent
ballaarnaan (ta)	scope, span, range; breadth
buurnaan (ta)	obesity, fatness
degganaan (ta)	state of being settled; calm, tranquil
dhignaan (ta)	state of being written
dilnaan (ta)	state of being killed; victim
dirnaan (ta)	state of being sent
furnaan (ta)	openness; separation
gaajaysnaan (ta)	state of being hungry
go'naan (ta)	state of being cut off
jabnaan (ta)	state of being broken; cheapness
oommanaan (ta)	state of being thirsty

CHAPTER 48 - COMPOUND WORDS

PATTERN 1: NOUN PLUS VERB YIELDING A NOUN.

Each of the following is the result of compounding a noun and
the verb **yaqaan** *he knows*, indicating a PROFESSION:

afyaqaan	(ka)	linguist; skillful speaker
beeryaqaan	(ka)	agronomist
dalyaqaan	(ka)	one who knows the country
garyaqaan	(ka)	lawyer, attorney; judge
korontoyaqaan	(ka)	electrician
waxyaqaan	(ka)	specialist, knowledgable person
xiddigoyaqaan	(ka)	astronomer

Exercise 1: ISOLATING NOUN PLUS VERB COMPOUNDS.
Study the following compounds, then look up each word in the
dictionary, noting its gender and meaning:

abaaldhac	(a)	ingratitude
bannaanbax	(a)	outing, rally
dhiigbax	(a)	hemorrhage, flow of blood
madaxwareer	(ka)	dizziness
mardhoof	(ka)	first time traveler
qorraxbax	(a)	sunrise
gabbaldhac	(a)	sunset

abaal	dhac
bannaan	bax
dhiig	bax
madax	wareer
mar	dhoof
qorrax	bax
gabbal	dhac

PATTERN 2: NOUN PLUS VERB YIELDING A VERB.
Study each of the following and note the root words:

abaaldhac	(-ay)	fail to repay a favor
dulmar	(-ay)	go over
dultag	(-ay)	come upon
dhexmar	(-ay)	pass through
nabadgal	(-ay)	be secure
nabadgeli	(-yey)	protect, safeguard
warceli	(-yey)	reply
wardoon	(-ay)	inquire, ask about

Exercise 2: ISOLATING ROOTS IN VERBAL COMPOUNDS.
Study the following compounds; look up each word in a diction-
ary or in the GLOSSARY, noting the grammatical properties and
meaning:

abaalgud	(-ay)	return a favor
barbax	(-ay)	subsist at hard times
caloolgubyoo	(/day)	be heart broken
magangeli	(-yey)	give refuge
niyadjab	(-ay)	be demoralized
qalbijebi	(-yey)	demoralize
ruuxbax	(-ay)	die, pass away
xaddhaaf	(-ay)	be past the limit; exaggerate

abaal	gud
bar	bax
calool	gubyoo
magan	geli
niyad	jab
qalbi	jebi
ruux	bax
xad	dhaaf

PATTERN 3: NOUN PLUS ADJECTIVE YIELDING NOUN.

badweyn	(ta)	ocean
badyar	(ta)	lake
dabweyn	(ta)	heavy artillery
maangaab	(ka)	feeble-minded

Exercise 3: DERIVING NOUN + ADJECTIVE COMPOUNDS.
Isolate and identify the root words in the following:

afweyn	(ta)	first cevical vertebra
horweyn	(ka)	animals herded separately
raxanweyn	(ta)	big herd
minweyn	(ta)	senior wife
habaryar	(ta)	maternal aunt

PATTERN 4: NOUN + ADJ YIELDING AN ADJECTIVE.

foolxun	ugly
hadalbadan	talkative
orodbadan	very fast
xoogweyn	strong, powerful
xoogyar	weak, not strong
hanweyn	ambitious

Exercise 4: ISOLATING NOUN & ADJ COMPOUNDS.
Study the following compounds; look up each word in the
dictionary, noting its grammatical properties and meaning:

afbadan	sharp
camalfiican	well behaved
caqli-badan	smart
dhirifdhow	touchy, short-tempered
hunguriweyn	greedy
indhayar	small-eyed
madax-adag	stubborn, hard-headed
sandheer	long-nosed
xanaaqdhow	quick-tempered
qabweyn	arrogant, conceited

PATTERN 5: NOUN PLUS NOUN YIELDING A NOUN.

aqoonyahan	(ka)	scholar, academic, expert
dhiigsiin	(ta)	blood donation
caloolxanuun	(ka)	stomachache
madaxxanuun	(ka)	headache
afweyne	(/ha)	big-mouth
dadweyne	(/ha)	public, population
dhulweyne	(/ha)	mainland
gaashaanbuur	(ta)	alliance
madaxweyne	(/ha)	president
shirweyne	(/ha)	summit conference
geedyaqaane	(/ha)	botanist
tabarbadni	(da)	powerfulness
tabaryari	(da)	powerlessness
minyaro	(da)	junior wife

Exercise 5: COMPOUNDING WITH **AQOON** *-OLOGY*.
What are the following fields of knowledge? Cover up the glosses on the right; look up the appropriate meanings in a dictionary if you cannot determine them.

beeraqoon	(ta)	agronomy
cayayaanaqoon	(ta)	entomology
ciraqoon	(ta)	meteorology
hawo-aqoon	(ta)	meteorology
nololaqoon	(ta)	biology
doga-aqoon	(ta)	anatomy
xubno-aqoon	(ta)	anatomy
gadaala'aqoon	(ta)	gynecology
geedo-aqoon	(ta)	botany
xiddiga'aqoon	(ta)	astronomy

PATTERN 6: PRONOUN DETERMINER COMPOUNDS.
See SRG: 158.

labadood	both of them, the two of them
kulligiin	all of you
kulligood	all of them
giddigood	all of them
keligood	they alone (by themselves)

Exercise 6: USING PARTITIVE PHRASES.
Use each of the following phrases in a sentence of your own composition:

dadka qaarkood	some of the people
dadka badidood	most of the people
iyaga labadood	the two of them
lixdeen	the six of us
saddexdiin	you three, the three of you
iyaga shantood	the five of them

PATTERN 7: BOUND PREPOSITION COMPOUNDS.

ku talagal	plan, intend
ka qaybgal	participate in
kasoobaxa	boil, pimple
dibudhac	be postponed
horumar	progress, advancement

PATTERN 8: OTHER COMPOUNDS IN SET PHRASES.

nabadgelyo	goodbye!
nabaddiino	goodbye!
mahadsanid	thank you!
salaan dirid	sending greetings

Exercise 7: READING AND TRANSLATION.

ABAAL DHAC

Sannad abaar xumi dhacday, baa nin cayrtoobay, xigaaladii buu kaalo weydiistay waana loo diiday. Ninkii wuu iska dalaabay, wuxuu socdana libaax buu la kulmay; guuldarradii qabsatay buu uga sheekeeyey, halkii beyna ku saaxiibeen. Libaaxii baa dabadeed kaxeeyay oo gurigiisii geeyey, wuxuu soo ugaarto beyna wada quudan jireen.

Markii abaartii laga baxay baa ninkii codsaday inuu qaraabadii aado, libaaxiina wuu ka yeelay tan iyo degmaduu u socdana sii wehel yeelay; wuxuuse uga digay inuu dadkiisa u sheego cidda iyo meesha uu ku soo barbaxay.

Libaaxii iskama tegine duleedka aqalkii beeldaajiyaha buu ku gabbaday.

Markii la arkay baa ninkii la weydiiyay meeshuu ka yimid, suuye: "Arla libaax baan ka imid." "Sidee baad dugaaggaas dad cunka ah uga nabad gashay?" baa lagu yiri. "Hilib ceyriin buu i siin jiray, dhibaatana iima geysan, wuuse shiir badanyahay," buu yiri.

Libaaxii aqalka kaabigiisa buu ka dhegeysanayay war xumada ninka ka baxaysa, dabadeedna isagoo caloolgubyoonaya buu iska tegay.

Sanooyin ka dib baa, maalin ninkii qawl laawaha ahaa iyo libaaxii iska hor yimaaddeen, aarkiina inuu raaco ku sandulleeyey. Habeenkii wey wada caweeyeen, waaya waayo iyo waxay isla soo mareen ka sheekeysteen.

Subixii goortii waagii baryay oo la toosay, baa libaaxii ninkii waran u dhiibay oo ku yiri: "Eebadan igu dhufo, warna ha igu soo celin, haddaadan dooneyn inaan ku cuno." Ninkii wuu baqay eebadiina ku kilkilay.

Libaaxii inta warankii iska siibay, buu ninkii ku yiri: "Intaan ka bogsoonayo, adiga ayaa i baananaya."

Markuu ogaaday inuu raystay buu ninkii u yeeray oo ku yiri: "Bal dhaawaca iga eeg." Suuye: "Wuu doorsaday."

Libaaxii baa dabadeed ku yiri: "Dhibbaan eebo waa laga bogsadaa, dhaawaca carrabka aadanase lagama bogsado. Anigu waan shiiraa, hilibka ceeriinna waan cunaa, saaxiibbada xilliga adag i caawinase ma xanto, ballankii aan galana kama baxo. Bax oo dadkaagii aad, abaal laawe, waa dambana ha i soo haybsan!"

NEW VOCABULARY

aadane (/ha)	human being	n7-m
abaal (ka)	favor, gratitude	n2-m
abaaldhac (a)	ungratefulness	np-m
arlo (/da)	land, country, territory	n0-f-mass
baano (#ntay)	nurse, care for	v3b=
bal	well, ok, all right	intj
barbax (-ay)	subsist during hard times	v1=
beeldaajiye (/ha)	chief of a clan	n7-m
bogso (/day)	get well, heal	v3a=
caawin (/-may)	assist, help, support	v1=
caloolgubyoo	be broken hearted	v3a=
cawee (-yey)	socialize in the evening	v2b=
cayrtoob (-ay)	become poor, impoverished	v1=
ceeriin (ka)	raw, uncooked food	n2-m
codso (/day)	appeal, request	v3a=
dad-cun (ka)	man-eating	adj-m
dalaab (-ay)	emigrate, leave a place	v1=
dambana	and afterwards, later on	adv + conj
dhaawac (a)	wound, injury	n2-m
dhibbaan (ta)	wound, injury	n2-f
dig (-ay)	warn, advise	v1=
doorso (/day)	heal, get better; change	v3a=
duleed (ka)	backside	n2-m
eebo (/da)	small spear	n6-f
gabbo (/day)	hide oneself	v3a=
haddaadan	if you ... not	conj+vpro+neg
haybso (/day)	inquire (about)	v3a=

kaabi (ga)	vicinity, near(ness)	n2-m, n7-m
kaalo (/da)	charity, handout	n6-f
kaxee (-yey)	lead, drive (on)	v2b=
kilkil (-ay)	launch, throw hard	v1=
qawl (ka)	word of honor, pledge	n4-m
rayso (#stay)	heal, get well, improve	v3b=
saaxiib (-ay)	become friends	v1=
sandullee (-yey)	force, compel	v2b=
sheekee (-yey)	tell a story, relate	v2b=
shiir (ka)	strong body odor	n4-m
shiir (-ay)	stink, have a bad odor	v1=
siib (-ay)	extract, pull up or out	v1=
ugaaro (#rtay)	hunt (for oneself)	v3b=
waaya-waayo	formerly, in old times	np-time
wehel (ka)	company, companionship	n2-m
xamo (#xantay)	gossip (about), slander	v3b=
xumo (/da)	evil, ugliness	n0-m-col

CHAPTER 49 - IDIOMS

IDIOMS are perhaps the most difficult aspect of language learning. They are not understandable from the words that make them up, so one must usually ask a native speaker about what they really mean. For example, English *kick the bucket* has nothing to do with *kicking* or a *bucket*. A person doesn't really *hit the road*, nor does one have to *eat with a silver spoon* to have that phrase applied. What is a *red neck*, a *red herring*, or *cold blood*? In this chapter, we can only guide you through a small number of the idioms found in Somali, some of which have already been encountered.

For each example presented, take note of the LITERAL MEANING of the words and also what each particular combination really adds up to, that is, its IDIOMATIC MEANING.

PATTERN 1: IDIOM FORMATION.
The following Somali idioms compare a person with an animal. With which animal is each compared? Note that the meaning of each is rooted in Somali culture, i.e., the way Somalis perceive a particular animal.

Ninku waa **waraabe**.	The man eats anything.
Ninku waa **bahal**.	The man is inhuman.
Ninku waa **mas**.	The man is secretive.
Ninku waa **libaax**.	The man is courageous.
Ninku sida **dameer**kuu u shaqeeyaa.	The man works hard.

Exercise 1: THE LITERAL MEANING OF SOME IDIOMS.
Although the intended meaning is given in the right hand column, write down the literal meaning of each of the following:

Sideed is tiri?	What did you do to yourself?
Wuu il dheeryahay.	He looks tired.
Wuu il go'anyahay.	He looks sick.
Waa iga dhab.	I am serious.
Waa la khaarijiyey.	He has been eliminated.

423

Exercise 2: REVIEW OF IDIOMS TAKEN PREVIOUSLY.
Look up the following, write down their literal meaning, and
review the translation of the sentences in which they appear.

daba yar yahay	shrink in number	[page 213]
naftii u timid	he was close to death	
ka fara badan	outnumbered	[page 232]
foodda isku diireen	they clashed headon	
jar u maleegay	devise a strategy for	
markay meeshaa mareyso	when it got that far	[page 240]
meel mari	make effective or viable	
ku gacan sayr	reject	[page 248]
il buuxso	take a good look	
sida isu dhaan	improve yourself	[page 255]
indhaha ka qaad	see, witness	[and 265]
gaajo la il xun	starved, miserable	[page 272]
il xun	in bad shape	
ka caddahay	in bad shape, desperate	
foodda is dar	clash, be in conflict	
isla il cawo	that same night	[page 286]
qur bax	die	
jidka ku dhac	hit the road	[page 300]
ka laac	finish off	[and 326]
is maquuni	reconcile oneself	[page 312]
foolka ku diiray	he said to his face	[page 326]
far iyo suul isku taabtay	he hurried / went quick	[page 364]
il adeyg	brazen	
kelya adeyg	courageous	
afka aaddi	head toward	[page 371]
indhaha ku dhufo	see, witness	
soo jeedi	offer an opinion	[page 380]
ka soo jeed	originate from, come from	
ka caddahay	be desperate, suffer	[page 394]

Exercise 3: TRANSLATING SENTENCES WITH IDIOMS.
Study each of the idioms below, work out the literal meaning,
and then translate the sentences that follow.

il iyo goon fuji   smash someone's face

Gabadhdhu wiilka dhagax bey ku dhufatey oo il iyo goon fujisey.

fiiro dheer   perceptive, astute

Ardeygu wuu fiiro dheeryahay.

dhoolla-caddee   smile

Naagtiisu wey u dhoolla-caddeeysey.

ka hel   enjoy, like

Heestaas waan ka helay.

la hel   hit (as a target)

Yaanbadii buu ashuun la helay.

is madax mar   go crazy

Karraaniyaddu wey ismadaxmartey.

================== TRANSLATIONS ==================

The girl hit the boy with a stone and smashed his face.
The student is perceptive.
His wife smiled at him.
I liked that song.
He hit the clay pot with the hoe.
The clerk went crazy.

Exercise 4: READING AND TRANSLATION.

DAMEER IYO EEY

Beri baa dameer iyo eey wada socdaaleen, baa la yiri. Iyagoo gaajo, harraad iyo daal la **il daran** bey meel baad iyo biyo leh yimaadeen.

Markay nimcadii ka dhergeen oo ay daal gooyeen, baa dameerkii yiri: "Inaan ciyo baan doonayaa," eeygii baase xasuusiyay in cida dugaag ku soo raaci karo, haddi ay taasi dhacdana ay halis gelayaan.

Dameerkii taladii eeyga **dheg jalaq uma siine**, wuu ciyay, oo ciyay, oo ciyay. Mudda yar dabadeed baa saddex libaax goonyaha ka soo istaageen, dameerkiina ku habsadeen. Markuu dameerkii dhintay bey eeygii ku yiraahdeen: "Adiga waan ku badbaadineynaa haddaad dameerka noo soo qasho," hal haleel buuna u yeelay.

Eeygii intuu dameerkii qalayay buu wadnihii ka laacay. Markuu hilibkii keenay baa la weydiiyay halkuu wadnihii aaday, wuxuuna yiri: "Dameerku hadduu wadne leeyahay idiinma qayshadeen, isagoo cidladaan jooga, ee saa ku ogaada inaanu wadne lahayn." Eeygii warkii waa laga gareystey, halkii baana lagu sii daayay.

TRANSLATION NOTES

| il daran | in bad shape | [idiom] |
| dheg jalaq uma siine | and he didn't listen | [idiom] |

NEW VOCABULARY

ci (-yey)	cry out, roar, bray	v1=
ciyo	that I cry	v1-rel
cidla' (da)	uninhabited place, empty	n6-f
daran	worse	adj
dhacdana	and if it happens	v1-rel + conj
dheg (ta)	ear	n1-f
dhergeen	they ate enough	v1-3pl-past
eey (ga)	dog	n5-m
gareyso (#stay)	agree, accept	v3b=
gelayaan	they are going to enter	v1-3pl-prpg
goon (ka)	side, corner, angle	n4-m, n1-m
goonyaha	the sides	n1-m-pl
habso (/day) + ku	attack, fall upon	v3a=
halkuu	where he [**hal** (ka) + **uu**]	conj-np
idiinma	not for you	pro + neg
jalaq (da)	sound of dripping	n -f
qaysho (/day) + u	cry out for help	v3a=
siine	did not give	v2a-neg-past
wadne (/ha)	heart	n1-m
xasuusi (-yey)	remind	v2a=

Exercise 5: ADDITIONAL TRANSLATION PRACTICE.

kala daado   fall apart
Dhaqaaluhu wuu kala daatey.

ku shaac   spread out (over an area)
Akhbaartii ayaa tuuladii ku shaacday.

majoxaabi (-yey)   undermine, sabotage   [lit: collect feet]
Madaxweynaha barnaamijkiisa cusub waa la majaxaabiyey.

dhegweyn (ta)   easy-going person
Yuusuf waa qof dhegweyn ah.

weji laawe   undignified
Boqorku waa weji laawe.

qoodh iyo xero   manhood and family
Qoodhdhey iyo xeradey baan ku dhaartey!

waddada hay   keep to the road
Siduu waddada u hayey, buu hortiisa wax madow
ku arkey.   [see page 219]

================= TRANSLATIONS =================

The economy fell apart.
The news spread throughout the village.
The president's new program was undermined / sabotaged.
Joseph is an easy-going person.
The king is undignified.
I swore on my manhood and my family!
While he kept to the road, he saw something black in front of
   him.

CHAPTER 50

REVIEW OF MORPHOPHONEMIC CHANGES

PATTERN 1: FUSION OF WHOLE WORDS.
With most grammatical markers and suffixes, a variety of
changes occur (including both vowel and consonant loss),
whereby whole *words are fused together*. See SRG: 24f, 192,
194, 213, 218.

maxay	+ baa	+ aad		maxaad
maxay	+ baa	+ uu		muxuu
baa	+ aan			baan
waa	+ uu			wuu
idin	+ u			idiin

Exercise 1a: NOTING HOW FUSION OPERATES.
Explain the composition and meaning of the words below.

buu	waan [2 possibilities]
miyaad	wuxuu
meydin	inaanan
maxaan	markaasaad
adaa	iyagoo
maantuu	Eebbaa
suuye	seyte
sidaas	intuu

Exercise 1b: MAKING LISTS OF FUSED FORMS.
As an additional exercise, fill in the full paradigms for:

	baa	ayaa	waxaa	in	ma?	ma [NEG]
1s	baan					
2s						maad
3m			wuxuu			
3f				iney		
1ex						
1in						
2pl		ayeydin				
3pl						miyey

PATTERN 2. VOWEL LOSS.

NOUNS OF DECLENSION 3 and VERBS OF CONJUGATION 3-B regularly lose the final vowel of the stem; this also happens in the derivation of adjectives and other parts of speech. See SRG: 40, 44, 53 and also the **g** to **k** shift taken in Pattern 21 below.

ani(ga)	+	iyo	aniyo
orod	+	-ay	orday
hadal	+	-ay	hadlay
hurud	+	-ay	hurday
fiican	+	ahay	fiicnahay
ladan	+	ahay	ladnahay
gabadh	+	-o	gabdho
hilib	+	-o	hilbo
maalin	+	-o	maalmo
gaaban	+	-i	gaabni
gama'	+	-i	gam'i
garo	+	-tay	gartey

Exercise 2: NOTING THE OCCURRENCE OF VOWEL LOSS.
Show the roots, affixes and meanings of the following. Cover up the column on the right, using it to double-check your answers.

asley	asal	+	-ay
dhergeen	dhereg	+	-een
dhuubni	dhuuban	+	-i
farxa	farax	+	-a
gacmo	gacan	+	-o
galbo	galab	+	-o
garbo	garab	+	-o
goglay	gogol	+	-ay
haysteen	hayso	+	-teen
ka dhaxlay	ka dhaxal	+	-ay
kibra	kibir	+	-a
maqleen	maqal	+	-een
nirgo	nirig	+	-o
qalmo	qalin	+	-o
qoslaan	qosol	+	-aan
samri	samir	+	-i

PATTERN 3. VOWEL HARMONY.
Short vowels often change to match the vowels of a suffix or the following word. See SRG: 39f, 194f.

ba'	+	-i	bi'i
dhac	+	-i	dhici
xoolo	+	-kii	xoolihii
wax	+	-kii	wixii
wax	+	uu	wuxuu
leh	+	-aa	lahaa
i	+	u	ii
ku	+	ka	kaga
dhinto	+	-na	dhintana

Exercise 3: IDENTIFYING VOWEL HARMONY.
Derive and identify the meaning of the following forms:

subixii	subax + -kii
dheceen	dhac + -een
ariilihii	ariile + -kii
daba yar	dabo yar
sicii	sac + -kii
magucu	magac + -u
weydiisana	weydiiso + -na
dhicis	dhac + -is

PATTERN 4: CHANGE OF -AY TO -EY.
The change of the sequence **ay** to **ey** is very common and affects most verb suffixes. See SRG: 19, 39.

arkay	arkey
cabbayay	cabbayey
karisay	karisey
tagtay	tagtey
doonayay	doonayey
amaahday	amaahdey

Exercise 4: CHANGING -AY TO -EY.
Add ten examples of your own.

PATTERN 5. CHANGE OF L AND T TO SH.

In the derivation of FEMININE NOUNS and VERBS with FEMININE or SECOND PERSON endings, a *stem final -l and suffix initial t-change to sh*. See SRG: 24, 61, 151.

bil	+ -tan	bishan	this month
calool	+ -tayda	caloosheyda	my stomach
meel	+ -tii	meeshii	the place
hadal	+ -tay	hadashey	she talked
maqal	+ -teen	maqasheen	you heard
nool + ku	+ -tahay	ku nooshahay	you are living at
weyl	+ -ta	weysha	the calf

Exercise 5: DETERMINING IF SH CHANGE HAS OPERATED.
Indicate the root words, affixes and meanings of the following. Remember that not every instance of sh in Somali will reflect the combination of l and t.

wiilashii
burshaan
bishee
karashada
Xabashi
baxsashadii
disheen
cashaday
aashito
deynsasho
gashay
meeshan

PATTERN 6. INTERCHANGE OF N AND M.

In the inflection of many verbs or nouns that have a stem ending in -n, that sound will change to m when suffixes are added. See SRG: 53, 149.

tun	+ -aal	tumaal	blacksmith
san	+ -aan	samaan	goodness, being good
nin	+ -aC	niman	men
can	+ -aC	caman	cheeks
ballan	+ -ay	ballamay	promised

dhaan	+ -ay	dhaamay	improved
oon	+ -ay	oomay	was thirsty
dardaaran	+ -ay / VL	dardaarmay	made a will
hodon	+ -ay / VL	hodmay	became rich
faran	+ -ay / VL	farmay	obeyed
waran	+ -ee	warmee	spear [v]
inan	+ -Co	inammo	children
dukaan	+ -Co	dukaammo	shops, stores
arrin	+ -o	arrimo	matters, affairs

An inversely related change is reflected in the inflection of a few verbs of CONJUGATION 3-B that have an **m** in the stem; the THIRD PERSON MASCULINE and FIRST PERSON SINGULAR forms show a change of -**m** TO **n**, because **m** can not end a syllable or a word.

baarimo	baarintay	make excuses
caymo	cayntay	be secure
dhimo	dhintay	die
dhuumo	dhuuntay	hide oneself
durraamo	durraantay	pray
gamaamo	gamaantay	cover up
gaashaamo	gaashaantay	shield oneself
hagardamo	hagardantay	pester
humo	huntay	patch (clothes)
jamo	jantay	crave [of a pregnant woman]
jidiimo	jidiintay	eat
rukumo	rukuntay	make a special arrangement
xamo	xantay	gossip

Exercise 6: HAS THE CHANGE OF **N** TO **M** OPERATED?
Determine the root words and affixes of the following:

dhimatay	she died	dhimo	+ -tay
gacmo	hands	gacan	+ -o / VL
Faadumo	Faduma	Faadumo	[name]
maalmo	days	maalin	+ -o / VL
qaalmo	heifers	qaalin	+ -o / VL
kulmeen	they met	kulan	+ -ay / VL
salaamey	I greeted	salaan	+ -ay
warramey	he gave news	warran	+ -ay
xamatey	she gossiped	xamo	+ -tay
xumo	bad, evil	xun	+ -o

PATTERN 7. CHANGE OF -O TO -A-.
In the inflection of FEMININE NOUNS and VERBS OF CONJUGATION 3
that have a stem ending in -o, that vowel will change to **a** when
suffixes are added.

daawo	+ -dii	daawadii
magaalo	+ -da	magaalada
amaaho	+ -to	amaahato
aarso	+ -tay	aarsaday

Exercise 7: CHANGING -O TO -A-.
Add ten examples of your own.

PATTERN 8: CHANGE OF -E TO -A-.
With noun stems ending in -e, the final vowel will change to -a-
to match the vowel(s) in the suffix. This is another kind of
VOWEL HARMONY. See SRG: 126, 151.

aabbe	+ -ka	aabbaha
abanduule	+ -ka	abanduulaha
fure	+ -ka	furaha
aabbe	+ -yaal	aabbayaal
buste	+ -yaal	bustayaal

Exercise 8: CHANGING -E TO -A-.
Add ten examples of your own.

PATTERN 9.   CHANGE OF **T** TO **D**.

In deriving FEMININE NOUNS and various VERBS, the initial **t** of the suffix will change to **d**, following roots that end in the consonants **c**, **d**, **q**, **h**, **x**, **w**, or a VOWEL (i.e., creating a vowel sequence, V_V). See SRG: 24, 44f, 61, 151.

bad	+	-ta	badda
hooyo	+	-tii	hooyadii
bax	+	-tay	baxdey
illoow	+	-tay	illowdey
fadhdhi	+	-tay	fadhdhidey
joogso	+	-tay	joogsaday
amaaho	+	-teen	amaahdeen
qabow	+	-tahay	qabowdahay

Exercise 9: CHANGING **T** TO **D**.
Add ten examples of your own.

PATTERN 10.   CHANGE OF **T** TO **S**.

In inflecting the PROGRESSIVE TENSES and VERBS OF CONJUGATION 2, the FEMININE and SECOND PERSON endings have **s** rather than **t**. See SRG: 39, 61.

arag	+	-ay-	+	-taa	arkaysaa
kari	+	-tay			karisey
keen	+	-ay-	+	-tay	keenaysay
samee	+	-taa			sameysaa
tag	+	-ay-	+	-taa	tegaysaa

Exercise 10: CHANGING **T** TO **S**.
Add ten examples of your own.

PATTERN 11.   ADDITION OF **Y**.

In inflecting VERBS OF CONJUGATION 2, the consonant -y-is added to the stem when the suffix begins with a vowel. See SRG: 39, 148.

kari	+ -ay	kariyey
bixi	+ -ay	bixiyey
tiri	+ -een	tiriyeen
samee	+ -n	sameeyn
safee	+ -een	safeeyeen

Exercise 11: ADDING -**Y**-.
Add ten examples of your own.

PATTERN 12.   LOSS OF **K** FROM THE MASCULINE SUFFIX.

Following the consonants **c, h, kh, q**, or **x**, in the derivation of MASCULINE NOUNS, the **k** is lost. See SRG: 151.

rah	+ -ka	raha
shiikh	+ -ka	shiikha
qiiq	+ -kii	qiiqii
magac	+ -kaa(ga)	magacaa
magac	+ -kee	magacee
shiix	+ -kayga	shiixayga

Exercise 12: DROPPING K FROM THE MASCULINE SUFFIX.
Derive ten forms according to the above pattern:

PATTERN 13. CHANGE OF **K** TO **G**.
Following the consonants **g, w, y,** and the vowel **i,** in the derivation of MASCULINE NOUNS, the **k** changes to **g**. See SRG: 151.

rag	+ -ka	ragga
bari	+ -ka	bariga
aw	+ -keed(a)	awgeed
eey	+ -kii	eeygii

This change also takes place between vowels (V_V) in the FUSION of PRONOUNS and PREPOSITIONS. See SRG: 190ff.

i	+ ka	iga
ina	+ ku	inagu
ku	+ ku	kugu

Exercise 13: CHANGING **K** TO **G**.
Add six examples of your own.

PATTERN 14. CHANGE OF **K** TO **H**.
Following all VOWELS (*except* **i**), in the derivations of MASCULINE NOUNS, the **k** changes to **h**. See SRG: 151.

abbaanduule	+ -ka	abbaanduulaha
bare	+ -ka	baraha
fure	+ -kii	furihii
aabbe	+ -kiis(a)	aabbihiis

Exercise 14: ISOLATING THE CHANGE OF K TO H.
Derive eight more forms along the following pattern:

badaha   bad + -o + -ka

PATTERN 15: CHANGE OF **A** TO **E**.
This change sometimes occurs in the derivation of CONJUGATION
2-A (TRANSITIVE) VERBS (see Chapter 39 and SRG:40), INFINITIVES or
PAST NEGATIVES OF CONJUGATION 1, and DERIVED NOUNS with **-is** or
-id.

tag	+	-in	tegin		did not go
tag	+	-id	tegid	(da)	act of going
tag	+	-is	tegis	(ta)	departing
daa(y)	+	-in	deyn		to let go
jab	+	-is	jebis	(ka)	act of breaking

Some alternate words show the effect of this change:

galbi / gelbi	escort the bride & groom home after a wedding
tab / teb	come to know, realize

Exercise 15.   ISOLATING THE CHANGE OF **A** TO **E**.
Identify the root words, affixes, and meanings of the following:

geli	(-yey)
gelis	(ka)
gelin	(ta)
jebi	(-yey)
jebin	(ta)
tebi	(-yey)
weri	(-yey)
yeris	(ta)

PATTERN 16: CHANGE OF **A** TO **U**.
This change results in SUBJECT NOUN PHRASES. See SRG: 152.

naagta	+	u	naagtu	the woman
ninka	+	u	ninku	the man
carruurta	+	u	carruurtu	the children

Exercise 16. CHANGING A TO U.
Add six examples of your own.

PATTERN 17: CHANGE OF N TO L OR R.

The addition of a suffix beginning with **n** to roots ending in **-l** results in **ll** and to those ending in **-r** results in **rr**. This involves FIRST CONJUGATION VERBS with **-nay** and NOUN DERIVATION with **-niin**. See Chapters 9 & 46 and SRG: 53, 149.

dil	+ -nay	dilley	we killed (it)
fur	+ -nay	furrey	we opened (it)
fur	+ -niin	furriin	act of opening
bar	+ -nay	barray	we taught

Exercise 17. CHANGING N TO L OR R.
Add four examples of your own.

PATTERN 18: CONSONANT LOSS.
This change generally affects verb inflections where two **-t**-sounds would come together. See SRG: 42.

joog(so)	+ -sat + -tay	joogsatay	you stopped
seex(o)	+ -at + -tay	seexatay	she went to bed
fur(o)	+ -at + -tay	furtay	you opened (it)

This change mainly affects AUTOBENEFACTIVE verb forms, where the stem ends in **-d** and the suffix begins with **-t**. See SRG: 45.

gaado	+ -tay	gaatay	choose
gudo	+ -tay	gutay	fulfill an obligation
mudo	+ -tay	mutay	deserve
qaado	+ -tay	qaatay	take
sido	+ -to	sitay	not wear
wado	+ -taa	wataa	drives

This change also affects the fusion of the PRONOUN **ku** and the PREPOSITION **ka**. See Chapter 43 and SRG: 192.

ku	+ ka	kaa	about you

Exercise 18. IDENTIFYING ROOTS WITH CONSONANT LOSS.
Find the root words of the following:

aargutay	(he) took revenge
caalqaatay	(I) surrendered
dulqaatay	(he) bore (it) with patience
gotay	(it [masc]) became bent
liitay	(I) was weak
maataan	(they) hide
qotay	(he) plowed
sitaa	(I) wear (it)
ku wataan	(they) are in the lead

PATTERN 19. LOSS OF O.

In the derivation of VERB CONJUGATION 2-B, the final -**o** of noun
roots is lost when certain suffixes are added. See SRG: 53 and
write in the meanings on your own.

caano	+ -ee	caanee	put milk in
casho	+ -ee	cashee	dine
hambalyo	+ -ee	hambalyee	congratulate
qiimo	+ -ee	qiimee	value

This change also affects all inflections of CONJUGATION 3-B in the
FIRST PERSON and in the THIRD PERSON MASCULINE and PLURAL:

amaaho	+ -teen	amaahdeen	they borrowed
sheekeyso	+ -tay	sheekeystay	he chatted

Exercise 19: DROPPING O FROM INFLECTED FORMS.
Add ten examples of your own:

PATTERN 20: CHANGE OF -G OR -Q TO J.

In deriving verbs of CONJUGATION 2-A the addition of -i to make a TRANSITIVE or CAUSATIVE VERB triggers a change of final -g to -j. See SRG: 40f for additional examples.

bog	be satisfied	+	-i	boji	rest, relax
dheg	adhere to	+	-i	dheji	stick on (to)
fiig	run in panic	+	-i	fiiji	put to flight
joog	stop, stay	+	-i	jooji	stop, halt [tr]
wanaag	goodness	+	-i	wanaaji	make nice/good
xoog	strength	+	-i	xooji	reinforce

This same process also triggers a change of final -q to -j. See SRG: 40f for some other examples.

dhaqaaq	move off	+	-i	dhaqaaji	move away/push
dhawaaq	sound	+	-i	dhawaaji	cause to sound
fiiq	suck up/in	+	-i	fiiji	whistle
fuq	be yanked out	+	-i	fuji	pull out, extract
ruq	be uprooted	+	-i	ruji	uproot

Exercise 20: ISOLATING CHANGES TO J.

Use your dictionary to determine both the meaning and the form of the root words in the following derivations. Do not look at the clues in the rightmost column.

baji	scare, frighten	baq
baraaruji	rouse, wake up	baraarug
caaji	prevent, stop	caag
dhiiji	milk a little	dhiiq
hooji	bring misfortune upon	hoog
muuji	reveal, display	muug / muuq
waafaji	bring into accordance	waafaq
wareeji	twist, turn [tr]	wareeg
xaqiiji	verify, confirm	xaqiiq

Note. The remaining changes are not very frequent, but are noteworthy. Therefore, exercises are not required, but some space has been left for you to fill in additional examples when you come across them.

PATTERN 21. CHANGE OF -G TO K.
In the derivation of some verbs, especially when VOWEL LOSS takes place, a word-final -g will change to k. See SRG: 53, 55.

adag	+	-ee	adkee	strengthen
arag	+	-ay	arkay	(I) saw
durug	+	-i	durki	shift [tr]
ilig	+	-o	ilko	teeth
(u) eg	+	-ow	ekow	look like

PATTERN 22: DOUBLING OF DH.
On FEMININE NOUNS and with VERB ROOTS ending in -dh, the t of a suffix changes to dh to match the stem ending. See SRG: 16, 44, 61, 151.

gabadh	+	-ta	gabadhdha	the girl
gaadh	+	-teen	gaadhdheen	you arrived
jadh	+	-tay	jadhdhay	you chopped (it)
xidh	+	-tay	xidhdhay	she tied (it)

PATTERN 23: CONSONANT DOUBLING.
This change affects some monosyllabic roots:

aad	+	-i	aaddi	send, direct
cab	+	-ay	cabbey	he drank
cad	+	-ayn	caddee	whiten
cad	+	-aan	caddaan	whiteness
dhan	+	-ee	dhammee	finish off

PATTERN 24. CHANGE OF -W TO -B-.

With some stems that end in -w, this consonant may change to -b- when suffixes are added or in rapid speech.

koow	+ iyo toban	koobyo toban
illow	+ -ay	illoobey
madow	+ -ayn	madoobee
qabow	+ -ow	qaboobow

PATTERN 25. CHANGE OF I TO Y.

With a few words that end in i, the i changes to y when suffixed.

bari	+ -een	baryeen	spent the night
guri	+ -o	guryo	houses
qori	+ -o	qoryo	sticks

PATTERN 26. CHANGE OF A TO O.

The change of a to o generally affects only the FUSION of a PRONOUN and a PREPOSITION.

ina	+ u	inoo
la	+ u	loo
na	+ u	noo

PATTERN 27. ALTERNATION OF M - B IN SOME WORDS.

In a few words, alternate forms can be found where the only (or major) difference is m and b:

abbaanduule	(/ha)	ammaanduule	commander
kibis	(ta)	kimis	bread
dubnad	(da)	dumnad	domino
samaan	(ka)	sabaan	time, era
tabaro	(/da)	tamaro	capability
toban	(ka)	toman	ten
abaalgud	(-ay)	amalqud	return a favor

PATTERN 28.   METATHESIS OR CONSONANT-SWITCHING.
In a few derivations, after VOWEL LOSS occurs, the two middle
consonants switch places:

cul**us**	heavy	cuslaa	was heavy
ne**ceb**	dislike	ne**bc**ayd	disliked
shil**is**	fat, stout	shi**shl**aan (ta)	fatness

===

GRAMMATICAL NOTE

Sound changes are sensitive to the *kind of affixes* involved.
Thus the **t** of the FEMININE NOUN SUFFIXES (-**ta**, -**tan**, etc.) is
different from that of the -**tan** verb suffix.   See SRG: 25.

ul + -tan	[demonstrative]	ushan	this stick
ul + -tan	[verb former]	ultan	fight with sticks

Similarly the FEMININE MARKING SUFFIX -**t** is handled quite dif-
ferently from the AUTOBENEFACTIVE SUFFIX -**at**.   See SRG: 45.

qaad	+ -tay	qaadday	she took (it)
qaad(o)	+ -at + -ay	qaatay	he took (it) for himself

Exercise 21: READING AND TRANSLATION.

QAYBTII DAWACO

Beri baa waxaa wada ugaarsaday libaax, dawaco, iyo dugaag kale. Waxay heleen qaalin baarqab ah, dhurwaa ayaana libaax u xilsaaray inuu qaalinta qaybiyo.

Waraabe wax ka faan jecele isagoo xilkii boqorku saaray la dawaqsan, buu qaybtii ku dhawaaqay oo yiri: "Qaalinta bar boqorka ayaa leh, barka kalana aniga, dawaco iyo dugaagga kale ayaa qaybsaneyna."

Libaax gartaas gurracan uma dul qaadan karine, inta dharbaaxo **il iyo goon fuji**yey, buu isagoo indhihii cara la guduuteen oo calyeynaya dawo ku jeestay oo ku yiri: "Adigu qaybi qaalinta."

Wax ka **fiira dheere**, dawo wey garatey danta libaax leeyahay; inaan masiibadii dhurwaa qabsatay oo kale ku dhicin beyna goosatay.   Dabadeedna inta libaax hor kadalloobsatey bey ku tiri: "Qaalinta bar waad ku qadeyn, waaxi waa cashadaadii, fallarna waad ku quraacan; inta soo hartana dugaagga kale ayaa qaybsanaya."

Kolkey qaybtii dhammeysey, bey laba tallaabo qaadday oo qoladii ay qadoodiga badday dhex tu'atey.   Libaax oo farax la **dhoolla caddeynaya** baa dabadeed yiri: "Yaa ku baray qaybta sidaan u wanaagsan?"

Seyte: "Daankii waraabe oo dunsanaa baa i baray." Sidaas baana dawo iyo dugaagii kalaba daan dunsan, qadoodi uga doorteen.

TRANSLATION NOTES

il iyo goon fuji	smash (one's) face [lit: slap in the face and break the jaw]
fiiro dheer	perceptive, astute
dhoolla caddeynaya	while smiling [lit: the front teeth being white]

NEW VOCABULARY

baarqab (ka)	stud camel	n2-m, n1-m
bad (-ay)	compel	v1=
bar (ka)	half	n4-m
boqor (ka)	king	n2-m
calyee (-yey)	drool; wet with saliva	v2b=
cashadaadii	your dinner	np
daan (ka)	jaw	n4-m
dan (ta)	interest, objective, aim	n1-f
dharbaaxo (/da)	slap	n6-f
dhawaaq (-ay)	make noise, sound (off)	v1=
ku dhawaaq	proclaim, announce	v1=expression
dhicin	not happen to	v1-neg
dhool (ka)	front tooth	n2-m, n4-m
dul (/sha)	patience	n0-f
dunsan	demolished, broken	adj-der
faan (ka)	boasting, bragging	n4-m
fallar (ka)	one eighth	n2-m
farax (a)	happiness	n4-m
fiiro (/da)	observation	n6-f
gartaas	that justice	np
goon (ka)	cheekbone	n -m
guduudo (guduutay)	become red	v3b=
kalaba	even the other	np + conj
	[= **kale** + **-ba**]	
masiibo (/da)	misfortune, calamity	n6-f
qaalin (ta)	young she camel, heifer	n3-f
qadoodi (ga)	hunger	n0-m-col
qolo (/da)	clan, tribe	n6-f
quraaco (#day)	eat breakfast	v3b=
tallaabo (/da)	step, pace	n6-f
tu'o (/day)	squat	v3a=
waax (da)	quarter	n1-f
wax ka	more ... than (anything)	adj-expression

APPENDIX ONE

GRAMMATICAL TABLES

PRONOUN FORMS

FULL	SHORT	VERBAL	OBJECT	MEANING
aniga	an(i)	aan	i	I, me
adiga	ad(i)	aad	ku	you [singular]
isaga	is	uu	#	he, him
iyada	iya	ay / ey	#	she, her
innaga	inna	aynu / eynu	ina	we, us [incl]
annaga	anna	aannu / aan	na	we, us [excl]
idinka	idin	aydin / aad	idin	you [plural]
iyaga	iya	ay / ey	#	they, them

MASCULINE	[ALTERNATES]	FEMININE	[ALTERNATES]	MEANING
-kayga	-(h)ay(ga)	-tayda	-shay(da)	my
-kaaga	-(h)aa(ga)	-taada	-shaa(da)	your [singular]
-kiisa	-(h)iis(a)	-tiisa	-shiis(a)	his
-keeda	-(h)eed(a)	-teeda	-sheed(a)	her
-keenna	-(h)een(na)	-teenna	-sheen(na)	our [inclusive]
-kayaga	-(h)ayo	-tayada	-shayada	our [exclusive]
-kiinna	-(h)iin(na)	-tiinna	-shiin(na)	your [plural]
-kooda	-(h)ood(a)	-tooda	-shood(a)	their

DEICTIC OR DEMONSTRATIVE PRONOUNS

MASCULINE	[ALTERNATES]	FEMININE	[ALTERNATES]	MEANING
-kan	-(h)an	-tan	-dan/shan	this/these
-kaa(s)	-(h)aa(s)	-taa(s)	-daas/shaas	that/those [near
-keer	-(h)eer	-teer	-deer/sheer	that/those [mid]
-koo	-(h)oo	-too	-doo/shoo	that/those [far]

447

NOUN FORMATIONS

PLURAL FORM		DECL	EXAMPLE(S)
NONE [-col, -mass, -abs]		n0-	caano, cadho, dhal, dhir
-o	-aha	n1-	naag > naago, naagaha
-Co / -yo	-ada	n2-	nambar > nambarro (/da)
-o with VL	-aha	n3-	hilib > hilbo, hilbaha
-a + FINAL CONSONANT		n4-	buugag, dabab, miisas
TONE + GENDER CHANGE		n5-	Soomaali, eey, Carab
-oyin		n6-	hooyooyin, magaalooyin
-yaal		n7-	aabbayaal, furayaal
IRREGULAR IN ANY WAY		n8-	kursi, markab, dhagax

NOUN DERIVATIONAL AFFIXES

SUFFIX	RANGE OF MEANING	FROM	BECOMES	EXAMPLE
-0	no change [verb stem]	v1=	vn-m	joog > joog
-aal	product of Xing	v1=	vn2-m	jir > jiraal
-aan	-ness [abstract noun]	adj	n-f	cad > caddaan
-ad	feminine occupation	n-m	n-f	dhakhtar > dhakhtara
-ad	verbal noun	v3-o	vn2-m	joogso > joogsad
-asho	gerund [act of Xing]	v3-o	vn6-f	amaaho > amaahasho
-darro	lack of X [privative]	n	n6-f	aqoon > aqoondarro
-e	-er / -or [agent/instr]	v1=	n7-m	fur > fure
-id	gerund [act of Xing]	v1=	vn1-f	qor > qorid
-is	gerund [act of Xing]	v1=	vn1-f	bar > baris
-itaan	verbal noun	v1=	vn2-m	joog > joogitaan
-le	owner or possessor of X	n	n7-m	dukaan > dukaanle
-n	gerund [act of Xing]	v2a=	vn-f	bixi > bixin
-niin	gerund [act of Xing]	v1=	vn-m/f	qor > qorniin
-nimo	-ness, -ity [abstract]	n	n6-f	hodon > hodonnimo
-s	verbal noun	v2a=	vn2-m	kari > karis
-tin	result of Xing	v	vn-m/f	bixi > bixitin
-tooyo	stative abstract noun	n/adj	n-f-abs	hodan > hodantooyo
-ye	-er / -or [agent/instr]	v2a=	n7-m	tiri > tiriye

TWO-PLACE WORD COMBINATIONS
PREPOSITIONS, PRONOUNS, AND NEGATIVE MA

	u *to/for*	ku *from*	ka *into/by*	la *with*	ma *not*
REP u	ugu	ugu	uga	ula	uma
ku	-	kaga	kaga	kula	kuma
ka	-	-	kaga	kala	kama
a	-	-	-	-	lama

PRONOUN	ii	igu	iga	ila	ima
ku	kuu	kugu	kaa	kula	kuma
na	noo	nagu	naga	nala	nama
ina	inoo	inagu	inaga	inala	inama
idin	idiin	idinku	idinka	idinla	idinma
la	loo	lagu	laga	lala	lama
is	isu	isku	iska	isla	isma

For three-place combinations see SRG: 194 or the Appendix in the *Dizionario Somalo-Italiano*, page 651.

VERB FORMATIONS

IMPERATIVE FORM	CONJ	COMMAND	PAST	INFINITIVE
-CONSONANT	v1	feker	fekeray	fekeri
-i	v2a	tiri	tiriyey	tirin
-ee	v2b	safee	safeeyey	safeyn
-o VOWEL CHANGE to -a-	v3a	iibso	iibsadey	iibsan
-o with VOWEL LOSS	v3b	dhiso	dhistey	dhisan
VERB *'to say'*	v4a	oro	yiri	oran
VERB *'to come'*	v4b	imow	yimi	iman
VERB *'to be (in a place)'*	v4c	ool	yiil	oolli
VERB *'to know'*	v4d	oqoow	yiqiin	oqoon
VERB *'to be'* (**yahay**)	v5a	ahow	ahaa	ahaan
VERB *'to have'*	v5b	lahow	lahaa	lahaan

APPENDIX ONE - COMPLETE SOMALI VERB GROUP ONE PARADIGM

PAST SIMPLE

DECLARATIVE	SUBJECT/FOCUS	RELATIVE	NEGATIVE
Waan cunay	Anigoo cunay	Inaan cunay	Maan cunin
Waad cuntay	Adigoo cuntay	Inaad cuntay	Maad "
Wuu cunay	Isagoo cunay	Inuu cunay	Muu "
Wey cuntay	Iyadoo cuntay	Iney cuntay	Mey "
Waannu cunnay	Annagoo cunnay	Inaannu cunnay	Maannu "
Weydin cunteen	Idinkoo cunay	Ineydin cunteen	Meydin "
Wey cuneen	Iyagoo cunay	Iney cuneen	Mey "

PAST PROGRESSIVE

DECLARATIVE	SUBJECT/FOCUS	RELATIVE	NEGATIVE
Waan cunayay	Anigoo cunayay	Inaan cunayay	Maan cunayn(in)
Waad cunaysay	Adigoo cunaysay	Inaad cunaysay	Maad "
Wuu cunayay	Isagoo cunayay	Inuu cunayay	Muu "
Wey cunaysay	Iyadoo cunaysay	Iney cunaysay	Mey "
Waannu cunaynay	Annagoo cunaynney	Inaannu cunayney	Maannu "
Weydin cunayseen	Idinkoo cunayay	Ineydin cunayseen	Meydin "
Wey cunayeen	Iyagoo cunayay	Iney cunayay	Mey "

PRESENT HABITUAL

DECLARATIVE	SUBJECT/FOCUS	RELATIVE	NEGATIVE
Waan cunaa	Anigoo cuna	Inaan cuno	Maan cuno
Waad cuntaa	Adigoo cunta	Inaad cunto	Maad cunto / cuntid
Wuu cunaa	Isagoo cuna	Inuu cuno	Muu cuno
Wey cuntaa	Iyadoo cunta	Iney cunto	Mey cunto
Waannu cunnaa	Annagoo cunna	Inaannu cunno	Maannu cunno
Weydin cuntaan	Idinkoo cuna	Ineydin cuntaan	Meydin cuntaan
Wey cunaan	Iyagoo cuna	Iney cunaan	Mey cunaan

PRESENT PROGRESSIVE

Waan cunayaa	Anigoo cunaya	Inaan cunayo	Maan cunayo
Waad cunaysaa	Adigoo cunaysa	Inaad cunayso	Maad cunayso
Wuu cunayaa	Isagoo cunaya	Inuu cunayo	Muu cunayo
Wey cunaysaa	Iyadoo cunaysa	Iney cunayso	Mey cunayso
Waannu cunaynaa	Annagoo cunayna	Inaannu cunayno	Maannu cunayno
Weydin cunaysaan	Idinkoo cunaya	Ineydin cunaysaan	Meydin cunaysaan
Wey cunayaan	Iyagoo cunaya	Iney cunayaan	Mey cunayaan

FUTURE

Waan cuni doonaa	Anigoo cuni doona	Inaan cuni doono	Maan cuni doono
Waad cuni doontaa	Adigoo " doonta	Inaad " doonto	Maad " doonto
Wuu cuni doonaa	Isagoo " doona	Inuu " doono	Muu " doono
Wey cuni doontaa	Iyadoo " doonta	Iney " doonto	Mey " doonto
Waannu cuni doonnaa	Annagoo " doonna	Inaannu " doonno	Maannu " doonno
Weydin cuni doontaan	Idinkoo " doona	Ineydin " doontaan	Meydin " doontaan
Wey cuni doonaan	Iyagoo " doona	Iney " doonaan	Mey " doonaan

PAST HABITUAL

Waan cuni jiray	Anigoo cuni jiray	Inaan cuni jiray	Maan cuni jirin
Waad cuni jirtay	Adigoo " jirtay	Inaad " jirtay	Maad " "
Wuu cuni jiray	Isagoo " jiray	Inuu " jiray	Muu " "
Wey cuni jirtay	Iyadoo " jirtay	Iney " jirtay	Mey " "
Waannu cuni jirney	Annagoo " jirmnay	Inaannu " jirmnay	Maannu " "
Weydin cuni jirteen	Idinkoo " jiray	Ineydin " jirteen	Meydin " "
Wey cuni jireen	Iyagoo " jiray	Iney " jireen	Mey " "

APPENDIX ONE - COMPLETE SOMALI VERB GROUP ONE PARADIGM

CONDITIONAL

Waan cuni lahaa	Anigoo cuni lahaa	Inaan cuni lahaa	Maan cuni lahayn
Waad cuni lahayd	Adigoo " lahayd	Inaad " lahayd	Maan cuneen
Wuu cuni lahaa	Isagoo " lahaa	Inuu " lahaa	Maad cunteen
Wey cuni lahayd	Iyadoo " lahayd	Iney " lahayd	Muu cuneen
Waannu cuni lahayn	Annagoo " lahayn	Inaannu " lahayn	Mey cunteen
Weydin cuni lahaydeen	Idinkoo " lahaa	Ineydin " lahaydeen	Maannu cunneen
Wey cuni lahaayeen	Iyagoo " lahaa	Iney " lahaayeen	Meydin cunteen
			Mey cuneen

IMPERATIVE

Sg: cun
Pl: cuna

NEGATIVE

cunin
cunina

INFINITIVE

cuni

OPTATIVE

An	cuno
Ad	cunto
Ha	cuno
Ha	cunto
Annu	cunno
Aynu	cunno
Ad	cunteen
Ha	cuneen

Yaanan	cunin
Yaanad	"
Yaanu	"
Yaaney	"
Yaannan	" / Yaannu
Yaynan	" / Yaynu
Yaanad	"
Yaannu	"

POTENTIAL

Show	anigu	cunee
Show	adigu	cuntee
Show	isagu	cunee
Show	iyadu	cuntee
Show	annagu	cunnee
Show	innagu	cunnee
Show	idinku	cunteen

APPENDIX ONE - COMPLETE SOMALI VERB GROUP TWO PARADIGM

PAST SIMPLE

DECLARATIVE	SUBJECT/FOCUS	RELATIVE	NEGATIVE
Waan hayay	Anigoo hayay	Inaan hayay	Maan haynin
Waad haysay	Adigoo haysay	Inaad haysay	Maad "
Wuu hayay	Isagoo hayay	Inuu hayay	Muu "
Wey haysay	Iyadoo haysay	Iney haysay	Mey "
Waannu haynay	Annagoo haynay	Inaannu haynay	Maannu "
Weydin hayseen	Idinkoo hayay	Ineydin hayseen	Meydin "
Wey hayeen	Iyagoo hayay	Iney hayeen	Mey "

PAST PROGRESSIVE

	SUBJECT/FOCUS	RELATIVE	NEGATIVE
Waan haynayay	Anigoo haynayay	Inaan haynayay	Maan haynayn(in)
Waad haynaysay	Adigoo haynaysay	Inaad haynaysay	Maad "
Wuu haynayay	Isagoo haynayay	Inuu haynayay	Muu "
Wey haynaysay	Iyadoo haynaysay	Iney haynaysay	Mey "
Waannu haynaynay	Annagoo haynaynney	Inaannu haynaynney	Maannu "
Weydin haynayseen	Idinkoo haynayay	Ineydin haynaynayseen	Meydin "
Wey haynayeen	Iyagoo haynayay	Iney haynayeen	Mey "

PRESENT HABITUAL

	SUBJECT/FOCUS	RELATIVE	NEGATIVE
Waan hayaa	Anigoo haya	Inaan hayo	Maan hayo
Waad haysaa	Adigoo haysa	Inaad hayso	Maad hayso / haysid
Wuu hayaa	Isagoo haya	Inuu hayo	Muu hayo
Wey haysaa	Iyadoo haysa	Iney hayso	Mey hayso
Waannu haynaa	Annagoo hayna	Inaannu hayno	Maannu hayno
Weydin haysaan	Idinkoo haya	Ineydin haysaan	Meydin haysaan
Wey hayaan	Iyagoo haya	Iney hayaan	Mey hayaan

APPENDIX ONE - COMPLETE SOMALI VERB GROUP TWO PARADIGM

PRESENT PROGRESSIVE

Waan haynayaa	Anigoo haynaya	Inaan haynayo	Maan haynayo
Waad haynaysaa	Adigoo haynaysa	Inaad haynayso	Maad haynayso
Wuu haynayaa	Isagoo haynaya	Inuu haynayo	Muu haynayo
Wey haynaysaa	Iyadoo haynaysa	Iney haynayso	Mey haynayso
Waannu haynaynaa	Annagoo haynayna	Inaannu haynayno	Maannu haynayno
Weydin haynaysaan	Idinkoo haynaya	Ineydin haynaysaan	Meydin haynaysaan
Wey haynayaan	Iyagoo haynaya	Iney haynayaan	Mey haynayaan

FUTURE

Waan hayn doonaa	Anigoo hayn doona	Inaan hayn doono	Maan hayn doono
Waad hayn doontaa	Adigoo " doonta	Inaad " doonto	Maad " doonto
Wuu hayn doonaa	Isagoo " doona	Inuu " doono	Muu " doono
Wey hayn doontaa	Iyadoo " doonta	Iney " doonto	Mey " doonto
Waannu hayn doonnaa	Annagoo " doonna	Inaannu " doonno	Maannu " doonno
Weydin hayn doontaan	Idinkoo " doona	Ineydin " doontaan	Meydin " doontaan
Wey hayn doonaan	Iyagoo " doona	Iney " doonaan	Mey " doonaan

PAST HABITUAL

Waan hayn jiray	Anigoo hayn jiray	Inaan hayn jiray	Maan hayn jirin
Waad hayn jirtay	Adigoo " jirtay	Inaad " jirtay	Maad " "
Wuu hayn jiray	Isagoo " jiray	Inuu " jiray	Muu " "
Wey hayn jirtay	Iyadoo " jirtay	Iney " jirtay	Mey " "
Waannu hayn jirmey	Annagoo " jirmnay	Inaannu " jirnnay	Maannu " "
Weydin hayn jirteen	Idinkoo " jiray	Ineydin " jirteen	Meydin " "
Wey hayn jireen	Iyagoo " jiray	Iney " jireen	Mey " "

CONDITIONAL

Waan hayn lahaa   Anigoo hayn lahaa   Inaan hayn lahaa   Maan hayn lahayn

Waad hayn lahayd
Wuu hayn lahaa
Wey hayn lahayd
Waannu hayn lahayn
Weydin hayn lahaydeen
Wey hayn lahaayeen

Adigoo	" lahayd	Inaad	" lahayd
Isagoo	" lahaa	Inuu	" lahaa
Iyadoo	" lahayd	Iney	" lahayd
Annagoo	" lahayn	Inaannu	" lahayn
Idinkoo	" lahaa	Ineydin	" lahaydeen
Iyagoo	" lahaa	Iney	" lahaayeen

Maan hayseen
Maad hayseen
Muu hayeen
Mey hayseen
Maannu hayneen
Meydin hayseen
Mey hayeen

IMPERATIVE

Sg: hay
Pl: haya

INFINITIVE

hayn

OPTATIVE

An	hayo		
Ad	hayso		
Ha	hayo		
Ha	hayso		
Annu	hayno	/ Yaannu	
Aynu	hayno	/ Yaynu	
Ad	hayseen		
Ha	hayeen		

NEGATIVE

haymin
haymina

Yaanan	haymin
Yaanad	"
Yaanu	"
Yaaney	"
Yaannan	"
Yaynan	"
Yaanad	"
Yaaney	"

POTENTIAL

Show	anigu	hayee
Show	adigu	haysee
Show	isagu	hayee
Show	iyadu	haysee
Show	annagu	haynee
Show	innagu	haynee
Show	idinku	hayseen
Show	iyagu	hayeen

APPENDIX ONE - COMPLETE SOMALI VERB GROUP THREE PARADIGM

PAST SIMPLE

DECLARATIVE	SUBJECT/FOCUS	RELATIVE	NEGATIVE
Waan bartay	Anigoo bartay	Inaan bartay	Maan baranin
Waad baratay	Adigoo baratay	Inaad baratay	Maad "
Wuu bartay	Isagoo bartay	Inuu bartay	Muu "
Wey baratay	Iyadoo baratay	Iney baratay	Mey "
Waannu barannay	Annagoo barannay	Inaannu barannay	Maannu "
Weydin barateen	Idinkoo bartay	Ineydin barateen	Meydin "
Wey barteen	Iyagoo bartay	Iney barateen	Mey "

PAST PROGRESSIVE

Waan baranayay	Anigoo baranayay	Inaan baranayay	Maan baranaynin
Waad baranaysay	Adigoo baranaysay	Inaad barsnaysay	Maad "
Wuu baranayay	Isagoo baranayay	Inuu baranayay	Muu "
Wey baranaysay	Iyadoo baranaysay	Iney baranaysay	Mey "
Waannu baranaynay	Annagoo baranaynney	Inaannu baranayney	Maannu "
Weydin baranayseen	Idinkoo baranayay	Ineydin baranayseen	Meydin "
Wey baranayeen	Iyagoo baranayay	Iney baranayeen	Mey "

PRESENT HABITUAL

Waan bartaa	Anigoo barta	Inaan barto	Maan barto
Waad barataa	Adigoo barata	Inaad barato	Maad barato / baratid
Wuu bartaa	Isagoo barta	Inuu barto	Muu barto
Wey barataa	Iyadoo barata	Iney barato	Mey barato
Waannu barannaa	Annagoo baranna	Inaannu baranno	Maannu baranno
Weydin barataan	Idinkoo barta	Ineydin barataan	Meydin barataan
Wey bartaan	Iyagoo barta	Iney bartaan	Mey bartaan

PRESENT PROGRESSIVE

Waan baranayaa	Anigoo baranaya	Inaan baranayo	Maan baranayo
Waad baranaysaa	Adigoo baranaysa	Inaad baranayso	Maad baranayso
Wuu baranayaa	Isagoo baranaya	Inuu baranayo	Muu baranayo
Wey baranaysaa	Iyadoo baranaysa	Iney baranayso	Mey baranayso
Waannu baranaynaa	Annagoo baranayna	Inaannu baranayno	Maannu baranayno
Weydin baranaysaan	Idinkoo baranaya	Ineydin baranaysaan	Meydin baranaysaan
Wey baranayaan	Iyagoo baranaya	Iney baranayaan	Mey baranayaan

FUTURE

Waan baran doonaa	Anigoo baran doona	Inaan baran doono	Maan baran doono
Waad " doontaa	Adigoo " doonta	Inaad " doonto	Maad " doonto
Wuu " doonaa	Isagoo " doona	Inuu " doono	Muu " doono
Wey " doontaa	Iyadoo " doonta	Iney " doonto	Mey " doonto
Waannu " doonnaa	Annagoo " doonna	Inaannu " doonno	Maannu " doonno
Weydin " doontaan	Idinkoo " doona	Ineydin " doontaan	Meydin " doontaan
Wey " doonaan	Iyagoo " doona	Iney " doonaan	Mey " doonaan

PAST HABITUAL

Waan baran jiray	Anigoo baran jiray	Inaan baran jiray	Maan baran jirin
Waad " jirtay	Adigoo " jirtay	Inaad " jirtay	Maad " "
Wuu " jiray	Isagoo " jiray	Inuu " jiray	Muu " "
Wey " jirtay	Iyadoo " jirtay	Iney " jirtay	Mey " "
Waannu " jirmey	Annagoo " jirmnay	Inaannu " jirmnay	Maannu " "
Weydin " jirteen	Idinkoo " jiray	Ineydin " jirteen	Meydin " "
Wey " jireen	Iyagoo " jiray	Iney " jireen	Mey " "

APPENDIX ONE - COMPLETE SOMALI VERB GROUP THREE PARADIGM

CONDITIONAL

Waan baran lahaa	Anigoo baran lahaa	Inaan baran lahaa	Maan baran lahayn
Waad baran lahayd	Adigoo " lahayd	Inaad " lahayd	Maan barteen
Wuu " lahaa	Isagoo " lahaa	Inuu " lahaa	Maad barateen
Wey " lahayd	Iyadoo " lahayd	Iney " lahayd	Muu barteen
Waannu " lahayn	Annagoo " lahayn	Inaannu " lahayn	Mey barateen
Weydin " lahaydeen	Idinkoo " lahaa	Ineydin " lahaydeen	Maannu baranneen
Wey " lahaayeen	Iyagoo " lahaa	Iney " lahaayeen	Meydin barateen
			Mey barteen

IMPERATIVE

Sg: baro
Pl: barta

INFINITIVE

baran

OPTATIVE

An barto	Yaanan barannin
Ad barato	Yaanad "
Ha barto	Yaanu "
Ha barato	Yaaney "
Annu baranno	Yaannan " / Yaannu
Aynu baranno	Yaynan " / Yaynu
Ad barateen	Yaanad "
Ha barteen	Yaaney "

NEGATIVE

baran(nin)
barannina

POTENTIAL

Show	anigu	bartee
Show	adigu	baratee
Show	isagu	bartee
Show	iyadu	baratee
Show	annagu	barannee
Show	innagu	barannee
Show	idinku	barateen
Show	iyagu	barteen

APPENDIX ONE - COMPLETE SOMALI VERB-4A PARADIGM SAY

PAST SIMPLE

DECLARATIVE	SUBJECT/FOCUS	RELATIVE	NEGATIVE
Waan iri	Anigoo iri	Inaan iri	Maan orannin
Waad tiri	Adigoo tiri	Inaad tiri	Maad "
Wuu yiri	Isagoo yiri	Inuu yiri	Muu "
Wey tiri	Iyadoo tiri	Iney tiri	Mey "
Waannu niri	Annagoo niri	Inaannu niri	Maannu "
Weydin tiraahdeen	Idinkoo yiri	Ineydin tiraahdeen	Meydin "
Wey yiraahddeen	Iyagoo yiri	Iney yiraahdeen	Mey "

PAST PROGRESSIVE

DECLARATIVE	SUBJECT/FOCUS	RELATIVE	NEGATIVE
Waan oranayay	Anigoo oranayay	Inaan oranayay	Maan oranaynin
Waad oranaysay	Adigoo oranaysay	Inaad oranaysay	Maad "
Wuu oranayay	Isagoo oranayay	Inuu oranayay	Muu "
Wey oranaysay	Iyadoo oranaysay	Iney oranaysay	Mey "
Waannu oranaynay	Annagoo oranaynay	Inaannu oranaynay	Maannu "
Weydin oranayseen	Idinkoo oranayay	Ineydin oranayseen	Meydin "
Wey oranayeen	Iyagoo oranayay	Iney oranayeen	Mey "

PRESENT HABITUAL

DECLARATIVE	SUBJECT/FOCUS	RELATIVE	NEGATIVE
Waan iraahdaa	Anigoo iraahda	Inaan iraahdo	Maan iraahdo
Waad tiraahdaa	Adigoo tiraahda	Inaad tiraahdo	Maad tiraahdo /tiraahdid
Wuu yiraahdaa	Isagoo yiraahda	Inuu yiraahdo	Muu yiraahdo
Wey tiraahdaa	Iyadoo tiraahda	Iney tiraahdo	Mey tiraahdo
Waannu niraahnaa	Annagoo niraahna	Inaannu niraahno	Maannu niraadno
Weydin tiraahdaan	Idinkoo yiraahda	Ineydin tiraahdaan	Meydin tiraahdaan
Wey yiraahdaan	Iyagoo yiraahda	Iney yiraahdaan	Mey yiraahdaan

APPENDIX ONE - COMPLETE SOMALI VERB-4A PARADIGM SAY

PRESENT PROGRESSIVE

Waan oranayaa	Anigoo oranaya	Inaan oranayo	Maan oranayo
Waad oranaysaa	Adigoo oranaysa	Inaad oranayso	Maad oranayso
Wuu oranayaa	Isagoo oranaya	Inuu oranayo	Muu oranayo
Wey oranaysaa	Iyadoo oranaysa	Iney oranayso	Mey oranayso
Waannu oranaynaa	Annagoo oranayna	Inaannu oranayno	Maannu oranayno
Weydin oranaysaan	Idinkoo oranaya	Ineydin oranaysaan	Meydin oranaysaan
Wey oranayaan	Iyagoo oranaya	Iney oranayaan	Mey oranayaan

FUTURE

Waan oran doonaa	Anigoo oran doona	Inaan oran doono	Maan oran doono
Waad oran doontaa	Adigoo " doonta	Inaad " doonto	Maad " doonto
Wuu oran doonaa	Isagoo " doona	Inuu " doono	Muu " doono
Wey oran doontaa	Iyadoo " doonta	Iney " doonto	Mey " doonto
Waannu oran doonnaa	Annagoo " doonna	Inaannu " doonno	Maannu " doonno
Weydin oran doontaan	Idinkoo " doona	Ineydin " doontaan	Meydin " doontaan
Wey oran doonaan	Iyagoo " doona	Iney " doonaan	Mey " doonaan

PAST HABITUAL

Waan oran jiray	Anigoo oran jiray	Inaan oran jiray	Maan oran jirin
Waad oran jirtay	Adigoo " jirtay	Inaad " jirtay	Maad " "
Wuu oran jiray	Isagoo " jiray	Inuu " jiray	Muu " "
Wey oran jirtay	Iyadoo " jirtay	Iney " jirtay	Mey " "
Waannu oran jirney	Annagoo " jirnnay	Inaannu " jirnnay	Maannu " "
Weydin oran jirteen	Idinkoo " jiray	Ineydin " jirteen	Meydin " "
Wey oran jireen	Iyagoo " jiray	Iney " jireen	Mey " "

CONDITIONAL
Waan oran lahaa

Waad oran lahayd
Wuu oran lahaa
Wey oran lahayd
Waannu oran lahayn
Weydin oran lahaydeen
Wey oran lahaayeen

Anigoo oran lahaa
Adigoo " lahayd
Isagoo " lahaa
Iyadoo " lahayd
Annagoo " lahayn
Idinkoo " lahaa
Iyagoo " lahaa

Inaan oran lahaa
Inaad " lahayd
Inuu " lahaa
Iney " lahayd
Inaannu " lahayn
Ineydin " lahaydeen
Iney " lahaayeen

Maan oran lahayn
Maan iraahdeen
Maad tiraahdeen
Muu yiraahdeen
Mey tiraahdeen
Maannu niraahneen
Meydin tiraahdeen
Mey yiraahdeen

IMPERATIVE
Sg: oro
Pl: iraahda

NEGATIVE
orannin
orannina

INFINITIVE
oran

OPTATIVE
An iraahdo
Ad tiraahdo
Ha yiraahdo
Ha tiraahdo
Annu niraahno
Aynu niraahno
Ad tiraahdeen
Ha yiraahdeen

NEGATIVE
Yaanan orannin
Yaanad "
Yaanu "
Yaaney "
Yaannan " / Yaannu
Yaynan " / Yaynu
Yaanad "
Yaaney "

POTENTIAL
Show anigu iraahdee
Show adigu tiraahdee
Show isagu yiraahdee
Show iyadu tiraahdee
Show annagu niraahnee
Show innagu niraahnee
Show idinku tiraahdeen
Show iyagu yiraahdeen

APPENDIX ONE - COMPLETE SOMALI VERB-4B PARADIGM *COME*

PAST SIMPLE

DECLARATIVE	SUBJECT/FOCUS	RELATIVE	NEGATIVE
Waan imi(d)	Anigoo imi	Inaan imi(d)	Maan imannin
Waad timi(d)	Adigoo timi	Inaad timi(d)	Maad "
Wuu yimi(d)	Isagoo yimi	Inuu yimi(d)	Muu "
Wey timi(d)	Iyadoo timi	Iney timi(d)	Mey "
Waannu nimi(d)	Annagoo nimi(d)	Inaannu nimi(d)	Maannu "
Weydin timaaddeen	Idinkoo yimi(d)	Ineydin timaaddeen	Meydin "
Wey yimaaddeen	Iyagoo yimi(d)	Iney yimaaddeen	Mey "

PAST PROGRESSIVE

DECLARATIVE	SUBJECT/FOCUS	RELATIVE	NEGATIVE
Waan imanayay	Anigoo imanayay	Inaan imanayay	Maan imanaynin
Waad imanaysay	Adigoo imanaysay	Inaad imanaysay	Maad "
Wuu imanayay	Isagoo imanayay	Inuu imanayay	Muu "
Wey imanaysay	Iyadoo imanaysay	Iney imanaysay	Mey "
Waannu imanaynay	Annagoo imanaynay	Inaannu imanaynay	Maannu "
Weydin imanayseen	Idinkoo imanayay	Ineydin imanayseen	Meydin "
Wey imanayeen	Iyagoo imanayay	Iney imanayeen	Mey "

PRESENT HABITUAL

DECLARATIVE	SUBJECT/FOCUS	RELATIVE	NEGATIVE
Waan imaadda	Anigoo imaadda	Inaan imaaddo	Maan imaaddo
Waad timaadda	Adigoo timaadda	Inaad timaaddo	Maad timaaddo /
Wuu yimaaddaa	Isagoo yimaadda	Inuu yimaaddo	Maad timaaddid
Wey timaaddaa	Iyadoo timaadda	Iney timaaddo	Muu yimaaddo
Waannu nimaadnaa	Annagoo nimaadna	Inaannu nimaadno	Mey timaaddo
Weydin timaaddaan	Idinkoo yimaadda	Ineydin timaaddaan	Maannu nimaadno
Wey yimaaddeen			Meydin timaaddaan

PRESENT PROGRESSIVE

Waan imanayaa	Anigoo imanaya	Inaan imanayo	Maan imanayo
Waad imanaysaa	Adigoo imanaysa	Inaad imanayso	Maad imanayso
Wuu imanayaa	Isagoo imanaya	Inuu imanayo	Muu imanayo
Wey imanaysaa	Iyadoo imanaysa	Iney imanayso	Mey imanayso
Waannu imanaynaa	Annagoo imanayna	Inaannu imanayno	Maannu imanayno
Weydin imanaysaan	Idinkoo imanaya	Ineydin imanaysaan	Meydin imanaysaan
Wey imanayaan	Iyagoo imanaya	Iney imanayaan	Mey imanayaan

FUTURE

Waan iman doonaa	Anigoo iman doona	Inaan iman doono	Maan iman doono
Waad iman doontaa	Adigoo " doonta	Inaad " doonto	Maad " doonto
Wuu iman doonaa	Isagoo " doona	Inuu " doono	Muu " doono
Wey iman doontaa	Iyadoo " doonta	Iney " doonto	Mey " doonto
Waannu iman doonnaa	Annagoo " doonna	Inaannu " doonno	Maannu " doonno
Weydin iman doontaan	Idinkoo " doona	Ineydin " doontaan	Meydin " doontaan
Wey iman doonaan	Iyagoo " doona	Iney " doonaan	Mey " doonaan

PAST HABITUAL

Waan iman jiray	Anigoo iman jiray	Inaan iman jiray	Maan iman jirin
Waad iman jirtay	Adigoo " jirtay	Inaad " jirtay	Maad " "
Wuu iman jiray	Isagoo " jiray	Inuu " jiray	Muu " "
Wey iman jirtay	Iyadoo " jirtay	Iney " jirtay	Mey " "
Waannu iman jirmay	Annagoo " jirmnay	Inaannu " jirmnay	Maannu " "
Weydin iman jirteen	Idinkoo " jiray	Ineydin " jirteen	Meydin " "
Wey iman jireen	Iyagoo " jiray	Iney " jireen	Mey " "

APPENDIX ONE - COMPLETE SOMALI VERB-4B PARADIGM *COME*

CONDITIONAL

Waan iman lahaa

Waad iman lahayd				
Wuu iman lahaa				
Wey iman lahayd				
Waannu iman lahayn				
Weydin iman lahaydeen				
Wey iman lahaayeen				

Anigoo iman lahaa

Adigoo	"	lahayd
Isagoo	"	lahaa
Iyadoo	"	lahayd
Annagoo	"	lahayn
Idinkoo	"	lahaa
Iyagoo	"	lahaa

Inaan iman lahaa

Inaad	"	lahayd
Inuu	"	lahaa
Iney	"	lahayd
Inaannu	"	lahayn
Ineydin	"	lahaydeen
Iney	"	lahaayeen

Maan iman lahayn

Maan		imaaddeen
Maad		timaaddeen
Muu		yimaaddeen
Mey		timaaddeen
Maannu		nimaadneen
Meydin		timaaddeen
Mey		yimaaddeen

IMPERATIVE

Sg: imow
Pl: imaada

NEGATIVE

imannin
imannina

INFINITIVE

iman

OPTATIVE

An	imaaddo
Ad	timaaddo
Ha	yimaaddo
Ha	timaaddo
Annu	nimaadno
Aynu	nimaadno
Ad	timaaddeen
Ha	yimaaddeen

NEGATIVE

Yaanan	imannin
Yaanad	"
Yaanu	"
Yaaney	"
Yaannan	" / Yaannu
Yaynan	" / Yaynu
Yaanad	"
Yaaney	"

POTENTIAL

Show	anigu	imaaddee
Show	adigu	timaaddee
Show	isagu	yimaaddee
Show	iyadu	timaaddee
Show	annagu	nimaadnee
Show	innagu	nimaadnee
Show	idinku	timaaddeen
Show	iyagu	yimaaddeen

APPENDIX ONE - COMPLETE SOMALI VERB 4-C PARADIGM *BE IN A PLACE* [INANIMATE]

PAST SIMPLE

DECLARATIVE	SUBJECT/FOCUS	RELATIVE	NEGATIVE
Waan iil	Anigoo iil	Inaan iil	Maan ool(lin)
Waad tiil	Adigoo tiil	Inaad tiil	Maad "
Wuu yiil	Isagoo yiil	Inuu yiil	Muu "
Wey tiil	Iyadoo tiil	Iney tiil	Mey "
Waannu niil	Annagoo niil	Inaannu niil	Maannu "
Weydin tiilleen	Idinkoo yiil	Ineydin tiilleen	Meydin "
Wey yiilleen	Iyagoo yiil	Iney yiilleen	Mey "

PAST PROGRESSIVE

DECLARATIVE	SUBJECT/FOCUS	RELATIVE	NEGATIVE
Waan oollayay	Anigoo oollayay	Inaan oollayay	Maan oollaynin
Waad oollaysay	Adigoo oollaysay	Inaad oollaysay	Maad "
Wuu oollayay	Isagoo oollayay	Inuu oollayay	Muu "
Wey oollaysay	Iyadoo oollaysay	Iney oollaysay	Mey "
Waannu oollaynay	Annagoo oollaynay	Inaannu oollaynay	Maannu "
Weydin oollayseen	Idinkoo oollayay	Ineydin oollayseen	Meydin "
Wey oollayeen	Iyagoo oollayay	Iney oollayeen	Mey "

PRESENT HABITUAL

DECLARATIVE	SUBJECT/FOCUS	RELATIVE	NEGATIVE
Waan aallaa / aal	Anigoo aalla	Inaan aal / aallo	Maan aallo
Waad taallaa / taal	Adigoo taalla	Inaad taal / taallo	Maad taallo / taallid
Wuu yaallaa / yaal	Isagoo yaalla	Inuu yaal / yaallo	Muu yaallo
Wey taallaa / taal	Iyadoo taalla	Iney taal / taallo	Mey taallo
Waannu naallaa / naal	Annagoo naalla	Inaannu naal / naallo	Maannu naallo
Weydin taallaan	Idinkoo yaalla	Ineydin taallaan	Meydin taallaan
Wey yaallaan	Iyagoo yaalla	Iney yaallaan	Mey yaallaan

PRESENT PROGRESSIVE

Waan oollayaa	Anigoo oollayaa	Inaan oollayo	Maan oollayo
Waad oollaysaa	Adigoo oollaysaa	Inaad oollayso	Maad oollayso
Wuu oollayaa	Isagoo oollayaa	Inuu oollayo	Muu oollayo
Wey oollaysaa	Iyadoo oollaysaa	Iney oollayso	Mey oollayso
Waannu oollaynaa	Annagoo oollayna	Inaannu oollayno	Maannu oollayno
Weydin oollaysaan	Idinkoo oollaya	Ineydin oollaysaan	Meydin oollaysaan
Wey oollayaan	Iyagoo oollaya	Iney oollayaan	Mey oollayaan

FUTURE

Waan oolli doonaa	Anigoo oolli doona	Inaan oolli doono	Maan oolli doono
Waad oolli doontaa	Adigoo " doonta	Inaad " doonto	Maad " doonto
Wuu oolli doonaa	Isagoo " doona	Inuu " doono	Muu " doono
Wey oolli doontaa	Iyadoo " doonta	Iney " doonto	Mey " doonto
Waannu oolli doonnaa	Annagoo " doonna	Inaannu " doonno	Maannu " doonno
Weydin oolli doontaan	Idinkoo " doona	Ineydin " doontaan	Meydin " doontaan
Wey oolli doonaan	Iyagoo " doona	Iney " doonaan	Mey " doonaan

PAST HABITUAL

Waan oolli jiray	Anigoo oolli jiray	Inaan oolli jiray	Maan oolli jirin
Waad oolli jirtay	Adigoo " jirtay	Inaad " jirtay	Maad " "
Wuu oolli jiray	Isagoo " jiray	Inuu " jiray	Muu " "
Wey oolli jirtay	Iyadoo " jirtay	Iney " jirtay	Mey " "
Waannu oolli jirney	Annagoo " jirnnay	Inaannu " jirnnay	Maannu " "
Weydin oolli jirteen	Idinkoo " jiray	Ineydin " jirteen	Meydin " "
Wey oolli jireen	Iyagoo " jiray	Iney " jireen	Mey " "

CONDITIONAL
Waan oolli lahaa

Waad	oolli	lahayd
Wuu	oolli	lahaa
Wey	oolli	lahayd
Waannu	oolli	lahayn
Weydin	oolli	lahaydeen
Wey	oolli	lahaayeen

Anigoo oolli lahaa

Adigoo	"	lahayd
Isagoo	"	lahaa
Iyadoo	"	lahayd
Annagoo	"	lahayn
Idinkoo	"	lahaa
Iyagoo	"	lahaa

Inaan oolli lahaa

Inaad	"	lahayd
Inuu	"	lahaa
Iney	"	lahayd
Inaannu	"	lahayn
Ineydin	"	lahaydeen
Iney	"	lahaayeen

Maan oolli	lahayn
Maan	oolleen
Maad	taalleen
Muu	yaalleen
Mey	taalleen
Maannu	naalleen
Meydin	taalleen
Mey	yaalleen

IMPERATIVE
Sg: ool
Pl: oolla

NEGATIVE
ha oollin
ha oollina

INFINITIVE
oolli

OPTATIVE

An	aallo
Ad	taallo
Ha	yaallo
Ha	taallo
Annu	naallo
Aynu	naallo
Ad	taalleen
Ha	yaalleen

NEGATIVE

Yaanan	oollin	
Yaanad	"	
Yaanu	"	
Yaaney	"	
Yaannan	"	/ Yaannu
Yaynan	"	/ Yaynu
Yaanad	"	
Yaaney	"	

POTENTIAL

Show	anigu	aallee
Show	adigu	taallee
Show	isagu	yaallee
Show	iyadu	taallee
Show	annagu	naallee
Show	innagu	naallee
Show	idinku	taalleen
Show	iyagu	yaalleen

APPENDIX ONE - COMPLETE SOMALI VERB-4D PARADIGM *KNOW*

PAST SIMPLE

DECLARATIVE	SUBJECT/FOCUS	RELATIVE	NEGATIVE
Waan iqiin	Anigoo iqiin	Inaan iqiin	Maan oqoon / aqoonin
Waad tiqiin	Adigoo tiqiin	Inaad tiqiin	Maad "
Wuu yiqiin	Isagoo yiqiin	Inuu yiqiin	Muu "
Wey tiqiin	Iyadoo tiqiin	Iney tiqiin	Mey "
Waannu niqiin	Annagoo niqiin	Inaannu niqiin	Maannu "
Weydin tiqiinneen	Idinkoo yiqiin	Ineydin tiqiinneen	Meydin "
Wey yiqiinneen	Iyagoo yiqiin	Iney "	Mey "

PAST PROGRESSIVE

DECLARATIVE	SUBJECT/FOCUS	RELATIVE	NEGATIVE
Waan oqoonayay	Anigoo oqoonayay	Inaan oqoonayay	Maan oqoonaynin
Waad oqoonaysay	Adigoo oqoonaysay	Inaad oqoonaysay	Maad "
Wuu oqoonayay	Isagoo oqoonayay	Inuu oqoonayay	Muu "
Wey oqoonaysay	Iyadoo oqoonaysay	Iney oqoonaysay	Mey "
Waannu oqoonaynay	Annagoo oqoonaynay	Inaannu oqoonaynay	Maannu "
Weydin oqoonayseen	Idinkoo oqoonayay	Ineydin oqoonayseen	Meydin "
Wey yaqaanniin	Iyagoo oqoonayay	Iney oqoonayeen	Mey "

PRESENT HABITUAL

DECLARATIVE	SUBJECT/FOCUS	RELATIVE	NEGATIVE
Waan aqaan(naa)	Anigoo aqaan(na)	Inaan aqaan(no)	Maan aqaan(no)
Waad taqaan(naa)	Adigoo taqaan(na)	Inaad taqaan(no)	Maad taqaan(no)
Wuu yaqaan(naa)	Isagoo yaqaan(na)	Inuu yaqaan(no)	Muu yaqaan(no)
Wey taqaan(naa)	Iyadoo taqaan(na)	Iney taqaan(no)	Mey taqaan(no)
Waannu naqaan(naa)	Annagoo naqaan(na)	Inaannu naqaan(no)	Maannu naqaan(no)
Weydin taqaanniin	Idinkoo yaqaan(na)	Ineydin taqaannaan	Meydin taqaanniin
Wey yaqaanniin	Iyagoo yaqaan(na)	Iney yaqaannaan	Mey yaqaanniin

PRESENT PROGRESSIVE

Waan oqoonayaa	Anigoo oqoonayaa	Maan oqoonayo
Waad oqoonaysaa	Adigoo oqoonaysaa	Maad oqoonayso
Wuu oqoonayaa	Isagoo oqoonayaa	Muu oqoonayo
Wey oqoonaysaa	Iyadoo oqoonaysaa	Mey oqoonayso
Waannu oqoonaynaa	Annagoo oqoonaynaa	Maannu oqoonayno
Weydin oqoonaysaan	Idinkoo oqoonaya	Meydin oqoonaysaan
Wey oqoonayaan	Iyagoo oqoonaya	Mey oqoonayaan

Inaan oqoonayo	Maan oqoonayo	
Inaad oqoonayso	Maad oqoonayso	
Inuu oqoonayo	Muu oqoonayo	
Iney oqoonayso	Mey oqoonayso	
Inaannu oqoonayno	Maannu oqoonayno	
Ineydin oqoonaysaan	Meydin oqoonaysaan	
Iney oqoonayaan	Mey oqoonayaan	

FUTURE

Waan oqoon doonaa	Anigoo oqoon doonaa	Inaan oqoon doono	Maan oqoon doono
Waad oqoon doontaa	Adigoo " doonta	Inaad " doonto	Maad " doonto
Wuu oqoon doonaa	Isagoo " doona	Inuu " doono	Muu " doono
Wey oqoon doontaa	Iyadoo " doonta	Iney " doonto	Mey " doonto
Waannu oqoon doonnaa	Annagoo " doonnaa	Inaannu " doonno	Maannu " doonno
Weydin oqoon doontaan	Idinkoo " doona	Ineydin " doontaan	Meydin " doontaan
Wey oqoon doonaan	Iyagoo " doona	Iney " doonaan	Mey " doonaan

PAST HABITUAL

Waan oqoon jiray	Anigoo oqoon jiray	Inaan oqoon jiray	Maan oqoon jirin
Waad oqoon jirtay	Adigoo " jirtay	Inaad " jirtay	Maad " "
Wuu oqoon jiray	Isagoo " jiray	Inuu " jiray	Muu " "
Wey oqoon jirtay	Iyadoo " jirtay	Iney " jirtay	Mey " "
Waannu oqoon jirney	Annagoo " jirnnay	Inaannu " jirnnay	Maannu " "
Weydin oqoon jirteen	Idinkoo " jiray	Ineydin " jirteen	Meydin " "
Wey oqoon jireen	Iyagoo " jiray	Iney " jireen	Mey " "

APPENDIX ONE - COMPLETE SOMALI VERB-4D PARADIGM *KNOW*

CONDITIONAL

Waan oqoon lahaa	Anigoo oqoon lahaa	Inaan oqoon lahaa	Maan oqoon lahayn
Waad oqoon lahayd	Adigoo " lahayd	Inaad " lahayd	Maan oqoodeen
Wuu oqoon lahaa	Isagoo " lahaa	Inuu " lahaa	Maad oqooteen
Wey oqoon lahayd	Iyadoo " lahayd	Iney " lahayd	Muu oqoodeen
Waannu oqoon lahayn	Annagoo " lahayn	Inaannu " lahayn	Mey oqooteen
Weydin oqoon lahaydeen	Idinkoo " lahaa	Ineydin " lahaydeen	Maannu oqoonneen
Wey oqoon lahaayeen	Iyagoo " lahaa	Iney " lahaayeen	Meydin oqooteen
			Mey oqoodeen

IMPERATIVE

Sg: oqoow
Pl: oqaada / aqooda

NEGATIVE

ha oqoon(in) / aqoon(in)
ha oqoonina

INFINITIVE

oqoon

OPTATIVE

OPTATIVE	NEGATIVE		POTENTIAL
An aqaanno	Yaanan oqoon		Show anigu aqaanee
Ad taqaanno	Yaanad "		Show adigu taqaanee
Ha yaqaanno	Yaanu "		Show isagu yaqaanee
Ha taqaanno	Yaaney "		Show iyadu taqaanee
Annu naqaanno	Yaannan "	/ Yaannu	Show annagu naqaanee
Aynu naqaanno	Yaynan "	/ Yaynu	Show innagu naqaanee
Ad taqaanneen	Yaanad "		Show idinku taqaaneen
Ha yaqaanneen	Yaaney "		Show iyagu yaqaaneen

APPENDIX ONE - COMPLETE SOMALI VERB-5A PARADIGM *BE* [LONG FORMS]

PAST SIMPLE

DECLARATIVE	SUBJECT/FOCUS	RELATIVE	NEGATIVE
Waan ahaa	Anigoo ahaa	Inaan ahaa	Maan ahayn
Waad ahayd	Adigoo ahaa / ahayd	Inaad ahayd	Maad "
Wuu ahaa	Isagoo ahaa	Inuu ahaa	Muu "
Wey ahayd	Iyadoo ahayd	Iney ahayd	Mey "
Waannu ahayn	Annagoo ahayn	Inaannu ahayn	Maannu "
Weydin ahaydeen	Idinkoo ahaa / ahaydeen	Ineydin ahaydeen	Meydin "
Wey ahaayeen	Iyagoo ahaa	Iney ahaayeen	Mey "

PAST PROGRESSIVE

DECLARATIVE	SUBJECT/FOCUS	RELATIVE	NEGATIVE
Waan ahaanayay	Anigoo ahaanayay	Inaan ahaanayney	Maan ahaanaynin
Waad ahaanaysay	Adigoo ahaanaysay	Inaad ahaanaysay	Maad "
Wuu ahaanayay	Isagoo ahaanayay	Inuu ahaanayay	Muu "
Wey ahaanaysay	Iyadoo ahaanaysay	Iney ahaanaysay	Mey "
Waannu ahaanaynay	Annagoo ahaanaynay	Inaannu ahaanaynay	Maannu "
Weydin ahaaneyseen	Idinkoo ahaanayay	Ineydin ahaanayseen	Meydin "
Wey ahaanayeen	Iyagoo ahaanayay	Iney ahaanayeen	Mey "

PRESENT HABITUAL

DECLARATIVE	SUBJECT/FOCUS	RELATIVE	NEGATIVE
Waan ahay	Anigoo ah	Inaan ahay	Maan ihi
Waad tahay	Adigoo ah	Inaad tahay	Maad ihid
Wuu yahay	Isagoo ah	Inuu yahay	Muu aha
Wey tahay	Iyadoo ah	Iney tahay	Mey aha
Waannu nahay	Annagoo ah / nahay	Inaannu nahay	Maannu ihin
Weydin tihiin	Idinkoo ah	Ineydin tihiin	Meydin ihidin
Wey yihiin	Iyagoo ah	Iney yihiin	Mey aha

APPENDIX ONE - COMPLETE SOMALI VERB-5A PARADIGM *BE* [LONG FORMS]

PRESENT PROGRESSIVE

Waan ahaanayaa	Anigoo ahaanaya	Inaan ahaanayo	Maan ahaanayo
Waad ahaanaysaa	Adigoo ahaanaysa	Inaad ahaanayso	Maad ahaanayso
Wuu ahaanayaa	Isagoo ahaanaya	Inuu ahaanayo	Muu ahaanayo
Wey ahaanaysaa	Iyadoo ahaanaysa	Iney ahaanayso	Mey ahaanayso
Waannu ahaanaynaa	Annagoo ahaanaya	Inaannu ahaanayno	Maannu ahaanayno
Weydin ahaanaysaan	Idinkoo ahaanaya	Ineydin ahaanaysaan	Meydin ahaanaysaan
Wey ahaanayaan	Iyagoo ahaanaya	Iney ahaanayaan	Mey ahaanayaan

FUTURE

Waan ahaan doonaa	Anigoo ahaan doona	Inaan ahaan doono	Maan ahaan doono
Waad " doontaa	Adigoo " doonta	Inaad " doonto	Maad " doonto
Wuu " doonaa	Isagoo " doona	Inuu " doono	Muu " doono
Wey " doontaa	Iyadoo " doonta	Iney " doonto	Mey " doonto
Waannu " doonnaa	Annagoo " doonna	Inaannu " doonno	Maannu " doonno
Weydin " doontaan	Idinkoo " doona	Ineydin " doontaan	Meydin " doontaan
Wey " doonaan	Iyagoo " doona	Iney " doonaan	Mey " doonaan

PAST HABITUAL

Waan ahaan jiray	Anigoo ahaa jiray	Inaan ahaan jiray	Maan ahaan jirin
Waad " jirtay	Adigoo " jirtay	Inaad " jirtay	Maad " "
Wuu " jiray	Isagoo " jiray	Inuu " jiray	Muu " "
Wey " jirtay	Iyadoo " jirtay	Iney " jirtay	Mey " "
Waannu " jirney	Annagoo " jirnnay	Inaannu " jirnnay	Maannu " "
Weydin " jirteen	Idinkoo " jiray	Ineydin " jirteen	Meydin " "
Wey " jireen	Iyagoo " jiray	Iney " jireen	Mey " "

CONDITIONAL

Waan ahaan lahaa

Waad	"	lahayd
Wuu	"	lahaa
Wey	"	lahayd
Waannu	"	lahayn
Weydin	"	lahaydeen
Wey	"	lahaayeen

Anigoo ahaan lahaa

Adigoo	"	lahayd
Isagoo	"	lahaa
Iyadoo	"	lahayd
Annagoo	"	lahayn
Idinkoo	"	lahaa
Iyagoo	"	lahaa

Inaan ahaan lahaa

Inaad	"	lahayd
Inuu	"	lahaa
Iney	"	lahayd
Inaannu	"	lahayn
Ineydin	"	lahaydeen
Iney	"	lahaayeen

Maan ahaan lahayn

Maan	ahaadeen
Maad	ahaateen
Muu	ahaadeen
Mey	ahaateen
Maannu	ahaanneen
Meydin	ahaateen
Mey	ahaadeen

IMPERATIVE
Sg: ahaw
Pl: ahaada

NEGATIVE
ha ahaannin
ha ahaannina

INFINITIVE
ahaan

OPTATIVE

An	ahaado
Ad	ahaato
Ha	ahaado
Ha	ahaato
Annu	ahaanno
Aynu	ahaanno
Ad	ahaateen
Ha	ahaadeen

POTENTIAL

Show	anigu	ahaadee
Show	adigu	ahaatee
Show	isagu	ahaaddee
Show	iyadu	ahaatee
Show	annagu	ahaannee
Show	innagu	ahaannee
Show	idinku	ahaateen
Show	iyagu	ahaadeen

NEGATIVE

Yaanan	ahaannin	
Yaanad	"	
Yaanu	"	
Yaaney	"	
Yaannan	"	/ Yaannu
Yaynan	"	/ Yaynu
Yaanad	"	
Yaaney	"	

SENSE OF *BECOMING*

Maan	ahaado
Maad	ahaato / ahaatid
Muu	ahaado
Mey	ahaato
Maannu	ahaanno
Meydin	ahaataan
Mey	ahaadaan

PAST SIMPLE

DECLARATIVE	SUBJECT/FOCUS	RELATIVE	NEGATIVE
Waan dheeraa	Anigoo dheeraa	Inaan dheeraa	Maan dheerayn
Waad dheerayd	Adigoo dheerayd	Inaad dheerayd	Maad "
Wuu dheeraa	Isagoo dheeraa	Inuu dheeraa	Muu "
Wey dheerayd	Iyadoo dheerayd	Iney dheerayd	Mey "
Waannu dheerayn	Annagoo dheerayn	Inaannu dheerayn	Maannu "
Weydin dheeraydeen	Idinkoo dheeraydeen	Ineydin dheeraydeen	Meydin "
Wey dheeraayeen	Iyagoo dheeraa	Iney dheeraayeen	Mey "

PAST PROGRESSIVE

DECLARATIVE	SUBJECT/FOCUS	RELATIVE	NEGATIVE
Waan dheeraanayay	Anigoo dheeraanayay	Inaan dheeraanayney	Maan dheeraanaynin
Waad dheeraanaysay	Adigoo dheeraanaysay	Inaad dheeraanaysay	Maad "
Wuu dheeraanayay	Isagoo dheeraanayay	Inuu dheeraanayay	Muu "
Wey dheeraanaysay	Iyadoo dheeraanaysay	Iney dheeraanaysay	Mey "
Waannu dheeraanaynay	Annagoo dheeraanaynay	Inaannu dheeraanaynay	Maannu "
Weydin dheeraaneyseen	Idinkoo dheeraaneyseen	Ineydin dheeraanayseen	Meydin "
Wey dheeraanayeen	Iyagoo dheeraanayay	Iney dheeraanayeen	Mey "

PRESENT HABITUAL

DECLARATIVE	SUBJECT/FOCUS	RELATIVE	NEGATIVE
NONE	NONE	NONE	Maan dheeri
NONE	NONE	NONE	Maad dheerid
			Muu dheera
			Mey dheera
			Maannu dheerin
			Meydin dheeridin

[USE APPROPRIATE LONG FORMS]

PRESENT PROGRESSIVE

Waan dheeraanayaa	Anigoo dheeraanaya	Inaan dheeraanayo	Maan dheeraanayo
Waad dheeraanaysaa	Adigoo dheeraanaysa	Inaad dheeraanayso	Maad dheeraanayso
Wuu dheeraanayaa	Isagoo dheeraanaya	Inuu dheeraanayo	Muu dheeraanayo
Wey dheeraanaysaa	Iyadoo dheeraanaysa	Iney dheeraanayso	Mey dheeraanayso
Waannu dheeraanaynaa	Annagoo dheeraanaya	Inaannu dheeraanayno	Maannu dheeraanayno
Weydin dheeraanaysaan	Idinkoo dheeraanaya	Ineydin dheeraanaysaan	Meydin dheeraanaysaan
Wey dheeraanayaan	Iyagoo dheeraanaya	Iney dheeraanayaan	Mey dheeraanayaan

FUTURE

Waan dheeraan doonaa	Anigoo dheeraan doona	Inaan dheeraan doono	Maan dheeraan doono
Waad " doontaa	Adigoo " doonta	Inaad " doonto	Maad " doonto
Wuu " doonaa	Isagoo " doona	Inuu " doono	Muu " doono
Wey " doontaa	Iyadoo " doonta	Iney " doonto	Mey " doonto
Waannu " doonnaa	Annagoo " doonna	Inaannu " doonno	Maannu " doonno
Weydin " doontaan	Idinkoo " doona	Ineydin " doontaan	Meydin " doontaan
Wey " doonaan	Iyagoo " doona	Iney " doonaan	Mey " doonaan

PAST HABITUAL

Waan dheeraan jiray	Anigoo dheeraan jiray	Inaan dheeraan jiray	Maan dheeraan jirin
Waad " jirtay	Adigoo " jirtay	Inaad " jirtay	Maad " "
Wuu " jiray	Isagoo " jiray	Inuu " jiray	Muu " "
Wey " jirtay	Iyadoo " jirtay	Iney " jirtay	Mey " "
Waannu " jirney	Annagoo " jirnnay	Inaannu " jirnnay	Maannu " "
Weydin " jirteen	Idinkoo " jiray	Ineydin " jirteen	Meydin " "
Wey " jireen	Iyagoo " jiray	Iney " jireen	Mey " "

CONDITIONAL

Waan dheeraan lahaa

Waad	"	lahayd
Wuu	"	lahaa
Wey	"	lahayd
Waannu	"	lahayn
Weydin	"	lahaydeen
Wey	"	lahaayeen

Anigoo dheeraan lahaa

Adigoo	"	lahayd
Isagoo	"	lahaa
Iyadoo	"	lahayd
Annagoo	"	lahayn
Idinkoo	"	lahaydeen
Iyagoo	"	lahaa

Inaan dheeraan lahaa

Inaad	"	lahayd
Inuu	"	lahaa
Iney	"	lahayd
Inaannu	"	lahayn
Ineydin	"	lahaydeen
Iney	"	lahaayeen

Maan dheeraan lahayn

Maan	dheeraadeen
Maad	dheeraateen
Muu	dheeraadeen
Mey	dheeraateen
Maannu	dheeraanneen
Meydin	dheeraateen
Mey	dheeraadeen

IMPERATIVE
Sg: dheeraw / dheerow
Pl: dheeraada

NEGATIVE
ha dheeraannin
ha dheeraannina

INFINITIVE
dheeraan

OPTATIVE

An	dheeraado
Ad	dheeraato
Ha	dheeraado
Ha	dheeraato
Annu	dheeraanno
Aynu	dheeraanno
Ad	dheeraateen
Ha	dheeraadeen

NEGATIVE

Yaanan	dheeraannin
Yaanad	"
Yaanu	"
Yaaney	"
Yaannan	" / Yaannu
Yaynan	" / Yaynu
Yaanad	"
Yaaney	"

POTENTIAL

Show	anigu	dheeraadee
Show	adigu	dheeraatee
Show	isagu	dheeraaddee
Show	iyadu	dheeraatee
Show	annagu	dheeraannee
Show	innagu	dheeraannee
Show	idinku	dheeraateen
Show	iyagu	dheeraadeen

SENSE OF *BECOMING*

Maan	dheeraado
Maad	dheeraato / -aatid
Muu	dheeraado
Mey	dheeraato
Maannu	dheeraanno
Meydin	dheeraataan
Mey	dheeraadaan

APPENDIX ONE - COMPLETE SOMALI VERB-5B PARADIGM *HAVE*

PAST SIMPLE

DECLARATIVE		SUBJECT/FOCUS		RELATIVE		NEGATIVE	
Waan	lahaa	Anigoo	lahaa	Inaan	lahaa	Maan	lahayn
Waad	lahayd	Adigoo	lahaa/lahayd	Inaad	lahayd	Maad	"
Wuu	lahaa	Isagoo	lahaa	Inuu	lahaa	Muu	"
Wey	lahayd	Iyadoo	lahayd	Iney	lahayd	Mey	"
Waannu	lahayn	Annagoo	lahayn	Inaannu	lahayn	Maannu	"
Weydin	lahaydeen	Idinkoo	lahaa/lahaydeen	Ineydin	lahaydeen	Meydin	"
Wey	lahaayeen	Iyagoo	lahaa	Iney	lahaayeen	Mey	"

PAST PROGRESSIVE

DECLARATIVE		SUBJECT/FOCUS		RELATIVE		NEGATIVE	
Waan	lahaanayay	Anigoo	lahaanayay	Inaan	lahaanayney	Maan	lahaanaynin
Waad	lahaanaysay	Adigoo	lahaanaysay	Inaad	lahaanaysay	Maad	"
Wuu	lahaanayay	Isagoo	lahaanayay	Inuu	lahaanayay	Muu	"
Wey	lahaanaysay	Iyadoo	lahaanaysay	Iney	lahaanaysay	Mey	"
Waannu	lahaanaynay	Annagoo	lahaanaynay	Inaannu	lahaanaynay	Maannu	"
Weydin	lahaanayseen	Idinkoo	lahaanayay	Ineydin	lahaanayseen	Meydin	"
Wey	lahaanayeen	Iyagoo	lahaanayay	Iney	lahaanayeen	Mey	"

PRESENT HABITUAL

DECLARATIVE		SUBJECT/FOCUS		RELATIVE		NEGATIVE	
Waan	leeyahay	Anigoo	leh	Inaan	leeyahay	Maan	lihi
Waad	leedahay	Adigoo	leh	Inaad	leedahay	Maad	lihid
Wuu	leeyahay	Isagoo	leh	Inuu	leeyahay	Muu	laha
Wey	leedahay	Iyadoo	leh	Iney	leedahay	Mey	laha
Waannu	leenahay	Annagoo	leh	Inaannu	leenahay	Maannu	lihin
Weydin	leedihiin	Idinkoo	leh	Ineydin	leedihiin	Meydin	lihidin
Wey	leeyihiin	Iyagoo	leh	Iney	leeyihiin	Mey	laha

APPENDIX ONE - COMPLETE SOMALI VERB-5B PARADIGM *HAVE*

PRESENT PROGRESSIVE

Waan	lahaanayaa	Anigoo	lahaanaya	Inaan	lahaanayo	Maan	lahaanayo
Waad	lahaanaysaa	Adigoo	lahaanaysa	Inaad	lahaanayso	Maad	lahaanayso
Wuu	lahaanayaa	Isagoo	lahaanaya	Inuu	lahaanayo	Muu	lahaanayo
Wey	lahaanaysaa	Iyadoo	lahaanaysa	Iney	lahaanayso	Mey	lahaanayso
Waannu	lahaanaynaa	Annagoo	lahaanayna	Inaannu	lahaanayno	Maannu	lahaanayno
Weydin	lahaanaysaan	Idinkoo	lahaanaya	Ineydin	lahaanaysaan	Meydin	lahaanaysaan
Wey	lahaanayaan	Iyagoo	lahaanaya	Iney	lahaanayaan	Mey	lahaanayaan

FUTURE

Waan	lahaan doonaa	Anigoo	lahaan doona	Inaan	lahaan doono	Maan	lahaan doono
Waad	" doontaa	Adigoo	" doonta	Inaad	" doonto	Maad	" doonto
Wuu	" doonaa	Isagoo	" doona	Inuu	" doono	Muu	" doono
Wey	" doontaa	Iyadoo	" doonta	Iney	" doonto	Mey	" doonto
Waannu	" doonnaa	Annagoo	" doonna	Inaannu	" doonno	Maannu	" doonno
Weydin	" doontaan	Idinkoo	" doona	Ineydin	" doontaan	Meydin	" doontaan
Wey	" doonaan	Iyagoo	" doona	Iney	" doonaan	Mey	" doonaan

PAST HABITUAL

Waan	lahaan jiray	Anigoo	lahaan jiray	Inaan	lahaan jiray	Maan	lahaan jirin
Waad	" jirtay	Adigoo	" jirtay	Inaad	" jirtay	Maad	" "
Wuu	" jiray	Isagoo	" jiray	Inuu	" jiray	Muu	" "
Wey	" jirtay	Iyadoo	" jirtay	Iney	" jirtay	Mey	" "
Waannu	" jirney	Annagoo	" jirmnay	Inaannu	" jirmnay	Maannu	" "
Weydin	" jirteen	Idinkoo	" jiray	Ineydin	" jirteen	Meydin	" "
Wey	" jireen	Iyagoo	" jiray	Iney	" jireen	Mey	" "

CONDITIONAL

Waan lahaan lahaa

Waad " lahayd
Wuu " lahaa
Wey " lahayd
Waannu " lahayn
Weydin " lahaydeen
Wey " lahaayeen

IMPERATIVE
Sg: lahow
Pl: lahaada

INFINITIVE
lahaan

OPTATIVE
An lahaado
Ad lahaato
Ha lahaado
Ha lahaato
Annu lahaanno
Aynu lahaanno
Ad lahaateen
Ha lahaadeen

Anigoo lahaan lahaa

Adigoo " lahayd
Isagoo " lahaa
Iyadoo " lahayd
Annagoo " lahayn
Idinkoo " lahaa
Iyagoo " lahaa

NEGATIVE
ha lahaannin
ha lahaannina

NEGATIVE
Yaanan lahaannin
Yaanad "
Yaanu "
Yaaney "
Yaannan " / Yaannu
Yaynan " / Yaynu
Yaanad "
Yaaney "

Inaan lahaan lahaa

Inaad " lahayd
Inuu " lahaa
Iney " lahayd
Inaannu " lahayn
Ineydin " lahaydeen
Iney " lahaayeen

POTENTIAL
Show anigu lahaadee
Show adigu lahaatee
Show isagu lahaadee
Show iyadu lahaatee
Show annagu lahaannee
Show innagu lahaannee
Show idinku lahaateen
Show iyagu lahaadeen

Maan lahaan lahayn
Maan lahaadeen
Maad lahaateen
Muu lahaadeen
Mey lahaateen
Maannu lahaanneen
Meydin lahaateen
Mey lahaadeen

APPENDIX TWO

TRANSLATIONS
OF THE FOLKTALES

GREED FOR WEALTH [F26 - page 164]

One day a man who was a traveler came across a leopard spread across the middle of the road, and then he picked up stones and started throwing (them at him). When he realized that it was dead, he skinned [lit: took the skin off of] it and exchanged the skin for lots of sheep, goats and cattle.

On another day while he was just strolling, he saw a leopard lying in the middle of the road, then he said to himself, take the skin off this one too. Then he headed toward the leopard, while saying to himself: "Now I am going to get rich, and I will exchange his skin for lots of camels." But the leopard woke up and tore him to pieces on the spot.

THE CATTLE OF INA WILI WILI [F02 - page 175f]

Once upon a time, there used to be a man called Son of Wili Wili, who had a lot of cattle. One night he lit a big fire for the cattle and moved off (away from them) in order to inspect them. After thinking for a while, he lied down on the ground to count the legs of the cattle, but he could not do it.

And then he said to himself, "Why am I so rich and the rest are so poor? Is this God's worth or Son of Wili Wili's worth?" When these sacrilegious words came out of his mouth, the stock stampeded and cut him apart with their hoofs. It is said that the buffaloes of today, are those cattle of Son of Wili Wili.

CONVERSATION OF ANIMALS [F12 - page 187]

One day a she camel, a cow, and a nanny goat had a conversation.

The cow said: "Hey you, goat, what do you think about when you are grazing?" "I think about the possibility of the lack of grass that could happen to me tomorrow, that is why I leave something behind," she said.

The nanny goat also said, "Hey you, cow, what do you think about, when you are grazing?" "I think about [the grass] that it would re-grow tomorrow, for that reason I don't leave any behind," she said.

Also the cow said: "Hey you, camel, what do you think about when you are grazing?" So she said: "I just fill my stomach and I don't think about anything."

FROG [F07 - page 196]

It is said that a frog once took a loan during the dry season. And he made [lit: took] a promise that he will pay it back when it rains.

When it rained, his creditor came to him while he was swimming in a pond. When he asked him for payment, the frog said to him: "During this season, nothing is asked of me and of my people, because we are all crazy." The frog continued his swimming while making the characteristic sound "Croak, croak, croak."

The following rainy season, the man came back to him again, when he asked him for payment of the debt, he replied to him with the same words. They say that the frog is looking for credit during the dry season and crazy during the rainy season, thus it never gets out of debt.

CROCODILE'S TONGUE [F06 - page 204]

In the olden days, the fox did not have a tongue, but the crocodile had. One day, the tongueless fox came to a crocodile lying down by the river and said to him: "I want to ululate at my sister's wedding, so please, crocodile, lend me your tongue, and it is a promise, I will bring it back to you tomorrow."

The crocodile trusted the fox, and gave her his tongue. The fox tried out the tongue, and realized what usefulness and goodness it had, [so] she decided not to return it back to crocodile.

After waiting for a long time, and fox failed to return, the crocodile, while angry, said, "Oh you fraudulent fox, also for you, the water of the river is forbidden." After that time, the fox does not go close to a river, and the crocodile still remains without a tongue, so it is said.

MOUTH STUCK TO A FLAT ROCK [F24 - page 212]

A man had lots of sheep and goats. A very serious disease hit the sheep and goats, and every day several of them used to die. When their number decreased considerably, he divided them into two and said: "Oh God, that is your share of the sheep and goats, and safeguard mine for me!"

The sheep and goats kept dying the same way, and whenever one dies from his bunch, he would slaughter one from God's share in order to take revenge. When it became clear to him that in a short period of time he would become poor, he started complaining and blaming God.

The following day while he was thirsty, so he went to a flat rock containing water, he put his hands and his knees on the ground in order to drink by mouth; but the flat rock got stuck to his mouth. As he was struggling, when he was close to death [lit: his life came to him], his mouth [lit: muzzle] was let go for him. When he thought and thought, and he could not understand what wrong he had committed, he said: "If I speak, my mouth sticks [lit: it is mouth sticking] to the rock, and if I keep quiet, my sheep and goats are not being left alone, so what shall I do?"

A COWARD [F14 - page 219]

Once upon a time, there used to be a man who was a coward. One afternoon, he went to a family who lived nearby to share the news; while he was chatting with the men, the sun set [on him].

When he finished chatting, he returned to his village. But it was a very dark night [lit: so dark that one could not find one's eye with one's finger]. As he kept the road, he saw something dark in front of him. While he was gasping with fear, he said to it: "I don't know what you are; if you are a man, defend yourself against me, but if you are a tree, I promise I will cut you down tomorrow." When he failed to get any response or anything moving, he waited there until daybreak.

In the morning when he realized that it was a stump of a tree, he went home and got an ax, and then he chopped the tree to its bottom, while saying: "By God, you won't frighten me another time!"

LAST WILL AND TESTAMENT [F22 - page 225]

Once upon a time there used to be a man who had a lot of wealth and who had only one son [lit: of children he had a son]. One day the man became very ill, and then he called his son and said to him: "If I die, you are going to remain for my wealth, but do not ever do any of two things; don't kill your kind, and never let your lips touch anything that came through thievery or robbery!" Days later, he died.

The boy grew up, got married, fathered children, and lived in worldly comfort; but he could not understand the significance of his father's will. In order to reach the bottom of his father's message, one day he took part in a robbery of cattle owned by orphan children, and he took his share.

For the following three years, of his animals none reproduced, and some were killed off by some strange disease. Several years later, again, he killed a man and all the animals he had left were taken away from him in blood money.

From rich, he became poor [lit: from the wealth too much poverty followed for him], he and his family ended up in poverty and hunger. When this misfortune got him, he understood the meaning of his father's will.

PHEASANTS AND RABBITS [F05 - page 232]

Once upon a time pheasant[s] and rabbit[s] became enemies, and from that hostility war broke out.

One day a large group of rabbits and small group of pheasants clashed head-on in a battle. The pheasants, when they realized that they were outnumbered, devised a trick for the enemy.

They divided themselves into small groups, and each group would fly over one group of rabbits and say: "Have you seen the pheasants who are in a state of war?"

When the rabbits saw these groups after groups of flying pheasants asking for the pheasants at war, the rabbits got scared. When the commander of the rabbits saw that his troops were not unified, he said to them: "Rabbits, each one in a bush!" Having heard those words the rabbits dispersed, and from that day on they never gathered together. They are still apart due to the fear they have carried since that day, and are still trembling with it (fear).

LEFT-HANDED LEOPARD [F15 - page 240]

Once there used to be a leopard, a wise man, who was called Left-Handed. He was a famous dignitary, in whose judgement one had confidence. One day while he was in a bad mood [lit: angry], a squirrel came to him for a judgement, and their conversation took place like this:

Squirrel: "Chief, I buried some berries for myself."
Leopard: "That is man and his [sense of] economy."
Squirrel: "A man stole it away from me."
Leopard: "That is man and his greed."
Squirrel: "I slapped the man."
Leopard: "You have done what any man whose things were stolen would have done."
Squirrel: "He was stronger than me, he beat me, and robbed me of other fruits."
Leopard: "That is a misfortune which any man with little strength suffers [lit: deserves]."

When it got to that point, the squirrel realized that on that day he was not going to succeed [lit: take victory], so while murmuring and saying, "If the justice of the famous wise men is like this, then only for the strong man does it (justice) go through," he went off.

THE DONKEY WHICH BORE A CALF [F16 - page 248]

Two men were neighbors. One had a pregnant cow; the other one also had a pregnant donkey. The two animals used to graze together during the day, and at night used to stay in the same corral. [Of] the two men, each one wanted his animal to give birth to a female for him.

One night while they slept, the cow and the donkey escaped and went astray in labor pains. When the men woke up and could not find the animals, they followed their footprints, and they came upon them safe and having already given birth in a forest. Their prayers were heard [lit: accepted]: the cow gave birth to a heifer and the donkey to a jenny.

After they had a good look, the owner of the donkey happily said: "Oh, my white-mouthed donkey!, I [who have] trusted you and have you not given birth to a heifer?"

The owner of the cow rejected [lit: threw up his hands against] this matter, so they went together to a man who was a judge, who sentenced the heifer to the owner of the donkey and the little donkey to the owner of the cow. The owner of the cow was dissatisfied with the judgement, so he presented his case to the chief of the community.

The chief, after he heard the complaint of the man, said to him: "I cannot pass any judgement today because I have a period, so take the case back to the previous judge, and tell him that he should reinvestigate the case."

When the message reached him, the old man put himself to run and went to the chief and said to him, "Chief, since when did you have a period?"

"When [the] donkeys bear heifers then [the] chiefs menstruate," he responded to him.

When he realized that the chief was angry at his wrong judgement, he called the two men together, and reopened the case, and passed it through the proper way.

EVILS OF AN OLD LADY [F10 - page 255]

Once upon a time, a lion, a python and an old woman boasted to each other about [their] evilness. The lion spoke first and said: "an entire community that is gathered in peace I can terrorize in a short time." The python followed and said "I can bite one by one [lit: slowly all] an entire family that slept in peace, and not one will be up by morning." The old woman spoke and said: "I can set one against the other a community that loves one another."

To prove the harm that each had boasted of being capable of doing, in the evening they went to a family, and the lion started mixing cry and roar together in order to frighten the family so that he would drive away the cattle from them for himself. As he kept being shooed [all night], dawn broke on him.

The next night, the python launched himself and while he was crawling in the corral of the goats and sheep, a little girl caught sight of him, and hit him on the head with a pitchfork.

The next morning, the old woman moved off towards the family, she went to a woman who was churning milk [to make butter]. After greeting each other, she said to the woman: "Hey woman, where is your husband." So she said: "He is tending the camels."
"Hey woman, he is not with the camels, he has found another woman for himself, you fool, treat yourself better than this," she said to her and moved off.

The woman was overwhelmed with jealousy; at noon, the man came [home], while she did not speak to him, she broke his head with a club; and he, without ascertaining, also hit her on the neck with a stick, and she died [lit: life yawned out of her] on the spot.

The woman's brothers, who lived with the family, killed the man to avenge their sister, and there the family got destroyed.

A LION AND A FOX   [F29 - page 265]

It is said that a lion and a fox once put their cattle together. Each day, one would tend the cattle, while the other would look for food.

One day the lion went with the cattle, and ate a bull which belonged to the fox. In the evening when the cattle came home, the fox noticed her bull was missing, and when she asked the lion, he replied to her: "Maybe it got lost today."

The fox who understood where her bull had ended up, said: "Oh lion, tomorrow you go with the cattle, and I will go to look for the bull," and the lion agreed.

The whole day the fox was thinking about how she would get revenge on the lion who ate her bull; in the end, she took a round stone, and covered it with an edible resin, and then returned home.

They met at the house. When she caught sight of him, she said to him: "I could not find the bull, but today I saw a place full of edible resin. He said: "Why didn't you bring me some resin?"

The fox said: "I am carrying some resin for you, but it is the one that is not chewed, so swallow it!" and then she put under the lion the stone covered with resin.

Then the lion said to himself, swallow the resin, so he choked on it and it stopped in his throat; after moaning and rattling for a while, he died on the spot. Thus the fox avenged herself, and had all the cattle for herself.

ASTUTENESS   [F13 - page 272]

Once upon a time, four men traveled together, one coward, one brave man, one clever man, and one astute man. One time when they were in bad shape from fatigue, thirst and hunger, they came across four lions who were also in equally bad shape.

While they were scared and did not know what to do, the coward spoke and said: "Let us run away!"

The brave man, who was disgusted with his statement, glanced at him and said: "You all wait! I will kill all four of them."

The clever one, who wanted to find a solution for the danger they were in, said: "We are four, and the lions are four, let us each confront one and kill [it]."

The astute one, who was silent up to that moment, glanced at his friends and then headed towards the lions and said to them: "Our flesh and bones are not enough to wipe out the hunger of more than one lion, so fight among yourselves, and whoever of you wins will eat us."

And at that very moment, the lions started roaring and making noise, and they fought each other.

While they were at each other, the men escaped and arrived at their destination safely.

A LION AND A SQUIRREL [F11 - page 286]

Once a lion who had ninety-nine female camels and a squirrel who had one camel put their camels together. Each day one of them used to tend the camels while the other used to rest. But the lion was the only one who used to close and open the corral.

One night, after the camels were put into the corral, the lion went on a survey, and the promise was that he would return the same night.

When dawn broke, and the lion did not come back, the squirrel tried to open the gate of the corral, but could not.

The lion returned three days later, and came to the camels who suffering in the corral. Then angrily he said to the squirrel: "Why didn't you open the gate for the camels? Why did you keep them in the corral?" Without waiting for a reply from him, he grabbed him and swallowed him.

When the squirrel got into the stomach unharmed, then he started to cut up [lit: chop] the intestines of the lion. Not being able to withstand the pain, the lion said to him: "Get out of me, son!"

"Through where shall I come out?" said the squirrel.

"[Through] the nose," said the lion.

"The nose that has mucus! No, no!" said the squirrel.

"Well then, come out of me through the anus," said the lion.

"The anus that has excrement! No, no!" the squirrel replied to him.

"Well then, come out of me through the mouth," said the lion.

"The mouth that has catarrh! No, no!" replied the squirrel.

He never wanted to come out, so he cut up the intestines, and the lion died on the spot. When he ascertained that the lion had died, he came out, and sang this song:

"Have you ever seen a little man that killed a big man?
Have you ever seen a squirrel that killed a lion?"

There, he had the hundred camels for himself.

TWO FOOLS [F28 - page 300]

Two fools were once married to each other. One day they fried some meat and filled a vessel with it, and then they fetched some firewood.

A man encountered them on the road, and asked that they point out a village for him, so they said to him: "Take this road, you will see a house; it is ours, but don't go in; it you do go in, don't touch the vessel in it (the house); and if you do touch it, do not eat the meat in it; and if you do eat it, do not finish it off!"

When he heard those words, he hit the road, went to the house, and, since he was hungry, he ate all the meat, and then he escaped.

After they returned from [gathering] the firewood, they looked at the vessel and could not find the meat in [lit: from] it. This matter amazed them very much, they asked each other who had eaten their meat. They were not suspecting the travelling man, since they had already asked him not to enter the house.

A little while later the man saw a fly on top of his wife's face. While he was pleased and thinking that he found the thief, he said to the lady: "Don't move [yourself], I have found the thief that ate the meat from us."

He took an axe and hit the woman on the forehead, saying to himself "You killed the thief fly." The woman died with her mouth wide open; while it seemed to him that she was laughing, he said to her "Laugh for ever!" and went away.

In the morning her relatives came to visit; when he was asked about the woman, he said to them: "Since yesterday afternoon, when I killed the thief fly, she has kept on laughing, she is in the house, go greet her." The relatives took the corpse from the place, and buried (her) there [lit: in that spot].

DISRESPECT [F21 - page 312]

Once there used to be a man who of children had a disrespectful son. Years later the old man became blind, and the son resented taking the blind old man around.

One day while the family was on a journey, the boy was assigned to lead the old man. At noon, he sat the old man under a big tree near an anthill, and said to him: "I come back shortly, so, father, stay here and wait for me." But he did not come back for him, and the old man, as he stayed and waited at that place, died of hunger and thirst.

The disrespectful one grew up, got married, and of children fathered one son, and he got old and became blind; and the son, whom he had of children, got fed up with leading him around.

One day while the family was on a journey, the boy was assigned to [lit: that he] help the old man walk. At noon he sat the old man in the shade of a big tree and said to him: "I will be back for you shortly, so, father, stay here and wait for me."

Before he moved from the place where they were, the old man understood and said to him: "Son, before you go, tell me where I am."

So he said, "The place where we are is dry scorched [land], with a large shade tree, and there is an anthill near it."

The old man, who reconciled himself, said, "I know that you are not coming back, so, my son, just go! The place is the one where I had abandoned my father; I am being made to pay back for what I had committed, so may Allah protect you!" The boy did not feel compassion for the old man's lament, he just moved off; and there the disrespectful one was killed by the hunger and the thirst which killed his father.

A LION AND A BLACK BULL [F27 - page 326]

There were three bulls, one who is red, one who is white, and one who is black, lived in a place that God endowed with good pasture and water. As they were in prosperity and tranquility, a wild lion came to them one day, and requested of them to be friends with them.

The bulls worried about the matter, if they refused his friendship, they were afraid of revenge; and if they accepted, the danger that they would enter was apparent to them. In the end, while feeling bad about it, to choose one evil over two, they took him in friendship.

Days later, when he became aware of the confidence that was between the bulls, it became clear to him unless he created trouble between them, he could not dare to do [anything], so he started to set one against the other.

Later, one day, he secretly consulted with the white and black bulls, and said to them: "Do you know that the red bull is a danger to us, because of his blood color at night the enemy can come after us? What do you have against it if I kill him before he annihilates us?" While they were worried and trembling with fear, they agreed to his [suggestion].

Again after some days, he secretly consulted with the black bull, and said to him: "Do you know that by the color of the white bull at night beasts can come after us? Doesn't it seem to you that I kill him so that we will live in peace and tranquility?" While having goosebumps and feeling bad about what was happening, in order to safeguard his [own life], he accepted his proposal from him.

After he ate the two bulls, he came out with bad behavior, arrogance and self importance which he didn't used to have before.

Days later, he bluntly [lit: peeled his forehead with it] said to the black bull: "Today I crave meat, so prepare yourself for death." The black bull trembling from head to toe [lit: hoof to tail], said to him: "What happened? Didn't you give me your word?" [lit: took this promise from me].

While yawning with arrogance, he said to him: "When you agreed that I eat your friends, you sentenced yourself to death, so get ready [to die]." When he finished off the black bull, he moved into the forest.

TURTLE [F01 - page 336]

In the olden days, the turtle was just red flesh. In the early morning and in the late afternoon he used to graze so that the sun would not burn him [lit: get him], and the beasts and large birds would not see him.

Afterwards, one day, Eve requested of Adam that he bring turtle liver for her so that she tests his love for her.

Adam, on one hand, worried about how to satisfy his wife and, on the other hand, how to spare turtle. But in the end, he reached a decision to satisfy Eve. And then he called birds together and said to them, "You all look for turtle and bring me his liver!"

Turtle heard the strict order which Adam issued; while mixing crying and praying to God, he went under a bush. His prayers were accepted so he was covered with a hard shell that nobody can pierce.

When they were pounding turtle and could not do anything to it, the birds went back to Adam without carrying liver and with all their beaks crooked.

After that time, turtle had never been afraid of anybody, because he is covered with a hard shell that nobody can pierce.

INHERITANCE [F19 - page 344]

Once, a man had three sons, and he believed that he did not father one of the boys, however people did not know about it.

Later on, one day, the old man got sick; when he was on his deathbed, he called all the boys together, and said to them: "Of the three of you, I did not father one, who has no right to an inheritance [lit: he has no inheritance] from me, and I will not tell you, so you pick him out among yourselves." When that testament finished from his lips, he passed away.

When the funeral and mourning were over [lit: were turned from], the boys went to a wise man and told him their case. After the wise man listened to their case, he took each one of them to a house alone, and kept [each one] for one night and two days without food.

The second night, he took half of a ram and a vessel of milk to one of them, but he refused to eat anything without his brothers. He left him and took it to the second one, he also refused to eat anything without his brothers. He left him and went to the third one; but without asking him about anything, he started eating [lit: put his mouth to the food] and when he was full, he asked him when he would arbitrate their case. While he was eating, the old man cut a piece from his robe.

When day broke the following morning, the wise man called the three boys and the community residents together, and he told them that the bastard among the boys was the one whose robe was cut on the side. When the robes were inspected, the man whom they were looking for came out, and there he lost the inheritance and became a bastard.

HONESTY AND DECEIT [F23 - page 353]

Once upon a time, fire, water, a snake, a lion, honesty and deceit went hunting together; they found a fat she-camel. They took the camel along; deceit was leading it and the rest walked behind.

After they walked for a while, deceit called snake and said to him: "You know how dangerous lion is, so why don't you bite him before he kills us?"

The snake went back and bit lion [lit: cut him up with a bite]. After the lion died, deceit called fire, and said to him: "You saw what snake did, so why don't you burn him before he bites us? [lit: before he makes us equal with bites]. The fire went back and burned the snake while he was crawling in the camp.

When the snake died, deceit called water, and said to him: "You saw what fire did, so why don't you kill him before he burns us all?" The water turned back and extinguished the fire.

When the fire died, she called honesty and said to her: "That water is dangerous, it could happen that it will drown us, so let us go [lit: bring us] and climb that hill with the camel away from it." They did so and the water remained at the bottom of the hill.

When she cheated the water, in order to have [lit: remain for] the camel alone, she decided to get rid of honesty and she said to her: "Hobble the camel!" When honesty, which was unmindful, squatted down under the camel, deceit chased the camel away so that it would run over [honesty]; but instead she kicked her in the stomach [lit: cut the liver with a kick] and killed her on the spot.

When deceit died, honesty came down with the camel, and shared it with the water.

LION [F09 - page 364]

Once a lion asked his mother if there are any in the world that is more courageous and more dangerous than him or not; and she told him that there are some more evil and more [of a] nuisance than him. The lion who was not reconciled to his mother's statement, moved off wandering outside to get to the bottom of the truth. While he was passing through lands, but whoever he met told him that there are some who are even more evil and dangerous than him.

While still not satisfied, one day he came to a male camel in heat who was hobbled and grinding his teeth, and asked him if there was anyone living in this world more brazen and more fearless than him. The camel said to him: "The one who is more brazen than you is the man who is lying down under that tree, who put me here with a hobble, even though [lit: while] I am so strong and so angry [lit: this strength and anger is showing from me]."

The lion, who could not swallow that statement, went to the man, woke him up, and said to him: "I am looking for a man that was pointed out to me, are you a man?"   "I am a man, what do you want?" he said to him.

"What was told to me about you is that [you are] something very evil, strong, and dangerous, and in order to find out the truth, I want to fight with you," said the lion.

"I am ashamed [lit: it is a shame to me] to fight with you, while you have come on a long journey and that you have hunger, thirst and fatigue, so wait for me until I bring food and water to you, said the man, and the lion agreed.

The man ran as fast as he could and went home, and hurriedly lit a big fire; and when the fire became embers, he gathered it, and then came to the lion who was sleeping, and he woke him up; when he raised his head up, he dumped the hot embers on him.

The lion got [so] terrified that he ran, and dropped into his mother's house, when she asked him what inflicted the scars on him, he said to her: "A man called small-breasted is the one who inflicted this damage showing on me." It is said that, after the day he blamed man [lit: a small-breasted one], the lion unless he ambushes men does not confront them openly.

HYENA'S CATTLE [F03 - page 371]

Long ago the cattle used to belong to hyena. One night after [lit: while] he corraled the cattle, a man who was a traveler, came to him.

And then the hyena said to him: "The cattle don't have any milk and it is the dry season, if I would have slaughtered a small bull for you, but I don't have any fire."   The man pointed the finger to the emerging moon, and said to him: "You can entertain me, if you go and get a fire-brand from that fire pile." When the hyena looked toward east, a fake flame caught his eye.

He entrusted the cattle to the man and he headed toward the east [lit: where the sun rises]. When the hyena moved off, the man escaped with the cattle. After a while, when he was running and could not find the flame, he came back. When he could not find anyone in the house, he realized that the man was cheating him.

The hyena asked justice from God, and he was permitted to take any cattle by force or by cunning with whichever he wanted. "People will breed them and will sweat for them, and you will feed off of them with little difficulty," he was told.

The hyena, while happy, said quietly: "People, there is a war between us," and left the place. The war is still going on, and it will go on as long as hyena exists, and people raise livestock.

FREE HEAD   [F08 - page 380]

Once upon a time, there used to be a family that had two donkeys who were twins. And the old man of the family was without compassion and very greedy, who never gave any rest to the donkeys from work.

After a period of time that they have been [over]loaded and in difficulty, one night they broke the fence and went into the forest; at that place they found good pasture, water and tranquility. Although they were in prosperity and comfort, the following year a severe drought hit them.

After they got confused, one of them suggested that they go back to the family, so that they would not die of hunger and thirst; but the other one refused and he said: "Hunger and a free shoulder are better for me than [that] I be full and loaded."

The one who had the suggestion returned, and he told the family about what they had been through, and the condition in which his twin is in. After he told them everything, the old man ordered him to [take him] to look for his twin so that he would bring him back to the family.

They came to the donkey who was prosperous and was grazing near a fresh water pond. He had long horns which came out of him after his twin companion left him. When he saw the change that took place in the donkey, the man was amazed, and while disappointed, he ran away with the other [donkey].

The oryx originated from the donkey that elected freedom [lit: a free head] over satiation; and donkeys from the one that chose a full stomach over freedom, so they say.

GREEDINESS   [F30 - page 394]

Once upon a time, three lions and a fox hunted together. As they kept going, after they got tired, they found a dead camel lying in a ravine. Then one of the lions said: "Let us go down, and eat the camel."

"Having eaten, how are we going to come out?, said fox.

Another lion said: "What will get us out? Will it ever be finished for us?"

The lions went down into the ravine, and the fox, just stayed behind.

A day later she visited them, and they told her that they had too much meat and that they are suffering from being too full.

The fox went back and a week later she came to ask about them, and they said to her: "Only the head is left for us."

She just left; three days later, she came to ask about them. "Today we ate one of us," they said to her.

As they kept eating one another, one by one, one remained and that one out of hunger eventually ate himself. Thus, out of the flock the fox which predicted the danger behind the satiation remained.

THE OATH OF PLOVER BIRD   [F04 - page 404]

Once, when there was a very severe draught, all beasts and large birds had a meeting and sacrificed a bull in order to pray for rain. Fox and plover were entrusted to skin the bull and prepare the meat. At sunset, the meat was divided and each one ate his share, and the fat was put aside for breakfast. After they finished eating, the beasts went to sleep in their lairs and the birds gathered on top of the trees as was their custom.

In the middle of the night, the fox gave the fat which was saved to its offspring, and then wiped the mess from their mouths and rubbed their mouth with chyme.

In order to eliminate the traces of the crime she committed, she wiped the mouths of plover bird's babies sleeping on the ground with grease. When dawn broke, and all the beasts woke up, and the fat could not be found, fox was asked where it ended up, so she said: "Let's line up, and everybody's mouth should be looked at, whoever ate it will come out." That was done, and the plover's offspring were charged with the crime, before any one argued for them they were massacred on the spot.

When at that place she became childless, she took an oath that
she will not do four things again, and she said:
"I pass an oath from:
The eating of meat again,
Lying down to sleep again,
The climbing of a tree again,
The accompanying of birds again"
Plover has not broken the oath yet and she does not do any one of
those four things, so they say.

THREE FOOLS   [F17 - page 412]

One day, two fools, while they were walking together, asked each
other what each one would have liked God to grant him.

The first one said: "I would have wanted lots of goats and sheep
from which I would have plenty of their milk and their meat."

The second one said: "And I would have wanted a lot of wolves
which would wipe out your goats and sheep."

The first one said: "Why would you have the wolves eat my sheep
and goats?"

"Why did you take all the sheep and goats for yourself alone," he
replied to him.

The two men, out of stupidity, quarrelled on the spot, and in the
end they agreed that they would present their case to the first person
they meet.

After a while, a man who was carrying a receptacle full of ghee
came across them. When he listened to their case, while laughing at
their stupidity, he put the mouth of the receptacle to the ground, and
said to them: "May God spill my blood like this ghee, if I ever have
seen two men who are more stupid than you; hey, you, is this
something men should fight over?"

The two quarrelers, amazed, looked at each other, and then, while
astonished at the dullness of the man, on the spot moved off on their
separate ways.

INGRATITUDE   [F25 - page 420]

In a year in which a severe draught took place, a man became
destitute, he asked for help from his relatives, but he was refused.
The man just left; as he was going he met a lion; he told him about
the misfortune that befell him, and there they became friends. And
then the lion lead him and took him to his house, and they used to
eat together whatever he hunted.

When the drought was over [lit: when one got out of the drought], the man requested that he go to his relatives, and the lion agreed and kept him company up to the village he was going to; but he warned him against telling anyone with whom and where he has spent that hard time.

But the lion did not just leave, he hid himself behind the chief's house.

When he was seen, the man was asked where he had come from, so he said: "I came from lion land." "How were you saved from that man-eating beast?" he was asked [lit: said to]. He said: "He used to give me raw meat, and he did not give me any trouble, but he smelled terrible," he said.

The lion was listening from the back of the house to the bad statements coming from the man, and then, broken hearted, he just left.

Years later, on one day, the man who was without honor and the lion encountered each other, the lion forced him to go with him. In the evening they socialized and talked about the old times and the things that they went through together.

In the morning when day broke and they woke up, the lion handed a spear to the man and said to him: "Hit me with this spear, and don't talk back to me, if you don't want me to eat you." The man got scared and hit him with the spear.

The lion took the spear out of himself, and said to the man: "Until I heal, you are going to care for me."

When he realized that he had healed, he called the man and said to him: "Well, look at my wound." So he said: "It healed."

Then the lion said to him: "One heals from a spear wound, but one would not heal from the wound from the human tongue." I stink, and I eat raw meat, but I don't talk behind the back of friends who help me in hard times, and I don't break [lit: get out of] the promise that I make [lit: enter into]. Get out and go to your people, you ingrate, and never come to inquire about me!"

A DONKEY AND A DOG [F18 - page 426]

One day a donkey and a dog traveled together, they say. While they were in bad shape with hunger, thirst and fatigue, they came to a place that had good pasture and water.

When they had enough of the resources and they rested [lit: broke the fatigue], the donkey said: "I want to bray," but the dog reminded him that by the bray beasts could follow them, and if that happens, they would be in [lit: enter] danger.

[But] the donkey did not pay attention to the dog's advice, and he brayed and brayed and brayed. A little while later, three lions stood at their sides, and jumped the donkey. When the donkey died, they said to the dog: "We will spare you if you skin the donkey for us," and he immediately agreed to it.

The dog, while skinning the donkey, finished off the heart. When he brought the meat, he was asked where the heart went, and he said: "If the donkey had a heart, he would not have called for you while he was at this deserted place, so by that know that he did not have a heart." The lions accepted the statement of the dog and he was let go on the spot.

THE DISTRIBUTION BY THE FOX [F20 - page 445]

One day, a lion, a fox, a hyena and some other beasts hunted together. They found a young she camel, and lion put hyena in charge of distributing the camel.

The hyena, who liked showing off, while he was confused with the responsibility put on him by the king, announced the division and said: "Half of the camel belongs to the king, and the other half I and fox and the other beasts will divide among ourselves."

Lion could not tolerate [lit: be patient with] this erratic justice, so he gave a slap in the face to the hyena; and while his eyes were reddened with anger and while drooling, he turned toward fox and said to her: "You divide the camel!"

The fox, being very perceptive, understood the aim the lion had; she decided not to suffer the misfortune that caught hyena. And then she squatted in front of lion and said to him: "You will lunch on half of the camel, and a quarter is your dinner; and one eighth you will breakfast on; and the remaining portion the rest of the beasts will divide amongst themselves."

When she finished the distribution, she took two steps and squatted between her companions whom she condemned to starvation. Lion smiling with pleasure then said: "Who taught you this good way of distribution?"

So she said: "The dented cheek of hyena taught me." Thus fox and the other beasts chose famine over a dented cheek.

APPENDIX THREE

SURVIVAL DIALOGS

GAROONKA DAYUURADAHA	AT THE AIRPORT
1 Soo dhowaada!	Welcome!
2 Mahadsanid.	Thank you.
1 Xaggee baad ka timid?	Where did you come from?
2 Mareykan baan ka imid.	I came from America.
1 Magacaa?	What is your name?
2 Magacaygu waa Jim Baarkar.	My name is Jim Parker.
1 Baasaboorkaaga i tus.	Show me your passport.
2 Waa kan.	Here it is.
1 Immisa shandadood baad sidataa?	How many suitcases do you have?
2 Waxaan sitaa saddex shandadood.	I have three suitcases.
1 Waa hagaag, fur shandadahaaga.	Okay, [please] open up your suitcases.
2 Waa hagaag.	Okay.
1 Alaabtani ma taadii baa?	Are these things yours?
2 Haa, waa taydii.	Yes, they are mine.
1 Ma keligaa baad tahay?	Are you alone?
2 Afadeydaa ila socota.	My wife is with me.
1 Magaceedu waa maxay?	What is her name?
2 Magaceedu waa Meeri Baarkar.	Her name is Mary Parker.
1 Maxaad ka qaban doontaan Soomaaliya?	What will you be doing in Somalia?
2 Labadayaduba macallimiin baannu nahay oo inaannu wax dhigno ayaannu u nimi.	We are both teachers and we came here to teach.
1 Maxaad dhigeysaan?	What will you teach?
2 Waxaan dhigayaa af Ingiriisi.	I will teach English.
1 Afadaaduse?	What about your wife?
2 Taariikh bey dhigtaa.	She teaches history.
1 Ma Xamar baad joogeysaan?	Are you going to stay in Mogadisho?

2	Cabbaar baannu joogeynaa halka, oo mar dambe ayaannu meel kale tegi doonnaa.	We will be here for a while and then we will go somewhere else.
1	Dugsigee baad wax ku dhigi doontaa?	In which school will you teach?
2	Weli maan garanayo.	I don't know yet.
1	Meel aad degtaan ma haysataan?	Do you have a place to stay?
2	Imminka hoteel baannu degeynaa intaannu guri ka heleyno.	For now we will stay in a hotel until we find a house.
1	Ma cid baa idiin imaneysa mise taksi baad dooneysaan?	Is there someone to meet you, or do you want a taxi?
2	Taksi baannu dooneynaa.	We want a taxi.
1	Taksi! Taksi! Kaaley oo dadkan Hoteel Croce del Sud gee.	Taxi! Taxi! Come and take these people to the Southern Cross Hotel.
2	Mahadsanid! Nabadgelyo.	Thank you! Goodbye.

TAKSIGA DHEXDIISA

IN THE TAXI

1	Xaggee baad dooneysaan inaad tagtaan?	Where do you want to go?
2	Waxaannu dooneynaa Hoteelka Croce del Sud.	We want the Southern Cross Hotel.
1	Waxay qaadaneysaa shan iyo toban daqiiqadood.	It takes about fifteen minutes.
2	Waa immisa nooligu?	How much is the fare?
1	Ilaa hoteelku waa toban shilin.	It is ten shillings to the hotel.
2	Garoonka ilaa Xamar Weyne waa immisa?	How much is it from the airport to [the] Hamar Weyne [area]?
1	Maalintii waa toban shilin, habeenkiise waa shan iyo toban shilin.	During the day it is ten shillings but during the evening it is fifteen shillings.
2	Waddadan magaceed?	What is the name of this street?
1	Waxa la yiraahdaa Makka Mukarrama.	It is called Macca Mukarama.
2	Daartani maxay tahay?	What is this building?
1	Waa guriga maadeeyska.	It is the theater (house).

2	Cuseyb bey u egtahay ee goormaa la dhisey?	It looks new, when was it built?
1	Dhowr sanadood ka hor baa la dhisey.	It was built several years ago.
2	Hoteelka miyaannu u dhow nahay?	Are we close to the hotel?
1	Shan daqiiqadood ka dib waannu gaareynaa.	We will be there in five minutes.
2	Muqdisho wey baabuur badantahay.	There are a lot of cars in Mogadisho.
1	Haa, seyshentooyin baa ku badan.	Yes, there are lots of Fiat 600's.
2	Waa na kan oo hoteelkii baannu gaarney.	Here we are, we have arrived at the hotel.
1	Mahadsanid. Lacagtii waa tan.	Thank you. Here is the money.

HOTEELKA GUDIHIISA

AT THE HOTEL

1	Nabad, maxaad dooneysaan?	Hello, what do you want?
2	Qol baannu dooneynaa.	We want a room.
1	Miyaad carbuun sameysateen?	Did you make a reservation?
2	Maya, imminkaannu garoonka dayuuradaha ka nimid.	No, we just came from the airport.
1	Immisa qowladood baad dooneysaan?	How many rooms do you want?
2	Mid laba sariirood leh.	One that has two beds.
1	Ma mid musqul leh?	One with a bathroom?
2	Haa, mid musqul leh.	Yes, one with a bathroom.
1	Xaggee baad dooneysaan, fooqa mise hoosta?	Where do you prefer, upstairs or downstairs?
2	Meel aan buuq lahayn baannu dooneynaa.	We want a quiet place.
1	Buuq la'aan dabaqadda labaad baa ku fiican.	For quietness, the second floor is good.
2	Waa immisa maalintii?	How much is it per day?
1	Waa soddon doolar labadiinna.	It is $30 for you two.
1	Immisa maalmood baad joogey-saan?	How many days are you going to stay?
2	Toddobaad keliya.	Just a week.
2	Cuntadu miyey ku jirtaa?	Is the food included?
1	Haa, cuntadu wey ku jirtaa.	Yes, the food is included.
2	Immisa goor baa maalintii wax la cunaa?	How many times a day is food served?

1 Saddex goor: quraacda toddoba-
da ilaa tobanka, qadada laba
iyo tobanka ilaa labada,
cashadana lixda ilaa sagaalka
habeennimo.

Three times: breakfast is
from 7:00 to 10:00, lunch
is from 12:00 to 2:00, and
dinner is from 6:00 until
9:00 in the evening.

2 Lacagta miyaannu qaddimnaa
mise markaannu baxayno
baannu bixinnaa?

Shall we pay in advance
or when we leave?

1 Imminka nus bixiya oo baaqiga
markaad tageysaan baad bixin
doontaan.

Pay half now and when
you leave you will pay the
rest.

2 Ma oggolaataan jeegga
American Express?

Do you accept (the) Ameri-
can Express (check)?

1 Haa, waannu oggolaannaa.

Yes, we do accept them.

2 Waa hagaag, waxaannu hadda
bixineynaa nus oo
waa kan jeeggii.

Okay, we are paying half
now and here is the
check.

1 Mahadsanid. Waa kuwan
rasiidkaagii iyo qolka furihiisii;
qolka nambarkiisu waa saddex
iyo labaatan. Wiilkan baana
alaabta qolka idiin geeynaya.

Thank you. Here is your
receipt and the room key;
it's room number 23. This
boy will take the luggage
to the room for you.

MAGAALADA KU SOO WAREEGID

TOURING THE CITY

1 Maxamed, magaalada ma na
soo tusi kartaa?

Mohammed, can you show
us around the city?

2 Yaa tagaya?

Who is going?

1 Aniga iyo afadeyda.

Me and my wife.

2 Goormaad dooneysaan inaad
tagtaan, gelinka hore mise
gelinka dambe?

When do you want to go?
Before noon or in the
afternoon?

1 Waxaannu tagi karnaa markii
adiga un kuu wanaagsan.

We can go anytime that is
good for you.

2 Ma magaalada oo dhan baad
rabtaan inaad aragtaan, mise
meelaha muhimka ah keliya?

Do you want to see the
whole city, or just some of
the important places?

1 Magaaladu wey weyntahay ee
nagu filan haddaannu aragno
meelaha muhimka ah.

The city is big, it is
enough if we see the
important places.

2 Miyaannu lugeynaa mise taksi
baannu qaadannaa?

Shall we walk or take a
taxi?

1 Madaama aannan meesha
aqoonnin, sidee baa kula
wanaagsan oon ku tagnaa?

Since we don't know the
place, how is the best way
to go?

2	Haddey sidaas tahay, Xamar Weyne aynu bas u raacno oo markaas ka dib weynu socsocon karnaa?	If that is the case, let us go by bus to Hamar Weyne, after that we can walk around.
2	Waa yahay, baskii waa kan ee na keena.	Okay, here is the bus, so let's go.
1	Waa yahay, na keena.	Okay, let's go.
2	Xamar weyne waannu joognaa ee aynu degno.	We are at Hamar Weyne, let's get off.
1	Waa yahay. Tani ma Xamar Weyne baa?	Okay. Is this Hamar Weyne?
2	Haa, marka hore aynu Gareesada booqanno.	Yes, first let us visit the Gareesa [Museum].
1	Ma qasri bey ahaan jirtey?	Did it used to be a palace?
2	Haa, qasrigii Barkhash bey ahaan jirtey.	Yes, it used to be the palace of Barkhash.
1	Meeshani wey dhir badantahay ee maxay tahay?	This place has lots of trees. What is it?
2	Waa beeraha magaalada mid-kood. Maadaama Jaamacadda Ummaddu noo dhowdahay an iyadana idin soo tuso.	It is one of the city parks. Since the National University is close to us, let me show it to you.
1	Daartan weynna maxay tahay?	What is this big building?
2	Tan midigta naga xigtaa waa kaniisadda Katooligga ee ugu weyn magaalada, tan bidixda xigtaa waa Wasaaradda Lacag-ta.	The one on our right is the biggest Catholic church in the city; the one on the left is the Ministry of Finance.
1	Aad baannu kuugu mahdiney-naa inaad magaalada nagu soo wareejisey. Hadda maadaama ay laba iyo tobankii iyo rubuc tahay, waannu gaajeeysan-nahay ee aynu qadeyno.	We thank you very much for taking us around the city. Since it is now 12:15, we are hungry, let us eat lunch.
2	Waa hagaag. Cunto noocee ah baad rabtaan inaad cuntaan? Cunto Soomaali mise cunto Gaaleed?	That is fine. What kind of food would you like to eat? Somali food or Western food?
1	Waxaannu rabnaa inaannu tijaabinno cunto Soomaali haddii ay suurtoobeyso.	We would like to try Somali food, if that is possible.
2	Makhaayad wanaagsan baa ku taalla Safaaradda Mareykanka agteeda ee middaas an tagno.	There is a good restaurant near the American Embassy, let's go to that one.

MAKHAAYADDA DHEXDEEDA	IN THE RESTAURANT

1	Makhaayaddu ma tanaa?	Is this the restaurant?
2	Haa. U kaadi an weydiiyo iney meel hayaan. Qadada ma la bilaabey? Meel ma haysaan?	Yes. Wait, let me ask if they have a place. Has lunch begun? Do you have a place?
3	Haa. Immisa qofood baad tihiin?	Yes. How many persons are you?
2	Saddex.	Three.
3	Halkanba waad fariisan kartaan. Waa meel wanaagsan.	You can sit here. It is a good place.
2	Maxaad haysaan?	What do you have?
1	Maadaama aannan cuntada aqoonnin, adigu wax fiican noo dalab.	Since we don't know the food, you order something good for us.
2	Ma wax basbaas leh baad dooneysaan?	Do you want something hot [i.e., spicy]?
1	Maya, ma dooneyno wax basbaas leh.	No, we don't want anything spicy.
2	Waxaad na siisaa, saddex saxan oo furfur ah iyo saddex saxan oo hilib ari oo shiilan iyo salad.	Give us three dishes of "furfur" and three dishes of fried goat meat and salad.
3	Maxaad cabbeysaan?	What will you drink?
2	Caano geel na wada sii.	Give all of us camel milk.
2	Sidee weeye cuntadu? Miyey basbaas idin la leedahay?	How is the food? Is it spicy for you?
1	Maya, wey fiicantahay.	No, it is fine.
1	Cuntada ka dib ma shaah baa la cabbaa mise bun?	After the meal is tea or coffee drunk?
2	Inta badan shaah baa la cabbaa. Soomaalidu shaah badan bey cabtaa.	Most of the time, tea is drunk. Somalis drink a lot of tea.
1	Caddeys mise caddeys la'aan?	With milk or without?
2	Labada siyoodba waa loo cabbaa, inkastoo caddeyska loo badanyahay.	It is drunk both ways, although mostly with milk.
1	Sokor ma ku darsataan?	Do you put in sugar?
2	Haa, sokor badan.	Yes, lots of sugar.
1	Cuntada ka dib, macmacaan ma cuntaan?	Do you eat dessert after a meal?
2	Inta badan, babbay, muus iyo cambe ayaa magaalooyinka la cunaa.	Mostly in the cities people eat papaya, banana and mango.

3	Wax kale ood u baahantihiin, oon idiin keeno ma jiraan?	Is there anything else you need that I can bring you?
2	Waa immisa xisaabtu?	How much is the check?
3	Waa shan iyo toban shilin?	It is fifteen shillings.
1	Waa tan ee hoo.	Here it is; take it.
1	Maxamed, bakhshiis ma la siiyaa?	Mohammed, is a tip given?
2	Haddaad doonto, laakiin khasab ma aha.	If you want to, but it is not compulsory.
3	Waa kan rasiidhkaagu. Mahadsanid.	Here is your receipt. Thank you.

REER BAARKAR OO GURI IJAARANAYA

THE PARKERS RENT A HOUSE

1	Iska warrama?	How are you all?
2	Waa nabad Maxamed. Soo gal!	Very well, Mohammed. Come in!
1	Ma tagnaa oo guri ma soo raadinnaa?	Shall we go and look for a house?
2	Diyaar baannu nahay, ee adiga un baannu ku sugeyney.	We are ready; we were just waiting for you.
1	Xaafaddee baad madaxa ku hayseen?	What neighborhood did you have in mind?
2	Waxaannu jecelnnahay meel aan ka fogeyn meesha aannu ka shaqaynno.	We would like a place that is not far from where we work.
1	Haddey sidaas tahay waxa idiin fiican Via Roma oo guryo wanaagsanna laga helaa.	If that is the case, Via Roma is better for you; also good houses can be found there.
2	Subax wanaagsan, Xaaji Nuur. Waxa ila socda dad doonaya guri ay ijaartaan.	Good morning, Haji Nur. Some people are with me who are looking for a house to rent.
3	Mid baan hayaa ee soo gala oo eega.	I have one, come in and take a look.
2	Waa immisa qowladood?	How many rooms?
3	Waa guri shan qowladood ah, dhowaan baana la dhisey.	It is a five bedroom house; it was build recently.
2	Miyuu firaashanyahay?	Is it furnished?
3	Maya, alaab la'aan baannu ijaarnnaa. Haddaad dooneyso inaad alaab ku ijaarato, waannu sameyn karnaa,	No, we rent it without furniture. If you want to rent it with furniture, we can do [that],

laakiin ijaarka ayaannu kordhineynaa.

but we will increase the rent.

2 Waa immisa ijaarku markuu firaashanyahay iyo markuusan firaashneyn?

How much is the rent if it is furnished [and how much] if it is unfurnished?

3 Markuu firaashanyahay waa laba boqol iyo konton shilin markuusan firaashneyn waa boqol iyo konton shilin.

If it is furnished it is 250 shillings and if it is unfurnished is is 150 shillings.

2 Ma inaannu kontoraad saxiixno baa?

Do we have to sign a contract?

3 Haa, waa inaad sanad saxiixdaan oo laba biloodna taqdiim u bixisaan.

Yes, you have to sign it for one year and pay two months in advance.

2 Biyaha iyo nalkase?

The electricity and water?

3 Nalka idinkaa bixinaya, aniguna biyahaan bixinayaa.

You pay for the electricity and I pay for the water.

2 Shooladdu ma gaas bey ku shaqeysaa?

Does the stove work on gas?

3 Haa, adigaa soo iibsanaya gaaska.

Yes, you will buy the gas.

2 Waardiyaano aammin miyaad taqaannaa?

Do you know a dependable guard?

3 Haa, nin aammin ah baan aqaannaa, haddaad mushaaro fiican siineysaan.

Yes I know a dependable man, if you are going to give him a good salary.

2 Waardiyuhu beerta ma ka shaqeyn karaa?

Can the guard work on the garden?

3 Haa, wax walba wuu sameyn karaa Gaalo buu u shaqeyn jirey.

Yes, he can do everything, he used to work for Europeans.

2 Kariye wanaagsan ood taqaannaa ma jiraa?

Is there also a good cook that you know?

3 Ma nin baad dooneysaa mise naag?

Do you want a man or woman?

2 Maan kala jecli.

I don't mind either.

3 Marka nin hadda ka hor qolo Mareykan ah u shaqeynayey baan aqaannaa.

Then I know a man who has worked for an American family formerly.

2 Gurigu wuu wanaagsanyahay. Berrito waardiyaha iyo kariyuhu ha noo yimaaddeen; waannu la hadleynaaye; kontoraadkana markaas baannu saxiixeynnaa.

The house is very good. Tomorrow have the guard and the cook come to us; we will talk to them; and we will also sign the contract at that time.

3	Waa yahay, waa hagaag.	Okay, that is fine.
2	Nabadgelyo. Berri labada ayaannu kuu imaneynaa.	Goodbye. We will come to you tomorrow at 2:00 p.m.

REER BAARKAR OO REER SOOMAALIYEED BOOQANAYA

THE PARKERS VISIT A SOMALI FAMILY

1	Berri waa Jimca ee saaxiib-badeyda Kaahin iyo Xaliimo an iskiin baro.	Tomorrow is Friday, let me introduce you to my friends Caahin and Halima.
2	Maxay ka shaqeeyaan?	What do they do?
1	Labadooduba waa macallimiin, Kaahin af Soomaaliga ayuu dhigaa, Xaliimona taariikhda. Ma tagnaa?	They are both teachers, Caahin teaches Somali and Halima teaches history. Shall we go?
2	Miyey ogyihiin inaannu u imaneyno? Waayo annaga xaggeenna qofka iskagama tagi kartid adigoon ogeysiinnin.	Do they know we are coming? Because in our country you can't just visit a person if you don't notify him.
1	Waan u sheegey oo wey og-yihiin inaannu u imaneyno. Laakiin micna ma laha halka, qofka haddaad istaqaannaan waad u tagi kartaa adoon ogeysiinnin.	I told them and they know that we are coming. But here it doesn't matter, once you know the person, you can visit without notifying [him].
2	Xaggee bey degganyihiin?	Where do they live?
1	Waxay degganyihiin Madiina, oo xoogaa bey jirtaa.	They live in Madina, and it is a bit away.
2	Sidee baannu ku tagnaa? Gaari ma heli karnaa?	How do we go? Can we get a car?
1	Taksi baannu qaadan karnaa.	We can take a taxi.
2	Haye, waa hagaag. Aynu tagno.	Yes, that's fine. Let's go.
1	Nabad, Kaahin, marti baan idiin wadaa.	Hello, Caahin, I have brought guests for you.
3	Soo gala.	[Please] come in!
1	An iskiin baro Jim iyo Meeri. Labaduba waa macallimiin oo iney wax dhigaan bey Soomaaliya u yimaaddeen.	Let me introduce you to Jim and Mary, they are both teachers, and they came to Somalia to teach.
3	Soo dhowaada! Kaahin baa la i yiraahdaa, tanina waa afadeyda, Xaliimo.	Welcome! I am called Caahin, and this is my wife, Halima.
2	Barasho wanaagsan.	Nice to meet you.

3	Barasho wanaagsan.	Nice to meet you.
3	Fariista, ha ismartiyeynina. Cabbitaan maxaan idin siiyaa? Bun mise shaah?	Have a seat, make yourselves at home. What shall I give you to drink? Coffee or tea?
2	Shaah baannu cabbeynaa.	We will have tea.
3	Goormaad timaaddeen? Maxamed baa noo sheegey inaad wax dhigi doontaan.	When did you come? Mohammed told us that you are going to teach.
2	Toddobaad baannu joogney hadda. Haa, macallimiin baannu nahay.	We have been here now for a week. Yes, we are teachers.
3	Magaalada ma u barateen?	Have you gotten used to the city?
2	Tartiib tartiib waannu u soo baraneynaa.	We are getting used to it gradually.
3	Immisa sanadood baad halka joogeysaan?	How many years are you going to stay here?
2	Laba sanadood baannu halka joogeynaa.	We will be here for two years.
3	Wax ma dhigi jirteen inteydan halka imanin ka hor, mise haddaa idiin ku horeysa?	Were you teaching before you came here, or is this your first time?
2	Labadayaduba laba sanadood baannu wax soo dhigney.	We both have taught for two years.
3	Miyaad taqaannaan meeshaad wax ka dhigi doontaan?	Do you know where you will be teaching?
2	Labadayaduba Xamar baannu joogeynnaa; afadeydu Dugsiga Macallin Jaamac bey wax ka dhigi doontaa, aniguna Dugsiga Banaadir baan wax ka dhigi doonaa.	Both of us will be staying in Mogadisho; my wife will be teaching at Maallin Jama School, and I will be teaching at Banadir School.
3	Ma la kulanteen Wassiirka Wax Barashada, mise weli?	Have you already met with the Minister of Education, or not?
2	Weli lamaannan kulmin, laakiin ballan baannu la leenahay.	We have not met him yet, but we have an appointment with him.
3	Ma taqaannaan waqtiga sidaannu u tirinno? Haddii la idin yiraahdo saddex saaco sida tiradiinna waa sagaalka aroornimo.	Do you know how we count time? If you were told 3 o'clock according to your time, it is 9:00 in the morning.

2	Kala duwanaanta waqtiga sida loo tiriyo intaannan imannin ka hor baannu baranney.	The difference in counting time was what we studied before we came here.
3	Shaahu waa diyaar bey ila tahay, ma caddeys baad rabtaan mise caddeys la'aan?	I think the tea is ready. Do you want it with or without milk?
2	Caddeys baannu cabbeynnaa.	We will have it with milk.
3	Mareykan gobolkee baad ka timaaddeen?	What state do you come from in America?
2	Waxaannu ka nimid Arizoona.	We came from Arizona.
3	Arizoona wax badan baannu ka maqalney, waxaa la yiraahdaa hawadeedu tan Soomaaliya bey la mid tahay.	I have heard a lot about Arizona; they say that its climate is a lot like that of Somalia.
2	Haa, laakiin waqtiyada qaar-kood Arizoona ayaa ka kulul Soomaaliya.	Yes, but sometimes it is hotter in Arizona than in Somalia.
3	Aniga iyo Xaliimo waxaannu ku fikireynnaa haddey inoo suurtowdo inaannu Mareykan wax barasho u tagno.	Halima and I are wondering [lit: thinking about] if it is possible for us to go to America to study.
2	Maxaad rabtaan inaad bara-taan?	What do you want to study?
3	Anigu waxaan jeclahay inaan af Ingiriisi barto, Xaliimona waxay rabtaa iney barato taariikh.	I want to study English and Halima wants to study history.
1	Waa yahay, Kaahin, mar kale ayaad wareysan doontaa. Gabbalku wuu sii dhacayaa ee waannu tageynnaa.	Okay, Caahin, you will ask them some other time. Now it is getting dark and we will be going.
2	Waad mahadsantihiin. Waxaannu rajeyneynnaa in-aannu mar kale kulanno oo sheekeysanno.	Thank you all. We hope that we will meet some other time and talk.
3	Waxaannu jecelnnahay inaad waddankiinna inooga sii warrantaan ee maadaama hadda aannu isnaqaanno imaada oo na soo booqda markaad doontaan.	We would like you to tell us more about your country; now that we know each other, come and visit us any time you like.
2	Waa yahay, waa hagaag. Habeen wanaagsan.	Okay, that is fine. Good night.
3	Habeen wanaagsan.	Good night.

JIM OO AGAASIMAHA DUGSIGA LA KULMEY

JIM MEETS WITH THE SCHOOL DIRECTOR

1
Nabad, soo dhowow!
Magacaygu waa Bashiir.

Hello, welcome.
My name is Basheer.

2
Nabad, waxaan ahay Jim Baarkar.

Hello, I am Jim Parker.

1
Warqad aan ka heley Wasaaradda Wax Barashada ayaa la igu ogeysiiyey in dugsigan lagugu soo qorey oo waan ku filayey.
Fariiso.

I have been notified in a letter that I received from the Ministry of Education that you have been assigned to this school.
[Please] sit down.

2
Mahadsanid.

Thank you.

1
Waddanka ma u baratey?

Have you gotten used to the country?

2
Waxaan la kulmey nin macallin ah oo la yiraahdo Maxamed oo aad noo caawiney, magaaladana nagu wareejiyey meel walba oo gurina noo heley.

We met a man who is a teacher, his name is Mohammed. He helped us a lot and took us everywhere around the city, and found a house for us.

1
Saddex maalmood keliya ayaa ka hartey dugsiga furitaankiisa. Sida aan ka fahmey warqadda Wasaaraddana waxaad dhigi doontaa af Ingiriisi.

Only three days are left before the opening of [the] school. As I understand from the letter from the Ministry, you are going to teach English.

2
Haa, af Ingiriisi baan jaamacadda kaga soo takhasusey oo laba sanadood baan af Ingiriisi soo dhigayey.

Yes, I majored in English at the university and I have taught English for two years.

1
Waa wanaag. Barnaamijku wuu soo baxay, sida barnaamijka ku qoran baa shaqada laguugu dhiibayaa, markaas ka dib baad kala hadleysaa ninka buugagta haya, buugagta aad u baahantahay inaad wax ka dhigto.

Very good. The schedule has come out, you will be assigned according to the schedule, and after that you will speak with the librarian about the books you will need to teach with.

2
Immisa fasal baad leedihiin?

How many grades do you have?

1
Waxaannu leenahay fasalka koowaad ilaa kan laba iyo tobnaad, ardeyduna waa ilaa kun iyo laba boqol.

We have first grade through the twelfth, and there are about 1,200 students.

2	Ma wiilal keliya baa dhigta mise gabdho keliya ayaa dhigta?	Do only boys study here or do only girls study here?
1	Labaduba wey dhigtaan.	Both study here.
2	Ardeydu ma maalintii un bey timaaddaa mise dugsiga ayey ku nooshahay?	Are the students just day students or boarders?
1	Qaar maalinti un bey yimaadaan, qaarna dugsiga ayey ku noolyihiin.	Some are boarders and some are day students.
2	Ardeydu ma kuwa Xamar degganaa baa?	Are the students all from Mogadisho?
1	Badankoodu waa kuwa Xamar degganaa, qaarkoodse waa kuwa meelo kale ka yimid.	Most of them are from Mogadisho, but some came from other places.
2	Kuwa meelaha kale yimaadaa xaggee bey ku noolyihiin?	Where do those who come from other places live?
1	Qaarkood dad qaraabadooda ah bey la noolyihiin, qaarka kalese dugsiga ayey ku noolyihiin.	Some of them live with their relatives, and the others live at the school.
2	Ardeydu ma lacag bey ka bixisaa wax barashada?	Do the students pay tuition fees?
1	Guud ahaan wax barashadu waa lacag la'aan, laakiin ardeyda qaar baa jiifka iyo cuntada lacag ka bixisa.	Generally tuition is free, but some students pay for room and board.
2	Waqtimaa la bilaabaa dugsiga?	When does school start?
1	Waxaa la bilaabaa siddeedda aroornimo, wuxuuna dhammaadaa koowda.	It starts at 8:00 in the morning, and ends at 1:00 p.m.
2	Immisa cisho toddobaadkii?	How many days a week?
1	Lix cisho, Sabti ilaa Khamiis.	Six days, Saturday to Thursday.
2	Waqtiyada dugsigu xiranyahay, ardeyda dugsiga ku nool, miyey joogaan mise reerahooda bey tagaan?	When school is closed, do the students living at the school stay or do they go to their families?
1	Fasaxa dheer ayey reerahooda tagaan, inta kalese wey joogaan.	They go home only during the longer vacation, the other [times] they stay.
2	Macallimiin badan oo ajnabi ah miyaa joogta?	Are there many foreign teachers?
1	Haa, wey badanyihiin.	Yes, there are many.
2	Waddammadee bey ka yimaadaan?	What countries do they come from?

1	Waxay ka yimaadaan Itaaliya, Masar iyo Mareykan.	They come from Italy, Egypt and America.
2	Xaggee bey degaan?	Where do they live?
1	Qaar yar oo dugsiyada ku nool wey jiraan, laakiin badankoodu guryo bey meelo kale ka ijaartaan.	There are a few who live at the school, but the majority of them rent houses somewhere else.
2	Afkee baa wax lagu dhigaa?	What is the language of instruction?
1	Fasalka koowaad ilaa kan shanaad, af Soomaali baa wax lagu dhigaa, kan lixaad ilaa kan laba iyo tobnaad af Ingiriisi baa wax lagu dhigaa.	In the first through the fifth grade, Somali is the language of instruction; from the sixth through the twelfth grade, English is the medium of instruction.
2	Macallimiin dumar ah ma jiraan.	Are there female teachers?
1	Haa, wey jiraan, laakiin sida ragga uma badna.	Yes there are, but not as many as the men.
2	Macallimiinta Soomaalida iyo kuwa ajnabiga, kuwee baa badan?	Are there more Somali teachers or foreign teachers?
1	Kuwa Soomaalida ayaa badan.	There are more Somalis.
2	Aad baad ugu mahadsantahay warka aad i siisey. Marka waxaan iman doonaa marka dugsiga la furo.	Thank you very much for the information you gave me. So then I will come when the school is open.
1	Haddii wax dhibaato ah aad la kulanto oo aad dooneyso inaan wax kaala qabto i soo ogeysii.	If you meet with any problem and you want me to help you with it, let me know.
2	Waa hagaag. Nabadgelyo.	That's fine. Goodbye.
1	Nabadgelyo.	Goodbye.

MAALINTA UGU HOREYSA DUGSIGA

THE FIRST DAY AT THE SCHOOL

1	Iska warrama, ardey?	How are you, students?
2	Nabad macallin.	Fine, teacher.
	Iska warran?	How are you?
1	Macallinkiinna cusub ee af Ingiriisiga baan ahay. Ha yaabina haddaan af Soomaali idin kula hadlo, waayo Mareykan baan in yar ku soo bartey.	I am your new English teacher. Don't be surprised if I speak to you in Somali, because I learned it in America.

1   Maanta maadaama ay tahay maalintii ugu horeysey, af Soomaali ayaannu ku wada hadleynaa. Laakiin wixii maanta ka dambeeya af Ingiriisi keliya ayaannu ku wada hadli doonnaa.

        Since today is the first day, we will speak to each other in Somali. But for the other days, we will speak to each other only in English.

2   Waannu ku faraxsannahay inaad af Soomaaliga ku hadasho, waayo markaad af Ingiriisiga noo dhigeyso, marmar haddaannu ku fahmi weyno af Soomaali baad noogu fasiri kartaa.

        We are glad that you speak Somali, because when you are teaching the English language, sometimes if we don't understand you, you can explain it to us in Somali.

1   Hadda, markaan magacyadiinna yeerinayo, ardey walba markuu magaciisa maqlo, "Waa i kan" ha yiraahdo, si aan ku ogaado inuu joogo.

        Now, when I call your names, when each student hears his name, he should say "Here I am", so I know he is present.

1   Maxamed Cusmaan.

        Mohammed Osman.

2   Waa i kan. ...

        Here I am. ...

1   Ardey aan magaciisa la yeerinnin miyuu jiraa?

        Is there any student present whose name has not been called?

2   Haa, magacaygu waa Saciid.

        Yes, my name is Saeed.

1   Bal mar kale tartiib u dheh.

        Say it again slowly.

2   Saciid Xaashi.

        Saeed Hashi.

1   Qof kale oon magaciisa loo yeerin ma jiraa?

        Anyone else whose name hasn't been called?

2   Aniga la iima yeerin.

        I have not been called.

1   Magacaaga ii sheeg.

        Tell me your name.

2   Yoonis Ibraahiim.

        Yonis Abraham.

1   Af Ingiriisiga ma akhrin kartaan oo ma qori kartaan?

        Can you read and write English?

2   Haa, wax yar.

        Yes, a little.

1   Ku hadalkana?

        And speaking?

2   Xoogaa baannu ku hadalnnaa.

        We speak a little.

1   Wanaag. Af Ingiriisigu miyuu adagyahay?

        Good. Is English a difficult language?

2   Aad nooguma adka bey i la tahay. Ku hadalka ayaa wax yar dhib leh.

        It doesn't seem too hard to us. It is a little difficult to speak.

1   Wanaag. Berri laga bilaabo af Ingiriisi keliya ayaannu ku hadli doonnaa. Buugag aad akhrisataan ma haysataan?

        Good. Starting from tomorrow, we will speak only in English. Do you have books to read?

2	Waa nala siin doonaa buugagta.	We will be given text-books.
1	Wanaag. Dawankii wuu yeerey, marka berrito ayaannu kul-meynaa ee maalin wanaagsan.	Good. The bell has rung, therefore we will meet tomorrow, so good day.
2	Maalin wanaagsan, macallin.	Good day, teacher.

GURIGA HAWLIHIISA / HOUSEHOLD CHORES

1	Sugulle, maadaama aan shaqo badan leeyahay berri, an kuu dhiibo warqaddan oo ay ku qoranyihiin waxyaalaha aan rabo inaad qabato.	Sugullee, since I have too much work tomorrow, let me give you this list of the things I want you to do.
2	Waa hagaag.	All right.
1	Aroortii quraac waxaad u diyaarisaa Mr. Baarkar ukun iyo rooti iyo bun, anigana shaah ii diyaari.	In the morning, prepare a breakfast for Mr. Parker of eggs, bread and coffee, and prepare tea for me.
2	Ukunta sidee baad u mid garaacan baa?	How do you want the eggs? Scrambled?
1	Haa, mid garaacan. Quraacda ka dib, guriga nadiifi oo sariirahana gogol.	Yes, scrambled. After breakfast, clean the house and make the beds.
2	Xaaqinka cusub ma isticmaalaa?	May I used the new broom?
1	Haa. Markaad dhameeyso dharka dambiisha ku jirana dhaq.	Yes. When you finish also wash the clothes in the basket.
2	Saabuun ku filan ma taallaa?	Is there enough soap?
1	Haa, shaley baan soo iibiyey oo jikada khaanaddeeda sare bey ku jirtaa.	Yes, I bought it yesterday and it is in the upper cabinet in the kitchen.
2	Qado miyaad u imaneysaan?	Are you coming for lunch?
1	Haa. Waxaannu imaneynaa kowda meelahaas.	Yes. We will come around one o'clock.
2	Qado maxaan idiin sameeyaa?	What shall I prepare for you for lunch?
1	Digaag, bariis iyo khudaar.	Chicken, rice & vegetables
2	Waa hagaag.	Fine.
1	Dharku markuu qallalo kaawiyadee oo markaas ka dib casho wanaagsan kari, marti baa noo imaneysa caawa.	When the clothes are dry, iron them, and after that prepare a good dinner, guests are coming tonight.
2	Maxaan kariyaa?	What shall I cook?

1	Hilib shiilan, baasto iyo khuddar. Suuqa ayaan aadayaa ee miyaad wax uga baahantahay?	Fried meat, pasta and vegetables. I am going to the market. Do you need anything from there?
2	Haa, caano, sonkor iyo subag.	Yes. Milk, sugar and butter.
1	Wax kalese?	Anything else?
2	Intaas un.	That is it.
1	Waa hagaag.	Fine.

MEERI OO DUKAANKA TAGEYSA

MARY GOES TO THE STORE

1	Nabad, marwo, maxaad dooneysaa?	Hello, lady, what do you want?
2	Waxaan rabaa hilib lo'aad.	I want some beef.
1	Immisa kiilo?	How many kilos?
2	Laba kiilo halkan iga sii.	Give me two kilos of this.
1	Waa hagaag.	All right.
2	Hilibkani ma kii saaka baa?	Is this this morning's meat.
1	Haa, haddadan baa la keeney.	Yes, it was brought just now.
2	Wax kale miyaad u baahantahay?	Do you need anything else?
1	Wax qasacado ku jira maxaad haysaa?	What canned goods do you have?
2	Waxaan hayaa yaanyo, cambe, malmalaato iyo sardiin.	I have tomato, mango, marmalade and sardines.
1	Waxaad i siisaa shan qasac oo yaanyo ah, laba qasac oo cambe ah iyo saddex malmalaato ah.	Give me five cans of tomatoes, two cans of mangoes, and three cans of marmalade.
2	Waa yahay.	O.K.
1	Khudaartana waxaad iga siisaa salad, baradho iyo muus.	For vegetables, give me lettuce, potatoes and bananas.
1	Khudradda xaggee baa laga keenaa?	Where are the vegetables brought from?
2	Waxa laga keenaa Afgooye iyo hareeraheeda.	They are brought from Afgoy and that area.
1	Midkiiba hal kiilo ka dhig.	Make it one kilo each.
2	Wax kalood dooneysaa ma jiraan?	Is there anything else you need?
1	Maya ee waa immisa xisaabtu?	No, how much is the bill?
2	Waa shan iyo labaatan shilin.	It is twenty-five shillings.

1   Hoo, waa soddon shilin ee shan shilin ii soo celi. — Here is thirty shillings, give me back five.

2   Waa tan shantaadii shilin, Mahadsanid. — Here's your five shillings. Thank you.

1   Wax baan ilaawey ee shaah iyo bun miyaad haysaa? — I forgot something; do you have tea and coffee?

2   Maya, maan hayo, waxaad ka heleysaa dukaanka nagu xiga. — No, I don't; you'll find it at the store next to us.

1   Mahadsanid. Nabadgelyo. — Thank you. Goodbye.

REER BAARKAR OO XAFIISKA IMMIGREESHIN-KA TAGAYA — THE PARKERS GO TO THE IMMIGRATION OFFICE

1   Maadaama aannu saddex toddobaad joogney, waa inaannu xafiiska immigreeshinka tagno oo rukh saddeenna soo tusno. — Since we have been here for 3 weeks, we must go to the immigration office and show our permits.

2   Rukhsad soo maannan soo qaadannin intaannan iman nin ka hor? — Didn't we take our permits before coming?

1   Haa, waannu soo qaadanney, laakiin sida qawaaniintu tahay waa inaannu hadda tusnaa inaannu haysanno. — Yes, we took them, but according to the regulation we have to show them that we have it.

2   Iney meel fog tahay miyey kula tahay? — Do you think that it is far?

1   Haa wey fogtahay oo waa inaannu bas qaadannaa. — Yes it's far, so we have to take a bus.

2   Xafiisku waa kee? — Which one is the office?

1   Waa kaas, soo ma arkeysid farta waaweyn ee iridda ku qoran? — That one, don't you see the big writing on the door?

2   Haa, waan arkayaa. — Yes, I see it.

1   Nabad. — Hello.

3   Nabad, soo gala! Maxaan idiin qaban karaa? — Hello, come in. What can I do for you?

1   Waxaannu u nimi inaannu idin tusno rukhsaddeenna. — We came to show you our permits.

3   Waa hagaag. Fariista. Waddankee baad ka timaaddeen? — OK. Be seated. What country did you come from?

1   Mareykan baannu ka nimid. — We came from America.

3   Ma Mareykan baad tihiin? — Are you Americans?

1   Haa. — Yes.

3	Rukhsaddiinnu ma aha tii booqashada, ma shaqo baad u timaaddeen?	Your permit is not the one for visitors, did you come for work?
1	Haa, waxaannu nahay macallimiin.	Yes, we are teachers.
3	Maxaad dhigtaan?	What do you teach?
1	Afadeydu waxay dhigtaa taariikh, aniguna waxaan dhigaa afka Ingiriisiga.	My wife teaches history, and I teach English.
3	Waxaan rajeynayaa inaad dalka u barataan oo aydnan dhibaato kala kulmin.	I hope that you get used to the country and don't encounter any difficulty.
1	Tartiib tartiib waannu u soo baraneynaa. Ma noo sheegi kartaa meesha laga qaato rukhsadda baabuur wadidda?	Little by little we are getting used to it. Could you tell us from where a driving license is obtained?
3	Aqalka magaalada, waa daarta weyn ee ku taalla dariiqa aad soo marteen.	At the city hall, it is the big building on the street you came from.
1	Nabad, xaggee laga qataa rukhsadda baabuur wadidda?	From where does one get the driving license?
3	Iridda halkaas ka muuqata weeye, gala oo weydiista.	The door that is visible there, go in and ask.
1	Nabad.	Hello.
4	Nabad, maxaan idiin qabtaa?	Hello, what shall I do for you?
1	Waxaannu nahay macallimiin ee Mareykan ka timid waxaannu dooneynaa rukhsadda baabuur wadidda.	We are teachers who came from America and we would like to get a drivers license.
4	Ma haysataan mid hore oo aad meelo kale ka qaadateen, mise hadda ayaad mid cusub dooneysaan?	Do you have one from some place else or do you want a new one now?
1	Waxaannu haysannaa tan Mareykanka iyo midda caalamiga ah.	We have an American and an international one.
4	Halkan kuma isticmaali kartaan oo waa inaad mid cusub weydiisataan.	You can not use it here so you have to request a new one.
1	Ma inaannu mid cusub weydiisanno baa?	Do we have to request a new one?
4	Haa. Kuwa aad haysataan keena oo kuwa cusub baannu idin siineynaa.	Yes. Bring the ones you have and we will give you new ones.
1	Waa hagaag.	That is fine.

4	Waxaan bixineysaan labaatan shilin.	You will [have to] pay twenty shillings.	
1	Rukhsadeheenna ma naloo soo celinayaa markaannu waddankeenna ku noqoneyno.	Do we get our licenses back when we are going back to our country?	
4	Haa, waa la idiin soo celinayaa.	Yes, you will get them back.	
1	Ma suurtowdaa in la helo buug qawaaniinta traafikada ay ku qorantahay?	Is it possible to get a book on traffic regulations? [lit: in which t.r. are written]	
4	Haa, laakiin waa inaad ka raadsataan xafiiska booliiska traafikada.	Yes, but you have to go and get it from the traffic police office.	
1	Waad mahadsantahay. Nabadgelyo.	Thank you. Goodbye.	

WADA HADAL
TELEFOON

A TELEPHONE
CONVERSATION

1	Haloo, waa shantiraliino.	Hello, this is the operator.
2	Shantiraliino, waxaad i siisaa nambarka aqalka Xaaji Maxamed.	Operator, give me the number of Haji Mohammed's house.
1	Xaafaddee buu degganyahay?	In what neighborhood does he live?
2	Wuxuu degganyahay Dugsiga Banaadir agtiisa.	He lives near Banadir School.
1	Nambarkiisu waa shan, lix, eber, shan, hal.	His number is 5 6 0 5 1.
2	Waad mahadsantahay.	Thank you.
3	Haloo, waa gurigii Xaaji Maxamed.	Hello, this is the residence of Haji Mohammed.
2	Waa Meeri Baarkar. Caasha ma joogtaa?	This is Mary Parker. Is Asha there?
3	Haa, wey joogtaa ee in yar u kaadi.	Yes, she is here, wait a moment.
4	Haloo, Meeri, iska warran?	Hello, Mary, how are you?
2	Waan fiicanahay. Iska warran adigu, Caashaay? Aniga shaqada ayaa igu badnayd ayaamahan, sida kale waan iska wanaagsanahay.	I am fine. How are you, Asha? I have had a lot of work these days, but otherwise I am just fine.
4	Wax dhigiddii miyaad bilowdey?	Have you started teaching?
2	Haa, laba toddobaad ka hor baan bilaabey.	Yes, I started two weeks ago.

4	Anba sidoo kale. Fasalkee baad wax u dhigtaa?	Same with me too. What class do you teach?
2	Fasalka siddeedaad.	The eighth grade.
4	Guri fiican ma hesheen?	Did you find a nice house?
2	Ma xuma.	Not bad.
4	Shaqaale ma hesheen?	Did you find a servant?
2	Haa, kariye aad u fiican baannu helnney. Waxaan kuugu soo yeerey inaan ku weydiiyo inaad suuqa ii raaci kartid iyo in kale.	Yes, we found a very good cook. I called to ask you whether you could go with me to the market or not.
4	Goorma?	When?
2	Sabtida.	Saturday.
4	Haa, waan ku raaci karaa. Xaggeen ku kulannaa?	Yes, I can go with you. Where shall we meet?
2	Baabuurkaan soo kaxeysan-ayaa ee anigaa kuu imanaya oo ku soo qaadi doona.	I am driving the car, so I will come and pick you up.
4	Waa yahay, marka tobanka ma ka dhigannaa?	Okay. Shall we make it at ten o'clock?
2	Waa hagaag. Xaajiga iigu salaan.	That's fine. Give my regards to Haji.
4	Nabadgelyo.	Goodbye.

SUUQA XAGGIISA

TO THE MARKET

1	Waa na kan ee diyaar ma tihiin?	Here we are, are you ready?
2	Soo gala, waannu idin sugeyneyee.	Come in, we were waiting for you.
1	Caasha ma joogtaa?	Is Asha here?
2	Wey joogtaa ee wey labbis-aneysaa. Maxaannu raacnaa?	She's here getting dressed. How are we going?
1	Baabuur baannu wadannaa, laakiin maadaama suuqu dad badanyahay oo baabuurka meel la dhigo in la waayo ay dhici karto, aynu halka kaga tagno oo taksi raacno.	We're driving a car, but since the market is crowd-ed and a parking place might not be available, let us leave it and take a taxi.
1	Waa hagaag. Caashaay, waa lagu sugayaa ee soo dhaqso.	Fine. Asha, they are wait-ing for you. Hurry up!
3	Waan soo socdaa.	I am coming.
3	Subax wanaagsan.	Good morning.
2	Subax wanaagsan, Caasha.	Good morning, Asha.
3	Waa yahay ee an tagno.	Okay, let's go.

1	Taksiga lacagtiisu waa immisa?	How much is the taxi fare?
3	Waa konton senti qofkiiba.	It is 50 cents per person.
1	Ma xuma, laakiin intaannan takisiga qaadannin waa inaan bankiga tago.	Not bad, but before we take the taxi, I must go to the bank.
2	Waa yahay, soo dhaqso! Bankiga hortiisa ayaannu kugu sugeynaa.	Okay, hurry up! We will wait for you in front of the bank.
1	Waa yahay. Hadda taksi waannu joojisan karnaa.	Okay. Now we can stop a taxi.
3	Taksi!	Taxi!
3	Waxaad na geeysaa suuqa Xamar Weyne.	Take us to the Hamar Weyne market.
4	Soo fuula. Xaggee baad rabtaan inaad ku degtaan?	Get on. Where would you like to get off?
3	Waxaad nagu dejisaa Shaneemo Subbar agteeda.	Let us off near the Subber Movie Theatre.
4	Waa tan Shaneemo Subbar, xisaabtu waa laba shilin. Mahadsanid.	Here is the Subber Theatre, the fare is 2 shillings. Thank you.
3	Maxaad dooneysaan inaad iibsataan?	What would you like to buy?
1	Meesha dharku waa halkee?	Where is the clothes section?
3	Dukaammo badan oo luuqyadaas ah weeye. Ma dhar Soomaali baad dooneysaan?	There are many shops in those alleys. Would you like Somali clothing?
1	Dhar Soomaali. Waa immisa guntiinadaas?	Somali clothes. How much is that guntiino?
4	Wey jabantahay, waana maro wanaagsan. Immisaad bixineysaa?	It is cheap, and it is nice material. How much do you want to pay?
1	Adigu ii sheeg.	You tell me.
4	Ma guntiinada keliyaad rabtaa mise maca garbasaateeda?	Do you want the guntiino alone or with its shawl?
2	Labadaba waan rabaa.	I want both of them.
1	Waa yahay ee sicirka noo sheeg.	Okay, tell us the price.
4	Waa afartan shilin.	It is 40 shillings.
1	Wey badantahay! Waa qaali.	That's a lot! It's [too] expensive.
4	Immisaad bixineysaa?	How much will you pay?
1	Haddaad shan iyo labaatan qaadaneyso, waan gadanayaa.	If you will take 25, I will buy it.

4	Shan iyo labaatan kumaan iibinayo ee soddon ku qaado haddaad dooneyso.	I will not sell it for 25, take it for 30 if you want it.
1	Waa yahay. Waa tan soddon shilin.	Okay. Here's 30 shillings.
2	Aynu dahablaha u tagno.	Let's go to the goldsmith.
2	Silsiladdani waa immisa?	How much is this chain?
4	Tee? Midda dahabkaa mise midda qalinka?	Which? The gold one or the silver one?
2	Tan qalinka ah.	The silver one.
4	Waa shan shilin iyo nus.	Five and a half shillings.
2	Waa tan lacagtii ee i soo sii.	Here's the money; give it to me.
4	Miyaan warqad kuugu duubaa?	Shall I wrap it [with paper] for you?
2	Maya sideedaan ku qaadanayaa.	No, I will take it as it is.
2	Faraantigaas i tus.	Show me that ring.
4	Ma kan xarxardhan mise kan kale?	The decorated one or the other?
2	Kan xarxardhan. Waa immisa?	The decorated one. How much is it?
4	Waa lix shilin.	It is six shillings.
2	Shan an ku siiyo!	Let me give you five!
4	Waa yahay. Hoo faraantiga!	Okay. Here is the ring!
3	Saacaddu waa kowdii ee waan gaajoonayaa ee wixii kale maalin kale ayaannu u iman doonnaa ee aynu tagno.	It is one o'clock and I am hungry. We will come back for the other things another day; let's go.
1	Waa runtaa. Maanta intaasi nagu filan.	You are right. That's enough for us today.

ISBITAALKA DHEXDIISA

AT THE HOSPITAL

1	Afadeyda iyo anigu waxaan u baahannahay inaannu jadeeco iska tallaallo maadaama aannu baadiye u soconno.	My wife and I would like to have a yellow fever vaccination since we are going to the countryside.
2	Marka hore xafiiskaas taga oo iska soo qora oo lacagtana soo bixiya.	First go to that office and register yourselves, also pay [the fees].
1	Mahadsanid.	Thank you.
1	Nabad, waxaannu rabnaa tallaalka jadeecada.	Hello, we would like a yellow fever vaccination.
2	Waa hagaag, warqaddan buuxiya labadiinnuba.	Fine, both of you fill out this form.
1	Waa tan.	Here it is.

2	Laba shilin isqorniin ah iyo laba shilin oo irbadda ah baad bixineysaan.	You will pay two shillings for registration and two shillings for the shot.
1	Waa yahay, waa tan lacagtii.	Okay, here is the money.
2	Rasiidkii waa kan. Qolka irbadda la iskaga duro u la taga.	Here is the receipt. Take it to the room where the shots are given.
1	Qolku waa halkee?	Where is the room?
2	Waa dabaqada labaad qolka nambar shan.	It is on the second floor, room number five.
1	Mahadsanid.	Thank you.
1	Waa goorma markeennu.	When is our turn?
2	Afar qof baa idin ka horeysa ee iska fariista oo suga.	Four people are ahead of you, so sit down and wait.
1	Intee bey qaadaneysaa?	How long does it take?
2	Rubuc saaco.	A quarter of an hour.
2	Mr. Baarkar iyo afadiisa! Soo gala oo shaararka gacmahooda kor u laaba.	Mr. Parker and his wife! Come in and roll up your sleeves.
1	Miyey xanuun badantahay?	Is it very painful?
2	Marka hore un ayaad xanuun yar dareemeysaa, ka dib waxba ma dareemeysid.	At first you will feel a little pain, after that you won't feel anything.
1	Miyaannu u baahannahay ina-annu mar labaad soo noqonno?	Do we need to come back a second time?
2	Maya uma baahnidin.	No you don't have to.
1	Mahadsanid	Thank you.
	Maalin wanaagsan.	Good day.

JASIIRA U BIXITIMID

AN OUTING TO JAZIRA

1	Galab wanaagsan.	Good afternoon.
2	Galab wanaagsan.	Good afternoon.
1	Guri wanaagsan baad kirey-sateen oo alaabtuna wey fiican-tahay.	You rented a good house and the furniture is good too.
2	Haa, gurigu wuu fiicanyahay.	Yes, the house is nice.
1	Jim ma joogaa?	Is Jim here?
2	Wuu imanayaa, gudaha ayuu ku jiraa, maad fariisataan?	He will come, he is inside. Won't you sit down?
1	Waa yahay.	Okay.
2	Maxaad dooneysaa inaad cabto? Shaah, bun, mise Kook?	What would you like to drink? Tea, coffee or Coke?
1	Bun baan cabbayaa.	I will drink coffee.
2	Sugulle, adiguna?	And you, Sugulle?

3	Anigana bun.	Coffee for me too.
3	Bixitaankii maxaad ku tashateen inaannu sameyno?	What did you decide that we do for the outing?
4	Nabad, galab wanaagsan.	Hello, good afternoon.
3	Galab wanaagsan, waxaannu ka hadleynney bixitaankii.	Good afternoon, we were talking about the outing.
4	Haa, waqtigu wuu soo dhowaa-dey, maanta waa Arbaca, sow maaha?	Yes, the time has gotten close, today is Wednesday, isn't it?
3	Haa, waa inaannu berri galab fasax qaadanno.	Yes, we have to take the afternoon off tomorrow.
4	Maxaannu u baahannahay?	What do we need?
3	Adigu baabuurka sii diyaari, shaagagga eeg oo mid dheerad ahna soo qaad oo bensiinna ka soo buuxi.	You get the car ready, check the tires, and get one spare, and fill it up with gas.
4	Anigu cuntada ayaan diyaari-nayaa ee cunto noocee ah baannu u baahannahay? Had-daannu cunto qasac ku jirta qaadanno, waxyaalaha kale xagga ma ka heleynnaa?	I will prepare the food, but what kind of food do we need? If we take canned food, can we find the other things there?
3	Halkaas dukaammo kuma yaallaan oo waxba kama gadan karno. Waa inaannu wax walba sii qaadannaa.	There are no stores over there so we can't buy anything. We have to take everything.
4	Soo ma wanaagsana haddaan-nu teendho taaganno?	Is it not good if we pitched a tent?
3	Haa, taasi wey wanaagsan-tahay.	Yes, that would be good.
4	Miyaannu u baahannahay inaannu kariyeheenna soo kaxeysanno?	Do we need to bring our cook along?
3	Maya, looma baahna. Waa sahal, annagaa sameysan karna.	No, it isn't necessary. It is easy, we can do it ourselves.
4	Teendhadu miyey nagu wada filnaaneysaa?	Will the tent be adequate for all of us?
3	Haa.	Yes.
4	Jasiira miyey qabowdahay habeenkii?	Is Jazira cold at night?
3	Haa, wey qaboobaataa habeen-kii; waa inaannu bustayaal qaadanno.	Yes, it gets cold at night; we have to take blankets.
4	Maxaa kaloon u baahannahay?	What else do we need?
3	Waxaannu u baahannahay	We need [lit: what we

feynuus, kirli, dheriyo, suxuun, qaaddooyin, mindiyo iyo fargeetooyin.

4 Waxaan soo qaadayaa asbiriin, waa intaasoon u baahannaa.

3 Lacagta ma haddaannu iska ururinnaa mise inta qof soo wada gado baannu hadhow u celinnaa?

4 Annagu bensiinka ayaannu bixineynnaa ee idinku cuntada bixiya.

3 Waa hagaag, marka gurigaannu idin ku sugeynnaa lixda wixii ka dambeeya.

4 Habeen wanaagsan.
Waa inoo berri.

AQALKA MAADEYSKA

3 Maanta waa Jimce, xaggee baad dooneysaan inaad tagtaan?

4 Waxaannu ku fikireyney inaannu shaneemo tagno.

3 Filin cusub oo aydnan hore u arkin oo socdaa ma jiro ee maannu maadeys tagno?

4 Meel maadeys Soomaali lagu dhigaa ma jirtaa?

3 Haa, maadeys wanaagsan baa ka socda aqalka maadeyska.

4 Ma maalin walba buu socdaa?

3 Maya, toddobaadkii mar un, maalinta Jimcaha.

4 Kuraasi bannaan ma laga helayaa?

3 Waannu u yeeri karnaa oo weydiin karnaa.

4 Waa yahay ee u yeer.

3 Waa yahay.

4 Maxay yiraahdeen?

3 Kuraasi bannaan wey hayaan, laakiin maadeyskii baa hadda bilaabanaya.

---

need] a lamp, a kettle, pots, plates, spoons, knives and forks.
I will bring some aspirin in case we need it.
Shall we collect the money from each other now or will one person buy everything and we'll pay him back?
We will pay for the gas and you pay for the food.

That is fine, we will wait for you at home any time after 6:00 a.m.
Good night.
Until tomorrow.

AT THE THEATER

Today is Friday, where would you like to go?

We were thinking of going to a movie.
There is no new film on you haven't seen before so why don't we go to a play.
Is there a place where a Somali play is presented?
Yes, there is a good play going on at the playhouse.
Is it on every day?
No, just once a week on Friday.
Are seats available? [lit: can one find empty seats?]
We can call and we can ask.
Okay, call them.
Okay.
What did they say?
They have vacant seats, but the play is starting now.

4	Miyey fogtahay?	Is it far?
3	Lug kagama gaari karno, annagoo baabuur ku tagna maahee.	We can make it on foot unless we go by car.
4	Waa yahay soo fuula.	Okay, get in.
3	Waannu soo gaarnney, Jim, tikityada soo goo.	We have arrived, Jim, get the tickets.
4	Waa immisa?	How much [are they]?
3	Gabadha ayaa kuu sheegi doonta.	The girl will tell you.
5	Xaggan ka soo gal. Immisa qofood baad tihiin?	Come in this way. How many are you?
4	Saddex.	Three.
4	Goormuu bilaabanayaa?	When does it start?
5	Hadda ayuu bilaabanayaa.	It will start now.
4	Waa immisa tikitkii?	How much is a ticket?
5	Waa saddex shilin.	It is three shillings.
4	Hoo toban shilin. Saddex tikit i sii.	Here is ten shillings. Give me three tickets.
5	Waa kuwan tikityadii iyo baaqigii.	Here are the tickets and the change.
3	Maadeysku imminka ayuu bi-laabanayaa. Hees baana lagu bilaabayaa.	The play will start now. It will start with a song.
4	Miyaad leedihiin qalabyo badan oo muusikada?	Do you have many musical instruments?
3	Waxaannu leenahay kaman, sharrero, durbaan, flute iyo daf.	We have guitar, lyre, drum, flute and tambourine.
4	Qalabyadan ma keligood baa la tumaa mise heesaa lala qaadaa?	Are these instruments played alone or to accompany a song?
3	Inta badan heesaha ayey weheliyaan. Hadda fannaan-nadii heesi lahaa ayaa qalabyadoodii la soo galey oo hadda ayey noo tumayaa.	Usually they accompany songs. Now the artists who will sing have come in with their instruments; they will sing for us now.
4	Heesaha cayaar Soomaali miyaa lagu cayaaraa?	Does one dance to Somali songs?
3	Maya, heesaha cayaaruhu waa nooc kale.	No, dance songs are of a different type.
4	Hadda maadeyskii bey na tusayaan.	Now they will show us the play.
3	Maadesku wuu dhammaadey.	The play is over.

Intaannan meesha ka bixin, Heesta Calanka Soomaaliyeed bey qaadayaan.

Before we leave the place, they will play the Somali National Anthem.

BOOSTADA GUDEHEEDA

AT THE POST OFFICE

1	Nabad, waxaan rabaa tikityo.	Hello, I want stamps.
2	Immisaad dooneysaa?	How many do you want?
1	Toban min toban senti ah, shan iyo toban min labaatan senti ah, iyo lix min hal shilin ah.	Ten ten cent [stamps], fifteen twenty cent ones, and six of the one shilling ones.
2	Waa yahay. Xisaabtu waa toban shilin.	Okay, the total amount is ten shillings.
1	Waxa kaloon rabaa inaan warqaddan diro.	The other thing I want is to send this letter.
2	Taasi waa labaatan iyo shan senti.	That is twenty-five cents.
1	Midda Mareykan u socota waxaan rabaa inaan rako mandaata ku diro, ee intee bey waqti qaadaneysaa?	I want to send this one to America by registered mail. How long does it take?
2	Haddey maanta baxdo afar beri bey ku gaareysaa. Lacagtuna waa shilin iyo shan iyo soddon senti.	If it leaves today, it will get there in four days. The total amount is a shilling and 35 cents.
1	Waa tan labaatan shilin.	Here is twenty shillings.
2	Waa kan baaqigaagii.	Here is your change.
1	Mahadsanid. Warqadaha ma guryahaad dad ugu geeysaan?	Thank you. Do you deliver mail to people's homes?
2	Maya, xafiisyada dawladda keliya ayaannu geeynaa, dadkuse halka ayey sanaadiiq ka kireystaan oo ka soo raadsadaan.	No, we only deliver to government offices, the people rent boxes here and come and get it.
1	Sanduuq maan kireysan karaa?	Can I rent a box?
2	Haa, waad kireysan kartaa.	Yes, you can rent [one].
1	Waa immisa kiradu?	How much is the rent?
2	Maan garanayo. Agaasimaha xafiiskiisu waa halkaas ee waad weydiin kartaa.	I don't know. The director's office is over there, so you can ask.
1	Waxba maaha, mar kale ayaan weydiin doonaa.	No problem, I will ask some other time.
1	Waxaa ii taalla warqad rakomandaata ah ee xaggee baan ka qaadan karaa?	There is a registered letter for me. Where can I get it from?

2	Khalfadda afaraad tag.	Go to the fourth window.
1	Waxaa ii taalla warqad rakomandaata ah ee ma i siin kartaa?	There is a registered letter for me, can you give it to me?
1	Warqad laguu soo direy ood ku qaadato ma haysataa?	Do you have a notice sent to you to pick it up?
2	Haa, waa tan.	Yes, here it is.
2	Warqadda aqoonsiga ma haysataa?	Do you have any identification?
1	Waxaan haystaa rukhsadda baabuur wadidda ee ma ku tusaa?	I have a driver's license, shall I show it to you?
2	Haa i tus.	Yes, show it to me.
2	Waa hagaag, magacaagu waa Jim Baarkar, wax yar sug.	Okay, your name is Jim Parker, wait a minute.
2	Waa tan warqaddaadii ee halka saxiix.	Here is your letter; sign here.
1	Waa yahay.	Alright.
2	Waa tan warqaddaadii.	Here is your letter.
1	Waad mahadsantahay.	Thank you.

REER BAARKAR OO SUGULLE IYO CAASHA U FASIRAYA TABABBARKOODA

THE PARKERS EXPLAIN THEIR TRAINING TO SUGULLE AND ASHA

1	Af Soomaaliga iyo taariikhda Soomaalida xaggeed ku barateen?	Where did you learn Somali and Somali history?
2	Waxyaalahaas oo dhan waxaannu ku baranney tababbarka nala soo siiyey.	We learned all those things in the training that we were given.
1	Ma waxaad i leedahay qof kasta oo Mareykan ah oo Soomaaliya imanaya tababbarkaas oo kale baa la soo siiyaa, mise Biis Koorbiska keliyaa tababbarkaas la siiyaa?	Are you telling me that every American who comes to Somalia is given that kind of training, or is it only given to the Peace Corps?
2	Wey wanaagsantahay in qofkii Mareykan ah oo shaqo u imanaya uu Soomaaliya wax ka yaqaanno, siiba qofkii Biis Koorbis ah, waxa laga doonayaa inuu wax ka yaqaanno waddanka uu tagayo.	It is good that any American who comes for work knows something about Somalia; a Peace Corps person is especially required to know something about the country he is going to.

1	Maxay yihiin shuruudaha laga doonayaa qofkii galaya Biis Koorbis?	What are the conditions that are required of a person joining Peace Corps?
2	Qofkii walba oo doonaya inuu galo Biis Koorbis imtixaan baa laga qaadaa oo hadduu gudbo imtixaankaas ayaa la qaataa.	Every person who wants to join Peace Corps will be given an examination and if he passes that exam he will be accepted.
1	Ma meel go'an oo lagu tababbaro ayaa jirta?	Is there a specific place where one is trained?
2	Maya, meel u go'an ma jirto. Laakiin markii qof walba waddanka uu tagi lahaa lagu qoro, baa jaamacad la isugu keenaa oo tababbarka ay u baahanyihiin lagu siiyaa.	No, there is no specific place for it. However, when every person is assigned to a country, they are brought together at a university and given the necessary training.
1	Ma jaamacad baa wax la idiin ku dhigaa? Cuntada iyo jiifkase ma meeshaad ka heshaan mise waa inaad meel ijaarataan?	You are taught at a university? How about room and board, do you get it there or do you have to rent a place?
2	Jaamacadda ayey ku xirantahay, inkastoo inta badan aannu meesha wax ka cunno oo seexanno.	It depends on the university, even though most of the time we eat and sleep there.
1	Maxaa ka mid ah waxyaalahaad barataan?	What are the sort of things you learn?
2	Maadaama aannu Soomaaliya imaneyney waxaannu baraneyney oo dhan Soomaaliya ayey ku saabsanaayeen.	Since we were coming to Somalia, everything we were studying was concerning Somalia.
1	Waxaannu jecelnnahay waxa la idin ka barey Soomaaliya inaannu ogaanno.	We would like to know what you were taught about Somalia.
2	Guud ahaan tababbarkeennu laba ayuu u qaybsamayey, marka hore afka, ka dibna taariikhda, joogiraafiga iyo dhaqanka iyo maaddooyin noocaas ah.	Generally our training was divided into two, first the language and afterward the history, the geography, and the culture, and subjects like that.
1	Af Soomaaliga yaa idin barey?	Who taught you Somali?
2	Macallimiin Soomaali ah oo cilmiga afafka yaqaanna ayaa naxwaha af Soomaliga noo dhigey.	Somali teachers who are linguists taught us Somali grammar.

1   Yaa taariikhda iyo joogiraafiga idiin dhigey?

Who taught the history and the geography?

2   Macallimiin Soomaali iyo Mareykan ah.

Somali and American teachers.

1   Waxaan u maleeynayaa af Soomaaligu inuu idin ku adkaa.

I think Somali was hard for you.

2   Haa, aad buu noogu adkaa, marka si naloogu sahlo fasallada ayaa la yar yareeyey oo fasalkiiba toban ardey baa laga dhigey. Marka fasalladaas yar yar baannu tamriin wanaagsan ugu qaadanney afka ku hadalkiisa.

Yes, it was very hard for us, so in order to make it easy for us, the classes were made small to about ten students per class. Then in these small classes we practiced speaking the language.

1   Immisa saacadood baa maalintii wax la idiin dhigayey?

How many hours were you taught daily?

2   Saacad naxwaha ah iyo laba saacadood oo maaddooyinka kale ah.

One hour of grammar and two hours of the other subjects.

1   Ma heleyseen fursad aad afka ugu hadashaan marka aad fasalka dibadda ka joogtaan?

Were you getting any opportunity to speak Somali outside of class?

2   Haa, macallimiinta Soomaalidu wey nala degganaayeen, oo waqtiga qadada iyo cashadaba af Soomaali baannu kula hadli jirney.

Yes, the Somali teachers were living with us, so at lunch and dinner time we used to speak to them in Somali.

1   Ma haysateen buugag aad keligiinna akhrisan karteen?

Did you have books you could read by yourselves?

2   Buugag nagu habboonaa ma jirin.

There were no books suitable for us.

1   Filin Soomaaliya ku saabsan ma aragteen?

Did you see any movie about Somalia?

2   Haa, marka hore khudbad baannu dhageysanney ka dibna filin baannu daawanney.

Yes, first we listened to a lecture and then we saw a film.

1   Ma wax Soomaaliya keliya ku saabsan baad baraneyseen mise wax kalena waad baraneyseen?

Were you studying only about Somalia or were you also studying some other things?

2   Waxaannu baraneyney xadaaradda iyo taariikhda Mareykanka. Afrikana wax guud ahaan ah ayaannu ka baranney.

We were studying American history and civilization. We also studied some general things about Africa.

1 Wey fiicneyd inaad aqoon idin ku filan u yeelateen inteydnan imanin halka.

It was good that you had enough knowledge before you came here.

2 Mahadsanidin, waxyaalo badan oo waxtar leh baad noo sheegteen.

Thank you, you have told us many valuable things.

DAMAASHAAD AROOS

A WEDDING CEREMONY

1 Xaaji Cabdi, dadkani waa marti loo soo casumey arooska. Wiilkaaga ayey wada shaqeeyaan oo waa Mr. Baarkar iyo afadiisa.

Haji Abdi, these people are guests invited to the wedding. They work with your son and they are Mr. Parker and his wife.

2 Soo dhowaada! Ha ismartiyeynina.

Welcome, make yourselves at home!

1 Waannu ku faraxsannahay inaad arooska wiilkiinna noo soo casunteen. Hambalyo!

We are pleased that you invited us to your son's wedding. Congratulations!

2 Waad mahadsantihiin. Cali, walaalkaa saaxiibaadiisa meel fariisi oo ka war qab oo dhaqaalee.

Thank you. Ali, give your brother's friends a place to sit and take good care of them.

1 Waa yahay, aabbe.
I soo raaca.

Okay, father.
Come with me [please].

2 Fariista. Maxaad cabbeysaan? Waxaannu haynaa caano geel, bombeelmo, biyo liin iyo sharbeed.

Be seated. What will you drink? We have camel milk, grapefruit juice, orange drink and shorpet.

1 Caano geel.

Camel milk.

1 Yeey yihiin dadkan oo dhan?

Who are all these people?

2 Waa dadka loo casumey arooska, oo waa qaraabo, saaxiibbo iyo dariska.

They're the people invited to the wedding: relatives, friends and neighbors.

1 Heeso noocee ah baa la heesaa?

What kind of songs are sung?

2 Heeso jeceyl ku saabsan iyo kuwo aroosadda iyo arooska lagu amaanayo baa la qaadaa.

Songs about love and songs in which the bride and groom are praised.

1 Heesuhu ma kuwo hore baa mise waa kuwo cusub oo hadda iyaga loo allifey?

Are the songs old songs or are they newly composed for them?

2 Labadaba wey yihiin.

They are of both kinds.

1 Muusikada qalabyada loo isticmaalaa maxay yihiin?

What musical instruments are used?

2	Inta badan waxa la isticmaalaa durbaanka, kamanka iyo dafka; waana la sacbiyaa.	Mostly drum, guitar and tambourine. Also they clap.
1	Cayaaraha aroosku miyey ka duwan yihiin kuwa kale?	Are the wedding dances different from the others?
2	Maya, kama duwana.	No, they are not different.
1	Qaylada aannu maqleynaa waa maxay?	What is the noise we hear?
2	Waa mashxarad.	It is ululation.
1	Goormey aroosadda iyo aroosku imanayaan?	When are the bride and the groom coming?
2	Aroosyadu sidii ay ahaan jireen maaha. Waagii hore sida caadadu tahay, aroosaddu dumarka ayey la joogi jirtey oo iyagaa gurigeeda u galbin jirey. Sidoo kale arooskana ragga ayaa galbiya oo labadooda guriga ayaa la isugu keeni jirey. Haddase qoloba sidii ay doonto ayey u sameysataa.	Weddings are not like they used to be. In the old days according to the custom, the bride used to stay with the women and they'd take her to her home. The same way the groom is taken by the men and both of them are brought together at home. But now each family does it the way it wants.
1	Immisa maalmood buu aroosku socdaa?	For how many days will the wedding go on?
2	Inta badan laba maalmood.	Mostly for two days.
1	Waa waqti dambe ee waannu baxaynnaa ee ma la hadli karnnaa arooska aabbihiisa?	It is getting late and we are leaving. Can we talk to the groom's father?
2	Waa kaas iridda taagan, ee intaannu macasalaameyno aynu baxno.	There he is standing at the door; let us say goodbye and leave.

XAFIISKA SOMALI AIRLINES TIKIT KA GADASHO

BUYING A TICKET AT SOMALI AIRLINES

1	Meeri, xafiiska Soomaali Airlines an tagno oo tikit soo iibsanno. Jimcaha Kismaayo ayaannu tageynnaa.	Mary, let's go to the office of Somali Airlines and buy tickets. We are going to Kismayo on Friday.
2	Goormaad dooneysaa inaannu tagno?	When do you want us to go?
1	Berri waa Arbaca, soo maaha? Madaama aannan shaqeyneynin gelinka dambe ayaannu tageynaa.	Tomorrow is Wednesday, isn't it? Since we are not working we will go in the afternoon.

2	Waa hagaag wey wanaagsan-tahay.	Okay, that is fine.
3	Maxaan idiin qaban karaa?	What can I do for you?
1	Waxaannu dooneynnaa Sabtida inaannu Kismaayo tagno. Tikityada ayaannu rabnaa inaannu hadda iibsanno.	We would like to go to Kismayo on Saturday. We would like to buy the tickets now.
3	Ma laba tikit baad dooney-saan?	Do you want two tickets?
1	Haa, waa immisa tikitkiiba?	Yes, how much is each ticket?
3	Kiiba waa laba boqol iyo konton shilin.	Two hundred fifty shillings each.
1	Waa yahay. Waa tan shan boqol oo shilin.	Okay, here is five hundred shillings.
3	Waa kuwan tikityadiinnii. Dayuuraddu waxay kacaysaa tobanka aroornnimo, marka waa inaad halkaas joogtaan nus saaco ka hor.	Here are your tickets. The plane will take off at ten in the morning, so you have to be there half an hour earlier.
1	Hoteellada wax ma nooga sheegi kartaa?	Can you tell us something about the hotels?
3	Hoteel Waamo ayaa u wanaagsan.	Hotel Wamo is the best.
1	Taksi ma laga helaa?	Are taxis found there?
3	Haa, garoonka ayaad ka heleysaan, mid hoteelka idin geeya.	Yes, you can get one at the airport, which will take you to the hotel.
1	Waa yahay, mahadsanid.	Okay, thank you.
3	Adaa mudan.	You are welcome.

MAALINTA DUGSIGA — THE SCHOOL DAY

1	Sideed ahaydeen? Maxaan idiin arki waayey dhowaa-nahan.	How have you been? Why haven't I seen you lately?
2	Waannu fiicannahay. Mashquul baannu ahayn oo sidaas baannu isu arki weyney.	We are fine. We were busy, that's why we have not seen each other.
1	Waddanka ma u barateen?	Have you gotten used to the country?
2	Haa, hadda waannu u baran-ney, oo waannu iska wanaag-sannahay.	Yes, we have gotten used to it now, and we are doing just fine.

1	Waxaan maanta idiin ku imid inaan idin weydiiyo haddaad dooneysaan inaad timaaddaan damaashaadka dugsigayaga iyo in kale.	I came to you today to ask you if you would like to come to our school festival or not.
2	Damaashaadka maxaa lagu daawanayaa?	What will be seen at the festival?
1	Waxyaalo badan baa la soo bandhigayaa farshaxanka wiil-asha iyo gabdhaha iyo cayaaro kala duwan oo isboorti ah.	Many things will be displayed, handicrafts of the boys and the girls and different sporting events.
2	Waannu jecelnnahay inaannu tagno oo soo aragno.	We would like to go and see it.
1	Waan ogaa inaad jecleysan-eysaan, sidaas baan idiin ku imid.	I knew you would like it, that is why I came to you.
2	Na sug wax yar, intaannu ka beddelaneyno.	Wait a moment for us, while we change.
1	Waxba maaha, waan idin sugayaa.	No problem, I'll wait for you.
1	Cayaaraha isboortiga waqtigoodii lama gaarin, inta ka horeysa aynu daawanno alaabta carruurtu sameysey.	It is not time for the sporting events, so before that let us see the things the children made.
2	Haa, taasi waa ra'yi fiican inaannu alaabta farashaxanka daawanno.	Yes, that is a good idea to see the handicrafts.
1	Waxyaalahan aad halka ku aragtaan kuwa daabaca iyo kuwa falkisan gabdhaha ayaa sameeyey. Haddaad wax ka jecleysataan waad iibsan kartaan.	The things you see here, the woven and the embroidered things are made by the girls. If you like any of them you can buy them.
2	Galkan barkimadu aad buu u fiicanyahay, laakiin waa qaali.	The pillow case is very good, but it is expensive.
1	Waa runtaa, sicirku wuu yare sareeyaa, sababta uu u sareeyona waxa weeye, dugsiga ayaa lacag loogu ururiyaa.	You're right; it is a bit high, [but] the reason it is high is for raising funds for the school.
2	Meedey alaabta wiilashu ay sameysey?	Where are the things made by the boys?
1	Qolka xiga ayey ku jirtaa, na keena aynu soo aragnee.	They are in the next room, let's go and see.
2	Intuusan waqtigu dhammaan nin an soo aragno.	Let us go and see before the time is up.

1	Waxyaalahaad halka ku aragtaan waxa laga sameeyey geedo iyo geeso.
	The things you see here are made of wood and horn.
2	Waxaan rabaa shimbirtan geedka laga qorey ee yaannu weydiinnaa?
	I would like this bird carving, who shall we ask?
1	Ardeygaas halkaas taagan aynu weydiinno.
	Let's ask that student standing over there.
2	Nabad, waa immisa shimbirtan geedka laga qorey?
	Hello, how much is this bird carving?
1	Taasi waa saddex shilin, wax ka qaalisan iyo wax ka rakhiisanba wey jiraan, waxaad doonto ka dooro.
	That is three shillings; there are also cheaper and more expensive ones, choose what you like.
2	Waa hagaag, middaas i sii.
	Okay, give me that one.
1	Waa tan.
	Here it is.
2	Waa tan shan shilin.
	Here's five shillings.
1	Mahadsanid.
	Thank you.
2	Waqtigii waa la gaarey ee meydaanka isboortiga an tagno.
	The time has come, so let us go to the sport field.
1	Dad aad u badan baa jooga.
	There are lots of people.
2	Haa, dad badan baa jooga, waayo ardeyda oo dhan baa reerahoodii soo casumtey.
	Yes, there are many people, because all the students invited their families.
1	Qofkaas meydaanka dhex taagan muxuu sameynayaa?
	What is that person standing in the middle of the field doing?
2	Waa agaasimihii dugsiga oo martida ayuu soo dhoweynayaa, oo khudbaddiisa ka dib cayaaraha ayaa bilaabanaya.
	He is the school director; he will welcome the guests; after his speech the games will start.
1	Ardeydaas safan mexey sameyn doontaa.
	Those students who are lined up, what are they going to do?
2	Waa kuwa furaya cayaaraha oo jinaastiko ayey sameynayaan.
	They are the ones who will start the games. They will do gymnastics.
1	Jinaastikada ardeydani sameyneyso aad baan u jecelahay. Haddaanan indheheyga ku arkin maan aammini lahayn.
	I really like the gymnastics these students are doing. If I had not seen it with my own eyes, I wouldn't have believed it.
2	Waan u maleeyey inaad jecleysaneysaan oo sidaas
	I thought you would like it, so that is why I

2 — darteed baan idiin casumey oo inaad geftaan maan rabin.
Hadda cayaaro kala nooc ah ayey bilaabi doonaan.

2 Tan ugu horeysa waxa la yiraahdaa kubbadda koleyga tan ku xigta waxa la yiraahdaa kubbadda teeniska.
Waddankiinna ma lagu cayaaraa?

1 Haa, waa lagu cayaaraa labadaba, siiba kubbadda koleyga ayaa aad caan u ah.

2 Maxaad tiraahdaan midda cagta lagu cayaaro?

1 Waddankeennana kubbadda cagta ayaa laga yiraahdaa oo aad baa loo jecelyahay.

2 Maanta wax kale iney cayaari doonaan ila ma aha.

1 Maxay dadku halkaas u taaganyihiin?

2 Waa shabbaaxtan, lacag bey ku shabbaaxtamaan oo waxay ka mid tahay dariiqooyinka dugsiga lacagta loogu ururiyo.

1 Munaasabadan oo kale immisa goor baa sanadkii la sameeyaa?

2 Mar keliya sanadkii.

1 Waxay ila tahay dadku iney kala tagayaan.

2 Haa, cayaarihii baa dhammaaday. Waan ka xumahay idin maan sagootin karo, shaqo yar baan leeyahay.

1 Waxba maaha, halka iska joog waannu tagi karnnaa, in qof na sagootiyo uma baahnin.
Aad baannu uga helnney oo waannu kugu mahdineynnaa inaad na casuntey.

2 Habeen wanaagsan.

1 Habeen wanaagsan.

---

invited you. I did not want you to miss it. Now they will start different types of games.
The first one is called basketball, and the next one is called tennis.

Are they played in your country?
Yes, both of them are played, especially basketball is very popular.
What do you call the one played by foot?
In our country it is also called football and it is very well liked.
I don't think they are going to play anything more today.
Why are the people standing over there?
It is a shooting game, they play it for money; it is one of the ways by which funds are raised for the school.
How many times a year are such occasions held?

Only once a year.
It seems to me that the people are leaving.
Yes, the games are over. I am sorry I cannot see you off, because I have some work to do.
Never mind, stay here; we can go, we don't need someone to see us off.
We enjoyed ourselves a lot and thank you very much for inviting us.
Good night.
Good night.

GLOSSARY

a $ (1)	the [alt: -**ka**]	det-m
a $ (2)	you all do (X)!	v-imp-pl
a $ (3)	don't you all do (X)!	v-neg-imp-pl
a $ (4)	he / she is not (X)	v5a-neg-prhb
a $ (5)	it is (X) who does ...	v-subj-prhb
a $ (6)	future time marker	np-time
aa (1)	long A [digraph letter]	alphabet
aa $ (2)	I was	v5a-1sg-past
aa $ (3)	he was	v5a-3m-past
aa $ (4)	I do (X)	v-1sg-prhb
aa $ (5)	he does (X)	v-3m-prhb
aa $ (6)	your [singular; alt: -**kaaga**]	pro-det-2sg
aa $ (7)	= **baa** [focus]	focus-suf
aabbaha	the father	np
aabbahaa	your father	np
aabbahay	my father	np
aabbahayo	our [excl] father	np
aabbaheed	her father [alt: **aabbeheed**]	np
aabbahood	their father	np
aabbayaal (/sha)	fathers	n7-f-pl
aabbe (/ha)	father	n7-m
aabbeheed	her father	np
aabbeheen	our [incl] father	np
aabbihii	the father	np
aabbihiin	your [pl] father	np
aabbihiis	his father	np
aabbow	hey father!	np-voc
aabi (ga)	offense, provocation	n2-m
aad (-ay) (1)	go toward, head for	v1=
aad (2)	you, thou	vpro-2sg
aad (3)	you [plural], ye [alt: **aydin**]	vpro-2pl
aad $ (4)	-th [ordinal numeral]	num-ord-suf
aad $ (5)	of, belonging to [domestic animal]	n-gen-suf
aad ... u	very much, a lot	adv
aadan	you ... not [= **aad** + **aan**]	vpro + neg
Aadan	Adam	name-m
aadanase	but [from] a human [tongue]	conj + np
aadane (/ha)	human being	n7-m
aaddaan	you don't go (there)	v1-neg-prhb
aaddi (-yey)	direct, send	v2a=
afka aaddi	face toward	v2a=expr
aadee $	so I may be (X)	v5a-3m-pot
aadee $	so he may be (X)	v5a-3m-pot
aadee(n) $	so they may be (X)	v5a-3pl-pot

535

aadeen	$		may they may be (X)	v5a-3pl-opt
aadeen	$		he would not have been (X)	v5a-3m-neg-cond
aadeen	$		I would not have been (X)	v5a-1sg-neg-cond
aadeen	$		they would not have been (X)	v5a-3pl-neg-cond
aadno			we don't go (there)	v1-neg-prhb
aado		(1)	that he go	v1-rel-prhb
aado	$	(2)	may I be (X)	v5a-1sg-opt
aado	$	(3)	may he be (X)	v5a-3m-opt
aaga	$		your [alt: -kaaga]	pro-det-2sg
aal	$		product of (X)ing; result of (X)ing	vn2-m-suf
aammin	(-ay)		trust; confide in	v1=
aammini			to trust	v1-inf
aammus	(ka)		silence	vn-m
aammus	(-ay)		keep quiet, be silent	v1=
aammusan			silent, quiet	adj-der
aammusana			and [if] I keep quiet	v1-rel + conj
aammusnaa			he was silent	adj-der + v5a
aammusnaan	(ta)		silence, state of being silent	n -f-abs
aan	(1)		not	neg-rel
aan	(2)		I	vpro-1sg
aan	(3)		we [exclusive; alt: aannu]	vpro-1pl
aan	$	(4)	they do (X)	v-3pl-prhb
aan	$	(5)	they do not (X)	v-neg-prhb
aan	$	(6)	-ness [abstract noun from adjective]	n-f-abs-suf
aan	$	(7)	may [subject] not be (X)	v5a-neg-opt-red
aanan			I ... not [= aan + aan]	vpro + neg
aannan			we ... not [= aannu + aan]	vpro + neg
aannee	$		so we may be (X)	v5a-1pl-pot
aanneen	$		we would not have been (X)	v5a-1pl-neg-cond
aannin	$		may [subject] not be (X)	v5a-neg-opt-red
aanno	$		may we be (X)	v5a-1pl-opt
aannu			we [exclusive]	vpro-1pl
aanu			he ... not [= aan + uu]	neg + vpro
u aar	(-ay)		revenge, avenge	v1=
aar	(ka)		revenge	vn0-m-col
aar	(ka)		adult male lion	n4-m
aarayaa			he is avenging	v1-3m-prpg
aargudo	(#gutay)		take revenge	v3b=
aarkiina			and the lion	np + conj
aarsaday			he took revenge	v3a-3m-past
aarsado			be revenging	v3a-rel-prpg
aarsan			to take revenge	v3a-inf
aarsasho	(/da)		act of taking revenge	vn-f
aarsatay			she took revenge	v3a-3f-past
aarsi	(ga)		revenge	n0-m
ka aarso	(/day)		take revenge (on s.o.)	v3a=
aas	$		that, those [alt: -kaas]	deic-m-suf
aas	(-ay)		bury, inter	v1=
aasan	(/smay)		get buried	v1=inch
aashito	(/da)		acid	n6-f-mass
Aasiya			Asia	n-loc-f
aastay			buried (her)	v1-3f-past

aatee $	so she may be (X)	v5a-3f-pot
aatee $	so you may be (X)	v5a-2sg-pot
aatee(n) $	so you all may be (X)	v5a-2pl-pot
aateen $	may you all may be (X)	v5a-2pl-opt
aateen $	she would not have been (X)	v5a-3f-neg-cond
aateen $	you [sg./pl.] would not have been (X)	v5a-2-neg-cond
aato $	may she be (X)	v5a-3f-opt
aato $	may you [singular] be (X)	v5a-2sg-opt
aay $	hey you! [feminine vocative]	n-f-voc-suf
aayar	slowly, gently, lightly	adv
aayeen $	they were	v5a-3pl-past
abaal (ka)	favor, gratitude	n2-m
abaaldhac (-ay)	not repay a favor, fail to reciprocate	v1=cmp
abaaldhac (-a)	ingratitude, ungratefulness	np-m-cmp
abaalgud (-ay)	return a favor, repay a kindness	v1=cmp
abaar (ta)	drought, famine	n1-f
abaarood	of droughts	n1-gen-pl
abbaanduule (/ha)	commander	n7-m
abbaanduuleyaal	commanders	n7-f-pl
abbaar (-ay)	aim (at), face, confront	v1=
Abriil (/sha)	April	n0-f-time
abwaan (ka)	wise man, scholar	n2-m
ad	you, thou [reduced pronoun]	pro-red-2sg
ad (2)	may you ...	class-pro-2sg
ad (3)	may you all ...	class-pro-2pl
ad $ (4)	verbal noun suffix	vn2-m-suf
ad $ (5)	female occupation	n-f-suf
ada $	the [plural + feminine article]	n2-f-pl-suf
adaa $	it is you who ... [= adiga + baa]	pro-2sg + focus
adadag	difficult (ones)	adj-pl
adag	hard, difficult; strong	adj
adagyahay	it is hard	adj + v5a
adduun (ka)	wealth, riches	n0-m-col
adee $	suppose I do (X)	v3a-1sg-pot
adee $	suppose he does (X)	v3a-3m-pot
adee(n) $	suppose they (X)	v3a-3pl-pot
adeen $	may they, let them (X)	v3a-3pl-opt
adeyg (ga)	hardness; strength	n0-m
adi	you, thou	pro-red-2sg
adiga	you, thou	pro-2sg
adigaa	you + focus	pro + focus
adigana	and you	pro-2sg + conj
adiganase	but how about you?	pro-2sg + conj
adigase	and you	pro-2sg + conj
adigee	you who? [i.e., Who are you?]	pro + qw
adigoo	while you ...	pro + conj
adigu	you [subject]	pro-2sg-subj
adiguna	and you	pro + conj
adiguse	and you	pro + conj
adii $	the [plural + feminine known]	n2-f-pl-suf
adinase	but how about you?	pro-red + conj
adise	but you	pro-red + conj

adkaan (ta)	hardness, toughness	n -f-abs
adkayso (#stay)	resist, endure, withstand; exert force	v3b=
adkee (-yey)	harden; strengthen; make difficult	v2b=
adkeyn	was not hard	adj + v5a-neg
adkeysan	to withstand	v3b-inf
adkeyso (#stay)	withstand, resist	v3b=
adkoow (/aaday)	win [lit: be hard]	v3a=inch
adkow (/aaday)	become hard; win [alt: adkoow]	v3a=inch
adna	and you	pro-red + conj
ado $	may he, let him (X)	v3-3m-opt
ado $	may I, let me (X)	v3-1sg-opt
adu $	the [plural subject]	det-f-pl-subj
af (ka)	mouth	n4-m
af (ka)	language	n4-m
af Soomaligu	the Somali language	np
afaaf (ka)	doorway, entrance	n2-m
afadiisa	his wife [rw: afo]	np
afaf (ka)	languages	n4-m-pl
afar (ta)	four	num-f
afar iyo toban	fourteen	num-m
afaraad	fourth [alt: afraad]	num-ord
afartaba	all the four	num-phrase
afartan (ka)	forty	num-m
afbadan	sharp (as a knife)	adj-cmp
afbilaw (ga)	breakfast [lit: start mouth]	n0-m-cmp
afceliye (/ha)	interpreter	np-m-cmp
afdarro (/da)	bluntness	np-f-cmp
afdarro (/da)	muteness, speechlessness	np-f-cmp
Afgooye	Afgoye [town in Somalia]	n-loc-m
afka aaddi (-yey)	head toward	v2a=idiom
afkiisa	from his mouth	np
afo (/da)	wife	n6-f
afraad	fourth	num-ord
Afrika (da)	Africa	n-loc-f
afweyn (ta)	first cervical vertebra	n0-f-col-cmp
afweyne (/ha)	big-mouth; thick-lipped person	n -m-cmp
afyaqaan (ka)	linguist; skillful speaker	n2-m-cmp
ag (ta)	nearness, proximity	n4-f-loc
agaasime (/ha)	director, manager	n6-m
agaasimuhu	the director	np-subj
agoon (ta)	orphan	n2-m, n0-f-col
agooni	an orphan [subject]	np-subj
agoonnimo (/da)	orphanhood	n6-f
Agoosto (/da)	August	n0-f-time
daarta agteeda	near the building	np-loc
suuqa agtiisa	near the market	np-loc
ah	be, is, are	v5a-rel
aha $	plural + masculine article	n-m-pl-suf
ma aha (2)	he/she is not; they are not	v5a-neg-prhb
sow ma aha (3)	isn't it...?, isn't that so?	qw-tag
ahaa	I was	v5a-1sg-past
ahaa	he was	v5a-3m-past

ahaada	you (all) be!	v5a-imp-pl
aháadee	so he may be (X)	v5a-3m-pot
ahaadee	so I may be (X)	v5a-1sg-pot
ahaadee(n)	so they may be (X)	v5a-3pl-pot
ahaadeen (2)	he would not have been (X)	v5a-3m-neg-cond
ahaadeen (3)	I would not have been (X)	v5a-1sg-neg-cond
ahaadeen (4)	may they be (X)	v5a-3pl-opt
ahaadeen (5)	they would not have been (X)	v5a-3pl-neg-cond
ahaado	may he be (X)	v5a-3m-opt
ahaado	let me be (X)	v5a-1sg-opt
ahaan	to be	v5a-inf
ahaan (ta)	state of being or becoming, existence	n -f-abs
ahaannee	so we may be (X)	v5a-1pl-pot
ahaanneen	we would not have been (X)	v5a-1pl-neg-cond
ahaannin	may [subject] not be (X)	v5a-neg-opt
ahaanno	may we be, let us be (X)	v5a-1pl-opt
ahaatee	so she may be (X)	v5a-3f-pot
ahaatee	so you may be (X)	v5a-2sg-pot
ahaatee(n)	so you all may be (X)	v5a-2pl-pot
ahaateen (2)	she would not be (X)	v5a-3f-neg-cond
ahaateen (3)	you [sg./pl.] would not be (X)	v5a-2sg/pl-neg-cond
ahaateen (4)	may you all be (X)	v5a-2pl-opt
ahaato	may she be (X)	v5a-3f-opt
ahaato	may you be (X)	v5a-2sg-opt
ahaayeen	they were	v5a-3pl-past
ahaw	be! [alt: **ahow**]	v5a-imp-sg
ahay	I am	v5a-1sg-prhb
ahayd	you were	v5a-2sg-past
ahayd	she / it [fem] was	v5a-3f-past
ahaydeen	you were	v5a-2pl-past
ahaye	and so I am [= **ahay** + **ee**]	v5a + conj
ahayn (1)	we were	v5a-1pl-past
ahayn (2)	was not, were not	v5a-neg-past
ahi	[subject] is/are [descriptive]	v5a-rel-subj
ahow	be! [alt: **ahaw**]	v5a-imp-sg
akhbaar (ta)	news	n8-f-pl
akhri (-yey)	read	v2a=
akhrin	to read	v2a-inf
akhrin(nin)	did not read	v2a-neg-past
akhrinayaa	I am reading	v2a-1sg-prpg
ha akhrinin	don't read (it)!	v2a-neg-imp
akhriseen	you read	v2a-2pl-past
akhtiyaar (ka)	free will	n2-m
alaab (ta)	things, material, stuff	n2-f-col
alaabtan	these things	np
alaabtooda	their things	np
albaab (ka)	door	n2-m
alif	A [letter]	alphabet
alkun (ka)	fiancé, boy friend	n2-m
alkun (ta)	fiancée, girl friend	n1-f
Alla (ha)	Allah, God	n0-m
Alxamdulilah	thank God!	intj / expr

ama	or, either ... or	conj
amaah (da)	loan	n1-f
amaahan	to borrow	v3b-inf
amaahan(nin)	did not borrow	v3b-neg-past
amaahanayo	I am not borrowing	v3b-neg-prpg
amaahanaysaa	you are borrowing	v3b-2pl-prpg
amaahaneyn	was / were not borrowing	v3b-neg-ppgr
amaahannina	don't you all borrow!	v3b-neg-imp-pl
amaahanno	we don't borrow	v3b-neg-prhb
amaahato	she doesn't borrow	v3b-neg-prhb
amaahday	he borrowed [alt: **amaahdey**]	v3b-3m-past
amaahdo	may I borrow!	v3b-1sg-opt
amaahi (-yey)	loan (out), lend, give credit (to)	v2a=
amaahin	to lend	v2a-inf
amaahin(nin)	did not loan (out)	v2a-neg-past
amaahinayo	I am not loaning (it out)	v2a-neg-prpg
amaahineyn	was / were not loaning out	v2a-neg-ppgr
amaahineysaa	you are loaning (it out)	v2a-2sg-prpg
amaahinnin	let not loan out	v2a-neg-opt
ha amaahinnina	don't you all loan (it out)!	v2a-neg-imp-pl
amaahiso	she doesn't loan (it out)	v2a-neg-prhb
amaahiyo	he doesn't loan (it out)	v2a-neg-prhb
amaaho (#hday)	borrow	v3b=
amalqud (-ay)	return a favor	v1=
amar (#amray)	command, order	v1=
amar (ka)	order, command	n2-m
ammaanduule (/ha)	commander [alt: **abbaanduule**]	n7-m
amray	he commanded [rw: **amar**]	v1-3m-past
an (1)	I, me	pro-red-1sg
an (2)	let me, may I	class + vpro
an (3)	let us, may we	class + vpro
an $ (4)	this [alt: -**kan**]	det-m-suf
an $ (5)	adjective maker	adj-suf
an $ (6)	to (X) [infinitive suffix]	v3-inf-suf
an $ (7)	did not	v3-neg-past
anaa	it is I who ... [= **aniga** + **baa**]	pro-1sg + focus
anayaa $	I am doing (X)	v3-1sg-prpg
anayaa $	he is doing (X)	v3-3m-prpg
anayaan $	they are doing (X)	v3-3pl-prpg
anayay $	I was doing (X)	v3-1sg-ppgr
anayay $	he was doing (X)	v3-3m-ppgr
anayeen $	they were doing (X)	v3-3pl-ppgr
anayey $	I was doing (X)	v3-1sg-ppgr
anayey $	he was doing (X)	v3-3m-ppgr
anaynaa $	we are doing (X)	v3-1pl-prpg
anayo $	that he is doing (X)	v3-3m-prpg-rel
anaysaa $	you are doing (X)	v3-2sg-prpg
anaysaa $	she is doing (X)	v3-3f-prpg
anaysaan $	you are doing (X)	v3-2pl-prpg
aneyn	is / was not (X)ing	v3-neg-prog
aneyney $	we were doing (X)	v3-1pl-ppgr
aneynin $	is / was not (X)ing	v3-neg-prog

aneysa $	it is you who are doing (X)	v3-2sg-subj-prpg
aneysaa $	you are doing (X)	v3-2sg-prpg
aneyseen $	you were doing (X)	v3-2pl-ppgr
aneysey $	she was doing (X)	v3-3f-ppgr
aneysey $	you were doing (X)	v3-2sg-ppgr
ani	me	pro-red-1sg
aniga	I, me	pro-1sg
anigaa	I + focus	pro + focus
anigaan	it was I who did not	pro + neg
aniganase	but how about me?	pro + conj
anigoo	while I	pro + conj
anigoon	while I ... not	pro + conj + neg
anigu	I [subject]	pro-1sg-subj
aninase	but how about me?	pro + conj
anise	but how about me?	pro + conj
aniyo	and I [= **aniga** + **iyo**]	pro + conj
anna	we [exclusive]	pro-red-1pl-excl
anna (2)	I also	pro-red + conj
annaga	we, us [exclusive]	pro-1pl-excl
annagaa	we + focus	pro + focus
annaganase	but how about us?	pro + conj
annagoo	while we	pro + conj
annagu	we, us [subject]	pro-1pl-excl
annana	we also, we too	pro + conj
annanase	but how about us?	pro + conj
annee $	suppose we do (X)	v3-1pl-pot
anneen $	we would not have done (X)	v3-1pl-neg-cond
annin $	did not (X)	v3-neg-past
anno $	may we, let us (X)	v3-1pl-opt
annu	may we, let us	class + vpro
aqaan (1)	I know	v4d-1sg-prhb
aqaan (2)	I don't know [alt: **aqaanno**]	v4d-1sg-neg-prhb
aqaan (3)	that I know	v4d-1sg-rel-prhb
aqaan (4)	it is I who know	v4d-1sg-subj-prhb
aqaannaa	I know	v4d-1sg-prhb
aqaannee	perhaps I may know	v4d-1sg-pot
aqaanno (1)	I don't know	v4d-1sg-neg-prhb
aqaanno (2)	that I know	v4d-1sg-rel-prhb
aqaanno + **an**	may I know [alt: **aqoodo**]	v4d-1sg-opt
aqal (ka)	house, hut	n2-m
aqallo (/da)	houses, huts [alt: **aqalyo**]	n2-f-pl
aqbal (-ay)	accept; agree, consent	v1=
aqiin	that I knew [alt: **iqiin**]	v4d-1sg-rel-past
aqiinney	I knew [alt: **iqiin**]	v4d-1sg-past
aqood	know (it)! [alt: **aqoow, oqoow**]	v4d-imp-sg
aqood (-ay)	recognize, know [regular alt of **aqoow**]	v1=
aqooda	you all know (it)! [alt: **oqooda**]	v4d-imp-pl
aqoodaa	I usually recognize (it)	v1-1sg-prhb
aqoodo	may he know [alt: **yaqaanno**]	v4d-3m-opt
aqoodo	may I know [alt: **aqaanno**]	v4d-1sg-opt
aqoon (1)	to know [alt: **oqoon**]	v4d-inf
aqoon (2)	did not know [alt: **aqoonnin**]	v4d-neg-past

aqoon (3)	may [person] not know [alt: **oqoon**]	v4d-neg-opt
ha **aqoon**	don't know (it) [alt: **oqoon(nin)**]	v4d-neg-imp
aqoonayaa	he is going to recognize	v4d-3m-prpg
aqoonayaa	I am going to recognize	v4d-1sg-prpg
aqoonayaan	they are going to recognize	v4d-3pl-prpg
aqoonayaan	they would not recognize	v4d-3pl-neg-prpg
aqoonayeen	they were recognizing (it)	v4d-3pl-ppgr
aqoonayey	he was recognizing (it)	v4d-3m-ppgr
aqoonayey	I was recognizing (it)	v4d-1sg-ppgr
aqoonayney	we were recognizing (it)	v4d-1pl-ppgr
aqoonayo	he does not recognize [alt: **oqoonayo**]	v4d-3m-neg-prpg
aqoonaysey	she was recognizing (it)	v4d-3f-ppgr
aqoonaysey	you were recognizing (it)	v4d-2sg-ppgr
aqoondarro (/da)	ignorance, lack of knowledge	n6-f
aqooneyn	do / does not know [alt: **oqooneynin**]	v4d-neg-ppgr
aqooneynaa	we are going to recognize	v4d-1pl-prpg
aqooneyney	we were recognizing (it)	v4d-1pl-ppgr
aqooneynin	do / does not know [alt: **oqooneynin**]	v4d-neg-ppgr
aqooneyno	we do not recognize [alt: **oqoonayno**]	v4d-1pl-neg-prpg
aqooneysaa	she is going to recognize	v4d-3f-prpg
aqooneysaa	you are going to recognize	v4d-2sg-prpg
aqooneysaan	you are going to recognize	v4d-2pl-prpg
aqooneysaan	you would not recognize	v4d-2pl-neg-prpg
aqooneyseen	you were recognizing (it)	v4d-2pl-ppgr
aqooneysey	she was recognizing (it)	v4d-3f-ppgr
aqooneysey	you were recognizing (it)	v4d-2sg-ppgr
aqooneyso	she does not know	v4d-3f-neg-prpg
aqooneyso	you would not recognize	v4d-2sg-neg-prpg
ha **aqoonnin**	don't know (it)!	v4d-neg-imp
aqoonnin	did not know [alt: **aqoon**]	v4d-neg-past
ha **aqoonnina**	don't you all know (it)!	v4d-neg-imp-pl
aqoonyahan (ka)	expert, scholar, academic, professional	n2-m
aqooto	may she know [alt: **taqaanno**]	v4d-3f-opt
aqoow	know (it)! [alt: **aqood, oqoow**]	v4d-imp-sg
arag (#arkay)	see	v1=
arag (ga)	act of seeing	vn-m
aragnee	suppose we see	v1-1pl-pot
aragtaan	you all see	v1-2pl-prhb
aragtee	suppose she sees	v1-3f-pot
aragtee	suppose you see	v1-2sg-pot
aragtee(n)	suppose you all see	v1-2pl-pot
aragtey	you saw	v1-2sg-past
aragto	[when] you see (it)	v1-2sg-rel-prhb
Arbaca (da)	Wednesday	n0-f-time
ardey (ga)	student	n5-m
ardey (da)	students	n5-f-pl
ardeyad (da)	student (female)	n1-f
ardeyadood	of female students	np-gen-pl
ardeydaa	it is the students who ...	np-focus
ardeygu	the student [subject]	np-subj
argagax (-ay)	be shocked; startled, terrified	v1=
ari (ga)	sheep and goats	n0-m-col

arigaaga	your sheep and goats	np
arigeeda	her sheep and goats	np
arigiisa	his sheep and goats	np
ariile (/lihii)	trader of goats & sheep [pl: **ariiley** (da)]	n8-m
arkadaye	and he has found (it)	v3a-3m-past
arkay	I saw [rw: **arag**]	v1-1sg-past
arkayaa	I am going to see (X)	v1-1sg-prpg
arkaysaa	you are going to see (X)	v1-2sg-prpg
arkee	suppose I see (it)	v1-1sg-pot
arkee	suppose he sees (it)	v1-3m-pot
arkee(n)	suppose they see (it)	v1-3pl-pot
arkeen	let them see	v1-3pl-opt
arkey	I saw (it) [alt: **arkay**]	v1-1sg-past
arkeysaan	you see (it)	v1-2pl-prpg
arki	to see	v1-inf
arkin	did not see	v1-neg-past
arko (/day)	find, get for oneself	v3a=
arko (2)	that one see	v1-rel
arko (3)	he does not see	v1-neg-prhb
arlo (/da)	land, country; world; territory	n0-f-mass
aroor (ta)	dawn, early morning	n2-f
arooryada	in the early morning	np-time
aroos (ka)	wedding, marriage	n2-m
arrimo (/ha)	matters, affairs	n1-m-pl
arrin (ta)	matter, case, affair	n1-f, n2-m
arrintaada	your case, your matter at hand	np
arrintaas	that matter	np
arrintoodii	their matter, their concerns	np
asaga	he, him [alt: **isaga**]	pro-3m
asal (#aslay)	dye, change the color of	v1=
asho $	gerund former [(X)ing, act of (X)ing]	vn6-f
ashqaraar (-ay)	be amazed, wonder at	v1=
ashuun (ka)	clay jug, large earthenware container	n2-m
askar (ta)	soldiers; troops, forces	n8-f-pl
askari (ga)	soldier	n8-m
askariyad (da)	soldier (female)	n8-f
askariyadood	of female soldiers	np-gen-pl
asley	I dyed (it) [rw: **asal**]	v1-1sg-past
Asli	Asli	name-f
at $	autobenefactive	v3-suf
atee	suppose she does (X)	v3-3f-pot
atee	suppose you do (X)	v3-2sg-pot
atee(n)	suppose you all do (X)	v3-2pl-pot
ateen $ (2)	may you (X)	v3-2pl-opt
ateen $ (3)	you [sg / pl] would not have done (X)	v3-2-neg-cond
ateen $ (4)	she would not have done (X)	v3-3f-neg-cond
atid $	may you (X)	v3-2sg-opt
ato $	may you (X)	v3-2sg-opt
ato $	may she, let her (X)	v3-3f-opt
aw (ga)	sake, reason	n0-m
taa **awgeed**	because of it / that	np / conj
awood (-ay)	afford, have the capacity	v1=

awr (ka)	male pack camel	n5-m, n2-m
awr (ta)	pack camels	n5-f-pl
Awstraaliya	Australia	n-loc-f
Axad (da)	Sunday	n0-f-time
Axmed	Ahmed	name-m
ay (da)	forest; bushes, shrubbery	n1-f
ay (2)	she, it [feminine]	vpro-3f
ay (3)	they	vpro-3pl
ay $ (4)	I did (X)	v1-1sg-past
ay $ (5)	he did (X)	v1-3m-past
ay $ (6)	hey you! [feminine vocative]	n-f-voc-suf
aya $	[subject] is doing (X)	v1-prpg-subj
ayaa (1)	focus marker	class-focus
ayaa $ (2)	he is doing (X)	v1-3m-prpg
ayaa $ (3)	I am doing (X)	v1-1sg-prpg
ayaad	you + focus	focus + vpro
ayaamahan	these days	np-time
ayaamood	of days	np-gen-pl
ayaan	I + focus	focus + vpro
ayaan (ta)	day [syn: **maalin** (ta)]	n1-f-time
ayaan $ (2)	they are doing (X)	v1-3pl-prpg
ayaana	and ... [focus]	focus + conj
ayaandarro (/da)	misfortune, bad luck	n6-f
ayaannu	we [exclusive] + focus	focus + vpro
ayaga $	our [exclusive; alt: **-kayaga**]	pro-det-1pl
ayan	she ... not [= ay + aan]	vpro + neg
ayan	they ... not [= ay + aan]	vpro + neg
ayay (1)	she + focus	focus + vpro
ayay (2)	they + focus	focus + vpro
ayay $ (3)	he was doing (X)	v1-3m-ppgr
ayay $ (4)	I was doing (X)	v1-1sg-ppgr
ayaynu	we [inclusive] + focus	focus + vpro
ayd $	she was	v5a-3f-past
ayd $	you were	v5a-2sg-past
aydeen $	you were	v5a-2pl-past
aydii	the forest	np
aydin	you [plural]	vpro-2pl
aydin	may you ...	class + vpro
ayee $	= -**aya** [subject] + **ee** [conj]	v1-subj + conj
ayeen $	they were doing (X)	v1-3pl-ppgr
ayey (da)	grandmother	n6-f
ayey (2)	she + focus	focus + vpro
ayey (3)	they + focus	focus + vpro
ayey $ (4)	he was doing (X)	v1-3m-ppgr
ayey $ (5)	I was doing (X)	v1-1sg-ppgr
ayeydin	you [plural] + focus	focus + vpro
ayeydood	their grandmother	np
ayga $	my [alt: **-kayga**]	pro-det-1sg
aygu $	my [alt: **-kayga** + **-u**]	pro-det-subj
ayn $ (1)	was / were not doing (X)	v-neg-ppgr
ayn $ (2)	we were	v5a-1pl-past
ayn $ (3)	was / were not	v5a-neg-past

aynaa $	we are doing (X)	v1-1pl-prpg
aynan	we ... not [= aynu + aan]	vpro + neg
aynay $	we were doing (X)	v1-1pl-ppgr
aynin $	was / were not doing (X)	v-neg-ppgr
ayno $	that we do (X)	v1-1pl-red
aynu	we [inclusive]	vpro-1pl-incl
aynu	may we, let us	class + vpro
ayo	who?	qw
ayo $	that I do / he does (X)	v1-rel-prpg
aysaa $	she is doing (X)	v1-3f-prpg
aysaa $	you are doing (X)	v1-2sg-prpg
aysaan $	you all are doing (X)	v1-2pl-prpg
aysay $	she was doing (X)	v1-3f-ppgr
aysay $	you were doing (X)	v1-2sg-ppgr
ayseen $	you were doing (X)	v1-2pl-ppgr
aysey $	she was doing (X) [alt: -aysay]	v1-3f-ppgr
ayso $	that she does (X)	v1-3f-rel-prpg
ayso $	that you do (X)	v1-2sg-rel-prpg
ayuu	he + focus	focus + vpro
ba $	even, always, each; [neg] any, at all	adv-intensifier
ba'	B [letter]	alphabet
ba' (-ay)	get ruined, be or become spoiled	v1=intr
ba'an	ruined, in bad shape, spoiled; wrong	adj-der
ba'dey	it got ruined	v1-3f-past
baa	focus marker	class-focus
baa la yiri	so it is said, so they say	expr
baaba' (-ay)	get ruined, be wiped out or destroyed	v1=inch
baabuur (ka)	car, automobile; truck	n2-m, n5-m
baabuur (ta)	cars, trucks	n5-f-pl
baabuurkaagu	your car	np-subj
baabuurkayga	my car	np
baabuurkiis	his car	np
baabuurkooda	their car	np
baabuurkuu	the car [that] he	np
baabuurradu	the cars	np-subj
baabuurro (/da)	cars, trucks	n2-f-pl
baad (ka)	good pasture	n0-m-col
baad (2)	you [singular] + focus	focus + vpro
baad (3)	you [plural] + focus [alt: beydin]	focus + vpro
baadan	you [focus] ... not [alt: baanad]	focus + vpro + neg
baadi (da)	stray (animal), lost (person or thing)	n2-f
baadi goob (-ay)	look for (a stray or s.t. lost)	v1=cmp
baadiye (/ha)	interior area, distant places, boondocks	n0-m-col
baahi (da)	hunger; need	n2-f-col
baaldi (ga)	bucket	n2-m
baan	I + focus	focus + vpro
baan (2)	we + focus	focus + vpro
baana	and [focus]	focus + conj
baanad	you [focus] ... not [alt: baadan]	focus + neg + vpro
baanan	I [focus] ... not	focus + vpro + neg
baananaya	the one who is going to nurse [me]	v3b-subj-prpg
baaney	she [focus] ... not [alt: beeyan]	focus + neg + vpro

baaney	they [focus] ... not [alt: **beeyan**]	focus + neg + vpro
baannan	we [excl, focus] ... not	focus + vpro + neg
baannu	we [excl] + focus	focus + vpro
baano (#ntay)	care for, nurse; feed on a special diet	v3b=
baanse	but I + focus	focus + vpro + conj
baanu	he [focus] ... not [alt: **buusan**]	focus + neg + vpro
baar (-ay)	examine, investigate, inspect	v1=
baar (ka)	back, shoulder; upper part of something	n4-m
baaritaan (ka)	inspection, investigation	vn2-m
Baarlamaan (ka)	Parliament	n2-m
Baarlamaanku	the Parliament	np-subj
baarqab (ka)	stud camel	n2-m, n1-m
baase	focus + contrast	focus + conj
babbaay (ga)	papaya	n0-m-col
bacaad (ka)	sand	n2-m
bad (da)	sea	n1-f
bad (-ay)	compel, force; make s.o. deserve s.t.	v1=
badaha	the seas	np-pl
badan (#badnaa)	much, many, a lot (of)	num-adj
badan (2)	very [adjective intensifier]	adj-phrase
bela badani	more dangerous [lit: more in evil]	np-subj
badanyahay	there are many	adj + v5a
badbaadi (-yey)	safeguard, care for, protect	v2a=
badbaadin	to safeguard	v2a-inf
badbaadin (ta)	caring for, safeguarding	vn-f
badbaadineynaa	we are going to spare you life	v2a-1pl-prpg
badbaadiyo	in order to save (themselves)	v2a-rel
qadoodiga badday	she condemned [lit: forced] to starvation	v1-3f-past
badh (ka)	half	num-m, n4-m
badi (da)	majority, multitude, mass	n0-f-mass
dadka badidood	most of the people	np
badnaa	he had a lot (of)	adj + v5a
badnaan (ta)	increase, increment; numerousness	n -f-abs
badnaaneen	we would not have been many	adj + v5a-neg-cond
badnaannin	may [they] not be many!	adj + v5a-neg-opt
badnaanno	may we be many!	adj + v5a-opt
badnayd	it [fem] was too much	adj + v5a-3f-past
badnin	we are not many	adj + v5a-neg-prhb
badnow (/naaday)	become many, a lot	v3a=inch
bado (/ha)	seas	n1-m-pl
badweyn (ta)	ocean	n2-f-cmp
badyar (ta)	lake	n2-f-cmp
bah (da)	child by the same mother	n1-f, n2-f
bahal (ka)	wild animal, beast; evil person	n2-m
ninku waa bahal	the man is inhumane	idiom
bahalladiina	and the beasts	np-subj
baji (-yey)	scare, frighten [rw: **baq**]	v2a=
bakayle (/ha)	rabbit, hare	n7-m-col
bakayleyaal (/sha)	rabbits, hares	n7-f-pl
bakaylow	hey, rabbit(s)!	np-voc
bal	allright, ok, well; uh [filler word]	intj
balballaaran	wide, large (ones) [rw: **ballaaran**]	adj-pl

ballaadh (ka)	width, breadth, space	n2-m
ballaar (ka)	width [alt: **ballaadh**]	n2-m
ballaaran	wide, broad, large, spacious	adj-der
ballaarnaan (ta)	scope, span, range; breadth	n -f-abs
kala **ballamay**	he entrusted [them] with [him]	v1-3m-past
ballan (/-may)	entrust, promise	v1=
ballan (ka)	promise; appointment	n2-m
ballandarro (/da)	failure to keep a promise	n6-f
balli (da)	ponds	n5-f-pl
balli (ga)	pond, reservoir	n5-m, n2-m
bandhig (-ay)	present, exhibit, display	v1=
banki (ga)	bank	n2-m
bannaan (ka)	field; outdoors, outside	n2-m
bannaanbax (a)	outing; rally	n2-m-cmp
bannaani (da)	freedom, openness	n0-f-col
baq (-ay)	fear, be afraid	v1=
ka **baqayeen**	they were afraid of	v1-3pl-ppgr
baqdin (ta)	fear [= **baq** + -tin]	n2-f
baqdinno (/da)	fears	n2-f-pl
bar (-ay)	teach	v1=
bar (ka)	half [alt: **badh** (ka)]	num-m, n4-m
baraan	they teach	v1-3pl-prhb
baraarug (-ay)	awaken with a start; be alert	v1=intr
baraaruji (-yey)	rouse, awaken s.o. [rw: **baraarug**]	v2a=tr
barad (ka)	pupil, trainee	vn2-m
baraha	the teacher	np
barakee (-yey)	bless	v2b=
barakeeyo	may [God] bless ...	v2b-3m-opt
baranney	we have studied	v3b-1pl-past
barasho (/da)	learning, education; knowing, meeting	vn0-f-col
barayaal (/sha)	teachers	n7-f-pl
barbar (ka)	side, edge	n2-m
Barbara	Berbera [town in northeast Somalia]	n-loc-f
barbax (-ay)	subsist during hard times; hibernate	v1=cmp
bare (/ha)	teacher	n7-m
bareer (-ay)	dare, act deliberately; confront	v1=
u **bareeri** karin	he would [not] be able to deliberately ...	v1-inf
uma **bareero**	does not confront	v1-neg-prhb
bari (-yay) (1)	spend the night	v1=
ku **bari**	pass the night in peace	v1=
bari (-yey) (2)	beg, entreat, request a favor, pray	2a=
bari (ga) (3)	east	n0-m
barid (da)	teaching, instruction	vn1-f
ku **barideen**	you spent the night in [peace]	v1-2pl-past
ku **baridey**	you spent the night in [peace]	v1-2sg-past
is **bariideyso**	greet each other	v3b=
bariidi (-yey)	greet (s.o.) in the morning	v2a=
soo **bariidiya**	you all go greet [her]!	v2a-imp-pl
bariido (/da)	greeting, salutation	n6-f
bariis (ka)	rice	n2-m-col
barin	did not teach	v1-neg-past
baris (ta)	teaching	vn1-f

shanta iyo **barka**	five thirty (5:30 p.m.)	np-time
barka kalana	and the other half	np + conj
barnaamij (ka)	program	n2-m
baro (#rtay)	study, learn, get to know	v3b=
is **baro**	become acquainted	v3b=
u **baro**	get used to	v3b=
barqanaya	[who] was lying down	v3a-subj-prpg
barqo (/day)	lie down (late in the morning)	v3a=
barqo (/da)	late morning	n6-f
barray	we taught	v1-1pl-past
barrey	we taught [alt: **barray**]	v1-1pl-past
bartaan	[that] they learn	v3b-3pl-rel
bartay	I studied	v3b-1sg-past
bartay	you taught	v1-2sg-past
barto	that one learn	v3b-rel
barya	you spend the night!	v1-imp-pl
baryadiina	and his begging	np + conj
waagii **baryay**	dawn broke	expr
baryeen	they spent the night	v1-3pl-past
waagii **baryey**	dawn broke [rw: **bari**]	expr
baryo (/da)	entreaty, prayer, begging	n6-f
bas (ka)	bus	n4-m
basal (/sha)	onion	n0-f-col
basas (ka)	buses	n4-m-pl
bax (-ay)	go out/away, exit, leave; grow out	v1=
ka **bax**	go away from, go out of; succeed	v1=expr
kala **bax**	remove, take off	v1=expr
soo **bax**	come out	v1=expr
baxay	he went out	v1-3sg-past
baxaynaa	we are coming out	v1-1pl-
ka **baxaysa**	[fem] was coming out of	v1-subj-prpg
ka soo **baxday**	she has gone away	v1-3f-past
ruux **baxday**	she died [lit: she left her soul]	v1-3f-past
baxdeen	you all left	v1-2pl-past
baxdey	you left [alt: **baxday**]	v1-2sg-past
baxdin (ta)	act of growing	n -f
baxo	not go out	v1-neg-prhb
baxo	not get out (of debt)	v1-neg-prhb
baxsashadii	the act of escaping [rw: **baxsasho**]	np
baxso (/day)	escape, flee	v3a=
bay	she + focus [alt: **bey**]	focus + vpro
bay	they + focus [alt: **bey**]	focus + vpro
baydin	you [plural] + focus [alt: **beydin**]	focus + vpro
baynu	we [inclusive] + focus [alt: **beynu**]	focus + vpro
bed (da)	well being, safety	n0-f
bed qab (-ay)	be safe	v1=expr
beddel (ka)	exchange, substitution, replacement	n2-m
beddelan (#lmay)	get changed, become different	v1=inch
magaaladu wey **beddelmaysaa**	the city is getting changed	v1-3f-prpg
beec (a)	price; sale; deal	n2-m
beel (-ay)	lose	v1=
beel (/sha)	settlement, community [syn: **beled**]	n1-f

beeldaajiye (/ha)	chief of a clan, leader	n7-m
been (ta)	lie	n1-f
beenley (da)	female liar	n7-f
beenlow (ga)	male liar	n7-m
beenlowyaal	liars	n7-m-pl
beentaas	that lie	np
beentiisa	his lies	np
beentooda	their lies	np
beer (-ay)	plant, cultivate, farm	v1=
beer (ta)	garden, farm	n1-f
beer (ka)	liver	n4-m
beeraale (/ha)	farmer	n7-m, n8-m
beeraley (da)	farmers	n8-f-pl
beeraaleyaal (/sha)	farmers	n7-f-pl
beeraqoon (ta)	agronomy, the science of farming	n0-f-cmp
beeray	he cultivated	v1-3m-past
beeri	a garden [subject]	np-subj
beerkiisa	his liver	np
beero (/ha)	farms; agriculture	n1-m-pl
beero (#beertay)	plant for oneself	v3b=
beertan	this farm	np
beeryaqaan (ka)	agronomist	n2-m
beesha	the community	np
beeyan	she [focus] ... not [alt: **baaney**]	focus + vpro + neg
beeyan	they [focus] ... not [alt: **baaney**]	focus + vpro + neg
bela badan	more dangerous [lit: more in evil]	np-subj
beled (ka)	town, settlement [syn: **beel** (sha)]	n2-m
Beljiyam	Belgium	n-loc-f
belo (/da)	evil, calamity; hardship, misfortune	n6-f
bensiin (ka)	gas, gasoline	n0-m-mass
beri (ga)	day, time (period)	n1-m, n2-m
berigaas	that day	np-time
berigii dambe	some time later	np-time
berraan	tomorrow I ... [= **berri** + **baan**]	time + vpro
berri (da)	tomorrow	n0-f-time
berri dambe	the day after tomorrow	np-time
berrito	tomorrow	adv-time
berya ka dib	a few days later	expression
beryo (/ha)	days	n1-m-pl
soo **bexeysa**	rising [moon; lit: coming out this way]	v1-subj-prpg
bey	she + focus [alt: **bay**]	focus + vpro
bey	they + focus [alt: **bay**]	focus + vpro
beydin	you + focus [alt: **baydin**]	focus + vpro
beydnan	you [focus] ... not [= **beydin** + **aan**]	focus + vpro + neg
beyna	and she / they + focus	focus + conj
beynu	we [inclusive] + focus	focus + vpro
beyse	instead, she [focus]	focus + vpro + conj
bi'i (-yey)	ruin, spoil, wipe out [rw: **ba'**]	v2a=tr
biciid (ka)	oryx (African antelope)	n1-m
biir (ka)	beer	n -m
ku **biiran** (/rmay)	join (up with)	v1=inch
biirso (/day)	increase for oneself	v3a=

isku **biirso**	s.o. had both ... and ...	v3a=expr
bil (/sha)	month; moon	n1-f-time
bilaab (-ay)	start, begin [alt: **billaab**]	v1=
bilaaban (#bmay)	get started	v1=inch
bilaabataa	it [fem] begins	v3a-3f-prhb
kuleeluhu wuu **bilaabmayaa** the hot season is starting		v1-3m-prpg
bilaw (ga)	start, beginning [alt: **billaw**]	n2-m
billaw (/laabay)	start, begin [alt: **bilaw, bilow**]	v1=
bilo (/ha)	months	n1-m-pl
bilood	of months	np-gen-pl
biloowdo	that she begin	v1-3f-rel
bilqan	spread across; scattered	adj-der
bisha	the month	np
bisha dambe	next month	np-time
bishaas	that month [= **bil** + **taas**]	np-time
bishan	this month	np-time
bishee	which month?, what month?	qw-time
bishii dambe	last month	np-time
bishii hore	last month	np-time
bislee (-yey)	cook; ripen	v2b=
bisleyseen	you cooked	v2b-2pl-past
bixi (1)	to go out [rw: **bax**]	v1-inf
bixi (-yey) (2)	take out, extract, bring out	v2a=
bixi (-yey) (3)	pay (out); issue	v2a=
bixi (-yey) (4)	give (an order or command)	v2a=
bixi doono	that he will pay (it) back	v1-rel-fut
bixid (da)	departing, exiting, act of getting out	vn1-f
ma **bixin**	did not exit / leave	v1-neg-past
ha **bixin**	don't go out!	v1-neg-imp
ma **bixin(nin)**	did not pay / take out	v2a-neg-past
ha **bixina**	don't you all go out!	v1-neg-imp-pl
ha **bixinnina**	don't you all take it out!	v2a-neg-imp-pl
bixis (ta)	departing, act of going out	vn1-f
bixiseen	may you pay (it)!	v2a-2pl-opt
bixitin (ka)	departure	vn -m
bixiyey	he issued (an order)	v2a-3m-past
biya webi	river water [rw: **biyo** + **webi**]	np-cmp
biyahaasi	that water	np
biyayaal (/sha)	waters, types of water	n7-f-pl
biyihiina	and the water	np-subj + conj
biyo (/ha)	water; fluid	n7-m-mass
bocor (ta)	squash (the vegetable), pumpkin	n1-f-col
bog (-ay)	finish; be satisfied with	v1=
bogo (#gtay)	finish with; reach a point of satisfaction	v3b=
laga **bogsadaa**	[one can] recover from	v3b-prhb
lagama **bogsado**	[one can] not recover from	v3b-neg-prhb
bogsasho (/da)	getting well, healing, recovery	vn0-f
bogso (/day)	get well, heal, recover	v3a=
bogsoonayo	[while] I am healing	v3a-rel-prpg
boji (-yey)	rest, relax [rw: **bog**]	v2a=
boolis (ka)	police	n2-m
ciidanka **boliiska**	the police force	np-cmp

soo **booqatey**	she payed (them) a visit [alt: **booqatay**]	v3b-3f-past
booqo (#qday)	visit, pay a visit	v3b=
boqol (ka)	hundred	num-m
boqolaad	hundredth [alt: boqlaad]	num-ord
boqor (ka)	king	n2-m
boqorku	the king	np-subj
boqortinnimo (/da)	kingship	n -f-abs
boqortooyo (/da)	kingdom	n -f-abs
Braasiil	Brazil	n-loc-f
bucbuc	chubby (of a child)	adj-m
buk (-ay)	be sick, ail	v1=stative
buka	sick	adj-der
bukaan (ka)	sick or ailing person	n2-m
bukaday	he became sick	v3a-3m-past
bukay	he was sick	v1-3m-past
bukee	what if [s.o.] is sick	v1-pot
bukin	was not sick	v1-neg-past
buko (/day)	become sick, ail	v3a=
bukood (-ay)	get sick, become ill	v1=inch
bun (ka)	coffee	n0-m-mass
bur (ka)	bush	n4-m
burar (ka)	bushes	n4-m-pl
burshaan (ka)	hill, dune	n2-m
buskut (ka)	cookie	n2-m
bustayaal (/sha)	blankets	n7-f-pl
buste (/ha)	blanket	n7-m
buu	he + focus	focus + vpro
buug (ga)	book	n4-m
buugag (ga)	books	n4-m-pl
buuggeygu	my book	np
buuggu	the book	np-subj
buuna	and he + focus	vpro + foc + conj
buur (ta / ka)	mountain, bare-topped hill	n1-f/m
buuran	fat, plump	adj-der
buuranayaa	I am getting fat	adj + v5a-1sg-prpg
buurbuuran	fat (ones)	adj-pl
buurbuurnaadeen	they would not have been fat	adj + v5a-3pl-neg-cond
buurbuurnaaneen	we would not have been fat	adj + v5a-1pl-neg-cond
buurbuurnaateen	you all would not have been fat	adj + v5a-2pl-neg-cond
buurnaadee	what if [s.o.] is fat?	adj + v5a-pot
buurnaadeen	he would not have been fat	adj + v5a-3m-neg-cond
buurnaadeen	I would not have been fat	adj + v5a-1sg-neg-cond
buurnaan (ta)	obesity, fatness	n -f-abs
buurnaannin	may we not be fat!	adj + v5a-neg-opt
buurnaateen	she would not have been fat	adj + v5a-3f-neg-cond
buurnaateen	you would not have been fat	adj + v5a-2sg-neg-cond
buurneyn	was/were not fat [alt: **buurnayn**]	adj + v5a-neg-past
buurni (da)	fatness	n0-f
buurnow (/aaday)	become fat	v3a=inch
buurtaas	that mountain	np
buusan	he [focus] ... not [alt: **baanu**]	focus + vpro + neg
buux (a)	fullness	n0-m

buux (-ay)	be full	v1=
caloosha buuxda	the full stomach	np
buuxi (-yey)	fill; wind (a watch); charge (a battery)	v2a=
buuxin (ta)	filling, act of filling	vn0-f
buuxitaan (ka)	overflowing, state of being too full	vn2-m
ka buuxsadeen	they filled [the jar] with (it)	v3a-3pl-past
ceelku wuu buuxsamey	the well got full	v1-3m-past
buuxsan (/samay)	get full, become full	v1=inch
buuxso (/day)	fill for oneself, make s.t. full	v3a=
il buuxso	observe, take notice	v3a=idiom
ca	C [letter]	alphabet
caadadeedu	their way of doing things	np
caado (/da)	custom, habit; menstruation	n6-f
caafimaad leh	healthy	adj-phrase
caag (-ay)	abstain from something, cut oneself off	v1=
caaji (-yey)	fulfill; prevent, stop [rw: caag]	v2a=
caalqaado (#tay)	quit fighting, surrender	v3b=
caana	= caano (in sentence flow)	np
caanee (-yey)	put milk into (X), whiten with milk	v2b=
caaneysey	she put milk (into it)	v2b-3f-past
caanihii	the milk	np
caanihiisa	their milk	np
caano (/ha)	milk	n0-m-mass
caanuhu	the milk	np-subj
caaqil (ka)	intelligent, wise, or smart person	n2-m, n8-m
Caasha	Asha	name-f
caasi (ga)	disobedient or rebellious person	n7-m, n2-m
caasinimo (/da)	disobedience, unfiliality, insubordination	n6-f
caawa	tonight, this evening	adv-time
caawin (/imay)	assist, help, support	v1=
caawinase	but [the one who] helped [me]	v1-prhb-subj
cab (cabbay)	drink	v1=
sigaar cab	smoke	v1=expr
cabasho (/da)	complaint, complaining, lamenting	n6-f
cabatin (ka)	complaint	vn -m
cabbaa	I take (medicine)	v1-1sg-prhb
cabbaar (ka)	short while, brief time	n2-m-time
cabbayey	I was drinking [alt: cabbayay]	v1-1sg-ppgr
cabbaysaa	she is drinking	v3b-3f-prpg
cabbey	he drank	v1-3m-past
cabbeynin	was/were not drinking	v1-neg-ppgr
cabbi	to drink	v1-inf
cabbin	did not drink	v1-neg-past
cabbo	that he drink	v1-rel-prhb
Cabdalle	Abdalla	name-m
Cabdi	Abdi	name-m
Cabdiraxmaan	Abdirahman	name-m
Cabdullaahi	Abdullahi	name-m
cabno	may we drink!	v1-1pl-opt
cabo (#cabtay)	complain	v3b=
cabsi (da)	fear, fright, dread; danger	n -f
cabsii (-yey)	scare, frighten	v2a=

cabsiisid	you will not frighten	v3a-2sg-neg
cabso (/day)	fear, be afraid	v3a=
cabtaa	you take (medicine)	v1-2sg-prhb
cad	white; clear	adj-m
cad (ka)	part, piece, portion, share	n2-m, n8-m
cadaad (ka)	type of thorny tree producing resin	n2-m
cadaw (ga)	enemy, opponent [alt: **cadow**]	n2-m
cadawgu	the enemy	np-subj
cadcad	white (ones)	adj-pl
cadcad (ka)	pieces, portions	n8-m-pl
cadceed (da)	sun; daylight	n0-f
cadceeddu	the sun	np-subj
caddaan (ta)	whiteness; clarity	n -f
caddaatay	it became clear	v3a-3f-past
ka caddahay	in bad shape, desperate	adj=idiom
cadde	whitey, the white one	n7-m
caddee (-yey)	whiten; bleach, clean	v2b=
dhoolla-**caddee**	smile [lit: whiten the teeth]	v2b=idiom
caddeeyey	I whitened (X)	v2b-1sg-past
dhoolla-**caddeeysey**	she smiled	v2b-3f-past
caddidin	you are not white	adj + v5a-neg-prhb
caddow (/aaday)	become white; be clarified or proven	v3a=inch
cadhdho (/da)	scabies; scab, itch; mange	n0-f
cadho (/da)	anger, malice, irritation	n6-f-col
cadho (/da) (2)	scabies; scab, itch [alt: **cadhdho**]	n0-f
cadkiisii	his own share	np
cadow (ga)	enemy, opponent [alt: **cadaw**]	n2-m
cadowgeeda	her enemy	np
cadowgiisa	his enemy	np
cadownimo (/da)	enmity	n6-f
cadowyo (/da)	enemies	n2-f-pl
calaacal (ka)	complaint, lament	n2-m
calaacal (/sha)	palm (of the hand)	n1-f
calaacalaha	the palms of (his) hand	n1-m-pl
calaacalkii	the lament	np
calali (-yey)	chew	v2a=
calaliyo	not chew	v2a-neg
Cali	Ali	name-m
calool (/sha)	stomach	n1-f
caloolgubyoo (/day)	be broken hearted, struck with grief	v3a=cmp
caloolxanuun (ka)	stomachache	n2-m-cmp
caloosheyda	my stomach [= **calool** + **-tayda**]	np
calyee (-yey)	drool, salivate; wet with saliva, spit on	v2b=
calyeynaya	while drooling	v2b-subj-prpg
camalfiican	well-behaved	adj-cmp
caman (ka)	cheeks [sg: **can** (ka)]	n4-m-pl
cambe (/ha)	mango	n0-m-col
cambuur (ka)	robe, smock, any style of ladies' dress	n2-m
cammoole (/ha)	blind person	n7-m
can (ka)	cheek [pl: **caman**]	n4-m
Canab	Anab (= grapes)	name-f
cantuug (-ay)	take a mouthful, gulp	v1=

caqli (ga)	mind, intelligence	n2-m
caqli-badan	smart, intelligent	adj-cmp
cara	with anger [rw: caro]	np
Carab (ka)	Arab	n5-m
Carab (ta)	Arabs	n5-f-pl
Carabiya	Arabia [with Sacuudi]	n-loc-f
caradani	this anger	np
carar (-ay)	run away, escape, avoid	v1=
cararno	let us run away	v1-1pl-opt
caraysnahay	I am angry	adj + v5a
careysan	angry, enraged	adj-der
caro (/da)	anger, malice, irritation [alt: cadho]	n6-f-col
carrab (ka)	tongue	n2-m
carrabkaa	your tongue	np
carro (/da)	dirt, soil	n0-f-mass
carruur (ta)	children	n1-f-col
carruureey	oh children!	np-voc
carruurteed	her children	np
carruuryahay	oh children!	np-voc
cartan (ka)	roar; anger	n2-m
cas	red	adj-m
casaa	[it] was red	adj + v5a
casaan (ta)	redness	n -f
cascas	red (ones)	adj-pl
casha	= casho (in sentence flow)	np
cashada	the supper	np
cashadaadii	your dinner	np
cashaday	my dinner	np
cashar (ka)	chapter, lesson	n2-m, n8-m
casharkaaga	your [singular] lesson	np
casharkeenna	our [inclusive] lesson	np
casharkiinna	your [plural] lesson	np
casharradu	the lessons	np-pl-subj
cashee (-yey)	dine, eat dinner	v2b=
casheeynayeen	they were eating dinner	v2b-3pl-ppgr
casheyn	to dine, eat dinner	v2b-inf
casheyno	when we have eaten	v2b-1pl-rel
casho (/da)	dinner, supper	n6-f
cashooyin (ka)	dinners	n6-m-pl
casow (/aaday)	become red [alt: casoow]	v3a=inch
Cawad	Awad	name-m
cawee (-yey)	spend an evening, socialize in the evening	v2b=
cawo (/da)	night, evening	n6-f
cawooyin (ka)	nights	n6-m-pl
caws (ka)	grass	n2-m-mass
cay (da)	insult	n0-f
cayaar (-ay)	play	v1=
cayaar (ta)	game, play(ing)	n1-f
cayaarin	let (them) not play	v1-neg-opt
cayaaro	may he play!	v1-3m-opt
cayayaan (ka)	insect	n2-m
cayayaanaqoon (ta)	entomology, knowing insects	n0-f-cmp

cayr (ka)	poor person	n5-m
cayr (ta)	poor people, the destitute	n5-f-pl
cayriin (ka)	raw, uncooked food [alt: **ceeriin**]	n2-m
cayroob (-ay)	be destitute, become poor, lose wealth	v1=
cayroobayo	is becoming destitute	v1-rel-prpg
cayrtoob (-ay)	become poor, lose wealth	v1=
caytan (/tamay)	insult	v1=
ceeb (ta)	shame	n4-f
ceel (ka)	well	n4-m
ceeriin (ka)	raw, uncooked food [alt: **cayriin**]	n2-m
celi (-yey)	return; repeat; restore, give back; reject	v2a=
celi (-yey) (2)	prevent, halt, stop	v2a=
ku **celi**	repeat	v2a=
soo **celi**	return (something) to owner	v2a=
ugu **celi**	keep in; put back	v2a=expr
war **celi**	respond, give an answer	v2a=expr
ku **celin**	to repeat	v2a-inf
celinayaa	I will be returning (it)	v2a-1sg-prpg
ku **celiso**	she doesn't repeat (X)	v2a-neg-prhb
ku **celiyo**	he doesn't repeat (X)	v2a-neg-prhb
soo **celiyo**	so he (could) return	v2a-rel-prhb
ceyriin (ka)	raw, uncooked food [alt: **ceeriin**]	n2-m
ci (-yay)	cry out, roar, bray	v1=
ci (da)	cry, scream, outcry, bray, roar	n0-f
cid (da)	family, clan; community, people	n1-f
cid (da) (2)	someone, somebody, whoever	pro
cida	the braying	np
ciddu	the family	np-subj
cidduu	anyone [that] he ...	np + vpro
cidhif (ta)	edge; limit, tip	n2-f
cidhiidhi (ga)	narrow, crowded; dense, tight	adj-m
cidi	someone, anybody [= cid + i]	pro-subj
cidla' (da)	empty, uninhabited place	n6-f
cidladaan	this lonely place [= cidla' + tan]	np
cidlee (-yey)	vacate, abandon; leave someone alone	v2b=
cidlo (/da)	vacant place, empty area	n6-f
cidna	nobody, no one	pro + neg-suf
ciidan (ka)	forces, army; workforce; helpers	n2-m-col
ciidankiisu	his forces	np-subj
ciil (ka)	grief; anger, resentment, grudge	n4-m
Ciisa	Issa	name-m
cilmi (ga)	education, science, knowledge	n2-m
Cilmi	Ilmi	name-m
cir (ka)	sky, atmosphere; weather	n -m
ciraqoon (ta / ka)	meteorology, study of weather	n2-f-cmp
cirif (ta)	edge; corner [alt: **cidhif**]	n2-f
ciriiri (ga)	narrow [alt: **cidhiidhi**]	adj-m
ciso (/da)	respect, honor	n0-f
ciyaal (ka)	act of crying	vn2-m
ciyaal (ka)	children	n1-m-col
ciyay	he brayed	v1-3m-past
ciyo	[that] I cry (out)	v1-1sg-rel

cod (ka)	voice, sound; musical note	n4-m, n2-m
codad (ka)	voices	n4-m-pl
codkiisii	his voice [known]	np-subj
codso (/day)	request, appeal	v3a=
col (ka)	enemy, opponent; warriors, band	n4-m
colloob (-ay)	become enemies	v1=
cosob (ka)	fresh growth, new growth, green grass	n2-m
cudur (ka)	disease, ailment	n2-m
cudurra	ailments [= cudurro]	n2-f-pl
culus	heavy, serious	adj
Cumar	Omar	name-m
cun (-ay)	eat	v1=
cunaan	they don't eat	v1-neg-prhb
cunaanba	as they kept eating	v1-3pl-prhb
cunaha	the throat [rw: cune]	np
cunayaan	they are not eating	v1-neg-prpg
cunaye	whoever ate (it) ...	v1-past + conj
cunaynin	was/were not eating	v1-neg-ppgr
cunayno	we are not eating	v1-neg-prpg
cunayo	I am / he is not eating	v1-neg-prpg
cunaysaan	you [pl] are not eating	v1-neg-prpg
cunaysid	you are not eating	v1-neg-prpg
cunayso	she is / you are not eating	v1-neg-prpg
cuncun (-ay)	itch	v1=
cune (/ha)	throat, gullet; eater	n7-m
cuneen	they ate (it)	v1-3pl-past
cuneen	I / he / they would not have eaten	v1-neg-cond
cuneynin	is / are not eating [alt: cunaynin]	v1-neg-ppgr
cuni	to eat	v1-inf
cunid (da)	eating, consumption (of)	vn1-f
hilib cuniddii	the eating of meat	np
cunin	did not eat	v1-neg-past
cunina	don't you all eat!	v1-neg-imp-pl
cunis (ta)	eating, act of eating	vn1-f
dad cunka	[the] man-eating (beast)	adj-phrase
cunnayee	[when] we have eaten	v1-1pl-past + conj
soo cunnee	let us go and eat [the camel]	v1-1pl-opt
cunneen	we would not have eaten	v1-neg-cond
cunno	we don't eat	v1-1pl-neg-prhb
cuno	does not eat	v1-neg-prhb
cunsii (-yey)	feed; make someone eat, cause to eat	v2a=
cunsiineysaa	[why] would you feed?	v2a-2sg-prpg
cunta	food [= cunto (in sentence flow)]	np
cuntaan	food which ... not	np-rel-neg
cuntaan (2)	you all don't eat	v1-2pl-neg-prhb
cuntada	the food	np
cuntadaan	I ... the food	np + vpro
cuntadii	the food	np
cuntadu	the food	np-subj
weli wuu cuntamayaa	it [masc] is still fit to eat	expr
cuntami la'yahay	was not convinced [fig.]	vp
cuntan (/tamay)	be agreeable; be delicious, fit to eat	v1=

haddaad **cuntana**	and if you eat [= **cunto** + **-na**]	v1-2sg-rel + conj
cuntee	what if they ate (it)?	v1-pot
cunteen	she / you would not have eaten	v1-neg-cond
cuntid	you don't eat	v1-neg-prhb
cunto (/da)	food	n6-f-mass
cunto	you do / she does not eat	v1-neg-prhb
cuntooyin (ka)	foods	n6-m-pl
cusbo (/da)	salt	n6-f
cuscusla	they are not heavy	adj + v5a-neg-prhb
cuscuslidin	you [plural] are not heavy	adj + v5a-neg-prhb
cuscuslin	we are not heavy	adj + v5a-neg-prhb
cusla	he / she is not	adj + v5a-neg-prhb
cuslaa	was heavy	adj + v5a
sow **cuslaadee**	what if he is heavy?	adj + v5a-pot
cusli	I am not heavy	adj + v5a-neg-prhb
cuslid	you are not heavy	adj + v5a-neg-prhb
Cusmaan	Osman, Ottoman	name-m
cusub	new	adj
da $	the [alt: -ta]	det-f
da $	you (all) do (X)	v3a-imp-pl
da'	D [letter]	alphabet
da' (-ay)	pour; rain [with **roob**]	v1=intr
da' (da)	age	n2-f
da'aa	rains	v1-3m-prhb
da'ay	rained, poured down	v1-3m-past
daa $	I do (X)	v-1sg-prhb
daa	he does (X)	v-3m-prhb
daa $	your [alt: -**taada**]	pro-det-2sg
daa (-yey)	let be, leave alone	v2a=
sii **daa** (-yey)	release, let go free	v2a=
daad (ka)	flood	n4-m, n2-m
daada $	your [alt: -**taada**]	pro-det-2sg
daadi (-yey)	spill, scatter; water, irrigate	v2a=
daado (#daatay)	spill down, pour down, flow away	v3b=
kala **daado**	fall apart	v3b=idiom
Daahir	Dahir	name-m
daaji (-yey)	pasture (an animal) [rw: **daaq**]	v2a=
daajiyey	I grazed (the cattle)	v2a-1sg-past
daal (ka)	fatigue, tiredness	n4-m-col
daal (-ay)	tire, be tired, get tired	v1=
daal gooy (-ey)	rest [lit: break fatigue]	v2a=expr
daaleen	they were tired	v1-3pl-past
daalna	and fatigue	np + conj
daan $ (1)	this, these	deic-f-suf
daan $ (2)	they do (X)	v3-3pl-prhb
daan (ka) (3)	lower jawbone; [fig.] cheek	n4-m
daankii	the cheek	np
daaq (-ay)	graze, eat grass	v1=
daaq (a)	vegetation, pasture; grazing	n2-m
daaqaya	he was grazing	v1-subj-prpg
daaqdey	she ate grass	v1-3f-past
daaqi jiray	he used to graze	v1-inf + aux

daaqsad (ka)	grazing, feeding of livestock	vn2-m
daaqso (/day)	graze, feed oneself (of livestock)	v3a=
daar (ta)	building	n1-f
daaruhu	the buildings	np-subj
daas $	that, those [alt: -taas]	deic-f
daas (ka)	store, shop	n4-m
daasas (ka)	stores, shops	n4-m-pl
kala daatey	it [masc] fell apart	v3b-3m-past
Daauud	David	name-m
daawadii	the medicine	np
daawado	so he (could) watch	v3a-rel-prhb
daawanno	may we watch!	v3a-1pl-opt
daawo (/da)	medicine	n6-f
daawo (/day)	observe, view, watch	v3a=
daawooyin (ka)	medicines	n6-m-pl
daay (-ay)	leave alone; let go	v2a=
isa sii daay	launch oneself, let oneself go	v2a=expr
dab (ka)	fire	n4-m, n2-m
dab weyn (ta)	heavy artillery	n0-f-col-cmp
daba soco	follow, go after	v3b=expr
daba yar yahay	shrink in number	idiom
dabaal (/sha)	swimming	n1-f
dabab (ka)	fires	n4-m-pl
dabadeed	after, then	conj
daarta dabadeeda	behind the building	np-loc
dabadeedna	afterwards, and then, lastly	conj-time
dabadood	after them	np-loc
dabaggaalle (/ha)	squirrel	n7-m-col
dabar (#bray)	hobble (a camel), chain or tie up	v1=
dabar (ka)	hobble rope for camels; fetters, manacles	n2-m
dabeyl (/sha)	wind	n1-f
dabkii	the fire	np
dable (/lihii)	soldier with firearm [pl: dabley (da)]	n8-m
dab leh	ignited, on fire	adj-phrase
dabo (/da) (1)	after, behind	n0-f-loc
dabo (/da) (2)	tail	n6-f
dabo (/da) (3)	anus, rectum	n6-f
dabool (-ay)	cover	v1=
daboolan	covered	adj-der
dabran	hobbled, tethered, chained	adj-der
dacal (ka)	edge, corner, side; hem of garments	n2-m
dacwad (da)	law-suit, accusation, complaint	n1-f
dacwadiisiina	and his case	np
dacwo (/da)	lawsuit, case; summons, citation	n6-f
dacwooyin (ka)	lawsuits	n6-m-pl
dad (ka)	people	n2-m-col
dad badan	populous	adj-phrase
dad-cun (ka)	man-eating	adj-m
dadka badidood	most of the people	np
dadkaa	the people	np + focus
dadkaagii	your people	np
dadkaas	those people	np

dadkiisa	his people	np
dadku	the people	np-subj
dadna	and people	np + conj
dadnimo (/da)	humanity	n0-f
dadow	hey people!	np-voc
dadweyne (/ha)	public, population	n7-m-col-cmp
dadyahow	hey people!	np-voc
dadyo (/da)	peoples	n2-f-pl
dag (-ay)	deceive; ambush	v1=
dagaal (-ay)	wage war, do battle	v1=
dagaal (ka)	war, battle, attack, fight	vn2-m
dagaalkii	the battle	np
dagaallama	you all fight!	v1-imp-pl
kula **dagaallamo**	[that] I fight with you	v1-rel-prhb
dagaallan (/may)	fight, quarrel, engage in battle	v1=
dagaallo (/da)	wars, battles	n2-f-pl
dagaashaneed	[the two] who were fighting	adj + v5a
dagiiran (ka)	pheasant	n2-m
dagiiranno (/da)	pheasants	n2-f-pl
dagmo	fake, false	adj-f
dagniin (ta)	deception	vn2-f
dahaar (ka)	shell, covering	n2-m
dahaar (-ay)	cover; decorate	v1=
dahaarreyd	she was covered	adj-der + v5a
dahaartay	she covered	v1-3f-past
dahay $	she is [alt: -tahay]	v5a-3f-pres
dahay $	you are	v5a-2sg-pres
dakhli (ga)	income, revenue	n2-m
dal (ka)	country, land	n4-m, n2-m
dalaab (-ay)	emigrate, leave a place	v1=
dalal (ka)	countries	n4-m-pl
dalooli (-yey)	pierce	v2a=
daloolin	to pierce	v2a-inf
dal yaqaan (ka)	one who knows the country; scout	n2-m
dambana	and after, later on	adv + conj
dambe	next, following; behind	adj-atr/time
dambe	last ... [+ time word + -ii]	time-phrase
dambe	next ... [+ time word + -a]	time-phrase
dambee (-yey)	be last, behind, backwards, late	v2b=
dambee (-yey)	follow after	v2b=
ku **dambee**	end up	v2b=expr
dambeyn (ta)	remainder, the one left; the end	vn-f
dambeyntii	the one left	np
dambeyntiina	and in the end, finally	np-time
dambeyntiise	but at the end	np-conj
ka **dambeysa**	it (fem) is behind	v2b-3f-subj-prhb
ku **dambeysay**	[where] it (fem) had ended up	v2b-3f-rel-past
dambi (ga)	blame; crime	n2-m
dameer (ka)	donkey (male)	n2-m, n5-m
dameer (ta)	jenny, female donkey	n1-f
dameer (ta)	donkeys	n5-f-pl
dameeraha	the donkeys	n1-m-pl

dameerkiina	and the donkey	np + conj
dameerkuu	the donkey ... he	np + vpro
sida dameerkuu u shaqeeyaa	he works hard	idiom
dameerle (/ha)	owner of a donkey	n -m
dameerteeyday	oh, my donkey!	np-voc
dameertiina	and the jenny	np + conj
dameeruhu	the female donkeys	n1-m-pl-subj
damey	it stalled (of car engine) [rw: dan]	v1-3m-past
dami (-yey)	extinguish, put out; turn off a light	v2a=
damiyeen	the extinguished (the fire)	v2b-3pl-past
dan (1)	this, these	deic-f-suf
dan (damay) (2)	be extinguished; die (as engine)	v1=
dan (ta) (3)	interest, aim, objective	n1-f
daqiiqad (da)	minute	n1-f-time
daqsi (ga)	fly [alt: duqsi]	n2-m
dar (-ay)	dive, plunge; sink; become engrossed	v1=
foodda dar	clash, be in conflict	v1=idiom
isku dar	add or put together, mix, join	v1=
ku dar	put (in), add	v1=
daran	worse, serious, tough, formidable	adj
isku daraya	while he was mixing both ...	v1-3m-subj-prpg
dardaaran (/may)	make a will, bequeath	v1=
dardaaran (ka)	will, testament, last wishes	n2-m
dardaarankaasi	this last wish	np
dardaarmay	he made a will	v1-3m-past
soo dardaarmeen	they had already requested [him]	v1-3pl-past
darid (da)	adding	vn0-f
dariiq (a)	road, street, path, small road	n2-m
dariiqa	on the street	np-loc
dariiqan	this street	np
dariiqyadu	the roads, the streets	np-pl-subj
kuma darin	did not put in / add	v1-neg-past
darraad (da)	day before yesterday	n0-f-time
darro $	lack of, without; un-, mis-; -less	n6-f-suf
darso (/day)	add for oneself	v3a=
isku darso	add or put together, combine	v3a=expr
dartaada	because of you	np-cause
darteed	for its / her sake	np-reason
daw (ga)	path, way; right, prerogative; system	n2-m
dawaarle (/lihii)	tailor [pl: dawaarley (da)]	n8-m
dawaca	a jackal [= dawaco (in sentence flow)]	np
dawacadii	the jackal	np
dawaco (/da)	jackal, fox	n6-f
dawana	and [the] jackal	np + conj
dawaqsan	confused, dizzy, giddy	adj-der
dawdarro (/da)	injustice	n6-f
dawlad (da)	government	n1-f
dawladnimo (/da)	nationhood	n6-f
dawo (/da)	jackal, fox	n6-f
dawooyin (ka)	jackals, foxes	n6-m-pl
dawyo (/da)	paths, ways, streets	n2-f-pl
day $ (1)	he did (X)	v3a-3m-past

day $ (2)	I did (X)	v3a-1sg-past
day $ (3)	you did (X)	v1-2sg-past
day $ (4)	she did (X)	v1-3f-past
day $ (5)	my [alt: -**tayda**]	pro-det-1sg
day (-ay) (6)	look at	v1=
isku **day**	try, put oneself into	v1=expr
dayada $	our, of us [exclusive; alt: -**tayada**]	pro-det-1pl
dayda $	my [alt: -**tayda**]	pro-det-1sg
dayo $	our [exclusive; alt: -**tayada**]	pro-det-1pl
dayr (ta)	lesser rainy season	n0-f-time
dayuurad (da)	airplane	n1-f
dayuuraddu	the plane	np
dee $	which? [alt: -**tee**]	qw-det-f
deed $	her [alt: -**teeda**]	pro-det-3f
deeda $	her [alt: -**teeda**]	pro-det-3f
deen $ (1)	our [inclusive; alt: -**teenna**]	pro-det-1pl
deen $ (2)	they did (X)	v3-3pl-past
deen $ (3)	you did (X) [alt: -**teen**]	v1-2pl-past
deen $ (4)	he would not have done (X)	v3b-3m-neg-cond
deen $ (5)	I would not have done (X)	v3b-1sg-neg-cond
deen $ (6)	they would not have done (X)	v3b-3pl-neg-cond
deenna $	our, of us [inclusive; alt: -**teenna**]	pro-det-1pl
deeq (-ay)	suffice; be enough; adequate	v1=
ku **deeq** (-ay)	bestow (upon), grant (unto)	v1=expr
Deeqa	Deka	name-f
ugu **deeqo**	that [God] might grant to them	v1-rel-prhb
deg (-ay)	alight, get off (of); go down	v1=
deg (-ay) (2)	reside, settle	v1=
degaan (ka)	settlement	n -m
degaan-deg	slope	n2-m-cmp
degad (ka)	act of descending; landing (of airplane)	vn2-m
degasho (/da)	descent, act of dismounting	vn6-f
degdeg	right away, immediately	adv-time
deggan	settled; inhabited; residing, living	adj-der
degganaa	[people who] were living (there)	adj + v5a-past
degganaan (ta)	state of being settled; calm, tranquility	n -f-abs
la **degganeyn**	not inhabited	adj + v5a-neg-past
degid (da)	landing (from the air)	vn1-f
degmadiisii	his (own) settlement	np
tan iyo **degmaduu**	up to the village he ...	np
degmo (/da)	settlement, community, district, town	n6-f
degniin (ka)	act of descending; landing (of airplane)	vn -m
dego (#degtay)	go down, descend	v3b=
degteen	they went down	v3b-3pl-past
deji (-yey)	unload, take down [rw: **deg**]	v2a=
deji (-yey) (2)	make s.o. settle (in a place)	v2a=
dey $ (1)	I did (X) [alt: -day]	v3a-1sg-past
dey $ (2)	he did (X) [alt: -day]	v3a-3m-past
dey $ (3)	you did (X) [alt: -tay]	v1-2sg-past
deyn	to leave alone [rw: **daa(y)**]	v2a-inf
deyn (ta)	debt, credit, liabilities	n1-f
deynsasho (/da)	act of borrowing	vn6-f

deynso (/day)	borrow	v3a=
dha $	the [alt: -ta]	det-f
dha'	DH [letter]	alphabet
dhaada $	your [alt: -taada]	pro-det-2sg
dhaadheer	tall, high, long (ones) [sg: dheer]	adj-pl
dhaadhici (-yey)	let down, lower, bring down	v2a=
na dhaadhiciya	let's us go down	v2a-imp-pl
dhaaf (-ay)	leave behind, pass; omit	v1=
is dib dhaaf	criss-cross each other	v1=expr
dhaamay	it [masc] improved [rw: dhaan]	v1-3m-past
dhaan (/may)	get better, improve	v1=
dhaan $	not ... the [alt: -ta + aan]	det-f + neg
dhaanso (/day)	fill up (as one's stomach)	v3a=
ii dhaanta	[it] is better for me	pro + v1-3f-prhb-subj
dhaar (ta)	oath, swearing	n0-f
dhaaratay	she swore [that ...]	v3b-3f-past
dhaaro (#rtay)	swear, take an oath	v3b=
ku dhaartey	I took an oath upon ...	v3b-1sg-past
dhaawac (a)	injury, wound	n2-m
dhab (ta)	truth, reality	n -f
waa iga dhab	I am serious	idiom
dhabbaakh (a)	cook (male)	n2-m
dhabbaakhad (da)	cook (female)	n1-f
dhabee (-yey)	prove, verify, confirm	v2b=
ku dhabiiltan (may)	be cautious with money, account (for)	v1=
dhac (-ay) (1)	fall down; set (of the sun)	v1=
dhac (-ay) (2)	rob, rustle (cattle); plunder, pillage	v1=
ka dhac (-ay) (3)	happen, occur, take place	v1=expr
ka dul dhac (4)	happen upon, run into	v1=expr
ku dhac (-ay) (5)	follow, "hit upon"	v1=expr
ku dhac (-ay) (6)	collide; crash (of airplane)	v1=expr
dhac (a) (7)	robbery, theft	n -m
dhac (a) (8)	happening, occurrence	n -m
dhacan (ta)	corral closure, "gate"	n1-f
waxa dhacayana	and what is happening	v1-subj-prpg
dhacdana	and if it happens	v1-rel + conj
dhacday	it [fem.] happened [alt: dhacdey]	v1-3f-past
dhacdey	you fell down [alt: dhacday]	v1-2sg-past
dhadhan (ka)	taste, flavor	n2-m
dhagar (#gray)	cheat, deceive, mislead, swindle, betray	v1=
dhagarrey	you cheater!	np-voc
dhagax (a)	stone, rock [pl: dhagxan]	n8-m, n2-m
dhagaxaasi	that stone	np
dhageysan	to listen (to)	v3b-inf
dhageysan(nin)	did not listen	v3b-neg-past
ha dhageysannin	do not listen	v3b-neg-imp
dhageysataan	they don't listen	v3b-neg-prhb
dhageysateen	you [pl] would not have listened	v3b-neg-cond
dhageyso (#stey)	listen	v3b=
in ninku dhagrayay	that he was being cheated by the man	v1-rel-ppgr
dhagxaan (ta)	stones [sg: dhagax]	n8-f-pl
dhagxan (ta)	stones [sg: dhagax]	n8-f-pl

dhahaa	I say	v1-1sg-prhb
dhakhtar (ka)	doctor (male)	n2-m
dhakhtarad (da)	doctor (female)	n1-f
dhakhtarnimo (/da)	medical science	n6-f
dhakhtarradu	the doctors [subject]	np-subj
dhakhtarro (/da)	doctors	n2-f-pl
dhal (-ay)	give birth to, beget, father a child	v1=
dhal (ka)	giving birth, delivery (of a child)	vn-m
dhal (/sha)	child, offspring; descendants	n0-f-col
dhalaal (-ay)	shine, be bright	v1=intr
dhalaali (-yey)	polish, shine; brighten; melt	v2a=tr
dhalaan	they give birth	v1-3pl-prhb
dhalan lahayn	if we had been born	v3b-inf/cond
dhalasho (/da)	act of being born, birth	vn6-f
dhaldhal (-ay)	give birth	v1=pl
dhali (-yey)	beget; deliver (a baby)	v2a=
dhali (-yey)	score (as a goal in soccer)	v2a=
ma dhalin	did not have children; did not father	v1-neg-past
dhalisay	she delivered	v2a-3f-past
dhaliye (/ha)	scorer	n7-m
dhallaan (ka)	infant, baby	n -m
dhalley	we gave birth	v1-1pl-past
dhalo (/dhashay)	be born	v3b=
dhambacaadso	lie on one's stomach	v3a=
dhammaadey	it is all gone; it is finished	v3a-3m-past
dhammaan (ta)	all, the whole, entirety [rw: dhan]	n0-f-mass
dhammaaneysa	will she [ever] be finished	v3a-3f-rel-prpg
dhammee (-yey)	finish, bring to an end, conclude	v2b=
dhammeyn(nin)	did not finish (off)	v2b-neg-past
dhammeyneysaa	she is going to finish	v2b-3f-prpg
ha dhammeynnina	don't you all finish it off	v2b-neg-imp-pl
ha dhammeysan	don't finish it all off!	v3b-neg-imp
dhammeysey	she finished	v2b-3f-past
dhammeyso (#stay)	finish off	v3b=
dhammoow (/aaday)	be finished, over; end [alt: dhammow]	v3a=
dhan $	this, these [alt: -tan]	deic-f
dhan (2)	all, entire, complete; portion, part	num-adj
dhan (ka) (3)	side, direction, way, part	n4-m
dhan ... dhanna	on one hand ... on the other	conj phrases
dhaq (-ay)	raise, breed, take care of; save money	v1=
dhaqaaji (-yey)	move s.t. away, push [rw: dhaqaaq]	v2a=
dhaqaalo (/ha)	economy, management	n -m
dhaqaaq (-ay)	move (off), make a movement, stir	v1=
dhaqaaq (a)	movement, shift	vn -m
intaanu weli ka dhaqaaqin	before he went away	v1-neg-past
dhaqan (ka)	conduct, behavior, culture, way of life	n -m
dhaqan xumo	bad conduct	np
duunyo dhaqayo	[as long as people] raise cattle	v1-rel-prpg
dhaqsadiiba	immediately	adv-time
dhaqso	soon, right away	adv-time
dhar (ka)	cloth(ing), clothes, fabric, material	n4-m
dharaar (ta)	day, day-time	n1-f-time

laba **dharaarood**na	and for two days	np-time
dharbaax (-ay)	slap, hit across the ears	v1=
dharbaaxo (/da)	box on the ear; blow, slap	n6-f
dhasha	= dhal + -ta	np
dhashey	she gave birth [rw: **dhal**]	v1-2f-past
dhashii	the offspring	np
dhawaaji (-yey)	shout s.t., call (out) [rw: **dhawaaq**]	v2a=tr
dhawaaq (-ay)	make a noise from far off; shout, sound	v1=intr
ku **dhawaaq**	proclaim, announce	v1=
dhawaaq (a)	pronunciation; shouting, cry, call, sound	vn-m
ka **dhaxal** (#xlay)	inherit (from)	v1=expr
dhaxal (ka)	inheritance, legacy	n2-m
dhayada $	our [exclusive; alt: -**tayada**]	pro-det-1pl
dhayda $	my [alt: -**tayda**]	pro-det-1sg
dheceen	= dhac + -een	v1-3pl-past
dheddig (ga)	female, feminine	n1-m, n2-m
dheeda $	her [alt: -**teeda**]	pro-det-3f
dheefso (/day)	get nourishment; [fig.] benefit from	v3a=
dheenna $	our [inclusive; alt: -**teenna**]	pro-det-1pl
dheer	tall, long, deep	adj
dheeraadaa	he becomes tall	v3a-3m-prhb
dheeraaday	he became tall	v3a-3m-past
show **dheeraadee!**	so I / he may be tall!	adj + v5a-pot
ha **dheeraadeen**	may they be tall!	adj + v5-3pl-opt
an **dheeraado**	I hope I will be tall!	adj + v5a-1sg-opt
dheeraan (ta)	height, state of being long, tall, or deep	n -f-abs
dheeraan (2)	to become tall	v3a-inch-inf
annu **dheeraanno**	may we be tall!	adj + v5a-1pl-opt
dheeraataa	she becomes tall	v3a-3f-prhb
dheeraatay	she became tall	v3a-3f-past
show **dheeraatee!**	so she / you may be tall!	adj + v5a-pot
ad **dheeraateen**	may you all be tall!	adj + v5a-2pl-opt
mey **dheeraateen**	she would not have been tall	adj + v5a-3f-neg-cond
ad **dheeraato**	may you be tall!	adj + v5a-2sg-opt
dheerdheer	tall (ones) [alt: **dhaadheer**]	adj-pl
fiira **dheere**	perceptive, astute	adj-idiom
dheeree (-yey)	lengthen, extend	v2b=
dheereyn	was / were not all	adj + v5a-neg-past
dheerow (/aaday)	become tall	v3a=inch
wuu il **dheer**yahay	he looks tired	idiom
dheg (-ay)	stick to, adhere	v1=intr
dheg (ta)	ear	n1-f
dheg jalaq uma siine	and he did not listen	idiom
dhegaya	be sticking [rw: **dhegayo**]	v1-rel-prhb
dhegeysad (ka)	act of listening	vn2-m
dhegeysanayay	he was listening	v3b-3m-ppgr
dhegeyso (#stay)	listen	v3b=
dhegweyn (ta)	easygoing, carefree, light-hearted	np-f-idiom
dheh	say (it)!	v4a-imp-sg
dheji (-yey)	stick	v2a=tr
dhereg (-ay)	feel full, replete, have had enough	v1=
dhereg (ta)	fullness, satisfaction after eating	n0-f

dhereg kaga caddahay	suffering from being too full	expr
dheregsan	full, sated (with food)	adj-der
dhergana	and [when] he was full [= **dhergay** + **na**]	v1-past + conj
dhergeen	they ate enough	v1-3plpast]
maan **dhergin**	I did not have enough (to eat)	v1-neg-past
dhex (da)	middle, center	n1-f
dhex	in the middle	np-loc
daarta **dhex**deeda	in(side) the building	np-loc
labada **dhex**dood	between the two	np-loc
dhexe	middle, central	adj
ka **dhexee** (-yey)	be between, be in the middle	v2b=
dhexmar (-ay)	pass through	v1=cmp
dhib (ta)	difficulty, trouble, problem	n1-f
dhib leh	difficult	adj-phrase
dhibaatana iima geysan	and he did not harm me	expr
dhibaato (/da)	problem, trouble, hardship; difficulty	n6-f
dhibab (ka)	difficulties	n4-m-pl
dhibbaan (ta)	wound, injury	n2-f
dhibo (/ha)	troubles	n1-m-pl
dhici	to happen [rw: **dhac**]	v1-inf
dhici (-yey) (2)	cause to fall	v2a=
dhici (-yey) (3)	abort; stop (e.g., a fight)	v2a=
iska kay **dhici**	defend yourself from me	expr
dhicid (da)	falling; downfall	vn1-f
gabbal **dhicii**	at nightfall	np-time
aan ku **dhicin**	would not happen (to her)	v1-neg-past
dhicis (ta)	happening; falling; aborting, miscarriage	vn1-f
dhidid (ka)	sweat, perspiration	n0-m-mass
ku **dhidid** (-ay)	sweat over; [fig.] work hard for s.t.	v1=expr
dhididi	to perspire	v1-inf
dhifitin (ta)	act of snatching (away)	vn -f
dhifo (#dhiftay)	jerk away, snatch (for oneself)	v3b=
dhig (-ay)	put (down)	v1=
dhig (-ay) (2)	write (down); teach	v1=
iska **dhig** (-ay)	render oneself; pretend	v1=expr
dhigaal (ka)	writing; script; (bank) deposit	vn2-m
dhigaalkaagu	your handwriting	np
dhigad (ka)	act of studying	vn2-m
dhigasho (/da)	writing; learning; act of setting aside	vn6-f
dhigateen	may you study!	v1-2pl-opt
dhige (/ha)	author, writer	n7-m
dhigid (da)	writing; act of putting down	vn1-f
dhigis (ta)	act of writing	vn1-f
dhignaan (ta)	state of being written or put down	n -f-abs
dhigniin (ka)	act of writing; act of putting s.t. down	vn -m
dhigno	may we put (it down)	v1-1pl-opt
dhigo (#gtay)	study, go to school, attend class	v3b=
dhigo (#gtay)	put down (for oneself)	v3b=
dhigtaa	I study	v3b-1sg-prhb
dhigtey	he put it down [alt: **dhigtay**]	v3b-3m-past
ha **dhihin**	don't say (it)	v1-neg-imp
dhii $	the [known] [alt: **-ta** + **i**]	det-f

dhiib (-ay)	give, hand over; surrender; pay	v1=
dhiibo (#btay)	entrust, hand over, give in trust	v3b=
u dhiibtaan	they would present [their case] to	v3b-3pl-prhb
dhiig (ga)	blood	n0-m-mass
dhiigbax (a)	hemorrhage, flow of blood	np-m-cmp
dhiigdarro (/da)	anemia	n6-f
dhiigee (-yey)	bleed, make blood come out	v2b=
dhiiggeyga	my blood	np
dhiigqab (-ay)	have a period, menstruate	v1=expr
dhiigsiin (ta)	blood donation	vn-f-cmp
dhiiji (-yey)	bleed [rw: dhiig]	v2a=tr
dhiiji (-yey)	squeeze a trickle from [rw: dhiiq]	v2a=tr
dhiil (/sha)	milk-vessel of woven plant-fiber	n1-f
dhiilladiina	and from the hostility	np
dhiillo (/da)	hostility; bad news, news of disaster	n6-f
dhiillooyin (ka)	hostilities	n6-m-pl
dhiinna $	your [plural; alt: -tiinna]	pro-det-2pl
dhiiq (-ay)	trickle (of milk), give some milk	v1=intr
dhiisa $	his [alt: -tiisa]	pro-det-3m
dhiman	to die	v3b-inf
dhiman(nin)	did not die	v3b-neg-past
ha dhimannina	don't you all die!	v3b-neg-imp-pl
dhimasho (/da)	dying, death	vn -f
dhimatey	she died [alt: dhimatay]	v3b-3f-past
dhimo (#ntay)	die	v3b=
dhinac (a)	side; direction; concerning, related to	n2-m
jidka dhinaciisa	beside the road	np-loc
dhinacyo (/da)	sides	n2-f-pl
dhinicii	the side [rw: dhinac]	np
dhintana	and [if] you die [= dhinto + -na]	v3b-rel-prhb
wuu dhintay	he died [alt: dhintey]	v3b-3m-past
dhiqi	to breed, raise (as cattle) [rw: dhaq]	v1-inf
dhir (ta)	plants, shrubbery, trees, forest; spices	n1-f-col
dhirifdhow	touchy, short-tempered	adj-cmp
dhis (-ay)	build, set up, construct; institute	v1=
dhisanayaa	I am building for myself	v3b-1sg-prpg
dhisayaan	they are building (X)	v1-3pl-prpg
dhisid (da)	constructing, act of construction	vn1-f
dhisniin (ka)	act of building	vn -m
daartan dhisniinkeedu	the construction of this building	np
dhiso (#stay)	build (for oneself); establish	v3b=
dhooda $	their [alt: -tooda]	pro-det-3pl
dhoof (-ay)	depart, travel abroad, embark	v1=
dhoofeynaa	we are travelling	v1-1pl-prpg
dhoofi (-yey)	send off s.o.; export; deport, exile	v2a=
dhoofid (da)	departing	vn1-f
dhoofin (ta)	exporting; deporting	vn -f
dhoofis (ka)	act of exporting; act of deporting	vn2-m
dhoofisay	you sent s.o. off (on a journey)	v2a-2sg-past
dhoofiye (/ha)	exporter	n7-m
dhooftay	she went abroad	v1-3f-past
dhool (ka)	incisor, front tooth	n4-m, n2-m

dhoolla caddee	smile [lit: whiten the front teeth]	v2b=idiom
dhoolla caddeynaya	while he was smiling	v2b=idiom
dhow	near, nearby, close [opp: **fog**]	adj-loc
dhowaa	was near	adj + v5a
dhowaato	she doesn't get near	v3a-neg-prhb
dhowoow (/aaday)	approach; become close [alt: **dhowow**]	v3a=inch
soo **dhowoow**	come close; welcome!	v3a=
dhowr	several	adj / num-pro
dhudhun (ka)	forearm (from wrist to elbow); cubit	n2-m
abaar xumi ku **dhufatay**	a bad drought hit them	expr
ku **dhufatey**	she hit (him) with (a stone)	v3b-3f-past
ku **dhufo** (#ftey)	hit, strike	v3b=
dhugmo (/da)	astuteness, intelligence; attention	n6-f
dhugo (#dhugtay)	glance, look at	v3b=
dhul (ka)	land, ground, country, homeland	n4-m
dhulka	on the ground	np-loc
dhul marayey	[while] he was passing through the land	expr
dhulweyne (/ha)	mainland	np-m-cmp
dhunji (-yey)	swallow	v2a=
dhunkad (ka)	act of kissing	vn2-m
dhunkasho (/da)	act of kissing	vn6-f
dhunko (/day)	kiss	v3a=
dhurwaa (ga)	hyena	n2-m
dhuuban	thin, slim, narrow	adj-der
ha **dhuubnaadeen**	may they be slim!	adj + v5a-opt
maan **dhuubnaadeen**	I would not have been slim	adj + v5a-neg-cond
show **dhuubnaatee**	what if you are thin?	adj + v5a-pot
dhuubneyn	was / were not slim (or thin)	adj + v5a-neg-past
dhuubni (da)	thinness, slimness	n -f
maad **dhuubnid**	you are not slim	adj + v5a-neg-pres
dhuudhuuban	thin (ones)	adj-pl
dhuun (ta)	throat; tube, hose [pl: **dhuuman** (ka)]	n4-f
dib (ta)	back, rear	n1-f-loc
dib	back(wards); to the rear; returned	adv-loc
ka **dib**	afterwards	np-time
u **dib**	again, after, later; re-	adv-time
dibad (da)	outside, out-of-doors, external	n1-f
daarta **dibaddeeda**	outside the building	np-loc
guriga **dibaddiisa**	outside the house	np-loc
dibed (da)	outside	n -f-loc
dibi (ga)	ox, bull	n5-m, n2-m
dibi (da)	oxen, bulls	n5-f-pl
dibidii	the bulls	np-pl
dibigeedii	her ox	np
dibin (ta)	lip [pl: **dibno** (/ha)]	n3-f
dibina	and an ox ...	np + conj
dibna	and later, afterwards	np-time
dibnahaaga	your lips	np
dibudhac (-ay)	be postponed [= **dib** + **u** + **dhac**]	v1=cmp
did (-day)	scatter, stampede, bolt	v1=intr
didi (-yey)	disperse, scare (off), scatter	v2a=tr
didisay	she scared (the animal) away	v2a-3f-past

didso (/day)	chase away for oneself	v3a=
dig (-ay)	warn, advise	v1=
dii $	the (known) [feminine; alt: -ta + i]	det-f-subj
diid (-ay)	refuse; deny	v1=
diidaan	[if] they refused (his request)	v1-3pl-prhb
maan diideen	I would not have refused (it)	v1-neg-cond
diidi	to refuse	v1-inf
diin $	your (pl) [alt: -tiinna]	pro-det-2pl
diin (ka)	turtle	n -m
diinku	the turtle	np-subj
diinna $	your, of you all [plural; alt: -tiinna]	pro-det-2pl
diir (-ay)	peel, skin	v1=
Diiriye	Diriye	name-m
diirran	warm	adj-der
salaan diirran	warm greetings	expr
diis $	his [alt: -tiisa]	pro-det-3m
diisa $	his [alt: -tiisa]	pro-det-3m
dil (-ay)	hit, beat (up); kill	v1=
dil (ka)	killing, murder; beating	vn-m
dilay	he killed (him)	v1-3m-past
dilayba	[since I] killed ...	v1-1sg-past
ku dileen	[the things which] killed (him)	v1-3pl-past
dillaan (ta)	victim	n -f
dilley	we killed	v1-1pl-past
dilnaan (ta)	state of being killed; victim	n -f-abs
dilniin (ka)	act of killing, murder	vn -m
dilo	let him kill (X)	v1-3m-opt
dimoqraadi	democratic	adj
dindin (-ay)	seep, leak	v1=
diqeysan	disgusted	adj-der
dir (-ay)	send, dispatch	v1=
diraac (da)	start of dry season [December]	n0-f
diraal (ka)	act of sending; delegation	vn -m
dirid (da)	sending; exporting	vn1-f
aan dirin	which [he] did not send	v1-neg-past
dirir (-ay)	fight, quarrel	v1=
dirir (ta)	quarrel, dispute	vn-f
ku dirireen	they fought over it	v1-3pl-past
dirnaan (ta)	state of being sent	n -f-abs
dirrey	we sent (it) [alt: dirnay]	v1-1pl-past
Disembar (ta)	December	n0-f-time
dishay	you killed (it/him) [rw: dil]	v1-2sg-past
disheen	they killed (him)	v1-3pl-past
dishey	she killed	v1-3f-past
ee maad dishid	so why don't you kill it	v1-2sg-neg-prhb
diyaari (-yey)	prepare, make ready	v2a=
diyaariyaan	[that] they prepare	v2a-3pl-prhb
do $	may he, let him (X)	v3b-3m-opt
do $	may I, let me (X)	v3b-1sg-opt
doga-aqoon (ta)	anatomy [Syn: xubno-aqoon]	np-f-cmp
dood $	their [alt: -tooda]	pro-det-3pl
dood (-ay)	debate, argue, discuss; criticize	v1=

dood (da)	argument	vn -f
dooda $	their, of them [alt: -**tooda**]	pro-det-3pl
aan u **doodin**	it was not discussed (at all)	v1-neg-past
la **doogsado**	[when] heavy rains come	v3a-rel
doogso (/day)	receive abundant rain	v3a=
dool (ka)	stranger, foreigner, migrant	n4-m
doollar (ka)	dollar	n2-m
doon (-ay)	will, shall, be about to do [future]	v1=aux
doon (-ay)	want, desire, like (to)	v1=
doonaa (-taa)	will [future]	v1=aux-fut
wey **doonaan**	they are going to (X)	v1-3pl-prhb
mey **doonaan**	they will not (X)	v1-3pl-neg-prhb
doonasho (/da)	fetching; seeking	vn6-f
ayaan **doonayaa**	what I want is to ...	v1-1sg-prpg
doonayeyee	and I have been looking for ...	v1-1sg-ppgr
doonaynaa	we want [this one]	v1-1pl-prpg
haddaadan **dooneyn**	if you do not want ...	v1-neg-prog
haddeyan **dooneynin**	if she does not want ...	v1-neg-prog
dooneysaa	she wants	v1-3f-prpg
doonid (da)	wanting, wishing	vn1-f
doonin	that won't (X)	v-neg-fut
doonnaa	we will do (X)	v-aux
doonno	if we want	v1-rel
doonno	we will not (X)	v1-neg-fut
doono	I / he will not (X)	v1-neg-fut
doono (#doontay)	fetch (for oneself)	v3b=
doontaa	she / it [fem] will (X)	v-aux
doontaan	you [pl] will not (X)	v1-neg-fut
ka soo war **doontay**	she came back to inquire	v1-3f-past
xaaba **doonteen**	they [went to] fetch firewood	v3b-3pl-past
doonto	you may want	v1-rel-prhb
ma **doonto**	you / she will not (X)	v1-neg-prhb
dooro (#doortay)	choose, pick, elect	v3b=
doorso (/aday)	change; heal, get better; exchange	v3a=
doorteen	they chose	v3b-3pl-past
loo **doortey**	he was chosen for (a position)	v3b-3m-past
wey **dootameen**	they debated	v1-3pl-past
dootan (/tamay)	debate [rw: **dood**]	v1=
doqon (ka)	stupid person, fool	n-m
doqonyahay	you stupid woman!	np-voc-f
dorraad (#to)	day before yesterday	n-f-time
du $	feminine subject	det-f-subj
dubnad (da)	domino [alt: **dumnad**]	n1-f
dud (-ay)	get angry	v1=
duddun (ta)	ant hill, termite mound	n1-f
dudduni	an ant hill	np-subj
dudey	he was angry	v1-3m-past
dufan (ka)	grease, oil	n2-m-mass
dugaag (ga)	beast, wild animal	n2-m-col
dugaaggaas	those beasts	np
dugsi (ga)	school	n2-m
dugsigaas	that school	np

duhur (ka)	noon, midday	n2-m
duhurka	at noon	np-time
dukaammo (/da)	shops, stores	n2-f-pl
dukaan (ka)	shop, store	n2-m
dukaanlaha	the shopkeeper	np
dukaanle (/ha)	shopkeeper	n7-m, n8-m
dukaanlihii	the shopkeeper	np
dukaanluhu	the shopkeeper	np-subj
dukaanno (/da)	shops, stores	n2-f-pl
dul (/sha) (1)	surface, top	n0-f
dul (/sha) (2)	above, on top, upon	n0-f-loc
dul (/sha) (3)	patience	n0-f-abs
duleed (ka)	back (side), end; complement	n2-m
dulmar (-ay)	go over	v1=cmp
dulqaado (#aatay)	bear with patience, be patient	v3b=
dultag (-ay)	come upon, happen upon	v1=cmp
dultegeen	they came upon	v1-3pl-past
dumar (ka)	womenkind	n2-m-col
dumnad (da)	domino [alt: **dubnad**]	n1-f
duni (da)	world	n2-f
dunida	in the world	np-loc
dunsan	broken, fractured, demolished	adj-der
duq (a)	old man; elder, chief	n2-m, n7-m
duqsi (ga)	fly [alt: **daqsi**]	n2-m
durduri (-yey)	cause to flow; make run, stampede	v2a=
si ay ugu **durduriso**	so that she would make (it) run	v2a-3f-rel-prhb
durki (-yey)	shift; move s.t. apart, space out	v2a=tr
durug (#durkay)	shift, move (oneself)	v1=intr
duuf (ka)	mucus, snot	n0-m-mass
duug	very old (of things)	adj
duug (ta)	funeral, burial	n -f
duugo (#gtay)	bury (for oneself)	v3b=
duugtiisii	his funeral	np
duul (-ay)	fly	v1=intr
duuli (-yey)	fly, pilot, make s.t. fly	v2a=tr
duulid (da)	flying	vn1-f
ha **duulinnina**	don't you all fly!	v1-neg-imp-pl
duulis (ta)	flying; raiding	vn1-f
duulitaan (ka)	act of flying; flight	vn2-m
duuliye (/ha)	airplane pilot	n7-m
duullaan (ka)	attack-force, expedition, raiding party	n2-m
duullaanno (/da)	expeditions	n2-f-pl
duunyo (/da)	stock, animals, herds	n6-f
duur (ka)	forest, jungle, woods, wilderness	n4-m
duurar (ka)	forests	n4-m-pl
duushay	she / it [fem] flew	v1-3f-past
duwan	different	adj-der
ka **duwanaa**	he was different from ...	adj + v5a-3m-past
e $	and	conj-suf
e $ (2)	-er / -or [agent or instrumental noun]	n7-m-suf
e'	E [letter]	alphabet
edeb (ta)	manners, good behavior	n0-f-col

edebdarro (/da)	bad manners, bad behavior	n6-f
ee (1)	long E [letter]	alphabet
ee (2)	and, so [discoordinate]	conj
ee $ (3)	and	conj-suf
ee $ (4)	becoming (X) [factitive]	v2b-suf
ee $ (5)	which? [Alt: -**kee**]	qw-det-m
eebadan	this small spear [= **eebo** + -**tan**]	np
eebadiina	and the spear	np
Eebbaa	it is God who ... [= **Eebbe** + **baa**]	np + focus
Eebbe (/ha)	God	n0-m, name-m
Eebbow	oh God!	np-voc
eebo (/da)	small spear	n6-f
eed $ (1)	her [alt: -**keeda**]	pro-det-3f
eed $ (2)	of, having to do with	n-gen-suf
eed $ (3)	having done (X)	v-adj-suf
eed (-ay) (4)	blame, accuse; repent, regret, lament	v1=
eeda $	her [alt: -**keeda**]	pro-det-3f
eedee (-yey)	blame, charge, accuse	v2b=
eedey	[after the time] that he blamed ...	v1-3m-past-subj
eedeyn	to accuse	v2b-inf
eedu $	her [alt: -**keeda** + -**u**]	pro-det-subj
eeg (-ay)	look (at/out), inspect	v1=
eegayaa	I am looking at (X)	v1-1sg-prpg
aynu **eegno**	let us see [if ...]	v1-1pl-opt
ha la **eego**	it should be inspected	v1-3m-opt
een $ (1)	they did (X)	v1-3pl-past
een $ (2)	may they (X), let them (X)	v1-3pl-opt
een $ (3)	suppose they (X)	v1-3pl-pot
eenna $	our [inclusive; alt: -**keenna**]	pro-det-1pl
eey $	hey you! [feminine vocative]	n-f-voc
eey (ga)	dog [alt: **ey**]	n5-m
eeygii	the dog	np
eeynin	did not (X) [negative past]	v2b-neg-past
u **eg**	similar to	adj-phrase
u **egyahay**	the way he looks	adj + v5a
ekaan (ta)	similarity, likeness	n -f-abs
ekow (/aaday)	resemble, seem, appear; be limited	v3a=
engeg	dry	adj
engeji (-yey)	dry out, cause to dry	v2a=
eray (ga)	word	n2-m
erayadaas	those words	np-pl + deic
erayadan	these words	np-pl + deic
erayadii	the words [known plural]	np-pl-subj
ey $ (1)	he did (X) [alt: -**ay**]	v1-3m-past
ey $ (2)	I did (X)	v1-1sg-past
ey $ (3)	hey you! [feminine vocative]	n-voc-f
ey (4)	she	vpro-3f
ey (5)	they	vpro-3pl
ey (ga) (6)	dog [male/generic]	n5-m, n2-m
ey (da) (7)	dogs	n5-f-pl
ey (da) (8)	female dog, bitch	n1-f
eydin	you [plural]	vpro-2pl

eydnan	you ... not [= eydin + aan]	vpro + neg
eyga $	my [alt: -kayga]	pro-det-1sg
eyn $ (1)	did not (X) [negative past]	v2b-neg-past
eyn $ (2)	to (X) [infinitive suffix]	v2b-inf-suf
eyn $ (3)	was/were not doing or going to do (X)	v-neg-prog
eyn $ (4)	was / were not	v5a-neg-past
eyna $	subject oriented verb	v1-prpg-subj
eynin $	does not (X), is not (X)ing	v-neg-prog
eynu	we [inclusive; alt: aynu]	vpro-1pl
eyso $	that you are (X)ing	v1-rel-prpg
eyso $	that she does (X)	v1-rel-prpg
fa'	F [letter]	alphabet
faa'iido leh	beneficial	adj-phrase
Faadumo	Faduma, Fatima	name-f
faan (-ay)	boast, brag	v1=
faan (ka)	bragging, boasting, praise	n4-m
Faarax	Farah	name-m
faas (ka)	axe	n4-m
fadhdhi (-yey)	stay put, continue to sit	v2a=
fadhdhidey	she stayed seated	v2a-3f-past
fadhi (ga)	meeting, conference	n2-m
fadhi (-yey)	stay put, remain seated	v2a=
fadhiiso (#stay)	sit down, be seated	v3b=
fadhiistay	(the group) met	v3b-3m-past
fadqalallee (-yey)	make a disturbance, stir up trouble	v2b=
fajacsan	amazed, bewildered	adj-der
fal (-ay)	do; plow the earth; put a spell on	v1=
falaa	I do	v1-1sg-prhb
fallar (ka)	one eighth (1/8)	n2-m, num-m
fallarna	and one eighth	np + conj
falley	we did	v1-1pl-past
faq (-ay)	consult secretly, talk privately (with)	v1=
faqri (ga)	poverty, destitution; poor person	n2-m
far (-ay)	send (a message); give advice to s.o.	v1=
far (ta)	finger, toe; handwriting, script	n1-f
far iyo suul isku taabtey	he ran as fast as he could	idiom
fara	fingers [alt: faro (/ha)]	n1-m-pl
fara badan	many, numerous, outnumbered	np-idiom
fara maran	empty-handed	adj
faran (#farmay)	obey, take orders	v1=
faraq (a)	end of a garment, fringe	n2-m
faras (ka)	horse [pl: fardo]	n8-m, n2-m
farax (a)	happiness	n4-m
farax (#farxay)	be happy, be pleased	v1=
faraxsan	happy, glad	adj-der
fardo (/ha)	horses [sg: faras]	n8-m-pl
u soo farey	he sent [a message] to ...	v1-3m-past
ha fariisannina	don't you all sit (down)!	v3a-neg-imp-pl
fariisi (-yey)	seat someone, sit s.o. down	v2a=
fariiso (#stay)	sit down, be seated	v3b=
farmay	he obeyed [rw: faran]	v1-3m-past
faro (/ha)	fingers	n1-m-pl

farriin (ta)	message, report; communication	n1-f
farta fiiq (-ay)	point out, indicate	v1=expr
fartayda	my handwriting	np
farxa	you all be happy!	v1-imp-pl
Farxiya	Farhia	name-f
fasal (ka)	class(room)	n2-m
fasalkan	this classroom	np
fasax (-ay)	let go; give leave, permit	v1=
fasax (a)	leave, vacation, holiday	n2-m
fashey	she did	v1-3f-past
Fatxiya	Fathia	name-f
Febraayo (/da)	February	n0-f-time
feedh (dha)	rib	n1-f
feer (-ay)	punch	v1=
feer (ka) (2)	punch, blow	n4-m
feer (ka) (3)	rib [alt: **feedh**]	n1-f
feertan (/tamay)	box	v1=
feker (-ay)	think, reflect, ponder, worry	v1=
feker (ka)	thinking	vn -m
fekerid (da)	thinking, pondering, reflection	vn1-f
ma **fekero**	not be thinking	v1-neg-prhb
fid (-ay)	expand, get bigger	v1=intr
fidi (-yey)	enlarge; spread, cause to spread	v2a=tr
fidnee (-yey)	cause trouble, sow sedition	v2b=
isku **fidneeyo**	[that] he cause trouble among them	v3b-rel-prhb
fiican	fine, well, good, clever	adj-der
fiicanahay	I am well	adj + v5a
fiicanayd	it was good	adj + v5a-past
hawadu wey **fiicantahay** the weather is nice		expr
fiicfiican	good (ones)	adj-pl
fiicna	is (not) good	adj + v5a-neg
fiicnahay	I am good [alt: **fiicanahay**]	adj + v5a
fiicnayd	it [fem] was good	adj + v5a
ma **fiicneyn**	was/were not good	adj + v5a-neg-past
fiid (ka)	evening, twilight	n2-m
fiidkii	in the evening	np-time
fiig (-ay)	run in panic, stampede	v1=
fiiji (-yey)	put to flight, cause (people) to panic	v2a=
fiiji (-yey)	whistle	v2a=
fiiq (-ay)	suck up/in	v1=
fiiq (-ay)	sharpen; sweep; peel	v1=
fiira dheer	= fiiro dheer	adj-idiom
fiiri (-yey)	look at, observe; ponder, reflect on	v2a=
fiirineysey	you were looking (at)	v2a-2sg-ppgr
fiirinnin	may (X) not look!	v2a-neg-opt
fiiriyeen	they observed [that ...]	v2a-3pl-past
fiiro (/da)	observation, sight; thought, reflection	n6-f
fiiro dheer	perceptive, astute	adj-idiom
fikir (-ay)	think [alt: **feker**]	v1=
fikirayey	he was thinking	v1-3m-ppgr
ma ka **fikireynin**	was / were not thinking about	v1-neg-ppgr
fil (-ay)	expect, suppose, hope	v1=

firxo (/day)	disperse; escape, run away	v3a=
fisho	that she expects [rw: fil + -to]	v1-3f-rel-prhb
fog	far, distant, remote [opp: dhow]	adj-loc
food (da)	forehead; hair in front of the head	n1-f
foodda is dar	clash, be in conflict	v1=idiom
foodda isku diir	clash headon	v1=idiom
foodo (/ha)	foreheads	n1-m-pl
fool (ka)	face; brow, forehead; front tooth, incisor	n4-m
fool (/sha)	labor pains	n0-f-col
foolka ku diir	confront	v1=idiom
yaanan foolxumaan(nin) may I not be ugly!		adj + v5a-neg-opt
foolxumahay	I am ugly	adj + v5a
foolxun	ugly	adj-cmp
fooq (a)	floor, story, stage	n -m
Fowsiya	Fowzia	name-f
fudfudud	easy (ones)	adj-pl
fudh (-ay)	open [alt: fur]	v1=
fudud	easy, simple; light (weight)	adj
fududaan (ta)	lightness, easiness; impatience	n -f-abs
fududee (-yey)	simplify, make easy	v2b=
fuf (-ay)	grow out, bloom	v1=
fuji (-yey)	remove part of, uproot, extract [rw: fuq]	v2a=
ful (-ay)	have enough (water); become fulfilled	v1=
fulay (ga)	coward	n2-m
fuq (-ay)	be yanked off/out	v1=
fur (-ay)	open; disclose [opp: xir]	v1=
furaha	the key	np
furan	open; free	adj-der
furan (#furmay)	open (by itself), get opened	v1=inch
aan baar furanahay that I be free [lit: open shoulder]		idiom
furayaa	he is opening (X)	v1-3m-prpg
furayaal (/sha)	keys	n7-f-pl
fure (/ha)	key	n7-m, n2-m
furihii	the key	np
furin	may not open (X)	v1-neg-opt
furis (ta)	act of opening	vn1-f
albaabku wuu furmey the door got opened		v1-3m-past
furnaan (ta)	openness; separation	n -f-abs
furo (#furtay)	rob, sack, pillage; open for oneself	v3b=
furrey	we opened (it) [alt: furnay]	v1-1pl-past
furriin (ka)	divorce [alt: furniin]	vn-m
fuul (-ay)	climb (up/on); mount, ride	v1=
fuulnee	so let us climb up [= fuulno + -ee]	v1-1pl-opt
ga $	the [alt: -ka]	det-m
ga'	G [letter]	alphabet
gaab (ka)	short (one), small (person or thing)	n -m
gaaban	short, small	adj-der
yaanan gaabnaannin may I not be short!		adj + v5a-neg-opt
ma gaabnayn	was / were not short	adj + v5a-neg-past
gaabni (da)	shortness	n0-f-abs
gaabnow (/aaday)	become short	v3a=inch
gaad (-ay)	creep up on, stalk, ambush	v1=

gaadh (-ay)	reach, arrive	v1=
gaadhdheen	you all arrived	v1-2pl-past
gaadhi (ga)	automobile [pl: **gawaadhi**]	n8-m
gaado (#gaatay)	choose, elect	v3b=
gaaga $	your [alt: **-kaaga**]	pro-det-2sg
gaagaaban	short (ones)	adj-pl
gaaja	hunger [= **gaajo**]	np
gaajadii	the hunger	np
gaajaysnaan (ta)	state of being hungry, hunger	n -f-abs
weli waan **gaajaysnahay**	I am still hungry	expr
gaajeysan	hungry	adj-der
gaajeysanahay	I am hungry [alt: **gaajaysnahay**]	adj + v5a
oo wuu **gaajeysnaaye**	and since he was hungry	adj + v5a
gaajeysnahay	I am hungry [alt: **gaagaysnahay**]	adj + v5a
gaajo (/da)	hunger; need	n6-f
gaajo la il xun	starved, miserable	np-idiom
gaajooyin (ka)	hungers, needs	n6-m-pl
gaan $	not ... the	det-m + neg
gaar (-ay)	reach, attain, achieve [alt: **gaadh**]	v1=
tala ku **gaarey**	he reached a decision	expr
saacaddoon la **gaarin**	before the time was up	expr
gaaro	in order that he reach	v1-rel-prhb
gaas $	that, those [alt: **-kaas**]	deic-m
gaashaanbuur (ta)	alliance	np-f-cmp
gaatin (ta)	creeping up on, ambushing [rw: **gaad**]	vn -f
gabadh (dha)	girl; daughter [alt: **gabar**]	n3-f
gabadhaas	that girl [alt: **gabadhdhaas**]	np
gabadhdhana	and the girl ...	np
gabadhdhanna	and that girl	np
gabadhdhooda	their daughter	np
gabadhii quruxsanayd	the pretty girl	np
gabal (ka)	portion, part, section, division; province	n2-m
gabar (ta)	girl, maiden, virgin [alt: **gabadh**]	n3-f
gabareey	hey girl!	np-voc
gabartu	the girl	np-subj
gabaryahay	hey girl!	np-voc
gabbaday	he hid himself	v3a-3m-past
gabbal (ka)	daylight	n2-m
gabbaldhac (a)	sunset	np-m-cmp
gabbal gaabkii	in the late afternoon	np-time
gabbo (/day)	hide oneself; duck, dodge	v3a=
gabdhahan	these girls	np
gabdhayahow	hey girls!	np-pl-voc
gabdho (/ha)	girls	n3-m-pl
gabdhood	of girls	n3-gen-pl
gabdhow	hey girls!	np-pl-voc
gablan (/lamay)	be childless, (die) without issue	v1=
gablantay	she became childless	v1-3f-past
gaboob (-ay)	grow old	v1=
gabraaro (#rtay)	hunt, go hunting	v3b=
gacal (ka)	beloved	n -m
gacaltooyo (/da)	affection	n -f-abs

gacan (ta)	hand, arm	n3-f
ku gacan seyr (-ay)	reject [lit: throw the hands]	v1=idiom
gacmo (/ha)	hands	n3-m-pl
gad (-ay)	sell	v1=
soo gad (-ay)	buy	v1=expr
gad (ka)	act of selling, sale	vn-m
gadaal (/sha)	back; behind; later, afterwards	n1-f / adv
gadaala'aqoon (ta)	gynecology	np-f-cmp
gadan (#gadmay)	get sold	v1=inch
gadanayaa	I am buying (s.t.)	v3b-1sg-prpg
ma gadaneynin	is / was not buying	v3b-neg-prog
gadannin	may (s.o.) not buy!	v3b-neg-opt
gade (/ha)	seller, vendor	n7-m
u soo gadey	[he] bought it for him	v1-3m-past
gadh (ka)	beard; chin	n4-m
gado (#gatay)	buy (for oneself)	v3b=
gaduudan	red, reddish brown [alt: guduudan]	adj-der
gafuur (ka)	area around the mouth; muzzle	n2-m
gafuurkiisa	around his mouth	np
gafuurkuna	and (their) beaks	np-subj + conj
gal (-ay)	enter, go in; [fig.] commit	v1=
gal (ka)	entering	vn-m
galab (ta)	afternoon, evening [pl: galbo]	n3-f
galabsadayna	[what] he had done wrong	v3a-3m-past
galabso (/day)	commit, do wrong	v3a=
galabta	this afternoon	np-time
galabtii	in the afternoon	np-time
galana	that I enter [= galo + -na]	v1-1sg-rel-prhb
galangalcaynaya	[while he] was crawling	v2b-subj-prpg
galangalcee (-yey)	crawl (of a snake)	v2b=
galay	he came in	v1-3m-past
galbi (-yey)	escort married couple after a wedding	v2a=
galbo (/ha)	afternoons [sg: galab]	n3-m-pl
ayda galeen	they went into the forest	v1-3pl-past
gali	to enter	v1-inf
ma galin	did not enter	v1-neg-past
ha galina	don't you all enter!	v1-neg-imp-pl
gallay (da)	maize, corn	n0-f-col
gallay (2)	we went in [alt: galnay, galley]	v1-1pl-past
galtinnimo (/da)	alien, stranger	n -f-abs
gam'i (-yey)	cause to fall asleep; hypnotize, drug	v2a=
gama' (-ay)	fall asleep	v1=
gan $	this [alt: -kan]	det-m
ganacsato (/da)	merchant, businessman, trader	n6-f-col
gani $	this [alt: -kani]	det-m-subj
gar (ta)	case, judgement; justice	n1-f
gar naqi	to settle a dispute	v1-inf-expr
garaac (-ay)	knock, beat, thrash	v1=
garaad (ka)	understanding, wisdom; judgment	n0-m-abs
garaad leh	sensible	adj-phrase
garab (ka)	shoulder; wing [pl: garbo]	n3-m
garan	to understand [rw: garo]	v3b-inf

garan la'	without understanding	adj-phrase
garataa	you understand	v3b-2sg-prhb
garatey	she understood	v3b-3f-past
garbo (/ha)	shoulders; wings [sg: **garab**]	n3-m-pl
gardarro (/da)	offense, wrong	n6-f
gareyso (#stay)	agree, accept (a verdict) [alt: **garayso**]	v3b=
waa laga **gareystey**	it was accepted	expr
gargelyood (-ay)	complain, ask for justice	v1=
garhayso (#stay)	lead (an animal)	v3b=
gariir (-ay)	tremble, quake, shiver	v1=
qoob iyo qanaan isla **gariiraya** trembling from head to toe		expr
garo (#gartay)	understand, know (how), be able	v3b=
garoon (ka)	field, playing field; stadium; airport	n2-m
garran (-may)	litigate	v1=
garriin (ta)	mess around the mouth	n2-f
gartaas gurracan	that erratic justice	np
gartey	he understood	v3b-3m-past
maxaa lagu **gartey**	how was it was discovered?	expr
gartii	the justice	np
gartiisa	his judgement	np
gartoodii	their dispute; their (legal) case	np
garwaaqsan la'	not reconciled	adj-phrase
garwaaqso (/day)	recollect, recall, remember; reconcile	v3a=
garyaqaan (ka)	wise man, judge, lawyer, attorney	n2-m-cmp
haddaad **gashana**	and if you enter [= **gal** + -**to** + -**na**]	v1-2sg-rel-prhb
dambigii ay **gashay**	the crime which she had committed	v1-3f-past
gashey	she entered [rw: **gal**]	v1-3f-past
gasho (/day)	put on; wear	v3a=
gatey	he bought it [rw: **gado**]	v3b-3m-past
gawaadhi (da)	automobiles [sg: **gaadhi**]	n8-f-pl
gawi (-yey)	pound	v2a=
gawinaysay	she was pounding	v2a-3f-ppgr
gayaga $	our [exclusive; alt: -**kayaga**]	pro-det-1pl
gayga $	my [alt: -**kayga**]	pro-det-1sg
gee (-yey)	take, transport, carry, lead; bring to	v2b=
gee $ (2)	which? [alt: -**kee**]	qw-det-m
geed (ka)	tree, plant	n1-m
geed $ (2)	her [alt: -**keeda**]	pro-det-3f
geeda $	her [alt: -**keeda**]	pro-det-3f
geedaha	the trees	np
geeddi (ga)	travelling, migration; caravan; traveller	n2-m
geedkaas	that tree	np
geedkiina	and the tree	np + conj
geedo-aqoon (ta)	botany, study of plants	np-f-cmp
geedyaqaane (/ha)	botanist	np-m-cmp
geel (a)	camel, camels [collective]	n0-m-col
geelii	with the camels	np
geelu	the camels	np-subj
geenna $	our [inclusive; alt: -**keenna**]	pro-det-1pl
geeri (da)	death	n2-f
geeriyood (-ay)	die	v1=
geeriyootey	she died	v1-3f-past

gees (ka)	horn	n1-m
gees (ta)	side, corner, edge; direction	n4-f, n2-f
geesa dhaadheer	long horns	n1-m-pl + adj-pl
geesi (ga)	brave (man)	adj-m
geesinnimo (/da)	bravery, courageousness	n6-f-abs
geeso (/ha)	horns [cf: geesa dhaadheer]	n1-m-pl
daarta geesteeda	beside the building	np-loc
geey (-ey)	take, convey, bring	v2b=
geeyey	he took (it / him)	v2b-3m-past
geeynin	may (X) not take!	v2b-neg-opt
gelayaan	they are going to enter	v1-3pl-prpg
gelbi (-yey)	escort couple home after a wedding	v2a=
geli (-yey)	put in, insert	v2a=
u geli (-yey)	put under, tuck (under)	v2a=expr
geli (2)	to enter [rw: gal]	v1-inf
ha gelin	don't enter	v1-neg-imp
gelin (ta) (2)	inserting, insertion, putting in; importing	vn-f
gelin hore	morning; first half of the night	np-m
gelis (ka)	insertion	vn2-m
geliyo	in order to inject	v2a-rel-prhb
geri (ga)	giraffe	n0-m-col
gesi (da)	buffalo, wild cattle	n0-f-col
geyga $	my [alt: -kayga]	pro-det-1sg
ma geysan	did not inflict	v3b-neg-past
geyso (#stey)	inflict upon	v3b=
gidaar (ka)	wall	n2-m
giddi (ga)	whole, complete, entirety; all	n -m
giddigood	all of them	np
gii $	the [known subject; alt: -ka + i]	det-m-subj
giinna $	your [plural; alt: -kiinna]	pro-det-2pl
giisa $	his [alt: -kiisa]	pro-det-3m
go' (-ay)	be cut or detached; break off, snap	v1=
go' (a)	cut of a sheet of cloth; robe	n7-m, n2-m
go'an	cut (off), ruptured; decided	adj-der
go'antahay	it [fem] is cut	adj + v5a
wuu il go'anyahay	he looks sick	idiom
go'dey	it [fem.] got cut	v1-3f-past
go'doon (/may)	be isolated	v1=
go'iisii	his outer garment	np
go'is (ta)	getting detached	vn1-f
go'naan (ta)	state of being cut off	n -f-abs
go'yaal (ka)	robes, outer garments	n7-m-pl
godo (#gotay)	be bent, crooked	v3b=
godshiir (ta)	den, lair	n1-f
godshiirtiisii	in his (own) lair	np-loc
goglay	he spread (it) out	v1-3m-past
gogol (#goglay)	put down, spread (a mat or sheet)	v1=
gole (/ha)	hall, meeting place; chamber; house	n7-m
goleyaal (/sha)	meetings	n7-f-pl
golihii	in the house or chamber	np-loc
golongol (-ay)	struggle to make a living	v1=
goob (-ay)	look for, search; locate, trace	v1=

goob (ta)	place, position, site; field, open space	n4-f, n1-f
goobayaaye	and (I) will be looking for	v1-1sg-prpg
goobta	from there (on)	np-loc
good (ka)	python	n4-m
gooda $	their [alt: -**kooda**]	pro-det-3pl
googooy (-ey)	cut, tear apart	v2a=
googooy (-ey)	swerve, veer off suddenly; break a date	v2a=
kala **googooysay**	cut (him) apart	v2a-3f-past
gool (/sha)	fat she camel	n1-f
goon (ka)	cheek, cheekbone	n -m
goon (ka)	corner, side, angle	n4-m, n1-m
goonyaha	the sides	np-pl
goonyo (/ha)	sides	n1-m-pl
goor	when, at a time	np-time
goor (ta)	time (in general), occasion, moment	n1-f
goor kale	another time	np-time
goorma	when?	qw-time
goormaa	when? [= **goorma** + **baa**]	qw + focus
goormaad	when ... you?	qw + vpro
goormaan	when ... I?	qw + vpro
goormaannu	when ... we? [exclusive]	qw + vpro
goormey	when ... she? [alt: **goormay**]	qw + vpro
goormey	when ... they?	qw + vpro
goormeydin	when ... you all?	qw + vpro
goormeynu	when ... we? [inclusive]	qw + vpro
goormuu	when ... he?	qw + vpro
gooro (/ha)	times, occasions	n1-m-pl
goortaas	at that time	np-time
goortiiba	immediately, at that time	np-time
goortuu	when he [= **goorta** + **uu**]	np-time / conj
goosan (ka)	community, group; company, regiment	n2-m
goosanno (/da)	groups, companies	n2-f-pl
goosasho (/da)	secession, seceding	vn6-f
goosatay	she decided	v3b-3f-past
maad **goosatid**	why don't you bite him?	v3b-neg-prhb
gooso (#stay) (1)	bite, cut with one's teeth	v3b=
gooso (#stay) (2)	separate oneself; secede	v3b=
gooso (#stay) (3)	decide for oneself	v3b=
oodda **goosteen**	they broke the fence	v3b-3pl-past
gooy (-ay)	cut (down / off / up)	v2a=
ay daal **gooyeen**	they rested [lit: broke fatigue]	expr
ka **gooyey**	he cut it off of (s.t.)	v2a-3m-past
is **gooysey**	she cut herself	v2a-3f-past
gowrac (-ay)	slaughter by cutting the throat	v1=
gowracayay	he was slaughtering	v1-3m-ppgr
goyn	to cut down [rw: **gooy**]	v2a-inf
gu (ga)	main rainy season [March - May]	n2-m-time
gu (2)	the [subject]	det-m-subj
gu' (a)	spring, main rainy season	n2-m-time
gub (-ay)	burn, incinerate, scorch	v1=
wey **gubataa**	[she] gets burned [lit: burns herself]	v3b-3f-prhb
intaanu na wada **gubin**	before it burns us all up	v1-neg-past

gubis (ta)	burning	vn1-f
gubo (#gubtay)	get burned, burn oneself	v3b=
maad **gubtid**	why don't you burn (it)?	v1-2sg-neg-prhb
calool**gubyoo** (/day)	be heart broken, grief-stricken	v3a=
calool**gubyoonaya**	[he] being stricken with grief	v3a-subj-prpg
gud (-ay)	pay recompense, pay back, compensate	v1=
gudan	to revenge [rw: **gudo**]	v3b-inf
layga **gudayaa**	I am being paid back	v1-1sg-prpg
gudcur (ka)	darkness, lightlessness	n -m
guddoon (-ay)	accept	v1=
daarta **gudeheeda**	inside the building	np-loc
markabka **gudihiisa**	inside the ship	np-loc
gudo (/ha)	interior, inside	n -m-loc
gudo (#gutay)	pay back, meet one's duties/obligations	v3b=
guduud (ka)	redness; reddish-brown color	n -m
guduudan	red, brown, reddish, brown	adj-der
guduudo (#uutay)	become red	v3b=inch
indhihii cara la **guduuteen**	his eyes became red with anger	expr
gun (ta)	bottom (of hole or well)	n4-f-loc
gur (-ay)	collect, pack up; pick, pluck	v1=
guray (ga)	left-handed person	adj-m
gurdan (ka)	trampling noise, stomp(ing)	n0-m
guri (ga)	house, home	n1-m
gurigan	this house	np
gurigayga	my house	np
gurigeeda	her house	np
gurigeenna	our [incl] house	np
gurigeyga	my house	np
gurigii tegay	he went to his house	np
gurigiinna	your house	np
gurigiisa	his home	np
gurigiisii	to his home	np-loc
gurigu	the house	np-subj
guro (#gurtay)	pick up, collect	v3b=
gurracan	crooked, erratic, bent	adj-der
gurxan (ka)	growl, roar, act of roaring	n2-m
guryahaas	those houses	np
guryan (-may)	chatter, waffle	v1=
guryo (/ha)	houses	n1-m-pl
guryuhu	the houses [subject]	np-pl-subj
guul (/sha)	victory, success	n1-f
guuldarradii qabsatay	the misfortune that befell him	expr
guuldarro (/da)	misfortune, defeat, lack of success	n6-f
Guuleed	Victor	name-m
guur (-ay)	migrate; move house, change residence	v1=
guuri doonnaa	will be moving	v1-inf + fut
guuri (-yey)	marry (off), give in marriage	v2a=
weli maannan **guurin**	we have not moved yet	v1-neg-past
guursan	to get married	v3a-inf
guursanayaa	he is going to get married	v3a-3m-prpg
ma **guursaneynin**	wasn't getting married	v3a-neg-ppgr
weligeed lama **guursannin**	she has never been married	v3a-neg-past

guurso (/day)	marry, get married	v3a=
ha (1)	do not!, don't!	neg-imp
ha (2)	may it be so!, let him/her do (X)	class-optative
ha $ (3)	the [alt: -ka]	det-m
ha'	H [letter]	alphabet
haa	yes	intj
haa $	your [alt: -kaaga]	pro-det-2sg
haabo (#btay)	grab, seize; feel or grope for	v3b=
haad (ka)	large bird (e.g., hawk)	n5-m, n4-m
haad (da)	large birds	n5-f-pl
haadaan (ta)	crevasse, chasm; euphorbia tree	n2-f
haaddan (2)	if they ... not	conj + vpro + neg
haaddiina	and the birds	np
haadduna	and the birds	np-subj
haaga $	your [alt: -kaaga]	pro-det-2sg
haan (ta)	water vessel of fibre/wood; any large jar	n1-f
haar (ta)	scar, weal	n1-f
haaraha	the scars	n1-m-pl
haas $	that, those [alt: -kaas]	deic-m-suf
haasaaw (-ay)	chat, converse	v1=
haasaawe (/ha)	conversation, chat	n7-m
habaab (-ay)	go astray, be lost	v1=
habar (ta)	old woman	n1-f
habareed	typical of an old woman	np-gen
habaryar (ta)	maternal aunt, mother's sister	n1-f-cmp
habboon	suitable, appropriate, rightful	adj
habboonayd	it [fem] was appropriate	adj + v5a
habeen (ka)	night	n2-m
habeenkaas	that night	np-time
habeenkuna	and the night	np-subj + conj
habeenna	no night	np + neg
habeennadee	which nights?	np-pl + qw
habeennimo (/da)	darkness, time of night	n6-f
habeenno (/da)	nights	n2-f-pl
habeenood	of nights	np-gen-pl
hablo (/ha)	girls	n3-m-pl
ku habsadeen	they attacked (it/him)	v3a-3pl-past
ku habso (/day)	attack, fall upon	v3a=
hadal (#hadlay)	speak, talk	v1=
hadal (ka)	talk, speech	vn2-m
hadalbadan	talkative	adj-cmp
hadalkiisu	his speech	np
hadalley	we spoke [alt: hadalnay]	v1-1pl-past
hadalno	we don't talk	v1-neg-prhb
hadalno	that we talk	v1-rel-prhb
hadashey	she spoke	v1-3f-past
hadda	now, at once, this moment	adv-time
haddaad	if you [= haddi + aad]	conj + vpro
haddaadan	if you ... not	conj + vpro + neg
haddaan	now ... I [= hadda + aan]	conj + vpro
haddaan	if I [= haddii + aan]	conj + vpro
haddaan	if we [= haddii + aannu]	conj + vpro

haddaannan	if we ... not	conj + vpro + neg
haddaannu	if we [= haddii + aannu]	conj + vpro
haddaanu	if he ... not [= haddi + aan + uu]	conj + vpro + neg
haddaba	and now ..., well then...; immediately	np / conj
hadday (1)	when she ... [= hadda + ay]	conj + vpro
hadday (2)	when they ...	conj + vpro
hadday (3)	if they [= haddii + ay]	conj + vpro
haddeeyan	if she ... not [alt: haddeyan]	conj + vpro + neg
haddey	if she	conj + vpro
haddeyan	if she ... not [= haddi + ay + aan]	conj + vpro + neg
haddeydin	if you [= haddi + aydin]	conj + vpro
haddeydnan	if you ... not [= haddi + aydin + aan]	conj + vpro + neg
haddeynu	if we [= haddi + aynu]	conj + vpro
haddii	if, when, while	conj
haddii aan	even if I ...	conj + vpro
haddii kale	otherwise, if not	conj
hadduu	if he [= haddii + uu]	conj + vpro
hadduu	when he, while he [= hadda + uu]	conj + vpro
hadduusan	if he not [= haddii + uu + aan]	conj + vpro + neg
hadh (-ay)	stay behind, remain [alt: har]	v1=
hadh (ka)	shadow, shade	n4-m
hadhuudh (ka)	maize, corn; millet; sorghum	n0-m-col
maan hadlaa	shall I talk ... ?	v1-1sg-prhb
haddaan hadlana	and if I speak [= hadlo + -na]	v1-rel-prhb
hadleen	they spoke	v1-2pl-past
igala hadley	he talked with me about it	v1-3m-past
hadleysaa	you will talk	v1-2sg-prpg
hadli	to talk, to speak	v1-inf
ma hadlin	did not talk	v1-neg-past
ha hadlin	don't talk (to him/her)	v1-neg-imp
hafi (-yey)	drown s.o.; sink (s.t., like a ship)	v2a=tr
na hafiyaan	it (water) will drown us	v2a-3pl-prhb
hafo (#haftay)	drown, get drowned	v3b=intr
hag (-ay)	guide a blind person, lead the blind	v1=
hagaag (ga)	straightness, properness	n2-m
hagaagsan	straight, in order, proper	adj-der
hagaaji (-yey)	straighten, make straight; put in order	v2a=
hagaajin (ta)	putting in order	vn -f
hagaajiseen	you all straightened (it)	v2a-2pl-past
hagid (da)	guiding of the blind	vn1-f
hagiddiisii	his leading (the blind man) around	np
hal (ka)	place, spot, location	n0-m-loc
hal (ka)	one	num-m
hal (/sha)	female camel	n1-f
halaad	of cow camels	np-gen
halac (a)	greedy man, person with a large appetite	n2-m
halacnimo (/da)	greed, greediness	n6-f
haleel (ka)	making it in time	n -m
halhal	one by one, one at a time	num-adv
halhaleel (-ay)	hurry, rush [rw: haleel]	v1=
halhaleelna	and soon	adv-time + conj
halis (ta)	danger, risk; vulnerability	n2-f

halka	here [lit: the place]	np-loc
halkaan	where I, the place I ...	conj + vpro
halkaan joog	wait here, stay in this place	conj + vpro
halkaas	there, in that place, over there	np-loc
halkan	here, in this place, over here	np-loc
halkay ku dambeysay	where it [fem] had ended up	conj + vpro
halkee	where at? [lit: at which place]	qw-loc
halkii (1)	from there	np-loc
halkii (2)	each; each one; the one	num-phrase
halkiina	and in the (that) place	np-loc
halkiisa	in his / its [masc] place	np-loc
halkiisii	in his place/position	np
halkuu	where he ...	conj + vpro
hallig (-ay)	annihilate, destroy, wipe out	vl=
intaanu na **halligin**	so that he not wipe [lit: wiped] us out	vl-neg-past
halo (/ha)	female camels	n1-m-pl
hamaanso (/aday)	yawn; gape	v3a=
hambalyee (-yey)	congratulate	v2b=
hambalyo (/da)	congratulations	n6-f
hamhamaansanaya	while yawning [rw: **hamaanso**]	v3a-subj-prpg
hammi (-yey)	desire, aspire (to)	v2a=
hammi (-yey)	worry, brood, agonize over	v2a=
ku **hammi**	think about	v2a=expr
hamsa	glottal stop (') [letter]	alphabet
han $	this, here [alt: -**kan**]	deic-m-suf
hanatay	she took for her own	v3b-3f-past
hangool (ka)	pitchfork	n2-m
hano (#hantay)	take for one's own; possess	v3b=
hanti (/da)	wealth, property, possessions, assets	n0-f-col
hanweyn	ambitious	adj-cmp
har (-ay)	stay behind, remain, be left over	vl=
ugu **har** (-ay)	wind up with	vl=expr
har (ka)	shade, shadow	n4-m
haraati (-yey)	kick	v2a=
harac (a)	type of shade tree	n2-m
harag (ga)	hide, skin	n3-m, n2-m
haraggii	the skin	np
ayaa inoo **haray**	it [masc] (is all) that is left for us	vl-3m-subj-past
mid baa ka soo **haray**	just one was left	expr
hareen	it [water = mass] remained at	vl-3pl-past
Hargeysa	Hargeisa [city in Somalia]	n-loc
hargo (/ha)	hides, skins	n3-m-pl
hari	to remain, stay behind	vl-inf
harjad (-ay)	struggle (in death throes); strive, try	vl=
geed weyn **harkii**	in the shade of a big tree	np-loc
harraad (ka)	thirst	n2-m-col
harraad ugu dhintey	he died of thirst	expr
harraadkii	the thirst	np
harraadsan	thirsty	adj-der
inta soo **hartana**	and that [fem] which is remaining	vl-3f-rel-prhb
wey isaga **hartey**	she just stayed behind	vl-3f-past
si ay keligeed ugu **harto**	so she'd have it for herself alone	vl-3f-rel-prhb

haruur (ka)	sorghum, grain [alt: **hadhuudh**]	n0-m-col
hase yeeshee	however, nevertheless	conj
hasha	the cow camel	np
hashii	the cow camel	np-subj
hawa	= hawo (in sentence flow)	np
hawadu	the weather	np-subj
hawaduna	and the weather	np-subj + conj
haweeney (/da)	woman, lady	n -f
hawl (/sha)	work, labor, task, duty	n1-f
hawo (/da)	desire, daydream, ambition	n6-f
hawo (/da)	weather; air; space; atmosphere	n0-f-mass
hawo-aqoon (ta)	meteorology, science of weather	np-f-cmp
hawsha	the work	np
hay $	my [alt: **-kayga**]	pro-det-1sg
hay (-ey)	hold, keep, "have", control, affect	v2a=
hilba-hilbow baa i **haya** I have a taste for meat		v2a-3m-subj-prhb
hayaa	I have	v2a-1sg-prhb
ku **hayaan**	you have (them) [lit: they have you]	v2a-3pl-prhb
hayaga	our, of us [excl; alt: **-kayaga**]	pro-det-1pl-excl
ha i soo **haybsan**	don't come back to ask about me!	v3a-neg-imp
haybso (/day)	inquire about (someone's origins)	v3a=
hayey	he kept (on doing x)	v1-3m-past
waddada u **hayey**	he kept to the road	v1=idiom
hayga	my, of me [alt: **-kayga**]	pro-det-1sg
haynaa	we have	v2a-1pl-prhb
dab ma **hayo**	I don't have any fire	v2a-1sg-neg-prhb
hayo $	our [exclusive; alt: **-kayaga**]	pro-det-1pl
iyadoo afka kala **haysa** with her mouth wide open		v2a-3f-subj-prhb
haysaa	you have	v2a-2sg-prhb
haysad (ka)	having, possessing	vn2-m
ma **haysan**	did not have	v3b-neg-past
haddaadan **haysannin** if you do not have (it)		v3b-neg-past
haysataa	you have	v3b-2sg-prhb
haysato	that you have	v3b-rel-prhb
hayso (#haystay)	have (with oneself), possess	v3b=
hayso (#haystay)	keep on doing (X)	v3b=aux
is **hayso**	be united	v3b=expr
haystaa	I have	v3b-1sg-prhb
haysteen	they possessed	v3b-3pl-past
haysto	does not have	v3b-neg-prhb
heed $	her [alt: **-keeda**]	pro-det-3f
heeda $	her [alt: **-keeda**]	pro-det-3f
heen $	our [incl; alt: **-keenna**]	pro-det-1pl
heenna $	our, of us [inclusive]	pro-det-1pl
hees (-ay)	sing	v1=
hees (ta)	song, melody	n1-f
hees (ka)	singing	vn -m
hees qaad (-ay)	sing	v1=expr
heestaa	that song	np
heestaas	that song	np
heestan	this song	np
hel (-ay)	find, get, obtain; win, achieve; reach	v1=

ka **hel**	enjoy, like	v1=idiom
la **hel**	hit (as a target)	v1=idiom
baan **helaye**	for I have discovered (him)	v1-1sg-past + conj
iga **helaysaa**	you are going to find me	v1-2sg-prpg
heleen	they found	v1-3pl-past
helin	to find	v1-inf
helitaan (ka)	discovery, finding	vn2-m
helley	we found	v1-1pl-past
laga **helo**	[where] it is found	v1-3m-rel-prhb
midkii aan **helo**	whichever one I find	v1-1sg-rel-prhb
heshey	she found	v1-3f-past
heshii (-yey)	agree, come to an agreement, be reconciled	v2a=
ku **heshiiyeen**	they reached an agreement on it	v2a-3pl-past
hii $	the (known) [alt: **-ka** + i]	det-m
hiin $	your [plural; alt: **-kiinna**]	pro-det-2pl
hiinna $	your [plural; alt: **-kiinna**]	pro-det-2pl
hiis $	his [alt: **-kiisa**]	pro-det-3m
hiisa	his [alt: **-kiisa**]	pro-det-3m
isku **hil** (-ay)	put one thing on another, pile up	v1=
hilba-hilbow	meaty, something like meat	np
hilbo (/ha)	meats	n3-m-pl
hilib (ka)	meat, flesh	n3-m
hilibkiina	and the meat	np-subj + conj
hilibkiisa	his / its [masc] meat	np
hilibkoodii	their meat	np
hilible (/ha)	butcher, meat vendor	n8-m
oon ka **hirqado**	from which I would have lots of ...	v3a-1sg-rel-prhb
hirqo (/day)	be full to overflowing, brimming over	v3a=.
geedaha isku **hishay**	[the birds] piled up on the trees	v1-3f-past
hodan (#hodmay)	become rich, be rich [alt: **hodon**]	v1=inch
hodan (ka)	rich man, wealthy person	n2-m
Hodan	Hodan	name-f
hodmay	he got rich	v1-3m-past
wuu **hodmayaa**	he is becoming rich	v1-3m-prpg
hodon (#hodmay)	become wealthy, get rich [alt: **hodan**]	v1=inch
hodontooyo (/da)	wealthiness, richness	n0-f-abs
holac (a)	flame	n2-m
hoo	here it is!, take it!	intj
hood $	their [alt: **-kooda**]	pro-det-3pl
hoog (-ay)	suffer misfortune, have a disaster	v1=
hooji (-yey)	bring misfortune upon (s.o.)	v2a=tr
hoos (ta)	bottom, lower part; under, below, down	n4-f-loc, adv
hoos ka leh	saying quietly to himself	expr
hoosh (ka)	robbery, kidnapping	n2-m
hoosta ka gal	go under	v1=expr
daarta **hoosteeda**	under the building	np-loc
miiska **hoostiisa**	underneath the table	np-loc
hooto (/da)	small spear	n6-f
hooy	hey you!	intj
hooyaay	hey mother!	np-voc
hooyaday	my mother	np
hooyadayo	our [excl] mother [alt: **hooyadayaga**]	np

hooyadaa	your [sg] mother	np
hooyadeed	her mother	np
hooyadeen(na)	our [incl] mother	np
hooyadii	his mother [alt: **hooyadiisa**]	np
hooyadiin	your [pl] mother	np
hooyadiis	his mother	np
hooyadood	their mother	np
hooyo (/da)	mother	n6-f
hooyooy	hey mother!	np-voc
hooyooyin (ka)	mothers	n6-m-pl
hor (ta)	front; in front of, before	n0-f-loc
hor	first	time
ka hor	ago, before	adv-time
hora	previously [alt: **hore**]	adv-time
hore	before, formerly; first; previous	adv-time
horey	early	adv-time
horraan (ta)	beginning, start	n -f-abs
horree (-yey)	precede, go ahead of, be (the) first	v2b=
qofka ugu **horreeya**	the first person	expr
daarta **horteeda**	in front of the building	np-loc
guriga **hortiisa**	in front of the house	np-loc
horumar (ka)	progress, advancement	np-m-cmp
horweyn (ka)	animals herded separately	np-m-cmp
hoyatin (ka)	overnight stay; going home at end of day	vn -m
hoyo (#hoyday)	go home at the end of the day	v3b=
hu $	the [subject; alt: -ka + u]	det-m + subj
hub (-ay)	be sure	v1=
isna wax ma **hubsane**	and he didn't find out anything	expr
hubso (/day)	make sure (for oneself); ascertain	v3a=
ma **hubtaan**	are you sure?	v1-2pl-prhb
hudheel (ka)	hotel	n2-m
hunguriweyn	greedy	adj-cmp
hurda	be sleeping, being asleep	v1-subj-prhb
hurud (#hurday)	go to sleep, be asleep	v1=
wey **huruddaa**	she is asleep	v1-3f-prhb
i $ (1)	transitive or causative verb maker	v2a-suf
i $ (2)	to [infinitive]	v1-inf-suf
i $ (3)	subject marker	n-subj-suf
i $ (4)	noun from adjective	n-f-suf
i (5)	me	pro-1sg-obj
i'	I [letter]	alphabet
Ibraahim	Abraham	name-m
id $	-ing [verbal noun or gerund]	vn1-f-suf
idaad	sheep's, of sheep	np-gen-pl
idhaahda	you all say it!	v4a-imp-pl
idhi	I said [alt: **iri**]	v4a-1sg-past
idiin	to you, for you [plural; = idin + u]	pro + prep
idiinka	from ... for you [= idin + u + ka]	pro + prep
idiinku	to ... for you [= idin + u + ku]	pro + prep
idiinku (2)	[= idin + u + u]	pro + prep
idiinla	[= idin + u + la]	pro + prep
idiinla (2)	someone ... for you [= idin + u + la]	pro + prep + pro

idiinma	not for / to you	pro + prep + neg
idiinna	but to you all, and for all of you	pro + prep + conj
idil (ka)	all, entire, whole, complete	num-m, n0-m
dugaag iyo haad oo idili	all birds and beasts [subject]	expr
idin	you all [plural]	pro-2pl-obj
idin (2)	you all	pro-red-2pl
idinka	you [plural]	pro-2pl
idinka (2)	from you [= idin + ka]	pro + prep
idinkaa	you + focus	pro + focus
idinkaga	at X ... with you [= idin + ku + ka]	pro + prep
idinkaga (2)	[= idin + ka + ka]	pro + prep
idinkala	with X ... from you [= idin + ka + la]	pro + prep
idinkanase	but how about you?	pro + conj
idinkoo	while you	conj + vpro
idinku	you [subject]	pro-2pl-subj
idinku (2)	at or in X ... you [= idin + ku]	pro + prep
idinkula	using X ... with you [= idin + ku + la]	pro + prep
idinla	with you [plural]	pro + prep
idinna	you [plural] also	pro + conj
idinnase	but how about you?	pro + conj
idinse	what about you?	pro + conj
if (ka)	light; in life; world, universe	n -m
ifka ku nool	there is in this world	expr
iga	to me [= i + ka]	pro + prep
iga (2)	than me [comparative]	pro + prep
iga (3)	from me	pro + prep
waa iga dhab	I am serious	idiom
igaga	using X ... from me [= i + ku + ka]	pro + prep
igaga (2)	[= i + ka + ka]	pro + prep
igala	with me ... about X [= i + ka + la]	pro + prep
igu	to me, for me [= i + ku]	pro + prep
igula	with me ... using X [= i + ku + la]	pro + prep
iguma	not to me [= i + ku + ma]	pro + prep + neg
maan ihi	I am not	v5a-neg-prhb
maad ihid	you are not	v5a-neg-prhb
meydin ihidin	you are not	v5a-neg-prhb
ihii $	plural + masculine known subject	n-m-pl-suf
maannu ihin	we are not	v5a-neg-prhb
ii $ (1)	the (known) [alt: -ka + i]	det-m
ii $ (2)	past time marker	np-suf-time
ii (3)	to me, for me [= i + u]	pro + prep
ii (4)	long I [letter]	alphabet
iib (ka)	price; sale, trade; s.t. for sale	n4-m
iibi (-yey)	sell	v2a=
soo iibi	buy	v2a=
iibin (ta)	selling, marketing	vn -f
soo iibinayaa	I am going to buy	v2a-1sg-prpg
iibinnin	did not buy	v2a-neg-past
iibis (ka)	act of buying or selling	vn2-m
iibiye (/ha)	seller, merchant	n7-m
iibiyey	he sold it	v2a-3m-past
muu iibsadeen	he would not have bought it	v3a-neg-cond

iibsadey	he bought it	v3a-3m-past
iibsan (/samay)	get bought	v1=inch
iibsan (2)	to buy (for oneself)	v3a-inf
iibsanayaa	I'm going to buy (X)	v3a-1sg-prpg
iibsannin	did not buy	v3a-neg-past
iibshe (/ha)	peddler, vendor, seller	n7-m
iibso (/day)	buy (for oneself)	v3a=
iiga	for me ... from X [= i + u + ka]	pro + prep
iigu	for me ... into X [= i + u + ku]	pro + prep
iigu (2)	[= i + u + u]	pro + prep
iila	to me ... with X [= i + u + la]	pro + prep
iima	not ... to me [= i + u + ma]	pro + prep + neg
iinna $	your [plural; alt: -kiinna]	pro-det-2pl
iis $	his [alt: -kiisa)	pro-det-3m
iisa $	his [alt: -kiisa]	pro-det-3m
iisu $	his [subject]	pro-det-3m
il (/sha)	eye; sight; intelligence [pl: indho]	n8-f
il adayg	courage, brazenness [lit: hard eye]	idiom
il buuxso (/day)	observe, take notice, take a good look	v3a=idiom
il daran	in bad shape	idiom
wuu il dheeryahay	he looks tired	idiom
wuu il go'anyahay	he looks sick	idiom
il iyo goon fuji	slap someone in the face	idiom
il xun	in bad shape	np-idiom
ila	with me	pro + prep
ilaa	until, up to, through, as far as	conj / adv
Ilaah (a)	God	n0-m
Ilaahay	oh Allah!, Oh God!	np-voc
ilaal (ka)	guard, sentinel	n -m
ilig (ga)	tooth [pl: ilko (/ha) teeth]	n3-m
illaawey	I forgot [alt: illaaway, illoobay]	v1-1sg-past
illoobey	I forgot	v1-1sg-past
illow (/bay)	forget [alt: illoow]	v1=inch
illowdey	you forgot	v1-2sg-past
illowsan	forgotten	adj-der
illowsanahay	I forget	adj + v5a
ilma ka lahaa	had children	expr
ilmaheeda	her child	np
ilmaheedii	her children	np-subj
ilmayaasha	the babies	n7-f-pl
ilmihii	the child(ren)	np
ilmo (/ha)	child; children, offspring; baby	n7-m-col
ima	not ... me [object]	pro + neg
imaada	you all come!	v4b-imp-pl
imaadda	it is I who come	v4b-prhb-subj
imaaddaa	I come	v4b-1sg-prhb
sow imaaddee	perhaps I may come	v4b-1sg-pot
maanan imaaddeen	I would not have come	v4b-neg-cond
an imaaddo	may I come!, let me come!	v4b-1sg-opt
inaan imaaddo	that I come	v4b-rel-prhb
maan imaaddo	I don't come	v4b-neg-prhb
imaan	to come [alt: iman]	v4b-inf

imaatin (ka)	arrival, coming	vn -m
imaatinkaaga	your arrival	np
iman	to come	v4b-inf
ha iman	don't come!	v4b-neg-imp
ma iman	did not come	v4b-neg-past
iman	may s.o. not come! [alt: imannin]	v4b-neg-opt
iman maayo	he is not coming	v4b-neg-prpg
imanayaa	I am coming	v4b-1sg-prpg
imanayaa	he / it [masc] is coming	v4b-3m-prpg
imanayaan	they are coming	v4b-3pl-prpg
mey imanayaan	they are not coming	v4b-neg-prpg
imanayay	I was coming [alt: imanayey]	v4b-1sg-ppgr
imanayay	he was coming	v4b-3m-ppgr
yaa imanayay?	who was coming?	v4b-subj-ppgr
imanayeen	they were coming	v4b-3pl-ppgr
imanaynaa	we are coming, we will come	v4b-1pl-prpg
imanaynay	we were coming	v4b-1pl-ppgr
imanaynin	was not coming	v4b-neg-prog
maan imanayo	I am not coming	v4b-neg-prpg
muu imanayo	he is not coming	v4b-neg-prpg
imanaysaa	she / it [fem] is coming	v4b-3f-prpg
imanaysaa	you are coming	v4b-2sg-prpg
imanaysaan	you all are coming	v4b-2pl-prpg
imanaysay	she was coming	v4b-3f-ppgr
imanaysay	you were coming	v4b-2sg-ppgr
imanayseen	you all were coming	v4b-2pl-ppgr
maad imanayso	you are not coming	v4b-neg-prpg
imaneyn	was not coming	v4b-neg-prog
imaneynaa	we are coming, we will come	v4b-1pl-prpg
imaneyney	we were coming	v4b-1pl-ppgr
imaneynin	was not coming	v4b-neg-ppgr
imaneyno	we are not coming	v4b-neg-prpg
imaneysaan	you all are not coming	v4b-neg-prpg
maad imaneyso	you are not coming	v4b-neg-prpg
mey imaneyso	she is not coming	v4b-neg-prpg
ma imannin	did not come	v4b-neg-past
ha imannin	don't come!	v4b-neg-imp
imannin	may s.o. not come!	v4b-neg-opt
ha imannina	don't you all come!	v4b-neg-imp-pl
imi	I came	v4b-1sg-past
imid	I came	v4b-1sg-past
imminka	now	adv-time
imminkadan	just now	adv-time
immisa	how much?, how many?	qw-num
immisaad	how many ... you?	qw + vpro
imow	come!	v4b-imp
imtixaan (ka)	exam, examination	n2-m
imtixaanku	the examination	np-subj
in $ (1)	did not (X)	v1-neg-past
in $ (2)	do not (X)!	v1-neg-imp-sg
in $ (3)	may not (X), let not (X)	v1-neg-opt
in (4)	that [relative]	conj-rel

in badan	quite a while	np-time
in mudda ah	after/in a short while	np-time
in yar	after a while, a little later	np-time
ina $	do not (X)	v1-neg-imp-pl
ina (2)	us [inclusive]	pro-1pl-obj
Ina (3)	son, daughter [title]	name
inaad	that you [sg / pl] ...	conj + vpro
inaadan	that you ... not	conj + vpro + neg
inaan	that ... not	conj + neg
inaan	that I ...	conj + vpro
inaanan	that I ... not	conj + vpro + neg
inaaney	that she ... not	conj + neg + vpro
inaannan	that we ... not	conj + vpro + neg
inaannu	that we [excl] ...	conj + vpro
inaanu	that he ... not	conj + vpro + neg
inaga	from us [= ina + ka]	pro + prep
inagaga	from us ... at X [= ina + ku + ka]	pro + prep
inagaga (2)	[= ina + ka + ka]	pro + prep
inagala	with us ... about X [= ina + ka + la]	pro + prep
inagu	us ... in [= ina + ku]	pro + prep
inagula	to us ... using X [= ina + ku + la]	pro + prep
inala	with us [inclusive]	pro + prep
inammo (/da)	boys	n2-f-pl
inamood	of girl children	n2-gen-pl
inan (ka)	boy, son, male child	n2-m
inan (ta)	girl, daughter, female child	n2-f
inaneey	hey girl!	np-voc
inanyahay	hey girl!	np-voc
inay	that she ...	conj + vpro
inay	that they ...	conj + vpro
inayan	that they ... not	conj + vpro + neg
inayan	that she ... not	conj + vpro + neg
inaydnan	that you ... not	conj + vpro + neg
inaynan	that we ... not	conj + vpro + neg
inaynu	that we [inclusive] ...	conj + vpro
indhabeel (-ay)	become blind, lose one's sight	v1=expr
indhayar	small-eyed	adj-cmp
Indhadeeq	Indadek	name-f
indhaha	the eyes	np
indhaha ka qaad	catch sight of, see, witness	v1=idiom
indhaha ku dhufo	see, catch one's eye	v3b=idiom
indho (/ha)	eyes [sg: il (/sha)]	n8-m-pl
iney	that she ...	conj + vpro
iney	that they ...	conj + vpro
ineyaan	that she / it [fem] ... not	conj + vpro + neg
ineydin	that you ...	conj + vpro
ineynu	that we [inclusive] ...	conj + vpro
Ingiriisi (ga)	English (language)	n0-m
injineer (ka)	engineer	n2-m
inna	we all, us [inclusive]	pro-1pl-incl
innaga	we, us [inclusive]	pro-1pl-incl
innagaa	we + focus	pro + focus

innaganase	but how about us?	pro + conj
innagoo	while we	pro + conj
innagu	we [subject]	pro-1pl-subj
innana	we also, we too	pro-red + conj
innanase	but how about us?	pro + conj
inoo	to us, for us [= **ina** + **u**]	pro + prep
inooga	for us ... from X [= **ina** + **u** + **ka**]	pro + prep
inoogu	to us ... at X [= **ina** + **u** + **ku**]	pro + prep
inoogu (2)	[= **ina** + **u** + **u**]	pro + prep
inoola	for us ... with X [= **ina** + **u** + **la**]	pro + prep
inta	while, whereas; until	conj
inta kalana	while the rest; whereas other people	pro-phrase
intaadan	before you ..., not until you ...	conj + vpro + neg
intaan	while I ... [= **inta** + **aan**]	conj + vpro
intaan (2)	while we ...	conj + vpro
intaanu	before he ..., not until he	conj + neg + vpro
lacagta **intaas**	that much money	np
intay	while they [= **inta** + **ay**]	conj + vpro
intee	how long?	qw-time
inteed	how long ... you?	qw-time + vpro
inteen	how long ... I?	qw-time + vpro
intey	while she ... [= **inta** + **ay**]	conj + vpro
intii	since, from the time, until	np-conj
intuu	while he [= **inta** + **buu**]	conj + vpro
inuu	that he ...	conj + vpro
inuusan	that he ... not	conj + vpro + neg
iqiin (1)	I knew	v4d-1sg-past
iqiin (2)	it is I who knew	v4d-1sg-subj-past
iqiin (3)	that I knew	v4d-1sg-rel-past
iraahda (1)	you all say it! [alt: **idhaahda**]	v4a-imp-pl
iraahda (2)	I am the one who says	v4a-1sg-subj-prhb
iraahdaa	I say	v4a-1sg-prhb
show **iraahdee**	perhaps I'll say it	v4a-1sg-pot
maanan **iraahdeen**	I would not have said it	v4a-neg-cond
an **iraahdo**	may I say (it)	v4a-1sg-opt
inaan **iraahdo**	that I say	v4a-1sg-rel-prhb
maan **iraahdo**	I do not say	v4a-1sg-neg-prhb
iri	I said [alt: **idhi**]	v4a-1sg-past
is	self, oneself	pro-reflexive
is (2)	each other, one another	pro-reciprocal
is (3)	he, him	pro-red-3m
is $ (4)	-ing [gerund]	vn1-f-suf
is baro	get acquainted	v3b=expr
is fur	divorce	v1=expr
is guurso	marry (one another)	v3a=expr
is hayso (#stay)	be unified, be united	v3b=expr
is ka	oneself; just, only [alt: **iska**]	pro + prep
is keen (-ay)	come, bring oneself here	v1=expr
is ku day	try, put oneself into (an action)	v2a=expr
is leh	he said to himself	v5b=expr
is madax mar	go crazy	v1=idiom
is maquuni (-yey)	reconcile oneself	v2a=idiom

is'ogaan (ta)	being "there" for each other	n -f-abs
is ogow (/aaday)	be aware, take care	v3a=inch
is qab (-ay)	be married [lit: have each other]	v1=expr
is raac (-ay)	go together	v1=expr
is taag (-ay)	stand up	v1=expr
is yiri	he said to himself	v4a=expr
isa	self; oneself	pro-reflexive
isa (2)	he, him	pro-red-3m
isa sii	[= is before another s-word]	pro-reflexive
isaga	he, him	pro-3m
isagaa	he + focus	pro + focus
isaganase	but how about him?	pro + conj
isagii	he + subject	pro + subj
isagoo	while he ...	pro + conj
isagoo (is) leh	while saying to himself	expr
isagoon	while he ... not	pro + neg
isagu	he [subject]	pro-3m-subj
isarkeynaa	we will see each other	v1-1pl-prpg
isbariideystey	they greeted each other	v3b=expr
isbarteen	they got to know each other	v1-3pl-past
isbitaal (ka)	hospital	n2-m
isbitaallo (/da)	hospitals	n2-f-pl
isdiyaariya	prepare, get ready	v2a-imp-pl
isfureen	they divorced	v1-3pl-past
isguursadeen	they got married	v3a-3pl-past
isha farta hel	find the eye with the finger	expr
iska (1)	oneself; from / of oneself [= is + ka]	pro + prep
iska (2)	each other, one another	pro + prep
iska (3)	just, only	adv
iska dhig (-ay)	render oneself	v1=expr
iska kay dhici	defend yourself from me	expr
iska soo saara	pick out among yourselves	expr
iska tag (-ay)	go off, just go away	v1=expr
iska warran?	how are you?	greeting
iskama	oneself ... not	pro + prep + neg
isku (1)	together, with each other [= is + ku]	pro + prep
isku (2)	to, into, at, on, onto oneself/one another	pro + prep
isku biirsaday	he had both ... and ...	v3a=expr
isku day (-ay)	try, put oneself into	v1=expr
isku fidnee (-yey)	set one against the other	v2b=expr
isku goyn	to cut up; kill each other	expr
isku hil (-ay)	pile up upon	v1=expr
iskula	with one another/each other	pro + prep
isla (1)	with one another, together, together with	pro + prep
isla (2)	the same	pro / adj-expr
isla (3)	as soon as	conj
isla il cawo	that same night	idiom-time
isla weyni	self importance, self aggrandizement	np-f
islaan (ka)	old man	n2-m
islaan (ta)	old woman; mother [in northern speech]	n1-f
Ismaaciil	Ishmail	name-m
show ... ismaba	but I thought ... each other	expr

isna	and he, he also ... [= **isaga** + **na**]	pro + conj
isnase	but how about him?	pro + conj
Isniin (ta)	Monday	n0-f-time
isogow (/aaday)	be aware, take care	v3a=inch
isqabaan	they are married to each other	v1-3pl-prhb
isqabtaan	you are married to each other	v1-2pl-prhb
Israa'iil	Israel	n-loc
israacney	we went together [cf: **raac**]	v1-1pl-past
istaag (-ay)	stand up	v1=expr
istaag (-ay) (2)	stop, get stuck	v1=idiom
goonyaha ka soo **istaageen**	they stood at their sides	v1-3pl-past
isu (1)	oneself; for yourself, to oneself	pro + prep
isu (2)	each other	pro + prep
isu (3)	together	pro + prep
isugu	all together	pro + prep
isugu (2)	with each other	pro + prep
isugu yeer (-ay)	call s.o. together	v1=expr
isula	together, with each other	pro + prep
isuma	not each other	pro + prep + neg
itaan $	verbal noun suffix	vn2-m
iya	she, her	pro-red-3f
iya (2)	they, them	pro-red-3pl
iyada	she, her	pro-3f
iyadaa	she + focus	pro + focus
iyadaad	you ... her [= **iyada** + **baad**]	pro + vpro
iyadanase	but how about her?	pro + conj
iyadii	she, her [known subject]	pro-3f-subj
iyadoo	while she ...	pro + conj
iyadoon	while she ... not	pro + neg
iyadu	she [subject]	pro-3f-subj
iyaga	they, them	pro-3pl
iyagaa	they + focus	pro + focus
iyaganase	but how about them?	pro + conj
iyagoo	while they ...	pro + conj
iyagoon	while they ... not; before they ...	pro + conj + neg
iyagu	they [subject]	pro-3pl
iyana	and she, she also	pro + conj
iyana (2)	and they, they also	pro + conj
iyanase	but how about her?	pro + conj
iyanase (2)	but how about them?	pro + conj
iyo	and [noun connector]	conj
iyo in kale	or not	conj expr
ja'	J [letter]	alphabet
jaallayaal (/sha)	companions, comrades	n7-f-pl
jaalle (/ha)	comrade, companion, team-mate	n7-m
jaamacad (da)	university	n1-f
jab (-ay)	break	v1=intr
jabad (ka)	camp, abandoned camp-site	n2-m
jaban (#jabmay)	get broken	v1=inch
jabid (da)	breaking down, breakage	vn1-f
jabnaan (ta)	state of being broken; cheapness	n -f-abs
jabniin (ka)	breaking down, breakage, fracture	vn -m

jacayl (ka)	love, desire, lust	n2-m
jacaylkiisa	his love	np
jadh (-ay)	chop, cut up [alt: jar]	v1=
jadhdhey	she chopped (it) [alt: jadhdhay]	v1-3f-past
jalaq	drop, sound of dripping	n -f
jalleec (-ay)	glance (at), look around, turn around	v1=
Jamaal	Jamal	name-m
Jamce (/ha)	Friday	n0-m-time
Jamiilo	Jamila	name-f
Jannaayo (/da)	January [alt: Janaayo]	n0-f-time
jar (-ay)	cut (up), slice [alt: jadh]	v1=
jar (ka)	chopping, cutting	vn-m
jar (ta)	strategy, plan, design	n4-f, n6-f
jar u maleeg (-ay)	devise a strategy	v1=idiom
jaraa'id (ka)	newspapers [sg: jariidad]	n8-m-pl
jarar (ka)	strategies, plans	n4-m-pl
jarcee (-yey)	shake, shiver	v2b=
iyadoo jareysa	while she is chopping (it up)	v1-3f-subj-prpg
jariidad (da)	newspaper [pl: jaraa'id]	n8-f
jariidadduna	the newspaper ... also	np-subj + conj
jarjar (-ay)	mince, cut up (into pieces)	v1=
jarooyin (ka)	strategies, plans	n6-m-pl
jarrey	we cut (it) up [alt: jarnay]	v1-1pl-past
jawaab (-ay)	answer, reply	v1=
jawaab (ta)	answer, reply	n1-f
jawaab (ka)	act of answering	vn -m
Jawaahir	Jawahir	name-f
jebi (-yey)	break, smash (s.t.) [rw: jab]	v2a=tr
ma jebin	has not broken	v1-neg-past
jebis (ka)	act of breaking	vn2-m
qalin jebis (ka)	graduation	np-m-idiom
jebiyeen	may they break (X)	v2a-3pl-opt
jecel (#jeclaa)	liking, keen on, enthusiastic about	adj + v5=
wax ka faan jecele	[who was] fond of showing off	expr
mey jecla	she doesn't like it	adj + v5a-neg-prhb
muu jeclaadeen	he would not have like it	adj + v5a-neg-cond
waa la jeclaadey	someone liked it	v3a-3m-past
ha jeclaado	may he like it!	adj + v5a-3m-opt
jeclaan jiray	used to like it	adj + v5a-inf
jeclaan lahaa	would like, would have liked	adj + v5a-inf
jeclaanin	did not like	adj + v5a-neg-past
sow jeclaannee	what if we like it?	adj + v5a-1pl-pot
jeclaannin	may s.o. not like it!	adj + v5a-neg-opt
ha jeclaato	may she like it!	adj + v5a-3f-opt
jeclahay	I like	adj + v5a-1sg-pres
jecleysanin	did not like	v3b-neg-past
mey jecleysateen	she would not have liked it for herself	v3b-3f-neg-cond
jecleyso (#ystay)	desire, want s.t. for oneself	v3b=
jecli	I don't like	adj + v5a-neg-prhb
jeclow (/aaday)	love, like	v3a=inch
ka soo jeed (-ay)	originate from, be the descendants of	v1=expr
jeedi (-yey)	address, submit, propose; distract	v2a=

soo **jeedi** (-yey)	offer an opinion	v2a=idiom
jeer (ka)	time, instance, occasion	n -m
jeeso (#stay)	turn, face	v3b=
markii laga soo **jeestay**	when it was over [lit: turned from]	v3b-rel-past
jeex (a)	torn-off piece, strip; half of an animal	n2-m
wan **jeexii**	half of a ram	np
jid (ka)	road, path	n4-m
jid (ka)	right (to s.t.), correctness, justice	n4-m-col
jidad (ka)	roads, paths	n4-m-pl
jidh (-ay)	exist [alt: **jir**]	v1=
jidh (ka)	body	n1-m
jidho (/ha)	bodies	n1-m-pl
jidka ku dhac	hit the road	v1=idiom
jidkaan qaad	take this road	np + v1-imp
jidkii	on the road	np-loc
jidkiisii ku dhacay	he made his way	expr
jiidh (-ay)	run over, overrun	v1=
jiidhdhey	she ran over (it)	v1-3f-past
jiif (-ay)	lie down, be lying down	v1=
jiif (ka)	lying down	vn4-m
ninka geedkaas **jiifa**	the man lying under that tree	v1-subj-prhb
jiifkeed	her lying down	np
jiifsad (ka)	act of lying down	vn2-m
jiifso (/day)	lie down	v3a=
jiiftag (-ay)	go to sleep	v1=cmp
jiiftegay	went to sleep	v1-3m-past
jiilaal (ka)	main dry season [December-April]	n2-m-time
jiin (ka)	bank, edge, rim	n4-m
jiinkiisa	its bank (i.e., the river)	np
jiir (-ay)	run over [alt: **jiidh**]	v1=
jiirraqsanaya	grinding his teeth	v3a-subj-prpg
jiirraqso (/day)	grind one's teeth	v3a=
jilbaha	on (his) knees	n3-m-pl
jilbo (/ha)	knees	n3-m-pl
jilib (ka)	knee; section of a clan; fish-hook	n3-m
jilicsan	soft; weak; easy	adj-der
Jimcaale	Jimale	name-m
Jimce (/ha)	Friday	n0-m-time
jimic (da)	mercy, compassion, pity, alms giving	n2-f
jimicdarro (/da)	lack of compassion, hard-heartedness	n6-f
jir (-ay)	be (in a place), stay; exist, be available	v1=
jir (-ay) (2)	used to (X) [with infinitive]	v1=aux-phab
hilibka ku **jira**	the meat that is in it	v1-subj-prhb
jiraa	he is there	v1-3m-prhb
jiraal (ka)	existence, state of being	vn2-m
jiraan	existing, containing, having	adj-der
ma **jiraan**	is there any [mass / collective noun]?	v1-3pl-prhb
nimco ku **jiraanba**	they are even living in prosperity	v1-3pl-prhb
jirac (a)	ant (with a painful bite)	n2-m
ahaan **jiray**	he used to be (an X)	v5a-3m-phab
oollaan **jiray**	it [masc] used to be there	v4c-3m-phab
dhibaato ku **jireen**	they had been in difficulty	v1-3pl-past

lahaan jirey	he used to have (X)	v5b-3m-phab
jiri	to be, exist	v1-inf
jiri jiray	there used to be; used to live	expr
jirin	did not used to (X)	v1-neg-phab
show maba jirin	but there just wasn't any!	expr
aanu hora u qabi jirin	which he did not used to have before	expr
jiritaan (ka)	existence; creation	vn2-m
khatar ku jirney	we were in danger	v1-1pl-past
jirniin (ka)	existence; being, staying	vn -m
inta waraabe jiro	for as long as hyena exists	v1-rel-prhb
laguma jiro	there isn't anybody there (in X)	v1-neg-prhb
ku jirtaa	she is in it	v1-3f-prhb
jirtaan	you are there	v1-2pl-prhb
jirtey	there was [alt: jirtay]	v1-3f-past
oollaan jirtey	it [fem] used to be there	v4c-3f-phab
oran jirtey	she used to say it	v4a-3f-phab
kuma jirto	she is not in (it)	v1-3f-neg-prhb
jixinjix (-ay)	show compassion; have mercy (on)	v1=
kuma jixinjixine	and he did not have any compassion for	v1-neg-past
joog (-ay)	be (here / there), be present	v1=
joog (-ay)	stay (in), remain at, wait	v1=
joog (ga)	staying, waiting	vn -m
halkaan joog	stay here!	np-loc + v1-imp
jooga	he is at (some place)	v1-3m-subj-prhb
yaa jooga	Who is there?	qw-expr
joogaa	he is (present)	v1-3m-prhb
sanado baa laga joogaa	it has been years ...	expr
joogaan	they are present	v1-3pl-prhb
joogayaa	he is staying	v1-3m-prpg
meeshii ay joogeen	the place where they were	v1-3pl-rel-past
joogey	he stayed	v1-3m-past
joogi lahaa	if s.o. was there	v1-cond
joogid (da)	act of staying; being present	vn1-f
ma joogin	was / were not present	v1-neg-past
joogis (ta)	stay, act of staying	vn1-f
jooglee (-yey)	splash about	v2b=
joogney	we were (there)	v1-1pl-past
meesha aannu joogno	the place that we are at	v1-1pl-rel-prhb
inuu joogo	that he is here	v1-3m-rel-prhb
ma joogo	is / are not present	v1-neg-prhb
meesha aan joogo	the place that I am at	v1-1sg-rel-prhb
joogsaday	he stopped	v3a-3m-past
joogsan	to stop (oneself)	v3a-inf
joogsan(nin)	did not stop	v3a-neg-past
ha joogsannina	don't you all stop!	v3a-neg-imp-pl
joogsatay	you stopped	v3a-2sg-past
joogso (/day)	stop oneself, come to a halt; stand up	v3a=intr
joogtaa	she is (present)	v1-3f-prhb
joogtaa	you are (present)	v1-2sg-prhb
jooji (-yey)	stop, halt, cause (s.o.) to stop	v2a=tr
joojiso	may she stop (X)	v2a-3f-opt
joojiye (/ha)	brake	n7-m

Jumce (/ha)		Friday [alt: **Jamce, Jimce**]	n0-m-time
Juun (ta)		June [alt: **Juunyo**]	n0-f-time
ka	(1)	at, from, off, away, out of, across	prep
ka	(2)	about, concerning	prep
ka	(3)	than [comparative adjective]	prep
ka $	(4)	the [masculine]	det-m
ka $	(5)	future time marker	np-time
ka ag dhow		nearby to (him)	adj-phrase
ka cad		be in bad shape	idiom
ka caddahay		she / it [fem] is in bad shape	idiom
ka dul ka dib		later, thereafter	adv-time
ka fara badan		be outnumbered	adj-idiom
ka hel (-ay)		enjoy, like	v1=idiom
ka hoos		from below; under; lower	adv-loc
ka hor		ago, before, prior to	adv-time
ka hor yimi		confront, meet, encounter	v4b=expr
ka laac (-ay)		finish off	v1=idiom
ka nooloow (/aaday)		have too much of s.t.	v3a=expr
ka qabo (#btay)		do something about; work on; operate	v3b=expr
ka qaybgal (-ay)		partcipate in	v1=cmp
ka soo jeed (-ay)		originate from	v1=idiom
ka tag (-ay)		leave behind	v1=expr
ka xun		feel bad about	adj-expr
ka'		K [letter]	alphabet
kaa	(1)	about you [= **ku** + **ka**]	pro + prep
kaa	(2)	from you	pro + prep
kaa	(3)	than you [comparative]	pro + prep
kaa $	(4)	your [alt: -**kaaga**]	pro-det-2sg
kaa $	(5)	that, those [alt: -**kaas**]	deic-m-suf
kaabi (ga)		vicinity; nearness	n2-m, n7-m
aqalka **kaabigiisa**		near the house	np-loc
kaaga $		your	pro-det-2sg
kaaga	(2)	for you from (there)	pro + prep + prep
kaagii		yours [subject, new information]	pro-det-2sg
kaagu		your [subject, known]	pro-det-2sg
kaala		about X ... with you [= **ku** + **ka** + **la**]	pro + prep
kaala	(2)	[= **ku** + **ku** + **la**]	pro + prep
kaalay		come! [alt: **kaaley**]	v4b-imp-sg
kaalaya		you all come! [alt: **kaaleya**]	v4b-imp-pl
kaalo (/da)		contribution, handout, charity	n6-f
kaan $	(1)	this [masculine], here [alt: -**kan**]	deic-m-suf
kaan $	(2)	not ... the	det-m + neg
kaas $		that, those, there [not far]	deic-m-suf
kaasi		that [not far]	deic-m-subj
kaasoo		the (one) which ...	deic-m + conj
ma **kabban**		did not gulp	v3a-neg-past
kabbanayaa		I am gulping (X)	v3a-1sg-prpg
kabbo (/day)		gulp, take a swig, sip	v3a=
kac (-ay)		get up, rise, stand up, arise	v1=
kacdin (ka)		gallop, fast run of a horse [rw: **kac**]	vn -m
kadalloobsatay		she squatted	v3a-3f-past
kadalloobso (/day)		squat down	v3a=

kaga	(1)	using, with ... from, out of [= ku + ku]	prep + prep
kaga	(2)	from ... at [= ku + ka]	prep + prep
wiilkiina **kahday**		and the boy resented ...	v3b-3m-past
kaho	(#kahday)	resent, be set against	v3b=
kal	(ka)	turn	n -m
kala		apart; away, separately	deic-prep
kala	(2)	off of ... with [= ka + la]	prep + prep
kala daado	(#daatay)	fall apart	v3b=idiom
kala maqan		be absent from one another	expr
kalaba		even the other [rw: kale + -ba]	np + conj
kalabax	(-ay)	remove, take off of	v1=tr
kalana		and (the) other	np + conj
inta kalana		the rest	np
kalase		but the other [= kale + -se]	np + conj
kale		other, another; else	adj-atr
iyo in kale		or not	conj expr
kalena		otherwise; and other	np + conj
kii kalese		but the other one ...	np + conj
Kalifoorniya		California	n-loc
kalsoon		confident	adj
kalsooni	(da)	confidence, trust	n0-f-abs
wey kaltamayaan		they will be taking turns	v1-3pl-prpg
kaltan	(/tamay)	take turns [rw: kal]	v1=
kaluu		he ... another [= kale + buu]	adj + focus
kama		not about, not ... to	prep + neg
kama	(2)	not from	prep + neg
kan	$	this (one), these, here	deic-m
kana		and from [= ka + -na]	prep + conj
kani	$	this [subject]	deic-m-subj
kanna		and this [masculine]	deic-m + conj
kar	(-ay)	can, be able; know how; dare [with inf]	v1=aux
kar	(-ay) (2)	boil, be boiling	v1=intr
karashada		the ability	np
karasho	(/da)	ability	vn6-f
kareysaa		you can [with infinitive]	v1-aux-2sg-prpg
kari	(-yey)	cook, boil	v2a=tr
kari		boil (it)!	v2a-imp
maqli kari maayaan		they cannot hear (it / you)	v1-aux-inf + neg
kari waayey		he could not	vp
karin		to cook	v2a-inf
ma karin		could not (X)	v1-aux-neg-past
karin mayso		isn't she cooking?	v2a-neg-prpg
karinayaan		they are cooking (X)	v2a-3pl-prpg
uma dul qaadan karine		but he could not be patient with ...	expr
karinnee		what if we cook	v2a-1pl-pot
karinneen		we would not have cooked	v2a-neg-cond
karinney		we cooked	v2a-1pl-past
ma karinnin		did not cook	v2a-neg-past
waxba ha karinnin		do not cook anything!	v2a-neg-imp
ha karinnina		don't you all cook (it)!	v2a-neg-imp-pl
karis	(ka)	cooking, boiling, act of cooking	vn2-m
karis	(ta)	being able, ability	vn1-f

karisay	she cooked (it) [alt: **karisey**]	v2a-3f-past
karisee	what if she / you [sg/pl] cook(s)	v2a-pot
kariseen	you cooked	v2a-2pl-past
kariseen (2)	she / you [sg/pl] would not have cooked	v2a-neg-cond
kariseen (3)	what if you [pl] cooked	v2a-2pl-pot
adaa **karisey**	it was you who cooked it	v2a-2sg-past
kariskeedu	her cooking	np
kariyee	what if I / he/ they cook(s)	v2a-pot
kariyeen	I / he / they would not have cooked	v2a-neg-cond
kariyey	I cooked (it) [alt: **kariyay**]	v2a-1sg-past
lama **karo**	one can not, it is not allowed	v1-neg-prhb
karraani (ga)	clerk, male civil servant, employee	n2-m, n7-m
karraaniyaal (/sha)	clerks, civil servants, employees	n7-f-pl
karraaniyad (da)	clerk, female civil servant, lady official	n1-f
show **karsadee**	suppose I cook for myself?	v3a-1sg-pot
ma **karsanin**	not cook for oneselves	v3a-neg-past
show **karsatee**	suppose you cook for yourself?	v3a-2sg-pot
dhici **karta**	it could happen that ...	v1-aux-3f-subj
kartaa	you could	v1-aux-2sg
kasmo (/da)	understanding, intelligence, comprehension	n6-f
kasoobax (a)	boil, pimple [= **ka** + **soo** + **bax**]	n -m-cmp
kasta	each; every; any; no matter which	num-adj
kastana	and each ..., and every ...	adj + conj
kastoo	that every [= **kasta** + **oo**]	np + conj
kastoo (2)	and every; everyone who; everything which	np + conj
kawaanle (/ha)	butcher	n -m
kax (da)	desert, barren or empty country	n1-f-col
kaxee (-yey)	lead, drive, herd, take (people or animals)	v2b=
kaxeyso (#stay)	take along; drive away	v3b=
kaxeysteen	they took it along	v3b-3pl-past
kay	from me [= **ka** + **i**]	prep + pro
kayaga $	our, of us [exclusive]	pro-det-1pl-excl
kaydsad (ka)	act of saving, economizing	vn2-m
kaydsi (ga)	saving, economy, thrift, preserving	n -m
kaydso (/day)	save, store away (for oneself)	v3a=
kayga $	my	pro-det-1sg
kee $	which?	qw-det-m
keed (1)	which ... you [= **kee** + **aad**]	qw + vpro
keed $ (2)	her [on masculine noun]	pro-suf
keeda $	her	pro-det-3f
keen (-ay)	bring	v1=
dharka **keen**	go get the clothes	np + v1-imp
ee na **keen**	so let us go [lit: bring us]	v1=expr
keen (2)	our, of us [inclusive]	pro-det-1pl
keena	you all bring it!	v1-imp-pl
keenaa	I am bringing; shall I bring (it)	v1-1sg-rel-prhb
keenayaa	I will bring it	v1-1sg-prpg
intaan **keenayo**	while I bring (s.t.)	v1-1sg-rel-prpg
keenaysay	she was bringing it	v1-3f-ppgr
keeney	he brought it [alt: **keenay**]	v1-3m-past
keeni	to bring	v1-inf
keeni doonaa	he will bring	v1-inf + aux

ma **keenin**	did not bring	v1-neg-past
ha **keenina**	don't you all bring (it)!	v1-neg-imp-pl
keenis (ta)	act of bringing	vn1-f
Keeniya	Kenya	n-loc-f
keenna $	our [inclusive]	pro-det-1pl
waa **keennii**	it is ours	expr
inuu **keeno**	that he bring	v1-3m-rel-prhb
keentid	may you bring (X)	v1-2sg-opt
keer $	that, those [in the middle distance]	deic-m-suf
keli	only, alone, singular	adj
keli (ga)	alone, state of being the only one	n -m
keligeed	she alone, by herself	np
keligii	by himself, him alone	np
keligood	they alone (by themselves)	np
keliya	alone, only	adv / adj
kelli (da)	kidney	n1-f
kelya adeyg	courageous [lit: hard kidneys]	adj-idiom
kelyo (/ha)	kidneys [alt: **kelya**]	n1-m-pl
key $	my [alt: -**kayga**]	pro-det-1sg
keyga $	my [alt: -**kayga**]	pro-det-1sg
kha'	KH [letter]	alphabet
khad (da)	ink	n1-f
Khadiija	Khadija	name-f
Khadra	Khadra	name-f
khal (ka)	vinegar	n0-m-mass
khalaas (ka)	finished, gone, completed	adj-m
khalkhal (-ay)	become senile or confused	v1=
khamaar (-ay)	gamble	v1=
khamiis (ka)	long robe	n2-m
Khamiis (ta)	Thursday	n2-f-time
khamri (ga)	liquor, alcoholic beverage	n2-m
khansiir (ka)	pig, boar; pork	n2-m
kharaar (ka)	bitterness, sour taste	n -m
la **khaariji** (-yey)	be eliminated	v2a=idiom
khasaaro (/ha)	loss, damage, harm, casualty	n6-m-col
khasab (#sbay)	force, compel, coerce	v1=
lagu **khasbey**	he was forced (to do it)	v1-3m-past
khatal (-ay)	cheat, deceive, wrong	v1=
khatar (ta)	danger	n2-f
kheer (ka)	goodness	n4-m
khilaaf (ka)	discord, argument, conflict; difference	n2-m
khiyaali (ga)	illusion	n0-m
khoori (ga)	canal; creek, inlet, bay	n2-m
khudaar (ta)	fruits and vegetables	n0-f-col
khumkhum (ka)	type of incense	n2-m
kibir (#kibray)	be arrogant, be conceited	v1=
kibir (ka)	arrogance, conceit	n4-m
kibis (ta)	bread [alt: **kimis**; pl: **kibso** (/ha)]	n3-f
isagoo **kibra**	since he is conceited [rw: **kibir**]	v1-3m-subj-prhb
kii $	the [known or mentioned]	det-m
kiilo (/da)	kilo(gram)	n6-f
kiilooyin (ka)	kilograms	n6-m-pl

kiina $	and the (one)	det-m + conj-suf
kiinna $	your, of you all [plural]	pro-det-2pl
kiinnii	yours [subject]	pro-subj
kiis $	his	pro-det-3m
kiisa $	his, of him [on masculine noun]	pro-det-3m
kilkil (-ay)	throw hard (spear, etc.), launch	v1=
kimis (ta)	bread [alt: **kibis**]	n3-f
kirkir (-ay)	cut, slash with blunt knife	v1=
kitaab (ka)	book [pl: **kutub** (ta)]	n8-m
kitaabkan	this book	np
kol (ka)	time, instance [Syn: **mar**]	n4-m
kol dhow	for a while, a short time	np-time
kolal (ka)	times, instances	n4-m-pl
kolkaad	when you [= **kol** (ka) + **aad**]	conj + vpro
kolkay	when she [= **kol** (ka) + **ay**]	conj + vpro
kolkay	when they [alt: **kolkey**]	conj + vpro
kolkii	when, at the time	conj / np
kolkuu	when he [= **kol** (ka) + **uu**]	conj + vpro
kolla	never, not once [= **kol** + **-na**]	adv-time
konton (ka)	fifty	num-m
kontonaad	fiftieth	num-ord
koob (ka)	cup, mug	n4-m
koob (ta)	one [alt: **kow** before **iyo**]	num-f
koob iyo labaatan	twenty-one	num-m
koob iyo toban	eleven	num-m
koobab (ka)	cups	n4-m-pl
koobkeyga	my cup	np
koobku	the cup	np-subj
koobyo toban (ka)	eleven [alt: **koow iyo toban**]	num-m
kood $	their, of them	pro-det-3pl
kooda $	their, of them	pro-det-3pl
koow (da)	one; single; unique (thing) [alt: **kow**]	num-f
koowaad (ka)	first [alt: **kowaad**]	num-ord-m
koox (da)	group, squad; team	n1-f
kooxa yaryar	smallish squads, little groups	np + adj-pl
kooxo (/ha)	groups, squads	n1-m-pl
kor (-ay) (1)	climb, get up on	v1=intr
kor (-ay) (2)	grow (up), develop, increase	v1=intr
kor (3)	on top, above, up, from above	adv-loc
kor (ka) (4)	body; top	n -m
kordhi (-yey)	increase, cause to increase [rw: **korodh**]	v2a=tr
wuu **korey**	he grew up	v1-3m-past
korid (da)	ascending, climbing, rising	vn1-f
geed **koriddii**	the climbing of a tree	np
daarta **korkeeda**	on top of the building	np-loc
miiska **korkiisa**	on top of the table	np-loc
korodh (-ay)	increase, become more [cf: **kordhi**]	v1=intr
koronto (/da)	electricity, electrical current	n6-f
korontoyaqaan (ka)	electrician	n2-m-cmp
kow (da)	one; single, unique [alt: **koow**]	num-f
kowaad (ka)	first	num-ord-m
kii **koowaad**	the first one	np

ku ($)	the [subject]	det-m-subj
ku (2)	you [object]	pro-2sg-obj
ku (3)	on, at, upon	prep
ku (4)	in, into; onto	prep
ku (5)	with, using [instrument]; with regard to	prep
ku ag taal	it [fem] was nearby	expr
ku deeq (-ay)	bestow, grant (unto)	v1=expr
ku dhac	follow	v1=expr
ku dhawaaq (-ay)	proclaim, announce	v1=expr
ku dheceen	they followed [rw: **dhac**]	v1-3pl-past
ku gacan sayr	reject	v1=idiom
ku jiraan	containing, having inside	adj-phrase
ku shaac (-ay)	spread out (over an area)	v1=idiom
ku sugan	in a condition	adj-expr
ku taal	it [fem] is there (of unmovable object)	v4c-3f-prhb
ku yaal	there was a [masc X] there	v4c-3m-prhb
kubbad (da)	ball	n1-f
kugu (1)	you [obj] at/in X [= **ku** + **ku**]	pro + prep
kugu (2)	for you	pro + prep
kugu (3)	you ... with X	pro + prep
kula	with you	pro + prep
kula (2)	to s.o. ... with s.t.	prep + prep
kulan (#kulmay)	meet, assemble, hold a meeting	v1=
la kulan (#lmay)	meet s.o.; encounter	v1=expr
kulayl (ka)	heat, warmth [alt: **kuleel**; cf: **kulul**]	n1-m
kuleeluhu wuu bilaabmayaa the hot season is starting		np-subj
kulligiin	all of you	np
kulligood	all of them	np
cidduu la **kulmaaba** whoever he meets		v1-3m-prhb
ku kulmeen	they met	v1-3pl-past
la kulmey	I met him [alt: **kulmay**]	v1-1sg-past
kulmeynaa	we are going to meet	v1-1pl-prpg
kulul	hot	adj
si kulul	heatedly	adv-phrase
kululaa	it [masc] was hot	adj + v5a-3m-past
kululaan	to be getting hot	adj + v5a-inf
kululee (-yey)	heat (up)	v2b=
kululow (/aaday)	become hot [alt: **kululoow**]	v3a=inch
kulushahay	it [fem] is hot	adj + v5a-3f-prhb
kuma (1)	not by / using	prep + neg
kuma (2)	not ... in / into / to / on	prep + neg
kuma (3)	not ... you [object]	pro + neg
kumaad	thousandth [rw: **kun**]	num-ord
kumaan	I ... not [to] you [object]	pro + neg + vpro
kumaannu	we not ... you	pro + neg + vpro
kumana	and not to	prep + neg + conj
kumbis (ka)	meat cooked and preserved in ghee	n2-m
kumeey	she not you [= **ku** + **ma** + **ay**]	pro + neg + vpro
kumuu	he not you [= **ku** + **ma** + **uu**]	pro + neg + vpro
kun (ka)	thousand	num-m
kuna	and to (him/them)	prep + conj
kuraasi (da)	chairs [sg: **kursi** (ga)]	n8-f-pl

kursi (ga)	chair, seat [pl: **kuraasi** (da)]	n8-m, n2-m
kurtun (ka)	tree-stump	n1-m, n2-m
kutub (ta)	books [sg: **kitaab** (ka)]	n8-f-pl
kutubtan	these books	np
kuu	to you, for you, on your behalf	pro + prep
kuu (2)	he ... the [focus]	det-m + focus
kuugu	to X ... for you [= **ku** + **u** + **ku**]	pro + prep
kuul (/sha)	beads; necklace	n1-f
kuula	with s.o. ... for you [= **ku** + **u** + **la**]	pro + prep
kuusan	round, rounded, globular	adj-der
kuusha	the beads [rw: **kuul**]	np
kuwa	the ones	det-pl
kuwaannu	the ones ... we [= **kuwa** + **aannu**]	det + vpro
Kuwait	Kuwait	n-loc-f
kuwan	these (ones)	deic-pl
kuwani	these	deic-pl-subj
kuwanna	and these	deic + conj
kuwee	which?	qw-det-pl
la (1)	with,in company with, together with	prep
la (2)	someone, something, "you", "people"	pro-indef
la (3)	passive equivalent	pro-indef
la deyn	to be left alone	v2a-inf
la hel (-ay)	hit (as a target)	v1=idiom
la khaarijiyey	has been eliminated	idiom
la soo bax (-ay)	come up with	v1=expr
sakaraadkii la soo saaray	he was on his deathbed	idiom
isagoo ay la tahay	while it [fem] seemed to him that ...	v5a-3f
la yiraahdo	called, named, said to be	v4a-3m-rel-prhb
la' (1)	L [letter]	alphabet
la' (2)	lacking, without, not having, minus	adj-maker
la'aa	was without, lacked	adj + v5a-past
la'aa	failed to [+ infinitive]	adj + v5a-past
la'aan (ta)	lack (of), state of being without	n0-f-abs
la'aantood	without them	np
la'yahay	not have, be without	adj + v5=
ma soo laaban	did not go back	v3b-neg-past
kuu soo laabanayaa	I will be returning for you	v3b-1sg-prpg
laabatay	she returned	v3b-3f-past
laabbis (ka)	pencil	n2-m
laabbisyo (/da)	pencils	n2-f-pl
laabo (#btay)	return, turn back, go back	v3b=
laabtaan	they return	v3b-3pl-prhb
laabtay	he turned back	v3b-3m-past
soo laabtay	he returned	v3b-3m-past
soo laabteen	they returned	v3b-3pl-past
wuu laabtey	he returned	v3b-3m-past
laac (-ay)	reach out (for); hold out one's hand	v1=
ka laac (-ay)	finish off (food)	v1=idiom
laad (-ay)	kick	v1=
laakiin	but, however	conj
qawl laawaha	the man who had no honor	np-cmp
laawe (/ha)	lacking, without	adj-m

abaal **laawe**	one with no sense of gratitude	adj-cmp
weji **laawe**	undignified [lit: without face]	adj-idiom
laay (-ay)	exterminate, kill off, wipe out	v2a=
laba (da)	two	num-f
laba iyo toban	twelve	num-m
labaad (ka)	second	num-ord
habeen **labaadkii**	on the second night	np-time
kii **labaadna**	and the second one ...	np + conj
labaatan (ka)	twenty	num-m
labada dhexdood	between the two	np-loc
labadii	the two	np
labadiinnaba	both of you	np
iyaga **labadood**	both of them, the two of them	np
lacag (ta)	money	nl-f
lacag leh	wealthy, rich	adj-expr
haddey **lacagi** taallo	if there is some money	np-subj
lacagtaas	that money	np
lacagtan	this money	np
lacagtu	the money	np-subj
ladan	good, fine; well, healthy	adj
meydin **ladladnaateen**	you all would have been well	adj-pl + v5a-neg-cond
ladnaannin	may s.o. not be healthy!	adj + v5a-neg-opt
aydin **ladnaateen**	may you be healthy!	adj + v5a-2pl-opt
ladnahay	I am well [rw: **ladan**]	adj + v5a
laf (ta)	bone	nl-f
lafaheennu	our bones; [fig.] ourselves	np-subj
laga	out of / from someone [= **la** + **ka**]	pro + prep
laga (2)	someone ... from/about	pro + prep
lagama	someone ... not from / about	pro + prep + neg
lagama keenin	it was not brought from ...	expr
laga soo jeestay	when it was finished [lit: turned from]	expr
lagu	one ... by / to [= **la** + **ku**]	pro + prep
lagu	by something	pro + prep
dambigii **lagu oogay**	the blame was put on them	v1=expr
lagu rogay	he / it [masc] was covered by / with	v1=expr
laguma jiro	nobody is in (it)	pro + prep + neg
ma laha	he/she does not have; they don't own	v5b-neg-prhb
lahaa (1)	he had, he owned	v5b-3m-past
lahaa (2)	he said	v5b-3m-past
lahaa (3)	he would (have) [conditional]	v5b-3m-aux
lahaa (4)	I had, I owned	v5b-1sg-past
lahaa (5)	I said	v5b-1sg-past
lahaa (6)	I would have [conditional]	v5b-aux
ilma ka **lahaa**	had offspring (a child or children)	v5b-expr
lahaada	you (all) have!	v5b-imp-pl
sow **lahaadee**	I / he may own (it)	v5b-1sg/3m-pot
sow **lahaadeen**	they may own (it)	v5b-3pl-pot
lahaan	to have, to own	v5b-inf
lahaan jirey	used to own	v5b-inf + aux
lahaana	and he had	v5b + conj
carruur ka **lahaa**na	he also had children	v5b-expr
sow **lahaannee**	we may own (it)	v5b-1pl-pot

sow **lahaatee**		you / she may own (it)	v5b-2sg/3f-pot
sow **lahaateen**		you all may own (it)	v5b-2pl-pot
lahaayeen	(1)	they had, they owned	v5b-3pl-past
lahaayeen	(2)	they said	v5b-3pl-past
lahaayeen	(3)	they would (have) [conditional]	v5b-3pl-aux
lahayd	(1)	she had, she owned	v5b-3f-past
lahayd	(2)	she said	v5b-3f-past
lahayd	(3)	she would (have) [conditional]	v5b-3f-aux
lahayd	(4)	you had, you owned	v5b-2sg-past
lahayd	(5)	you said	v5b-2sg-past
lahayd	(6)	you would (have) [conditional]	v5b-2sg-aux
lahaydeen	(1)	you had, you owned	v5b-2pl-past
lahaydeen	(2)	you said	v5b-2pl-past
lahaydeen	(3)	you would (have) [conditional]	v5b-2pl-aux
lahayn	(1)	did not have, didn't own	v5b-neg-past
lahayn	(2)	would not (have) [conditional]	v5b-neg-aux
lahayn	(3)	would not have (X)ed	v5b-rel-cond
lahayn	(4)	we had, we owned	v5b-1pl-past
lahayn	(5)	we said	v5b-1pl-past
lahayn	(6)	we would (have) [conditional]	v5b-1pl-aux
dhaxalna igu **lahayn**		he has no inheritance from me	v5b-expr
lahow		own!, have! [alt: **lahaw**]	v5b-imp-sg
lala		someone ... with; with ... someone	pro + prep
lama		someone ... not	pro + neg
lama		not with ...	prep + neg
lama arkin		has not been seen	expr
lama ogeyn		it was not known	expr
lana		and with	prep + conj
lana	(2)	and someone	pro + conj
laq	(-ay)	swallow [syn: **dhunji**]	v1=
laqdabo	(/da)	deceit, deception, act of misleading	n6-f
lax	(da)	ewe, female sheep	n -f
laydh	(dha)	air; breeze, fresh air	n0-f-mass
layga		one ... of / from me [= **la** + **i** + **ka**]	pro + pro + prep
layr	(ta)	breeze, fresh air [alt: **laydh**]	n0-f-mass
laysku		someone ... together [= **la** + **isku**]	pro + pro + prep
le $		ownership, association, involvement with	n7-m-suf
si ayan ugu **le'an**		in order that they not die of ...	v3b-neg-past
le'anayay		they were dying off	v3b-subj-ppgr
le'eg		equal, the same as, amounting to	adj
le'o	(#le'day)	die off, be exterminated	v3b=
leedahay	(1)	she has, she owns	v5b-3f-pres
leedahay	(2)	she is saying (X)	v5b-3f-prhb
leedahay	(3)	you have, you own	v5b-2sg-pres
leedahay	(4)	you are saying (X)	v5b-2sg-prhb
leedihiin	(1)	you have, you own	v5b-2pl-pres
leedihiin	(2)	you are saying (X)	v5b-2pl-prhb
leenahay	(1)	we have, we own	v5b-1pl-pres
leenahay	(2)	we are saying (X)	v5b-1pl-prhb
leeyahay	(1)	he has, he owns	v5b-3m-pres
leeyahay	(2)	he is saying (X)	v5b-3m-prhb
leeyahay	(3)	I have, I own	v5b-1sg-pres

leeyahay (4)	I am saying (X)	v5b-1sg-prhb
leeyihiin (1)	they have, they own	v5b-3pl-pres
leeyihiin (2)	they are saying (X)	v5b-3pl-prhb
leh (1)	has, have	v5b-subj-prhb
leh (2)	say, saying, said	v5b-subj-prhb
leh $ (3)	having, with [adjective phrase marker]	adj-phrase
is leh	saying to oneself	expr
ma leh	there is none	adj + neg
Leyla	Leila	name-f
leyn	to kill off [rw: laay]	v2a-inf
libaax (a)	lion	n2-m
ninku waa libaax	the man is brave	idiom
libaaxiina	and the lion	np-subj
libaaxow	hey, lion!	np-voc
libaaxu	the lion	np-subj
libaaxyadii midkood	one of the lions	np
libaaxyadu	the lions [subject]	np-subj
libaaxyo (/da)	lions	n2-f-pl
lihi (1)	I don't have	v5b-neg-prhb
lihi (2)	one who has [subject form of leh + -i]	v5b-subj-prhb
lihi (da) (3)	property, possessions	n -f
lihid	you don't have	v5b-neg-prhb
lihidin	you [pl] don't have, you all do not own	v5b-neg-prhb
lihii $	ownership or association	n-def-suf
lihin	we don't have, we do not own	v5b-neg-prhb
Liibaan	Liban	name-m
liic (-ay)	bend, lean, tilt	v1=
liido (#liitay)	be weak	v3b=
liin (ta)	lemon, lime	n0-f-col
lillaahi (/da)	honesty, sincerity (of god-fearing person)	n0-f-abs
lix (da)	six	num-f
lixaad	sixth	num-ord
lixdan (ka)	sixty	num-m
lixdeen	the six of us	num + pro cmp
lo' (da)	cattle	n0-f-col
lo'aad	of cattle	np-gen-pl
lo'dan	these cattle	np
lo'dii	the cattle	np
lo'du	the cattle [subject]	np-subj
loo	for / to someone [= la + u]	pro + prep
loo (2)	someone ... to (them)	pro + prep
looga	someone ... from [= la + u + ka]	pro + prep
loogu	someone ... into / at [= la + u + ku]	pro + prep
loolan (/amay)	compete	v1=
looltan (/tamay)	compete	v1=
lud (da)	flesh, fatty piece of meat	n1-f-mass
luddeenna	our flesh	np
lug (ta)	leg, foot; pedestrians; infantry	n1-f
lugaheeda	their legs	np-pl
lugee (-yey)	walk, go on foot	v2b=
lugeyn	to walk, go on foot	v2b-inf
lulaneysana	who was churning milk	v3b-rel-prpg

lulo (#lushay)	churn milk into butter	v3b=
lumay	he / it [masc] got lost	v1-3m-past
sow **lumee**	suppose he / it [masc] gets lost	v1-pot
lun (/lumay)	get lost, be lost	v1=
luudi (-yey)	lead gently or slowly	v2a=
inuu duqa soo **luudiyo**	that he lead the old man around	v2a-3m-rel-prhb
Luul	Lool	name-f
Luula	Lula	name-f
Luulyo (/da)	July	n0-f-time
luuq (a)	alley	n2-m
ma (1)	question marker	qw-class
ma (2)	not [negative marker]	neg
ma $ (3)	not [negative suffix]	neg-suf
ma aha	it is not	v5-neg-prhb
ma laha	there is none [alt: **ma leh**]	neg-exis
ma leh	there is none [alt: **ma laha**]	neg-exis
ma nabad baa?	how are you? [lit: is it peace?]	greeting
ma'	M [letter]	alphabet
maad	you ... not [= **ma** + **aad**]	neg + vpro
maad	are / do you? [alt: **miyaad**]	qw + vpro
maadaama	since, because, in as much as; as long as	conj
maadan	you ... not [= **ma** + **aad** + **aan**]	neg + vpro
maado (#maatay)	hide	v3b=
Maajo (/da)	May	n0-f-time
maali (-yey)	lend, loan	v2a=
maalin (ta)	day	n3-f-time
maalin dabadeed	a day later	np-time
maalin kale	another day	np-time
maalin walba	every day	np-time
maalinba	each day	np-time / adv
maalinna	and on one day	np-time + conj
maalintaas	that day	np-time
maalintee	what day?, which day?	qw-time
maalintii	by day	np-time
maalintii dambe	the next day	np-time
maalintu	the day	np-subj
maalmo (/ha)	days	n3-m-pl
maalmood	of days	np-gen-pl
maan	I ... not [= **ma** + **aan**]	neg + vpro
maan (2)	do I?, did I?, am I? [alt: **miyaan**]	qw + vpro
maanan	I ... not [= **ma** + **aan** + **aan**]	neg + vpro
maandhe	son!	np-voc
maandhow	hey son!	np-voc
maangaab (ka)	feeble-minded person, dimwit	n -m
maannan	we [excl] ... not [= **ma** + **aannu** + **aan**]	neg + vpro
maannu (1)	we ... not [= **ma** + **aannu**]	neg + vpro
maannu (2)	do / did / are we? [excl; alt: **miyaannu**]	qw + vpro
maanta	today	adv-time
maantu	today, nowadays [subject]	time-subj
maantuu	today ... he [= **maanta** + **uu**]	np-time + vpro
Maarso (/da)	March (month)	n0-f-time
maayaan	they are not doing (X)	v-aux-3pl-neg-prpg

maayo (1)	he is not doing (X)	v-aux-3m-neg-prpg
maayo (2)	I am not doing (X)	v-aux-1sg-neg-prpg
maba	not at all	neg + conj-suf
sow / show maba	but on the contrary	conj
sow maba aha	but it is not at all!	expr
sow mabaanan quraacannin I didn't have breakfast at all!		expr
macaan	sweet	adj
macaanaan (ta)	sweetness	n -f-abs
macallimad (da)	teacher (female)	n8-f
macallimaddeennii our [incl] teacher		np
macallimaddu	the instructress, the female teacher	np-subj
macallimiin	teachers [sg: macallin]	n8-f-pl
macallin (ka)	teacher, male instructor	n8-m
macallinkaaga	your teacher	np
macallinkii	the teacher [known]	np
macallinku	the teacher [subject]	np-subj
macna weyn	significance, importance	np-cmp
macne (/ha)	meaning, sense; aim, objective	n7-m
madax (a)	head; official	n5-m, n2-m
madax (da)	heads, chiefs	n5-f-pl
is madax mar (-ay) go crazy		v1=idiom
madaxa	on the head	np-loc
madax-adag	stubborn, hard-headed	adj-cmp
madax bannaani	sense of freedom	n -cmp
madaxii keliya	only the head	np
madaxnimo (/da)	leadership	n6-f
dugsiga madaxtinnimadiisa the school's principalship		np
madaxtinnimo (/da) leadership		n -f-abs
madaxtooyo (/da)	presidency	n -f-abs
madaxwareer (ka)	dizziness	n -m-cmp
madaxweyne (/ha)	president	n7-m-cmp
madaxweyneyaal (/sha) presidents		n7-f-pl
madaxxanuun (ka)	headache	np-m-cmp
madixii	the head [rw: madax]	np
madmadow	black (ones)	adj-pl
madoob	black [alt: madow with v5a-forms]	adj
madoobaan (ta)	blackness	n -f
madoobahay	I am black	adj + v5a-1sg-prhb
madoobe (/ha)	blacky, the black one	n7-m
madoobee (-yey)	blacken, darken	v2b=
madoobeyn	was / were not black	adj + v5a-neg-past
madoobow (/aaday) become dark or black		v3a=inch
madow (ga)	black, dark	adj-m
wax madow	something black	np
mag (ta)	blood money, compensation for killing	n1-f, n2-f
magaaladan	this town	np
magaaladu	the city	np-subj
magaalo (/da)	town, city	n6-f
magaalooyin (ka)	towns	n6-m-pl
magac (-a)	name; title	n2-m
magac dheer	famous [lit: long name]	adj-phrase
magacaa	your name	np

magacaagii baan illaawey	I have forgotten your name	np-subj
magacaygu	my name	np-subj
magacee	which name?	np + qw
magaceed	her name	np
magaceeda	her name	np
magaceedu	her name	np-subj
magaciis	his name	np
magaciisa	his name	np
magaciisu	his name	np-subj
magacyo (/da)	names	n2-f-pl
magan (ta)	refuge, sanctuary, asylum	n -f
magangeli (-yey)	protect, give refuge or asylum (to s.o.)	v2a=
magicii	the name [rw: **magac**]	np
magucu	the name	np-subj
mahadsanid	thanks, thank you	expr
mahadsantahay	thank you [lit: you be thanked]	adj + v5a-2sg-prhb
la **majaxaabiyey**	it was sabotaged	idiom
majo (/ha)	limbs, paws, feet	n8-m-pl
majoxaabi (-yey)	undermine, sabotage [lit: collect feet]	v2a=idiom
Makaahiil	Michael	name-m
makhaayad (da)	restaurant	n1-f
malaakh (a)	chief	n2-m
malaha	perhaps, maybe [alt: **malahaa**]	adv
malahaa	maybe, perhaps	adv
malax (da)	pus	n -f
malee (-yey)	suppose, guess, think	v2b=
maleeg (-ay)	devise a strategy; weave	v1=
maan u **maleynayo**	I don't think that ...	v2b-1sg-neg-prpg
malyuun (ka)	million	num-m
maqaar (ka)	skin	n2-m
maqaarkiisaan	for his skin ... I	np + vpro
maqal (#maqlay)	hear; listen	v1=
maqalley	we heard [alt: **maqalnay**]	v1-1pl-past
maqan	absent	adj
kala **maqan**	absent from one another	expr
maqashay	you heard (it) [alt: **maqashey**]	v1-2sg-past
maqashey	she heard (it) [alt: **maqashay**]	v1-3f-past
maqasheen	you all heard (it)	v1-2pl-past
maqlay	I heard (it)	v1-1sg-past
markuu erayadaas **maqlay**	when he heard those words	v1-3m-past
maqlayay	he was listening to (it)	v1-3m-ppgr
maqleen	they heard (it)	v1-3pl-past
maqnaa	he was absent [rw: **maqan**]	adj + v5a
maqnayd	you were absent	adj + v5a
maquuni (-yey)	distribute, allot	v2a=
is **maquuni** (-yey)	reconcile oneself; reflect upon	v2a=idiom
maquunsado	that he take for himself	v3a-3m-rel-prhb
maquunso (/day)	do without permission, achieve by force	v3a=
mar (ka)	time, occasion, instance	n4-m
mar (-ay)	pass (through/by); put into effect; progress	v1=
soo **mar** (-ay)	stop (by / in)	v1=expr
mar dambe	another time; [fig.] (too) late	np-time

mar kale	again, another time	np-time
mar walba	always, every time, all the time	np-time
maraakiib (ta)	ships [sg: markab]	n8-f-pl
maradiisu faraqa	the hem of his robe [cf: maro]	np
maran	empty	adj-der
marar (ka)	times, occasions	n4-m-pl
nidir ka maray	I take an oath to avoid s.t.	v1-1sg-past
marayey	he was passing (through)	v1-3m-ppgr
mardhoof (ka)	first time traveler	n -m-cmp
waxay soo mareen	what they had been through	v1-3pl-past
Mareykan	American	adj
Mareykan (ka)	America	n-loc-m
mareyso	it [fem] passed	v1-rel-prpg
markay meeshaa mareyso	at that point, when it got that far	expr
mari (-yey) (1)	spread, apply on to, wipe (on), rub with	v2a=
mari (-yey) (2)	let pass, allow to pass, cause to pass	v2a=
mari (-yey) (3)	finish (off), wipe out	v2a=
meel mari (-yey)	be effective, function	v2a=idiom
ha marin	don't let pass	v2a-neg-imp
marisa	it [fem] would wipe (them) out	v2a-3f-subj-prhb
marisay	she had rubbed (it on)	v2a-3f-past
Marka	Marca [town in Somalia]	n-loc
marka	when, if	np-conj
markaa	so, therefore	conj
markaad	when you [= marka + aad]	conj + vpro
markaan	when I [= marka + aan]	conj + vpro
markaannu	when we; after we [= marka + aannu]	conj + vpro
markaas	then, at that time	conj-time
markaas ka dibna	and after that	time-expr
markaasaad	so then you	conj + vpro
markaasuu	so then he	conj + vpro
markab (ka)	ship, boat, oceanliner [pl: maraakiib]	n8-m
markay	when she; then she ... [alt: markey]	conj + vpro
markey	when they ...; then they ...	conj + vpro
markeydin	when you ...; then you ...	conj + vpro
markeynu	when we [incl] ...; then we ...	conj + vpro
markii	when	conj
markuu	when he ...; then he ...	conj + vpro
marmar	sometimes, rarely, occasionally	adv-time
marmari (-yey)	rub, wipe clean; keep passing s.t. over	v2a=pl
marmarisay	she rubbed (it on)	v2a-3f-past
marna	not once	np + neg
marnaba	never, not at all	np + neg + conj
maro (/da) (2)	cloth; robe	n6-f, n1-f
marsii (-yey)	let pass, make pass	v2a=cmp
wey ismadaxmartey	she went crazy	v1-3f-past
inta dul marto	while [each one] passes over above ...	v1-3f-rel-prhb
Maryan	Mary	name-f
mas (ka)	snake	n4-m
ninku waa mas	the man is secretive	idiom
mas'uuliyad (da)	responsibility	n1-f
masaa'ib (ka)	calamities, catastrophes, problems	n8-m-pl

masaar (ta)	ax, axe	n1-f, n2-f
maseyr (ka)	jealousy	n2-m
mashxarad (-ay)	ululate (make a joyful noise)	v1=
mashxarado	so that I (can) ululate	v1-rel-prhb
masiibadii	the misfortune [which befell hyena]	np
masiibo (/da)	misfortune, calamity, problem, trouble	n6-f, n1-f, n8-f
maskii	the snake	np
mataan (ka)	twin	n1-m
mataana	twins [= **mataano**]	n1-m-pl
mataankiisu	his twin brother	np
maxaa (1)	what (is)? [+ focus]	qw + focus
maxaa (2)	why?, how come?	qw + focus
maxaa dhacay	what happened?	qw-expr
maxaad	what ... you?	qw + focus + vpro
maxaad ka qabtaan	how do you feel about it?	expr
maxaad sheegtey	How are you?	greeting
maxaan	what ... I?	qw + focus + vpro
maxaan	how come I ...	qw + focus + vpro
maxaan falaa	what am I to do?	expr
maxaannu	what ... we [excl]?	qw + focus + vpro
Maxamed	Mohammed	name-m
Maxamuud	Mohammud	name-m
maxay (1)	what?	qw
maxay (2)	what ... she?	qw + vpro
maxay (3)	what ... they?	qw + vpro
maxayan	why they ... not?	qw + vpro + neg
maxaydin	what ... you [pl]?	qw + focus + vpro
maxaynu	what ... we [incl]?	qw + focus + vpro
maxbuus (ka)	prisoner [pl: **maxaabiis** (ta)]	n8-m, n2-m
may (1)	she ... not [= **ma** + **ay**]	neg + vpro
may (2)	they ... not [= **ma** + **ay**]	neg + vpro
maya	no	neg
mayno	we are not doing (X)	v-aux-1pl-neg-prpg
mayr (-ay)	wash (as dishes), launder (clothes)	v1=
maysaan	you all are not doing (X)	v-aux-2pl-neg-prpg
maysid	you are not doing (X)	v-aux-2sg-neg-prpg
mayso (1)	you are not doing (X)	v-aux-2sg-neg-prpg
mayso (2)	she is not doing (X)	v-aux-3f-neg-prpg
mee	where is [masculine]?	qw-loc-m
meedey	where is [feminine]?	qw-loc-f
meel (/sha)	place; part, portion	n1-f
meel mari (-yey)	work effectively, function	v2a=idiom
meel walba	everywhere	np-loc
meelna	nowhere, not anywhere, no place	np + neg
meelo (/ha)	places	n1-m-pl
meesha	the place; the place that / where ...	np
meeshaa mareyso	[when] it got that far	expr
meeshaan	the place where I ...	np + vpro
meeshaannu	the place that we ... [= **meel-ta** + **aannu**]	np + vpro
meeshan	this place; here [= **meel** + -**tan**]	np-loc
meeshee	where?, which place?	qw-np
meesheed	where ... you? [= **meel** + -**tee** + **aad**]	qw-np + vpro

meesheeda	her place	np
meeshey	the place that they ... [= **meel-ta** + **ay**]	np + vpro
meeshii	the place	np
meeshu	the place [subject]	np-subj
meeshuu	the place that he ... [= **meel-ta** + **uu**]	np + vpro
meeshuu maray	where (he) ended up	expr
meey	she ... not [= **ma** + **ay**]	neg + vpro
meey	they ... not [= **ma** + **ay**]	neg + vpro
meeyan (1)	she ... not [= **ma** + **ay** + **aan**]	neg + vpro
meeyan (2)	they ... not	neg + vpro
sow meeyan	does / did she ... not?	qw + neg + vpro
meeye	where are [plural]?	qw-loc-pl
meeyey	where is [masculine]?	qw-loc-m
mergo (/day)	choke (on s.t.), suffocate	v3a=
mey (1)	does she? / did she? / is she?	qw + vpro
mey (2)	do they? [= **ma** + **ay**; alt: **miyey**]	qw + vpro
mey (3)	she ... not [= **ma** + **ay**]	neg + vpro
mey (4)	they ... not	neg + vpro
meyan	she ... not [alt: **meeyan**]	neg + vpro
meyd (ka)	corpse	n4-m
meydaan (ka)	field, stadium	n -m
meydin	did you? [= **ma** + **aydin**]	qw + vpro
meydin	you all ... not [= **ma** + **aydin**]	neg + vpro
meydkii	the corpse, the dead body	np
meydnan	you all ... not [= **ma** + **aydin** + **aan**]	neg + vpro
meyn	did not do (X)	v-aux-neg-past
meynan	we [incl] ... not [= **ma** + **aynu** + **aan**]	neg + vpro
meynee	but he didn't ...	neg + conj
meyno	we are not doing (X) [alt: **mayno**]	v-aux-1pl-neg-prpg
meynu (1)	we [incl] ... not [= **ma** + **aynu**]	neg + vpro
meynu (2)	do / did we [inclusive]?	qw + vpro
meysaan	you ... not [alt: **maysaan**]	v-aux-2pl-neg-prpg
meysid	you ... not [alt: **maysid**]	v-aux-2sg-neg-prpg
meyso (1)	she ... not [alt: **mayso**]	v-aux-3f-neg-prpg
meyso (2)	you ... not	v-aux-2sg-neg-prpg
mid (ka)	one, one and the same; a, an, any; a unit	num-m
mid kale	another one	pro
midab (ka)	color	n2-m
midabkiisa	his color	np
midba	each one	np / pro
midda	the one	np
middoodse	but one of them	np
midduu	any (way that) he ...	np + vpro
midho (/ha)	seed, fruit, grain [alt: **miro**]	n0-m-col
midka	the one	np
midkee	which one?	qw-np
midkeen	one of us, one from amongst ourselves	np
midkii	the one; whichever one that ...	np
midkood	one of them	np
midna	not one, no one, neither one	np + neg
midna (2)	and one, and the other	num + conj
midnimo (/da)	unity	n6-f

miis (ka)	table	n4-m
miisas (ka)	tables	n4-m-pl
milicso (/dey)	reflect, think upon	v3a=
min (ka)	house, hut, room; womb	n -m
mindi (da)	knife	n1-f
mindidu	the knife	np-subj
mindiyo (/ha)	knives	n1-m-pl
minweyn (ta)	senior wife	n -f-cmp
minyaro (/da)	junior wife	n -f-cmp
miridh (#rdhay)	rust, get rusty	v1=
mirir (-ay)	rust [alt: **miridh**]	v1=
miro (/ha)	fruit, grain [alt: **midho**]	n0-m-col
misaajid (ka)	mosque	n2-m
misana	again, and also [alt: **misna**]	adv
mise	either, or, otherwise	conj
miskiin (ka)	poor person, the poor [pl: **masaakiin**]	n8-m, n2-m
miyaa	is it not so? [= **ma** + **baa**]	qw + focus
miyaad	are you?, do / did you? [alt: **maad**]	qw + vpro
miyaadan	do / are you not? [= **ma** + **aad** + **aan**]	qw + vpro + neg
miyaan	do I? / did I? / am I? [alt: **maan**]	qw + vpro
miyaanan	am I not? / don't I [= **ma** + **aan** + **aan**]	qw + vpro + neg
miyaaney (1)	isn't she ...?, doesn't she ...?	qw + neg + vpro
miyaaney (2)	aren't they ...?, don't they ...?	qw + neg + vpro
miyaaney kula ahayn	doesn't it seem to you?	expr
miyaannu	do / did we?, are we? [excl; alt: **maannu**]	qw + vpro
miyaanu	is / does he not? [= **ma** + **aan** + **uu**]	qw + neg + vpro
miyey	did / does she? [= **ma** + **ay**; alt: **mey**]	qw + vpro
miyey (2)	did / do they?	qw + vpro
miyeydin	did / do you? [= **ma** + **aydin**; alt: **meydin**]	qw + vpro
miyeynu	did / do we? [= **ma** + **aynu**; alt: **meynu**]	qw + vpro
miyuu	did / does he? [= **ma** + **uu**; alt: **muu**]	qw + vpro
miyuusan	is / does he not? [= **ma** + **uu** + **aan**]	qw + vpro + neg
mood (-ay)	think, guess, suppose; pass (by), move	v1=
isagoo **moodayana**	and he is supposing	v1-subj-prpg
moodayey	I was thinking, I thought that ...	v1-1sg-ppgr
moog	ignorant of, unaware [cf: **og**]	adj
moogaan (ta)	ignorance (of/about); absent-mindedness	n -f-abs
mooradii	the corral	np-subject
mooro (/da)	corral, pen	n6-f
mooyee	unless, except [= **ma** + **aha** + **ee**]	conj
mudda gaaban	(after) a short while	np-time
mudda yar	in a short time	np-time
muddo (/da)	period of time	n6-f
muddooyin (ka)	periods of time	n6-m-pl
mudo (#mutay)	deserve; suffer	v3b=
Muqdisho	Mogadishu [capital city of Somalia]	n-loc-f
muquunso (/day)	take without permission [alt: **maquunso**]	v3a=
muraayad (da)	mirror	n1-f
mus (ka)	interior part of a corral	n4-m
mushaax (-ay)	go for a walk, stroll	v1=
muto	that (it) deserves	v3b-rel-prhb
muu	does he? [alt: **miyuu**]	qw + vpro

muu	he ... not [= **ma** + **uu**]	neg + vpro
muug (ga)	aspect, figure, shape, external appearance	n -m
muuji (-yey)	show, display, reveal; affirm	2a=
Muuna	Mona	name-f
muuq (a)	appearance, aspect	n4-m
iga muuqata	which [fem] is apparent on me	v3b-3f-subj-prhb
u iga muuqatey	it [fem] was apparent to them	v3b-3f-past
iga muuqdaan	[these things] are showing from me	v3b-3pl-prhb
muuqo (#qday)	appear, be evident, be visible or clear	v3b=
muus (ka)	banana	n0-m-col
muusan	he ... not [= **ma** + **uu** + **aan**]	neg + vpro
muxuu	what ... he? [= **maxay** + **buu**]	qw + pro
n $ (1)	to (X) [infinitve form of the verb]	v2a-inf-suf
n $ (2)	don't do (X)!	v2-neg-imp-sg
n $ (3)	did not do (X)	v2a-neg-past
n $ (4)	act of (X)ing [v2a-gerund suffix]	vn-f
na (1)	us (not you) [exclusive]	pro-1pl-obj
na $ (2)	and	conj-suf
na $ (3)	not	neg-suf
na $ (4)	subject-oriented reduced verb form	v1-1pl-red
na'	N [letter]	alphabet
naa $	we do (X)	v-1pl-prhb
naa	hey you, woman	intj
naag (ta)	woman; wife	n1-f
naagaha	the women	np
naageey	hey woman!	np-voc
naagi	a woman [subject]	np-subj
naagihii	the women	np-pl
naago (/ha)	women	n1-m-pl
naagood	of women	np-gen-pl
naagtaa	your wife	np
naagtan	this woman	np
naagtee	which woman?	qw + np
naagteeydu	my wife	np-subj
naagtii	the woman	np
naagtiisa	his wife	np
naagtiisii wejigeeda	on his wife's face	np
naagtiisu	his wife	np-subj
naagtu	the woman [subject]	np-subj
naagyahay	hey woman!	np-voc
naas (ka)	breast	n1-m
naasayare	one with small breasts	np-cmp
nabad (da)	peace, well-being, security	n1-f
nabadba	even [some] peace	np + conj
nabaddiino	goodbye!	intj / greeting
nabadgal (-ay)	be safe, secure	v1=cmp
nabadgeli (-yey)	preserve, safeguard, leave in peace	v2a=cmp
nabadgelyo	goodbye!	intj / greeting
nabad ku jiraanba	they lived in peace	expr
nabad qab (-ay)	be well, be secure	v1=expr
Alla ha ku **nabad yeelo** may God make you secure!		expr-opt
nac (-ay)	hate, reject	v1=

nacas (ka)	foolish man, idiot	n2-m
nacasan	crazy, foolish, silly	adj-der
nacasnimadoodii	in their foolishness	np
nacasnimo (/da)	foolishness	n6-f
nacasnimo badan	such extreme foolishness	np
nacasyo (/da)	fools, idiots	n2-f-pl
nacdey	you hated (it)	v1-2sg-past
nacnac (a)	candy, sweets	n2-m
naf (ta)	soul, life	n1-f
naftii u timid	he was close to death	idiom
naga	from us [= **na** + **ka**]	pro + prep
nagaar (ka)	bush, shrub, low vegetation	n0-m-col
nagala	about ... with ... for us [= **na** + **ka** + **la**]	pro + prep
nagu	to us [= **na** + **ku**]	pro + prep
nagu (2)	us ... with / using	pro + prep
nagula	us ... at [= **na** + **ku** + **la**]	pro + prep
nahay	we are	v5-1pl-pres
nal (ka)	light	n4-m
nala (1)	someone ... us	pro + pro
nala (2)	with us	pro + prep
nalama	one ... not us [= **na** + **la** + **ma**]	pro + pro + neg
nambar (ka)	number	n2-m
nambarro (/da)	numbers	n2-f-pl
nanac (a)	candy, sweets	n2-m
naq (-ay)	arbitrate, deal with a legal case	v1=
naqaan (1)	we know [alt: **naqaannaa**]	v4d-1pl-prhb
naqaan (2)	we don't know [alt: **naqaanno**]	v4d-1pl-neg-prhb
naqaan (3)	it is we who know	v4d-1pl-subj-prhb
naqaan (4)	that we know [alt: **naqaanno**]	v4d-1pl-rel-prhb
naqaanna	it is we who know	v4d-1pl-subj-prhb
naqaannaa	we know	v4d-1pl-prhb
show **naqaannee**	perhaps we may know	v4d-1pl-pot
naqaanno (1)	we don't know	v4d-1pl-neg-prhb
naqaanno (2)	may we know!	v4d-1pl-opt
naqaanno (3)	that we know	v4d-1pl-rel-prhb
naqi doono	[when] he would deal with [their case]	v1-fut-rel
nasan	to take a rest	v3b-inf
nasi (-yey)	relieve, give s.o. a rest; take over work	v2a=
kolla hawsha ka **nasin**	never let them rest from the work	v2a-neg-past
naso (#nastay)	have a rest, take a break	v3b=
naxdin (ta)	fear, fright, terror	n0-f
naxsan	frightened	adj-der
nay $	we did (X)	v1-1pl-past
nayaa $ (1)	I am doing (X)	v2-1sg-prpg
nayaa $ (2)	he is doing (X)	v2-3m-prpg
nayaan $	they are doing (X)	v2-3pl-prpg
nayay $ (1)	he was doing (X)	v2-3m-ppgr
nayay $ (2)	I was doing (X)	v2-1sg-ppgr
nayeen $	they were doing (X)	v2-3pl-ppgr
nayey $	he was doing (X) [alt: -**nayay**]	v2-3m-ppgr
naynaa $	we are doing (X)	v2-1pl-prpg
Nayroobi	Nairobi	n-loc

naysa $	it is you who are doing (X)	v2-2sg-subj-prpg
naysaa $ (1)	she is doing (X)	v2-3f-prpg
naysaa $ (2)	you are doing (X)	v2-2sg-prpg
naysaan $	you are doing (X)	v2-2pl-prpg
nebcaa	disliked [rw: neceb]	adj + v5a
waan necbahay	I hate it	adj + v5a-1sg-prhb
neceb	hating; hated, disliked	adj
nee $	suppose we do (X), what if we do (X)	v1-1pl-pot
neecaw (da)	breeze, fresh air	n0-f-col
neef (ka)	domestic animal	n4-m
neefaf (ka)	animals, cattle, livestock	n4-m-pl
neefafkiina	and the animals	np-pl + conj
neeftuur (-ay)	gasp, pant, breath heavily	v1=
neen $	we would not have done (X)	v1-1pl-neg-cond
ney $	we did (X) [alt: -nay]	v1-1pl-past
neyn $	is / was not (X)ing	v2-neg-prog
neyney $	we were doing (X)	v2-1pl-ppgr
neynin $	is / was not (X)ing	v2-neg-prog
neynney $	we were doing (X)	v2-1pl-ppgr
neyseen $	you were doing (X)	v2-2pl-ppgr
neysey $ (1)	you were doing (X)	v2-2sg-ppgr
neysey $ (2)	she was doing (X)	v2-3f-ppgr
nidhi	we said [alt: niri]	v4a-1pl-past
nidir (ka)	oath, vow	n -m
niin $	act of (X)ing [v1-gerund suffix]	vn-m/f
nimaaddaa	we come	v4b-1pl-prhb
sow nimaaddee	perhaps we may come [alt: nimaadnee]	v4b-1pl-pot
nimaadna	it is we who come	v4b-1pl-subj-prhb
nimaadnaa	we come	v4b-1pl-prhb
sow nimaadnee	perhaps we may come [alt: nimaaddee]	v4b-1pl-pot
nimaadneen	we would not have come	v4b-1pl-neg-cond
nimaadno (1)	we do not come	v4b-1pl-neg-prhb
nimaadno (2)	may we come!, let us come!	v4b-1pl-opt
nimaadno (3)	that we come	v4b-1pl-rel-prhb
niman (ka)	men	n4-m-pl
nimankaas	those men	np
nimankani	these men	np
nimankiina	and the men	np + conj
nimanku	the men	np-subj
nimcadii	the resources	np
nimcaysan	prosperous, lush	adj-der
nimco (/da)	natural resources, abundance, prosperity	n6-f
nimi (1)	we came	v4b-1pl-past
nimi (2)	that we came	v4b-1pl-rel-past
nimid (1)	we came	v4b-1pl-past
nimid (2)	that we came	v4b-1pl-rel-past
nimo $	-ship, -hood, -ism, -ity [quality or state]	n6-f-abs-suf
nin (ka)	man; husband [pl: niman]	n4-m
nin $ (2)	did not (X)	v2-neg-past
nin iyo bur	each man into a bush	expr
ninkaa	your husband	np
ninkaagii	your husband	np-subj

ninkaan	the man who ... not [= **ninka** + **aan**]	np + neg
ninkee	which man?	qw + np
ninkeed	her husband	np
ninkeenba	each man of us	np
ninkii	the man	np
ninku	the man [subject]	np-subj
ninna	no man	np + neg
ninow	hey man!	np-voc
ninyahow	hey man!	np-voc
niqiin (1)	we knew	v4d-1pl-past
niqiin (2)	it is we who knew	v4d-1pl-subj-past
niqiin (3)	that we knew	v4d-1pl-rel-past
waannu is **niqiin**	we knew each other	expr
niqiinney	that we knew [alt: **niqiin**]	v4d-1pl-rel-past
niraahdaa	we say	v4a-1pl-prhb
niraahda	it is we who say	v4a-1pl-subj-prhb
niraahna	it is we who say	v4a-1pl-subj-prhb
niraahnaa	we say	v4a-1pl-prhb
show **niraahnee**	perhaps we will say, what if we say	v4a-1pl-pot
niraahneen	we would not have said (it)	v4a-1pl-neg-cond
niraahno (1)	we do not say	v4a-1pl-neg-prhb
niraahno (2)	may we say (it)!	v4a-1pl-opt
niraahno (3)	that we say	v4a-1pl-rel-prhb
nirgo (/ha)	camel foals, young camels [rw: **nirig**]	n3-m-pl
niri (1)	we said	v4a-1pl-past
niri (2)	it was we who said	v4a-1pl-subj-past
niri (3)	that we said	v4a-1pl-rel-past
nirig (ga)	camel foal, young camel	n3-m
niyad (da)	thought, intention; mind	n -f
niyadjab (-ay)	be demoralized	v1=cmp
nnaa $ (1)	we do (X)	v2a-1pl-prhb
nnaa $ (2)	we do (X)	v3-1pl-prhb
nnay $	we did (X)	v3-1pl-past
nnee $	suppose we do (X), what if we do (X)	v2-1pl-pot
nneen $	we would not have done (X)	v2-1pl-neg-cond
nney $ (1)	we did (X)	v2a-1pl-past
nney $ (2)	we did (X)	v3-1pl-past
nnin	do not (X)	v2-neg-imp-sg
nnina $	do not (X)	v2-neg-imp-pl
nno $	may we, let us (X)	v2-1pl-opt
no $ (1)	may we (X), let us do (X)	v1-1pl-opt
no $ (2)	we do not (X)	v-neg-prhb
nolol (/sha)	life; lifetime [cf: **nool**]	n -f
nololaqoon (ta)	biology, study of life	n -f-cmp
noo	to / for us [= **na** + **u**]	pro + prep
nooc (a)	type, kind, sort	n2-m
Noofembar (ta)	November	n0-f-time
nooga	for us ... from [= **na** + **u** + **ka**]	pro + prep
noogu	to us ... at [= **na** + **u** + **ku**]	pro + prep
nooguma	not to us	pro + prep + neg
nool	alive, living, lively, cheerful	adj
ifka ku **nool**	there is in this world	expr

a	for us ... with [= **na** + **u** + **la**]	pro + prep
l ku **noolaa**	lived in a place	expr
olaadeen	they lived	v3a-3pl-past
oolaadey	I revived	v3a-1sg-past
oolaanno	that we live	v3a-1pl-rel-prhb
noolaato	may she survive!	v3a-3f-opt
nooloow (/aaday)	survive, live; become alive	v3a=
ka **nooloow**	have a lot of, have too much of s.t.	v3a=expr
noolyihiinna	and [if] they live	adj + v5a-3pl-rel-prhb
noqday	he went back	v3b-3m-past
soo **noqday**	he has returned	v3b-3m-past
wacelna ku **noqday**	he became known as a bastard	expr
noqdo	I don't go back	v3b-neg-prhb
noqdo	when I return	v3b-rel-prhb
noqo (noqdey)	go back, turn back, return	v3b=
noqo (2)	become, be; change	v3b=
dhaqso soo **noqo**	come back soon	expr
noqon (1)	to go back	v3b-inf
soo **noqon** (2)	to return	v3b-expr
noqon (3)	did not return; did not become	v3b-neg-past
noqonayeen	they were returning	v3b-3pl-ppgr
inaadan soo **noqonayn**	that you won't be coming back	v3b-neg-ppgr
noqoneynaa	we are coming back	v3b-1pl-prpg
noqonnin	did not go back	v3b-neg-past
noqonnina	don't you all go back!	v3b-neg-imp-pl
noqotey	you became a(n) (X)	v3b-2sg-past
noqoto	you don't go back	v3b-neg-prhb
nus (ka)	half	n4-m, num-m
nusas (ka)	halves	n4-m-pl
nuug (-ay)	suck	v1=
nuuji (-yey)	suckle (a baby), breastfeed	v2a=tr
Nuur	Nur	name-m
nuuxi (-yey)	move (s.t.) a little, shift; wobble	v2a=tr
ha is **nuuxin**	don't move [yourself]!	v2a-neg-imp
o > -a $	common vowel change	vowel change
o $ (2)	plural suffix	n-pl-suf
o $ (3)	do for oneself [autobenefactive verb]	v3-suf
o $ (4)	not be (X)ing [negative present]	v-neg-prhb
o $ (5)	be (X)ing [relative present]	v-rel-prhb
o $ (6)	may he (X), let him (X)	v1-3m-opt
o $ (7)	may I (X)	v1-1sg-opt
o'	O [letter]	alphabet
Obokh	Obokh [city in Djebuti]	n-loc
od $	of, belonging to, connected with	n-f-gen-pl
oda (ga)	old man [respectful term]	n2-m
odagiina	and the old man	np + conj
oday (da)	old men	n5-f-pl
oday (ga)	old man, elder	n5-m, n7-m, n2-m
odayaal (/sha)	old men	n7-f-pl
oddoros (-ay)	forecast, predict, foresee	v1=
oddorostay	she predicted (it)	v1-3f-past
odhan	to say [alt: **oran**]	v4a-inf

ha **odhannin**	don't say (it)	v4a-neg-imp
ha **odhannina**	don't you all say (it)	v4a-neg-imp-pl
odho	say (it)! [alt: **oro**]	v4a-imp-sg
og	aware, knowing, informed, in the know	adj
oga	he/she doesn't know; they don't know	adj + v5a-neg-prh[
lama **oga**	nobody knows	expr
ogaa	I knew	adj + v5a-1sg-past
wuu i **ogaa**	he knew about me	adj + v5a-3m-past
ogaada	you all be aware, you all must realize	v3a-imp-pl
ogaadaa	I [usually] find out	v3a-1sg-prhb
si aan runta u **ogaadana**	and so I [can] find out the truth	v3a-1sg-rel-prhb
ogaaday (1)	he realized; he understood [rw: **ogoow**]	v3a-3m-past
ogaaday (2)	I found out; I realized	v3a-1sg-past
ogaadeen (1)	they discovered	v3a-3pl-past
sow **ogaadeen** (2)	suppose they find out?	v3a-3pl-pot
Ogaadeen (3)	Ogaden [region in Somalia]	n-loc
ogaadey	he found out [alt: **ogaaday**]	v3a-3m-past
muu **ogaado**	he won't know; he won't discover	v3a-3m-neg-prhb
ogaan (1)	to know, become aware	v3a-inch-inf
ogaan (2)	to know, to realize	adj + v5a-inf
ogaan (ta) (3)	awareness, realization	n -f-abs
waan **ogaan doonaa**	I will find out	adj + v5a-fut
waan **ogaan lahaa**	I would have found out (about it)	adj + v5a-cond
ogaaneynin	won't find out	v3a-neg-prog
ogaanna	it is we who find (it) out	v3a-1pl-subj-prhb
ogaanney	we realized; we found out	v3a-1pl-past
ogaannin	may s.o. not be aware (of it)!	adj + v5a-neg-opt
ogaatay	she realized [rw: **ogoow**]	v3a-3f-past
ma **ogaatay**	did you realize?	v3a-2sg-past
maad **ogaateen**	you [sg/pl] would not be aware	adj + v5a-neg-cond
ogaatey	she found out	v3a-3f-past
ad **ogaato**	may you be aware!	adj + v5a-2sg-opt
ogaayeen	they knew; they came to know	adj + v5a-3pl-past
ogahay	I know	adj + v5a-1sg-prhb
ogeyd (1)	she knew	adj + v5a-3f-past
ogeyd (2)	you knew, you did know	adj + v5a-2sg-past
ogeyn	did not know, wasn't aware [alt: **ogayn**]	adj + v5a-neg-past
lama **ogeyn**	it was not known; nobody knew	expr
oggolaadey	he consented [alt: **oggolaaday**]	v3a-3m-past
oggolaatay	you agreed to (it)	v3a-2sg-past
oggolow (/aaday)	permit, allow, agree to; accept	v3a=
ogi (1)	I don't know	adj + v5a-1sg-neg-prhb
ogi (2)	I know [subject form]	adj + subj-suf
ogid	you don't know	adj + v5a-2sg-neg-prhb
ogidin	you all don't know	adj + v5a-2pl-neg-prhb
ogin	we don't know	adj + v5a-1pl-neg-prhb
ognahay	we know, we realize	adj + v5a-1pl-prhb
ogow (/aaday)	come to know [alt: **ogoow**]	v3a=inch
ogoow (/aaday)	come to know, discover, find out, realize	v3a=inch
ogoow inuu joogo	be aware that he is here!	v3a-imp
ogtahay (1)	you know, you realize	adj + v5a-2sg-prhb
maad **ogtahay**	do you know ... ?	qw-expr

(2)	she knows	adj + v5a-3f-prhb
iin	do you all know?	adj + v5a-2pl-prhb
r	he knows, he is aware	adj + v5a-3m-prhb
ar (ta)	October	n0-f-time
ga)	neighbor; neighborhood	n2-m
a) (2)	flame, glow, burning	n2-m
na	and the flame	np
)	and [verb & adjective connector]	conj
)	which, that	conj
3)	long OO [letter]	alphabet
da)	fence, enclosure	n1-f
$	of, belonging to [genitive plural]	n-f-gen-pl
$	their, of them [alt: -kooda]	pro-det-3pl
ac (a)	jerky, pieces of meat preserved in ghee	n -m
(-ay) (1)	kindle, light a fire	v1=
(-ay) (2)	drive, urge on	v1=
bigii lagu oogay	the blame was put on them	expr
in (ta)	crying, weeping	n2-f
	be (in a place, inanimate)	v4c-imp-sg
ool	be (in a place of fixed/immovable object)	v4c-imp-sg
ool	there was none [alt: oollin]	v4c-neg-past
llaan	to be there [alt: oolli]	v4c-inf
llaan (ta)	location, state of being in a place	n -f-abs
llaan lahaa	it [masc] would have been there	v4c-cond
ollayaa	it [masc] is going to be there	v4c-3m-prpg
ollayaan	it [mass] is / they are going to be there	v4c-3pl-prpg
na oollayaan	it [mass] is / they are not going to be	v4c-3pl-neg-prpg
na oollayo	it [masc] isn't going to be there	v4c-3m-neg-prpg
oollaysaa	it [fem] is going to be there	v4c-3f-prpg
ma oollayso	it [fem] isn't going to be there	v4c-3f-neg-prpg
oolleysaa	it [fem] is going to be there	v4c-3f-prpg
oolli	to be there [alt: oollaan]	v4c-inf
oolli maayo	it [masc] is not going to be there	v4c-neg-prog
oolli	to be (in a place)	v4c-inf
ma oollin	there was none (in a place)	v4c-neg-past
oollin	may it not be there!	v4c-neg-opt
oomay	he was thirsty [rw: oon]	v1-3m-past
oommanaan (ta)	state of being thirsty, thirst	n -f-abs
oon (oomay)	be thirsty	v1=
oon (2)	and ... not [= oo + aan]	conj + neg
oon (3)	who / that ... not	conj + neg
oon (4)	that / which I ...	conj + vpro
ooy (-ay)	cry	v1=
ooy (-day)	cry	v2a=
ooy $ (3)	hey you! [feminine vocative]	n-f-voc
ooysay	she cried	v2a-3f-past
oqooda	you all know (it)! [alt: aqooda]	v4d-imp-pl
oqoon (1)	to know	v4d-inf
waan oqoon doonaa	I will know	v4d-1sg-fut
oqoon maysid	you do not recognize (it)	v4d-neg-prpg
oqoon weydey	she failed to recognize (them)	v1-aux + v4d-inf
ha oqoon (2)	don't know (it)! [alt: oqoonnin]	v4d-neg-imp

ma **oqoon** (3)	did not know [alt: **aqoon(nin)**]	v4d-neg-past
oqoon (4)	may s.o. not know! [alt: **aqoon**]	v4d-neg-opt
oqoonayaan	they do not recognize (it)	v4d-3pl-neg-prpg
oqoonayno	we do not recognize (it)	v4d-1pl-neg-prpg
oqoonayo (1)	he does not recognize (it)	v4d-3m-neg-prpg
oqoonayo (2)	I do not recognize (it)	v4d-1sg-neg-prpg
oqoonaysaan	you all do not recognize (it)	v4d-2pl-neg-prpg
oqoonayso (1)	she does not recognize (it)	v4d-3f-neg-prpg
oqoonayso (2)	you do not recognize (it)	v4d-2sg-neg-prpg
oqooneyn	was / were not recognizing	v4d-neg-past
oqooneynin	was / were not recognizing	v4d-neg-past
oqoonnin	did not know	v4d-neg-past
ha **oqoonnin**	don't know (it)!	v4d-neg-imp
ha **oqoonnina**	don't you all know	v4d-neg-imp-pl
oqoow	know (it)! [alt: **aqoow, aqood**]	v4d-imp-sg
oran (1)	to say	v4a-inf
oran doonaa	I will say (it)	v4a-1sg-fut
oran kari maayo	he can not say (it)	v4a-inf + v1-aux
oran lahayd	she would have said	v4a-3f-cond
ma **orann** (2)	did not say [alt: **orannin**]	v4a-neg-past
ha **oran** (3)	don't say (it)!	v4a-neg-imp
oran (3)	may s.o. not say (it)!	v4a-neg-opt
oranaya	it is (X) who is/are saying	v4a-subj-prpg
oranayaa (1)	he is saying	v4a-3m-prpg
oranayaa (2)	I am saying	v4a-1sg-prpg
oranayaan (1)	they are saying	v4a-3pl-prpg
oranayaan (2)	they are not saying	v4a-3pl-neg-prpg
oranayaan (3)	that they are saying	v4a-3pl-rel-prpg
oranayay (1)	he was saying	v4a-3m-ppgr
oranayay (2)	I was saying	v4a-1sg-ppgr
oranayay (3)	it was (X) who was/were saying	v4a-subj-ppgr
oranayeen	they were saying	v4a-3pl-ppgr
oranayey	it is you / they who are saying (it)	v4a-subj-ppgr
oranayna	it is we who are saying	v4a-1pl-subj-prpg
oranaynaa	we are saying	v4a-1pl-prpg
oranaynay	we were saying [alt: **oranayney**]	v4a-1pl-ppgr
oranayney	it was we who were saying	v4a-1pl-subj-ppgr
oranaynin	was / were not saying	v4a-neg-ppgr
oranaynney	we were saying	v4a-1pl-ppgr
oranayno (1)	we are not saying	v4a-1pl-neg-prpg
oranayno (2)	that we are saying	v4a-1pl-rel-prpg
oranayo (1)	he is not saying	v4a-3m-neg-prpg
oranayo (2)	that he is saying	v4a-3m-rel-prpg
oranayo (3)	I am not saying	v4a-1sg-neg-prpg
oranayo (4)	that I am saying	v4a-1sg-rel-prpg
oranaysa (1)	it is she who is saying	v4a-3f-subj-prpg
oranaysa (2)	it is you who are saying	v4a-2sg-subj-prpg
oranaysaa (1)	she is saying	v4a-3f-prpg
oranaysaa (2)	you are saying	v4a-2sg-prpg
oranaysaan (1)	you all are saying	v4a-2pl-prpg
oranaysaan (2)	you all are not saying	v4a-2pl-neg-prpg
oranaysaan (3)	that you are saying	v4a-2pl-rel-prpg

oranaysay	(1)	she was saying [alt: **oranaysey**]	v4a-3f-ppgr
oranaysay	(2)	you were saying	v4a-2sg-ppgr
oranayseen		you all were saying	v4a-2pl-ppgr
oranayso	(1)	she is not saying	v4a-3f-neg-prpg
oranayso	(2)	that she is saying	v4a-3f-rel-prpg
oranayso	(3)	you are not saying	v4a-2sg-neg-prpg
oranayso	(4)	that you are saying	v4a-2sg-rel-prpg
oraneyn		was / were not saying	v4a-neg-ppgr
oraneynin		was / were not saying	v4a-neg-ppgr
oraneysaa		she is saying	v4a-3f-prpg
oraneysaa		you are saying	v4a-2sg-prpg
oraneysaan		you all are not going to say	v4a-2pl-neg-prpg
oraneyseen		you all were saying	v4a-2pl-ppgr
ma **orannin**	(1)	did not say	v4a-neg-past
ha **orannin**	(2)	do not say!	v4a-neg-imp-sg
orannin	(3)	may s.o. not say (it)!	v4a-neg-opt
ha **orannina**		don't you all say (it)!	v4a-neg-imp-pl
orday		he ran	v1-3m-past
markuu sii **ordayey**		as he was running	v1-3m-ppgr
ordeen		they ran	v1-3pl-past
orgi (da)		billy goats	n5-f-pl
orgi (ga)		billy goat, he goat	n5-m,n6-m,n2-m
oro		say (it)! [alt: **odho**]	v4a-imp-sg
orod (#orday)		run	v1=
orodbadan		very fast	adj-cmp
orodday		you ran (away)	v1-2sg-past
ow $		hey you! [masculine vocative suffix]	n-m-voc-suf
oyin $		plural of declension 6	n6-m-suf
qa'		Q [letter]	alphabet
qaad (-day)		take (away), get, obtain; pick up, lift	v1=
qaad (ka)		capacity, volume	n -m
indhaha ka **qaad**		see, witness	v1=idiom
dul **qaadan**		to take with patience, tolerate	v3b-inf
ma **qaadan**		did not take	v3b-neg-past
goortuu madaxa kor u **qaadana** and when he lifts his head up			v1-3m-rel-prhb
qaadanayey		I was taking	v3b-1sg-ppgr
qaadatay		you took	v3b-2sg-past
soo **qaadatey**		she went and took (it)	v3b-3f-past
waqti dheer **qaadatay** it [fem] took a long time			v3b-3f-past
qaadatid		may you take (it)	v3a-2sg-opt
qaadato		may you take (it)	v3a-2sg-opt
qaadday	(1)	she took (it)	v1-3f-past
qaadday	(2)	she caught (it)	v1-3f-past
qaaddeen		you took (it)	v1-2pl-past
qaaddey		you took (it)	v1-1sg-past
qaaddo	(1)	may she take (it)!	v1-3f-opt
soo **qaaddo**		if you go and get	v1-2sg-rel-prhb
qaadey		he took [alt: **qaaday**]	v1-3m-past
la **qaadey**		it was taken	expr
qaadeysaa		you are going to take (it)	v1-2sg-prpg
ha **qaadin**		don't bring (it)!	v1-neg-imp
qaado (#qaatay)		take for oneself	v3b=

qaado (2)	borrow; accept, adopt	v3b=
qaali (ga)	expensive	adj-m
qaalin (ta)	heifer, young she camel [pl: qaalmo]	n3-f
qaalmo (/ha)	heifer camels	n3-m-pl
qaaman (ka)	debts	n4-m-pl
qaan (ta / ka)	debt [pl: qaaman]	n4-f/m
qaar (ka)	some, part (of), portion, section, share	n4-m
qaar (ta)	club, bat, cudgel	n1-f
dadka qaarkood	some of the people	np
qaarad (da)	continent [alt: qaarrad]	n1- f
qaarradaha	the continents	np-pl
waqti dheer qaatay	it [masc] took a long time	v3b-3m-past
qaateen	may they take (it)!	v3a-3pl-opt
qaatey	he took (it for himself) [alt: qaatay]	v3a-3m-past
qaatin (ta)	volume, capacity [rw: qaad]	vn -f
qaayo leh	valuable	adj
qab (-ay)	have, own, possess	v1=
dhiig qab (-ay)	have a period, menstruate	v1=expr
is qab (-ay)	be married [lit: have each other]	v1=expr
nabad qab (-ay)	be well, be secure	v1=expr
qabaa	I have	v1-1sg-prhb
qabad (ka)	act of catching	vn2-m
qaban	to catch, hold; to get to	v3b-inf
si aan u qaban	so that [the sun] would not get him	v3b-neg-past
ma qabaneynin	was/were not catching	v3b-neg-ppgr
shaqada ma qabanin	did not do the work	v3b-neg-past
aan la qabannin	that was not caught	v3b-neg-past
ha qabannina	don't you all catch (it)!	v3b-neg-imp-pl
qabataa	you do (as employment)	v3b-2sg-prhb
is qabatey	you restrained yourself	v3b-2sg-past
is qabay	[two fools] were married	v3b-3m-past
aanu qabi jirin	which he did not used to have [before]	v1-neg-phab
naag muu qabin	he did not have a wife	v1-neg-past
qabo (#btay)	catch, hold; detain, arrest	v3b=
shaqo qabo	do work	v3b=expr
qaboobow (/aaday)	become cold	v3a=inch
qabow (ga)	cold, frost	n -m
si qabow	calmly, cooly	adv-expr
qabowdahay	it [fem] is cold	adj + v5a-3f-prhb
qabsanno	may we do (it)!	v3a-1pl-opt
qabsatay	it [fem] happened to (X)	v3a-3f-past
qabso (/day)	seize, take (for oneself); happen to	v3a=
sii qabso	keep on, continue	v3a=expr
is qabtaan	you are married	v3b-2pl-prhb
maxaad ka qabtaan	how do you feel about it?	qw / expr
la qabtey	he was caught	v3b-3m-past
qabweyn	arrogant, conceited	adj-cmp
qad (-ay)	be without	v1=
qadee (-yey)	eat lunch, have lunch	v2b=
qadeeyney	we ate lunch	v2b-1pl-past
ha qadeeyo	may he eat lunch	v2b-3m-opt
qadeyn	to eat lunch	v2b-inf

ma **qadeyneynin**	was/were not eating lunch	v3b-neg-ppgr
qadeysey	you have eaten lunch	v2b-2sg-past
qadeysid	may you have lunch!	v2a-2sg-opt
qadh (ka)	cliff	n -m
qadhaadh (ka)	bitterness	n0-m-mass
qadi (-yey)	fail to give s.o. what he or she expects	v2a=tr
qado (/da)	lunch	n -f
qadoodi (ga)	hunger, state of being without food	n0-m-col
qal (-ay)	cut the throat of, slaughter; skin	v1=
qalaad	foreign, exotic, strange	adj
inay dibiga **qalaan**	that they skin the bull	v1-3pl-rel-prhb
qalad (ka)	fault, mistake, blunder	n2-m
qalan (#qalmay)	get slaughtered or butchered	v1=inch
intuu **qalayay**	while he was skinning (it)	v1-3m-rel-ppgr
qalbi (ga)	thought, feeling; memory; "heart"	n -m
qalbijebi (-yey)	demoralize	v2a=cmp
qali lahaana	and I would have slaughtered	v1-1sg-cond
qalimmo (/da)	pens	n2-f-pl
qalin (ka)	pen	n2-m, n3-m, n8-m
qalin jebis (ka)	graduation [lit: breaking a pen]	np-idiom
qalinkani	this pen	np
qalloocan	bent, crooked	adj-der
qalmaan (ta)	pens [sg: **qalin** (ka)]	n8-f-pl
wey **qalmi** doonaan	they will get slaughtered [cf: **qalan**]	v1-3pl-inch-fut
qalmo (/ha)	pens	n3-m-pl
qalo (#qashay)	slaughter for oneself; sacrifice	v3b=
qamandhacaysan	having goosebumps, being chilled	adj-der
qanaan (ta)	tail (of animal, esp. of horse)	n2-f
qanacsan	be convinced, be satisfied	adj-der
isagoon weli **qanacsaneyn**	while he was still not satisfied	adj + v5a-neg-past
qandac (a)	temperature, neither hot nor cold	n2-m
qandaraas (ka)	contract, agreement	n2-m
qaniinya goostay	he bit him [lit: cut up with a bite]	np-expr
qaniinyo (/da)	bite; act of biting; sting	n6-f
qar (ka)	cliff, mountain peak [alt: **qadh**]	n -m
qaraab (-ay)	go looking for something, search	v1=
qaraab (ka)	foraging, act of looking for food	vn2-m
qaraabadii	the relatives	np
qaraabo (/da)	blood-relations, relatives, kin	n6-f-col
qaraar (ka)	bitter taste	n0-m-mass
qari (-yey)	hide, conceal	v2a=
qarinayey	he was hiding	v2a-3m-ppgr
qasabadle (/ha)	plumber	n -m
qasacad (da)	tin can	n1-f
dibina ku **qasheen**	and they sacrificed a bull	v3b-3pl-past
haddaad noo soo **qasho**	if you go and skin (it) for us	v3b-2sg-rel-prhb
qatooyo (/da)	lack; frustration [rw: **qad**]	n -f-abs
qawl (ka)	word of honor, pledge	n4-m
qayb (ta)	division, share, part	n1-f
ka **qaybgal** (-ay)	participate in	v1=cmp
qaybi (-yey)	distribute, divide into shares, share out	v2a=
ku **qaybi** (-yey)	assign (someone) to	v2a=expr

qaybin (ta)	dividing, act of dividing	vn -f
qaybis (ka)	dividing, act of dividing	vn2-m
lagu qaybiyay	he was assigned to do (X)	v2a-3m-past
inuu qaybiyo	that he divide (it) up	v2a-3m-rel-prhb
la qaybsaday	it was divided	v3a-3m-past
qaybsanaya	they will divide amongs themselves	v3a-3pl-subj-prpg
qaybsaneyna	we will divide (it) amongst ourselves	v3a-1pl-subj-prpg
qaybsasho (/da)	act of sharing out, dividing	vn6-f
la qaybsatey	she shared (it) with	v3a-3f-past
qaybso (/day)	share out; divide among oneselves	v3a=
qaybtii	distribution, division; way of sharing	np
qaybtiisa	his share	np
qayr (ka)	peer, equal, one's own kind	n4-m
qayrar (ka)	peers, equals	n4-m-pl
qayrkaa	your peer	np
u qaysho (/day)	cry out (as for help)	v3a=
qeyb (ta)	share, part, portion	n1-f
qeybtaadii	your share, your part	np
idiinma qeyshadeen	he would not have cried out to you all	v3a-neg-cond
qiime (/ha)	price, value [alt: qiimo]	n6-m
qiimee (-yey)	evaluate, put a price on; value, esteem	v2b=
qiimeeyey	it [masc] was priced	v2b-3m-past
qiimo (/da)	value, price	n6-m
qiimo leh	valuable	adj-phrase
qiimooyin (ka)	values, prices	n6-m-pl
qiiq (a)	smoke	n -m
qiiqii	the smoke	np
qodo (#qotay)	dig, plow	v3b=
qof (ka)	person; individual	n4-m
qofaf (ka)	people	n4-m-pl
qofna	nobody [lit: no person]	pro / np + neg
qol (ka)	room	n4-m
qoladii	the group, the companions	np
qolo (/da)	clan, tribe, group of people; companion(s)	n6-f
qolof (ta)	shell, husk, pod, peeling	n3-f
qolooyin (ka)	clans, tribes	n6-m-pl
qoob (ka)	hoof	n4-m
qoobab (ka)	hooves	n4-m-pl
qoodh (dha)	neck [alt: qoor]	n4-f
qoodh (dha)	stud animals; uncastrated male (animal)	n4-f-col
qoodh iyo xero	manhood and family	idiom
qoodhdhey	my manhood	
qoonsaday	he was dissatisfied with (it)	v3a-3m-past
qoonso (/day)	be dissatisfied, disappointed; take offense	v3a=
qooqan	angry; in rut [of male camel]	adj-der
qoor (ka)	stud, uncastrated male animal	n5-m
qoor (ta)	neck [alt: qoodh]	n4-f
qor (-ay)	write	v1=
qoraal (ka)	written document; type of writing	vn2-m
qoran	written, in writing	adj-der
qorasho (/da)	act of writing for oneself	vn6-f
qorayaa	he is writing (it)	v1-3m-prpg

qoraynay	we were writing	v1-1pl-ppgr
qori (ga)	wood, timber, stick; rifle	n1-m, n2-m
qori (2)	to write	v1-inf
qorid (da)	enrollment, registration	vn1-f
ma qorin	did not write	v1-neg-past
qoris (ta)	act of writing	vn1-f
qoritaan (ka)	writing, act of writing	vn2-m
qornaa	was written	v1-passive
qorrax (da)	sun	n0-f
qorrax ka soo bax	east, sunrise	expr
qorraxbax (a)	sunrise [opp: gabbaldhac]	n -m-cmp
qorrey	we wrote [alt: qorney]	v1-1pl-past
qorriin (ka)	act of writing; written paper or document	vn -m
qoryo (/ha)	timbers, pieces of wood	n1-m-pl
qoslaan	they laugh	v1-3pl-prhb
isagoo ku qoslaya	while laughing at them	v1-3m-subj-prpg
inay qosleyso	that she is laughing	v1-3f-rel-prpg
qosol (-ay)	laugh	v1=
qosol (ka)	laugh, laughter	vn-m
weligaaba qosol	laugh forever	expr
qosol bey haysaa	she has kept on laughing	expr
qosolley	we laughed [alt: qosolney]	v1-1pl-past
qososhey	she laughed	v1-3f-past
qoys (ka)	household, family unit	n4-m
qoysas (ka)	households	n4-m-pl
qoyskiina	and ... the family	np
qub (-ay)	spill	v1=
qubeyso (#stey)	take a bath	v3b=
ha qubo	may he spill (it)	v1-3m-opt
qudh (dha)	self [alt: qur]	n0-f
qufac (-ay)	cough	v1=
qulqul (-ay)	gurgle, murmur (of water); flow	v1=
qur (ta)	life; self [alt: qudh]	n4-f
qur bax (-ay)	die, pass away	v1=idiom
quraac (da)	breakfast	n -f
ku quraacan	to have (s.t.) for breakfast	v3b-inf
ma quraacannin	did not eat breakfast	v3b-neg-past
quraacday	I had breakfast [alt: quraacdey]	v3b-1sg-past
quraacdey	he had breakfast [alt: quraacday]	v3b-3m-past
quraaco (#cday)	have breakfast, eat breakfast	v3b=
Quraan (ka)	Koran	n0-m
qurux (da)	beauty	n0-f
qurux badan	very beautiful	adj-phrase
qurux leh	beautiful	adj-phrase
quruxsan	beautiful	adj-der
an quruxsanaado	may I be beautiful!	adj + v5a-1sg-opt
show quruxsanaatee	what if she is pretty?	adj + v5a-3f-pot
quruxsanayd	she was pretty	adj + v5a-3f-past
quruxsanayn	was / were not pretty	adj + v5a-neg-past
quud (ka)	food, provisions	n -m
wada quudan jireen	they used to eat together	v3b-inf + aux-phab
quudo (#quutay)	eat	v3b=

quulle (/ha)	berry [wild fruit species]	n0-m-col
quus (-ay)	dive	v1=
la quutay	when (s.t.) was eaten	v3b-3m-past
ra'	R [letter]	alphabet
ra'yi (ga)	idea, thought, opinion; principle	n -m
ra'yigaas	that idea	np
raac (-ay)	go with, accompany, follow	v1=
isu raac (-ay)	go to (X) together	v1=expr
soo raac (-ay)	come after, pursue	v1=expr
is raacaynaa	we are going together	v1-1pl-prpg
raaci jiray	used to tend (livestock)	v1-inf + aux
nagu soo raaci karo	he / it [masc] can come after us	expr
raacid (da)	accompanying, going together	vn1-f
haad raaciddii	going together with large birds	np
inuu raaco	that he accompany (him)	v1-3m-rel-prhb
raad (ka)	footprint, trail, trace	n4-m
raadgad (-ay)	camouflage, cover any trace of	v1=cmp
si ay u raadgaddo	in order that she cover any traces of (it)	v1-3f-rel-prhb
raadi (-yey)	search for, look for, pursue, trail, track	v2a=
raadin (ta)	act of searching or looking for	vn -f
diin raadiya	you all look for turtle	v2a-imp-pl
inuu ku raadiyo	that he search for (him)	v2a-3m-rel-prhb
raadkoodii	their track(s)	np-subj
raag (-ay)	be late, be delayed	v1=
raaji (-yey)	postpone, delay [rw: raag]	v2a=
raalli (ga)	obedience (of husband); tolerance; loyalty	n -m
raalli geli (-yey)	appease; satisfy	v2a=cmp
raas (ka)	dwelling; household, family	n4-m
rab (-ay)	desire; want to [with inf]	v1=
rabaa	he wants	v1-3m-prhb
rabaa	I want	v1-1sg-prhb
rabi	to want	v1-inf
ma rabin	did not want	v1-neg-past
hadduusan Eebbe rabin	if God did not will it	expr
rabniin (ka)	desire, act of wanting	vn -m
inaan rabo	that I want (it)	v1-1sg-rel-prhb
keed rabtaa	which do you want?	qw + v1-2sg-prhb
waxaad rabto	whatever you want	v1-2sg-rel-prhb
waxay rabtona	and whatever she wants	v1-3f-rel-prhb
rafanayay	he was struggling	v3b-3m-ppgr
rafo (#raftay)	struggle, writhe in pain	v3b=
rag (ga)	mankind, men (males only)	n0-m-col
rah (a)	frog, toad	n2-m
rahu	the frog	np-subject
raqay (ga)	tamarind [tree; fruit]	n -m
rar (ka)	burden, load, pack, cargo	n4-m
raran (1)	loaded, packed full	adj-der
raran (ka) (2)	hot sand or soil, embers, burning coals	n2-m
aan raranahay	that I be loaded (or burdened)	adj + v5a-rel-prhb
rarankii	the hot coals	np
rati (ga)	male camel	n2-m
raxan (ta)	herd, flock, pack of animals	n -f

raxantiina	so of the group of animals ...	np + conj
raxanweyn (ta)	big herd, large flock	n -f-cmp
Raxma	Rahma	name-f
raxmad (da)	kindness, mercifulness	n -f
rayso (#stay)	get better, heal; improve, be better off	v3b=
reer (ka)	family, clan; household; lineage	n1-m
reerka	in the family	np
reerku	the family	np-subj
reero (/ha)	families	n1-m-pl
ri' (da)	nanny goat	n2-f
rid (-ay)	put; drop; shoot, fire	v1=
rimman	pregnant [of animal only]	adj
riyo (/da)	dream	n -f
rog (-ay) (1)	turn upside down, overturn, reverse	v1=
rog (-ay) (2)	remove, unload; open up (a corral)	v1=
ku rog (-ay)	dump s.t. on or upon; cover over	v1=expr
ku rogan	covered with	adj-der
lagu rogay	it was covered with [a hard shell]	v1=expr
biyihii isu rogeen	the water turned (itself) back	v1-3pl-past
roob (ka)	rain	n2-m, n4-m
si ay u roobdoonsadaan	thus they pray for rain	v3a-3pl-prhb
roobdoonso (/day)	pray for rain	v3a=
Rooble	Roble	name-m
roobsad (ka)	getting rain	vn2-m
roobso (/day)	receive rain	v3a=
Rooda	Rhoda	name-f
roon	better, excellent	adj
ruboc (a)	quarter; fourth	n2-m, num
ruji (-yey)	uproot [rw: ruq]	v2a=tr
rukhsad (da)	permit, license	n -f
rukhsadda baabuur	driver's license, driving permit	np
rumayso (#stay)	believe [alt: rumeyso]	v3b=
rumeysan (#snaa)	believe	adj + v5a=
ha rumeysanin	don't believe (it)!	v3b-neg-imp
rumeysnaa	he believed	adj + v5a-3m-past
run (ta)	truth, essence, reality	n0-f-mass
runi	truth [subject]	np-subj
waa runtaa	you are right	expr
inay runtahay	that it [fem] is true; that it is a fact	adj + v5a-3f-prhb
ruq (-ay)	be uprooted	v1=intr
Ruqiya	Rukia	name-f
Ruun	Roon	name-f
Ruush	Russia	n-loc-m
ruux (a)	person; soul, spirit	n2-m
ruuxba	each person	np
ruuxbax (-ay)	die, pass away	v1=cmp
ruuxii dad ugu soo herreeya	to the first person they meet	expr
ruux kastana	and everybody ...	np + conj
rux (ruxay)	shave, wave; loosen	v1=intr
ruxan (#ruxmay)	be shaken; become loose	v1=inch
daartu wey ruxantay	the building got shaken	v1-3f-inch-past
s $	verbal noun [v2a-suffix]	vn2-m-suf

sa'	S [letter]	alphabet
saa	like that, thus [= **si**(da) + **taas**]	deic-adv
saa (2)	then, at that time	adv-time
saa (3)	lo and behold!	intj
saa $ (4)	she does (X)	v2-3f-prhb
saa $ (5)	you do (X)	v2-2sg-prhb
saa dambe	the day after tomorrow	adv-time
saa kuub	three days from now	adv-time
saa kuun	three days from now	adv-time
saabil (-ay)	cheat	v1=
saabishey	she cheated	v1-3f-past
Saabti (da)	Saturday	n -f-time
saac (a)	hour [alt: **saacad**]	n0-m
saacad (da)	hour; clock, watch; time	n1-f
saacaddeydu	my watch	np
saacaddoon la gaarin	before the time was up	np + neg
saacadood	of hours	np-gen-pl
saaka	this morning	adv-time
Saalim	Salem	name-m
saaman (ka)	hides, skins [sg: **saan**]	n4-m-pl
saan (1)	like this [= **si**(da) + -**tan**]	deic-adv
saan $ (2)	you do (X)	v2-2pl-prhb
saan (ta) (3)	hide, leather	n4-f
saan (ta) (4)	footstep	n1-f
saanyo (/day)	take a share of livestock	v3a=
saar (-ay)	put on top (of), raise; load	v1=
ka **saar** (-ay)	take (it) out; pick out	v1=expr
iska soo **saara**	pick him out yourselves!	v1-imp-pl
saaran	placed on top of; loaded onto	adj-der
loo xil **saaray**	responsibility was put on him	expr
sakaraadkii la soo **saaray**	he was on his deathbed	expr
maxaa ina soo **saaraya**	what will get us out?	expr
saawir (ka)	s.t. blunt or dull, s.o. stupid	n2-m
saawirnimadiisa	his stupidity	np
saawirnimo (/da)	bluntness, dullness; stupidity	n6-f
saaxiib (ka)	friend	n2-m
la **saaxiib** (-ay)	become friends, befriend; be friendly	v1=
saaxiibad (da)	friend (female), lady friend	n1-f
inuu la **saaxiibana**	and that he befriend (them)	v1-3m-rel-prhb
saaxiibbada	the friends [who] ...	np
saaxiibbadaa	your friends	np
saaxiibbadeyda	my friends	np
saaxiibbadii	the friends	np-pl-subj
saaxiibbadiisa	his friends	np
saaxiibbo (/da)	friends	n2-f-pl
saaxiibeen	they became friends	v1-3pl-past
saaxiibkaa	your friend	np
saaxiibkey	my friend	np
saaxiibkiis	his friend	np
saaxiibow	hey friend!	np-voc
saaxiibtinnimo (/da)	friendship, friendliness	n -f-abs
saaxiibtooyo (/da)	friendship, friendliness	n -f-abs

saaxiibyadeeda	her friends	np
Saayberiya	Siberia	n-loc-f
sabaan (ka)	time, era, epoch	n -m
Sabti (da)	Saturday	n2-f-time
sac (a)	cow	n2-m, n1-m
sacab (ka)	palm of the hand; applause, handclapping	n2-m
Sacdiya	Sadia	name-f
Saciid	Saeed	name-m
Saciida	Saeeda	name-f
Saciido	Saeeda	name-f
sacle (/ha)	owner of a cow	n -m
saclihii	the owner of the cow	np
sacow	hey cow!	np-voc
sacu	the cow [subject]	np-subj
Sacuudi (ga)	Saudi	n -m
Sacuudi Carabiya	Saudi Arabia	n-loc-f
sacyo (/da)	cows	n2-f-pl
saddex (da)	three	num-f
saddex iyo toban	thirteen	num-m
saddexaad	third	num-ord
saddexdii	three o'clock	np-time
saddexdiin(na)	you three, of the three of you	num-phrase
an safanno	let's line up [rw: safo]	v3b-1pl-opt
safar (ka)	journey, trip, travel	n2-m
safee (-yey)	clean	v2b=
show safeesee	suppose you clean (it)? [alt: safeeysee]	v2b-2sg-pot
show safeeyee	suppose I clean (it)?	v2b-1sg-pot
safeeyeen	they cleaned it	v2b-3pl-past
sow safeeyeen	suppose they clean it?	v2b-3pl-pot
ma safeeyn(nin)	did not clean	v2b-neg-past
safeeynayaa	I am cleaning (it)	v2b-1sg-prpg
sow safeeynee	suppose we clean (it)?	v2b-1pl-pot
show safeeysee	suppose she cleans (it)?	v2b-3f-pot
show safeeyseen	suppose you all clean (it)?	v2b-2pl-pot
maad safeeyseen	you would not have cleaned (it)	v2b-neg-cond
safeyn	to clean	v2b-inf
ma safeyn(nin)	did not clean	v2b-neg-past
ha safeynnina	don't you all clean (it)!	v2b-neg-imp-pl
safo (#saftay)	form a line, line up; stand in line	v3b=
sagaal (ka)	nine	num-m
sagaalaad	ninth	num-ord
sagaashan (ka)	ninty	num-m
sahal (ka)	ease, simplicity; [adj.] easy, simple	n -m
sahan (ka)	survey, reconnaissance, scouting party	n2-m
Sahra	Sarah	name-f
sakaraad (ka)	death pangs, agony; grave illness	n2-m
sakhraamin	was not drunk, had been drunk	v1-neg-past
sakhraan (/may)	get drunk, be drunk	v1=inch
sakhraan (ka)	drunken person, drunkard	n -m
sal (ka)	bottom, base, bottom; buttocks	n4-m
Salaado	Salada	name-f
salaan (/may)	greet	v1=

salaan (ta)	greeting	vn0-f-col
salaandirid	sending greetings	n -cmp
Salaasa (da)	Tuesday	n -f-time
Saleebaan	Solomon	name-m
sallaan (ka)	ladder	n2-m
sallax (a)	flat rock	n2-m
sallixii	(onto) the rock	np-loc
Salma	Salma	name-f
saluug (-ay)	reject, refuse; be dissatisfied with	v1=
samaan (ka)	time, occasion; era, epoch	n -m
samaan (ta)	goodness, state of being good [rw: san]	n -f-abs
samayso (#stay)	do for oneself [alt: sameeyso]	v3b=
samee (-yey)	do, prepare, make	v2b=
sidee baa loo sameeyaa	how does one make/do it?	v2b-3m-prhb
sameeyaan	they (should) do	v2b-3pl-prpg
sameeyey	he did, he has done [alt: sameeyay]	v2b-3m-past
sameeyn	to make [alt: sameyn]	v2b-inf
sameeynayaa	I am making (it)	v2b-1sg-prpg
ma sameeynin	did not do (it)	v2b-neg-past
ha sameeynina	don't you all make (it)!	v2b-neg-imp-pl
sameeyo	that one do (X)	v2b-rel
sow sameeysannee	suppose we make it for ourselves?	v3b-1pl-pot
show sameeysatee	suppose you do it for yourself?	v3b-2sg-pot
sow sameeysateen	suppose you do it for yourselves?	v3b-2pl-pot
sameeyseen	you prepared	v2b-2pl-past
sameeysey	you did it	v2b-2sg-past
sameeyso (#stay)	prepare for oneself [alt: sameyso]	v3b=
sow sameeystee	suppose I make it for myself?	v3b-1sg-pot
sow sameeysteen	suppose they make it for themselves?	v3b-3pl-pot
sameyn	to make	v2b-inf
inaaney dib u sameyn	that she would not do again	v2b-rel-neg
ma sameyn(nin)	did not make / do	v2b-neg-past
sameysaa	you do it	v2b-2sg-prhb
sameysaneynin	was not making for oneself	v3 -neg-ppgr
sameysasho (/da)	doing for oneself	vn6-f
sameyso (#stay)	do for oneself [alt: sameeyso]	v3b=
midna ma sameyso	and she does not do (that even) once	v2b-3f-neg-prhb
samir (-ay)	be patient	v1=intr
samri (-yey)	help or cause s.o. to be patient	v2a=tr
Samsam	Zamzam	name-f
san $ (1)	adjective deriving suffix	adj-suf
san (ka) (2)	nose	n4-m
san (3)	good	adj
sanad (ka)	year [alt: sannad (ka)]	n1-m
sanadkan	this year	np
sanado (/ha)	years	n1-m-pl
sandheer	long-nosed	adj-cmp
sandullee (-yey)	force, compel, dominate, overpower	v2b=
sannad (ka)	year [alt: sano (/da)]	n1-m
sannado (/ha)	years	n1-m-pl
sano (/da)	year [alt: sannad (ka)]	n6-f-time
sanooyin (ka)	years	n6-m-pl

saq (da)	late at night, midnight; deep sleep	n2-f-time
sare	upper, top	adj-loc
sareedo (/da)	prosperity, good fortune	n6-f
sax (-ay)	correct, check	v1=
saxan (ka)	plate, dish, disk	n -m
say $ (1)	she did (X)	v2-3f-past
say $ (2)	you did (X)	v2-2sg-past
se $	but, and [contrastive]	conj-suf
seed	how ... you [= sidee + baad]	adv + vpro
seen (1)	how ... I [= sidee + baan]	adv + vpro
seen $ (2)	you did (X)	v2-2pl-past
seen $ (3)	may you (X)	v2-2pl-opt
seexan	to go to sleep	v3b-inf
ma seexannin	did not go to sleep	v3a-neg-past
seexatay	she went to bed	v3b-3f-past
maad seexato	you don't sleep	v3b-neg-prhb
seexday	I slept	v3b-1sg-past
seexdo	that one go to sleep	v3b-rel-prhb
ha seexdo	let him sleep!	v3b-3m-opt
seexi (-yey)	send to bed, put s.o. to sleep	v2a=
seexin	to put to sleep	v2a-inf
ha seexinnina	don't you all put to bed	v3b-neg-imp-pl
seexo (#xdey)	go to bed, go to sleep, sleep	v3b=
seleli (-yey)	wake someone with fright	v2a=
sey (1)	how ... she, so she ... [= si + ay]	adv + vpro
sey $ (2)	she did (X)	v2-3f-past
sey $ (3)	you did (X)	v2-2sg-past
Seynab	Zeinab	name-f
gacan seyr (-ay)	reject [lit: throw hands]	v1=idiom
seyte	so she said [= si + ay + tiri]	expr
sha $	the [feminine; fusion of -l + -ta]	det-f
sha'	sh [letter]	alphabet
shaa $	your [alt: -taa]	pro-det-2sg
ku shaac (-ay)	spread out (over an area)	v1=idiom
ku shaacday	it [fem] spread out	v1-3f-past
shaada $	your [alt: -taada]	pro-det-2sg
shaadh (ka)	shirt	n4-m
shaah (a)	tea	n2-m-col
shaahu	the tea [subject]	np-subj
shaar (ka)	shirt [alt: shaadh]	n4-m
shaas $	that, those [alt: -taas]	deic-f
shaash (ka)	married woman's headscarf	n2-m, n4-m
shabeel (ka)	leopard	n -m
shahay $	she is [alt: -tahay]	v5-3f-pres
shala	yesterday [alt: shalay]	adv-time
shalay (da)	yesterday [alt: shaley]	n0-f, adv-time
shaleyto	yesterday	adv-time
shamac (a)	candle	n2-m
shan $	this	deic-f-suf
shan (ta)	five	num-f
shan iyo toban	fifteen	num-m
shanaad	fifth	num-ord

shandad (da)	suitcase	n1-f
shaneemo (/da)	movie, cinema	n6-f
shaneemooyin	movies	n6-m-pl
iyaga **shantood**	the five of them	num-phrase
shaqaalayaal	workers	n7-f-pl
shaqaale (/ha)	worker	n7-m-col
shaqaaluhu	the workers [subject]	n1-m-pl-subj
shaqada	the work	np
shaqadii	the work [known]	np
shaqadu	the work [subject]	np-subj
ka **shaqaysata**	she / it [fem] deals in	v3b-3f-subj-prhb
shaqee (-yey)	work, function	v2b=
shaqeeyaa	he works	v2b-3m-prhb
ka **shaqeeyaa**	I work at	v2b-1sg-prhb
sow ka **shaqeeyee**	what if it was me working there?	v2b-1sg-pot
shaqeeyeen	may they work!	v2b-3pl-opt
sow ka **shaqeeyeen**	what if it was they working there?	v2b-3pl-pot
shaqeyn	to work	v2b-inf
shaqeynayey	he was working	v2b-3m-ppgr
sow ka **shaqeeynnee**	what if it was us working there?	v2b-1pl-pot
ma **shaqeyneyn**	was not working	v2b-neg-ppgr
iyadoon la **shaqeyneynnin**	while no one else was working	v2b-neg-ppgr
ma **shaqeynin**	did not work	v2b-neg-past
sow ka **shaqeeysee**	what if it was you working there?	v2b-2sg-pot
sow ka **shaqeeyseen**	what if it was you working there?	v2b-2pl-pot
shaqeysey	you worked, you did work	v2b-2sg-past
shaqeyso (#stay)	work (for oneself)	v3b=
shaqo (/da)	work, duty	n6-f
shaqooyin (ka)	jobs, works	n6-m-pl
shar (ta / ka)	evil	n1-f/m
sharci (ga)	law	n -m
sharcigu	the law	np-subj
shay $ (1)	she did (X)	v1-3f-past
shay $ (2)	you did (X)	v1-2sg-past
shayada $	our [exclusive; alt: -**tayada**]	pro-det-1pl
shayda $	my	pro-det-1sg
shee $	which? [feminine; alt: -**tee**]	qw-det-f
sheeda $	her [alt: -**teeda**]	pro-det-3f
sheeg (-ay)	tell (a story), relate, report	v1=
u **sheeg** (-ay)	tell someone	v1=expr
waxba isuma **sheegaan**	they don't tell anything to each other	v1-3pl-neg-prhb
sheegasho (/da)	claiming; recounting one's ancestry	vn6-f
ha **sheegato**	let her claim (it)	v3b-3f-opt
baa la **sheegay**	it was stated [that] ...	expr
yaa u **sheegay**	who told him?	qw-expr
una **sheegeen**	and they told him	v1-3pl-past
waa la ii **sheegey**	I was told ...	v1-3m-past
sheegeyseen	they were telling a story	v1-3pl-ppgr
bey u **sheegeysey**	what they were telling him was ...	v1-3pl-subj-ppgr
sheegi maayo	I won't tell (it)	v1-1sg-neg-prpg
sheegid (da)	telling, act of telling	vn1-f
ma **sheegin**	did not tell	v1-neg-past

sheegis (ta)	telling, act of telling	vn1-f
sheego (#gtay)	claim (for oneself)	v3b=
inuu u sheego	that he tell	v1-3m-rel-prhb
sheegtey (1)	you told [alt: sheegtay]	v1-2sg-past
sheegtey (2)	she told	v1-3f-past
sheekada	the story	np
sheekadoodiina	and their conversation ...	np
sheekee (-yey)	tell a story	v2b=
sheekeysan	to converse	v3b-inf
sheekeysanayey	I was conversing	v3b-1sg-ppgr
ma sheekeysannin	did not converse	v3b-neg-past
sheekeyso (#stay)	tell each other stories; chat, converse	v3b=
ka sheekeysteen	they talked about (s.t.)	v3b-3pl-past
ha idinla sheekeysto	may he converse with you all!	v3b-3m-opt
sheeko (/da)	tale, story; conversation	n6-f
sheekooyin (ka)	stories	n6-m-pl
sheen $	they did (X) [alt: -teen]	v3-3pl-past
sheenna $	our [incl; alt: -teenna]	pro-det-1pl
shey (ga)	thing, article, item	n2-m
shey $ (2)	she did (X)	v1-3f-past
shey $ (3)	you did (X)	v1-2sg-past
sheyda $	my [alt: -tayda]	pro-det-1sg
shid (-ay)	light, kindle, set fire to; turn on (lamp)	v1=
shidaal (ka)	fuel; energy	vn2-m
shidan (/amay)	be on fire, burn, be ignited	v1=inch
shidasho (/da)	act of lighting up a fire or a lamp	vn6-f
carruurtii dab shidda	children who light fires ...	v1-3f-subj-prhb
shiddaba badanyahay	is even more of a nuisance	np + v5a-3m-prhb
shiddey	you lit (it)	v1-2sg-past
shiddo (/da)	nuisance, bother	n6-f
shideyseen	you were lighting (it up)	v1-2pl-ppgr
shidin	may not light (up)	v1-neg-opt
shidnaan (ta)	alight, burning, state of being on fire	n -f-abs
shii $	the [fem.known subject; -l + -tii]	det-f
shiikh (a)	Sheikh, religious official [title]	n2-m
shiil (-ay)	fry	v1=
shiilo (#shiishay)	fry for oneself	v3b=
Shiina	China	n-loc-m
shiinna $	your, of you all [alt: -tiinna]	pro-det-2pl
shiir (-ay)	stink, have strong body odor	v1=
shiir (ka)	stench, strong body odor	n4-m
waan shiiraa	I stink	v1-1sg-prhb
shiisa $	his, of him [alt: -tiisa]	pro-det-3m
shiisheen	they fried (it) for themselves	v3b-3pl-past
shiix (a)	shyness; embarrassment	n -m
shiixayga	my shyness	np
shilin (ka)	shilling	n0-m-col
shilis	fat, stout (usually of an animal)	adj
shimbir (ta)	bird	n1-f
shimbiro (/ha)	birds	n1-m-pl
shir (-ay)	assemble, convene, hold a meeting	v1=
shir (ka)	conference, meeting	n -m

shir (-ay)	forbid, prohibit, put off limits	v1=
shiran	forbidden, prohibited, off limits	adj-der
shireen	they assembled	v1-3pl-past
shirku	the conference [subject]	np-subj
shirweyne (/ha)	summit conference	n -m-cmp
shiisheen	they fried for themselves	v3b-3pl-past
shishlaan (ta)	fatness, stoutness [rw: **shilis**]	n -f
shood $	their, of them [alt: **-tooda**]	pro-det-3pl
shooda $	their, of them [alt: **-tooda**]	pro-det-3pl
show	what if; perhaps; is it not? [alt: **sow**]	class
shu $	the [feminine definite subject]	det-f-subj
shub (-ay)	pour	v1=
isku **shub** (-ay)	take a quick shower	v1=expr
shubid (da)	pouring; smelting	vn1-f
shubniin (ka)	act of pouring	vn -m
shubo (#shubtay)	pour for oneself	v3b=
shuyuuci (ga)	communist	n -m
si (da)	manner, way, method	n1-f, n8-f
si ... ah	in (X) way, "-ly"	adv-phrase
si ... u	like, as, how, so, in order that	adv / conj
si ... ugu	in order that he ...	adv + prep
si aan ... u	so that ... not	conj + neg
si xun	badly, wrongly	adv-phrase
Sibtambar (ta)	September	n0-f-time
sicii	the cow [rw: **sac**]	np
sid $ (1)	may you (X)	v2-2sg-opt
sid (-ay) (2)	carry, bring	v1=
sida ... u	the way, how	conj-adv
sida isu dhaan	improve yourself	idiom
sida tan	like this, thus, in this way	adv-phrase
sidaa	I am bringing	v1-1sg-prhb
sidaad	as you, the way you ... [= **si**(da) + **aad**]	np + vpro
sidaada	like you, your way	adv + pro-det
sidaan (1)	like this, this way [= **si**(da) + **-tan**]	np + deic
sidaan (2)	since I ..., as I ... [= **si**(da) + **aan**]	np + vpro
sidaas ... u	like that, so, thus	adv + deic
sidan .. u	like this, so, thus	adv + deic
siday (1)	the way she, how she	np + vpro
siday (2)	so she	adv + vpro
siday (3)	he brought, he carried	v1-3m-past
siddeed (da)	eight (8)	num-f
siddeedaad	eighth	num-ord
siddeetan (ka)	eighty	num-m
sidee ... u	how? [= **si** + **-tee**]	qw-adv
sideed	how ... you?	qw + vpro
sideed is tiri	what did you do to yourself	idiom
sideeda	like her, her way	adv + pro-det
sideen (1)	how ... we	adv + vpro
sideen (2)	so I / we	conj + vpro
sideenna	like us, our way	adv+pro-det
sidey	how ... she?	qw+ adv + vpro
sideyda	like me, my way	adv + pro-det

sidii (1)	as, while	conj-adv
sidii (2)	the same way, in that way	np-adv
sidii hore	as before	np-time
sidiinna	like you, your way	adv + pro-det
sidiisa	like him, his way	adv + pro-det
sido (#sitay)	wear, have or carry on one's person	v3b=
sidooda	like them, their way	adv + pro-det
siduu (1)	as he ..., the way he ... [= si (da) + uu]	np + vpro
siduu (2)	how he ...	np + vpro
siduu (3)	how ... he?	qw + vpro
sigaar (ka)	cigarette	n2-m
sii (1)	that way, over there, thither	deic-prep
sii (-yey) (2)	give	v2a=
sii (3)	continue, go on, keep on (doing)	adv-preverbal
sii (4)	very [intensifier]	adv
sii (5)	in the meantime	time
siib (-ay)	pull up, pull out, remove, extract	v1=
siin (1)	to give	v2a-inf
ma siin (2)	did not give [alt: siinnin]	v2a-neg-past
siin (ta) (3)	giving, act of giving	vn -f
siinayaa	I am giving (it)	v2a-1sg-prpg
ma siine	and he did not give [= siin + -ee]	v2a-neg-past
ma siineynin	was / were not giving	v2a-neg-ppgr
ma siinin	did not give [alt: siinnin]	v2a-neg-past
ha siinnina	don't you all give (it)!	v2a-neg-imp-pl
siisanayaa	I am buying	v3b-3m-prpg
siisay	she gave	v2a-3f-past
siiso (#stay)	buy, pay a price for; exchange	v3b=
ma siiyo	is not giving	v2a-neg-prpg
silacsan	suffering, undergoing difficulty	adj-der
silloon	strange, odd, different	adj
siman (#simmay)	get equalized [rw: sin]	v1=inch
intaanu naga simin	before he kills us off	v1-neg-past
sin (/simay)	smooth out; equalize	v1=
ku sin (-may)	replace, substitute; relieve	v1=expr
siraad (ka)	lamp	n2-m
Siraad	Sirad	name-f
siyaalo (/ha)	methods [sg: si (da)]	n8-m-pl
siyo (/ha)	ways	n1-m-pl
so $ (1)	do for oneself [autobenefactive verb]	v3-suf
so $ (2)	may she, let her (X)	v2-3f-opt
so $ (3)	may you (X)	v2-2sg-opt
wax walba oo ka socda	everything that is going on	v3b-3m-subj-prhb
socdaa	going on, proceeding	v3b-3m-prhb
socdaal (-ay)	travel	v1=
socdaal (ka)	journey, travel	vn2-m
socdaal dheer	a long journey	np
wada socdaaleen	they travelled together	v1-3pl-past
waxay socdaanba	as they keep on going	v3b-3pl-prhb
socdana	and as he was going	v3b-3m-subj-prhb
socday	he walked	v3b-3m-past
socdeenna	they travelled	v3b-3pl-past

miyuu kula **socdey**	did he go with you?	v3b-3m-past
ma **socdo**	he is not going	v3b-3m-neg-prhb
soco (#socday)	go, walk	v3b=
soco (2)	go on, get going, proceed, continue	v3b=
la **soco**	accompany, follow, go along with	v3b=expr
socod (ka)	way, journey, movement	n -m
wuuna **soconayaa**	and it [masc] continues to go on	v3b-3m-prpg
soconno	while we are going	v3b-1pl-rel
socota	= **socoto** (in sentence flow)	np
ninkii **socotada**	the travelling man	np
socotey	she went along	v3b-3f-past
socoto (1)	[when] you are going	v3b-rel-prhb
socoto (/da) (2)	traveller; visitor, guest	n6-f-col
soddon (ka)	thirty	num-m
soke (/da)	nearness, closeness	n0-f
soke	near, on the nearer side, close	adv-loc
sokee (-yey)	be near, be on this side	v2b=
sokor (ta)	sugar	n2-f-col
sonkor (ta)	sugar	n2-f-col
soo	this way, here, back, hither	deic-prep
soo iibin	to buy	v2a-inf
soo jeedi (-yey)	offer an opinion	v2a=idiom
Soomaali (ga)	Somali man or language	n5-m
Soomaali (da)	Somalis, Somali people	n5-f-pl
Soomaaliya	Somalia	n-loc-f
Soomaaliyad (da)	Somali woman	n1-f
soor (-ay)	feed (one's guest), entertain	v1=
waad i **soori** kartaa	you can feed me	v1-inf + aux
sow	perhaps, suppose that [alt: **show**]	qw / class
sow ma aha	isn't that so? [tag question]	qw-tag
su'aal (/sha)	question; problem	n1-f
subag (ga)	ghee, clarified butter or animal-fat	n2-m-mass
subaggaas	this ghee	np
subax (da)	morning	n2-f
subaxdii	in the morning	np-time
subaxii	in the morning [alt: **subixii**]	np-time
subaxyo (/da)	mornings	n2-f-pl
subixii	in the morning	np-time
sug (-ay)	wait (for), expect	v1=
suga	you all wait!	v1-imp-pl
sugaal (ka)	act of waiting; expectation	vn2-m
ku **sugan**	in a (certain) condition	adj-expr
ku **suganyahay**	[what] condition he is in	adj + v5a-3m-prhb
sugayay	he was waiting	v1-3m-ppgr
sugeysey	you have been waiting	v1-2sg-ppgr
sugi	to wait	v1-inf
sugid (da)	waiting, expectation; watching	vn1-f
sugin	did not wait	v1-neg-past
sugis (ta)	act of waiting [alt: **sugid**]	vn1-f
sugitaan (ka)	act of waiting	vn2-m
sugniin (ka)	act of waiting or expecting	vn -m
sugteen	may you all wait!	v1-2pl-opt

Sugulle	Sugule	name-m
Suleymaan	Solomon	name-m
sun (ta)	poison	n -f
sur (ka)	neck	n4-m
suu	how ... he, so that he ..., then he ...	conj + vpro
Suufi	Sufi	name-m
suul (ka)	thumb; big toe	n4-m
suuq (a)	market, bazaar	n2-m
suuqyo (/da)	markets	n2-f-pl
suux (-ay)	faint	v1=
suuxdin (ta)	fainting; epilepsy	vn -f
suuye	so he said [= **si** + **uu** + **yiri**]	adv + vpro + v4a
suxuun (ta)	plates, dishes [sg: saxan (ka)]	n8-f-pl
ta $ (1)	the [feminine]	det-f
ta $ (2)	you (all) do (X)!	v3b-imp-pl
ta'	T [letter]	alphabet
taa $ (1)	that, those [alt: -taas]	deic-f-suf
taa $ (2)	she does (X)	v1-3f-prhb
taa $ (3)	she does (X)	v3-3f-prhb
taa $ (4)	you do (X)	v1-2sg-prhb
taa $ (5)	you do (X)	v3-2sg-prhb
taa awgeed	because of it/that, for that reason	np / conj
ha **taaban**	don't touch it!	v3b-neg-imp
haddaad **taabatana**	and if you touch it [= **taabato** + -**na**]	v3b-2sg-rel-prhb
taabo (#btay)	touch, touch upon, concern; contact	v3b=
inta far iyo suul isku **taabtay**	ran as fast as he could	idiom
taad	this ... you [= **tan** + **aad**]	deic + vpro
taada $	your	pro-det-2sg
taadu	your [subject]	pro-det-f
is **taag** (-ay)	stand (up)	v1=
taal (1)	it [fem] is situated there [alt: **taallaa**]	v4c-3f-prhb
ku ag **taal**	it [fem] is nearby	v4c-expr
ma **taal** (2)	it [fem] is not there [alt: **taallo**]	v4c-3f-neg-prhb
taalla	it is [fem] that is situated there	v4c-3f-subj-prhb
taallaa	it [fem] is situated there [alt: **taal**]	v4c-3f-prhb
sow **taallee**	perhaps it [fem] is there	v4c-3f-pot
ma **taallo** (1)	it [fem] is not there [alt: **taal**]	v4c-3f-neg-prhb
iney **taallo** (2)	that it [fem] is situated there	v4c-3f-rel-prhb
ha **taallo** (3)	may it [fem] be there!	v4c-3f-opt
taan $ (1)	you do (X)	v1-2pl-prhb
taan $ (2)	you do (X)	v3-2pl-prhb
taan $ (3)	you do not (X)	v-neg-prhb
taan $ (4)	not ... the	det-f + neg
taariikh (da)	history; date, calendar	n1-f
taas $	that (not far), there	deic-f
taasi $	that (not far) [subject]	deic-f-subj
tab (-ay)	come to know, realize	v1=
tabar (ta)	strength, power, force	n -f
tabarbadni (/da)	powerfulness [opp: **tabaryari**]	n -f-cmp
tabaro (/da)	strength, ability, capability	n -f
tabaryari (/da)	powerlessness [opp: **tabarbadni**]	n -f-cmp
tacliin (ta)	knowledge; education	n -f

tacliindarro (/da)	ignorance, lack of knowledge	n6-f
tacsi (da)	mourning	n6-f, n1-f
tag (-ay)	go	v1=
dul tag (-ay)	come upon	v1=expr
iska tag (-ay)	go off; go away	v1=expr
ka tag	leave behind	v1=expr
u tag (-ay)	go to (s.o.)	v1=expr
taga	the one who goes	v1-3m-subj-prhb
tagaan	they don't go	v1-neg-prhb
tagay	he went; he (had) left	v1-3m-past
tagayaa	I am going	v1-1sg-prpg
tagayaan	they are going	v1-3pl-prpg
sow tagee	suppose he goes	v1-3m-pot
sow tagee	suppose I go	v1-1sg-pot
tageen	they went	v1-3pl-past
sow tageen	suppose they go	v1-3pl-pot
tagey	he went [alt: tagay, tegey]	v1-3m-past
kala tagey	I went off with s.t.	v1-1sg-past
tageynaa	we are going to (X)	v1-1pl-prpg
miyaadan tageynin	aren't you going?	v1-neg-prog
tageysaa	you are going; you will go	v1-2sg-prpg
tageysaan	you are not going	v1-neg-prpg
tagi	to go [alt: tegi]	v1-inf
tagi mayno	we are not going	v1-inf + neg-aux
tagin (1)	did not go	v1-neg-past
weli tagin	never went	v1-neg-expr
tagin (2)	may not go	v1-neg-opt
sow tagnee	suppose we go	v1-1pl-pot
tagneen	we would not have gone	v1-neg-cond
an tagno	may we go!; let us go!	v1-1pl-opt
ma tagno	we don't go	v1-neg-prhb
tago (1)	that I go	v1-1sg-rel-prhb
an tago (2)	shall I go?	v1-1sg-opt
ha tago (3)	may he go!, I hope he goes!	v1-3m-opt
ma tago (4)	he does not go	v1-3m-neg-prhb
show tagtee (1)	suppose she goes	v1-3f-pot
show tagtee (2)	suppose you go	v1-2sg-pot
show tagteen	suppose you all go	v1-2pl-pot
tagtey	she / it [fem] (has) left [alt: tagtay]	v1-3f-past
wey iska tagtey	she went off	expr
tagto	you don't go	v1-rel-prhb
tahay (1)	she is	v5-3f-pres
tahay (2)	you are	v5-2sg-pres
takh (-ay)	boil, bubble (under a surface)	v1=
taksi (ga)	taxi	n2-m
taksiile (/ha)	taxi driver	n -m
tala ku gaar	reach a decision (on / about)	v1=expr
Talaada (da)	Tuesday	n1-f, n6-f-time
taladii	the proposal [rw: talo]	np
ku talagal (-ay)	plan, intend	v1=cmp
talajir (-ay)	consider, plan	v1=cmp
tallaabo (/da)	step, pace, stride (used as measurement)	n6-f

talo (/da)		decision, advice, opinion, proposal	n6-f
talooyin (ka)		decisions	n6-m-pl
tamaro (/da)		strength, ability, capability	n -f
tan $	(1)	this, here [feminine noun]	deic-f
tan $	(2)	-ty [unit of ten]	num-suf
tani		this [subject]	deic-f-subj
tanna		and this [feminine]	deic-f + conj
taqaan	(1)	she knows [alt: taqaannaa]	v4d-3f-prhb
taqaan	(2)	it is she who knows	v4d-3f-subj-prhb
taqaan	(3)	that she knows [alt: taqaanno]	v4d-3f-rel-prhb
taqaan	(4)	you know	v4d-2sg-prhb
taqaan	(5)	it is you who know	ɣ4d-2sg-subj-prhb
taqaan	(6)	that you know	v4d-2sg-rel-prhb
taqaannaa	(1)	she knows [alt: taqaan]	v4d-3f-prhb
taqaannaa	(2)	you know	v4d-2sg-prhb
taqaannaan	(1)	you all know	v4d-2pl-prhb
taqaannaan	(2)	that you all know	v4d-2pl-rel-prhb
taqaannee	(1)	perhaps she may know	v4d-3f-pot
taqaannee	(2)	perhaps you may know	v4d-2sg/pl-pot
taqaanneen		may you all know!	v4d-2pl-opt
show taqaanneen		perhaps you all may know	v4d-2pl-pot
taqaannid		may you know!	v4d-2sg-opt
taqaanniin		you all know	v4d-2pl-prhb
taqaanno	(1)	may she know!	v4d-3f-opt
taqaanno	(2)	that she knows [alt: taqaan]	v4d-3f-rel-prhb
taqaanno	(3)	may you know!	v4d-2sg-opt
taqaanno	(4)	that you know	v4d-2sg-rel-prhb
tar (-ay)		be useful; have the ability; affect	v1=
waxna ka tari wayday		and they could not do anything to it	expr
tartan (ka)		competition, tournament, race	n2-m
tay $	(1)	she did (X)	v1-3f-past
tay $	(2)	you did (X)	v1-2sg-past
tay $	(3)	she did (X)	v3-3f-past
tay $	(4)	you did (X)	v3-2sg-past
tay $	(5)	he did (X)	v3b-3m-past
tay $	(6)	I did (X)	v3b-1sg-past
tayada $		our [exclusive]	pro-det-1pl
tayda $		my	pro-det-1sg
teb (-ay)		come to know, realize	v1=
tebbed (da)		container made of skin	n1-f
tebi (-yey)		convey, transmit, pass to; investigate	v2a=
tebtey		she realized	v1-3f-past
tee		which?	qw-det-f
teeda $		her	pro-det-3f
teen $	(1)	you did (X)	v1-2pl-past
teen $	(2)	you did (X)	v3-2pl-past
teen $	(3)	they did (X)	v3b-3pl-past
teen $	(4)	may you (X)	v1-2pl-opt
teen $	(5)	suppose you all (X)	v1-2pl-pot
teenna $		our [inclusive]	pro-det-1pl
teer $		that, those [in the middle distance]	deic-f-suf
tegaysaa		you are going; you will go	v1-2sg-prpg

tegey	I went [= **tag** + **-ay**]	v1-1sg-past
ma **tegeynin**	is / was not going	v1-neg-prog
tegi	to go [rw: **tag**]	v1-inf
tegid (da)	going, act of going	vn1-f
tegin (1)	may ... not go	v1-neg-opt
ma **tegin** (2)	did not go	v1-neg-past
ha **tegina**	don't you all go!	v1-neg-imp-pl
iskama **tegine**	but he did not leave	v1-neg-past + conj
tegis (ta)	going, departing	vn-f
telefisiyon (ka)	television	n2-m
telefoon (ka)	telephone	n2-m
tey $ (1)	she did (X)	v1-3f-past
tey $ (2)	you did (X)	v1-2sg-past
tey $ (3)	he did (X)	v3b-3m-past
tey $ (4)	I did (X)	v3b-1sg-past
teyda $	my [alt: **-tayda**]	pro-det-1sg
tid $ (1)	you don't	v1-2sg-neg-prhb
tid $ (2)	may you (X)	v1-2sg-opt
tidhaahdeen	you all said [alt: **tiraahdeen**]	v4a-2pl-past
tidhi	you said [alt: **tiri**]	v4a-2sg-past
tihiin	you are	v5-2pl-pres
tii $	the [known or mentioned]	det-f
tiil (1)	she / it [fem] was situated there	v4c-3f-past
tiil (2)	it was [fem] that was / were there	v4c-3f-subj-past
tiil (3)	that it [fem] was there	v4c-3f-rel-past
tiilleen	they were [located, in a place]	v4c-3pl-past
tiinna $	your, of you all [plural]	pro-det-2pl
tiis $	his [on feminine noun]	pro-det-3m-suf
tiisa $	his, of him	pro-det-3m
tiisii	his [known feminine noun]	pro-det-3m
tijaabi (-yey)	try out, test; experiment, rehearse	v2a=
tijaabisay	she tried it out	v2a-3f-past
tijaabiso	so she was testing (X)	v2a-3f-rel-prhb
tikit (ka)	ticket	n2-m
tikityadiinna	your tickets	np
u **tilmaamaanna**	and that they point (it) out for him	v1-3pl-rel-prhb
la ii **tilmaamey**	he / it was pointed out to me	v1-3m-past
tilmaan (/may)	show, indicate, point out, explain	v1=
tilmaan (ka)	indication, act of indicating	vn -m
tilmaan (ta)	sign, indication	n1-f
timaadda (1)	it is she who comes	v4b-3f-subj-prhb
timaadda (2)	it is you who come	v4b-2sg-subj-prhb
timaaddaa (1)	she comes	v4b-3f-prhb
timaaddaa (2)	you come	v4b-2sg-prhb
timaaddaan (1)	you all come	v4b-2pl-prhb
timaaddaan (2)	you do not come	v4b-2pl-neg-prhb
timaaddaan (3)	that you all come	v4b-2pl-rel-prhb
sow **timaaddee**	perhaps she may come	v4b-3f-pot
sow **timaaddee**	perhaps you may come	v4b-2sg-pot
timaaddeen (1)	you came; you did come	v4b-2pl-past
timaaddeen (2)	may you come!	v4b-2pl-opt
timaaddeen (3)	that you all came	v4b-2pl-rel-past

timaaddeen	(4)	you [sg / pl] would not have come	v4b-2-neg-cond
timaaddeen	(5)	she would not have come	v4b-3f-neg-cond
sow **timaaddeen**		perhaps you may come	v4b-2pl-pot
timaaddid		you do not come	v4b-2sg-neg-prhb
timaaddo	(1)	she does not come	v4b-3f-neg-prhb
timaaddo	(2)	may she come!, let her come!	v4b-3f-opt
timaaddo	(3)	that she comes	v4b-3f-rel-prhb
timaaddo	(4)	you do not come	v4b-2sg-neg-prhb
timaaddo	(5)	may you come!	v4b-2sg-opt
timaaddo	(6)	that you come	v4b-2sg-rel-prhb
timi	(1)	she came	v4b-3f-past
timi	(2)	you came	v4b-2sg-past
timid	(1)	she / it [fem] came	v4b-3f-past
timid	(2)	it was she / they [fem] who came	v4b-subj-past
timid	(3)	that she came	v4b-3f-rel-past
timid	(4)	you came	v4b-2sg-past
timid	(5)	that you came	v4b-2sg-rel-past
tiqiin	(1)	she knew	v4d-3f-past
tiqiin	(2)	that she knew	v4d-3f-rel-past
tiqiin	(3)	it was she who knew	v4d-3f-subj-past
tiqiin	(4)	you knew	v4d-2sg-past
tiqiin	(5)	that you knew	v4d-2sg-rel-past
tiqiin	(6)	it was you who knew	v4d-2sg-subj-past
tiqiinneen	(1)	you all knew	v4d-2pl-past
tiqiinneen	(2)	that you all knew	v4d-2pl-rel-past
tir	(-ay)	erase, wipe out	v1=
tiraahda	(1)	it is she who says	v4a-3f-subj-prhb
tiraahda	(2)	it is you who says	v4a-2sg-subj-prhb
tiraahdaa	(1)	she says	v4a-3f-prhb
tiraahdaa	(2)	you say	v4a-2sg-prhb
tiraahdaan		you all say	v4a-2pl-prhb
tiraahdaan	(2)	you all do not say	v4a-2pl-neg-prhb
tiraahdaan	(3)	that you all say	v4a-2pl-rel-prhb
show **tiraahdee**		perhaps she will say it	v4a-3f-pot
show **tiraahdee**		perhaps you'll say it	v4a-2sg-pot
tiraahdeen	(1)	you all said	v4a-2pl-past
tiraahdeen	(2)	may you all say (it)!	v4a-2pl-opt
tiraahdeen	(3)	that you all said (it)	v4a-2pl-rel-past
tiraahdeen	(4)	you [sg / pl] would not say	v4a-2-neg-cond
tiraahdeen	(5)	she would not have said	v4a-3f-neg-cond
show **tiraahdeen**		perhaps you all will say it	v4a-2pl-pot
tiraahdid	(1)	you do not say	v4a-2sg-neg-prhb
tiraahdid	(2)	that you say	v4a-2sg-rel-prhb
tiraahdo	(1)	she does not say	v4a-3f-neg-prhb
tiraahdo	(2)	may she say (it)!	v4a-3f-opt
tiraahdo	(3)	that she says	v4a-3f-rel-prhb
tiraahdo	(4)	you do not say	v4a-2sg-neg-prhb
tiraahdo	(5)	may you say (it)!	v4a-2sg-opt
tiraahdo	(6)	that you say	v4a-2sg-rel-prhb
ma **tiraan**		they [can] not eliminate	v1-3pl-prhb
tiri	(-yey)	count	v2a=
tiri	(2)	she said [alt: **tidhi**]	v4a-3f-past

tiri	(3)	you said	v4a-2sg-past
tiri	(4)	it was she / they [fem] who said	v4a-subj-past
tirin		to count	v2a-inf
tirinayaa		I am counting (it)	v2a-1sg-prpg
ma tirinayaan		they are not counting	v2a-neg-prpg
tirinnee		what if we count?	v2a-1pl-pot
tirinney		we counted	v2a-1pl-past
tirisee		what if you count	v2a-2sg-pot
tiriseen	(1)	you counted	v2a-2pl-past
tiriseen	(2)	what if you all count	v2a-2pl-pot
tiriyee		what if I count (it)	v2a-1sg-pot
tiriyeen	(1)	they counted	v2a-3pl-past
tiriyeen	(2)	what if they count (it / them)	v2a-3pl-pot
tiriyo		that one count	v2a-rel
tirtay		she wiped (it up / off)	v1-3f-past
to $	(1)	time marker	adv-time-suf
to $	(2)	she doesn't	v-3f-neg-prhb
to $	(3)	you don't	v-2sg-neg-prhb
to $	(4)	may she (X)	v1-3f-opt
to $	(5)	may you (X)	v1-2sg-opt
to $	(6)	may he, let him (X)	v3b-3m-opt
to $	(7)	may I, let me (X)	v3b-1sg-opt
toban (ka)		ten	num-m
tobanaad		tenth [alt: tobnaad]	num-ord
toddoba (da)		seven	num-f
toddobaad		seventh	num-ord
toddobaad (ka)		week	n2-m-time
toddobaadka dambe	next week	np-time
toddobaadkii dambe	last week	np-time
toddobaatan (ka)	seventy	num-m
tog (-ay)		stretch	v1=intr
togan (#togmay)		get stretched	v1=inch
tol (ka)		relative, clan, kinsman	n4-m
tolkeyba		even my kinsmen	np
toman (ka)		ten [alt: toban]	num-m
too		that (one), those (far away)	deic-f
tood $		their, of them	pro-det-3pl
tooda $		their	pro-det-3pl
tookh (-ay)		boast, brag	v1=
toona		and that (one)	np
toos (-ay)		arise, get up, wake up	v1=intr
toosayaa		I will be getting up	v1-1sg-prpg
tooseen		they woke up	v1-3pl-past
toosi (-yey)		awaken, wake (someone) up	v2a=tr
toosi (2)		to get up	v1-inf
ma toosin		not get up	v1-neg-past
toosiso		when you wake (X) up	v2a-2sg-rel
tooyo $		-ness [indicating state or condition]	n6-f-suf
tu $		the [feminine subject]	n-det-f-subj
tu'atey		she squatted	v3a-3f-past
tu'o (/aday)		squat	v3a=
tubaal (/sha)		heap (of things), accumulation, pile	n -f

tubaashaas	that pile	np
ma tuhmeyn	were not suspecting (him)	vl-neg-ppgr
tuhun (#tuhmay)	suspect, doubt	vl=
tukubi (-yey)	help s.o. walk, support in walking	v2a=
tukubiyo	that he help him walk	v2a-3m-rel-prhb
tulud (da)	one and only livestock	n2-f
tuluddiisu	his one animal	np
tumaal (ka)	blacksmith [rw: tun]	n2-m
tun (/may)	beat, strike, hammer; pound (metal)	vl=
tus (-ay)	show, point out	vl=
tuug (ga) (1)	thief	n2-m, n4-m
tuug (ga) (2)	begging, entreaty	vn-m
tuugadii	the thieves	np-pl
tuuggii	the thief	np
tuugo (/da)	thieves	n2-f-pl
tuuladii	the village	np
tuulo (/da)	village	n6-f
tuur (-ay)	throw	vl=
tuurin (1)	let not throw	vl-neg-opt
ha tuurin (2)	don't throw	vl-neg-imp
tuuryee (-yey)	keep on throwing	v2b=
u $	subject marking suffix	np-suf
u (2)	to, for, on behalf of	prep
u (3)	most, -est [superlative adjective]	prep
u'	U [letter]	alphabet
uga	of (him) ... to [= u + ka]	prep + prep
ugaaro (/rtay)	hunt (for oneself)	v3b=
ugaarso (/day)	hunt (for)	v3a=
wuxuu soo ugaarto	whatever he hunts down	v3b-3m-rel-prhb
ugaas (ka)	chief, king, sultan	n2-m
ugaasyada	the chiefs	n2-f-pl
ugala	to (him) about (it) [= u + ka + la]	prep + prep
ugax (da)	egg [pl: ugxan (ta)]	n8-f
ugu	by (it) ... to (him)	prep + prep
ugu (2)	to ... for / at	prep + prep
ugu (3)	most, "-est" [superlative degree]	prep + prep
ugu (4)	back to (him)	prep + prep
ugu dambeyntii	in the end	expr
ugu har (-ay)	wind up with	vl=expr
ugxan (ta)	eggs [sg: ugax (da)]	n8-f-pl
uhu $	the [plural subject]	nl-m-pl-suf
ujeeddo (/da)	objective, aim	n6-f
ukun (ta)	egg	n8-f-col
ul (/sha)	stick, piece of wood	nl-f
ula	with ... for	prep + prep
ulajeeddo (/da)	objective, aim	n6-f
ulo (/ha)	sticks	nl-m-pl
wey ultameen	they fought with sticks	vl-3pl-past
ultan (/tamay)	fight with sticks	vl=
uma	not ... to / on	prep + neg
ummad (da)	nation	nl-f
un	only, just [alt: uun]	adv / adj

una	and to (him / them)	prep + conj
urur (-ay)	gather, assemble, meet	v1=
ururso (/day)	gather, collect (for oneself)	v3a=
ushan	this stick	np
uu	he	vpro-3m
uu (2)	long U [digraph letter]	alphabet
uubato (/da)	wolf, wild dog, jackal	n6-f
uun	just, only [alt: un]	adv / adj
uus (-ka)	contents of or food inside the stomach	n4-m, n2-m
uusan	he ... not	vpro + neg
wa'	W [letter]	alphabet
waa (1)	it (is) [declarative]	classifier
waa baa waxaa	once upon a time there was ...	expression
waa in ...	must, should [necessity, obligation]	expression
waa la mid	is the same	expression
waa nabad	I'm fine! [lit: it is peace]	greeting
waa yahay	ok, yes, fine, sure	expression
waa (ga) (2)	time, era, epoch; occasion	n2-m, n1-m
waa (ga) (3)	dawn	n -m
waa bari	daybreak	np
waab (ka)	small hut; building used for a sick person	n4-m
waad	you (are)	class + vpro
waafaji (-yey)	bring into accordance [rw: waafaq]	v2a=
waafaq (-ay)	correspond to, accord with	v1=
waagaa	during that period, at that time	np-time
waagaas	that time	np-time
waagii	until daybreak	np-time
waagii baryey	dawn broke	expr
waagii hore	in former times, long ago	np-time
waaguu	the time that he ...	np + vpro
waalan	crazy, insane	adj-der
waalannahay	we are crazy	adj + v5
waan	I (am) ...	class + vpro
waan (2)	we (are) [alt: waannu]	class + vpro
waana loo diiday	but he was refused	class + conj
waanan	I ... not; I won't ...	class + neg
waanigii	I who ...	class + pro
waannu	we [exclusive] (are)	class + vpro
waaq	croak [sound of frog]	intj
waarido (#itay)	import	v3b=
waase	but it is	class + conj
waaweyn	large, big (ones)	adj-pl
waax (da)	quarter (1/4); quarter of an hour	n1-f, num-f
waaxi	a quarter, one fourth	np-subj
waay (-ay) (1)	fail to find	v1=
waay (-ay) (2)	fail, be unable (to do X) [with inf]	v1=aux
waaya-arag (ga)	experience	n2-m
waaya-aragnimo (/da)	state of being experienced	n6-f
waaya-waayo	old times, former days; formerly	np-time
waayay (1)	he couldn't	v1-3m-past
waayay (2)	I failed to find (it)	v1-1sg-past
waayee	suppose they fail to (X)	v1-3pl-pot

waayeen (1)	they couldn't find	v1-3pl-past
waayeen (2)	they were unable to (X)	v1-3pl-past
ku dhaxal **waayey**	he lost [the / his] inheritance	expr
waayo	because	conj / adv
wabar (ka)	wise man, judge, chief	n2-m
wabarkii	the wise man	np
wabarow	hey wise man!	np-voc
wabarradu	the chiefs, the wise men	np-pl-subj
wacad (ka)	oath, pledge, one's word	n2-m
wacel (ka)	bastard, illegitimate child	n2-m, n -f
wacelku	the bastard	np-subj
wacelna ku noqday	and he became [known as] a bastard	expr
wad (-ay)	drive; continue	v1=
wad (ka)	driving	vn-m
wada (1)	all, together, completely, altogether	deic-prep
wada (2)	one by one	deic-prep
wadaneysey	you are driving by yourself	v3b-2sg-ppgr
oo **wadaya**	while he was driving	v1-3m-subj-prpg
waddada	on the road	np-loc
waddada u hay	keep to the road	v1=idiom
waddammadu	the countries	np-pl-subj
waddammo (/da)	countries	n2-f-pl
waddan (ka)	country, native land, district	n2-m
waddankiinna	your country	np
waddo (/da)	road, path, street, avenue	n6-f
waddooyin (ka)	roads	n6-m-pl
wade (/ha)	driver	n7-m
wadin	did not carry; did not bring	v1-neg-past
wadne (/ha)	heart	n1-m
wadnihii	the heart	np
wadniin (ta)	act of driving or running (equipment)	vn -f
wado (#watay)	carry (with oneself)	v3b=
wado (2)	drive by or for oneself	v3b=
ku **wado** (#watay)	be in the lead by (N points, in sports)	v3b=
walaac (-ay)	worry; be undecided or in a dilemma	v1=
ka **walaacday**	they were worried about it	v1-3f-past
walaacsan	worried, preoccupied; indecisive	adj-der
walaal (ka)	brother, male sibling	n2-m
walaal (/sha)	sister, female sibling	n1-f
walaalaheed	her brothers	np-pl
walaaleey	hey sister!	np-voc
walaalihii la'aantood	without his brothers	np
walaalkeed	her brother	np
walaalkey	my brother	np
walaalkiis	his brother	np
walaalnimo (/da)	brotherhood	n6-f
walaalo (/ha)	siblings, brothers and sisters	n1-m-pl
walaalood	of sisters	np-gen-pl
walaalow	hey brother!	np-voc
walaaltinnimo (/da)	brotherliness	n -f-abs
walaaltooyo (/da)	brotherhood	n -f-abs
walaashay	my sister	np

walaashii	his sister	np
walaashiis	his sister	np
walaashood	their sister	np
walax (a)	thing, item	n3-m
walax (da)	something, thing	n8-f
walba	each, every	num-adj
si **walba**	every way	adv-phrase
walbana	and every	pro + conj
waleecaad (ka)	damage, injury, outrage	n2-m
waliba	each, every; everyone	pro
wallee	by God!	intj
walxaad	of things [rw: **walax**]	n3-gen-pl
wan (ka)	ram	n4-m
wanaag (ga)	goodness, kindness, mercy	n2-m
wanaagsan	good, nice	adj-der
ma **wanaagsana**	it is not good	adj + v5a-neg-prhb
wanaagsantahay	it [fem] is nice	adj + v5a-3f-prhb
wanaaji (-yey)	make nice or good, set in order; improve	v2a=
wanaajin (ta)	act of improving, improvement	vn -f
waqti (ga)	time (in general)	n2-m
waqti dheer	long time	np-time
war (ka) (1)	news, information	n4-m
war celi (-yey)	reply, give in answer	v2a=cmp
war doon (-ay)	inquire, ask about	v1=cmp
war (2)	hey you! (to a man)	intj
waraabayaal	hyenas	n7-f-pl
waraabe (/ha)	hyena	n7-m
waran (ka)	spear, lance	n3-m, n2-m
waranle (/lihii)	soldier (armed with spear)	n -m
warar (ka)	news, pieces of information	n4-m-pl
wareeg	wandering, circling; mobile	adj
wareeg (-ay)	go around, gyrate; wander, roam about	v1=
wareeji (-yey)	twist, turn, whirl, revolve; transfer	v2a=
wareer (-ay)	be dizzy, be confused	v1=
kolkii la **wareersaday**	after they got confused	expr
wareerso (/day)	get confused, get dizzy	v3a=
wareysi (ga)	asking (to get information)	n0-m-col
wari (-yey)	enquire	v2a=
waris (ka)	enquiring	vn2-m
warkaas	that information	np
warkaas u cuntami la'yahay	he could not accept that story	expr
warkiisa	his statement	np
warmee (-yey)	spear	v2b=
warmo (/ha)	spears	n3-m-pl
warmoog	uninformed, unaware, without information	adj
warna ha igu soo celin	don't talk back to me!	expr
warqad (da)	letter; paper, document	n1-f
warqaddaas	that letter	np
warqado (/ha)	letters	n1-m-pl
xoog **warramey**	he told the whole story	v1-3m-past
warran (/may)	inform, tell (the news)	v1=
warrantey	she told the news	v1-3f-past

Warsame	Warsame	name-m
isagoon waxba **warsan**	he didn't ask about anything	v3b-neg-past
warso (/day)	ask, enquire	v3a=
wasaarad (da)	department (of government), ministry	n1-f
wasakh (da)	garbage, trash, litter	n2-f-col
wataa	he is carrying [rw: **wado**]	v3b-3m-prhb
watay	I carried	v3b-1sg-past
wawanaagsan	good (ones)	adj-pl
wawanaagsanaadeen	they would not have been good	v5a-3pl-neg-cond
wax (a)	thing, matter	n8-m / pro
wax (2)	some, a bit	np
wax badan	quite a while	np-time
wax ka (1)	part of	np
wax ka (2)	more ... than (anything)	expr
wax walba	everything	np / pro
waxa	the thing that [new information]	cleft-focus
waxaa	the one that ...	cleft-focus
waxaad	what you ... [cleft focus]	focus + vpro
waxaan	what I ... [cleft focus]	focus + vpro
waxaan galay	what I have committed	expr
waxaan (2)	what we ... [cleft focus]	focus + vpro
waxaan (3)	this thing [= **wax** + **-kaan**]	np
waxaana	and what happened was ...	focus + vpro + conj
waxaannu	what we ... [cleft focus]	focus + vpro
waxaas	this thing [= **wax** + **-kaas**]	np
waxay (1)	what she ... [cleft focus]	focus + vpro
waxay (2)	what they ... [cleft focus]	focus + vpro
waxaydin	what you [cleft focus]	focus + vpro
waxayna	and what she	focus + conj
waxaynu	what we ... [cleft focus]	focus + vpro
waxba	anything, something	np / pro
ma waxba	nothing, not anything	pro + neg
waxey (1)	what she ... [cleft focus; alt: **waxay**]	focus + vpro
waxey (2)	what they ... [cleft focus]	focus + vpro
waxeydin	what you ... [cleft focus]	focus+vpro
waxna	nothing	pro + neg
waxtar (ka)	usefulness	n2-m
waxtar leh	useful	adj-phrase
waxyaabood	things [rw: **waxyaabo**]	n8-gen-pl
waxyaalahan	these things	np-pl
waxyaalo (/ha)	things, items [sg: **wax**]	n8-m-pl
waxyaqaan (ka)	specialist, knowledgable person	n -m-cmp
way (1)	she is	class + vpro
way (2)	they are	class + vpro
wayday	she could not (X); she failed to (X)	v1-aux-3f-past
waydin	you are	class + vpro
waynu	we are	class + vpro
webi (ga)	river	n2-m
wedwed (-ay)	take (s.o.) around for a walk	v1=
wedwedid (da)	walking, act of taking (s.o.) for a walk	vn1-f
wehel (ka)	companion, company; companionship	n2-m
wehelkiisa	his companion	np

weji (ga)	face	n2-m
wejigeeda	her face	np
wejilaawe	undignified	idiom
weli	still, yet, ever	n0-m, adv
aan weli	never, not yet	adv + neg
ma weli	never, not yet	adv + neg
weligaa	you ... ever / never / always	np / conj
weligaaba	so you ... forever	np + conj
weligeed	she ... never	np / conj
weligeen	we [incl] ... never	np / conj
weligey(ga)	I ... never [alt: weligay]	np / conj
weligeyaga	we [excl] ... never	np / conj
weligii	it [known] ... never	np / conj
weligiin(na)	you [pl] ... never	np / conj
weligiis	he ... never	np / conj
weligood(a)	they ... never	np / conj
welwel (-ay)	worry, get excited, become upset	v1=
welwelayay	he was worrying	v1-3m-ppgr
weri (-yey)	repeat what one was told, spread news	v2a=
wey (1)	she (is)	class + vpro
wey (2)	they (are)	class + vpro
wey (-ey) (3)	fail to do [alt: waay]	v1=aux
wey (-ey) (4)	fail to find, fail to get	v1=
weyday	you failed to (do X)	v1-2sg-past
weyddii (-yey)	ask, inquire	v2a=
weyddiin	to ask	v2a-inf
weyddiin (ta) (2)	asking, inquiring	vn -f
weyddiiso (#stay)	request [alt: weydiiso]	v3b=
weyddiistey	he asked for (it)	v3b-3m-past
weyddiiyey	he asked	v2a-3m-past
weydey	she failed to (X)	v1-aux-3f-past
weydii (-yey)	ask, inquire [alt: weyddii]	v2a=
ma weydiin(nin)	did not ask; have not inquired	v2a-neg-past
ha weydiinnina	don't you all ask (it)!	v2a-neg-imp-pl
weydiisana	and when she asks [= weydiiso-na]	v2a-3f-rel-prhb
weydiisatay	she requested	v3b-3f-past
weydiiso (#stay)	request, ask for (oneself or s.o. else)	v3b=
weydiistana	and [when he] asked	v3b-rel-past
weydiistay	he asked	v3b-3m-past
laga weydiiyana	and when he is asked about ...	v2a-3m-rel-prhb
weydiiyay	he asked [alt: weyddiiyey]	v2a-3m-past
is weydiiyeen	they asked each other	v2a-3pl-past
weydiiyo nalama	nothing is asked of us	v2a-neg
weydin	you [plural] (are)	class + vpro
weyl (/sha)	calf	n1-f
weyla	calves [= weylo]	n1-m-pl
weyn	big, large [opp: yar]	adj
weyna	and she ...	vpro + conj
weynaan (ta)	size, largeness	n0-f-abs
weynee (-yey)	enlarge, make big(ger)	v2b=
weyneyn	was / were not big	adj + v5a-neg-past
isla weyni	self importance	np

weynow (/aaday)	grow, get bigger	v3a=inch
weynu	we (are)	class + vpro
weynyahay	he / it [masc] is big	adj + v5a-3m-prhb
weysha	the calf [rw: **weyl**]	np
weyshii	the calf	np
caws **weytada**	the lack of grass	np
weyto (/da)	lack of, absence	n0-f-col
wiil (ka)	boy, son	n4-m
wiilal (/sha)	boys	n4-f-pl
wiilal (ka)	boys	n4-m-pl
wiilashii	the boys	np
wiilashu	the boys [subject]	np-subj
wiilkanna	and that boy	np
wiilkiina	and the boy	np
wiilku	the boy [subject]	np-subj
wiilnimo (/da)	boyhood	n6-f
wiilow	hey boy!	np-voc
wiilyahow	hey boy!	np-voc
Wiliwili	Wiliwili	name-m
wixii	the thing [given information; rw: **wax**]	np
wuu	he (is)	class + vpro
wuuna	and he is/was	class + vpro + conj
wuuse	but he ...	class + conj
wuxu	the thing [rw: **wax** + -u]	np-subj
wuxuu	what he ... [cleft focus]	focus + vpro
wuxuuna	and what he ...	focus + vpro + conj
wuxuuse	but what he ...	focus + vpro + conj
xa'	X [letter]	alphabet
xaaba doonteen	they fetched some firewood	np
xaabadii	the firewood	np
xaabi (-yey)	collect, sweep up	v2a=
xaabo (/da)	firewood, kindling	n6-f
xaabsaday	he gathered (it) up	v3a-3m-past
xaabso (/day)	collect, gather up/together for oneself	v3a=
xaad (da)	body hair	n0-f-mass
xaafad (da)	neighborhood, district, quarter	n -f
xaako (/da)	phlegm	n6-f
xaal (ka)	matter, affair, situation	n4-m
xaalad (da)	affair, situation, condition; case, matter	n1-f
xaar (ka)	feces, excrement	n4-m
xaas (ka)	family (unit), household, dependents	n4-m
Xaashi	Hashi	name-m
xaaskiisiina	and his family	np
Xaawo	Eve	name-f
xabad (ka)	chest, breast	n2-m
xabag (ta)	resin, gum	n2-f
Xabashi (ga)	Ethiopian	n5-m
xabbad (da)	bullet, round of ammunition, cartridge	n1-f
Xabiiba	Habiba	name-f
xad (-ay) (1)	steal, rob	v1=
xad (ka) (2)	limit; boundary, border, frontier	n4-m, n8-m
xaday	he stole it	v1-3m-past

xaddhaaf (-ay)	be past the limit; exaggerate	v1=cmp
la **xadee**	suppose it is stolen?	v1-3m-pot
xadhig (ga)	rope, string, cord, line; prison	n3-m
xadhko (/ha)	ropes	n3-m-pl
xafiis (ka)	office	n2-m
xag (ga)	side, direction, part, field	n2-m
xagga	there	np-loc
xagaa (ga)	summer, hot season [June - September]	n2-m-time
xaggee	where?, which way?, whence?	qw-loc, adv
xaggeen	where ... I?	qw + vpro
xaggooda	toward them	np-loc
xaj (ka)	pilgrimage to Mecca	n4-m, n2-m
xakame (/ha)	rein	n7-m
xakameyaal (/sha)	reins	n7-f-pl
xal (ka)	solution, small amount of water	n7-m
xaley(to)	last night	adv-time
Xaliimo	Halima	name-f
Xamar	Hamar [original name of Mogadishu]	n-loc
xamo (#xantay)	slander, gossip (about)	v3b=
Xamsa	Hamsah	name-m
xanaaqdhow	quick-tempered	adj-cmp
xantay	he gossiped about (them)	v3b-3m-past
ma **xanto**	I do not backbite	v3b-1sg-neg-prhb
xanuun (-ay)	ache, be in pain	v1=
xanuun (ka)	pain, ache; disease, illness, ailment	n8-m, n2-m, n1-m
xanuunso (/day)	be sick, ill; be in pain	v3a=
xaqiiji (-yey)	be certain, be sure; confirm, prove	v2a=
xaqiiq (da)	truth, certainty; reliability; reality	n -f
xaree (-yey)	put into a corral, fence in	v2b=
xareed (da)	rain water	n1-f
xargo (/ha)	ropes	n3-m-pl
xarig (ga)	rope, string, cord, line; prison	n3-m
xarood (-ay)	go into a corral, go home (of animals)	v1=
xarootay	it [fem] entered the corral	v1-3f-past
Xassan	Hassan	name-m
miyaad **xasuusataa**	do you remember ... ?	v3b-2sg-prhb
xasuusi (-yey)	remind	v2a=
xatooyo (/da)	theft, thievery, embezzlement [rw: **xad**]	n6-f, n2-f
xaydh (dha)	lard; fat of the stomach or kidneys	n0-f-mass
xayr (ta)	fat of the stomach or kidneys; lard	n0-f-mass
xayrtiina	and the lard	np + conj
xeel (/sha)	trickery, cunning, strategy	n -f
xeradey	my family, my household [rw: **xero**]	np
xero (/da)	corral, enclosure; camp; [fig.] family	n6-f
xiddiga'aqoon (ta)	astronomy	n -f-cmp
xiddigoyaqaan (ka)	astronomer	n -m-cmp
xidh (-ay)	tie, fasten, close up [alt: **xir**]	v1=
xidhdhey	she tied (it) up	v1-3f-past
xidho (#dhay)	tie up for self; dress up, put on clothes	v3b=
xidid (ka)	vein; root	n2-m
xig (-ay)	follow; be next (to); be related to	v1=
xigaaladii	the kinfolk	np

xigaalo (/da)	close relatives; kinship, relationship	n2-f-col
xiidmihii	the intestines	np-subj
xiidmo (/ha)	intestines	n0-m-mass
xiidxiito (/da)	plover bird	n6-f
xiis (-ay)	long for, miss, desire	v1=
xil (ka)	responsibility; shame, modesty	n4-m
xilkii	the responsibility	np
xilli (ga)	season, time (of year); epoch	n2-m-time
xilligan	this time	np-time
xilligee	which season?, what season?	qw-time
xilo (#xishay)	prefer; treat as a favorite, side with	v3b=
xilsaar (-ay)	entrust with; put in charge	v1=cmp
xir (-ay)	close, shut; tie up [opp: **fur**]	v1=
xiran (#xirmay)	get closed	v1=inch
xiran (2)	closed, shut	adj-der
xiriir (ka)	relationship, ties	n -m
xiriiri (-yey)	link together, make in a series	v2a=
xirin	let s.o. not close s.t.	v1-neg-opt
xirnaayeen	they were closed	adj + v5a-3pl-past
xirrey	we closed (it) [alt: **xirnay**]	v1-1pl-past
xisaab (ta)	bill	n -f
ugu **xishay**	he preferred [rw: **xilo**]	v3b-3m-past
xodxodo (#otay)	court, woo, flirt with	v3b=
xog (ta)	secret; essence (of an issue)	n -f
xoghaye (/ha)	secretary	n7-m-cmp
xoog (ga)	strength, force; energy	n4-m
xoog leh	strong, powerful	adj-phrase
xoog warran	tell the whole story	v1=expr
xooggan	this strength	np
xooghaye (/ha)	secretary	n7-m
xooghayeyaal (/sha)	secretaries	n7-f-pl
xoogweyn	powerful, strong	adj-cmp
xoogyar	weak, not strong	adj-cmp
xooji (-yey)	reinforce, strengthen; work, earn	v2a=
xoolaha	the cattle; [fig.] the wealth	np
xoolahayga	my wealth	np
xoolihiisii	his cattle	np
xoolo (/ha)	livestock, domestic animal	n0-m-col
xoolo (/ha)	wealth; property	n0-m-col
xooluhu	the cattle [subject]	np-subj
xoor (ta)	foam	n0-f-mass
xor (ta)	free person	n -f
xornimo (/da)	freedom	n0-f-abs, n6-f
xubno-aqoon (ta)	anatomy	n -f-cmp
xugmi (-yey)	pass sentence, judge	v2a=
xukun (/may)	command, rule; pass judgement, sentence	v1=
dil isku **xukuntaye**	but you sentenced yourself to death	v1-2sg-past
xumaan (ta)	harm, damage; evil	n -f
show **xumaateen**	what if you all become bad?	adj + v5a-2pl-pot
war **xumada**	the bad stories	np
xumee (-yey)	spoil, ruin; wrong s.o. [rw: **xun**]	v2b=
loo **xumeeyey**	she was wronged	v2b-3m-past

xumi	bad, serious [rw: **xun**]	adj-subj
xumo (/da)	badness, evil; ugliness	n0-f-abs
xumow (/aaday)	become bad [alt: **xumoow**]	v3a=inch
xun (ka)	bad, evil, worthless	adj-m
ka **xun**	feel bad about	adj-expr
si **xun**	badly, seriously, in a bad way	adv-expr
xuntahay	she / it [fem] is bad	adj + v5a-3f-prhb
xunxun	bad (ones)	adj-pl
xunyahay	he / it [masc] is bad	adj + v5a-3m-prhb
xurriyad (da)	freedom, liberty	n -f
Xuseen	Huseen	name-m
xushmad (da)	respect, esteem, honor	n -f
Xusniya	Husnia	name-f
ya $	plural imperative	v2-imp-pl-suf
ya’	Y [letter]	alphabet
yaa (1)	who?, whom?	qw-name
yaa $ (2)	he does (X)	v2-3m-prhb
yaa $ (3)	I do (X)	v2-1sg-prhb
yaab (-ay)	wonder, be amazed at, be surprised	v1=intr
yaabban	surprised, amazed, astonished	adj-der
yaabi (-yey)	amaze, astonish, surprise (s.o.)	v2a=tr
yaabis (ta)	getting surprised	vn1-f
yaabisay	she / it [fem] surprised (them)	v2a-3f-past
yaad	who ... you? [= **yaa** + **aad**]	qw + vpro
yaal $ (1)	plural of declension 7	n7-f-suf
yaal (2)	it [masc] is situated [alt: **yaallaa**]	v4c-3m-prhb
ku ag **yaal**	there is a [s.t. masc] near there	v4c-expr
ku **yaal**	there is [s.t. masc] situated there	v4c-expr
yaal (3)	there is no [masc] there [alt: **yaallo**]	v4c-3m-neg-prhb
yaalla	it is [s.t. masc] that is there	v4c-3m-subj-prhb
yaallaa	it [masc] is (in a place)	v4c-3m-prhb
yaallaan (1)	they are situated [alt: **yaalliin**]	v4c-3pl-prhb
ma **yaallaan** (2)	there is no [pl / col X] there	v4c-3pl-neg-prhb
yaallaan (3)	that it [col] is / they are there	v4c-3pl-rel-prhb
sow **yaallee**	perhaps it [masc] is there	v4c-3m-pot
ha **yaalleen**	may it [col] / they be there!	v4c-3pl-opt
sow **yaalleen**	perhaps it [col] is / they are there	v4c-3pl-pot
yaalliin	they are (in a place) [alt: **yaallaan**]	v4c-3pl-prhb
ma **yaalliin** (2)	there is no [s.t. pl / col] there	v4c-3pl-neg-prhb
ma **yaallo** (1)	there is no [masc] there [alt: **yaal**]	v4c-3m-neg-prhb
yaallo (2)	that it [masc] is there	v4c-3m-rel-prhb
ha **yaallo** (3)	may it [masc] be there	v4c-3m-opt
yaan $	they do (X)	v2-3pl-prhb
yaan (2)	who ... me?, whom ... I? [= yaa + aan]	qw + vpro
yaanad	may you not (X)	neg-opt + vpro
yaanan	may I not (X)	neg-opt + vpro
yaanbadii	the hoe	np
yaanbo (/da)	hoe	n6-f
yaaney (1)	may she not (X) [alt: **yeeyan**]	neg-opt + vpro
yaaney (2)	may they not (X)	neg-opt + vpro
yaannan	may we [excl] not (X)	neg-opt + vpro
yaannu	who ... us?, whom ... we?	qw + vpro

yaanu	may he not (X)	neg-opt + vpro
yada $	the [plural + fem. article]	n2-f-pl-suf
yadii $	the [plural + fem. known]	n2-f-pl-suf
yahay $	hey you! [feminine vocative]	n-f-voc-suf
yahay (2)	he is, it [masc] is	v5-3m-pres
yahay (3)	he was [in past narratives]	v5-3m
yahow $	hey you! [masculine vocative]	n-m-voc-suf
yaqaan (1)	he knows [alt: yaqaannaa]	v4d-3m-prhb
yaqaan (2)	he does not know [alt: yaqaanno]	v4d-3m-neg-prhb
yaqaan (3)	that he knows	v4d-3m-rel-prhb
yaqaan (4)	it is he / you / they who know	v4d-subj-prhb
yaqaannaa	he knows [alt: yaqaan]	v4d-3m-prhb
yaqaannaan (1)	they know	v4d-3pl-prhb
yaqaannaan (2)	they don't know [alt: yaqaanniin]	v4d-3pl-neg-prhb
yaqaannaan (3)	that they know	v4d-3pl-rel-prhb
show yaqaannee	perhaps he may know	v4d-3m-pot
yaqaanneen	may they know!	v4d-3pl-opt
show yaqaanneen	perhaps they may know	v4d-3pl-pot
yaqaanniin (1)	that they know	v4d-3pl-rel-prhb
yaqaanniin (2)	they don't know [alt: yaqaannaan]	v4d-3pl-neg-prhb
yaqaanno (1)	he does not know [alt: yaqaan]	v4d-3m-neg-prhb
ha yaqaanno (2)	may he know! [alt: aqoodo]	v4d-3m-opt
yaqaanno (3)	that he knows	v4d-3m-rel-prhb
yaqiinso (/day)	be sure, ascertain	v3a=
yar	small, little [opp: weyn]	adj
markaan yaraa	when I was little	adj + v5a-1sg-rel-past
yaraan (ta)	smallness	n0-f-abs
wey soo yaraatay	it [fem] has gotten less	v3a-3f-past
yaree (-yey)	reduce, make small	v2b=tr
yareed	the little one	adj-phrase
yareyd	it was small; it was (too) little	adj + v5a-3f-past
markey yareyd	when she was little	adj + v5a-3f-rel-past
yari	small [subject]	adj-subj
yarow (/aaday)	become small; be reduced [alt: yaroow]	v3a=inch
yartahay	she / it [fem] is small	adj + v5a-3f-prhb
yaryar	small (ones), bits	adj-m-pl
yaxaas (ka)	crocodile	n2-m
yaxaaskuse	but the crocodile	np-subj+conj
yaxaasow	hey you, crocodile!	np-voc
yay $ (1)	he did (X)	v2-3m-past
yay $ (2)	I did (X)	v2-1sg-past
yay (3)	who ... her?	qw + vpro
yaydin	who / whom ... you? [plural]	qw + vpro
yaynu	who / whom ... we? [inclusive]	qw + vpro
ye $ (1)	and [alt: ee on forms ending in i]	conj-suf
ye $ (2)	-er / -or [agent or instrumental noun]	n7-m-suf
yee $ (1)	what if he does (X)	v2-3m-pot
yee $ (2)	what if I do (X)	v2-1sg-pot
u yeedh (-ay)	call (a person) [alt: yeer]	v1=
yeel (-ay)	consent, grant; act, obey, do	v1=
yeelaal (ka)	skill, method of doing	vn2-m
yeelaanna	and [if] they agree to it	v1-3pl-rel-prhb

yeelay	I did (it)	v1-1sg-past
yeelay	he consented (to it)	v1-3m-past
yeele (/ha)	doer; subject [grammatical]	n7-m
u yeeleen	they agreed with it	v1-3pl-past
Alla ha ku nabad yeelo	may God make you secure!	expr
yeen $ (1)	they did (X)	v2-3pl-past
yeen $ (2)	may they, let them (X)	v2-3pl-opt
yeen $ (3)	what if they do (X)	v2-3pl-pot
u yeer (-ay)	call (someone) [alt: yeedh]	v1=
yeeri (-yey)	dictate	v2a=
yeeris (ka)	dictation	vn -m
yeeriskan qor	write down this dictation	expr
u yeertey	she called (them) [alt: yeertay]	v1-3f-past
hase yeeshee	however	conj
yeey (1)	who ... them?, whom ... they?	qw + vpro
yeey $ (2)	feminine vocative [after i]	n-f-voc
yeeyan (1)	may she not (X) [alt: yaaney]	neg-opt + vpro
yeeyan (2)	may they not (X)	neg-opt + vpro
yeris (ta)	small game (animals) [rw: yar]	n -f
yey (1)	who ... her? [= yaa + ay]	qw + vpro
yey $ (2)	I did (X)	v2-1sg-past
yey $ (3)	he did (X)	v2-3m-past
yey (4)	may they not (X)	neg-opt + vpro
yey (ga) (5)	wolf	n5-m
yey (da) (6)	wolves	n5-f-pl
yeydin (1)	who / whom ... you? [= yaa + aydin]	qw + vpro
yeydin (2)	may you all not (X)	neg-opt + vpro
yeydnan	may you all not (X)	neg-opt + vpro
yeynan	may we [incl] not (X)	neg-opt + vpro
yeynu (1)	who / whom ... us? [= yaa + aynu]	qw + vpro
yeynu (2)	may we [incl] not (X)	neg-opt + vpro
yidhaahdeen	they said	v4a-3pl-past
yidhi	he said [alt: yiri]	v4a-3m-past
yihiin	they are	v5a-3pl-prhb
yiil (1)	it [masc] was there	v4c-3m-past
yiil (2)	that it [masc] was situated there	v4c-3m-rel-past
yiil (3)	it was [masc / col / pl] that was there	v4c-3m-subj-past
yiilleen (1)	they were / it [col] was there	v4c-3pl-past
yiilleen (2)	that it [col] was / they were there	v4c-3pl-subj-past
yimaadda	it is he / they who come(s)	v4b-subj-prhb
yimaaddaa	he comes	v4b-3m-prhb
yimaaddaan (1)	they come	v4b-3pl-prhb
yimaaddaan (2)	they do not come	v4b-3pl-neg-prhb
yimaaddaan (3)	that they come	v4b-3pl-rel-prhb
sow yimaaddee	perhaps he may come	v4b-3m-pot
yimaaddeen (1)	they came	v4b-3pl-past
yimaaddeen (2)	let them come!, may they come!	v4b-3pl-opt
yimaaddeen (3)	that they came	v4b-3pl-rel-past
yimaaddeen (4)	he / they would not have come	v4b-3m/3pl-neg-cond
yimaaddeen (5)	perhaps they may come	v4b-3pl-pot
yimaaddo (1)	he does not come	v4b-3m-neg-prhb
yimaaddo (2)	may he come!	v4b-3m-opt

yimaaddo	(3)	that he comes	v4b-3m-rel-prhb
yimaadeen		they came [alt: **yimaaddeen**]	v4b-3pl-past
yimi	(1)	he came	v4b-3m-past
yimi	(2)	the one(s) who came	v4b-subj-past
ka hor **yimi**		he encountered, he met	v4b-expr
yimid	(1)	he came	v4b-3m-past
yimid	(2)	that he came	v4b-3m-rel-past
yimidna		and it [masc] came	v4b + conj
yiqiin	(1)	he knew	v4d-3m-past
la **yiqiin**		it is known or recognized	v4d-expr
yiqiin	(2)	that he knew	v4d-3m-rel-past
yiqiin	(3)	it is he / you / they who knew	v4d-subj-past
yiqiinneen		they knew	v4d-3pl-past
yiqiinneen	(2)	that they knew	v4d-3pl-rel-past
yiraahda		it is he / you all / they who say(s)	v4a-subj-prhb
yiraahdaa		he says	v4a-3m-prhb
yiraahdaan		they say	v4a-3pl-prhb
yiraahdaan	(2)	they do not say	v4a-3pl-neg-prhb
yiraahdaan	(3)	that they say	v4a-3pl-rel-prhb
show **yiraahdee**		perhaps he will say (it)	v4a-3m-pot
yiraahdeen	(1)	they said	v4a-3pl-past
yiraahdeen	(2)	may they say (it)!	v4a-3pl-opt
yiraahdeen	(3)	that they said	v4a-3pl-rel-past
yiraahdeen	(4)	he / they would not have said	v4a-3m/3pl-neg-cond
yiraahdeen	(5)	perhaps they will say (it)	v4a-3pl-pot
yiraahdo	(1)	he does not say	v4a-3m-neg-prhb
yiraahdo	(2)	may he say (it)	v4a-3m-opt
yiraahdo	(3)	that he says	v4a-3m-rel-prhb
la **yiraahdo**		s.o. is called or named	v4a-expr
yiri	(1)	he said [alt: **yidhi**]	v4a-3m-past
yiri	(2)	it was you / they who said	v4a-subj-past
yiri	(3)	that he said	v4a-3m-rel-past
la igu **yiri**		I was told that ...	v4a-expr
yaa **yiri?**		who said it?	qw + v4a-subj
ynnee $		what if we ...	v2b-1pl-pot
yo $	(1)	plural	n2-pl-suf
yo $	(2)	be (X)ing	v2-rel-pres
yo $	(3)	not be (X)ing	v2-neg-pres
yo $	(4)	may I, let me (X)	v2-1sg-opt
yo $	(5)	may he, let him (X)	v2-3m-opt
yow $		hey you! [vocative]	n-voc-m-suf
ysee $		what if she ...	v2b-3f-pot
ysee $		what if you ...	v2b-2sg-pot
yseen $		what if you [plural] ...	v2b-2pl-pot
yur (ta)		shooing, chasing away	n1-f
Yurub		Europe	n-loc
yuu		whom ... he? [= **yaa** + **uu**]	qw + vpro
Yuusuf		Joseph	name-m

GRAMMATICAL INDEX

657

	a > e /-i [CAUS]	tag + -i > tegi, gal > geli
)	a + u > o [pro + prep]	ina + u > inoo, la + u > loo
J	a > u / [SUBJ]	naagta + u > naagtu, ninka > ninku
	a > e / -y	arkay = arkey, karisay = karisey
	consonant is lost	joogsat+tay > joogsatay, ku + ka > kaa
	final consonant double	cad+aan > caddaan, cab+ay > cabbey
H	t > dh / -dh [n-f & v]	gabadh + -ta > gabadhdha, xidh + -tay > xidhdhay
T	-d > t / [v3b]	qaado + -tay > qaatay
A	-e > -a-	aabbe > aabbayaal, buste > bustaha
US	FUSION of words	maxaad, baan, wuu, idiin
J	-g > j / -i [CAUS]	deg > deji, nuug > nuuji
K	-g > k / after VL	adag > adkee, arag > arkey
I	i > y	bari > baryeen, guri > guryo
	k lost /c,h,kh,q,x [n-m]	rah + -ka > raha, qiiq + -ka > qiiqa, magac + -ka > magaca
G	k > g /g,w,y,i [n-m]	rag + ka > ragga, bari + ka > bariga
	k > g /V_V [prep]	i + ka > iga, ina + ku > inagu, ku + ku > kugu
KH	k > h / V(-i) [n-m]	bare + -ka > baraha
LT	-l + t- > sh [n-f & v-3f]	meel > meeshi, hadal > hadashey
MB	-m- alternates with -b-	kibis/kimis, abbaanduule/ammaanduule
MET	METATHESIS (switching)	culus + aa > cuslaa
MN	-m- > nC	dhimo > dhintay, xamo > xantay
NL	l + n > ll	dil + -nay > dilley
NM	-n > -m-	dukaan > dukaammo, hodon > hodmayaa, nin > niman
NR	r + n > rr	fur + -nay > furrey
OA	-o > -a-	daawo + -dii > daawadii, magaalo + -da > magaalada
O-	-o lost / [AUTOBEN.]	caano > caanee, casho > cashee
QJ	q > j /-i [CAUS]	daaq > daaji
TD	-t > d/c,d,q,h,x,i,V_V	bad + -ta > badda, hooyo + -ta > hooyada, bax + -tay > baxdey
TS	t- > s [VERB-2]	kari + -tay > karisey, samee + -taa > sameysaa
VH	VOWEL HARMONY	xoolo > xoolihii, dhac > dhici, leh > lahaa, wax > wuxuu
VL	VOWEL LOSS [n3, v3b]	arag > arkay, fur > furtay, gabadh > gabdho, hilib > hilbo, ladan > ladnahay
WB	-w > -b-	illoobey, koobyo toban, madowbee
Y+	-i ~ -ee + V- add -y-	kari + -ay > kariyey, samee > sameeyey

681

Waxaan iibsaday qalin.

wax + aan

"The thing I bought is a pen."

This STILL means "I bought a pen."